조정관

# 어떤 심장의사의 하루나기 음악처방

전남대학교출판문화원

어떤 심장의사의

# 하루나기 음악 처방

1쇄 발행 2023년 1월 10일
2쇄 발행 2023년 4월 19일

글쓴이 조정관
발행인 정성택

발행처 전남대학교출판문화원
주 소 61186 광주광역시 북구 용봉로 77
전 화 (062) 530-0571~3 팩스 | (062) 530-0579
등 록 1981. 5. 21. 제53호
홈페이지 http://www.cnup.co.kr
이메일 cnup0571@hanmail.net

ISBN 978-89-6849-921-0 (03800)

값 20,000원

추천사

# 삶의 위로와 삶의 향기를 위하여

우리의 삶을 돌아보면 도처에 음악이 존재한다. 매일 음악과 함께 생활하고 있다고 해도 과언이 아닐 만큼 음악이 생활 속에 침투해 있다. 뱃속에 있을 때부터 태교음악이라 하여 음악에 젖어 호흡한다. 청소년 시기도 늘 이어폰을 꽂고 음악을 생활하다시피 한다. 성인이 된 다음에도 시간이 흐른 노년의 삶까지도 늘 친숙한 음악이 곁에 흐르고 있다. 음악을 감상하고, 음악을 연주하는 가운데 자신의 삶과 감정이입을 시켜 기분을 환기시킨다. 심장 전문의인 조정관 교수가 음악과 관련한 하루하루 음악치료와 처방의 성격을 띤 책자를 세상에 내놓았다. 탑을 쌓듯이 정성과 공을 들이지 않고서는 쉽게 대할 수 없는 책이다. 『**어떤 심장의사의 하루나기 음악 처방**』, 이 책을 넘기면서 생각했다. 오늘을 살아가는 현대인에게 필요한 자양분과 같은 책자라는 것을. 음악과 의학의 만남, 그 접점은 놀라운 암시와 의미를 부여한다. 마음의 병을 음악으로 치료했던 기록도 있거니와 음악으로도 심리치료를 한 사례들이 적지 않기 때문이다. 이 책은 구체적인 음악을 제시하고 이해와 감상은 물론, 심리적 치료효과나 기대효과 등과 함께 삶의 메시지를 던진다는 점에서 가치 상향적 의미를 지닌 책이다. 하루하루가 무의미하지 않고 오월의 대지처럼 푸르고 싱싱한 음악에 젖어 살아간다면 삶은 신선한 향기로 다가올 것이다. 그런 맥락에서 이 책은 음악을 통해 삶의 감동과 아름다움, 위로와 치유의 경험을 더불어 나누고 싶은 저자의 진정성과 배려가 담긴 선물 같은 책자라고 판단되었다. 숨 쉴 틈 없이 톱니바퀴처럼 돌아가는 현대인의 삶을 감안할 때 고단한 하루하루를 견디게 하는 힘의 원천이 음악이라고 생각한다. 음악은 영혼의 깊숙한 곳을 파고들어 새로운 에너지를 얻게 하고 상큼한 여행을 떠나도록 부추기는 활력소이다. 음악을 통해 기쁨과 창조의 동기부여를 받거나 삶의 위안을 얻고 행복의 오솔길로 초대받곤 한다. 음악이 지닌 신비한 치유의 힘 때문이다.

조정관 교수는 필자와 스스럼없는 동문 선후배 간이다. 이심전심 서로 음악에 관심이 많아 한때 성악 교실에서 목청을 돋우며 가곡을 불렀던 전력을 공유하고 있다. 조교수는 인체의 가장 소중한 부분인 펌프이자 엔진 역할을 하는 심장을 치료하는 의사이다. 생사의 길목에서 초를 다투는 생명을 다루는 직업이기에 늘 신중하고 섬세하고 정적인 면이 짙은 분이다. 이 책자에 소개된 음악들은 그의 내밀한 감정의 움직임이 영혼을 적시는 음악의 세계와 맞아떨어지는 접점에서 작용한 음악치료제로서 기능과 역할을 맡게 될 것이다. 행복이 기쁨과 만족으로부터 오는 것이라면 저자가 안내하는 삶의 윤활유와 같은 음악 이야기야말로 행복의 샘물이 되기에 충분하다.

조정관 교수는 성정이 느긋하고 조용한 편이며 매번 대할 때면 가을하늘처럼 그의 내면이 투명하게 비쳐드는 온화함을 품고 있는 분이다. 맑고 정갈한 그의 내부의 숨소리는 바이올린이 연주하는 나지막한 실내악곡 선율에 비유할 수 있을 것이다. 인간의 환부를 진맥하고 치료하는 의사와 음악의 만남과 결합은 이처럼 하모니가 맞아떨어지는 동분모의 성격이 강했던 것이다. 의학적 삶과 음악적 삶을 동일시하는 가운데 삶을 위로 격려하며 오르내리는 생의 오솔길을 음표처럼 타 넘으며 감성 짙은 의료인의 길을 걸어온 것임을 짐작해 볼 수 있는 대목이다.

이 책의 도드라진 특징은 계절, 절기, 기념일, 작곡일, 음악가 등 일상의 삶과 음악을 연결하여 음악적 스토리텔링을 구성한 점이다. 음악으로서의 농가월령가와 같은 성격이 짙다. 음악의 이해와 함께 시의적절한 그 날 그날의 의미를 짚어보거나 삶의 가치를 새겨보는 일은 삶의 질적 승화를 위한 소중한 계기가 될 것이다. 봄, 여름, 가을, 겨울 사계는 순환한다. 프라이(N. Frye)는 '사계의 원형'을 해석하면서 봄의 미토스에서 희극을, 여름의 미토스에서 로만스를, 가을의 미토스에서 비극을, 겨울의 미토스에서 아이러니를 목격한다고 언급하였다. 이는 삶의 순환 반복의 원리를 암시한다. 음악을 통해 우리는 창조와 부활, 열정과 승리, 그리고 쓸쓸함과 이별이 주는 빛깔로 내면을 채색하게 된다. 웅숭깊은 예술적 경험을 통해 삶은 보다 더 탄탄해지고 운치 있는 미적 체험이 가능해지는 것이다. 바로 이 책이 가져다줄 긍정적 파급효과이다. 하루하루 접할 음악에 얽힌 일화나 삶의 이야기들은 오천 년 유대인의 지혜를 담은 탈무드처럼 두고두고 곱씹히는 식탁 위 지혜의 영양식이 되리라 믿는다. 그리하여 분노를 삭이고 정상적인 삶의 리듬을 되찾게 해주며 산소 같은 활력소가 되어 삶의 치유와 위로가 되기에 충분한 책으로 기억되리라 믿는다. 오래도록 독자의 교감과 시선과 사랑을 두루 받으리라 기대하는 까닭이 거기에 있다.

시인·문학박사

윤삼현

# 머리글

음악은 천지창조의 순간부터 존재하여 한 인간의 삶에서부터 집단이나 국가에 이르기까지 다양한 힘으로 인류 역사 발전과 함께했습니다. 노래와 춤으로 전해지던 음악이 AD 1000년경 이탈리아의 귀도 다레조 Guido d'Arezzo에 의해 4선 악보로 표기된 후 음악의 전승과 전파에 획기적인 전기가 마련되었고 라디오 및 티비 방송과 함께 음성과 영상을 저장하고 재생하는 기술의 발전으로 음악이 인간 삶의 거의 전부가 되기에 이르렀습니다. 우리의 삶 또한 고저장단과 완급이 있어 하루를 음표 하나로 표시하면 1년은 365개 음표로 만들어진 100마디 정도 되는 음악이 됩니다.

이 책은 심장부정맥 전문의인 저자가 회갑 년에 매일 아침 의과대학 동기와 지인들에게 그날에 맞는 음악을 선곡하여 배경 이야기와 함께 하루를 사는 도움말을 스마트폰 한 화면 분량으로 올렸던 글을 모아 다듬은 것입니다. 음악 전문가는 아니지만 클래식에서 재즈까지 세상의 모든 음악을 편견 없이 즐겨 들으며 하루를 사는 데 큰 힘을 얻었기에 이를 함께 나누고 싶었기 때문입니다. 심장부정맥 환자에게 하루하루 상황에 맞는 처방을 하듯 그날에 맞는 음악을 처방하여 맥 빠지고 기 막히는 세상에서 일상의 리듬을 잘 유지하여 여러분의 하루살이가 건강하고 활력 있게 하고 싶었던 것입니다. 의사는 흐트러진 심장 리듬을 바로잡는 데 급급하지만 음악은 부정맥처럼 보이는 불규칙한 음표들로도 다양한 리듬을 만들어 인간의 기쁨과 함께하고 아픔을 어루만지며 분노를 삭이는 위대한 치유의 힘을 발휘합니다. 수많은 환자를 진료하고 산전수전 다 겪은 의과대학 교수로서 할 말이 많지만 라떼 교수의 백 마디 꼰대 말보다 음악 한 곡이 훨씬 더 힘이 있는 걸 알기에 음악의 힘을 빌려 하고 싶은 말, 남기고 싶은 이야기를 때로는 달콤한 당의정 알약으로, 때로는 쓰디쓴 물약으로, 때로는 큰 캡슐에 담아 하루나기 음악으로 처방했습니다.

오늘의 음악 선곡은 음악가의 생일이나 작품의 완성 또는 발표일, 국경일이나 기념일, 계절이나 절기에 맞춰서 클래식 위주로 하였으나 우리에게 친근한 근현대 대중음악도 포함했습니다. 하루에도 몇 번씩 듣고 싶은 애청곡이 있지만 가급적 동서고금을 망라한 세상의 모든 음악을 맛볼 수 있도록 중복과 편중을 피했고 유튜브 영상은 채널의 안정성을 고려하여 구독자가 많고 조회 수가 많은 것 위주로 추천했습니다. 음악 소개 글은 음악 전문 서적과 위키피디아, 나무위키, 상상의 숲이나 클래식 이야기 등 여러 클래식 전문가의 블로그를 통해 알게 된 것을 한 줌 분량으로 요약했습니다. 단순 베끼기로 오류를 반복하지 않도록 여러 글과 문헌을 최대한 교차 검증하여 실었으며 충분히 소화하여 저의 글이 되도록 노력했습니다. 문외한인 저에게 딛고 내다 볼 수 있게 어깨를 내어주신 거인과 같은 여러 음악 사이트와 블로그 운영자님들께 깊이 감사드리며 실수나 오류가 있더라도 너그럽게 봐주시면 감사하겠습니다.

이 책이 삶에 지쳐 깨진 일상의 리듬을 회복시켜주는 하루나기 묘약이 되고 인생의 갈림길에서 선한 길로 안내하는 친절한 길잡이가 되어 여러분의 하루하루가 행복하고 건강한 삶이 되길 바랍니다. 저를 심장병 전문의와 교수의 길로 인도해주신 박옥규, 강정채 두 은사님과 대학병원 의사로서 40년, 심장부정맥 전문 교수로서 36년을 잘 마무리할 수 있게 도와준 가족, 대학과 병원 동료, 대한심장학회와 부정맥학회 회원, 제 삶의 참스승이셨던 환자분들께 깊이 감사드리고 105세 연세에도 계속 공부하고 도전하게 하시는 어머니께도 특별한 감사를 드립니다.

2023년 1월

조정관

**경력**

1981년 전남의대 졸업
1988년 전남의대 전임강사 임용
1991년 미국 펜실베이니아대학병원 펠로우
2004년 대한심장학회 연구이사
2008년 전남대학교병원 홍보실장
2008년 대한심장학회 부정맥연구회 회장
2012년 전남대학교 의학박물관장
2013년 호남순환기학회 이사장

**자격**

1985년 내과 전문의
1989년 전남대학교대학원 의학박사
1992년 대한내과학회 순환기내과 분과전문의
2000년 미국심장율동학회 (HRS) 정회원
2001년 미국심장학회 지도전문의 (FACC)
2009년 대한부정맥학회 중재시술 전문의
2018년 대한내과학회 노년내과 인증의

**저서**

1998년 순환기 환자를 위하여 (공동)
2004년 심장학 교과서 (공동)
2005년 부정맥 지피지기 (공동)
2006년 심전도 홀로서기 (단독)
2007년 임상 심장학 (공동)
2020년 성안댁 김서균의 백세일기 (단독)
2021년 한국의 백세인, 20년의 변화 (공동)

# 목차

# 봄 spring

## 봄

# 여름 summer

## 여름

# 가을 autumn

## 가을

1월 1일 덕담

## 베토벤, 교향곡 9번 '합창', 4악장에서 '환희의 송가'

**새해 최고의 덕담은 무엇일까요?**

새해 새 희망을 품고 새 각오를 다지기 위해 수많은 사람들이 서울 종로 보신각에서 여는 제야의 타종행사를 보고 일출 명소를 찾아 새해 첫 일출을 봅니다. 음악애호가들은 유서 깊은 '빈 신년 음악회 New Year's Concert in Vienna'를 보며 새해를 맞이합니다. 빈 신년 음악회는 1939년 12월 31일 '송년' 음악회로 시작하여 1941년부터 '신년' 음악회가 되었는데 빈 필하모니 Wiener Philharmoniker가 매년 1월 1일 정오에 빈 음악협회 황금 홀에서 개최하며 전 세계로 생중계됩니다. 빈 신년 음악회는 전통적으로 마지막에 요한 슈트라우스 2세의 '아름답고 푸른 도나우'와 요한 슈트라우스 1세의 '라데츠키 행진곡 Radetzky march'을 연주합니다. '라데츠키 행진곡'을 연주할 때는 관례적으로 청중들도 손뼉을 치면서 호응합니다. 그런데 '라데츠키 행진곡'은 오스트리아의 보수 왕당파였던 요한 슈트라우스 1세가 이탈리아의 독립운동을 잔인하게 진압한 요제프 라데츠키 장군의 업적을 기리고 오스트리아 정부군의 사기를 높이기 위해 작곡한 곡입니다. 따라서 오스트리아 국민도 아니면서 라데츠키 행진곡에 맞춰 생각 없이 손뼉 치며 무턱대고 좋아할 것만은 아닙니다.

루트비히 판 베토벤 Ludwig van Beethoven은 청력을 완전히 잃은 상태에서 1824년 음악 역사상 최초의 성악 교향곡인 교향곡 9번 '합창 Choral'을 완성했습니다. 합창 교향곡이라는 이름은 4악장에 있는 합창곡 '환희의 송가 Ode to Joy' 때문에 붙여졌습니다. '환희의 송가'는 프리드리히 쉴러의 시 '환희의 송가'를 베토벤이 일부 변경하고 추가하여 가사로 쓰고 곡을 붙인 것으로 세계인들이 형제애로 서로 화합하고 창조주를 기억하며 기쁘게 살라고 합니다. 교향곡 전체가 2001년 유네스코 세계기록유산에 등재되었고 '환희의 송가'는 자유, 평화, 연대라는 유럽의 이상을 잘 나타낸다고 하여 1972년 유럽평의회에서 '유럽 찬가 European Anthem'로 채택되었다가 1985년 '유럽연합 EU의 공식 국가 Official Anthem'가 되었습니다.

새해를 감사함으로 맞이하고 쉬운 일이나 어려운 일이나, 폼 나는 일이나 궂은 일이나, 내 일이나 남의 일이나 즐겁게 하여 연말에는 기쁘게 환희의 송가를 부를 수 있길 바랍니다. 새해에 복 많이 받으시고 소원 성취하십시오.

Ludwig van Beethoven, Symphony No. 9 'Choral', 4th Mov. 'Ode to Joy'
https://youtu.be/E9dLGDCdg3g

1월 2일 구원

## 바그너, 오페라 '유랑하는 네덜란드인'에서 서곡

**구원은 어디서 오는 걸까요?**

인간을 비롯한 모든 생명체는 죽을 운명을 가지고 태어납니다. 죽음을 피할 수 없기에 생명체는 죽음을 두려워하며 죽음의 위험을 회피하는 본능을 가지고 살아갑니다. 인간이 죽음을 두려워하는 것은 죽음은 모든 것들과 영원히 이별하게 하고, 사후 세계는 알 수 없고, 심판이 따를 것이라는 생각을 하기 때문입니다. 죽음에 대한 인식은 5살 경부터 시작하여 9살이 되면 어른과 같아집니다. 인간은 죽으면 다른 세상으로 간다거나 (범신론적), 심판을 받아 천당 또는 극락에 가거나 지옥에 간다거나 (기독교나 불교적), 죽으면 그것으로 끝이라는 (과학적) 3가지 생사관을 가지게 됩니다.

리하르트 바그너 Richard Wagner는 인간 구원의 문제를 오랫동안 집요하게 파고든 음악가입니다. 1843년 1월 2일 초연한 그의 오페라 '유랑하는 네덜란드인 Flying Dutchman'에서 네덜란드 유령선의 선장이 신의 저주를 받아 영원히 죽지 못하고 5대양을 유랑해야 하는 벌을 받습니다. 그래도 7년에 한 번은 항구에 정박할 수 있었는데 이때 젠타 Senta라는 노르웨이 선장의 딸로부터 희생적인 사랑을 받아 신의 저주에서 풀려나는 구원을 받음으로 구원은 사랑에서 온다고 주장하였습니다. 바그너는 '탄호이저 Tannhäuser'에서도 구원이 여성의 사랑에 의해 이루어진다는 것을 보여주었습니다.

여성의 사랑은 다른 이유로는 설명되지 않는 모성애와 같은 본능적인 사랑일 때가 많습니다. 모성애는 종족 보존을 위한 방편으로 디엔에이 DNA에 암호로 각인된 이기적인 유전자에 의해서 발현되는 여성의 본능이라는 주장이 많으나 사회문화적으로 강요된 것이라는 반론도 있습니다. 하지만 바그너는 여성의 모성애를 종족 보존을 위한 이기적이고 본능적인 사랑을 넘어 인류를 구원하는 우주적인 사랑의 근원으로 생각하였습니다. 바그너의 '유랑하는 네덜란드인'은 그가 경제적으로 파산하여 빚쟁이를 피해 영국으로 도망갈 목적으로 북해에서 탄 배가 3번의 폭풍을 만나 잔트비케라는 노르웨이 작은 어촌에 정박하였고 이때 들은 선원들의 노래가 작곡의 직접적인 동기가 되었습니다.

인생은 작은 배로 망망대해를 건너는 항해라고 하는데 올해 내내 어떤 풍랑에도 난파되지 않고 어떤 암초에도 좌초되지 않고 안전하게 항해하여 만선의 기쁜 노래를 부르며 귀환할 수 있도록 사랑으로 잘 헤쳐 나가십시오.

Richard Wagner, Opera 'The Flying Dutchman', 'Overture'
https://youtu.be/Ezqen5-UxlQ

1월 3일 작심삼일

## 푸시킨 시, 김효근 곡, '삶이 그대를 속일지라도'

**새해에 마음먹은 일들이 잘 진행되고 있습니까?**

오늘은 새해가 시작된 지 3일째여서 작심한 것이 삼 일을 넘기지 못한다는 속담 "작심삼일"에 따르면 새해에 결심한 일들이 벌써 흔들리기 시작할 수 있습니다. 건강을 위한 절주, 금연, 운동 계획이나 새로운 일에 도전하기 위한 공부나 삶에 대해 새롭게 마음먹은 태도나 원칙들이 흔들리고 무너지기 시작할 수 있습니다. 그렇다고 실망하거나 너무 화내지 마십시오. 인간의 삶이란 원래 마음먹은 대로 되는 것이 아니니까요. "작심삼일"이라는 말은 원래 의지가 약해서 마음먹은 것을 오래 유지하지 못하거나 변덕이 심해서 마음을 자주 바꾸는 것을 비판하는 말이지만 아무리 굳게 마음먹어도 3일을 넘기기가 어렵다는 말도 됩니다. "작심삼일"은 너나가 없으니 마음먹은 것이 흔들리고 무너져도 누구나 그러려니 하고 다시 또 작심하십시오.

러시아의 문학 신동인 알렉산드르 푸시킨 Aleksandr Pushkin은 러시아의 민족 사상과 감정을 시, 희곡, 소설 등으로 잘 표현하여 19세기 러시아 문학의 황금기를 연 러시아 국민 문학의 창시자로 추앙받고 있습니다. 푸시킨은 1825년 작 '삶이 그대를 속일지라도 If life deceives you'라는 시에서 "삶이 그대를 속일지라도 슬퍼하거나 화내지마"라고 했습니다. 하지만 푸시킨은 17살부터 20번이 넘게 결투를 신청할 정도로 화를 잘 참지 못하여 툭 하면 목숨을 걸고 결투를 하는 다혈질 열혈남이었습니다.

1831년 32살에 13살 연하 나탈리아 곤차로바와 결혼을 했는데 그녀는 황제 니콜라이 1세도 연모할 정도로 미모가 뛰어나 염문설이 끊이지 않았습니다. 처음에는 이를 무시했으나 프랑스에서 러시아로 망명하여 근위대 장교가 된 조르주 당테스 소위와 염문설이 계속되자 당테스에게 결투를 신청했습니다. 이 결투 신청은 당테스가 나탈리아의 언니인 에카테리나에게 청혼하여 결혼함으로써 일단 무산되었습니다. 하지만 당테스가 나탈리아를 계속 쫓아다니고 푸시킨 가정에 대한 악성 소문이 나돌자 푸시킨이 당테스의 양부에게 결투밖에 답이 없는 내용의 편지를 보내 결투가 이루어졌습니다. 이 결투에서 푸시킨은 당테스가 쏜 총에 복부 관통상을 입고 이틀 후인 1837년 1월 29일 38살로 25살의 젊은 부인과 2남 2녀를 남기고 세상을 떠났습니다.

새해 초부터 작심삼일이라고 화내지 마시고 매사에 목숨 걸고 결투하듯 살지 마세요.

Aleksandr Pushkin 시, 김효근 곡, '삶이 그대를 속일지라도'
https://youtu.be/94RL7JqNuD0

1월 4일 상아탑

## 슈베르트, '아베 마리아'

### 공든 탑이 무너지는 것을 보신 적이 있으세요?

공들여 쌓은 탑은 절대 무너지지 않는다는 뜻으로 "공든 탑이 무너지랴" 라는 속담이 있습니다. 이화여자대학교는 1886년 미국 감리교 여자 선교사 메리 스크랜튼 여사가 서울 정동 자택에서 학생 한 명으로 수업을 시작하여 이듬해 고종황제로부터 이화학당이라는 이름을 하사받아 시작되었습니다. 1925년 이화여자전문학교를 거쳐 1946년 종합대학인 이화여자대학교로 승격되었고 우리나라 최고 여성 지도자의 산실이 되었습니다. 이렇게 100년이 넘게 공들여 쌓은 이화 상아탑이 2016년 박근혜-최순실 게이트로 무너졌습니다. 이화여자대학교가 교육부로부터 미래라이프대학에 선정된 것에 대한 보답으로 국정을 농단한 최순실의 딸 정유라에게 특혜를 주어 입학시키고 대리 수강과 대리 시험을 통해 학점을 주었던 것입니다. 이에 학생들이 미래라이프대학의 철회를 요구하며 대학 본부를 86일간이나 점거하며 시위를 하였고 최순실의 딸 정유라의 부정 입학 의혹을 제기했습니다. 이로써 정유라의 부정 입학과 함께 박근혜-최순실 게이트의 전모가 드러나고 박근혜 대통령의 탄핵으로 이어졌습니다.

대학은 세속에 물들지 않고 진리를 탐구하고 학문을 수호하는 곳이어야 한다는 의미로 '상아탑'이라고 부르기도 합니다. '상아탑'은 구약성경 아가서 7장 4절에 있는 "목은 상아로 쌓은 탑과 같고"라는 구절에서 유래했는데 가장 순결하고 고결한 여성인 성모 마리아를 상징하는 말이었습니다. 이것이 19세기 프랑스 비평가인 샤를 생트뵈브 Charles Sainte-Beuve가 문단과 사회를 외면하고 순수 창작에 몰두한 시인 알프레드 드 비니 Alfred de Vigny의 태도를 상아탑에 박혀있다고 비판하는 데 사용하면서 상아탑은 세상 풍조에 휩쓸리지 않고 순수하게 진리를 탐구하고 미를 가꾸는 아카데미즘과 대학을 뜻하는 말이 되었습니다.

아베 마리아 Ave Maria는 성모 마리아를 찬미하는 성가입니다. 아베는 천사 가브리엘이 예수를 잉태한 마리아에게 한 첫 인사말로 안녕이라는 뜻입니다. 3대 아베 마리아는 슈베르트, 구노, 카치니 (실제는 바빌로프)의 아베 마리아를 말합니다.

우리나라가 어떤 특권이나 특혜도 통하지 않는 나라다운 나라가 되고 우리 대학이 어떠한 압력이나 유혹에도 굴하지 않는 상아탑이 되도록 우리가 지켜줍시다.

Franz Schubert, 'Ave Maria'
https://youtu.be/3d4xXvF2ukY

1월 5일 닭소리

## 그리그, '페르 귄트' 모음곡 1번 '아침 기분'

**아침에 어떻게 일어나십니까?**

아침에 잠을 깨워주거나 약속 시간을 알려주는 알람시계 Alarm Clock는 1787년 미국의 레비 헛친스 Levi Hutchins가 처음 만들었으나 이는 새벽 4시에 종이 울리도록 고정되어 있었습니다. 경보 시간의 조정이 가능한 알람시계는 1847년 프랑스의 발명가 앙투안 레디에 Antoine Redier가 처음 만들어 특허를 받았습니다. 시계가 없었던 시절에는 첫 닭소리가 들리면 자시 (0±1시), 둘째 닭소리가 들리면 축시 (2±1시) 등으로 닭소리로 시각을 짐작했습니다. 고려 때 왕실에서는 시각을 알기 위해 자시에 우는 일명 계, 축시에 우는 이명 계, 인시 (4±1시)에 우는 삼명 계를 따로 기르기도 했습니다. 닭은 서열이 엄격하고 최고 서열의 수탉 한 마리가 10~15마리의 암탉을 거느리는 일부다처제로 집단생활을 합니다. 우두머리 수탉이 새벽에 최대한 목청을 높여 "꼬끼오~" 하며 우는데 이는 자신의 영역과 지위를 넘보지 말라고 견재함을 알리는 행위입니다. 서열이 낮은 수탉은 우두머리 수탉의 위세에 눌려 나중에 작은 소리로 울고 암탉은 새벽에는 울지 않고 주로 알을 낳은 후 "꼬꼬댁 꼬꼬"하며 웁니다.

닭은 벼슬이 있고 (문), 날카로운 무기인 발톱이 있고 (무), 싸울 때는 용감하며 (용), 먹이를 어린 병아리에게 먼저 주고 (인), 매일 일찍 일어나기 (신) 때문에 군자의 다섯 가지 덕목을 모두 갖춘 동물입니다. 기독교에서는 예수의 수제자 베드로가 예수를 부인하다가 닭소리를 듣고 뉘우쳤다고 하여 닭은 사악을 물리치고 믿음을 회복시키는 '빛의 새'로 여겼고 이 때문에 성당이나 사원의 종루에 수탉을 세웠습니다. 프랑스에서는 수탉이 나라를 지키고 부정부패를 물리치고 희망의 새벽을 연다고 하여 국가 상징물로 지정했습니다. 루이 필립 왕은 근위대의 휘장과 단추에 수탉을 새기게 했고 에밀 루베 대통령은 1900년 엘리제궁 북쪽에 '수탉의 문'을 만들었습니다.

노르웨이 민족 음악가 에드바르 그리그 Edvard Grieg는 극작가 헨리크 입센의 의뢰로 5막짜리 희곡 '페르 귄트 Peer Gynt'의 무대 음악을 만들었습니다. 이 중 4막의 전주곡 (또는 모음곡 1집, 1번 곡)이 '아침 기분 Morning Mood'입니다. 조용히 밝아 오는 아침 바다 풍경을 플루트와 목관이 연주하는 매우 평화롭고 희망찬 곡입니다.

아침을 깨우는 것이 종소리든 음악이든 잔소리든 늘 기분 좋은 새 아침이 되십시오.

Edvard Grieg, 'Peer Gynt' Suite No. 1, 'Morning Mood'
https://youtu.be/-rh8gMvzPw0

1월 6일 조언

## 브루흐, 바이올린 협주곡 1번

**일이 뜻대로 되지 않아 앞길이 막막할 때 어떻게 하십니까?**

가까운 가족이나 친구, 선배나 스승 또는 전문가에게 조언을 구하십시오. 가족이나 친구, 선배나 스승은 내 일을 자신들의 일처럼 애정을 가지고 함께 고민하고 나름의 방법들을 제시해 줄 것입니다. 전문가는 본인의 경험이나 지식을 나눠주기 좋아하는 특성이 있어서 비대면으로라도 조언을 구하면 기꺼이 도와줄 것입니다.

막스 브루흐Max Bruch는 1838년 1월 6일 독일 쾰른에서 소프라노 성악가 어머니와 변호사 아버지를 가진 부유한 집안에서 태어났습니다. 슈만이 그의 피아노 협주곡을 헌정하고 쇼팽도 3개의 야상곡을 헌정할 정도로 유명하고 멘델스존의 친구이기도 한 초절기교 피아니스트 겸 작곡가인 페르디난트 힐러Ferdinand Hiller로부터 어려서부터 조기교육을 받았습니다. 9살에 어머니 생일 축하 노래를 작곡하고 14살에 교향곡과 현악 4중주를 작곡하는 등 천재성을 드러내 모차르트 협회 장학금을 4년간 받았습니다. 1858년 20살에 쾰른 음대에서 작곡 강의를 시작했고 첫 오페라인 '해학과 책략 그리고 복수Scherz, List und Rache'를 발표했습니다.

1864년 26살에 당대 최고의 바이올리니스트인 헝가리 출신 요제프 요아힘Joseph Joachim의 연주에 감명을 받아 그를 위한 작품을 쓰기로 작정했습니다. 2년간 혼신의 노력을 다해 작품을 완성하고 1866년 4월 24일 초연했습니다. 하지만 반응이 기대에 못 미치자 악보를 자진 회수하고 요아힘에게 조언을 구했습니다. 요하임의 세밀한 조언을 바탕으로 악보를 전면 수정한 다음 다시 그의 친구인 지휘자 헤르만 레비Hermann Levi에 더하여 멘델스존에게도 조언해준 바 있는 바이올리니스트의 거장 페르디난트 데이비드Ferdinand David에게 자문을 또 구했습니다. 많은 자문을 통해 6번이 넘게 수정하여 완성된 개정판을 1868년 1월 7일 브레멘에서 카를 마르틴 라인탈러의 지휘와 요아힘의 바이올린 연주로 재연하여 대성공을 거두었습니다. 이로써 그는 유명한 작곡가가 되었고 베를린 음악원의 교수가 되었습니다. 베토벤, 브람스, 멘델스존의 바이올린 협주곡을 3대 바이올린 협주곡이라고 하는데 인기로는 브루흐의 바이올린 협주곡 1번이 멘델스존 다음가는 인기를 누리고 있습니다.

혼자 사는 세상이 아니니 힘들면 주변에 도움을 청하고 전문가의 조언을 구하십시오.

Max Bruch, Violin Concerto No. 1
https://youtu.be/KDJ6Wbzgy3E

1월 7일 골방 천재

## 모차르트, 교향곡 1번

**골방에 박혀있는 천재를 보신 적이 있으세요?**

철학자 임마누엘 칸트 Immanuel Kant는 천재는 새로운 법칙을 만들어 내는 사람이라고 최초로 천재를 정의했습니다. 현대적인 의미에서 천재는 탁월한 창의적인 재능으로 독창적인 업적을 남긴 사람입니다. 재능이 탁월해도 독창적인 결과를 이끌어내는 창조력이 없으면 천재가 되지 못합니다. 이런 천재를 게으른 천재라고 하거나 가정이나 사회가 성장 발전할 수 있는 여건을 마련해주지 못한 결과이기 때문에 비운의 천재라고 합니다. 반면에 타고난 재능은 뛰어나지 않아도 본인의 노력과 주변의 도움으로 천재의 반열에 오른 경우를 노력형 천재라고 합니다. 이 노력형 천재가 타고난 재능은 뛰어나지만 성과가 보잘것없는 게으른 천재를 압도하는 경우가 많습니다.

볼프강 아마데우스 모차르트 Wolfgang Amadeus Mozart는 3살에 클라비어 치는 법을 스스로 터득하고 5살에 작곡을 할 정도의 신동이었습니다. 이 신동이 천재 음악가로 성장한 데에는 잘츠부르크 Salzburg 궁정악단 바이올리니스트인 아버지 레오폴드 모차르트의 본업까지 포기한 전폭적인 지원과 체계적인 조기 교육, 유럽의 음악가에 대한 우호적인 사회 분위기, 왕후와 귀족의 적극적인 후원 등도 작용했습니다. 특히 6살인 1762년 1월 7일부터 시작된 아버지와 10년에 걸친 3차례 유럽 여행은 모차르트가 천재 음악가로 급성장하는 데 크게 도움이 되었습니다. 여행을 통해 견문을 넓히고 하이든, 바흐, 마르티니 등 각국의 거장들로부터 배우고 자극을 받아 여행 기간에 100곡이 넘게 작곡했습니다. 1764년 4월 23일 영국 런던으로 가서는 15개월이나 체류했는데 이때 요한 제바스티안 바흐의 막내 (18번째) 아들인 요한 크리스티안 바흐를 만났습니다. 그는 런던 바흐로 불리기도 하는데 모차르트에게 5개월 동안 작곡법을 가르쳐주어 모차르트의 유일한 스승이 되었습니다. 모차르트는 1764년 여름 런던 체류 중에 아버지가 아파 공연을 쉬는 사이에 8살 나이로 첫 번째 교향곡을 작곡하고 이듬해 2월 21일 초연했습니다. 연주 시간이 10분을 조금 넘을 정도로 짧은 3악장짜리 교향곡이지만 음악 신동으로 대성의 조짐을 유감없이 보여줍니다.

독불장군도 골방 천재도 없습니다. 아무리 뛰어난 신동도 골방에 처박아 공부만 시키면 바보가 되니 밖에 나가 자연을 즐기고 친구들과 어울려 놀게 하십시오.

Wolfgang Amadeus Mozart, Symphony No. 1
https://youtu.be/f7Dj5yUdf-w

1월 8일 춤

## 헨델, 오페라 '알미라'에서 '사라방드'

**음악과 춤 가운데 뭐가 먼저일까요?**

음악과 춤 가운데 뭐가 먼저냐는 달걀과 닭 중 누가 먼저냐는 질문과 같습니다. 이탈리아를 성악의 나라라고 한다면 스페인은 춤의 나라입니다. 그래서 스페인 사람들은 어머니 뱃속에서부터 춤을 배워 태어난다고 말할 정도로 춤을 좋아하고 춤을 잘 춥니다. 스페인의 대표적인 춤으로 플라멩코 flamenco, 사라방드 sarabande와 판당고 fandango가 있습니다. 사라방드는 3박자의 느리고 근엄한 춤인데 두 번째 박자에 강세를 주는 것이 특징입니다. 원래는 빠르고 남녀가 마주 보고 엉켜서 추는 선정적이고 난잡한 춤이었습니다. 이 때문에 소설 돈키호테의 저자 세르반테스는 지옥에서 발명된 춤이라는 혹평을 하였고 퇴폐적이라는 이유로 금지된 적도 있었습니다. 하지만 이것이 프랑스와 이탈리아로 전파되어 느리고 장중한 감상용 음악으로 바뀌었습니다. 바로크 시대에 유행한 기악 모음곡에 사라방드나 이와 유사한 사콘느 chaconne를 넣는 것이 관례가 되어 많은 곡들이 이때 작곡되었습니다.

게오르크 프리드리히 헨델 Georg Friedrich Händel은 19살에 그의 첫 오페라인 '알미라 Almira'를 완성하고 1705년 1월 8일 함부르크에서 초연했습니다. 카스티야 왕국의 여왕 알미라가 선왕인 아버지의 유훈에 따라 후견인인 콘살보의 아들이자 군사령관인 오스만과 결혼했으나 서로 마음은 다른 데 있었습니다. 결국 알미라가 좋아한 고아 페르난도가 콘살보의 잃어버린 아들로 판명되어 유훈을 거슬리지 않고 결혼하게 되고, 오스만은 자신이 좋아하는 에딜리아 공주 대신 자신을 좋아하는 아란다의 공주 벨란테와, 모로코의 왕 라이몬도는 오스만이 좋아하는 에딜리아 공주와 결혼하여 세 쌍이 합동으로 결혼식을 올리면서 삼중 삼각관계가 해피엔딩 합니다. 이 오페라의 3막 무도회 Masque에서 아시아인의 춤으로 사라방드가 삽입되어 있습니다. 그런데 이 사라방드는 헨델의 1707년 작 오라토리오 '시간과 깨달음의 승리'에서 'Lascia la Spina'의 선율로, 1711년 작 오페라 '리날도 Rinaldo'의 2막 4장에서 알미레나의 아리아 '울게 하소서 Lascia Chi'io Pianga'의 선율로 다시 사용되었습니다. 일종의 자기표절인데 춤곡이 연주곡에서 유명한 성악곡으로까지 발전한 대표적인 음악입니다.

새해에는 흥겨운 음악이 없어도 덩실덩실 춤출 일이 많이 있으시길 바랍니다.

Georg Friedrich Händel, Opera 'Almira', 'Sarabande'
https://youtu.be/sG52A719Dlw

1월 9일 스마트폰

## 메노티, 오페라 '전화'

**스마트폰을 하루에 얼마나 사용하십니까?**

통계청은 2020년 조사에서 15세 이상 국민의 하루 평균 스마트폰 사용 시간이 평일 2.0시간, 휴일 2.3시간이라고 했습니다. 스마트폰 중독이라고 할 수 있는 과의존 상태는 23.3%였는데 10대 청소년에서는 35.8%, 10대 미만 아동에서도 27.3%에 이르러 소아청소년층에서 더 심각했습니다.

Apple사의 스티브 잡스 Steven Jobs는 2007년 1월 9일 스마트폰인 아이폰 iPhone을 공개하고 2007년 6월 29일 출시했습니다. 스티브 잡스는 1977년 개인용 컴퓨터 PC Apple II를 개발하고 1984년 마우스로 작동하는 PC Macintosh를 개발하여 PC의 시대를 열었는데 30년이 지난 2007년 아이폰을 개발하여 스마트폰 시대를 또 열었습니다. 아이폰은 손바닥 안에 쏙 들어가 한 손에 쥐고 손가락 터치로 모든 조작이 가능한 획기적인 것이었습니다. 셀룰러 망이나 와이파이를 통해 음성 통화와 문자 메시지가 가능한 핸드폰이자 사진 촬영, 음악 재생, 게임 등 오락 및 취미 도구이고 검색, 문서 작업과 이메일 송수신이 가능한 혁신적인 초소형 컴퓨터여서 출시하자마자 선풍적인 인기를 얻었습니다. 우리나라에서는 삼성전자가 애플보다 2년이 늦은 2009년 첫 스마트폰 갤럭시 Galaxy A를 출시하고 2년 만에 출하량으로 세계 1위에 오른 후 아이폰과 겨루고 있습니다.

잔 카를로 메노티 Gian Carlo Menotti는 1911년 7월 7일 이탈리아의 부유한 커피 수입상의 아들로 태어나 11살에 오페라를 작곡했고 밀라노 베르디 음악원 재학 중 16살에 미국 필라델피아 커티스 음악원으로 전학한 다음 미국에서 활동했습니다. 그가 작곡한 25편의 오페라 가운데 1946년 작 '전화 The Telephone'은 25분짜리 코믹 오페라인데 스마트폰에 중독된 현재 사회를 예견한 듯한 작품입니다. 루시 Lucy의 애인 벤 Ben이 여행을 떠나기 전에 여행 갔다 와서 결혼하자는 프러포즈를 하려고 루시의 아파트로 갔습니다. 하지만 루시가 걸려온 전화를 받느라 프러포즈할 틈을 주지 않자 기차 시간 때문에 포기하고 떠납니다. 벤도 역시 전화밖에 방법이 없어 공중전화 부스에서 루시에게 전화를 걸어 결혼 승낙을 얻어냅니다. 루시는 벤에게 잊지 말라고 하며 그것은 내 눈도, 내 손도, 내 입술도 아니고 전화번호라고 합니다.

코로나-19 후 언택트 시대에 중독되기 쉬운 스마트폰의 사용을 잘 조절하십시오.

Gian Carlo Menotti, Opera 'The Telephone'
https://youtu.be/RbdLwe_UhVA

1월 10일 문화

## 가빈 서덜랜드, '항해'

**과거에는 체력을 국력이라고 했었는데 지금은 무엇이 국력일까요?**

대한민국 임시정부 주석 백범 김구는 그의 '백범일지' 중 '나의 소원'의 3장 '내가 원하는 우리나라'에서 "우리나라가 문화로 세계에서 가장 아름다운 나라가 되기를 원하고 높은 문화의 힘을 가지고 싶다"고 했습니다. 그리고 또 우리나라가 문화 모방 국가가 아니라 새로운 문화의 근원이 되고 목표가 되고 모범이 되는 문화 강국이 되기를 원했습니다. 우리나라는 21세기 무한 다중 접속의 디지털 시대를 맞아 백범의 소망대로 K-드라마, K-무비, K-팝 등 한류 문화로 세계인들을 사로잡은 것을 넘어 K-푸드, K-코스메틱, K-패션, K-클래식에 이르기까지 문화 강국이 되었습니다.

영국은 문화의 중요성을 일찍이 인식하고 문화예술 스포츠 분야에서 크게 공헌한 사람에게 기사 작위를 주었습니다. 대중 가수로는 클리프 리처드 (1995년)를 시작으로, 폴 매카트니 (1997년), 엘튼 존 (1998년), 믹 재거 (2003년), 탐 존스 (2006년), 밴 모리슨 (2015년), 칼 젠킨스 (2015년), 로드 스튜어트 (2016), 레이 데이비스 (2017), 배리 깁 (2018), 링고 스타 (2018), 올리비아 뉴튼 존 (2020) 등이 작위를 받았습니다.

로드 스튜어트 Rod Stewart는 1945년 1월 10일 영국 런던에서 태어났습니다. 어려서 축구 선수가 꿈이어서 선수 생활도 하였으나 16살에 대중음악에 뜻을 세우고 2년 뒤 한 그룹의 보컬로 음악 활동을 시작했습니다. 1969년 솔로로 전향하여 첫 솔로 앨범을 발표한 후 1970년 2집, 1971년 3집을 발표하는 등 매우 열정적으로 활동했습니다. 3집의 자작곡인 'Maggie May'가 영국과 미국에서 동시에 1위를 차지하면서 세계적인 가수가 되었고 이후 많은 히트곡을 발표했습니다. 1983년 발표한 앨범이 주목을 받지 못하자 침체에 빠졌으나 10년 만에 재기에 성공했습니다. 1994년과 2012년 각각 솔로와 그룹으로 로큰롤 명예의 전당에 올랐고 2007년 대영제국 3급 훈장을 받고 2016년 기사 작위를 받았습니다. 그는 특유의 거친 음색과 사자 갈기 머리로 칠순에도 여전히 인기를 유지하고 있습니다. 그의 대표곡 가운데 '항해 Sailing'은 자유와 구원을 향한 끝없는 노력의 항해를 노래한 곡인데 1972년 Sutherland Brothers가 발표한 것을 1975년 로드 스튜어트가 다시 불러 큰 인기를 얻었습니다.

대한민국 한류의 항해가 오대양 육대주로 계속 뻗어나가도록 힘차게 응원합시다.

Gavin Sutherland, 'Sailing' (Rod Stewart Song)
https://youtu.be/iQzB5T_B_iI

1월 11일 자유연애

## 프로코피에프, 발레 '로미오와 줄리엣', 발코니 장면

### 사랑 중에 해서는 안 되는 사랑이 있을까요?

영국의 대문호 윌리엄 셰익스피어 William Shakespeare는 154편의 소네트와 37편의 희곡을 남겼습니다. 희곡 중에 '햄릿', '오셀로', '리어왕', '맥베스'를 4대 비극, '말괄량이 길들이기', '베니스의 상인', '열두 번째 밤', '한여름 밤의 꿈', '뜻대로 하세요'를 5대 희극이라고 합니다. 비극인 '로미오와 줄리엣 Romeo and Juliet'은 4대 비극에는 들어가지 않지만 이루어지지 않은 비극적인 사랑을 주제로 연극은 물론 오페라, 뮤지컬, 영화 등으로 제작되어 대중적인 사랑을 많이 받았습니다. 두 원수 가문 사이에 연인으로 발전한 로미오와 줄리엣은 끝내 사랑을 이루지 못하고 결국 둘 다 죽지만 사후에 두 가문이 극적으로 화해하여 사랑의 위대함을 보여주어 모든 경계와 금기를 초월한 위대한 사랑의 고전으로 4세기가 넘도록 사랑받고 있습니다.

세르게이 프로코피에프 Sergei Prokofiev는 1891년 4월 27일 당시 러시아 제국령 우크라이나 도네츠크에서 대지주 아버지와 피아니스트 어머니로부터 태어났습니다. 5살에 '인디언 갤럽'이라는 피아노곡을 작곡하고 9살에 오페라 '거인'을 작곡할 정도로 신동이었습니다. 13살에 상트페테르부르크 음악원에 입학해서 작곡을 공부하였고 도발적인 젊고 유능한 작곡가 겸 피아니스트로 러시아 음악계의 주목을 받았습니다. 하지만 볼셰비키 혁명으로 제정 러시아가 전복되고 사회주의 소련이 들어서자 1918년 미국으로 도피하고 캐나다, 독일, 프랑스 등으로 유랑했습니다. 서유럽에 체류하는 동안 1935년 발레곡 '로미오와 줄리엣'을 작곡했는데 원작과 달리 해피엔딩으로 끝나는 것에 논란이 많아 원작과 같이 개정한 최종판을 1940년 1월 11일 상트페테르부르크에서 초연했습니다. 이는 안무 없이 관현악 모음곡이나 피아노 연주곡으로도 자주 연주됩니다. 조국에 대한 향수 때문에 1936년 45세에 영구 귀국하였지만 자유로운 예술 활동을 금지당하고 1948년 57세에 서구적 형식주의자라는 당국의 비판을 받고 공산당 기관지 프라우다에 자아비판의 글을 싣고 스탈린에게 충성 서약도 하고 어용 작품도 썼습니다. 공교롭게도 그를 탄압한 스탈린과 같은 날인 1953년 3월 5일 스탈린보다 조금 일찍 사망하여 원수 스탈린이 없는 세상은 단 하루도 살지 못한 비운의 작곡가가 되었습니다.

이룰 수 없는 사랑은 많지만 해서는 안 되는 사랑은 없으니 마음껏 사랑하십시오.

Sergei Prokofiev, Ballet 'Romeo and Juliet', Balcony Scene
https://youtu.be/a04IcHI1fFQ

1월 12일 가정

## 레논, '어머니'

**인류가 최초로 만들고 인간이 최초로 만나는 집단은 무엇일까요?**

가정입니다. 독일의 사회학자 페르디난트 퇴니에스 Ferdinand Tönnies는 사회를 공동사회 gemeinschaft와 이익사회 gesellschaft로 나누었는데 가정은 공동사회의 표본이고 인간이 태어나 최초로 만나는 사회이자 배움터입니다. 스위스의 아동교육가 페스탈로치 Johann Heinrich Pestalozzi는 가정을 '도덕 학교'라고 했습니다. 그는 1744년 1월 12일 스위스 취리히에서 태어났습니다. 9살에 아버지를 잃고 홀어머니 밑에서 자랐습니다. 어려운 형편에도 고아에게 관심을 가지고 음식과 옷을 나누어 주는 어머니의 영향을 받아 그도 취리히대학에 다니면서 봉사 활동을 많이 했고 졸업 후에는 야학을 열어 고아들을 가르쳤습니다. 고아원 원장을 하다가 61세에 학교를 설립하여 20년간 운영하면서 가정의 중요성을 인식하고 "단란한 가정의 유지가 가장 큰 보람이고 가정에서 자녀를 돌보는 것이 가장 거룩한 일"이라고 했습니다. 또한 "어린이는 작은 어른이 아닌 독립된 인격체"로 존중하고 사랑해야 한다고 주장했습니다.

비틀즈 Beatles의 원조 존 레논 John Lennon의 가정은 불우했습니다. 영국 해군 상사인 아버지는 바다 근무로 집에 들어오지 않고 어머니 줄리아는 레논을 큰 언니 미미에게 맡기고 바람을 피워 아이까지 낳았습니다. 레논의 어머니는 레논이 6살 때 아버지와 공식적인 별거에 들어가고 또 다른 남자와 동거하다가 레논이 18살 때 교통사고로 사망했습니다. 레논은 이처럼 결손 가정에서 자랐으나 뛰어난 음악성으로 20세기의 위대한 대중 음악가가 되었습니다. 1970년 발표한 노래 '어머니 Mother'에서 레논은 교통사고로 잃은 어머니와 어렸을 떠난 아버지를 절규하듯 외쳐 부릅니다.

우리나라 젊은이들이 과도한 주거 및 육아 부담 때문에 결혼을 미루거나 포기하여 비혼 젊은이들이 늘고 결혼을 해도 아기를 가지지 않거나 늘어나는 이혼으로 있는 가정도 쉽게 깨져서 국가적으로나 사회적으로 매우 심각합니다. 하지만 스위스의 내과 의사이자 정신심리 상담자이고 영성가인 폴 투르니에 Paul Tournier는 위인 중에 고아나 편부모 아이가 많은 것을 관찰하고 "고통의 가정에서 위인이 나온다"고 했습니다. 불우한 가정에서 겪는 이 고통을 '창조적 고통 creative suffering'이라고 했습니다.

가정이 깨져 불우하게 되더라도 없는 것보다 백배 나으니 가정을 이루십시오.

John Lennon, 'Mother'
https://youtu.be/sPYsMM1FvXs

1월 13일 바보

## 바그너, 오페라 '파르지팔', 서곡

**스스로 바보라고 하는 사람이 있을까요?**

누구에게 바보라고 하면 욕입니다. 그런데 김수환 추기경은 85세 나이에 자화상을 그리고 자화상 속의 자기에게 "바보야"라고 썼습니다. 또한 2009년 잠언 집을 내면서는 제목을 "바보가 바보들에게"라고 정했습니다. 그분은 가난하고 소외된 약자의 친구가 되어주었고 성당 마당이 야단법석 난장판이 되어도 독재정권에 쫓기고 핍박받는 자를 감춰주고 보호해 주었습니다. 노무현 대통령도 스스로 바보라고 했습니다. 기득권이라는 큰 바위에 도전하는 자신은 깨질 수밖에 없는 작은 계란에 불과하다는 걸 알고도 그 바위에 몸을 던지는 것을 주저하지 않았습니다. 이처럼 우리나라 최고 종교 지도자였던 김수환 추기경과 국민이 대통령이라던 노무현 대통령이 스스로 바보를 자처하고 바보라는 이름에 만족하였습니다. 자칭 바보라는 이분들은 공통으로 권위적이지 않고 겸손하며 소수 약자에 대한 공감과 연민이 남달랐습니다.

리하르트 바그너 Richard Wagner는 바그너 생애 최후, 최대 오페라인 '파르지팔 Parsifal'을 69세인 1882년 1월 13일 완성하고 그해 7월 28일 초연했습니다. 오페라 '파르지팔'은 바그너가 1845년 체코의 온천에서 요양하던 중에 중세 독일의 시인 볼프람 폰 에셴바흐 Wolfram von Eschenbach가 쓴 예수의 최후 만찬 때 사용된 포도주잔 (성배)를 찾아 나선 아서왕의 12기사 중 하나인 파르치발 Parzival에 대한 서사시를 읽고 착안한 것입니다. 예수의 성배와 성창을 지키는 12기사단에 지원했으나 거부당한 클링조르가 앙심을 품고 마법사가 되어 여성에게 마법을 걸어 기사들을 유혹하여 타락시키도록 합니다. 이에 기사단장 암포르타스가 클링조르를 제거하려다 상처를 입었는데 어떤 약도 기도도 효과가 없고 순진한 바보만이 그를 구할 수 있다고 합니다. 이때 파르지팔이 나타났는데 그도 클링조르의 마법에 걸린 여자 쿤드리의 유혹을 받고 넘어가려는 순간 암포르타스의 고통이 느껴져서 유혹에서 빠져나왔습니다. 이어 클링조르를 제거하고 암포르타스를 구합니다. 이로써 구원은 타인의 고통에 공감하고 연민하는 순진한 바보들에 의해서 이루어짐을 보여주었습니다.

너도나도 지지 않으려는 세상, 서로 잘났다고 뻐기는 세상에서 자칭 바보라고 하는 사람처럼 져주기를 좋아하고 작은 것에도 공감하고 연민하는 바보처럼 사십시오.

Richard Wagner, Opera 'Parsifal', Overture
https://youtu.be/8k41D9por6c

1월 14일 의사

## 바흐, 코랄 전주곡 645번 '잠자는 이여 일어나라'

### 무엇이 의사를 만들까요?

전공 쏠림이 적었던 시절에 이과 수재들은 의대와 공대를 비슷하게 지원했습니다. 그 시절 의대 지원에 가장 큰 영향을 미친 사람은 슈바이처 Albert Schweitzer입니다. 많은 학생이 슈바이처의 생명 사상과 목숨을 건 아프리카 의료 봉사에 감명을 받아 슈바이처와 같이 봉사하려는 사명감으로 의대를 지원했기 때문입니다. 하지만 1997년 우리나라가 IMF 국가부도 위기와 대량 실직 사태를 겪으면서 의사가 최고의 전문직이 되어 의대 쏠림이 심해졌고 이때부터 의대는 사명이 아니라 성적으로 가게 되었습니다.

오늘은 슈바이처가 태어나고 (1875. 1. 14.) 그의 화신과 같은 의료선교사 이태석 신부가 아프리카 수단의 톤즈 Tonj에서 의료 봉사 중에 대장암에 걸려 선종한 날입니다 (2010. 1. 14.). 슈바이처는 21살 대학생 때 30살까지는 학문과 예술에 전념하고 이후에는 인류에 봉사하겠다는 꿈을 품었습니다. 24살에 철학박사 학위를 받고 다음 해에 신학박사 학위를 받고 대학 강사에 임명되었으나 의료선교사로 봉사하기 위해 30살에 의대에 들어갔습니다. 늦깎이로 37살에 의사가 되어 이듬해 아프리카 가봉의 랑바레네로 가서 90살로 현지에서 죽기까지 봉사의 삶을 살았습니다. 목사이자 신학자이고 음악가이기도 한 그는 1952년 노벨 평화상을 수상했습니다. 어려서부터 파이프 오르가니스트로 활동하고 요한 제바스티안 바흐 Johann Sebastian Bach의 오르간 소품 '코랄 전주곡 Chorale Prelude'에 대한 연구서도 냈습니다.

코랄은 일반적으로 4개 성부를 가진 합창곡을 뜻하지만 코랄 전주곡에서 코랄은 독일 루터파 개신교 성가대의 찬송가를 뜻합니다. 코랄 전주곡은 예배 (성가대의 찬송) 시작 전 오르간 연주 (전주) 곡이라는 뜻인데 찬송가 코랄의 선율을 대위법적으로 엮은 오르간 소품입니다. 바흐는 많은 코랄 전주곡을 작곡했는데 BWV 599~644 (46곡)을 '오르겔뷔힐라인 Orgelbüchlein 코랄', BWV 645~650 (6곡)을 '쉬블러 Schübler 코랄', BWV 651~668 (18곡)을 '라이프치히 Leipzig 코랄'이라고 하고 오르간 대신 피아노 등 다른 악기 또는 관현악 연주로도 연주됩니다. '쉬블러 코랄' 중에 작품번호 BWV 645 '잠자는 이여 일어나라 Sleepers Awake'가 특히 유명합니다.

꿈이 없는 삶은 죽은 것이고 사명이 없는 삶은 썩기 쉬우니 꿈과 사명을 가지십시오.

Johann Sebastian Bach, Chorale Prelude BWV 645 'Sleepers Awake'
https://youtu.be/WvweJ1ILcZc

1월 15일 블랙 스완

## 차이콥스키, 발레 '백조의 호수', 모음곡

**검은 백조를 보신 적이 있으세요?**

학과 같이 겨울 철새인 고니 swan는 몸 전체가 하얗기 때문에 하얀 새라는 뜻의 한자말인 백조라고 합니다. 고대 로마의 풍자시인 데키무스 유니우스 유베날리스 Decimus Junius Juvenalis는 "완벽한 마누라는 검은 백조 black swan만큼 드물다"고 현실에서 존재하기 힘든 것을 '블랙 스완'이라고 했습니다. 그런데 1697년 네덜란드 탐험가 빌렘 드 블라밍 Willem de Vlamingh이 호주에서 검은 백조를 발견하여 백조는 모두 하얗다는 상식을 뒤엎어버렸습니다. 이후 '블랙 스완'은 전혀 예상할 수 없는 일이 일어나는 경우를 뜻하게 되었고 귀납적 추론의 오류를 지적하는 말로도 사용되었습니다. 나심 니콜라스 탈레브 Nassim Nicholas Taleb는 2007년 발표한 책 '블랙 스완 The Black Swan: Impact of the Highly Improbable'에서 911 테러와 같이 과거 경험으로는 도저히 상상할 수 없는 사건으로 인한 경제 위기를 '블랙 스완'이라고 했습니다. 2020년 1월 국제결제은행은 급격한 기후 변화에 의해 유례없는 경제 및 금융 위기가 초래될 수 있다고 경고하면서 이를 '그린 스완'이라고 했습니다.

차이콥스키의 발레 '백조의 호수 Swan Lake'는 1876년 4월 20일 완성되었으나 잇단 연주에서 관심을 끌지 못하여 거의 사장되었습니다. 이를 차이콥스키 사후에 발레마스터 (안무가) 마리우스 프티파 Marius Petipa가 1막과 3막, 프티파의 조수인 레브 이바노프 Lev Ivanov가 2막과 4막의 안무를 다시 짜서 1895년 1월 15일 (그레고리 역으로 1월 27일) 상트페테르부르크 마린스키극장에서 성공적으로 재연하여 '잠자는 숲 속의 미녀', '지젤'과 함께 고전 발레의 3대 걸작이 되었습니다. 마리우스 프티파는 프랑스 출신으로 발레에 파드되 pas de deux (2인무), 그랑 파드되, 디베르티스망 divertissement (다채로운 춤) 등을 도입하여 고전 발레를 완성시킨 거장으로 현재 공연되는 거의 모든 고전 발레는 그의 개작 또는 재창작에 의해 완성된 것들입니다. 차이콥스키는 1882년 '백조의 호수'의 36개 삽입 음악 가운데 1막 정경, 1막 왈츠, 2막 작은 백조들의 춤, 2막 정경, 3막 헝가리 춤, 4막 피날레 정경 등 6곡을 따로 모아 '백조의 호수 모음곡 Swan Lake Suite Op. 20a'을 만들었습니다.

블랙 스완도 그린 스완도 잘 대비하여 백조의 호수처럼 평화로운 한 해가 되십시오.

Pyotr Ilyich Tchaikovsky, Ballet 'Swan Lake Suite Op. 20a'
https://youtu.be/-tzvebu6U08

1월 16일 모란

## 김영랑 시, 우효원 곡, '모란이 피기까지는'

**모란이 피기까지는 얼마나 많이 남았을까요?**

모란이 피기까지는 이 겨울이 지나고 또 봄이 와야 하니까 얼추 넉 달 정도 남은 것 같습니다. 이렇게 많은 날이 남았다고 모란을 그리워하지도 못할 법은 없습니다. 한창 추울 때이기 때문에 오히려 모란이 더욱더 그리울 수도 있습니다. 모란은 목단 또는 목작약이라고도 하는데 예로부터 '꽃 중의 왕'으로 부귀와 공명을 상징하여 왕비나 공주의 옷과 신부의 원삼이나 활옷에 새겨 넣었습니다. 고려청자의 상감 무늬, 분청사기의 꽃무늬, 나전칠기의 당초 무늬, 화문석의 밑그림 등으로 널리 사용되었고 결혼하면 잘 살아라는 뜻으로 모란 꽃 그림을 선물하기도 합니다. 모란 꽃은 작약 꽃과 비슷하여 피어있는 모습만으로는 구별이 어렵습니다. 모란은 나무여서 가지에서 싹이 나지만 작약은 여러해살이풀이어서 땅속 알뿌리에서 여러 줄기가 올라옵니다. 모란은 크기가 2~3 미터에 이르도록 자라지만 작약은 1 미터 이내로 작습니다. 모란 꽃잎은 끝이 뾰족하나 작약은 둥글고 모란 잎에 윤기가 없으나 작약은 윤기가 납니다.

시 '모란이 피기까지는'의 시인 김영랑은 1903년 1월 16일 전남 강진에서 태어났습니다. 강진 보통학교를 졸업하고 14살에 휘문의숙에 입학했습니다. 3·1 독립운동 때 독립선언서를 신발 속에 넣고 강진으로 내려오다가 도중에 발각되어 6달 동안 감옥살이를 했습니다. 1920년 일본에 가서 영문학을 공부했는데 관동대지진이 일어나 1926년 귀국했습니다. 1930년 정지용, 박용철 등과 시문학 동인지를 자비로 창간하여 본격적인 순수 서정시 활동을 시작했습니다. 1934년 4월 시 '모란이 피기까지는'을 발표하고 1935년 첫 시집 '영랑 시집'을 발간했습니다. 영랑은 소월 이후 우리말 언어 감각이 가장 뛰어난 시인으로 맑고 섬세한 서정시의 극치를 보여줘서 "북 소월, 남 영랑"이라는 세평이 났습니다. 대표작으로 '모란이 피기까지는', '가늘한 내음', '꽃', '끝없는 강물이 흐르네', '내 마음을 아실 이', '오월', '돌담에 소색이는 햇발같이' 등이 있습니다. 시 '모란이 피기까지는'에서 모란은 모란 꽃 자체이기도 하지만 해방된 조국, 작가의 이상을 상징하기도 합니다.

지금은 모든 것이 얼어붙어 있으나 모란이 필 그날은 기어이 오고야 말 것입니다. 아직 많은 날이 남아 있으나 나의 모란이 필 그날은 꼭 올 것이니 시간의 힘에 의지하여 참고 기다리십시오.

김영랑 시, 우효원 곡, '모란이 피기까지는'
https://youtu.be/sn_rjxRmppl

1월 17일 카르페 디엠

## 베토벤, 교향곡 8번, 2악장

### 시간 관리 잘하고 계시지요?

목표를 달성하기 위해서는 자기 관리가 관건인데 자기 관리는 결국 시간 관리입니다. 스마트폰 시대가 되면서 스마트폰 앱으로 일정을 관리하는 사람이 많으나 예전에는 새해가 되면 플랭클린 플래너와 같은 일정 관리 수첩을 사는 것이 관례였습니다. 벤자민 플랭클린 Benjamin Franklin은 1706년 1월 17일 미국 보스턴에서 출생하여 17살에 필라델피아로 이주하여 피뢰침과 다초점 렌즈, 소방차 등을 발명한 발명가이고, 미국 최초 헌법을 기안한 계몽 사상가이자 언론인, 외교관, 정치인, 음악가이고 아이비리그인 펜실베이니아대학 U-Penn의 설립자이자 초대 총장이었습니다.

벤자민 플랭클린은 “오늘 일을 내일로 미루지 마라”, “오늘이 내일보다 두 배는 더 가치 있다”, “잠과 휴식은 무덤에서도 얼마든지 할 수 있다”라는 등 시간 관리에 대한 격언을 많이 남겼습니다. 또한 절제, 침잠, 질서, 결단, 절약, 근면, 진실, 정의, 중용, 청결, 침착, 순결, 겸손 등 13가지 덕목으로 자기 헌법을 만들어 64년 동안 매일 저녁 수첩에 이행 여부를 표시하며 자기 관리를 철저히 했습니다. 플랭클린 플래너는 ‘성공한 사람의 7가지 습관’을 쓴 스티븐 커비 Stephen Covey가 벤자민 플랭클린이 썼던 수첩에 착안하여 1997년 만든 것입니다.

음악은 시간의 예술로 시간에 따라 사라져버리는 자연이나 인간 내면의 소리를 붙잡아 재생할 수 있도록 오선지에 음표와 악상 기호로 표시합니다. 한 음의 고저장단은 음표로 표시되고 연결되는 음의 진행 속도는 매우 느리게, 느리게, 보통 빠르기로, 빠르게, 매우 빠르게 등 속도 말로 제시됩니다. 하지만 이는 매우 주관적이어서 지휘자나 연주자마다 해석이 달랐습니다. 이에 요한 맬젤 Johann Maelzel이 메트로놈 Metronome을 개발하여 객관적인 속도 표시가 가능하게 되었습니다. 맬젤과 친분이 많았던 베토벤은 메트로놈 속도 표시를 악보에 처음 도입했고 1812년 작 교향곡 8번 2악장 도입부는 메트로놈 소리를 모방 패러디한 것으로 알려져 있습니다.

우리가 해결해야 할 모든 문제의 답은 시간에 있고, 우리가 만든 모든 문제 또한 잘못 쓴 시간에 있습니다. 하루하루 시간 관리에 성공하면 인생에서도 성공합니다. 오늘 일을 내일로 미루지 마시고 카르페 디엠 carpe diem 오늘을 꽉 붙잡으십시오.

Ludwig van Beethoven, Symphony No. 8 ‘Little Symphony’, 2nd Mov.
https://youtu.be/a_RQJOt-xlw

1월 18일 코

## 쇼스타코비치, 오페라 '코'에서 '탭 댄스 추는 코'

**얼굴에서 가장 자신 있는 부분이 어디인가요?**

눈인가요, 코인가요? 코는 야구장 투수 마운드에 우뚝 선 투수처럼 얼굴 한가운데 위치하여 한 사람의 인상을 좌우합니다. 인상을 결정하는 데 얼굴이 천 냥이면 눈이 구백 냥이라는 말과 같이 눈이 제일 중요하지만 "클레오파트라의 코가 조금만 낮았다면 세계 역사가 바뀌었을 것이다"는 파스칼 Blaise Pascal의 말처럼 코도 결코 뒤지지 않습니다. 그래서 예로부터 콧대가 높다, 콧대가 세다, 코가 납작해졌다, 코가 빠졌다, 코가 깨졌다, 코를 비뚤다, 코를 꿰다는 등으로 코와 관련된 표현이 많습니다. 이들 표현에서 코는 한 개인의 자존심, 권위, 부를 상징한다는 것을 알 수 있습니다. 남자아이들 싸움에서도 싸움꾼의 제일 표적은 코입니다. 코피가 나면 승부가 끝나기 때문입니다.

코의 생김새에도 관심이 많아 개코, 말코, 납작코, 주먹코, 들창코, 매부리코 등으로 표현이 많습니다. "귀 잘생긴 거지는 있어도 코 잘생긴 거지는 없다"라는 말마따나 성형에서도 코를 세우는 것이 일 번이고 쌍꺼풀 수술은 두 번째입니다. 이탈리아 동화작가 카를로 콜로디 Carlo Collodi가 1883년 쓴 '피노키오의 모험'에서 피노키오는 사람을 닮은 목각 인형입니다. 목수 할아버지 제페토가 나무를 깎아 인형을 만들고 사람처럼 말도 하고 행동할 수 있으면 좋겠다는 소원을 빌자 요정이 이를 들어주었습니다. 하지만 피노키오는 이성적인 판단을 할 수 없어 철부지처럼 좌충우돌하며 말썽을 피웠습니다. 그나마 거짓말을 하면 코가 길어졌기 때문에 이를 통해 잘못을 깨닫고 반성했습니다. 여기서 코는 양심의 잣대였던 것입니다.

드미트리 쇼스타코비치는 니콜라이 고골 Nikolai Gogol의 풍자 소설 '코 Nos'를 토대로 첫 오페라인 '코 The Nose'를 작곡했습니다. 사찰관 코발료프 Kovalyov가 이발소에서 면도를 받으면서 요염한 여자와의 야한 상상을 하고 있는데 면도가 끝나버려 이발사에게 괜한 짜증을 내고 집에 오다 보니 코가 없었습니다. 달아난 코를 찾으러 다니면서 생기는 사건들과 달아난 코가 여기저기에 붙어 위세를 부리는 것을 통해 코로 상징되는 인간의 욕망과 부조리한 권위주의 사회를 비판했습니다. 1930년 1월 18일 상트페테르부르크 말리극장 Maly Theatre에서 초연되었습니다.

콧대를 세워 괜한 짜증을 내고 생트집 잡다가는 코가 쑥 빠질 수 있으니 조심하세요.

Dmitri Shostakovich, Opera 'The Nose', 'Giant Tap-dancing Noses' Scene
https://youtu.be/YotMwwixPsw

1월 19일 무쇠

## 베르디, 오페라 '일 트로바토레'에서 '대장간의 합창'

**무쇠와 사람 중 뭐가 더 단단할까요?**

무쇠는 무른 쇠라는 뜻인데 탄소와 규소가 들어 있어 검은색을 띱니다. 강철보다 강도가 약하고 불에 달구면 쉽게 물러져서 솥과 같은 주방기구나 호미나 낫과 같은 농기구 제작에 많이 사용됩니다. 대장간에서 무쇠로 물건을 만들 때는 쇠를 불로 달구어 부드럽게 한 다음 모루 anvil에 놓고 망치질을 해서 만듭니다. 그래서 "쇠는 뜨거울 때 쳐라"라는 격언이 있습니다. 사람도 마찬가지여서 자기 사람으로 만들고 싶을 때는 사랑으로 뜨겁게 달궈야 합니다. 그래야 강철같이 단단한 사람도 찰흙같이 부드러워집니다. 무쇠도 사람도 부드러워지지 않는 상태에서 힘으로 밀어붙이면 깨집니다.

오페라는 1813년생 두 동갑내기 거장인 이탈리아의 주세페 베르디 Giuseppe Verdi와 독일의 리하르트 바그너 Richard Wagner에 의해서 꽃을 피웠습니다. 베르디는 가벼운 세속적인 내용을 주로 다루고 바그너는 장엄하고 철학적인 내용을 주로 다루었습니다. 베르디의 오페라 28개 가운데 '리골레토 Rigoletto', '일 트로바토레 Il Trovatore', '라 트라비아타 La Traviata', '아이다 Aida', '오텔로 Otello'를 5대 걸작이라고 합니다. 베르디가 가장 크게 애착했다는 '일 트로바토레'는 스페인의 극작가 안토니오 구치에레츠 Antonio Gutiérrez의 희곡 'El Trovador' (음유시인 또는 유랑가객)에 기초한 것입니다. 스페인 아라곤의 선대 루나 백작이 둘째 아들이 아픈 것이 집시 노파 때문이라고 집시를 화형에 처했습니다. 이에 집시의 딸 아주체나가 백작의 둘째 아들을 몰래 훔쳐 화형장 불 속에 던져 버렸는데 실상은 자신의 아들이었고 자신의 아들이라고 키운 만리코는 백작의 둘째 아들이었습니다. 선대 백작의 큰아들 루나 백작은 집시의 아들로 자란 동생 만리코와 아라곤 공작의 시녀 레오노라를 두고 삼각관계가 되어 싸웁니다. 동생 만리코는 형을 죽일 수 있었는데도 죽이지 못해 살려 주었는데 나중에 형에 의해서 죽습니다. 이로써 2대에 걸친 보복이 끝납니다. 1853년 1월 19일 로마 아폴로 극장에서 초연했는데 내용이 복잡하고 통속적이지만 박력 있고 경쾌한 아리아와 합창 등으로 인기가 많고 2막에서 집시들이 부르는 '대장간의 합창 Anvil Chorus'이 특히 유명합니다.

사람을 변화시키려면 서두르지 말고 대장장이가 무쇠를 다루듯 먼저 사랑의 풀무질로 뜨겁게 달궈 부드럽게 하십시오.

Giuseppe Verdi, Opera 'Il Trovatore', 'Anvil Chorus'
https://youtu.be/QZN01_pAxro

1월 20일 지능 (IQ)

## 크리스토퍼 틴, '바바 예투'

**세계에서 제일 머리 좋은 나라가 어디인 줄 아시죠?**

전 세계 국가의 지능지수 (IQ) 순위에서 우리나라 국민의 평균 IQ가 106으로 도시 국가인 홍콩에 이어 2등을 하여 국가 순위로는 1등을 하였습니다. IQ가 성공에 미치는 영향은 20% 정도뿐이고 나머지는 정서 안정과 공감 능력을 나타내는 EQ (emotional quotient 감성지수)와 도전 정신과 극복 능력을 보여주는 AQ (adversity quotient 역경지수)입니다. IQ는 우리나라 주변 일본, 중국, 대만 등도 높아 동북아시아 국가들의 지능이 높았습니다. 이는 인류가 발상지인 동북아프리카에서 가장 먼 동북아시아까지 이동하면서 겪은 많은 역경과 위험을 극복하면서 지능이 향상된 것으로 설명하고 있습니다. 미토콘드리아 DNA 연구와 인류 유적들을 통해 현생 인류 Homo Sapiens는 20만 년 전 동북아프리카에서 발생하여 아프리카 북부, 서부, 남부로 이동하고 일부는 7~8만여 년 경에 홍해를 건너 아라비아반도 남단을 거쳐 인도 서북부에 도착한 다음 아시아, 호주, 유럽 등 3개의 경로를 타고 전 세계로 퍼진 것으로 추정하고 있습니다. 현생 인류의 아프리카 발생설은 아프리카 케냐의 쿠비 포라 Koobi Fora에서 현생 인류 및 200만 년 전에 살았을 것으로 추정되는 고대 인류 호모 하빌리스, 호모 루돌펜시스, 호모 에르가스터의 화석이 다수 발견되었기 때문입니다.

케냐는 2009년 1월 20일 집권한 미국 제44대 최초의 흑인 대통령 버락 오바마 Barack Obama Jr.의 친아버지의 나라입니다. 오바마 대통령은 케냐의 국비 장학생인 동명의 아버지와 하와이대학교 캠퍼스 커플이었던 어머니 스탠리 앤 던햄 Stanley Ann Dunham 사이에 1961년 8월 4일 하와이 호놀룰루에서 태어났습니다. 이름 버락 Barack은 스와힐리어로 '축복받은'이라는 뜻입니다. 스와힐리어는 아프리카 모잠비크에서 소말리아까지 동부 해안 1,500 km에 달하는 나라들이 사용하는 아프리카 최대 언어로 케냐와 탄자니아의 국어이고 아프리카연합의 공용어입니다.

크리스토퍼 틴 Christopher Tin (중국 명: 텐즈런)의 노래 'Baba Yetu'는 스와힐리어로 우리 아버지라는 뜻이고 게임 'Civilization 4'의 주제곡입니다. 내용은 기독교의 주기도문인데 2011년 비디오게임 OST 최초로 그래미상을 수상했습니다.

성공을 위해서는 머리 (IQ)만 믿지 말고 가슴 (EQ)과 엉덩이 (AQ)도 잘 쓰십시오.

Christopher Tin, 'Baba Yetu'
https://youtu.be/8d9xURuIs5M

1월 21일 3대 테너

## 에두아르도 디 카푸아, '오 솔레 미오'

### 금세기 3대 테너를 아시나요?

3대 테너 The Three Tenors는 루치아노 파바로티 Luciano Pavarotti, 플라시도 도밍고 Placido Domingo와 호세 카레라스 Jose Carreras를 말합니다. 1988년 호세 카레라스 백혈병재단 주최로 열린 이들 세 명의 공연이 계기가 되어 1990년 이탈리아 월드컵 결승전 전야제에 'The Three Tenors in Concert'로 공연하면서 공식화되었습니다. 2005년 멕시코 공연 후 파바로티가 은퇴하면서 해체되었습니다.

파바로티는 2007년 72세에 췌장암으로 세상을 떠났으나 카레라스는 1987년 백혈병에, 도밍고는 2009년 직장암에 걸렸으나 극복했습니다. 카레라스와 도밍고는 같은 스페인 출신이나 도밍고는 마드리드에서 태어나 학창 시절을 멕시코에서 보냈고 카레라스는 바르셀로나에서 태어나 분리 독립운동 중인 카탈루냐 출신입니다. 이 둘은 다투기도 해서 사이가 좋지 않았는데 카레라스가 1987년 41살에 백혈병에 걸려 미국에서 치료받느라 경제적으로 어려워졌을 때 도밍고가 에르모사 Hermosa 재단을 만들어 카레라스를 도왔습니다. 이를 알게 된 카레라스가 마드리드에서 공연 중인 도밍고를 찾아가서 다퉜던 것에 대해 공개 사과하고 화해하여 친구가 되었습니다. '3대 테너'의 결합도 도밍고와 카레라스의 우정을 바탕으로 파바로티가 합세하여 성사된 것입니다.

도밍고는 1941년 1월 21일 스페인 마드리드에서 스페인 민속 오페라 가수인 부모로부터 태어났습니다. 부모를 따라 8살 때 멕시코로 이주하였고 멕시코시티 음악원에서 피아노와 지휘를 전공하다가 성악으로 바꿨습니다. 18살에 멕시코 국립 오페라단에 바리톤으로 오디션을 봤는데 심사위원의 권유로 테너 아리아도 부른 것이 계기가 되어 테너로 전향했습니다. 20살에 멕시코 몬테레이에서 베르디의 오페라 '라 트라비아타'에서 남주인공인 알프레도 역으로 첫 번째 주연을 맡았습니다. 27살에 뉴욕 메트로폴리탄 오페라극장에서 프랑코 코렐리의 대역을 훌륭하게 완수하여 미국 오페라에 데뷔하였고 이후 세계 오페라 무대를 제패했습니다. 그는 끊임없이 새로운 배역에 도전하여 2015년까지 147개 세계 최다 배역의 기네스 기록과 공연 3,800회, 지휘 500회의 대기록을 세웠습니다.

위인이나 대가가 되려면 먼저 도밍고처럼 마음 씀이 넓고 손이 큰 대인이 되십시오.

Eduardo di Capua, 'O Sole Mio' (The Three Tenors)
https://youtu.be/ZvLZSgP0QMY

1월 22일 옥에 티

## 베토벤, 바이올린, 첼로, 피아노와 관현악을 위한 삼중협주곡

**우리나라 음악가 중 세계적으로 유명한 고전 음악가는 얼마나 될까요?**

작곡가 윤이상 (1917~1995년), 연주가로 바이올리니스트 장영주 (Sarah Chang, 1980년생), 피아니스트 조성진 (1994년생), 첼리스트 겸 지휘자 장한나 (1982년생), 성악가로 소프라노 조수미 (1956년생), 지휘자로 피아니스트 겸 지휘자 정명훈 (1953년생)이 대표적인 분들입니다. 정명훈은 1953년 1월 22일 4남 3녀의 6째로 태어났습니다. 다섯 살부터 피아노를 배웠는데 3년만인 7살에 하이든 피아노 협주곡 11번을 서울시향과 협연하여 주목을 받았습니다. 덕수초등학교에 입학하였으나 8살에 가족을 따라 미국 시애틀로 이주하고 14살에 독주회를 열고 15살에 뉴욕 메네스 음악원에 입학했습니다. 1974년 21살에 차이콥스키 국제 콩쿠르에서 2위를 했습니다. 1975년 22살에 줄리어드 음악원 전액 장학생에 선발되어 지휘를 공부했습니다. 재학 중인 1976년 23살에 뉴욕 청소년 관현악단을 지휘하여 지휘자로 데뷔했습니다. 어렸을 때 그의 음악 선생이었다는 두 누나 첼리스트 정명화, 바이올리니스트 정경화와 함께 정트리오 Chung Trio를 결성하여 1982년 미국 카네기홀에서 연주하였고 이후에 트리오로도 간간이 활동하고 있습니다.

정명훈은 1983년 유럽으로 가서 독일, 프랑스, 이태리 등에서 지휘자와 연주자로 활동했습니다. 1989년 36세에 파리 바스티유 오페라 극장 (현 파리 국립오페라)의 음악 감독에 다니엘 바렌보임 대신 취임하였고 베를린 필하모닉 오케스트라, 빈 필하모닉 오케스트라 등 여러 유명 오케스트라를 지휘했습니다. 1988년과 2015년 이태리 음악평론가협회 올해의 지휘자 상을 2번 수상하였고, 1989년 이태리 아르투로 토스카니니 지휘자상, 1995년과 2003년 프랑스 클래식 음악의 승리 상을 2번 수상했습니다. 2005년 서울시립교향악단의 상임 지휘자로 초빙되어 10년간 활동했는데 서울시향을 국제 수준으로 발전시킨 공적에도 불구하고 고액 연봉과 항공권 사적 사용 등으로 비판을 받고 사임했습니다. 정명훈은 음악으로 우리나라를 널리 알리고 어린 음악가들에게 꿈과 용기를 준 애국자였으나 옥에 티 같은 흠도 있었습니다.

흠이 없는 사람 없고 털어서 먼지 안 나는 사람 없습니다. 지적당할 때마다 재수 없다고 생각하지 마시고 사소한 것이라도 고치고 털릴 때마다 좋은 기회라고 생각하시고 티끌마저도 털어내어 보다 성숙한 성인이 되십시오.

Ludwig Van Beethoven, Triple Concerto (Chung Trio)
https://youtu.be/93PoeraZm_w

1월 23일 GPS

## 티시 이노호사, '돈데 보이'

**모르는 길을 어떻게 찾아가십니까?**

모르는 길을 갈 때 예전에는 물어물어 가거나 지도를 보고 갔으나 지금은 자동차 길안내기인 내비게이션 Navigation System을 이용합니다. 내비게이션을 내비 Navi라고 줄여서 말하기도 하는데 영미권에서는 GPS (Global Positioning System) 또는 GPS Navigation이라고 합니다. 이는 내비게이션이 지구의 중궤도를 돌고 있는 24개 이상의 위성으로 가동되는 전 지구 위치결정시스템 (GPS)에 의해 작동되기 때문입니다. GPS는 3개 이상의 위성에서 보내는 신호를 수신하여 송수신 시간 차로 거리를 측정하고 여기에 알고 있는 위성의 위치를 제공하여 3변 측량법을 통해 수신기의 위치를 결정하는 것입니다. 미국국방부에서 항공기나 선박의 항해, 무기 유도, 측량 등을 위해 개발하였으나 1983년 항로를 이탈하여 소련 사할린 상공에 진입한 대한항공 007편이 소련 공군 전투기에 의해 격추되어 269명이 사망한 것을 계기로 민간에 개방되었습니다. 내비게이션은 자동차 운전은 물론 도심이나 깊은 산 속 길 안내에도 이용되고 있으며 드론이나 자율주행 차 운행에서도 가장 핵심적인 부분입니다.

돈데 보이 Donde Voy는 스페인어로 '나는 어디로 가나'라는 뜻인데 1989년 멕시코 계 미국의 여성 자작 가수 티시 이노호사 Tish Hinojosa가 스페인어로 발표한 노래 제목입니다. 노래 '돈데 보이'는 가난한 가족을 부양하기 위해 사랑하는 사람을 고향에 남겨놓고 죽음을 무릅쓰고 멕시코 국경을 넘어 미국에 밀입국하여 불법 체류자로 감시의 눈을 피해 어디로 가는지 모르고 하루하루 떠돌이로 살아가는 라티노들을 노래합니다. 티시 이노호사는 1955년 12월 6일 미국 텍사스 샌안토니오에서 멕시코 이민자의 13남매 중 막내로 태어나서 라티노의 애환을 너무 잘 알았기에 특유의 애잔한 목소리로 애절하게 불러서 큰 인기를 얻었습니다. 1990년 MBC 연속극 '배반의 장미'의 배경 음악으로 사용되어 우리나라에도 많이 알려졌습니다.

긴 인생길에서는 빠르고 늦는 것이 문제가 아니고 방향이 문제입니다. 가는 방향이 틀리면 아무리 빨리 가도 의미가 없고 빨리 갈수록 엉뚱한 곳에 더 멀리 가 있게 되어 더 큰 문제가 됩니다. 새해 첫 달도 1주 만을 남기고 있는 지금 내 마음의 지피에스를 켜서 지금까지 달려온 길을 되돌아보고 옳게 가고 있는지 점검해 보십시오.

Tish Hinojosa, 'Donde Voy'
https://youtu.be/4xrdh4MrHV0

1월 24일 보석

## 닐 다이아몬드, '스위트 캐롤라인'

**최고의 보석은 아직도 다이아몬드일까요?**

그렇습니다. 다이아몬드 diamond는 대적할 수 없다는 뜻의 그리스어 'adamas'에서 기원했습니다. 다이아몬드는 고도로 안정된 탄소 단일 원자의 결정체로 영롱한 광채는 물론 경도가 10으로 가장 높고, 녹는점과 끓는점도 3,550도와 4,827도로 높아 적수가 없습니다. 다이아몬드는 매우 높은 압력이 가해지는 대륙 지각의 최하부층에서 생성되기에 채굴이나 채취가 가능하기 위해서는 화산활동으로 지각 표면으로 분출되어야 합니다. 다이아몬드는 강도가 강해서 가공이 어려웠는데 17세기 말 이탈리아 베네치아에서 연마 방법이 발명된 후 당대 최고 보석인 에메랄드를 제치고 보석의 최고가 되었고 남아공에서 대규모 광산이 발견되면서 대중화되었습니다.

닐 다이아몬드 Neil Diamond는 1941년 1월 24일 뉴욕 브루클린에서 태어났습니다. 에라스무스 홀 고등학교에 입학하여 바브라 스트라이샌드 Barbra Streisand와 같이 신입생 합창단원으로 활동했습니다. 16살 생일 선물로 기타를 받고 유대인 학생 캠프에서 피터 시거 Pete Seeger의 공연을 보고 대중 음악가가 되었습니다. 미성에다가 풍부한 성량으로 1960~70년대를 주름잡아 1984년 작곡가 명예의 전당에, 2011년 로큰롤 명예의 전당에 올랐습니다. 대표곡으로 'Sweet Caroline', 'Solitary Man', 'Be' 등이 있습니다. 1969년 28살에 발표한 'Sweet Caroline'은 미식축구 NFL의 캐롤라이나 팬더스와 미국 프로야구 MLB의 보스턴 레드 삭스의 응원가로까지 불려지고 있습니다. 뜻밖에 다가온 캐롤라인의 따뜻한 사랑의 손길로 위로를 받고 아픔을 이겨낸다는 내용이나 캐롤라인이 누군지 알 수 없었습니다. 그러다가 2007년 11월 27일 미국 35대 대통령 케네디의 외동딸 캐롤라인 케네디의 50세 생일에 캐롤라인이 바로 그녀였다는 것을 닐 다이아몬드가 공개했습니다. 'Sweet Caroline'은 1962년 7월 7일 판 'LIFE'지 표지에서 소녀 캐롤라인의 조랑말 탄 모습에 영감을 받아 작곡했다고 했습니다. 노랫말 속이기는 하지만 대통령의 어린 딸을 사랑했던 비밀을 무덤에까지 가지고 가지 않고 38년 만이지만 공개해서 다행입니다.

상자 속 보석은 빛을 내지 못합니다. 사랑의 따뜻한 감정과 좋은 마음도 가슴 속에 가둬두면 알 수 없습니다. 사랑한다면 숨기지 말고 고백하여 드러내십시오. 그래야 다이아몬드처럼 아름답게 빛을 내고 이루어집니다.

Neil Diamond, 'Sweet Caroline'
https://youtu.be/ty1dwBCR6D0

1월 25일 유효기한

## 도니제티, 오페라 '안나 볼레나', 서곡

### 사랑의 유효기한은 얼마나 될까요?

1969년 개봉 영화 '천일의 앤 Anne of the Thousand Days'은 비운의 영국 왕비 앤 불린 Anne Boleyn에 대한 사극 영화입니다. 영국 왕 헨리 8세 Henry Ⅷ의 두 번째 왕비 앤 불린은 1533년 1월 25일 헨리 8세와 결혼하여 그해 6월 1일 왕비로 즉위한 후 1,080일 만에 참수를 당하여 천일의 앤으로 불리었습니다. 폐위되고 참수까지 당하게 된 것은 왕자를 생산하지 못한 것이 빌미가 되었습니다. 첫 번째 왕비인 캐서린과 이혼도 캐서린이 왕자를 출산하지 못하자 캐서린이 형의 미망인이었으므로 처녀가 아니었다는 억지를 써서 결혼을 무효화시키고 강제 추방하여 앤 불린과 결혼했기 때문입니다. 당시 로마 교황이 캐서린 왕비와 이혼 사유가 정당하지 않다고 승낙하지 않자 헨리 8세는 교황과 관계를 단절하고 영국 교회를 로마 교황청에서 독립시켜 성공회를 만들고 수장령을 선포하고 왕인 본인이 성공회의 수장을 맡았습니다.

앤 불린도 공주 엘리자베스 1세를 낳은 후 계속 유산하거나 사산하여 왕자를 생산하지 못했습니다. 더구나 앤 불린은 캐서린 왕비와 달리 순종적이지 않아 호락호락하지 않자 제거하려고 계략을 꾸며 앤 불린의 남동생을 포함한 남자 5명과 근친상간 및 간통의 누명을 씌워 29세의 젊은 왕비 앤 불린을 제거했습니다. 그리고는 11일 만에 앤 불린의 시녀 제인 시모어와 결혼하고 이후에도 3번 더 결혼했습니다. 헨리 8세는 신학, 수학, 문학, 음악 등에 조예가 깊고 모든 운동에 능하고, 춤과 노래, 도박 등 잡기에도 능한 다재다능한 인물로 영국의 문예부흥을 일으키고 종교개혁을 단행하고 웨일즈와 통합을 성사시킨 업적에도 불구하고 왕비를 6명이나 얻고 색을 즐긴 호색한이자 두 명의 왕비를 포함하여 수많은 심복과 정적을 죽여 폭군의 상징이 되었습니다.

앤 불린 왕비의 비극적인 삶은 오랫동안 문학과 음악의 소재가 되어 왔습니다. 이탈리아 벨칸토 오페라의 3대 거장인 가에타노 도니제티 Gaetano Donizetti도 앤 불린을 소재로 1830년 오페라 '안나 볼레나 Anna Bolena'를 완성하고 초연했는데 기대 이상의 인기를 얻어 그의 출세작이 되었습니다. 이 인기도 오래 가지 못하고 20세기에 들어서는 거의 연주가 되지 않다가 1957년에 이르러 연주가 재개되었습니다.

사랑도 인기도 기한이 있으니 늘 새롭게 변신하여 유효기간을 갱신하십시오.

Gaetano Donizetti, Opera 'Anna Bolena', Overture
https://youtu.be/IiZKJvU94nI

1월 26일 노익장

## 본 윌리암스, 교향곡 3번 '전원'

**팔순의 나이에도 교향곡을 작곡한 노익장 작곡가는 누구일까요?**

지휘자 중에는 장수한 사람이 많으나 작곡가 중에는 오히려 단명한 사람이 많습니다. 그럼에도 영국의 랄프 본 윌리암스 Ralph Vaughan Williams는 세상을 떠나기 1년 전인 85세에 교향곡 9번을 완성하여 '위대한 노인'이라는 칭송을 받았습니다. 고전음악에서 영국은 변방이고 불모지였습니다. 바로크 시대의 게오르크 프리드리히 헨델 George Friedrich Handel은 영국에 귀화한 독일 음악가였고 고전주의 시대의 요한 크리스티안 바흐 Johann Christian Bach 또한 독일 출신이었습니다. 영국인으로는 에드워드 엘가 Sir Edward Elgar와 엘가 뒤를 이은 거스테이브 홀스트 Gustav Holst와 랄프 본 윌리암스 정도밖에 없습니다. 본 윌리암스는 홀스트와 친구 사이로 둘이 쌍벽을 이루며 영국의 고전음악을 부흥시킨 민족 음악가였습니다.

본 윌리암스는 법률가 집안의 아버지와 영국 도자기 산업가 집안의 어머니 사이에서 1872년 10월 12일 런던에서 태어났습니다. 여섯 살에 음악에 관심을 보여 피아노를 배우고 나중에는 바이올린과 오르간도 배웠습니다. 18살에 영국 왕실음악대학에 들어갔고 23살에 성 나르바나 교회 오르가니스트가 되었습니다. 학창 시절부터 작곡에 흥미가 있어 25살에 베를린으로 가서 막스 브루흐에게 지도를 받았고 36살에 파리로 가서 모리스 라벨에게 지도를 받았습니다. 이들 스승들로부터 낭만적인 감수성과 색채적인 관현악 표현기법을 배웠으나 모방에 그치지 않고 영국 민속음악에 기초한 자신만의 음악을 개척하여 영국을 독일 음악에서 해방시켰습니다. 1914년 제1차 세계대전이 일어나자 42살의 나이에 자원입대하여 프랑스 전선에서 4년이나 종군하며 노블레스 오블리주의 모범을 보여주었습니다. 그의 교향곡 3번 '전원 Pastoral'은 참전 중인 1916년 구상하고 제대 후 1921년 완성하고 1922년 1월 26일 초연했는데 영국 고전음악사에서 기념비적인 작품으로 평가되고 있습니다. 전원이라는 표제가 붙어 있지만 제1차 세계대전 프랑스 전선의 처참하고 암울한 전쟁터 풍경이어서 베토벤의 교향곡 6번 '전원'과 전혀 다릅니다. 베토벤의 '전원'은 시골의 여름 전원이지만 윌리암스의 '전원'은 전쟁터의 겨울 전장입니다.

백세시대는 산전수전에 공중전까지 겪은 노익장들의 시대이니 나이 들수록 더 많이 꿈꾸고 더 뜨겁게 사랑하며 사십시오.

Ralph Vaughan Williams, Symphony No. 3, 'Pastoral Symphony'
https://youtu.be/-KF2Kb6plaE

1월 27일 별명

## 모차르트, 피아노 협주곡 20번

**음악가들의 별명을 얼마나 알고 계십니까?**

바흐는 음악의 아버지, 헨델은 음악의 어머니, 하이든은 교향곡의 아버지, 모차르트는 음악의 신동, 베토벤은 음악의 성자 (악성), 슈베르트는 가곡의 왕, 쇼팽은 피아노의 시인, 리스트는 피아노의 신, 슈트라우스는 왈츠의 아버지, 슈트라우스 2세는 왈츠의 왕, 비발디는 협주곡의 아버지, 베를리오즈는 관현악의 왕, 라벨은 관현악의 마술사, 바그너와 베르디는 오페라의 왕, 퍼셀은 영국 음악의 아버지, 베버는 독일 가극의 아버지, 포레는 프랑스 음악의 아버지, 글린카는 러시아 음악의 아버지, 스메타나는 체코 음악의 아버지, 시벨리우스는 핀란드 음악의 아버지라는 별명을 가지고 있습니다.

볼프강 아마데우스 모차르트 Wolfgang Amadeus Mozart는 1756년 1월 27일 오스트리아 잘츠부르크에서 오스트리아 잘츠부르크 궁정악단 바이올리니스트인 요한 게오르크 레오폴트 모차르트의 3남 4녀 중 막내로 태어났는데 다 죽고 난네를 Nannerl이라고도 하는 5살 많은 누나 마리아와 볼프강만 남았습니다. 볼프강은 3살에 아버지 레오폴트가 누나에게 클라비어를 가르치는 것을 보고 클라비어 연주법을 터득하고 5살에는 작곡도 했습니다. 어린 아들의 놀라운 음악적 재능을 발견한 레오폴트는 궁정악단 단원 직만 간신히 유지한 채 볼프강의 작곡과 연주 활동을 전폭적으로 지원했습니다. 이리하여 볼프강 아마데우스 모차르트는 35년이라는 짧은 삶에도 불구하고 음악의 신동이라는 별명에 걸맞게 모든 음악 분야에서 600곡이 넘는 곡을 남겼습니다.

모차르트는 당시 새로 등장한 악기인 피아노를 특히 좋아하고 잘 쳐서 피아노 협주곡은 11살부터 사망하던 해까지 평생에 걸쳐 개척하고 완성 시킨 분야였습니다. 4번까지는 다른 작곡가의 곡을 차용한 것이고 나머지 23곡은 순수 자작곡인데 20번부터 27번까지는 모두 명곡의 반열에 드는 걸작으로 평가되고 있습니다. 청취자 평가에 의한 10대 피아노 협주곡은 인기가 높은 것부터 라흐마니노프 2번, 차이콥스키 1번, 베토벤 5번, 모차르트 21번, 모차르트 20번, 브람스 2번, 모차르트 23번, 쇼스타코비치 2번, 그리그 가단조, 라흐마니노프 3번인데 모차르트 곡이 3개나 포함되어 있습니다. 이 중 모차르트 20번은 첫 번째 교향악적 협주곡이자 단 둘뿐인 단조곡입니다.

호랑이는 가죽을 남기고 사람은 이름을 남긴다는데 어떤 이름으로 남고 싶습니까?

Wolfgang Amadeus Mozart, Piano Concerto No. 20
https://youtu.be/devtF2EoZDs

1월 28일 설날

## 노향림 시, 최영섭 곡, '해 뜨는 나라의 아침'

### 설 쇠셨습니까?

설은 음력으로 1월 1일입니다. 설을 설이라고 하지 않고 구정이라고 하는 사람이 있는데 이는 잘못된 것입니다. 설을 구정이라고 한 것은 일본이 1910년 우리나라를 강탈하고 민족문화를 말살하기 위해 양력 1월 1일을 신정이라 하고 음력 1월 1일인 설은 구정이라고 하여 쇠지 못 하게 할 목적이었습니다. 광복 후에도 일제 잔재가 제대로 청산되지 않아 1989년에야 설이 설로 되었습니다. 설날은 음력으로 정하기 때문에 양력과 최소 20일에서 최대 49일까지 차이가 나고 다가올 설날은 2023년 1월 22일, 2024년 2월 10일, 2025년 1월 29일, 2026년 2월 17일, 2027년 2월 7일입니다.

설이라는 말의 유래에 대해서는 여러 설들이 있는데 낯설다는 뜻의 '설다'에서 왔다는 설과 '세우다'라는 뜻의 '선다'에서 왔다는 설이 가장 유력합니다. 이 밖에도 삼가다는 뜻의 섧다에서 왔다거나 설이 나이라는 뜻도 있어 나이 먹는 날이라는 뜻으로 사용되었다는 설도 있습니다. 삼국사기에 백제에서는 261년 설맞이 행사를 하였고 신라에서는 651년 왕이 설날에 문무백관들의 새해 인사를 받았다는 기록이 있습니다. 삼국시대부터 시작된 설이 고려시대에는 9대 명절, 조선시대에는 4대 명절이 되었습니다. 설날에는 흩어진 형제들이 부모가 계시는 고향 집에 모여 함께 차례를 지내고 성묘를 하고 친지들을 찾아다니며 세배를 하고 덕담을 나눕니다. 가장 흔히 하는 덕담은 '새해에 복 많이 받으세요'입니다. 소원을 이루기 위해서는 노력뿐만 아니라 복도 있어야 하기 때문에 복을 빌어 주는 것입니다. 세월이 흐르면서 설 풍습도 많이 바뀌었습니다. 부모가 자식을 찾아 역귀성을 하거나 가족들이 명승지에 모여 설을 쇠거나 아예 연휴를 이용해 먼 해외여행을 떠나는 경우도 적지 않습니다. 여기에 코로나-19 대유행 (팬데믹 Pandemic)으로 인해 가족 모임이나 단체 성묘마저 어려워지면서 전통적인 설 문화의 변화가 불가피하여 앞으로 설은 직계 가족만으로 새해의 시작을 재확인하며 새해 계획을 점검하고 각오를 다시 다지는 시간으로 보내게 될 것 같습니다.

가곡 '압해도'와 '해 뜨는 나라의 아침'의 노향림 시인은 1942년 전남 해남에서 태어나 중앙대 영문과를 졸업하고 1970년 월간문학에 시 '불'로 등단했습니다.

한 번도 살아본 적이 없는 새해, 구습과 관행을 버리고 새롭게 사십시오.

노향림 시, 최영섭 곡, '해 뜨는 나라의 아침'
https://youtu.be/weijIT5L9xA

1월 29일 나이값

## 천상병 시, 변훈 곡, '귀천'

### 나이값 하고 사시나요?

새해가 된 지도 한 달이 다 되어 가니 나이 한 살 더 드신 것을 실감하실 것 같습니다. 20세 미만의 청소년들이나 30대 청년까지도 나이 먹는 것이 기회가 되고 나이 제한에서 벗어나는 계기가 되기에 나이 먹는 것이 좋을 수 있습니다. 하지만 30대 이후에는 나이 먹는 것이 부담되고 마흔이 넘으면 나이 먹는 것이 부끄럽게 느껴지기까지 합니다. 미국 16대 대통령 에이브러햄 링컨은 재임 시 "나이 마흔이 넘으면 자기 얼굴에 책임져야 한다"라고 했습니다. 얼굴의 형태는 타고난 것이어서 책임을 물을 수 없지만 40세에 이르도록 살아온 삶이 얼굴의 눈매와 피부 주름과 표정 근육에 배어서 형성된 얼굴 인상은 자기 자신이 만든 것이기에 책임을 피할 수 없습니다.

우리나라는 장유유서의 나이와 기수 문화가 유별나서 한 살이나 한 기수만 더 높아도 "찬물도 위아래가 있다"며 선배나 연장자로 대우하지만 생각이나 언행이 나이에 걸맞지 않으면 "나이 먹은 것이 나이값도 못 한다"라는 비난을 받습니다. 따라서 성인이 되어 나이를 먹으면 나이값을 해야 한다는 부담 때문에 나이 먹는 것이 즐겁지 않습니다. 그런데 나이값은 어떻게 매겨질까요? 나이별 표준 가격은 나이의 별칭으로 제시되어 있습니다. 20대는 약관, 30대는 이립, 40대는 불혹, 50대는 지천명, 60대 이순, 70대는 종심입니다. 그래서 삼십대가 정신적으로나 사회적으로 홀로서기를 못했거나, 사십대가 이런저런 유혹에 미혹되거나, 오십대가 아직도 하늘의 뜻을 파악하지 못했거나, 육십 대가 이런저런 소리에 일희일비하여 흔들리면 나이값을 못하는 것입니다. 그리고 인생 고희 70대에 이르러서는 어느 것에도 매이지 않는 바람처럼 자유로운 영혼으로 안빈낙도할 수 있어야 나이값을 제대로 하는 것입니다.

살 때는 나이의 대우를 받지만 하늘로 돌아가는 것은 나이의 배려가 없습니다. 가난이 직업이라던 시인 천상병은 1930년 1월 29일 이 세상에 왔다가 1993년 4월 28일 이순의 나이에 돌아갔습니다. 그는 그의 시 '귀천'처럼 이슬과 함께 거닐고 노을과 함께 노는 종심의 생각으로 나이값 이상을 하며 무욕의 삶을 살았고 그의 대표 시 '귀천'은 변훈, 신병하, 민남일, 황덕식 등 많은 작곡가에 의해 고운 노래가 되었습니다.

나이 들면 나이테는 숨기고 속은 더 깊어지고 더 많은 손 내어주는 나무가 되세요.

**천상병 시, 변훈 곡, '귀천'**
https://youtu.be/Mm7Q7bSUO40

1월 30일 몽상가

## 조 데리언 작사, 미치 리 작곡, '불가능한 꿈'

**허황된 꿈에 부풀어 있는 사람을 뭐라고 할까요?**

꿈이 지금 당장은 불가능하게 보이더라도 길게 보면 불가능한 것은 없습니다. 지금까지 역사를 되돌아봐도 인류가 꾸었던 꿈들은 거의 다 이루어졌고 이루어지지 않은 것도 아직 이루어지지 않았을 뿐이고 20년 이내에 거의 다 이루어질 것입니다. 누가 터무니없는 꿈같은 이야기나 믿기지 않는 뜬구름 같은 이야기를 하면 돈키호테 Don Quixote 같은 놈이라고 놀렸습니다. 그런데 역사는 역설적으로 이 돈키호테와 같이 허무맹랑한 공상가나 몽상가들이 이끌어 왔다고 해도 지나친 말이 아닙니다.

돈키호테는 스페인의 소설가 미겔 데 세르반테스 Miguel de Cervantes의 1605년 작 소설 '라 만차의 비범한 이달고 돈키호테 El ingenioso hidalgo Don Quixote de la Mancha'의 주인공 이름입니다. 근대 소설의 효시로 알려진 이 소설에서 돈키호테는 기사에 관한 책을 많이 읽고 책 속에 깊이 빠져들어 환상 속에서 자신이 기사가 되어 풍차와 싸우는 등 기사도를 발휘하는 갖가지 모험을 감행합니다. 이 소설은 뮤지컬 '라만차 Man of La Mancha'로 각색되어 1965년 미국 브로드웨이에서 초연되었고 뉴욕 연극 비평가상을 수상하고 이후 5년 6개월 동안 2,328회 장기 공연되어 흥행에도 성공했습니다. 각본은 데일 워서먼 Dale Wasserman, 작사는 조 데리언 Joe Darion, 작곡은 미치 리 Mitch Leigh가 맡았습니다. 작곡가 미치 리는 1928년 1월 30일 뉴욕 브루클린에서 태어났고 1951년 예일대학에서 음악 석사학위를 받았습니다. 뮤지컬 '맨 오브 라만차'로 토니상을 수상하였고 수록곡 중에서 가장 유명한 '불가능한 꿈 Impossible Dream'으로 1973년 작곡가 명예의 전당으로부터 현대 클래식상 Contemporary Classics Award을 수상했습니다.

인류 문명은 모래 위에 성을 쌓고 뜬구름을 잡고 달을 따려고 하는 비현실적인 꿈을 꾸는 몽상가들이 밑도 끝도 없이 던져놓은 과제들을 돌다리도 두드리며 건너듯이 이리 재고 저리 재며 한 발자국씩 앞으로 나아가는 신중하고 치밀한 사람들이 나에게 불가능은 없다는 도전 정신으로 해결하면서 비약적으로 발전해 왔습니다.

할 수 없다는 'Impossible'도 점 하나만 찍으면 'I'm possible'로 난 할 수 있다가 되듯이 세상에 불가능한 것은 없으니 돈키호테의 허황된 꿈같은 꿈도 많이 꾸십시오.

Joe Darion/Mitch Leigh, Musical 'Man of La Mancha', 'Impossible Dream'
https://youtu.be/zbgTUwUP-ew

1월 31일 나쁜 친구

## 슈베르트, '백조의 노래'에서 4번 세레나데

**나쁜 친구가 있다면 어떻게 할까요?**

가곡의 왕 프란츠 슈베르트 Franz Schubert는 1797년 1월 31일 오스트리아 빈의 변두리 리히텐탈에서 아마추어 음악가이자 초등학교 교장인 아버지로부터 태어났습니다. 악기는 물론 공부와 노래도 잘하여 11살에 빈 궁정 예배당 합창단원에 선발되었고 궁정학교 콘빅트를 다녔습니다. 17살에 그가 작곡한 미사곡을 부른 소프라노 테레제 그로브 Therese Grob와 사랑에 빠져 결혼을 약속했으나 테레제 어머니의 반대로 5년 만에 헤어졌습니다. 교사가 되라는 아버지와 갈등으로 가출하여 방랑이 시작되었습니다. 그래도 그를 좋아하는 친구가 많았고 그들이 슈베르티아데 Schubertiade라는 팬클럽을 만들어 거의 매일 밤에 모여 슈베르트의 작품을 듣고 시와 문학을 논하며 외롭고 가난한 슈베르트를 후원했습니다. 친구 중에 6살 위 쇼버 Franz von Schober는 슈베르트가 19살에 가출했을 때 2년여 동안 자기 집에 기거하도록 하는 등 많은 도움을 주었습니다. 하지만 밤의 향락을 즐기는 그를 따라 매음굴에 간 것으로 인해 슈베르트는 매독에 걸렸고 이것이 그의 운명이 되었습니다. 이처럼 슈베르트는 친구들의 도움을 많이 받았으나 친구들 때문에 매독 친구를 만나 그 나쁜 친구에게 자신의 건강과 생명을 바쳐야 했습니다.

단명한 고전 음악가 중에서도 31세의 젊은 나이에 생을 마감한 슈베르트는 사인이 심근경색증이라는 설도 있으나 매독에 의한 것으로 알려져 있습니다. 페니실린이 발견된 1928년 이전에 매독은 현대의 에이즈나 암과 같은 불치의 병이어서 당시 유럽 인구의 15%가 매독으로 사망했습니다. 데버러 헤이든 Deborah Hayden은 그의 저서 '매독'에서 베토벤이 귀가 먹은 것도, 슈만이 음악을 들려주는 천사의 환상을 본 것도, 고흐가 광기에 사로잡히고 시각 이상이 있었던 것도 모두 매독의 합병 증상이라고 했습니다. 불치병에 걸리면 더 내밀한 자기 성찰로 생각이 더욱 심오하고 고결해지는데 이를 건강을 주고 영혼을 사는 "파우스트의 역 거래"라고 합니다.

사람 친구는 나빠도 없는 것보다는 있는 것이 낫지만 병 친구는 없는 것이 백배 나으니 최대한 피하십시오. 어쩔 수 없이 병 친구를 얻게 되었다면 암이 아닌 한 죽기 살기로 싸우기보다는 타협하여 오래오래 공존 공생하는 법을 찾고 아프고 힘든 사람들에 대해 공감력을 키우는 마음 공부의 기회로 삼으십시오.

Franz Schubert, 'Swan Song', No. 4 'Serenade (Ständchen)'
https://youtu.be/qYejArVzId8

2월 1일 양보

## 리스트, 피아노곡 '위로', 3번

### 양보는 누가 하나요?

약육강식의 자연 생태계에서는 물론 인간 사회에서도 양보하는 존재는 계속 양보를 하고, 희생당하는 사람은 계속 희생당하는 것이 비일비재합니다. 달력에서도 그렇습니다. 로마 1대 왕 로물루스 Romulus는 한 해의 시작을 춘분으로 하고 첫 달을 Martius라 하여 1년을 10달로 하는 태음력을 만들었습니다. 기원전 710년경 로마 2대 왕 누마 Numa가 11번째 달 Januarius와 12번째 달 Februarius를 추가하여 1년을 12달 355일로 하는 누마역을 완성했습니다. 이 역시 태양력과 10일 정도 차이가 나서 2년마다 윤달을 두어 보정했지만 길쭉날쭉 부정확한 달력에 불만이 많았습니다. 이에 기원전 46년 율리우스 카이사르 Julius Caesar가 1년을 12달 365일로 하고 4년마다 윤년을 두는 태양력인 율리우스역을 만들고 Januarius (당시 11월) 1일에 공포하면서 Januarius를 한 해의 시작으로 정했습니다. 그 결과 Januarius 1월, Februarius 2월, Martius 3월, Aprilis 4월, Maius 5월, Junius 6월, Quintilis 7월, Sextilis 8월, Septem 9월, Octo 10월, Novem 11월, Decem 12월이 되었는데 그의 생일이 있는 7월을 Quintilis에서 Julius로 바꿨습니다. 카이사르가 율리우스역을 만들 때 홀수 달은 31일, 짝수 달은 30일로 했는데 그러면 366일이 되므로 당시 마지막 달인 Februarius에서 1일을 빼서 29일로 줄였습니다. 카이사르의 암살로 옥타비아누스가 초대 로마 황제가 되자 그의 생일 달인 8월을 Sextilis에서 존엄자라는 그의 존칭 Augustus로 바꾸고 자신의 생일 달을 30일에서 31일로 만들고 이어서 짝수 달을 큰달로 만들어 하루가 늘어나자 2월에서 또 하루를 줄여 28일로 만들었습니다,

프란츠 리스트 Franz Liszt는 20살을 갓 넘어 당대 최고의 피아노 실력과 준수한 용모로 파리 음악계의 우상이 되었습니다. 리스트는 6살 연상의 마리 다구 백작부인 (1834~1839년)에 이은 6살 연하 비트겐슈타인 공작부인 (1848~1861년)과 염문으로도 유명합니다. 그가 물심양면 많은 도움을 받은 비트겐슈타인 공작부인과 사랑에 빠져 동거를 시작한 후 정략결혼으로 불행해진 그녀를 위로하기 위해 '위로 Consolation'와 그들의 꿈같은 사랑을 찬미하고 격려하는 '사랑의 꿈 Liebesträume'을 작곡했습니다.

양보의 달 2월 덕분에 겨울이 짧아진 것에 감사하며, 2월처럼 양보와 희생만을 강요당하는 사회 약자들에게 위로와 격려를 보내고 그들에게도 기회가 주어지게 합시다.

Franz Liszt, Piano Solo 'The Consolation', No. 3
https://youtu.be/iWYdl5OkvSk

2월 2일 바이올린

## 멘델스존, 바이올린 협주곡 마단조

**악기의 여왕은 누구일까요?**

악기의 왕은 피아노이고 악기의 여왕은 바이올린입니다. 피아노나 바이올린 모두 현악기이나 피아노는 줄을 때려서 소리를 내는 타현악기이고 바이올린은 줄을 활로 긁어 마찰시켜 소리를 내는 찰현악기입니다. 바이올린은 현악기 중에서 사람 목소리와 가장 가깝고 소프라노처럼 가장 높은 음을 내기에 여왕처럼 빛납니다. 관현악단에서도 가장 수가 많고 주선율을 담당하며 연주를 주도합니다. 그래서 관현악단의 악장도 바이올리니스트가 맡습니다.

바이올린을 지금과 같은 형태로 완성한 사람은 이탈리아 크레모나의 안드레아 아마티인데 그가 1562년 제작한 바이올린이 현존하는 가장 오래된 바이올린으로 남아 있습니다. 이탈리아 크레모나는 아마티의 뒤를 이어 스트라디바리 Antonio Stradivari와 과르네리 Bartolomeo Giuseppe Guarneri와 같은 명장들이 나와서 바이올린의 본산이 되었습니다. 바이올린에는 G, D, A, E로 4개의 현이 있는데 양의 창자로 만든 거트 gut나 강(철)선을 쓰는데 맨 아래 E선은 주로 강선을 씁니다. 바이올린의 음색과 음질은 주로 울림통의 앞판이 결정하는데 주로 가문비나무 판을 씁니다. 울림이 좋은 가문비나무는 겨울은 매우 춥고 여름도 덥지 않은 수목 한계선에서 자란 것들입니다. 스트라디바리우스나 과르네리와 같은 명기도 1,400년대 중반에서 400여 년간 지속된 소빙하기에 자란 나이테가 촘촘한 밀도 높은 가문비나무 때문에 탄생한 것입니다.

스트라디바리우스와 과르네리 모두 명기이지만 스트라디바리우스는 여성적이고 고상한 귀족의 느낌이고 과르네리는 남성적이고 수수한 농부의 느낌이라고 합니다. 처음에는 스트라디바리우스를 좋아하다가도 나중에는 과르네리를 좋아하게 되는 경우가 많다고 합니다. 19세기 파가니니처럼 20세기 전설적인 바이올리니스트 야사 하이페츠 Jascha Heifetz는 1901년 2월 2일 러시아령 리투아니아에서 태어나 7살에 멘델스존의 바이올린 협주곡 마단조로 데뷔하여 초절 기교와 깊이로 20세기 바이올리니스트의 신이 되었습니다. 그도 처음에는 1731년산 스트라디바리우스를 즐겨 사용하였는데 나중에는 과르네리로 바꿨다고 합니다.

수목 한계선의 가문비나무처럼 역경을 이겨내 울림이 좋은 공감의 명인이 되십시오.

Felix Mendelssohn, Violin Concerto E Minor
https://youtu.be/PC6cPairOTA

2월 3일 부자

## 멘델스존, 무언 가곡 5집 6번 '봄의 노래'

**고전 음악가 중에서 가장 부유한 음악가는 누구였을까요?**

펠릭스 멘델스존 Jacob Ludwig Felix Mendelssohn-Bartholdy입니다. 그는 1809년 2월 3일 독일 함부르크에서 당시 독일에서 손꼽히는 유대인 은행 재벌가의 아들로 태어났습니다. 어려서부터 피아노를 잘 쳤고 12살에 작곡을 하고 시와 그림에도 재주가 많았고 용모도 준수했습니다. 그러나 그는 교만하지 않고 다른 사람의 사정을 헤아리고 배려할 줄 아는 마음씨 좋은 사람이었습니다. 지휘도 잘했던 그는 최초로 나무 지휘봉을 사용한 것으로도 유명합니다. 1841년 한 살 아래인 슈만의 교향곡 1번 '봄'을 그의 교향곡과 함께 초연해주었습니다. 그의 유명한 바이올린 협주곡 마단조를 작곡할 때는 연주자의 의견을 들을 줄도 알았습니다.

멘델스존은 요한 제바스티안 바흐의 1727년 작 '마태 수난곡 St. Mattew's Passion'이 한 세기가 넘게 묻혀있었는데 이를 발굴하여 정리하고 1829년 3월 11일 직접 초연하여 세상에 알렸습니다. 이후에도 바흐의 다른 작품들을 찾아내어 알림으로써 바흐를 음악의 아버지가 되게 하는 데 결정적인 역할을 했습니다. 또한 1843년 독일 최초의 음악원인 라이프치히 음악원을 설립하여 로베르트 슈만과 함께 학생을 가르치고 경제적으로 어려운 학생들에게는 경제적인 도움도 많이 주었습니다. 음악 비평가로도 활약한 슈만과 함께 독일인 음악가들을 유럽에 알리고 후원했습니다. 이처럼 음악적 재능과 훌륭한 인격을 겸비한 그는 독일 음악의 발전에 지대한 공헌을 한 훌륭한 음악가였으나 유대인이라는 이유로 반유대주의자인 리하르트 바그너에게 "흑사병과 같은 존재"라는 비판을 받았습니다.

슈베르트가 독일 가곡을 부흥시키고 있을 때 멘델스존도 1829년부터 15년 동안 작곡한 가곡 풍의 피아노 소품 48곡을 6곡씩 모아 '가사 없는 가곡 (무언 가곡 또는 무언가) Songs without Words'라는 이름으로 8개의 피아노 소품 집을 만들었습니다. 이들 가운데 5집의 6번 곡 '봄의 노래 Spring Song'가 특히 유명합니다.

멘델스존은 십 리 안에 굶어 죽은 자가 없게 했다는 경주 최부자처럼 가진 것을 나누고 베풀 줄 아는 진정한 부자였습니다. 내일모레가 입춘이니 마음 따뜻한 멘델스존의 봄의 노래를 들으면서 들판에 나가 봄이 어디쯤 왔는지 보십시오.

Felix Mendelssohn, Songs without Words Op. 62, No. 6 'Spring Song'
https://youtu.be/8mz5Rtx-Eu0

2월 4일 입춘

## 슈만, 교향곡 1번 '봄'

**입춘방을 아십니까?**

입춘은 봄이 겨울 왕국의 닫힌 문에 봄의 입성을 알리는 방을 붙이고 언 땅에 깃발을 세우는 날입니다. 입춘은 24절기의 시작으로 햇빛이 강해지고 훈풍이 불어 얼었던 땅이 녹기 시작하고 겨울잠을 자던 동물들도 잠에서 깨어나기 시작하는 때입니다. 농경사회에서 입춘은 생산 활동을 시작하는 때로 새해의 실질적인 시작이어서 특별하게 지냈습니다. 입춘 전날 밤에는 남몰래 동네 청소를 하는 등 이웃을 위한 선행을 하여 덕을 베풀며 (적선공덕) 입춘 날에는 '입춘대길과 건양다경'이라는 축문으로 입춘방을 써서 문설주, 대들보, 툇마루 기둥에 붙여 모든 일이 잘되길 바라고 좋은 일이 많길 기원했습니다. 또한 맵고 쓰고 쏘는 맛으로 요리한 파, 마늘, 양파, 달래, 부추, 미나리 중에서 다섯 가지 채소를 먹어 (오신채) 살면서 겪을 인생의 다섯 가지 고통을 이겨낼 마음을 다지고 맡은 일을 아홉 번 반복하는 아홉차리로 겨우내 굳어진 몸을 풀고 한 해를 부지런하게 지낼 것을 다짐했습니다. 마을 단위로는 농악대를 조직하여 신명 나는 풍악을 울리며 집집마다 방문하여 지신을 밟아 악한 기운을 몰아내고 좋은 기운으로 가정의 안녕과 번영을 기원했습니다.

로베르트 슈만 Robert Schumann은 30살에 클라라 비이크 Clara Wieck와 결혼하고 100곡이 넘는 가곡을 작곡하여 1840년을 가곡의 해라고 부르고 이듬해 1841년은 교향곡 1번과 4번을 작곡하여 교향곡의 해라고 부릅니다. 교향곡 1번 '봄'은 '사랑의 봄'이라는 아돌프 뵈트거 Adolf Böttger의 시에서 영감을 받아 1월 23~26일 사이에 피아노 스케치를 끝내고 2월 1달 동안에 관현악 편곡을 마무리하여 완성했습니다. 봄이 피어오르는 모습을 트럼펫과 호른이 아름답게 노래하는 1악장 '봄의 시작'으로부터 2악장 '저녁 풍경', 3악장 '즐거운 놀이', 4악장 '봄의 만개'로 이어집니다. 이는 슈만과 함께 독일 낭만주의 음악을 발전시킨 그의 절친 펠릭스 멘델스존에 의해 같은 해 3월 31일 라이프치히 게반트 하우스에서 성공적으로 초연되었습니다.

봄이 입춘의 깃발을 세웠으니 겨울 나라 얼음공주의 시샘도 극에 달할 것입니다. 겨울이 얌전하게 물러나는 일은 없으니 몰아내려고 애쓰지 마시고 스스로 물러나도록 느긋하게 기다리십시오. 이제 봄의 세상이 되는 것은 시간문제일 뿐이니까요.

Robert Schumann, Symphony No. 1 'Spring'
https://youtu.be/1Lk2V6YOclc

2월 5일 봄 길

## 송길자 시, 임긍수 곡, '강 건너 봄이 오듯'

**봄은 어디로 올까요?**

산 넘고 재 넘어 올까요, 강 건너 길 따라 올까요? 입춘이 지나니 봄기운이 더욱더 완연해졌습니다. 봄의 부드러운 기운이 거센 바람을 잠재우고 봄의 따뜻한 기운이 꽁꽁 언 얼음을 녹이고 있습니다. 역설적이게도 강한 것이 부드러움을 이기지 못하고 냉철함이 온화함을 이기지 못합니다. 약하고 여린 봄처녀가 총칼과 갑옷으로 무장한 동장군을 물리치고 앞강을 건너 강둑에까지 올라왔습니다. 이제 곧 얼었던 강이 풀리면 봄처녀들의 무혈입성으로 세상은 온통 봄의 천국이 될 것입니다.

강은 인류 문화의 발상지이고 마을이나 도시도 강을 끼고 형성되었습니다. 우리나라 전통 마을도 대부분 북쪽 뒤에 산이 있고 남쪽 앞에 강이 있는 배산임수 지형에 남향으로 터를 잡았습니다. 이와 같은 배산임수 남향 배치는 추운 겨울에 뒷산이 차가운 북풍을 막아주고 남쪽으로 드는 햇볕을 집 안 깊숙이 들어오게 합니다. 더운 여름에는 뜨거운 햇볕을 처마에 걸려 집 안으로 들어오지 못하고 앞강에서 불어오는 시원한 바람을 받아 뜨거운 열기를 식힐 수 있게 합니다. 또한 강은 생활용수나 농업용수의 공급원이자 다양한 어패류의 서식지로 영양의 공급처이며 강 주변에 형성된 평야는 식량의 보고이고 이웃 마을이나 다른 세계로 나가는 통로가 되기도 합니다. 이러한 배산임수의 우리나라 전통 마을에서는 봄이 앞강을 건너오게 되어 있습니다.

우리나라 대표적인 작곡가 임긍수님은 1949년 6월 28일 충남 천안시 수산면 장산리에서 태어났습니다. 인근 병천에서 초·중·고를 마치고 1969년 서울대 음대에 입학하여 작곡을 공부했습니다. 졸업 후 1977년부터 1994년까지 서울 은광여고에 재직하였고 1984년 박화목 시에 곡을 붙인 '그대 창밖에서'를 발표하여 작곡가로 데뷔했습니다. 이후 KBS FM 방송 '정다운 가곡'의 전속 작곡가로 위촉되어 본격적인 작곡가의 길을 가게 되었습니다. 그의 대표곡인 '강 건너 봄이 오듯'은 1992년 KBS의 의뢰로 송길자 시인의 시에 곡을 붙인 것입니다. 1992년 초연하였으나 2004년 조수미가 불러 인기 있는 애창가곡이 되었습니다.

세상에 봄이 왔어도 내 안에 따뜻한 온기가 없다면 봄이 아닙니다. 마음의 빗장을 열고 얼음장같이 언 가슴을 녹여 내 안에 봄이 들어오도록 하세요.

송길자 시, 임긍수 곡, '강 건너 봄이 오듯'
https://youtu.be/rbWY7MDWf0U

2월 6일 빨간 옷

## 스티비 원더, '사랑한다고 말하려 전화했어'

**일 년 중 빨간 옷 입기에 가장 좋은 날은 언제일까요?**

미국 심장협회 AHA는 매년 2월을 '국가 심장의 달 National Heart Month'로 정하여 심장병에 대한 경각심을 높이는 대국민 예방 활동을 합니다. 심장병은 남성에서 잘생기지만 여성에서도 3명 중 1명이 심장병으로 사망하는 중요한 질환입니다. 이에 미국 심장학회는 2002년부터 매년 심장의 달인 2월 첫 번째 금요일을 '빨간 옷 입는 날 National Wear Red Day'로 정하여 여성 심장병 예방 활동을 하고 있습니다.

빨간색은 가시광선 가운데 파장이 가장 깁니다. 사람 눈의 망막에 있는 색깔을 구별하는 적색, 녹색, 청색의 세 가지 원뿔세포 가운데 적색 원뿔세포가 청색의 40배, 녹색의 2배나 많아 사람 눈은 빨간색을 가장 잘 봅니다. 이 때문에 인류가 최초로 인식한 색도 빨간색이었습니다. 빨간색은 불이나 피와 같은 색이어서 생명과 활력, 사랑과 기쁨, 용기와 희생, 권위와 권력, 증오와 분노, 혁명과 전쟁, 열정과 욕망, 여성과 성, 유혹과 타락, 위험과 금지를 상징하고 표현하는 데 사용해 왔습니다. 미국 심장학회가 여성 심장병 위험을 경고하고 심장병 예방 활동에 적극 참여 하기를 권유하는 '빨간 옷 입기 운동'에 피와 여성을 상징하고 위험과 경고를 의미하는 빨간색을 사용한 것은 아주 탁월한 선택이었습니다.

여성 심장병은 남성과 같이 흡연, 고혈압, 당뇨병, 고지혈증, 정적인 생활, 가족력 등과 관련이 많은데 폐경 전에는 남성보다 적다가 폐경 후에 급격히 증가합니다. 따라서 폐경 여성들은 금연은 물론 심장병 위험 질환을 조기에 발견하여 적극 치료해야 합니다. 전문적인 치료에 못지않게 중요한 것이 건강한 식사와 규칙적인 운동입니다. 이로써 여성 심장병도 80%를 예방할 수 있습니다. 운동은 심장병 예방은 물론 뼈와 근육을 튼튼하게 하고 정신 건강과 인지 능력도 향상시키므로 특히 중요합니다.

1984년 작 미국 로맨틱 코미디 영화 '빨간 옷 입은 여인 Woman in Red'는 한 유부남이 길에서 우연히 빨간 옷을 입은 젊은 여성을 보고 사랑에 빠져서 벌이는 웃기는 애정 행각을 그렸습니다. 스티비 원더 Stevie Wonder가 만들고 부른 이 영화의 주제가 'I Just Call to Say I Love You'는 아카데미 최고 주제가상을 받았습니다.

사랑하면 말뿐 아니라 책임도 져야 하니 검진 잘 받고 약 잘 먹고 매일 운동하세요.

Stevie Wonder, 'I Just Call to Say I Love You'
https://youtu.be/bqfSXkVH9ac

2월 7일 하루

## 비틀즈, '인생에서 하루'

**백세시대에 하루는 무슨 의미가 있을까요?**

하루에 어떤 사람은 태어나고, 어떤 사람은 죽고, 어떤 사람은 승진을 하고, 어떤 사람은 해고를 당하고, 어떤 사람은 산에 오르고, 어떤 사람은 물에 빠지고, 어떤 사람은 쳇바퀴를 돌리고, 어떤 사람은 멍을 때리고, 어떤 사람은 일을 하고, 어떤 사람은 여행을 떠납니다. 그 하루가 모여 한 사람의 인생이 되고 역사가 됩니다. 그런데 우리는 그 사실을 잊고 삽니다. 그래서 어제처럼 오늘을 살고 또 내일을 삽니다. 그렇고 그런 하루를 사는 것입니다. 그런데 이렇게 살면 10년을 살아도 100년을 살아도 하루를 사는 것이나 다르지 않습니다. 다시 말하면 백년 하루살이인 것입니다.

비틀즈는 1964년 2월 7일 미국 뉴욕 JFK 공항에 내려 첫날을 보냈습니다. 뉴욕 공항에 내려 입국심사를 받고 짐을 찾고 차를 타고 호텔에 가서 입실 수속을 밟고 객실로 들어가서 짐을 풀고 나와서 밥을 먹고 일 좀 보고 잤습니다. 일반 여행객과 별로 다르지 않은 하루였지만 비틀즈의 첫 방미이었기에 역사가 되었습니다. 그래서 역사 history는 그자의 his 이야기 story인 것입니다. 비틀즈의 명곡 중 1967년 발표곡 '인생에서 하루 A Day in the Life'는 존 레논과 폴 매카트니의 환상적인 협업과 전위적인 실험 정신이 돋보이는 곡입니다. 앞부분은 레논이 신문에서 기네스 흑맥주 사장의 21세 젊은 상속인인 타라 브라운이 교통사고로 죽었다는 기사와 영국이 전쟁에서 이긴 영화를 본 느낌을 작곡한 곡이고 뒷부분은 매카트니가 학창 시절에 늦게 일어나 허겁지겁 이층 버스를 타고 학교에 지각한 사소한 일상과 랭카셔 블랙번 도로에 포트 홀이 4천 개나 생겼는데 이를 다 세고 있다는 그저 그런 신문 기사를 본 감상을 작곡한 것입니다. 이 두 곡을 연결시키기 위해 40인조 관현악단의 연주를 넣었는데 전혀 다른 두 곡을 절묘하게 연결하고 하루의 삶이 뒤죽박죽 뒤엉킨 것 같은 느낌을 주면서 현실과 꿈속을 오가는 듯한 몽환적이고 환각적인 분위기를 자아내어 1960년대 후반 사이키델릭 록 psychedelic rock의 등장에 영향을 주었습니다. 이 노래는 롤링 스톤지 선정 역사상 가장 위대한 500곡 중 20위권에 들어 있습니다.

백세시대에 하루는 아무것도 아니라고 하루를 얕잡아 보면 백 년을 살아도 하루를 산 것처럼 후회할 수 있으니 하루를 천년같이 소중하게 사십시오.

The Beatles, 'A Day in the Life'
https://youtu.be/usNsCeOV4GM

2월 8일 선물

## 바르톡, 피아노 협주곡 3번

**가장 슬픈 선물은 어떤 선물일까요?**

주지 못한 선물입니다. 헝가리는 훈족이 세웠다는 속설로 헝가리 Hun-gary로 부르고 있지만 본인들은 마자르인의 나라라는 뜻으로 머저로르사그 Magyarország라고 부릅니다. 다뉴브강의 중류가 관통하는 중앙 유럽에 위치하여있으나 이름을 쓸 때 우리나라와 같이 성을 먼저 쓰고, 날짜를 연월일의 순서로 쓰고, 주소도 시도에서 번지의 순서로 쓰고, 전통 음악 체계도 5음계여서 우리나라와 공통점이 많습니다. 인구 1천만을 조금 넘는 작은 나라이지만 천재 수학자이자 물리학자 노이만, 증권 왕 조지 소로스, 신문왕 퓰리처, 인텔 회장 그로브, 볼펜 발명가 비로, 비타민C 발명가이며 노벨 생리의학상 수상자 센죄르, 맞추기 큐브 발명가 루비크, 피아니스트 겸 작곡가 리스트와 바르톡, 지휘자로 올만디와 솔티 등으로 인류에 공헌한 위인이 많습니다.

벨라 바르톡 Béla Bartók은 1881년 3월 25일 헝가리에서 농업학교 교장인 아버지와 피아노 선생인 어머니로부터 태어났습니다. 26살에 왕립음악원 피아노 교수가 되었고 헝가리 집시가 아닌 농민들의 민요 선율을 13,000여 개나 수집하여 헝가리 민속음악의 정체성을 확립했습니다. 1940년 제2차 세계대전이 일어나고 헝가리가 나치 편을 들자 미국으로 이주했습니다. 미국에서 안정을 찾아가던 중 1944년 4월 63세로 백혈병을 진단받아 이듬해인 1945년 9월 26일 사망했습니다. 그는 백혈병 투병 기간에 그의 생명이 얼마 남지 않는 것을 직감하고 22살 연하 피아니스트 부인 디타 파스토리 Ditta Pásztory의 42회 생일에 마지막 깜짝 선물로 줄 피아노 협주곡 3번을 완성하는 데 온 힘을 다했습니다. 하지만 마지막 17마디의 관현악 편곡을 완성하지 못한 채 부인의 생일을 한 달 앞두고 세상을 떠났습니다. 제자 티보르 세를리 Tibor Serly가 마무리하여 1946년 2월 8일 초연했습니다. 부인에 대해 사랑과 감사의 마음을 헝가리 민속음악에 기초한 현란한 리듬과 다채로운 음색, 피아노를 타악기처럼 선율을 최소화하고 분절성을 강조한 그의 독창적인 음악어법으로 표현한 작품으로 20세기 대표적인 피아노 협주곡의 하나가 되었습니다.

깜짝 놀라게 하려고 큰 선물을 준비하다가 때를 놓치기 쉽습니다. 영어로 선물 present이 지금 present과 같듯이 최고의 선물은 지금 주는 선물이니 지금 바로 주십시오.

Béla Bartók, Piano Concerto No. 3
https://youtu.be/I7J7L53b8U0

2월 9일 친구

## 캐롤 킹, '너에게 친구가 있어'

**봄이 오는 것을 보셨습니까?**

봄 길이 열리고 있습니다. 막혔던 길이 열리고 있습니다. 끊겼던 길이 다시 이어지고 있습니다. 봄이 오기 때문입니다.

정호승 시인은 그의 시 '봄 길'에서,

"길이 끝나는 곳에서도 길이 있다
길이 끝나는 곳에서도 길이 되는 사람이 있다
스스로 봄 길이 되어 끝없이 걸어가는 사람이 있다
강물은 흐르다가 멈추고 새들은 날아가 돌아오지 않고
하늘과 땅 사이의 모든 꽃잎은 흩어져도
보라 사랑이 끝난 곳에서도 사랑으로 남아 있는 사람이 있다
스스로 사랑이 되어 한없이 봄 길을 걸어가는 사람이 있다"고 하였습니다.

절망 속에서도 희망을 보여주고 스스로 그 길이 되어 희망 앞으로 나아갈 수 있게 한 어떤 존재의 사랑과 희생을 노래했습니다. 그 어떤 존재는 선구자이거나 큰 스승이거나 어머니이거나 친구일 것입니다. 참 친구란 오리만 같이 가자고 해도 십 리를 함께 가주는 친구입니다.

캐롤 킹 Carol King은 1942년 2월 9일 뉴욕 브루클린에서 교사 어머니와 소방관 아버지로부터 태어났습니다. 캐롤 킹은 4살부터 피아노와 음악을 배웠고 James Madison 고교 재학 시 코사인스 Co-Sines라는 그룹을 만들어 활동하고 친구였던 '사이먼과 가펑클'의 폴 사이몬과 음반도 만들었습니다. 퀸즈대학에 들어가서는 게리 고핀 Gerry Goffin을 만나 작곡 활동을 같이하다가 결혼했습니다. 1950년대 말에 여성으로서는 드물게 작곡 활동을 주도했고 고등학생 때 친구였던 가수 닐 세다카 Neil Sedaka의 1958년도 히트곡 'Oh, Carol'의 실제 모델이었습니다. 그의 1971년 곡 'You've Got a Friend'는 그녀의 최대 히트곡이고 그래미상 수상 곡인데 첫 남편과 이혼 후 힘든 시간을 함께해 준 친구들을 생각하며 만든 곡입니다.

봄을 맞으며 우리 또한 실의에 빠진 사람들에게 희망을 주는 봄 길과 같은 사람이 되고, 얼었던 마음을 녹이는 포근한 새봄과 같이 따뜻한 친구가 됩시다.

Carol King, 'You've Got a Friend'
https://youtu.be/VbMI4imWFzY

2월 10일 완전한 사랑

## 오펜바흐, 오페라 '호프만 이야기'에서 '인형의 노래'

### 완전한 사랑이 가능할까요?

오페라에는 정가극 opera seria, 대가극 grand opera, 음악극 music drama, 오페라 부파 opera buffa, 희가극 opera comique, 소가극 operetta 등이 있습니다. 오페레타는 오페라 세리아나 그랜드 오페라가 상류층의 전유물이 되어 일반 시민을 위해 만들어진 통속적인 소규모 오페라입니다. 오페레타 작가로 대표적인 사람이 프랑스의 자크 오펜바흐 Jacques Offenbach입니다. 그는 오페라의 음악과 연극적인 요소에 캉캉이나 왈츠 같은 춤과 레치타티보 recitativo 대신 구어체의 대사를 가미하여 프랑스풍 오페레타를 확립했습니다. 오펜바흐는 1819년 독일에서 태어나 14살에 파리음악원에서 첼로를 공부하고 프랑스에 귀화하여 31살에 프랑수와 극장 관현악단 지휘자가 되었고 36살에 자신의 소극장을 세웠습니다. 39살에 작곡한 오페레타 '지옥의 오르페 Orphée aux Enfers'로 유명해졌고 100여 편의 오페레타를 작곡하여 '상제리제의 모차르트'로 불리며 파리 오페레타의 전성시대를 이끌었습니다.

오펜바흐의 '호프만의 이야기 Les Contes d'Hoffmann'는 호프만의 세 개의 단편 소설에 기초하여 만든 그의 유일한 그랜드 오페라입니다. 마지막 마무리를 앞두고 1880년 61세로 세상을 떠나 친구인 에른스트 기로 Ernest Guiraud가 완성하여 1881년 2월 10일 초연했습니다. 이는 시인 호프만의 세 여성과 슬픈 사랑 이야기인데 첫째는 영혼이 없는 인형 인간 올림피아 Olympia, 둘째는 사랑하면서도 자신의 꿈을 포기 못 하는 자기중심적인 성악가 안토니아 Antonia, 셋째는 재색을 겸비했으나 영혼을 빼가는 요부 줄리에타 Giulietta입니다. 세 부류의 여자와 사랑에 실패한 후 완벽한 여자 스텔라 Stella를 만났으나 또다시 실패하여 현실에서 완벽한 사람과 완전한 사랑은 불가능함을 보여주고 예술이 불완전한 사랑의 대안임을 말해 주었습니다. 1막 인형 올림피아의 노래 '숲속의 새들 Les Oiseaux dans la Charmille'과 3막 뱃노래 '아름다운 밤, 사랑의 밤 Belle Nuit, ô Nuit d'Amour'이 유명합니다.

완벽한 사람과 완전한 사랑을 위해 많은 시간과 노력을 쏟아 붓지만 완전한 사랑은 불가능한 것이니 부질없이 애쓰지 마십시오. 이성과 사랑에서 이루지 못한 부족한 부분은 본업에 더 충실해서 얻은 성취와 예술의 도움을 받아 메꾸십시오.

Jacques Offenbach, Opera 'The Tales of Hoffmann', 'The Doll's Song'
https://youtu.be/mVUpKIFHqZk

2월 11일 달빛

## 베토벤, 피아노 소나타 14번 '월광'

**달빛이 가장 밝을 때는 언제일까요?**

음력으로 새해 첫 보름을 정월 (1월) 대보름이라고 합니다. '대보름'이라고 하지만 달이 가장 크거나 밝다는 뜻은 아닙니다. 달이 지구를 타원 궤도로 돌기 때문에 지구와 가까워졌을 때 보름이면 달이 크고 밝지만 이는 매년 다르고 예측이 어렵습니다. 같은 달도 지평선 부근에 있을 때 더 크게 보이기 때문에 정월 보름달이나 팔월 한가위 보름달과 같이 초저녁에 기다리고 있다가 뜨는 달을 보면 더 크고 밝게 보입니다.

과거 농경사회에서는 설날에서 대보름까지가 설 명절 기간이었습니다. 이 기간은 일종의 연휴로 일하지 않고 가족과 마을 어르신께 새해 인사를 다녔습니다. 그러다가 정월 보름이 되면 한해의 무탈과 다산을 비는 여러 가지 행사를 했습니다. 아침에 일어나 부럼 깨기, 더위팔기, 귀밝이술 마시기로 개인의 무탈을 빌고 저녁이 되면 달 집 태우기와 달맞이를 하면서 건강과 평화와 다산을 빌었습니다. 마을 집단적으로는 쥐불놀이, 횃불싸움, 널뛰기, 연날리기, 줄다리기 등을 하며 마을의 안녕과 풍요를 빌고 공동체 의식을 길렀습니다. 이처럼 정월 보름을 '대보름'이라고 여기고 큰 명절로 쇤 것은 달이 여성의 출산과 땅의 소출을 주관한다고 생각하여 새해 첫 보름달에 올해의 자식 농사와 땅 농사 모두 잘되기를 기원했기 때문입니다.

루트비히 판 베토벤의 피아노 소나타 14번 '월광 Moonlight'은 그의 32개 피아노 소나타 중에 8번 '비창 Pathétique', 23번 '열정 Appassionata'과 함께 3대 소나타입니다. 1801년 완성하고 그의 피아노 교습생에서 연인이 된 줄리에타 귀차르디에게 헌정했습니다. '월광'이라는 부제는 베토벤 사후에 독일의 음악 평론가인 렐슈타프가 1악장이 스위스 루체른 호수에 일렁이는 달빛과 같다고 하여 붙여졌는데 대표적인 보름 명절인 정월 대보름과 팔월 한가위 추석 즈음에 많이 연주됩니다. '달빛'은 우리나라 동서 갈등을 상징하는 '달구벌' 대구와 '빛고을' 광주가 동반 상생하자는 뜻으로 달구벌 대구의 '달'과 빛고을 광주의 '빛'을 따서 2009년 달빛동맹을 맺으면서부터 대구와 광주를 아우르는 말로도 사용되고 있습니다.

대구와 광주가 달빛동맹을 맺어 우리나라의 앞날을 환하게 밝혀주었듯이 우리나라의 동서와 남북이 서로 화해하고 협력하여 상생 발전하도록 지지하고 응원해주십시오.

Ludwig van Beethoven, Piano Sonata No. 14 'Moonlight'
https://youtu.be/CEb8brQHcGk

## 2월 12일 봄 감기
# 탁계석 시, 민남일 곡, '그대 아프지 말아요'

**겨울 감기와 봄 감기 중에 어느 것이 더 독할까요?**

입춘을 지나면서 날도 따뜻해져서 봄이 왔다 싶었는데 봄을 시샘하는 꽃샘추위가 어김없이 찾아왔습니다. 겨울의 시샘은 삼한사온의 오랜 약속을 깨고 앙탈을 부리기 일쑤입니다. 이 때문에 인간은 물론 죄 없는 동물들까지 조류독감이나 구제역으로 희생을 당하기도 합니다. 조류독감과 구제역은 모두 바이러스 때문에 생기는데 이들 바이러스는 기온에 민감합니다. 사람 체온 정도의 온도에서는 하루도 못 버티지만 날씨가 추워지면 아주 오래 삽니다. 조류독감 바이러스의 경우 기온이 30도가 넘으면 3시간 밖에 못 살지만 기온이 4도 이하로 떨어지면 40일까지 삽니다. 구제역 바이러스도 37도에서는 하루 만에 죽지만, 4도에서는 4개월, 영하 5도 이하에서는 1년 이상 살 수 있어 날씨가 추워지면 이들 바이러스가 더욱 기승을 부리게 됩니다.

조류독감은 사람도 걸릴 수 있으나 구제역은 소와 돼지를 비롯하여 양과 염소와 같이 발굽이 두 개인 가축에서만 주로 발생합니다. 구제역 바이러스는 피코르나 바이러스 Picorna virus로 차고 중성인 (pH 7.2~7.6) 환경에서 잘 살기 때문에 산성이나 염기성 액체로 소독합니다. 주로 생석회 (산화칼슘 $CaO$)를 이용하는데 이는 생석회가 염기성이고 물과 반응하여 소석회 (수산화칼슘 $Ca(OH)_2$)가 되면서 100도가 넘는 열을 내기 때문입니다. 요즘은 캠핑도 화기 사용에 따른 산불 예방을 위해 가스나 석유 버너를 쓰지 않는 비화식 캠핑이 대세인데 이때 쓰이는 발열재의 주원료도 바로 생석회입니다. 그러나 겨울철 손난로로 이용하는 핫 팩은 철가루를 사용합니다. 밀폐 봉지 안에 철가루와 철가루의 산화를 돕는 소금과 활성탄을 넣었다가 봉지를 열어 공기에 노출시키면 철가루가 공기 중 산소에 노출되어 산화되면서 열을 내는 것입니다.

체감 온도가 10도 이하가 되면 낮은 기온 때문에 우리 몸에서 빼앗기는 열이 많아 우리 몸이 보충할 수 없게 되기 때문에 추위를 느끼게 됩니다. 공기에 많이 노출된 귀, 코, 손 등이 먼저 시리고 심해지면 열을 만들어 내기 위해 몸 근육이 떨립니다. 우리 몸이 추위를 느낄 때면 면역력이 급격히 떨어져서 감기에 걸리기 쉽게 됩니다. 봄 감기가 겨울 감기보다 더 독하고 몸 감기보다 마음 감기가 더 오래 갑니다. 몸 감기도 마음 감기도 걸리지 않도록 몸도 마음도 따뜻하게 잘 간수 하십시오.

**탁계석 시, 민남일 곡, '그대 아프지 말아요'**
https://m.youtube.com/watch?v=Mw_3nFdD8C4

2월 13일 졸업

## 이은상 시, 박태준 곡, '동무 생각'

**졸업 언제 하셨습니까?**

초·중·고의 졸업식은 2월 중순에 끝나고 대학은 대개 2월 중순에 시작합니다. 따라서 지금은 졸업 시즌입니다. 졸업할 때 존경하는 선생님과 정든 교정과 이별도 아쉽지만 각기 다른 진로 때문에 친구들과 헤어지는 것이 제일 아쉬웠을 것입니다. 오래전에 졸업했던 사람도 졸업 철이 되면 학창 시절에 친하게 지냈으나 직장이나 결혼 등으로 오랫동안 떠나 지내고 있는 학창 시절 친구들을 생각하게 되고 학창 시절에 사귀었거나 짝사랑했던 이성 친구와 추억도 생각날 것입니다.

이은상 작사 박태준 작곡의 가곡 '동무 생각'은 1922년 작곡된 우리나라 최초의 가곡입니다. 홍난파의 봉선화가 최초라는 주장도 있으나 '애수'라는 이름의 기악곡 선율이 작곡된 것이 1920년이고 이 선율에 김형준의 시 '봉선화'를 가사로 붙인 것은 1925년이어서 최초라는 것이 맞지 않습니다. '동무 생각'은 박태준 선생이 대구 계성중학교에 다닐 때 동네 언덕길을 지나 신명학교에 다니던 여학생을 짝사랑했던 이야기를 마산 창신학교 근무 때 동료 교사 이은상 시인이 듣고 써준 시에 곡을 붙여 만든 것입니다. 가사에 있는 "청라언덕"의 청라는 푸른 담쟁이라는 뜻이며 계성학교와 신명학교 사이에 있는 언덕을 말합니다. 여기에 많은 미국 선교사의 서양식 붉은 벽돌집 벽을 오르는 사철 푸른 담쟁이 English ivy가 푸른 비단처럼 보여 청라언덕이라고 한 것입니다.

담쟁이는 영어로 아이비 ivy라고 하는데 사철 푸른 아이비는 송악 또는 미국 담쟁이라고 하는 잉글리시 아이비이며 이는 우리나라 담쟁이와 다릅니다. 잉글리시 아이비는 상록이어서 겨울에도 잎이 지지 않고 반면에 우리나라 담쟁이는 가을에는 단풍이 들고 겨울에는 낙엽이 집니다. 식물 중에서 가장 염치없고 무자비한 식물이 넝쿨 식물인데 그래도 담쟁이는 얌전합니다. 권력에 줄을 대고 빌붙어 무임승차하고 고속 승진하는 사람을 등나무로 비유하기도 합니다. 하지만 담쟁이는 등나무나 칡넝쿨처럼 다른 식물을 둘둘 감아 옥죄고 고사시키지는 않습니다. 도종환은 그의 시 '담쟁이'에서 담쟁이를 절망의 벽을 넘는 민중들의 연대의 손과 불굴의 투지로 묘사했습니다.

졸업 철을 맞이하여 교정을 함께 거닐고 청라언덕이나 도라지 동산을 같이 오르며 푸른 꿈을 꾸었던 동무들을 생각하며 잠시나마 행복한 추억에 젖어 보세요.

이은상 시, 박태준 곡, '동무 생각'
https://youtu.be/8sJrprjrOYY

## 2월 14일 발렌타인
## 조동진, '제비꽃'

**그대의 발렌타인에게 무슨 선물을 준비하셨습니까?**

발렌타인 데이 Valentine Day는 고대 로마의 2월 축제인 루페르칼리아 Lupercalia에서 유래했습니다. 로마에 전파된 기독교가 이 축제를 흡수하여 270년 2월 14일 순교한 발렌타인 주교의 기념 축일로 만들어 발렌타인 데이가 생겼습니다. 발렌타인 주교는 원정을 떠나는 병사들의 결혼을 허가하지 말라는 황제의 명을 어기고 진심으로 사랑하는 한 쌍의 연인의 결혼을 승인해준 죄로 처형을 당했는데 나중에 사랑의 수호성인이 되었습니다. 이 발렌타인 데이가 20세기에 이르러 청춘 남녀가 초콜릿 선물을 주고받으며 사랑을 고백하는 날로 변형되었습니다.

봄의 전령사인 제비꽃 violet은 여러해살이 꽃으로 북반구 온대지역에 자라고 종류가 500가지나 되는데 2월의 상징화이며 발렌타인 데이의 꽃입니다. 이른 봄부터 양지바른 곳, 바위나 돌담 밑에 보라색이나 하얀색으로 다소곳이 핍니다. 제비가 돌아올 때쯤에 핀다고 해서 제비꽃이라고 불렀다고도 하고 고려시대에 오랑캐가 자주 침범하는 춘궁기에 핀다고 하여 오랑캐꽃이라고도 하는데 반지꽃, 장수꽃, 씨름꽃, 앉은뱅이꽃, 외나물꽃 등으로도 불립니다. 유럽에는 상사병으로 죽은 소녀가 제비꽃이 되었다는 신화가 있으며 나폴레옹이 특히 좋아하여 초급 장교 때는 제비꽃 소대장으로 불리었고 죽었을 때는 관을 유언대로 제비꽃으로 장식했다고 합니다. 제비꽃은 예수가 십자가에서 처형당할 때 고개를 숙여 애도했다고 하여 성당의 제단을 보라색 제비꽃으로 장식하고 장미, 백합과 함께 성모 마리아에게 바치는 꽃이기도 합니다.

우리에게 친숙한 제비꽃 노래에는 모차르트의 '제비꽃 Das Veilchen'과 조동진의 '제비꽃'이 있습니다. 모차르트의 가곡 '제비꽃'은 괴테의 시에 곡을 붙인 것으로 제비꽃이 양치기 소녀를 짝사랑하다 사랑을 이루지 못하고 죽는다는 슬픈 사랑의 노래입니다. 조동진의 '제비꽃'은 철부지 소녀가 세상일에 고민하고 아파하며 어둔 밤에도 깨어있는 성숙한 인간으로 성장하는 모습을 노래한 매우 은유적인 노래입니다.

고백하지 않는 사랑은 사랑이 아닙니다. 사랑은 고백하지 않으면 이루어지지 않고 그 사랑은 병이 됩니다. 사랑의 고백은 발렌타인 데이가 아니어도 줄 초콜릿이 없어도 더 많이 사랑하는 사람이 먼저 해야 하는 것이니 사랑한다는 그 고백 지금 하십시오.

**조동진 작사 작곡, '제비꽃'**
https://youtu.be/R_MWXzKR5Ww

2월 15일 다뉴브

## 슈트라우스 2세, '아름답고 푸른 도나우'

**대동강 물은 언제쯤 풀릴까요?**

대동강 물이 풀린다는 우수가 19일이니 풀릴 날도 머지않았습니다. 대동강 물은 아직 안 풀렸을지라도 따뜻한 남쪽 지방의 강들은 이미 다 풀렸을 것입니다. 강이 녹으면 이어서 산의 눈도 녹아 강물이 불어납니다. 그래서 상류에서는 강물이 더 힘차게 흐르고 중하류에서는 더 유유히 흐릅니다. 이러한 현상은 알프스나 히말라야 같은 고산에서 발원하는 강일수록 더 그렇습니다.

다뉴브강 Danube은 길이가 2,850 km로 유럽에서 러시아의 볼가강 다음으로 긴 강입니다. 독일 남부 삼림지대 슈바르츠발트에 있는 두 개의 샘에서 발원하여 바이에른 지방을 지나 오스트리아로 들어가서 알프스산맥 고산지대에서 내려오는 지류들을 흡수하여 슬로바키아, 헝가리, 크로아티아, 세르비아, 불가리아, 루마니아, 몰도바, 우크라이나를 지나 흑해로 들어갑니다. 독일에서 헝가리 국경까지는 거의 3시 방향으로 동진하다가 다뉴브 구비 Danube Bend에서 6시 방향으로 90도로 꺾입니다. 이어 계속 남진하여 헝가리 부다페스트를 거쳐 세르비아까지 내려가다가 다시 동진하여 전체적으로는 4시 방향으로 흐릅니다. 평균 수량은 초당 7,000톤으로 어마어마하여 내륙 수로로도 이용되고 있습니다.

다뉴브강은 독일과 오스트리아에서는 도나우강 Donau으로 불립니다. 도나우강이 제목에 들어간 왈츠로 왈츠의 왕 요한 슈트라우스 2세 Johann Strauss II의 '아름답고 푸른 도나우 An der Schönen Blauen Donau'와 루마니아 출신 요시프 이바노비치 Iosif Ivanovich의 '도나우강의 잔 물결 Donauwellen'이 있습니다. '아름답고 푸른 도나우 (또는 다뉴브)'는 1866년 오스트리아가 프로이센과 전쟁에서 7주 만에 패한 국민들의 아픈 마음을 위로하기 위해 빈 남성합창단의 의뢰로 만들어졌습니다. 초연은 합창곡으로 1867년 2월 15일 하였으나 큰 호응을 못 얻었습니다. 그래서 관현악곡으로 편곡하여 그 해 5월 파리 세계박람회에서 발표하여 큰 인기를 얻었습니다. 이후 오스트리아의 제2 국가처럼 대우받고 있으며 매년 열리는 빈 필하모닉 오케스트라 신년음악회의 지정곡으로 연주되고 있습니다.

겨우내 얼었던 대동강 물도 곧 풀릴 것이니 내 마음의 강물 넘쳐흐르게 굳었던 몸과 마음을 슬슬 풀어보십시오.

Johann Strauss II, 'An der Schönen Blauen Donau'
https://youtu.be/IDaJ7rFg66A

2월 16일 보리고개

## 박화목 시, 윤용하 곡, '보리밭'

**세상에서 가장 넘기 힘든 고개는 무슨 고개일까요?**

추풍령고개, 아리랑고개, 육십령고개, 달맞이고개, 바위고개, 스무고개도 아니고 보리고개입니다. 이 문제는 영조 35년 (1759년) 계비 간댁을 위한 면접시험에 나온 기출 문제입니다. 그때는 단답형 주관식 문제였는데 20명의 후보자 가운데 최종 3인에 뽑힌 남산골 김한구의 딸 정순왕후가 보리고개라고 답했습니다. 또 다른 문제로 세상에서 가장 깊은 것은 무엇이냐는 문제가 있었는데 사람의 마음이라고 하였고 가장 아름다운 꽃은 또 무엇이냐는 문제에 대해서는 목화라는 이색적인 답을 제시해 15살 나이에 66세 영조의 두 번째 왕비 (계비)로 간택되어 정순왕후가 되었습니다.

보리고개는 쌀이 극히 부족했던 1960년대까지 쌀을 추수하기 전까지는 보리로 연명해야 했기에 생긴 말입니다. 제2의 주식이었던 보리는 6월 초에 추수하기 때문에 그 전에 쌀이 떨어지면 굶주리는 것 외에 다른 대안이 없어 이 힘든 기간을 보리고개라고 했습니다. 보리는 쌀보다 맛은 떨어져도 영양학적으로는 우수한 점이 많습니다. 보리에는 식이섬유가 많고 쌀에 비해 칼슘은 4배, 엽산은 16배, 비타민 B2는 3배, 아연은 2배, 인은 3배, 철분도 4배나 많아 당뇨, 변비, 골다공증, 빈혈 예방에 도움이 되고 불포화지방산도 많아 동맥경화 예방에도 도움이 됩니다. 또한 보리는 가을에 씨를 뿌려 봄에 수확하기 때문에 농약을 할 필요가 없어 무공해 청정 작물입니다.

가곡 '보리밭'은 박화목님의 시에 윤용하님이 곡을 붙인 국민 애창 가곡입니다. 박화목 시인은 1924년 2월 15일 황해도 황주에서 태어나 평양신학교를 거쳐 만주 하얼빈 영어학원, 봉천신학교를 졸업한 후 1946년 해방 직후에 월남했습니다. 17살 어린 나이에 잡지 '아이생활'에 동시 '피라미드'와 '겨울밤'이 추천되면서 등단했고 동요 '과수원 길'도 썼습니다. 기독교방송 방송부장, 한국아동문학회 부회장, 국제 펜클럽 한국본부 위원, 한국문인협회 아동문학분과 회장 등을 역임했습니다.

우리나라 월급쟁이의 60%는 월급이 평균 12일 만에 고갈되어 매달 현대판 보리고개인 월급고개를 겪고 있다고 합니다. 이렇게 세상에는 넘어야 할 고개가 많고 통과해야 할 문도 많습니다. 하지만 넘지 못할 고개는 없습니다. 오늘 넘어야 할 현재라는 큰 재도 휘파람 불며 파릇파릇한 청보리밭 길을 걷듯이 즐거운 마음으로 잘 넘으십시오.

박화목 시, 윤용하 곡, '보리밭'
https://youtu.be/In6cei3vblA

2월 17일 알파고

## 해리 데이커, '데이지 벨'

**알파고를 아시나요?**

아이비엠 IBM의 '딥큐에이 DeepQA'가 개발한 '왓슨 Watson'에 이어 구글 Google의 '딥마인드 Deep mind'가 개발한 인공지능 바둑 프로그램 '알파고 Alphago'가 본격적으로 인공지능 시대의 문을 열었습니다. 1997년 IBM의 인공지능 '딥블루 Deep Blue'가 1986년부터 20년간 체스 세계 챔피언인 가리 가스파로프를 이기고, 2011년 자연어 형식의 질문에 답할 수 있는 인공지능 '왓슨'이 미국 유명 퀴즈쇼 'Jeopardy'에서 최대 상금 우승자 브레트 레터와 최다 74 연승자 켄 제닝스를 이겼습니다. 하지만 바둑은 다를 거라고 했는데 2016년 '알파고'가 바둑에서 32연승 기록을 가진 천재 기사 이세돌 9단을 4대 1로 이겨 전 세계가 놀랐습니다. 알파고의 통산 전적 74전 73승 1패 중 유일한 1패를 이세돌이 해낸 것으로 그나마 위안을 삼아야 했습니다.

세계적인 디지털 사상가인 니콜라스 카 Nicholas Carr는 그의 저서 '유리 감옥 The Glass Cage'에서 과거의 기계는 사람의 근육을 대체했지만 현재의 기계는 사람의 두뇌를 대체한다고 했습니다. 과거 공장 자동화로 육체노동자들이 일자리를 뺏겼으나 인공지능 시대에는 전문직이 일자리를 많이 뺏길 것입니다. 의사, 약사, 교사, 변호사와 같은 전문직 업무를 인공지능이 담당함으로써 절반 정도가 일자리를 잃을 것으로 예상됩니다. 교육개혁 실천가이자 작가인 후지하라 가즈히로는 21세기 인공지능의 시대에는 퍼즐형 생각과 정보 처리 능력보다는 레고형 생각과 정보 편집 능력이 더 중요하기 때문에 자녀 교육의 기본 틀도 바뀌어야 한다고 했습니다.

IBM의 '왓슨'은 1874년 2월 17일 태어난 초대 회장 토머스 왓슨 Thomas Watson에서 땄습니다. 의학, 법률, 금융, 세무, 신문방송, 쇼핑 등 분야별 전문 '왓슨'이 있습니다. 지금은 인공지능이 작곡도 하지만 컴퓨터가 음성 합성기술을 이용하여 최초로 노래를 부른 것은 1961년 IBM 704 컴퓨터였습니다. 노래는 멋진 결혼식도 아니고 마차가 아니라 2인용 자전거를 타더라도 결혼해서 행복하자는 영국 해리 데이커 Harry Dacre의 1892년 노래 '데이지 벨 Daisy Bell (Bicycle Built for Two)'이었습니다.

인공지능 시대에 인간이 더욱더 큰 역할을 할 수 있도록 이세돌 9단의 4번 대국 승부수 78번과 같은 묘수를 생각해낼 수 있는 창의력과 편집력을 기르십시오.

Harry Dacre, 'Daisy Bell (Bicycle Built for Two)'
https://youtu.be/TXK_cE9AqAI

2월 18일 노틀담

## 뤽 플라몽동, 리카르도 코키안테, '노틀담 드 파리'에서 '아름다워'

**파리 노틀담에 가보셨나요?**

노틀담 Notre Dame은 파리의 발상지로 세느강의 작은 섬 시테섬 Île de la Cité에 있는 대성당입니다. 1163년 착공하여 182년만인 1345년 완공된 고딕 양식의 가톨릭 성당으로 1991년 유네스코 인류문화유산으로 지정되었습니다. 노틀 Notre은 our, 담 Dame은 lady여서 성모 마리아를 뜻합니다. 프랑스의 대문호 빅토르 위고 Victor Hugo의 1831년 작 소설 '노틀담 드 파리 Notre Dame de Paris'는 영미권에서는 성당이 아니라 주인공을 부각시키기 위해 '노틀담의 꼽추 The Hunchback of Notre Dame'라고 번역했습니다. 숙명적인 곱사등의 장애를 지닌 성당 종지기 콰지모도, 욕정에 사로잡힌 주교 신부 프롤로, 공권력 집행 중 사랑에 빠진 경찰관 페뷔스 등 세 남자가 집시 여인 에스메랄다를 차지하기 위해 싸우는 것을 통해 사회지도층과 권력자들의 위선과 부패, 일반 대중의 편견과 선동적인 행동을 비판했습니다. 이 소설은 오페라로 만들어져 1902년 2월 18일 프랑스 니스 옆 모나코 공국의 몬테 카를로 오페라 극장에서 초연된 이후 뮤지컬과 영화 등으로 많이 제작되었습니다.

뮤지컬 '노틀담 드 파리'는 뤽 플라몽동 Luc Plamondon의 각본, 리카르도 코키안테 Riccardo Cocciante의 음악, 질 마으 Gilles Maheu의 연출로 1998년 9월 16일 파리에서 초연되어 큰 호응을 얻었습니다. 이는 브로드웨이나 웨스트엔드와 차별되는 프랑스 뮤지컬 특유의 전형을 확립하고 프랑스 뮤지컬의 수준을 크게 높인 기념비적인 작품입니다. 뮤지컬 '노틀담 드 파리'는 웅장하고 세밀한 무대 장치에 가수가 노래하고 춤도 추는 영미 뮤지컬과 달리 상징적으로 단순하게 꾸민 무대에서 노래와 춤을 성악가와 무용수가 분담하여 춤과 노래의 전문성을 높인 것이 특징입니다. 대사 없이 총 54개 노래로 2막을 끝마치는데 '대성당의 시대 Le Temps des Cathedrales'와 '아름다워 Belle'가 특히 유명합니다. 이 중 '아름다워'는 에스메랄다를 차지하고 싶은 세 명의 남자, 콰지모도, 프롤로, 페뷔스가 차례로 에스메랄다의 아름다움을 찬미하며 구애하는 노래로서 '노틀담 드 파리'의 최대 인기곡입니다.

서로 다름을 인정하는 화이부동의 생각과 인종, 국적, 미모나 능력, 장애 등 어떤 것으로도 차별하지 않는 만민평등주의를 실천하여 진정 아름다운 사람이 되십시오.

Luc Plamondon/Riccardo Cocciante, 'Notre Dame de Paris', 'Belle'
https://youtu.be/095LE76NZqE

2월 19일 미뉴에트

## 보케리니, 현악 오중주 마장조, 3악장 '미뉴에트'

**이 세상에 완전히 새로운 창조물이나 발명품이 얼마나 될까요?**

성경 전도서는 해 아래 새로운 것은 하나도 없다고 합니다. 하이든이 완성한 현악 사중주에 현악기 하나를 추가한 것이 현악 오중주입니다. 일반적으로 비올라를 추가하는데 루이지 보케리니 Luigi Boccherini는 첼로를 추가하여 첼로 현악 오중주를 만들었습니다. 보케리니는 1743년 2월 19일 이탈리아 루카에서 태어났습니다. 12살에 로마로 가서 2년간 공부한 다음 14살에 오스트리아 빈으로 가서 황실 극장에서 첼로 연주자로 활동하다가 18살에 스페인 마드리드로 갔습니다. 27살에 스페인 왕 카를로스 3세의 동생 돈 루이 Don Luis의 궁정 악사가 되면서 마드리드에 정착했습니다. 그러나 왕이 작곡에 간섭하는 것에 대해 항의하다가 해고를 당했습니다. 이후 경제적으로는 매우 어려운 가운데 작곡에 전념하여 현악 오중주 120여 곡, 현악 사중주 100여 곡, 교향곡 30개, 첼로 소나타 19개, 첼로협주곡 12개를 작곡하여 고전주의 음악 양식의 확립과 발전에 크게 기여했습니다.

보케리니는 하이든보다 11살 어리고 모차르트보다는 13살 많은 고전주의 시대 중기 음악가로 밝고 우아한 궁정풍의 음악을 많이 작곡한 작곡가이자 첼리스트였습니다. 보케리니가 첼로 현악 오중주의 창시자가 된 것도 그가 당대 제일가는 첼리스트였기 때문입니다. 돈 루이가 고용한 비올리스트 프란시스코 폰트 Francisco Font와 그의 세 아들로 구성된 Font String Quartet을 위해 주로 현악 사중주를 작곡하였는데 간혹 그들의 연주에 참여하면서 자신이 참여할 수 있도록 첼로를 하나 더 추가한 것이 현악 5중주가 되었습니다. 그의 현악 5중주 가운데 1771년 작곡한 작품번호 11번의 5번 곡 마장조의 3악장 '미뉴에트 Minuet'가 특히 유명합니다. 미뉴에트는 프랑스의 우아한 3/4박자 춤인데 아장아장 걷듯 보폭 step이 작아서 작다는 의미의 미뉴에트가 되었습니다. 원래는 시골 춤이었는데 루이 14세에 의해 궁정에 도입되어 17~18세기 유럽 전체에 퍼졌고 나중에는 미뉴에트가 춤과 상관없는 기악 연주곡으로 작곡되어 고전주의 시대 하이든에 의해 교향곡 3악장 형식으로 확립되었습니다.

현악 사중주에 악기 하나를 더 보태어 오중주를 만든 것처럼 전통이나 관습에 얽매이지 않는 자유분방한 생각으로 어제와 다른 새날을 만드십시오.

Luigi Boccherini, String Quintet in E Major, 3rd Mov. 'Minuet'
https://m.youtube.com/watch?v=kSE15tLBdso

2월 20일 이발

## 로시니, 오페라 '세비야의 이발사', 서곡

**이발하신 적이 얼마나 되셨습니까?**

기분 좋게 하루를 지내려면 목욕을 하고, 일주일을 지내려면 이발을 하고, 한 달을 지내려면 옷을 사고, 일 년을 지내려면 결혼을 하며, 평생을 지내려면 정직하라는 말이 있습니다. 이발소는 사선의 삼색등으로 상징되는데 빨간색은 동맥, 파란색은 정맥, 하얀색은 붕대, 양 끝 고깔 같은 것은 피나 고름을 담는 그릇을 뜻합니다.

유럽에서 이발사는 이발사의 외과적인 업무를 금지한 1745년까지 외과 일을 겸했습니다. 당시 외과적인 치료 행위는 짜고, 째고, 자르고, 붙이는 단순한 것들이어서 전문 교육이 필요 없고 손재주가 좋고 칼 잘 쓰는 이발사면 충분하다고 생각했습니다. 그래서 이발사를 이발만 하는 단순 이발사와 외과도 겸하는 이발 외과 의사 barber surgeon로 나누고 이발 외과 의사는 사혈, 배농, 골절, 절단 등 외과 치료의 겸업을 알리기 위해 삼색기둥을 세웠습니다. 전쟁으로 인한 외상 환자의 치료에서 외과의 중요성이 커지면서 전문 교육의 필요성도 커져서 이발 외과에서 외과가 분리되었는데 이때 이발 외과를 상징하던 삼색기둥이 이발소의 상징으로 남게 되었습니다. 이후 이발소는 이발과 면도만 하는 곳이 아니라 동네 사람들의 사교 장소로 발전되었습니다. 더불어 외과도 마취기술의 개발과 수술법의 발달로 크게 발전하였고 여러 큰 전쟁에서 크게 활약하여 의사 중의 의사로 불리며 최고의 인기를 누렸습니다. 하지만 지금은 3D (더럽고 dirty, 위험하고 dangerous, 힘든 difficult) 과라고 기피 하여 전문 외과 의사가 없는 중세시대로 되돌아갈 위기에 처해있습니다.

조아키노 로시니 Gioacchino Rossini의 오페라 '세비야의 이발사 Barber of Seville'는 1816년 2월 20일 초연되었는데 이발사 피가로 Figaro가 중매쟁이가 되어 백작의 부탁을 받고 동네 처녀와 결혼을 성사시키려는 과정에서 얽히고설킨 사건들을 흥미롭게 묘사했습니다. 이는 프랑스 극작가 피에르 보마르셰의 희극 '피가로 3부작 Figaro Triology'의 1부 '세비야의 이발사', 2부 '피가로의 결혼', 3부 '죄 많은 어머니' 가운데 1부를 바탕으로 만든 것인데 2부 '피가로의 결혼'은 '세비야의 이발사'보다 30년 먼저 1786년 모차르트에 의해 오페라 부파로 만들어졌습니다.

이발소 삼색등 아래에서 수술 받는 세상이 올까 하니 외과 좀 많이 하게 해주세요.

Gioacchino Rossini, Opera 'Barber of Seville', Overture
https://youtu.be/8mVfVaqGZnQ

2월 21일 피아노

## 체르니, '네 손을 위한 피아노 협주곡'

### 피아노를 치시나요?

피아노는 원래 '여리게 piano'라는 뜻의 음악의 강약을 표시하는 지시어이지만 일반적으로는 피아노 악기를 뜻합니다. 피아노 악기의 전신은 이탈리아어로 쳄발로 Cembalo (영어로 Harpsichord)인데 줄을 고리로 튕기는 방식이어서 음의 강약 조절이 어려웠습니다. 이를 개선하기 위해 1709년 이탈리아의 크리스토포리 Cristofori가 줄을 망치로 치는 방식을 개발하여 음을 약하게도 강하게도 낼 수 있다는 뜻으로 '그라비 쳄발로 콜 피아노 에 포르테 Gravicembalo col piano e forte'라고 이름을 지었습니다. 이 이름이 너무 길어 다 떼고 '피아노포르테'라고 하다가 다시 줄여서 '피아노'라고 했습니다. 피아노는 건반을 두드리고 떼는 세기와 속도는 물론 발판 pedal으로 소리의 여운까지 마음대로 조절할 수 있어 18세기에 '악기의 왕'이 되었습니다.

피아노 음악의 아버지 카를 체르니 Carl Czerny는 오보에, 오르간, 피아노 연주자이자 교사였던 체코계 아버지로부터 1791년 2월 21일 오스트리아 빈에서 태어났습니다. 3살에 아버지로부터 피아노를 배우고 7살에 작곡을 하는 신동이었는데 1801년 10살에 베토벤의 제자가 되었습니다. 1804년까지 정규 지도를 받았고 이후에도 간헐적인 지도를 받았습니다. 베토벤은 체르니에게 그의 작품 연주를 많이 맡겼고 둘은 친밀한 사제의 관계를 계속 유지했습니다. 체르니는 15살 때부터 비엔나 상류층의 유명 피아노 교사가 되어 수업을 하루에 12개씩 할 정도로 인기가 많았습니다. 1819년 리스트의 아버지가 8살짜리 리스트를 데리고 와서 제자로 받아줬는데 그의 재능과 어려운 경제 사정을 보고 무료로 가르쳐주고 베토벤에게 소개도 해주었습니다. 리스트는 이에 보답하듯 훌륭한 연주자가 되어 체르니의 작품을 많이 연주하고 1852년 출판한 그의 '12개의 초절기교 연습곡'을 헌정했습니다. 체르니는 다양한 장르로 1,000곡이 넘는 작품을 남겼는데 초급인 체르니 100, 중급인 30, 고급인 40과 50 연습곡 집으로 피아노 교육에 지대한 공헌을 하였고 지금도 하고 있습니다.

시종일관 똑같은 소리는 소음이 되고 피아노-포르테의 피아노처럼 강약과 고저장단이 있어야 음악이 됩니다. 여러분의 말과 행동도 천편일률적이기보다는 아름다운 음악처럼 상황과 분위기에 맞게 강약과 완급을 적절히 조절하시기 바랍니다.

Carl Czerny, Piano Concerto in C Major for Four Hands
https://youtu.be/dslDo3Bi7qY

## 2월 22일 허니문
## 찰스 킹 원곡, 알 호프만과 딕 매닝 번안, '하와이안 웨딩 송'

### 허니문 honey moon 어디로 가셨어요?

신혼여행을 허니문 또는 밀월여행이라고 합니다. 허니문이란 이름은 신혼여행이 신랑 신부가 신혼의 꿀 honey 맛에 빠지게 되는 결혼 후 첫 한 달 moon의 시작이기 때문에 붙여진 것입니다. 요즘은 결혼 전에 이미 국내는 물론 해외로 커플 여행을 다녀온 경우가 비일비재로 많아 허니문이라고 말하기 어려운 경우도 많습니다. 결혼 휴가 기간도 5일이어서 앞뒤 주말을 연결하면 일주일이나 되어 평소 가기 어려운 먼 유럽이나 호주, 하와이 등으로 가는 경우도 많습니다. 하지만 우리나라에서 해외여행이 자유화된 1989년 이전 우리나라 최고의 허니문 여행지는 단연 제주도였습니다. 제주도로 가게 되면 비행기를 타야 해서 난생처음 비행기를 타보고 바다를 건너가는 것이니 이것도 해외여행이라고 자부했습니다. 비행기에서 내려다보면 섬 전체가 검은 현무암 화산석으로 뒤덮여 흑진주와 같고 키 큰 야자나무 가로수, 노란 감귤 농장과 같은 아열대 식물 등으로 인해 하와이와 같은 이국적인 기분을 느끼게 해주었습니다.

하와이는 원래 각 섬마다 다른 원주민 추장에 의해 통치되고 있었습니다. 1795년 카메하메하 왕이 하와이제도 거의 모든 섬을 평정하여 왕정이 시작되었고 100년 가까이 유지되었는데 1893년 미국인 9명, 영국인 2명, 독일인 2명 등 13명의 외국인이 미 해병대의 지원을 받아 쿠데타를 일으켰습니다. 이들이 여왕 릴리우오칼라니 Liliuokalani를 폐위하고 1894년 7월 4일 하와이 공화국을 세우고 1898년 7월 4일 미국과 강제 합병시켜 1900년 2월 22일 공식적으로 미국의 영토가 되었습니다.

하와이는 세계적인 신혼여행지 선호도 조사에서 언제나 3위 안에 들고 미국 본토 사람에게도 최우수 신혼여행지이자 결혼식 개최지인데 '하와이안 웨딩 송 Hawaiian Wedding Song'의 영향인지도 모르겠습니다. 이는 1926년 하와이어로 작곡된 찰스 킹 Charles E. King의 노래를 1958년 알 호프만 Al Hoffman과 딕 매닝 Dick Manning이 영어로 번안한 곡입니다. 두 번째로 유명한 허니문 노래로는 1959년 개봉한 영국 영화 'Honeymoon'에 삽입된 미키스 테오도라키스 Mikis Theodorakis의 곡에 윌리엄 샌섬 William Sansom이 가사를 붙인 'The Honeymoon Song'이 있습니다.

혼인 서약의 기억이 희미해진 분은 하와이에 가서 서약서 도장 다시 찍고 오십시오.

Charles E. King/Al Hoffman, Dick Manning, 'Hawaiian Wedding Song'
https://youtube.com/watch?v=MOw2NM6RzGY&feature=shares

2월 23일 생일

## 헨델, 오라토리오 '솔로몬'에서 '시바 여왕의 도착'

**어머니 생일도 모르는 사람이 있을까요?**

어머니 생일은 다 알아도 음악의 어머니 생일은 모를 수 있습니다. 게오르크 프리드리히 헨델 Georg Friedrich Händel은 독일 작센 지방의 소도시 할레 Halle (Saale)에서 궁정 이발 외과 의사의 아들로 1685년 2월 23일 태어났습니다. 헨델이 남성임에도 음악의 어머니가 된 것은 요한 제바스티안 바흐 Johann Sebastian Bach가 먼저 음악의 아버지가 된 덕입니다. 바흐를 음악의 아버지로 모신 다음에 어머니가 없다고 헨델을 어머니로 세워 드렸기 때문입니다. 바흐의 짝으로 어울리는 여성 음악가가 없어 엄격하고 완고한 바흐에 대조적인 자유분방하고 인간적인 헨델을 어머니로 택한 것입니다. 헨델과 바흐는 동갑으로 나이 차가 불과 26일이어서 적격이었습니다.

헨델은 1748년 3번째 오라토리오 '솔로몬 Solomon'을 구약 성서 열왕기에 기초하여 영어로 작곡했습니다. 지혜의 왕 솔로몬은 기원전 971년부터 40년간 집권한 이스라엘 왕국의 3대 왕으로 다윗과 밧세바 사이에서 태어나 이스라엘의 전성기를 이끌었습니다. 헨델의 오라토리오 '솔로몬'의 1막은 이스라엘 성전의 봉헌, 2막은 솔로몬의 재판, 3막은 시바 여왕 Queen of Sheba의 영접으로 구성되어 있습니다. 시바 또는 사바 Saba 왕국은 기원전 1,200년에서 기원후 275년 사이 서남 아라비아에 있었던 나라로 인류 최초의 무역로인 향료길 incense road을 관할했습니다. 향료인 유향은 당시에 값이 황금과 같았는데 유향을 짜내는 유향나무는 아라비아반도 남부 오만에서만 자랐습니다. 향료길은 오만에서 생산된 유향을 이집트, 시리아, 로마 등지에 공급하기 위해 이스라엘 가자지구에 이르는 2,400 km의 길인데 기원전 7세기에서 기원후 2세기까지 크게 번성했습니다. 이 시바 왕국의 여왕 마케다 Makeda가 솔로몬에게 지혜를 구하고자 금은보석과 향료를 가지고 찾아와 지혜를 구하고 돌아와서 아들을 낳았습니다. 이 아들을 지혜의 아들이라는 뜻으로 메넬리크 Menelik라 했는데 에티오피아제국 솔로몬왕조의 첫 번째 왕인 메넬리크 1세가 되었습니다.

우리나라에도 곧 남풍을 타고 시바 여왕처럼 금 (봄꽃), 보석 (봄나물), 향료 (봄향기)을 가득 실은 봄 마차가 도착할 것입니다. 닫혔던 문을 활짝 열고 새 옷으로 갈아입고 봄의 여왕을 맞이하십시오.

Georg Friedrich Händel, Oratorio 'Solomon', 'Arrival of the Queen of Sheba'
https://youtu.be/C66XCqWkhmw

2월 24일 디바

## 윌 제닝스 작사, 제임스 호너 작곡, '내 마음 변치 않으리'

### 팝 음악의 3대 디바를 아십니까?

20세기 팝 음악의 3대 디바 diva는 휘트니 휴스턴 (1963년생), 머라이어 캐리 (1970년생), 셀린 디온 (1968년생)입니다. 셀린 디온 (프랑스어로 셀린 디옹 Céline Dion)은 1968년 3월 30일 캐나다 퀘벡주에서 태어났습니다. 14살인 1982년 야마하 월드 송 페스티벌에서 금상, 1988년 유러비전 송 페스티벌에서 대상을 받았습니다. 그러나 그는 프랑스어를 쓰는 캐나다 퀘벡주 출신으로 영어를 못하여 노래 가사도 프랑스어여서 크게 알려지지 못했습니다. 이에 그는 가정교사를 두고 영어 공부를 하여 1990년 드디어 영어로 첫 앨범인 'Unison'을 냈고 수록 곡 중 'Where Does My Heart Beat Now'로 큰 인기를 얻은 다음 승승장구했습니다. 1993년 영화 '미녀와 야수 Beauty and the Beast'의 주제가로 그래미상을 받고, 1997년 'Falling into You'로 그래미 올해의 앨범상을 받고, 1993년 'Power of Love'로 빌보드 차트 1위에 올랐습니다.

1997년 개봉 영화 '타이타닉 Titanic'은 1912년 2,224명을 태우고 영국 사우스 햄튼에서 뉴욕으로 가는 초호화 유람선 타이타닉호가 처녀 출항 5일 만에 표류하는 빙산과 충돌하여 두 동강이 나서 700여 명만 구조되고 1,515명이 사망한 초대형 사고를 소재로 만든 영화입니다. 이 영화의 주제곡 '내 마음 변치 않으리 My Heart Will Go On'를 셀린 디온이 불러 1998년 아카데미 주제가상, 1999년 2월 24일 그래미상을 받았고 셀린 디온의 최고 히트곡이 되었습니다.

3대 디바 가운데 최초의 디바인 휘트니 휴스턴은 가장 많은 상 (415회)을 받은 것으로 기네스북에도 올랐는데 마약을 하여 비버리힐스 호텔에서 목욕하는 도중에 2012년 2월 49세로 심장마비로 사망했습니다. 최대 음역과 최고 가창력으로 최다 1위 (19개), 최장 1위 (16주 연속), 최장수 1위 (32년)의 기록적인 롱런의 여왕 머라이어 캐리는 결혼의 실패와 가창력의 쇠퇴로 좌절을 겪었습니다. 하지만 셀린 디온은 무명시절 매니저인 26세 연상의 르네 앙젤릴 René Angélil과 결혼하여 술과 마약을 안 하고 가정에도 충실했습니다. 그녀의 최고 인기곡 'My Heart Will Go On'처럼 변치 않는 마음으로 사랑도 음악도 성공했으나 2016년 남편을 후두암으로 잃었습니다.

머리로 하는 사랑은 사랑이 아니라 사귐일 뿐이니 뜨거운 가슴으로 사랑하세요.

Will Jennings/James Horner, 'My Heart Will Go On' (Theme from 'Titanic')
https://youtu.be/WNIPqafd4As

2월 25일 십장생

## 라술 감자토프 시, 얀 프렌켈 곡, '백학'

**십장생 중 동물 세 가지는 뭘까요?**

학, 거북, 사슴입니다. 나머지는 소나무, 대나무, 불로초로 세 가지 식물과 해와 달, 강과 산입니다. 학 crane은 두루미과이며 10월에 왔다가 3월에 돌아가는 겨울 철새로 가족끼리 무리를 이루고 살며 우리나라에서는 고고한 선비를 상징합니다. 우리말로는 두루미인데 뚜르르 뚜르르 울기 때문에 붙여진 이름입니다. 키가 1.4 m가 될 정도로 크고 머리 위가 빨갛습니다. 뒷 발가락은 퇴화되어서 나뭇가지 위에 앉지 못하고 땅에서 삽니다. 학과 비슷한 것에는 겨울 철새로 황새과의 황새 stork와 고니 (백조) swan가 있고, 여름 철새로 왜가리과의 백로 egret와 왜가리 ardea가 있습니다. 황새는 학과 다르게 눈 주위가 빨갛고 부리가 길며 날개 끝이 까맣고 나뭇가지 위에서 살고 울지 못합니다. 고니는 백조의 순우리말이고 기러기목 오리과입니다. 학과 같이 겨울 철새이나 학보다 작고 오리보다 큽니다. 목이 길고 몸 전체가 하얗고 눈앞에 털이 없어 노란 피부가 드러나 멋을 더합니다. 왜가리과의 백로와 왜가리는 여름 철새이나 텃새처럼 겨울을 나고 날 때는 목이 S자로 구부러집니다. 왜가리는 백로와 다르게 몸이 회색이고 머리에는 댕기 같은 검은 줄이 있어서 구별이 됩니다.

러시아 음악 중 기악곡이나 발레곡은 우리에게 많이 알려져 있으나 성악곡은 많지 않습니다. 그나마 좀 알려진 노래가 '백학 Cranes'입니다. 이는 러시아의 다게스탄 공화국 출신 시인 라술 감자토프 Rasul Gamzatov가 제2차 세계대전 중 스탈린그라드 전투에서 죽은 병사들을 생각하며 쓴 시에 1968년 우크라이나 출신 작곡가 얀 프렌켈 Yan Frenkel이 곡을 붙인 것입니다. 원래 우크라이나 출신 가수 마르크 베르네스 Mark Bernes가 불렀는데 1995년 SBS 방송의 광복 50주년 기념 드라마 '모래시계'의 삽입곡으로 소개된 것은 우크라이나 출신으로 러시아의 국민가수가 된 이오시프 코브존 Iosif Kobzon이 부른 것입니다. 하늘을 나는 학의 무리를 보고 이방 땅에서 나라를 위해 목숨을 잃은 병사들의 영혼이 돌아오는 것으로 생각하여 병사들의 희생을 찬양하고 대열에 빈자리는 나의 몫이라며 불타는 애국심을 노래합니다.

고고한 학이 나뭇가지에 앉지 않듯이 양식이 있는 사람이라면 남의 어깨에 걸터앉거나 머리 꼭대기에 기어오르지 않습니다.

Rasul Gamzatov/Yan Frenkel, 'Cranes (Zhuravli)'
https://youtu.be/JTjPbkd_UlY

2월 26일 걱정

## 번스타인, 교향곡 2번 '불안의 시대'

**걱정거리가 많으시지요?**

어니 젤린스키 Ernie Zelinski는 걱정의 40%는 일어나지 않고, 30%는 지나간 것이고, 22%는 무시해도 되는 것이고, 4%는 어찌할 도리가 없는 것이어서 대부분은 쓸데없는 걱정이고 남은 4%만이 걱정할만한 걱정이라고 했습니다. 알랭 드 보통 Alain de Botton은 "인간은 불안을 먹고, 불안을 낳고, 불안을 또 다른 불안으로 대체하며 계속 불안 속에 살아 간다"고 했습니다. 불안은 현실적인 것과 비현실적인 것이 있습니다. 현실적인 불안은 현실의 비상 또는 위기 상황에 대한 정상적인 심리 반응으로 심리적인 각성과 해결 의지를 유발하여 상황을 해결하고 극복하게 합니다. 반면에 비현실적인 불안은 존재하지 않은 상황을 가공하거나 증폭하여 불안해하는 병적인 불안입니다. 병적인 불안에는 괜히 매사를 걱정하는 범불안장애, 대인공포증, 공황장애, 강박장애, 외상후증후군 등이 있습니다.

심리학자 김태형은 우리나라를 '불안 증폭 사회'라고 규정하였습니다. 이는 어려서부터 공부의 신 또는 시험대회 스타를 만들기 위해 성적으로 무한 경쟁을 조장하는 것에서 생긴 것으로 생각됩니다. 이런 사회에서는 모두가 패자가 되어 자존감을 잃고 열등감 속에서 살게 됩니다. 1% 승자도 스스로 자신의 존재 가치를 인식하여 자부심으로 사는 것이 아니라 연예계 스타처럼 남의 박수에 의존해서 살기 때문에 남의 시선을 늘 의식해야 하고 존재 가치가 그들의 관심과 박수에 달려있기에 불안하고 자존감을 유지하기가 어렵습니다. 우리나라는 지금 불안이 증폭되어 공포가 되고 이 집단 공포 때문에 모든 것을 포기하는 '완포시대'로 치닫고 있어서 또 걱정입니다.

미국의 피아니스트이자 작곡가 겸 지휘자인 레너드 번스타인 Leonard Bernstein의 교향곡 2번 '불안의 시대 The Age of Anxiety'는 위스턴 휴 오든 Wystan Hugh Auden의 시 '불안의 시대'에서 영감을 얻어 1949년 31살에 완성한 그의 출세작입니다. 1949년 4월 8일 보스턴에서 초연하고 1950년 2월 26일 뉴욕에서 재연했습니다. 교향곡이지만 피아노 협주곡 형식이며 2부로 구성되어 있습니다.

불안의 시대에 나서는 것이 두려워 집콕을 하거나 마스크를 쓰고 다닐 것이 아니라 자기 존중과 자기 위로를 통해 자존감을 높이고 불안 대신 자신감으로 사십시오.

Leonard Bernstein, Symphony No. 2 'The Age of Anxiety'
https://youtu.be/0uQq0rKiMJw

2월 27일 촌티

## 베토벤, 교향곡 8번 '작은 교향곡'

### 무엇이 가장 아름다울까요?

작고 촌티 나는 것이 가장 아름다울 수 있다고 합니다. 독일 태생 영국의 경제학자 에른스트 슈마허 Ernst Schmacher는 1973년 발행한 그의 책 '작은 것이 아름답다 Small is Beautiful'에서 최소 비용으로 최대 이익을 창출하기 위해 대량 생산 시설을 가진 거대기업 위주의 현대 경제 상황을 비판했습니다. 이는 과소비를 조장하여 자원 낭비와 환경파괴, 과잉 경쟁과 인간 소외를 유발한다고 주장했습니다. 따라서 사람도 기계의 일부로 취급하는 능률 위주의 거대 산업주의를 개편하여 사람의 손이 많이 가고 설치비용이 많지 않은 중간 기술을 개발하여 중소기업 위주의 경제 활동을 제안했습니다. 이러한 슈마허의 주장에 찬동하여 우리나라에서 다품목 소량생산, 강소기업, 벤처 육성 정책이 시행되기도 했습니다.

거대 산업주의는 경제 산업뿐 아니라 인간의 가치관에도 크게 영향을 주어 작고 소소한 것보다 크고 웅장한 것이 더 가치 있고, 중소기업보다 다국적 대기업이 더 좋고, 지역적인 것보다 세계적인 것이 더 훌륭하고, 자기의 경험보다 타인의 성공사례가 더 그럴듯하고, 알맹이보다 허우대에 더 관심을 갖도록 했습니다. 우리나라는 지금 소비 절벽과 저성장의 늪에 빠져들어 가고 있습니다. 모든 것을 원점에서 다시 생각해야 할 때가 되었습니다. 작지만 개성 있는 제품을 만드는 거리 공방과 뒷골목 가게, 전혀 국제적이지 않은 사소하고 극히 촌스러운 것들에서 세계적인 아름다움을 발견하고 가꾸어야 합니다. 세상에는 작아도 크고 촌스러워도 아름다운 것이 많습니다.

베토벤의 교향곡 가운데 8번은 연주 시간이 30분 정도로 매우 짧아 '작은 교향곡 Little Symphony'이라고도 부릅니다. 1812년 완성하여 1814년 2월 27일 초연하였는데 비교적 드물게 연주되고 있습니다. 작지만 베토벤 특유의 장엄함에 해학적인 요소가 가미되어 있고 베토벤의 끊임없는 실험정신과 개혁정신이 발휘되어 형식에서도 매우 독특한 곡입니다. 2악장은 당시 새로 개발된 메트로놈 소리를 패러디하여 메트로놈 악장이라고도 합니다.

내가 보잘것없고 촌스러워도 주눅 들거나 위축되지 맙시다. 나는 이래봬도 이 세상에서 단 하나뿐인 유일한 존재이기 때문입니다.

Ludwig van Beethoven, Symphony No. 8 'Little Symphony'
https://youtu.be/V6set4KUs4w

2월 28일　애국심

## 라벨, '쿠프랭의 무덤'

**고전 음악가 중 애국심이 최고인 작곡가는 누구일까요?**

모리스 라벨 Maurice Ravel은 스위스계 아버지와 스페인계 어머니로부터 태어난 이방인의 자식이었지만 1914년 39살 때 세1차 세셰내전이 일어나 독일이 프랑스를 침공하사 프랑스 공군 조종사에 자원했습니다. 작은 키에 마른 체구가 조종사로 알맞을 것으로 생각했지만 많은 나이와 심장비대로 거부당했습니다. 하지만 뜻을 굽히지 않았고 허가를 기다리면서 입대에 도움을 준 사람에게 선사하려고 '세 가지 노래 Trois Chansons'를 작곡하기까지 했습니다. 결국 이듬해 3월 포병연대 트럭 운전병으로 입대하게 되었습니다. 전선에 투입되어 독일군의 폭격 속에 탄약을 수송하는 등 위험한 임무를 수행했습니다. 1916년 9월 아메바성 이질에 의한 복막염으로 수술을 받았고 그 겨울에는 동상에 걸려 고생을 또 했습니다. 이때 생상스, 뒤부아, 당디 등이 프랑스 음악 보호를 위한 연대를 결성하여 독일 음악의 연주를 금지하자는 운동을 벌이면서 라벨에게도 동참을 요구했습니다. 라벨은 전장에서 독일군과 싸우는 중이었지만 독일 음악의 금지가 오히려 프랑스 작곡가에게 더 위험하다며 거절하여 그의 애국심이 한 차원 높은 것임을 보여 주었습니다. 1917년 1월 어머니의 별세로 라벨의 심신이 극도로 쇠약해지자 군에서 복무 부적격 판정을 내려 6월에 제대했습니다.

라벨은 군 복무 기간에도 그의 피아노 삼중주와 전쟁 중에 잃은 친구와 동료를 위한 피아노곡 모음 '쿠프랭의 무덤 Le Tombeau de Couperin'의 대부분을 완성했습니다. 통보 Tombeau는 무덤이라는 뜻과 함께 바로크 시대에 나타난 죽음을 추모하는 음악 양식을 뜻합니다. '쿠프랭의 무덤'은 프랑스의 음악가 프랑수와 쿠프랭으로 상징되는 프랑스 음악에 대한 애국주의적인 존경을 바탕으로 전사한 동료를 추모하는데 1번곡은 쟈크 샤롯 중위, 2번곡은 장 크루피, 3번곡은 가브리엘 델루 중위, 4번곡은 피에르와 파스칼 고댕 형제, 5번곡은 쟝 드레퓌스, 6번곡은 조셉 드 말리아브 대위를 위해 썼습니다. 피아노 모음곡으로는 1919년 8월 19일 초연했고 2번곡과 6번곡을 뺀 나머지 4곡을 관현악곡으로 편곡한 것은 1920년 2월 28일 초연했습니다.

애국자가 되시려거든 태극기를 들고 애국가만 부를 것이 아니라 국방, 납세, 교육, 근로의 4대 기본 의무와 더불어 환경보전의 의무를 일상에서 성실히 수행하십시오.

Maurice Ravel, 'Le Tombeau de Couperin'
https://youtu.be/7NA4j3VhGY4

2월 29일 덤

## 로시니, 오페라 '윌리엄 텔'에서 서곡

**4년에 한 번 덤으로 주어지는 윤날에 태어난 사람을 보셨나요?**

윤날이 생일인 사람은 일반인에서도 드문데 고전 음악가 중에는 유일하게 조아키노 로시니 Gioachino Rossini가 있습니다. 로시니는 1792년 2월 29일 이태리 페자로에서 호른 주자인 아버지와 소프라노 가수인 어머니 사이에서 태어났습니다. 어려서부터 음악에 재능을 보였고 15살에 볼로냐 음악원에 들어가 첼로와 더불어 작곡을 공부했습니다. 18살에 첫 오페라를 발표하고 21살에 이탈리아 오페라의 우상으로 부상했습니다. 낙천적이며 장난기가 많고 풍자와 해학의 달인이었던 그의 오페라는 흥미로운 줄거리와 달콤한 선율, 로시니 크레센도 crescendo라고 일컬어지는 폭풍처럼 숨 막히게 절정으로 휘몰아가는 화려하고 극적인 반주와 벨칸토 창법의 너무도 아름다운 아리아 등으로 청중을 사로잡았습니다. 하지만 그는 1829년 최고 절정기인 37세의 나이에 오페라 '윌리엄 텔 William Tell'을 마지막으로 작곡을 그만두었습니다. 이후 미식가였던 그는 아예 요리 연구가가 되어 새로운 요리도 개발하며 게으른 미식가로서 제2의 삶을 즐기며 76세까지 40년 가까이를 즐기며 살았습니다.

로시니의 오페라 '윌리엄 텔'은 오스트리아 학정에 맞선 13세기 스위스 독립운동의 영웅 윌리엄 텔을 소재로 프리드리히 쉴러가 쓴 희곡을 각색해서 만든 것입니다. 오스트리아 총독은 윌리엄 텔을 제거할 목적으로 자기에게 인사를 안 했다는 사소한 이유로 윌리엄 텔에게 아들의 머리 위에 사과를 올려놓고 80보 떨어진 거리에서 활을 쏘라고 했습니다. 뛰어난 활 솜씨를 가진 윌리엄 텔은 아들 머리 위 사과를 명중시켜 위기에서 벗어나고 나중에는 총독도 제거하여 독립을 쟁취합니다. 이리하여 '윌리엄 텔'의 사과는 아담과 이브의 사과, 뉴튼의 사과와 함께 역사상 유명한 3대 사과가 되었습니다. 오페라 '윌리엄 텔'은 총 4부로 구성되어 있는데 1부는 산골의 적막한 새벽 풍경, 2부는 폭풍우가 몰아치는 모습, 3부는 폭풍우 갠 뒤 평화로운 모습, 4부는 스위스 군대의 행진과 민중의 환호를 묘사합니다. 서곡과 4부 피날레가 특히 유명하여 서곡과 4부 단독으로도 많이 연주되고 있습니다.

4년 만에 덤으로 주어진 오늘, 오늘뿐만 아니라 다가오는 모든 하루하루를 덤으로 생각하고 감사하며 로시니처럼 느리게 인생을 즐기며 행복하게 사십시오.

Gioachino Rossini, Opera 'William Tell', Overture
https://youtu.be/BGo2eiy0VcE

3월 1일 삼일절

## 쇼팽, 에튀드 10-12 '혁명 (바르샤바의 폭격)'

### 오늘은 무슨 날입니까?

우리나라를 강제 합병하고 탄압과 수탈의 강도를 높여가던 일본에 대한 불타오르는 반일 감정과 제1차 세계대전이 끝난 후 1918년 1월 8일 미국 윌슨 대통령이 미국 의회에서 주창한 민족자결주의 원칙에 따라 1918년 11월 11일 독일제국, 오스트리아 헝가리제국, 러시아제국의 식민 국가였던 유럽의 많은 나라들이 독립한 것에 고무되어 우리나라도 독립을 쟁취하기 위해 1919년 3월 1일 독립만세운동을 일으킨 날입니다. 민족대표 33인이 1919년 3월 1일 정오에 서울 인사동 태화관에서 독립선언서를 발표하고 학생과 시민들은 탑골공원에서 독립선언서를 발표하고 대한독립만세 시위를 하였으며 우리나라 방방곡곡은 물론 중국과 하와이에까지 확산되었습니다. 그러나 독립은 제2차 세계대전에서 일본이 패망하기까지 26년을 더 기다려야 했습니다.

프레데리크 쇼팽 Frédéric Chopin은 1810년 3월 1일 나폴레옹이 세운 바르샤바공국의 바르샤바 근교에서 프랑스인 아버지와 폴란드인 어머니 사이에서 태어났습니다. 6살에 피아노를 배우고 16살에 바르샤바 음악원에 들어갔는데 더 이상 가르칠 것이 없다고 할 정도로 실력이 출중했습니다. 1830년 20살에 부모와 스승의 권고로 파리로 가기위해 떠나고 싶지 않은 조국을 떠났습니다. 파리로 가는 도중 빈에 도착했을 때 바르샤바 사관생도들의 주도로 러시아에 대항하는 11월 혁명이 일어났다는 소식을 듣고 그도 함께 싸우기 위해 귀국하려고 했으나 음악을 열심히 하는 것도 애국이라는 아버지의 말을 듣고 단념했습니다. 혁명군이 러시아 점령군을 몰아냈으나 7달 만에 바르샤바가 러시아군에 다시 함락된 후 러시아에 예속되었고 1918년 11월 11일 독립할 때까지 러시아의 혹독한 탄압을 받았습니다.

쇼팽은 피아노의 시인답게 Etude를 연습곡을 넘어 독주 연주곡으로 발전시켰습니다. Op 10에 12곡, Op 25에 12곡을 포함하여 총 27곡이 있는데 첫사랑과 이별하며 고국을 떠나온 슬픔을 묘사한 10-3번 '슬픔 Tristesse 또는 이별 Farewell'과 함께 11월 혁명의 실패 소식을 듣고 1831년 11월 무렵 땅을 치고 싶은 울분과 불타는 애국심으로 작곡한 Etude 10-12번 '혁명 Revolutionary'이 가장 인기가 많습니다.

봄바람 훈풍 혁명으로 자유의 싹이 트고 평화의 꽃이 만발하는 새 나라를 만듭시다.

Frédéric Chopin, Etude Op 10, No 12 'Revolutionary'
https://youtu.be/TgBz7LnvUaQ

3월 2일 상징

## 스메타나, 교향시 '나의 조국'에서 1악장 '비셰흐라드'

**한국을 대표하는 상징은 무엇일까요?**

우리나라의 상징 아이콘 icon은 자연으로는 백두산, 설악산, 남산, 제주도 (한라산), 휴전선 (DMZ), 독도, 백두대간 등이 있고, 인물로는 세종대왕, 이순신 장군, 건축물로 경복궁, 창경궁, 덕수궁, 남대문 (숭례문), 남산타워 (236.7 m), 롯데월드타워 (555 m), 수원화성, 문화로는 한글, 한복, 한식 (김치, 불고기, 잡채, 김밥, 떡볶이, 비빔밥 등), 한류 (가요, 드라마, 영화 등), 애국가, 아리랑, 태극기, 국민성 (정, 민주정신, 예의, 열정, 정직, 빨리빨리), 스포츠로는 태권도, 양궁, 쇼트트랙, 동식물로 호랑이, 무궁화, 소나무, 인삼 등이라고 하겠습니다. 이들 가운데 으뜸은 단연 한글입니다.

체코 국민음악의 아버지인 베드르지흐 스메타나 Bedřich Smetana는 1824년 3월 2일 체코에서 1남 17녀 중 외동아들로 태어났습니다. 어렸을 때 음악 신동이라는 말을 들었고 11살에 프라하에서 리스트를 만나 극찬을 받았습니다. 1848년 오스트리아 지배에 항거하는 6월 혁명 때 그도 국민의용군에 가담하였고 이때 의용군 행진곡을 작곡했습니다. 하지만 혁명은 실패했고 그는 합스부르크 왕가의 감시 대상이 되었습니다. 이에 5년간 스웨덴으로 피신해 있다가 1861년 프라하로 돌아와 남다른 애국심으로 체코 국민음악을 일으켰습니다.

스메타나의 대표작으로 교향시 '나의 조국 Má Vlast'이 있습니다. 이는 체코의 건국 신화와 체코 민족 저항운동의 성지 및 아름다운 자연을 통해 애국심을 고취시킨 작품으로 1악장 비셰흐라드 Vyšehrad (건국 신화가 있는 프라하의 고성), 2악장 블타바강 Vltava (프라하를 관통하는 강), 3악장 샤르카 Šárka (여성 왕국 회복을 위한 소녀전쟁의 여전사), 4악장 보헤미아 숲과 초원 Česky Luhů a Hájů (아름답고 평화로운 보헤미아 평원), 5악장 타보르 Tábor (민족 저항운동의 성지인 중세 마을), 6악장 블라니크 Blaník (타보르 근처 산으로 저항운동가의 은신처 및 활동 거점)로 구성되어 있습니다. 1874년 청력이 크게 떨어져 공식 활동을 중단한 상태에서 작곡에 돌입하여 2악장은 거의 듣지 못하는 상태에서 작곡했고 3악장부터는 청력을 완전히 잃고 건강도 나빴으나 1879년 5년 만에 완성하고 프라하에 기증했습니다.

우리는 대한민국을 대표하는 상징이니 어디서든 국격을 훼손하는 일은 하지 맙시다.

Bedřich Smetana, Symphonic Poem 'My Fatherland', 1st Mov. 'Vysehrad'
https://youtu.be/45w7kZL71Qk

3월 3일 눈물

## 비제, 오페라 '카르멘'에서 '사랑은 길들지 않는 새'

### 눈물 없는 사랑이 있을까요?

여자는 사랑을 얻기 위해 눈물을 흘리고, 남자는 사랑을 잃고 눈물을 흘리는 것 같습니다. 사랑은 얻든 잃든 눈물을 흘리게 하기에 눈물이 없는 사랑은 있을 수 없습니다. 연애나 인간관계는 출렁이는 바다처럼 부침이 있고 산을 넘듯 굴곡이 있으므로 사랑을 하면 이래저래 눈물을 흘릴 일이 많습니다. 특히 사랑하는 연인이나 부부 사이에 갑을관계가 형성되면 '을'은 늘 힘들고 자주 눈물을 흘리게 됩니다. 그런데 연인 사이에서는 역설적이게도 바위처럼 무심하고 먼 산만 쳐다보는 고라니처럼 관계에 덜 집중하는 사람이 '갑'이 되고 관계에 더 집중하고 더 간절한 사람이 '을'이 됩니다. 이 희한한 모순으로 생긴 갑을관계의 사랑에서는 '갑'이 '을'을 종처럼 다루고 말을 듣지 않는다고 데이트 폭력을 행사하기도 합니다.

조르쥬 비제 Georges Bizet의 대표적인 코믹 오페라 '카르멘 Carmen'은 프로스페르 메리메 Prosper Mérimée의 동명 소설에 기초하여 36살인 1875년 완성하여 3월 3일 파리에서 초연했습니다. 스페인 세비야의 담배공장 여공인 매혹적이고 자유분방한 집시 여인 카르멘에 깊이 빠진 경비대 상병 돈 호세 Don José는 카르멘을 위해 약혼자 미카엘라를 비롯한 모든 것을 다 버렸지만 카르멘은 변심하여 투우사 에스까밀료 Escamillo에게 갔습니다. 돌아와 달라는 애원에도 카르멘이 꿈쩍도 않자 돈 호세는 투우장에서 카르멘을 칼로 찔러버립니다. 갑을관계의 연애가 데이트 살인에 이른 것입니다. 오페라 '카르멘'은 사랑의 속박보다 자유가 더 중하다는 것을 강조하고자 했으나 내용적으로는 유치한 치정 살인극이어서 초연은 실패했고 이 충격으로 비제는 3달 후 급성 심근경색으로 사망했습니다. 하지만 지금은 가장 인기 있는 오페라가 되었습니다. 카르멘의 '사랑은 길들지 않는 새 (하바네라)'와 에스까밀료의 '당신의 축배에 잔을 돌려드리리 (투우사의 노래 Toreador song)'가 특히 유명합니다.

시인 칼릴 지브란 Kahlil Gibran은 그의 시집 '예언자'에서 "함께 있되 거리를 두라, 서로 사랑하나 사랑으로 구속하지는 말라"고 했습니다. 진정 사랑한다면 사랑이라는 이름으로 등나무처럼 얽어매거나 거목처럼 자기 그늘 밑에 두려 하거나 애완견처럼 길들이려고 하지 마시고 새처럼 자유롭게 날게 해주십시오.

Georges Bizet, Opera 'Carmen', 'L'amour est un Oiseau Rebelle (Habanera)'
https://youtu.be/K2snTkaD64U

3월 4일 봄

## 비발디, 바이올린 협주곡 '사계'에서 '봄'

### 사계의 순서를 아십니까?

봄, 여름, 가을, 겨울의 순서가 아니고 반대로 봄, 겨울, 가을, 여름입니다. 무슨 엉뚱한 소리냐고요! 비발디의 바이올린 협주곡 '사계 The Four Seasons'의 인기 순서입니다. 안토니오 비발디 Antonio Vivaldi는 1678년 3월 4일 이탈리아 베네치아에서 지진의 충격으로 인해 팔삭둥이로 태어났습니다. 그는 사제이자 바로크 시대 최고의 작곡가이고 특출한 바이올리니스트였습니다. 25살에 사제 서품을 받았으나 기관지천식으로 생각되는 건강상 문제로 미사를 집전하지 못해서 사제보다는 작곡과 연주 활동을 주로 했습니다. 45살에 그의 오페라에서 주연을 맡은 딸뻘 되는 가수 안나 지로 Anna Girò와 염문을 일으켜 오페라 공연이 금지당하기도 했습니다. 이탈리아인으로는 특이하게 머리칼이 빨갛고 사제로서 미사에 충실하지도 않고 오페라 수입으로 호화 생활을 하면서 젊은 여가수와 염문을 뿌리는 등 사제답지 않은 행동으로 '빨강 머리 사제 Red Priest'라는 조롱과 비난을 받았습니다. 비발디는 바흐, 헨델과 함께 최고참 바로크 3대 음악가였지만 말년에는 평판이 나빠지고 인기도 시들고 후원도 끊겨서 어려워졌습니다. 이를 타개하려고 연인인 가수 안나 지로와 함께 오스트리아 빈으로 갔으나 후원을 약속한 오스트리아 황제 카를 6세가 사망하여 어렵게 살다가 9달 후 빈에서 63세로 외롭게 생을 마쳤습니다.

빨강 머리는 전 인류의 1~2%로 드문데 스코틀랜드와 아일랜드에서는 10%나 되어 유난히 많습니다. 빨강 머리는 유전자의 돌연변이로 인해 멜라닌세포에서 흑갈색 계열의 유멜라닌 eumelanin이 아닌 적홍색 계열의 페오멜라닌 pheomelanin이 생산되기 때문에 생깁니다. 빨강 머리는 피부색이 창백하고 주근깨가 많고 똑똑하지만 괴팍하고 화를 잘 낸다는 등 부정적인 편견이 많습니다. 역사상 유명한 빨강 머리로는 비발디, 헨리 8세, 엘리자베스 1세, 고흐가 있고 가상 인물로는 캐나다 여성 작가 루시 모드 몽고메리 Lucy Maud Montgomery의 1908년 소설 '초록 박공집의 앤 Anne of Green Gables'의 주인공 빨강 머리 앤 셜리 Anne Shirley가 있습니다.

사계 중에서 최고는 음악적으로나 계절적으로도 봄입니다. 봄 열차가 이제 막 도착했으니 아직도 겨울 열차에 계신 분은 머뭇거리지 말고 빨리 내리셔서 봄 열차로 갈아타십시오. 봄 열차가 바로 출발합니다.

Antonio Vivaldi, Violin Concerto 'The Four Seasons', 1st Mov. 'Spring'
https://youtu.be/TKthRw4KjEg

3월 5일 개구리

## 텔레만, 바이올린 협주곡 '개구리'

**겨울잠에서 가장 빨리 깨어나는 동물은 무엇입니까?**

개구리입니다. 오늘은 땅속 집에 칩거 동면하던 개구리들이 봄이 오는 발자국 소리에 놀라 밖으로 튀어나오는 개구리의 날, 경칩입니다. 개구리는 물속 알에서 부화되어 올챙이로 살다가 개구리로 변신하고 땅으로 올라와 몸 색깔을 주변 색에 맞게 바꾸며 물과 땅 양쪽에서 사는 특이한 동물입니다. 개구리는 만물이 다 죽은 땅에서 살아 나오므로 부활을 상징하고 올챙이에서 꾸준히 변신하여 개구리로 성장하기에 변화와 혁신의 천재를 상징합니다. 우리나라에는 참개구리, 금개구리, 산개구리, 좀개구리, 옴개구리, 무당개구리, 청개구리 등이 있는데 이 중 몸집이 작고 등이 푸른 청개구리는 작은 나무나 풀잎 위에서 생활하는데 날씨가 흐리거나 비가 오면 깨액깨액하며 큰 소리로 웁니다. 부모 말 안 듣고 거꾸로 행동하는 삐딱이나 불효자를 청개구리라고 하고 식견이 편협한 사람을 '우물 안 개구리'라고 하며 자신이 어렵게 지냈던 옛 시절은 생각하지 않고 자신과 같은 처지에 있는 사람을 무시하는 것을 '개구리 올챙이 적 생각을 못 한다'라고 합니다.

게오르크 필리프 텔레만 Georg Philipp Telemann은 1681년 3월 14일 독일 마그데부르크에서 태어나 4살에 아버지를 여의고 편모슬하에서 자랐습니다. 12살에 오페라를 작곡할 정도로 재능이 있었으나 어머니가 악기를 모두 빼앗아 버릴 정도로 음악을 반대하여 결국 라이프치히대학에서 법학을 전공했습니다. 하지만 결국 청개구리처럼 어머니 뜻에 반하여 음악을 했습니다. 바흐, 헨델과 4살 차이로 비슷한 또래의 바로크 음악가이지만 공인된 작품만도 800곡이 넘고 실제로는 3,700곡이 넘어 가장 많은 곡을 작곡했습니다. 그는 바로크의 다른 세 거장 비발디, 바흐, 헨델이 복잡하고 화려한 음표들로 악보를 채워 치밀하게 짜 맞추는 식으로 작곡하는 것과 달리 악보를 가끔 거의 비워놓듯 하여 공기 속을 떠다니는 꽃향기와 같이 단순하고 직관적인 듣기 편한 음악을 만들었습니다. 텔레만의 바이올린 협주곡 가장조 '개구리'의 1악장은 바이올린이 개구리 울음소리를 힘차게 연주하여 겨울잠에서 깨어나라고 합니다.

나이를 먹어도 매사를 거꾸로 하는 청개구리가 되거나 자아도취의 우물에 안주하는 우물 안 개구리가 되지 말고 꼬리도 과감히 잘라내는 변화와 혁신의 숨은 천재성을 발휘하여 날로 새롭게 성장 발전하는 참개구리가 되십시오.

Georg Philipp Telemann, Violin Concerto in A Major 'The Frogs'
https://youtu.be/I1Zsk55I2Ww

3월 6일 축배

## 베르디, 오페라 '라 트라비아타'에서 '축배의 노래'

**축배를 들기에 가장 좋은 노래는 무엇일까요?**

베르디의 오페라 '라 트라비아타 La Traviata'에서 나오는 '축배의 노래 Brindisi'입니다. 여기서 brindisi는 영어로 toast와 같은 건배 또는 축배라는 뜻입니다. 이 노래가 libiamo로 시작하기 때문에 '리비아모'로 불리기도 하는데 이는 '마시자'라는 뜻입니다. 브린디시 다음으로는 요한 슈트라우스 2세의 오페레타 '박쥐'에서 나오는 '샴페인의 노래 Champagne Song'가 좋습니다. 축배를 들 때 전통적으로 가장 많이 쓰는 술은 샴페인입니다. 샴페인은 프랑스어 샹파뉴의 영어식 발음이고 샴페인은 프랑스 샹파뉴 Champagne 지방에서 만들어진 탄산이 섞인 스파클링 와인을 말합니다. 마개를 고정하는 철사를 풀면 탄산가스로 인해 생긴 압력으로 마개가 폭발하듯 튀어 나가고 거품이 솟아올라 축제 분위기를 끌어올리기 때문에 축배 술로 최고입니다. 샹파뉴는 프랑스의 기원인 프랑크 왕국 안에 있는데 초대 프랑크 왕이 이곳 랭스 대성당에서 세례를 받고 대관식을 치러서 이후에 많은 왕의 대관식도 이곳에서 열려 샹파뉴는 축제의 도시로 최고가 되고 샹파뉴 와인은 축배의 술로 최고가 되었습니다.

거리의 여자라는 뜻의 '라 트라비아타'는 주세페 베르디 Giuseppe Verdi의 대표적인 3막짜리 오페라입니다. 향락가의 여자 비올레타 Violetta가 순진무구한 시골 귀족 청년 알프레도 Alfredo를 만나 진실한 사랑을 느끼고 사랑에 빠졌는데 오해와 편견 때문에 이루지 못하고 폐병 (결핵)으로 죽게 되는 아름답고 슬픈 사랑 이야기입니다. 알렉상드르 뒤마 (피스) Alexandre Dumas (fils, 아들을 의미)의 소설 '동백꽃 아가씨 (춘희) La Dame aux Camélias'에 기초하여 작곡한 것으로 39살인 1853년 3월 6일 베네치아에서 초연되었습니다. 초연은 실패했는데 이는 주연 소프라노가 몸집이 크고 너무 건강하게 보여 폐병으로 죽어가는 비올레타와 어울리지 않았던 것이 가장 큰 이유였다고 합니다. 이후 점차 인기를 얻어 베르디의 5대 오페라 (리골레토, 일 트로바토레, 라 트라비아타, 아이다, 오텔로) 가운데 하나가 되었습니다. '라 트라비아타'에서 가장 유명한 노래가 바로 '축배의 노래 Brindisi'입니다.

축하할 일이 있으면 바로 바로 축하하십시오. 축하한다는 말과 함께 박수만 쳐주어도 좋지만 이왕이면 파티를 열고 막걸리로라도 즐겁게 축배를 드십시오.

Giuseppe Verdi, Opera 'La Traviata', 'Brindisi (Toast)'
https://youtu.be/QHZCCZPw04c

3월 7일 단순미

## 라벨, '볼레로'

**복잡한 것이 좋은가요, 단순한 것이 좋은가요?**

모리스 라벨 Maurice Ravel은 클로드 드뷔시 Claude Debussy와 함께 프랑스 인상주의를 대표하는 음악가입니다. 라벨은 1875년 3월 7일 프랑스의 스페인 국경 근처 시부 Ciboure에서 스위스 출신 기술자 겸 발명가인 아버지와 스페인 출신 어머니로부터 태어났습니다. 14살에 파리음악원에 피아노 전공으로 입학을 했는데 재학 중에 작곡가로 더 크게 성장했습니다. 그는 같은 시대 작곡가들처럼 많은 곡을 작곡하지는 않았으나 아버지의 나라 스위스 시계처럼 매우 정교한 음악을 만들었습니다. 인상주의 음악가였지만 드뷔시와 달리 전통 음악의 형태와 화성을 모두 다 파괴하지 않고 전통적인 형태는 유지했습니다. 그래서 그는 인상주의자로 분류되기는 하지만 고전주의자에 더 가깝다는 평가도 있습니다.

라벨의 대표작인 '볼레로 Boléro'는 당시 유명한 러시아 출신 무용수 이다 루빈슈타인 Ida Rubinstein의 요청에 의해 발레곡으로 작곡되어 1928년 11월 22일 파리에서 초연되었으나 지금은 관현악곡으로 더 많이 연주되고 있습니다. 볼레로는 라벨의 어머니 나라 스페인의 3/4박자 춤곡으로 빠르기는 왈츠에 비해 느리지만 8분 음표와 셋 잇단 16분 음표를 더해 훨씬 더 경쾌한 리듬입니다. 실험정신이 투철한 라벨은 주제를 제시하고 이를 발전시키고 마무리하는 전통적인 기승전결의 방식을 따르지 않고 두 개의 선율을 끝까지 단순 반복시키는 방식으로 '볼레로'를 작곡했습니다. 스네어 드럼 snare drum (작은 북)의 볼레로 춤 리듬 위에 선율 두 개만을 18번씩 단순 반복하지만 악기 편성의 다채로운 변화로 색채감을 더하고 음량을 점차 증가시켜 극도로 고조되는 긴장감 속에 몰입시키고 단순미에 중독되게 합니다. '볼레로'는 스네어 드럼이 리듬을 시종일관 끊임없이 쳐줘야 해서 엄청난 집중력을 요구하고 관악기 독주도 높은 실력을 요구하여 단순한 곡이지만 연주가 쉽지 않는 곡입니다. 단순한 선율과 리듬을 반복시켜 절정으로 몰아가는 '볼레로'와 같은 라벨의 작곡법은 1960년대에 발달된 미니멀니즘 Minimalism의 태동에도 많은 영향을 주었습니다.

라벨의 '볼레로'처럼 단순 반복되는 다람쥐 쳇바퀴 도는 우리들의 일상도 다양한 사람들과 어울림으로 새로운 맛과 멋을 가미하여 늘 새롭게 사십시오.

Maurice Ravel, 'Boléro'
https://youtu.be/E9PiL5icwic

3월 8일 페미니스트

# 레논, '여자'

**그대는 마초입니까, 페미입니까?**

마초 macho는 남성적인이라는 스페인어인데 강하고 튼튼한 남자다움을 지나치게 과시하거나 남성 우월 의식을 가진 남성 우월주의자 마초이스트 machoist를 말합니다. 반면에 페미 femi는 페미니스트 feminist의 준말로 모든 성적인 차별을 없애자는 여성운동가를 말하는데 결국은 성평등주의자입니다. 비틀즈를 만든 존 레논 John Winston Lennon은 29살인 1969년 전위예술가 오노 요코 Ono Yoko와 두 번째 가정을 꾸민 다음 이름도 페미니스트답게 자신의 이름에 부인의 이름을 넣어 존 윈스턴 '오노' 레논으로 바꿨습니다. 1970년 비틀즈를 해체하고 솔로 활동을 하면서 반전 평화 운동을 하며 땅도, 경계도, 여권도 없고 오직 사람만 있는 새 세상 "뉴토피아 nutopia"를 주장했습니다. 1975년 오노와 사이에 얻은 아들 션 Sean을 위해 음악 활동을 접고 스스로를 "house husband (가정남, 전업남편)"라고 하며 가사에 전념했습니다. 1980년 11월 17일 오노와 공동 작업으로 그래서 이름도 '더블 판타지 Double Fantasy'인 앨범을 내고 음악 활동을 재개했습니다. 그러나 1달 후 암살을 당했고 이 앨범은 이듬해에 그래미 올해의 앨범상을 수상했습니다. 이 앨범에 수록된 '우먼 Woman'은 여성에 대한 그의 깊은 감사와 존경과 사랑을 노래합니다.

오늘은 세계 여성의 날입니다. 정치, 경제, 사회에서 여성의 역할과 업적을 전 세계적으로 기념하는 날입니다. 이는 미국에서 여성 노동자들이 열악한 작업장에서 화재로 숨진 것에 대해 노동자들이 총궐기한 날을 기념하여 1909년 2월 28일을 '전국 여성의 날'로 제정한 것에서 시작되었습니다. 이에 유럽에서도 이듬해인 1910년 8월 코펜하겐에서 열린 국제 여성 노동자 회의에서 러시아의 콜론타이와 독일의 제트킨의 제안에 따라 1911년 3월 19일을 제1회 '세계 여성의 날'로 제정했습니다. 뒤이어 유엔이 '세계 여성의 날'을 공식 제정하고 1975년부터 기념일 날을 매년 3월 8일로 변경했습니다. '세계 여성의 날'은 여성에 대한 갖은 제약과 차별을 철폐하여 인간의 기본권을 쟁취하려는 여성들의 투쟁과 자각을 북돋는 날입니다.

세계 여성의 날을 맞이하여 아름다움과 사랑을 알게 해준 어머니를 비롯한 세상의 모든 여성께 감사와 존경을 드립시다.

John Winston Ono Lennon, 'Woman'
https://youtu.be/ZhfWiU8wGCc

3월 9일 산

# 말러, 교향곡 3번, 6악장 라르고 '사랑이 내게 말하는 것'

## 산에는 왜 가십니까?

1924년 세계 최고봉 에베레스트 Everest 영국 원정 대원으로 정상을 몇 백 미터 남긴 채 실종되었던 조지 맬러리 George Mallory는 히말라야에 왜 가느냐는 질문에 산이 거기 있기 때문이라고 대답했습니다. 에베레스트 말고도 8,000미터가 넘는 봉우리가 히말라야산맥에 10개, 카라코람산맥에 4개가 있어 이를 14좌라고 하는데 난이도에 차이가 있어 처음에는 비교적 쉬운 초오유, 브로드피크, 가셔브룸부터 시작합니다. 구스타프 말러 Gustav Mahler의 교향곡은 길고 난해하기로 유명합니다. 그럼에도 불구하고 말러 음악을 즐겨 듣는 소위 말러리안 Mahlerian에게 왜 말러를 듣느냐고 하면 말러가 있으니까 듣는다고 할 것 같습니다.

말러의 교향곡은 9번의 저주를 의식해서 결번 처리한 '대지의 노래'와 미완성 10번을 포함하면 총 11개가 있습니다. 히말라야 14좌 완등처럼 어려운 말러의 교향곡을 다 들으려면 1번부터 시작할 것을 권합니다. 1번이니까 당연히 1번이라고 생각할 수도 있으나 연주시간이 50분 정도로 짧고 20대 말 청년 말러의 순수한 서정성이 짙게 배어 있기 때문입니다. 그다음에는 가장 짧은 4번을 들으시고 내공이 쌓인 다음 마지막에 14좌 중 가장 어렵고 위험한 K2와 안나푸르나 같은 3번과 7번을 들으십시오.

말러 교향곡 3번 '자연과 사랑이 내게 말하는 것'은 오스트리아 슈타인바흐에서 여름 휴가 중에 작곡하여 1897년 3월 9일 초연했습니다. 6악장으로 되어 있고 연주시간이 100분으로 가장 깁니다. 1악장이 전통적인 소나타 형식을 따르지 않아 혼란스럽고 복잡하며 길이도 30분이나 되어 1악장에서 포기하는 경우가 많습니다. 말러가 초연 당시 사기꾼이라는 혹평을 받았는데 1악장이 생명 창조 전 우주의 암흑과 혼돈상태를 묘사하기 때문에 길고 혼란스러운 것도 이유의 하나였습니다. 2악장부터는 혼돈이 멈춘 땅 위에 창조된 생명을 묘사하기 때문에 다릅니다. 2악장은 초원의 꽃, 3악장은 숲속 동물, 4악장은 인간, 5악장은 하늘의 천사, 6악장은 사랑을 묘사합니다. 6악장 라르고 악장은 베토벤 이후 가장 아름다운 라르고 악장으로 유명하며 사랑이 인류를 고통에서 구원하고 행복에 이르게 한다고 말합니다.

히말라야 14좌나 말러의 음악처럼 인생도 서두르지 말고 내공을 쌓으며 도전하세요.

Gustav Mahler, Symphony No. 3, 6th Mov. 'What Love Tells Me'
https://youtu.be/M622tyRUYKg

3월 10일 집시

## 사라사테, '치고이너바이젠'

### 지금 어디론가 떠나신다면 어디로 가시겠습니까?

스페인은 관광경쟁력에서 프랑스를 제치고 1위이며 여생을 보내고 싶은 나라에서도 1위를 차지하고 있습니다. 스페인이 여행가고 싶고 여생을 보내고 싶은 선망의 나라인 것은 다양한 볼거리, 먹거리, 놀거리에 상냥하고 붙임성 좋은 국민성 때문이라고 생각됩니다. 스페인은 여행자, 은퇴자뿐만 아니라 집시들에게도 천국입니다. 집시 Gypsy는 인도에서 유래한 유랑민족인 롬인 Romani (복수 Roms 또는 Roma)을 비하하는 말입니다. 롬인은 8~10세기 인도 북부 펀잡 Punjab 지방에서 박해와 탄압을 피해 유랑을 시작하여 11세기에 페르시아에, 14세기에 남유럽과 동유럽에, 15세기에 서유럽에까지 진출하여 이베리아반도 끝 스페인까지 갔습니다.

영국은 롬인이 이집트 Egypt에서 온 것으로 생각해서 1537년 처음으로 집시라는 말을 사용했고 프랑스는 롬인이 보헤미아 (지금의 체코)에서 온 것으로 생각하여 보헤미안 Bohémien이라고 했습니다. 독일에서는 치고이너 Zigeuner라고 했는데 이는 고대 그리스어 "Athinganoi" (Untouchable 불가촉천민), 페르시아어 "Cinganch" (노래하고 춤추는 사람), "Asinkan" (대장장이), 터키어 Çigan (가난뱅이) 등에서 유래한 말입니다. 이는 사회적으로나 인종적으로 차별적인 의미가 많이 포함되어 있어 사용하면 안 된다는 주장이 많습니다. 스페인은 집시들에게 호의적이고 시민권도 부여하며 정착을 도와 집시의 천국이며 집시 인구 100만으로 유럽에서 1등입니다.

파블로 데 사라사테 Pablo de Sarasate는 1844년 3월 10일 스페인 팜플로나에서 태어나 12살에 스페인 여왕 이사벨 2세의 장학금을 받아 파리음악원에서 공부하고 19세기 최고 바이올린 연주자이자 작곡가가 되었습니다. 그의 대표곡으로 '치고이너바이젠 Zigeunerweisen'과 '카르멘 환상곡 Carmen Fantasy'이 있는데 이들 모두 소재가 집시의 춤곡이었습니다. '치고이너바이젠'은 집시의 선율이라는 뜻이며 끝없이 방랑하는 집시들의 자유분방함과 뼈 속 깊이 새겨진 외로움과 슬픔을 표현합니다.

우리는 한평생 지구별을 떠돌다가 생을 마치면 또다시 우주 어디론가 떠나야 하는 유랑객입니다. 우리나라도 스페인처럼 관광 유랑객들에게 사랑받는 매력적인 나라가 되도록 단일 민족 국가를 자랑하던 폐쇄적이고 차별적인 생각을 버립시다.

Pablo de Sarasate, 'Zigeunerweisen'
https://youtu.be/kmV2hj-I7Xo

3월 11일 탱고

## 피아졸라, '리베르탱고'

**자식의 소원을 이루는 일이라면 춤이라도 추겠다는 부모님의 춤은 어떤 춤일까요?** 흥에 겨워 덩실덩실 추는 어깨춤일 것 같습니다. 우리 민족은 낙천적이고 풍류를 좋아하여 예나 지금이나 가무를 즐깁니다. 우리나라 전통 무용은 민속무용, 궁중무용, 전통춤 등으로 나누어집니다. 우리나라 전통 춤은 무기교의 기교, 무계획의 계획이 특징 가운데 하나입니다. 선조들은 춤을 일하는 중이나 일을 마친 다음에도 추었고 소원을 빌고, 맺힌 한을 풀고, 하늘을 경배하고 감사할 때도 추었습니다.

세상의 춤 중에서 가장 열정적인 춤이 탱고입니다. 탱고는 아르헨티나와 우루과이 사이 라플라타강 양안 도시인 부에노스아이레스와 몬테비데오의 선창가 빈민촌에서 시작되었습니다. 남녀 한 쌍이 밀고, 당기고, 껴안고, 뿌리치고, 눕히고, 세우고, 휘감고, 풀어헤치는 등 묘기에 가까운 현란한 동작으로 인간의 욕망과 희열, 슬픔과 허무 등을 표현합니다. 1976년 새로 들어선 아르헨티나 군부독재 정권이 탱고를 선정적이고 외설적인 춤이라고 금지한데다가 젊은이들이 외국 문화에 더 관심을 가지면서 탱고의 인기가 점점 시들해졌습니다. 이때 아스토르 판탈레온 피아졸라 Astor Pantaleón Piazzolla가 발이 아닌 귀를 위한 감상용 '누에보 탱고 Nuevo Tango'를 만들어 아르헨티나 탱고를 부활시켰습니다. 탱고는 춤 동작이 '섞음과 겹침'의 중남미 문화의 특징을 잘 반영하여 2009년 유네스코 인류 무형문화 유산에 등재되었습니다.

피아졸라는 1921년 3월 11일 아르헨티나 부에노스아이레스주 마르 델 플라타에서 이탈리아 이민자인 이발사 아버지 Vicente "Nonino" Piazzolla와 재봉사 어머니의 아들로 태어났습니다. 1925년 4살 때 미국 뉴욕으로 이주하여 8살부터 반도네온을 배우고 탱고, 재즈, 바흐 등을 즐겨 듣고 11살에 첫 탱고 곡을 작곡했습니다. 15살에 아르헨티나에 돌아와 탱고 연주 활동을 하며 20살부터는 고전음악을 공부하여 탱고에 재즈와 클래식을 접목시킨 새로운 누에보 탱고를 창시했습니다. 그의 대표곡 '리베르탱고 Libertango'는 스페인어로 자유를 뜻하는 libertad와 탱고 tango를 합성한 말입니다. 이외에도 아버지 'Nonino'에게 헌정한 '안녕 노니노 Adiós Nonino', '망각 Oblivion', '사계 Four Seasons' 등이 있습니다.

매일 즐거운 마음으로 덩실덩실 춤추듯 일터로 가십시오. 그러면 만사형통합니다.

Astor Pantaleón Piazzolla, 'Libertango'
https://youtu.be/kdhTodxH7Gw

3월 12일 촛불

## 클로드-미셸 쇤베르그, '레미제라블'에서 '민중의 노래'

**촛불 하나가 세상을 바꿀 거라는 생각을 꿈에서라도 해보셨습니까?**

제18대 박근혜 대통령이 아버지 대통령 박정희의 후광으로 우리나라 헌정 사상 최초 여성 대통령이자 부녀대통령의 기록을 세웠습니다. 하지만 2014년 세월호 참사 무대응, 2015년 메르스 대란, 2015년 굴욕적인 위안부 협상, 2015년 농민대회 폭력 진압, 2016년 사드 THAAD 강제 배치, 2016년 개성공단 폐쇄 등 연이은 실정으로 민심이 돌아선 상태에서 2016년 10월 24일 JTBC를 필두로 박근혜-최순실 게이트를 보도하면서 10월 29일 저녁 박근혜 퇴진을 요구하는 첫 촛불집회가 열렸습니다. 이후 촛불집회는 범국민행동으로 발전하여 2017년 3월 11일 20차까지 1,600여 만 명이 참가했습니다. 이에 국회는 2016년 12월 9일 박근혜 대통령 탄핵소추안을 통과시켜 대통령 권한을 정지하였고, 2017년 3월 10일 헌법재판소가 대통령직 파면을 선고하여 3월 12일 청와대에서 퇴거했습니다. 이로써 촛불집회는 항일의병 활동, 동학농민운동, 3·1운동, 6·10 만세운동, 4·19 혁명, 부마항쟁, 5·18 광주항쟁, 6월 항쟁을 이어받아 부패하고 무능한 외고집 불통 정권을 무너뜨린 촛불 시민혁명이 되었습니다.

뮤지컬 '레미제라블 Les Misérables'은 빅토르 위고의 소설을 바탕으로 작사가 알랭 부블리유 Alain Boublil와 장-마르크 나텔 Jean-Marc Natel, 작곡가 클로드-미셸 쇤베르그 Claude-Michel Schönberg가 프랑스어판으로 만들어 1980년 9월 24일 파리에서 초연했습니다. 이를 영국의 뮤지컬 프로듀서 캐머런 매킨토시가 음악과 대본을 대폭 손질하고 가사도 영어로 번안하여 영국식 대형 뮤지컬로 재탄생시켰습니다. 1985년 10월 8일 런던 웨스트엔드에서 초연하여 크게 인기를 얻었고 1987년 3월 12일 미국 브로드웨이에서 초연했습니다. 배경은 프랑스 대혁명 (1789~1799년) 후 들어선 나폴레옹 제정의 몰락으로 다시 복귀한 왕정 시대로 장 발장이 19년 만에 가석방된 1815년에서 무능하고 억압적인 왕정을 폐지하기 위해 노동자 (2/3), 자영업자와 점원 (1/3) 등 불쌍한 사람들 les misérables이 주도했다가 많은 희생자를 내고 무참히 진압된 1832년 6월 항쟁 June Rebellion까지입니다. 뮤지컬 '레미제라블'에서 '민중의 노래를 듣는가? Do You Hear the People Sing?'가 유명합니다.

위정자는 우리가 촛불을 드는 일이 다시는 없도록 민중의 작은 소리도 경청하십시오.

Claude-Michel Schönberg, Musical 'Les Misérables', 'Do You Hear the People Sing'
https://youtu.be/TX9UtBij_t8

3월 13일 고백

# 토셀리, '탄식의 세레나데'

**연인에게 사랑을 어떻게 고백하셨나요?**

과거 서양에서는 연인 집 창가에서 감미로운 노래로 사랑을 고백했습니다. 대부분 아파트에서 사는 지금은 이와 같이 사랑을 고백하기는 불가능하여 멋진 카페나 유명 장소에서 하는 것 같습니다. 사랑을 고백하기 위해 연인의 창가에서 부르던 낭만적인 노래를 세레나데 Serenade라고 했는데 주로 해 질 무렵에 불렀기 때문에 소야곡 evening song이라고도 했습니다. 나중에는 중요한 사람의 특별한 저녁 연회에서 여흥을 돋우기 위해 연주하는 간단한 음악극 형식의 성악곡도 세레나데라고 불렀습니다. 고전주의와 낭만주의 시대에 이르러서는 기악 연주용으로도 만들어져 디베르티멘토 Divertimento (여흥곡), 캐세이션 Cassation (휴식곡), 노투르노 Notturno (야상곡) 등으로 불러졌는데 춤곡이나 행진곡과 같이 밝고 경쾌한 곡으로 구성되어 있습니다. 이처럼 세레나데는 사랑을 고백하는 소야곡으로 시작하여 다양한 성악 세레나데와 기악 세레나데로 진화했습니다.

엔리코 토셀리 Enrico Toselli는 1883년 3월 13일 이탈리아 피렌체에서 태어났습니다. 피아니스트 겸 작곡가였는데 특히 가곡을 많이 작곡했습니다. 그가 17살에 작곡한 '탄식의 세레나데 Serenata Rimpianto'는 실연의 아픔을 노래하는 성악 세레나데인데 그의 상징 곡입니다. 가사는 실연의 아픔을 말하지만 선율이 아름답고 감미로워 '사랑의 세레나데'로도 알려져 있고 청아한 나이팅게일 새소리를 추가하여 '나이팅게일 세레나데'라고도 합니다. 토셀리는 24살인 1907년 12살 연상인 독일 작센 공국의 프리드리히 아우구스트 3세의 전 부인인 루이제 대공 비 Crown Princess of Saxony와 런던에서 결혼하여 국제적으로 화제가 되었습니다. 루이제 대공 비는 프리드리히 아우구스트 3세의 황태자 시절 부인이었는데 국민의 높은 인기에 취해 왕실 법도를 무시하고 무례하게 행동하고 외도까지 의심받아 1903년 결혼 12년 차에 7번째 아이를 가진 상태에서 이혼당하고 축출되었습니다. 1907년 토셀리가 이 루이제와 결혼한 것입니다. 토셀리도 그녀와 1년을 살다가 별거하고 4년 후 이혼했습니다. 그녀는 나중에 무일푼이 되어 꽃 팔이 등으로 근근이 살다가 세상을 떠났습니다.

사랑의 고백은 쉬워도 유지는 쉽지 않습니다. 아무리 허물이 없는 사이가 되었다고 해도 무례히 행하거나 선을 넘지 마십시오.

Enrico Toselli, 'Serenata Rimpianto'
https://youtu.be/GjOebQ6Mq6o

3월 14일 자식

## 슈트라우스 1세, '라데츠키 행진곡'

### 자식은 부모의 훈장일까요, 거울일까요?

부모들은 자식이 자신의 장점만 닮고 뜻을 잘 받들어 자신의 빛나는 훈장이 되길 바랍니다. 하지만 자식은 그렇지 않은 경우가 많아 바라지 않는 결점과 단점까지 닮아서 부모의 속셈과 뒷모습마저 거울처럼 비춰줍니다. 이 때문에 좋은 의미든 나쁜 의미든 부전자전과 모전여전이라는 말이 생긴 것입니다. 왈츠의 아버지로 알려진 요한 슈트라우스 1세 Johann Strauss I는 1804년 3월 14일 오스트리아 빈에서 태어났습니다. 1824년 개인 악단을 만들고 이듬해 최초의 왈츠 곡을 발표한 것을 시작으로 250여 개의 왈츠와 폴카 같은 춤곡과 빈 신년음악회 고정 연주곡으로 유명한 '라데츠키 행진곡 Radetzky March'을 작곡했습니다. 그런데 그는 세 명의 아들이 음악가가 되는 것을 다 반대했습니다. 특히 장남 요한 슈트라우스 2세 Johann Strauss II가 그를 능가하여 대성해가는 것이 못마땅하여 집요하게 방해하기까지 했습니다. 아버지가 아들에게 역으로 오이디푸스 콤플렉스 Oedipus complex를 보인 것입니다. 하지만 아들은 아버지를 닮은 것을 뛰어 넘어 왈츠의 왕이 되었습니다.

프로이트 Freud가 말한 오이디푸스 콤플렉스는 아이가 3~5세에 이르러 첫 사랑인 어머니를 독차지하려할 때 아버지를 경쟁자로 인식하면서 거대한 힘의 존재로서 아버지에 대해 갖게 되는 선망과 거세 공포에서 오는 애증의 복합 감정 또는 갈등 심리를 말합니다. 어머니에 대한 욕망을 포기하고 아버지와 동일화함으로써 심리적 갈등을 해결하는데 이 과정에서 과도한 반응이 무의식화되어 성장 후 정신 활동에 영향을 주게 된다는 것이 프로이트의 이론인데 지금은 일반적으로 적용할 수 없다는 반론이 많습니다. 하지만 피상적인 현상만 보더라도 부전자전 모전여전은 실재하는 것같이 느껴집니다. 유전적이든 환경적이든 심리적이든 나의 모습이 자식들에게 그대로 투영되어 나타나기 때문입니다. 그런데 그것은 대개 우리의 결점 또는 약점이어서 부끄럽기도 하고 섬뜩하기도 합니다. 이게 자식들을 넘어 손자녀에까지 영향을 줄 수 있다고 하니 말 하나, 행동 하나도 조심하고 신중해야겠습니다.

자식은 부모의 부끄러운 뒷모습은 물론 시커먼 속까지 비춰주는 투시 거울입니다. 자식의 못나고 거슬리는 모습이 내 모습이고 내 탓이니 나무라기에 앞서 반성하세요.

Johann Strauss I, 'Radetzky March'
https://youtu.be/eab_eFtTKFs

## 3월 15일 부불삼대
# 에두아르트 슈트라우스, '카르멘 카드리유'

**부자가 3대 이상 이어간 집을 보신 적이 있습니까?**

우리나라에서 만석지기 재산을 12대 300여 년 동안 유지한 경주 최부자집이 있기는 하지만 부자가 3대를 이어가기 어려워 '부불삼대'라는 말이 있습니다. 재산만이 아니고 가업도 그렇습니다. 요한 슈트라우스 가문 Strauss Dynasty는 음악으로 4대 100년을 이어간 역사상 가장 유명한 음악가 가문입니다. 왈츠의 아버지 요한 슈트라우스 1세로 시작하여 그의 장남 왈츠의 왕 요한 Johann 슈트라우스 2세, 차남 요제프 Joseph 슈트라우스, 막내 에두아르트 Eduard 슈트라우스 등 세 아들이 2세대 음악 가족을 형성하고, 막내 에두아르트 슈트라우스의 장남 요한 슈트라우스 3세가 3세대 음악가가 되고, 에두아르트 슈트라우스의 차남인 요제프 슈트라우스 2세의 아들인 에두아르트 슈트라우스 2세가 4세대 음악가가 되어 100여 년에 걸쳐 슈트라우스 가문의 계보가 이어졌습니다. 그러나 거기까지였습니다. 그것도 에두아르트의 차남 요제프 슈트라우스 2세가 음악가가 아니었기 때문에 직계로 이어진 것은 3대까지였습니다. 이로써 유전 경향이 강한 음악도 직계로 3대를 이어가기 어렵다는 것을 보여주었습니다. 따라서 자식을 통해 가업을 잇게 하려는 꿈은 그냥 꿈일 가능성이 높습니다. 부자 3대의 벽을 돌파할 가능성이 10% 정도라고 하니 가업 3대도 십중팔구는 불가능한 것입니다. 주된 원인은 부자 부모를 둔 3세들이 부족함이 없는 가정환경 때문에 '맨주먹 정신 hungry spirit'을 갖기 어렵기 때문입니다.

에두아르트 슈트라우스는 1835년 3월 15일 태어났습니다. 외교관이 되라고 한 아버지 요한 슈트라우스의 말을 듣지 않고 두 형들처럼 음악가가 되었습니다. 그도 왈츠와 폴카와 같은 춤곡을 많이 작곡했습니다. 이 중에는 카드리유 Quadrille도 있는데 이는 남녀 네 쌍이 한 조로 추는 춤입니다. 새로 작곡한 것도 있지만 기존 음악을 편곡한 경우도 많습니다. 대표작인 '카르멘 카드리유 Carmen Quadrille'는 비제의 오페라 '카르멘'의 일부를 발췌 편곡하여 1876년 완성한 것입니다.

부나 가업의 세습이 심한 현대에도 3대를 잇는 것은 쉽지 않습니다. 가업을 잇든 새 일을 하든 맨주먹 헝그리 정신으로 성공할 수 있도록 어려서 자식들의 요구를 다 들어주지 마시고 청소년기에는 봉사활동을 통해 어려운 이웃을 많이 접하게 하십시오.

Eduard Strauss, 'Carmen Quadrille'
https://youtu.be/demfGLB4wfM

3월 16일 미라클 모닝

## 마스네, '타이스 명상곡'

**매일 아침을 어떻게 시작해야 좋을까요?**

매일 아침을 굿 모닝으로 시작하면 좋은 하루가 되고 미라클 모닝 Miracle Morning으로 시작하면 기적이 생긴다고 합니다. 할 엘로드 Hal Elrode는 교통사고로 6분간 육체적인 죽음과 경제적인 파산으로 인한 경제적인 죽음에서 매일 아침 미라클 모닝으로 회생했던 경험을 바탕으로 '미라클 모닝'이라는 책을 썼습니다. 미라클 모닝은 아침 이른 시간에 Silence 묵상, Affirmation 다짐, Visualization 상상, Exercise 운동, Reading 읽기, Scribing 쓰기 등 삶의 6가지 구원 활동 (Life-SAVERS)을 하는 것입니다. 각각 1분씩 총 6분 동안 하는 것으로 시작하여 점차 늘려가는 것인데 바쁜 사람은 'SAVE'만 하고 정말 할 수 없다면 묵상만이라도 할 것을 권합니다.

묵상은 오래 전부터 종교인에게 좌선, 기도, 명상이란 이름으로 수양 또는 수련의 수단으로 이용되어 왔습니다. 이는 조용히 앉아 긴장을 풀고 평화로운 상태로 숨을 3초간 코로 천천히 깊게 들이쉬고, 3초간 참았다가, 온갖 스트레스와 고민을 뱉듯이 3초간에 입으로 천천히 내쉬기를 반복하는 것입니다. 이때 생각을 한 가지 사물이나 자신의 호흡 또는 주제 (화두)에 집중하여 몰입하거나 (집중 명상), 자신을 제삼자적 입장에서 바라보아 자신에 대해 초연해지도록 (마음 챙김 명상) 합니다.

프랑스의 작곡가 쥘 마스네 Jules Massenet의 오페라 '타이스 Thaïs'는 1921년 노벨상 수상작가 프랑스의 아나톨 프랑스 Anatole France의 동명 소설에 기초하여 만든 오페라로 1894년 3월 16일 파리에서 초연했습니다. 로마제국 시절 수도승 아타나엘이 이집트 알렉산드리아의 고급 창녀 타이스를 구원하고자 그녀에게 접근하여 기독교에 귀의시켰습니다. 그 결과 타이스는 수도원으로 들어갔으나 자신은 타이스의 관능미에 빠져서 헤어나지 못합니다. 종교적인 사랑과 육체적인 사랑 사이에서 갈등하다 육체적인 사랑을 선택하고 타이스를 찾아가나 그녀는 숨을 거두어 사랑을 이루지 못합니다. '타이스 명상곡 Thaïs Meditation'은 오페라 2막 1장과 2장 사이 간주곡으로 아타나엘이 정욕에서 벗어나려고 묵상을 하며 애쓰는 모습을 그립니다.

명상은 집중력, 직관력, 창의력의 향상과 더불어 심리적인 안정, 면역력 증가 등의 효과가 있습니다. 하루를 미라클 모닝의 명상으로 시작하여 기적 같은 하루를 만드세요.

Jules Massenet, 'Thaïs Meditation'
https://youtu.be/7QtGOWemQhY

3월 17일 나이

## 실비아 디 작사, 시드니 리프만 작곡, '너무 어려'

**미국의 대중 가수 냇 킹 콜을 아시나요?**

냇 킹 콜 Nat King Cole을 모르신다면 나탈리 콜 Natali Cole은 아십니까? 둘 다 모르신다면 너무 어리신 too young거고, 나탈리 콜만 아신다면 어리진 않으신 거고 둘 다 아신다면 나이가 좀 있으신 것입니다. 냇 킹 콜은 1919년 3월 17일 미국 앨라배마주 몽고메리에서 목사 아버지와 교회 오르가니스트 어머니로부터 태어나 4살에 시카고로 이사했습니다. 12살부터 교회에서 피아노를 쳤고 고등학생 때 밴드를 만들어 활동하다가 형이 만든 콜스 밴드에서 피아니스트로 활약하였습니다. 18살에 로스엔젤레스로 이주하여 무용수와 결혼하고 냇 킹 콜 트리오라는 드럼이 없는 당시에 혁신적인 밴드를 만들어 매우 큰 인기를 얻었습니다. 20살에는 냇 콜 스윙스터스를 결성하여 피아노를 치며 노래도 불렀습니다. 1951년 밴드를 해체하고 노래에 전념하기 시작하면서 발표한 실비아 디 Sylvia Dee 작사, 시드니 리프만 Sidney Lippman 작곡의 노래 '너무 어려 Too Young'가 크게 인기를 얻었습니다.

'너무 어려 Too Young'는 냇 킹 콜이 가장 아끼는 노래 3곡 중 하나이며 가장 크게 히트한 곡입니다. 그는 이 노래에서 18살에 결혼한 그의 사랑이 절대 어리지 않다고 항변했습니다. 하지만 그는 29살인 1948년 이혼하고 무명가수와 다시 재혼한 상태여서 설득력이 없었습니다. 1950년 큰딸이자 가수인 나탈리 콜을 얻었습니다. 그는 담배가 그의 부드럽고 달콤한 저음의 목소리를 유지 시켜주는 것으로 생각하여 하루 4갑의 담배를 피웠고 1965년 45살에 폐암을 진단받고 수술했으나 회복을 못 했습니다. 1990년 그래미 평생 공로상을 수상하고 2000년에는 로큰롤 명예의 전당에 올랐으나 너무 젊은 나이에 세상을 떠났습니다.

회갑만 지나도 오래 살았다고 축하하던 시절에는 사랑과 결혼 적령기라는 개념이 있었습니다만 100세 시대인 지금에는 사랑은 물론 결혼에도 적령기라는 게 없어졌습니다. 나이는 어려도 성숙한 사람이 있는 반면에 나이를 많이 먹었어도 연애하고 결혼하기에는 너무 어린 '투 영'인 사람이 많습니다. 결혼한 부부 중에도 결혼 연차는 늘어도 사랑과 인격의 나이는 늘지 않아 사랑을 주고받는 데 너무 미숙한 부부가 많습니다. 나의 말과 행동이 어린아이처럼 너무 유치한 것은 아닌지 자성해보세요.

Sylvia Dee/Sidney Lippman, 'Too Young'
https://youtu.be/qOt-saXvUSE

3월 18일 스토리텔링

## 림스키-코사코프, '세헤라자데'

**이야기하기를 좋아하시나요?**

우리는 많은 이야기를 듣고 자랍니다. 심지어 태교 때로부터. 인과응보 권선징악의 전래동화나 멸사봉공 고진감래의 위인 이야기는 깊이 각인되고 마음을 움직여 수천 마디의 지시나 권면보다 더 강력하게 인격 형성과 삶의 태도 확립에 영향을 줍니다. 이야기하기 즉 스토리텔링 storytelling은 알리고 싶은 것을 재미있고 생생한 이야기로 만들어 전달하는 것입니다. 스토리텔링은 동기를 부여하고, 지식과 지혜를 나누고, 마음의 상처를 치유하는 데 이용되고 스티브 잡스의 애플과 하워드 슐츠의 스타벅스와 같이 제품에 대한 인상이나 상표 값 brand power을 올리는 데도 이용됩니다.

아라비아와 인근 지방에서 구전되어 내려 온 민담을 모은 이야기 책 '1001 야화 One Thousand and One Nights (영문판, 아라비안 나이트 Arabian Nights)'는 샤흐리야르 Shahryar 왕과 세헤라자데 Scheherazade의 이야기로 시작하여 신밧드의 모험, 알리바바와 40인의 도둑, 알라딘과 요술램프 등 200개의 이야기가 실려 있습니다. 세헤라자데는 전설적인 여성 이야기꾼 스토리텔러 storyteller입니다. 페르시아의 왕 샤흐리야르가 자신의 왕비가 노예와 간통하는 것을 보고 여성 혐오와 보복심에 처녀들을 불러 하룻밤을 자고 다음 날 처형하는 만행을 계속했습니다. 그 결과 거리에 젊은 여성들이 사라져 갔는데 이때 채홍사 역할을 하던 궁정 대신의 딸 세헤라자데가 자청했습니다. 책을 좋아하여 동서고금의 이야기를 많이 알고 있던 이야기 명인인 그녀는 첫날밤부터 흥미진진한 이야기로 왕을 사로잡고 이야기를 그날 끝맺지 않고 다음 날로 이어감으로써 처형을 피하여 1001일 밤이나 이어갔습니다. 이 사이에 왕도 변화되어 세헤라자데를 진심으로 사랑하게 되고 여성 혐오 범죄도 멈췄습니다.

니콜라이 림스키-코사코프 Nikolay Rimsky-Korsakov는 1844년 3월 18일 러시아 귀족 집안에서 태어났는데 음악에 재능이 많았습니다. 해군 집안이어서 해군사관학교를 나왔으나 러시아의 대표적인 민족음악가가 되었습니다. 대표작 '세헤라자데'는 천일야화 중 '바다와 신밧드의 배 (1악장)', '칼랜더 왕자 (2악장)', '젊은 왕자와 공주 (3악장)', '바그다드의 축제 (4악장)' 등 4개 이야기로 만든 관현악 모음곡입니다.

한 마디 말로 천 냥 빚을 갚고 생명도 살리니 이왕이면 예쁜 말로 이야기하세요.

Nikolay Rimsky-Korsakov, 'Scheherazade'
https://youtu.be/SQNymNaTr-Y

3월 19일 노화

## 구노, 오페라 '파우스트'에서 '병사들의 합창'

**귀하는 늙어보셨습니까?**

아마 늙어보지 못하셨을 것입니다. 늙어보셨다면 정말 대단하십니다. '아베 마리아'로 유명한 샤를 구노 Charles Gounod는 12편의 오페라를 남겼는데 '로미오와 줄리엣 Romeo and Juliet'과 '파우스트 Faust'가 제일 유명합니다. 오페라 '파우스트'는 원작인 괴테의 파우스트 1부, 파우스트와 마르그리트 (그레첸)의 비극적 사랑을 바탕으로 미셸 카레 Michel Carré가 각색한 '파우스트와 마르게리테'라는 연극 대본을 참고하여 쥘 바비어 Paul Jules Barbier가 쓴 프랑스어 대본에 따라 작곡된 5막짜리 그랜드 오페라로서 1859년 3월 19일 파리에서 초연되었습니다. 괴테의 파우스트를 원작으로 하여 만들어진 많은 공연 작품들 중에서 구노의 것이 가장 유명합니다.

오페라 '파우스트'에서 늙은 학자 파우스트는 연구로 얻은 것이 없어 절망하고 인생과 사랑을 놓쳐버렸다고 비관합니다. 그래서 독약을 마시고 자살을 두 번이나 시도하는데 그때마다 어디선가 들려오는 노래 소리 때문에 중단합니다. 이때 악마 메피스토펠레스가 등장하여 영혼을 팔면 무슨 소원이든 들어준다고 합니다. 파우스트는 젊어져서 사랑을 해보고 싶다고 하여 악마는 파우스트의 영혼을 가져가는 대신 파우스트에게 20대의 젊음을 돌려주고 아름다운 여인 마르게리테를 만나게 해줍니다. 파우스트는 마르게리테에 반해 뜨겁게 사랑을 하지만 시간이 흐르면서 식어졌습니다. 마르게리테의 오빠가 군대에서 돌아와 동생이 파우스트의 아이를 임신한 것을 알고 파우스트와 결투를 하는데 파우스트의 칼에 찔려 죽고 맙니다. 오빠의 죽음에 충격을 받고 마르게리테도 죽자 파우스트는 탄식하며 참회합니다. 3막 마르게리테의 '보석의 노래 Jewel Song'와 4막 '병사들의 합창 Soldier's Chorus'이 유명합니다. '병사들의 합창'은 오빠가 전쟁터에서 돌아올 때 나오는 행진곡 풍의 남성 합창으로 용감히 싸워 조국을 지키고 평화를 되찾았으니 서둘러 사랑하는 애인을 만나러 가자는 내용입니다. 참고로 '병사들의 합창'은 베르디의 오페라 '일 트로바토레'에도 있습니다.

늙어도 낡지 않고 곱게 익어 아름다운 사람도 있고, 닳고 닳아 인간미를 잃고 추해지는 사람도 있습니다. 젊어도 파우스트처럼 영혼이 없는 애늙은이가 되지 말고 늙어도 늘 젊은 생각의 나이테 하나 새로 품어 더 젊고 사려 깊은 큰 어른이 되십시오.

Charles Gounod, Opera 'Faust', 'Soldier's Chorus'
https://youtu.be/LW-6HMenF74

3월 20일 행복

## 알렉스 마라시안, 토마스 로더데일, '초원의 빛'

**행복하십니까?**

오늘은 유엔이 정한 '세계행복의날 International Day of Happiness'이기 때문에 오늘은 무조건 행복하셔야 합니다. 행복이란 한 사람의 극히 사적인 문제라고 생각할 수 있지만 그렇지 않습니다. 인간은 행복해야 할 권리가 있고 모든 국가는 국민의 행복권을 보장해야 하는 의무가 있기에 유엔이 3월 20일을 '세계행복의날'로 정했습니다. 우리나라도 헌법 10조를 통해 "모든 국민은 인간으로서 존엄과 가치를 가지며, 행복을 추구할 권리를 가진다"라고 행복추구권을 기본권으로 명시하고 있습니다. 따라서 우리는 행복해야 하고 국가는 우리를 반드시 행복하게 해주어야 합니다. 그런데 사람은 행복의 필요 충분조건을 다 갖추어도 행복하지 못 하는 경우가 많습니다. 가장 큰 이유는 자기 자신의 단점이나 장점에 너무 집착하고 몰입하기 때문입니다.

영국의 수학자, 철학자, 1950년 노벨 문학상 수상 작가, 평화주의 운동가인 버트런드 러셀 Bertrand Russel은 자기 몰입에는 자책죄인형, 자기도취형, 과대망상형이 있다고 했습니다. 자책죄인형은 죄의식 속에 매사를 내 탓이라고 자책하고, 자기도취형은 자책죄인형과 반대로 모든 일이 내 덕이라고 자화자찬하며 모든 칭찬과 박수는 자신이 다 받아야 된다고 생각하고, 과대망상형은 자기도취가 도를 넘어 자신이 모든 것에서 최고라고 과대평가하여 모든 일은 자신이 해야 하고 자신의 결정에 무조건 다 따라야 된다고 생각하는 유형입니다. 자신에 깊이 함몰되어 자신을 자아 감옥에 가두고 과소평가하거나 과대평가하면 행복할 수 없습니다. 따라서 러셀은 행복은 주어지는 것이 아니라 노력으로 정복하고 쟁취하는 것이라고 했습니다.

토마스 로더데일 Tomas Lauderdale이 1994년 결성한 미국의 12인조 밴드 핑크 마티니 Pink Martini는 작은 오케스트라를 표방하며 재즈, 팝, 클래식 등 다양한 장르를 연주합니다. 2009년 발표한 '초원의 빛 Splendor in The Grass'은 더 많이 갖고 더 거창하게 살려고 하지 말고 "언덕에 올라 초원의 풀들이 자라는 소리에 귀 기울여 보라"며 도가적인 무욕의 삶을 권하는데 간주로 삽입된 차이콥스키 피아노 협주곡 1번이 압권입니다.

춘분을 앞두고 산과 들의 초록이 빛을 더하고 있습니다. 피어나는 초원의 빛과 꽃들의 영광을 보며 비움과 버림으로 자아 감옥에서 벗어나는 행복한 날이 되십시오.

Alex Marashian, Thomas Lauderdale (Pink Martini), 'Splendor in The Grass'
https://youtube.com/watch?v=6L-_DiZlrUI&feature=shares

3월 21일 역경

## 바흐, 'G선의 아리아'

**인생의 밑바닥에까지 떨어져 본 적이 있으십니까?**

살다보면 벼랑 끝에 매달리거나 인생의 밑바닥으로 떨어질 때가 있습니다. 이러한 위기에 처한 인간은 좌절하거나 상상을 초월한 창조력과 초인적인 힘을 발휘하여 새롭게 비약적으로 성장합니다. 이 때문에 위인 중에는 불우한 환경과 숱한 실패를 겪은 사람이 많습니다. 오늘은 음악의 아버지인 요한 제바스티안 바흐 Johann Sebastian Bach가 당시 사용하던 옛날식 생일 (1685년 3월 21일)입니다. 바흐 집안은 7대에 걸쳐 200여 년 동안 가장 많은 음악가를 배출한 음악 명문 가문이었습니다. 그의 큰할아버지 하인리히 바흐와 그의 아들 요한 크리스토프 프리드리히 바흐와 요한 미하엘 바흐 역시 음악사에 이름을 남긴 작곡가입니다만 가장 높은 마루 점을 찍은 사람은 요한 제바스티안 바흐입니다. 그러나 그도 매우 힘든 시절이 있었습니다. 9살에 어머니를 잃고 이듬해에는 아버지마저 잃어 고아가 되어 14살 더 많은 큰형 요한 크리스토프 바흐 집에서 더부살이를 해야 했습니다. 큰형은 파헬벨 캐논으로 유명한 대작곡가 요한 파헬벨의 제자여서 큰형으로부터 음악이론과 작곡을 배웠으나 조카들이 늘어나면서 15살에 큰형 집에서 나와야 했습니다. 다행히 장학생으로 뽑혀 고등학교에 진학할 수 있었고 오르간과 작곡을 배워 음악의 아버지로까지 성장했습니다.

바흐 집안은 유명한 루터교 신자 집안이었고 요한 제바스티안 바흐 역시 철저한 정통 루터교 신봉자였습니다. 따라서 그의 음악 활동은 교회 테두리 안에서 이루어졌고 그래서 종교 음악이 많습니다. 바흐의 작품 가운데 가장 인기 있는 곡의 하나가 'G선의 아리아 Air on the G String'인데 흔히들 일본식 번역인 'G선상의 아리아'로 부르고 있습니다. 이는 바흐의 원래 작품이 아니고 그의 관현악 모음곡 Orchestral Suite 3번의 두 번째 아리아 일부를 독일의 바이올리니스트 아우구스트 빌헬르미 August Wihelmi가 바이올린 4선 가운데 가장 낮은 G선만으로 연주하도록 편곡한 것입니다. G선 하나로 연주하지만 더할 나위 없이 아름답고 행복한 곡입니다.

우리의 인생이 1선에서 잘리고, 2선에서 밀려나고, 3선에도 실패하여, 바닥 ground (G) 선에 떨어졌더라도 위기를 인생 역전 전화위복의 기회로 만들어 'G선의 아리아'의 기적처럼 개천 바닥에서 용이 나오는 전설의 주인공이 되십시오.

Johann Sebastian Bach/August Wihelmi, 'Air on the G String'
https://youtu.be/6G9hbWiyDEo

3월 22일 애도

## 로이드 웨버, 뮤지컬 '에비타'에서 '아르헨티나여 날 위해 울지마오'

**사랑하는 가족이나 친구를 잃고 목 놓아 울어보신 적이 있습니까?**

요즘은 워낙 장수해서 장례식장에 가도 호상이라고 우는 집이 별로 없습니다. 뮤지컬의 황제 앤드루 로이드-웨버 Andrew Lloyd-Webber는 1948월 3월 22일 영국 런던에서 음악가 부모 밑에서 태어났습니다. 9살에 작곡을 했고 웨스트민스터 대학을 졸업한 후 영국 왕립음악대학에서 클래식을 전공했습니다. 1970년 뮤지컬 '지저스 크라이스트 슈퍼스타 Jesus Christ Superstar'를 시작으로 '에비타 Evita', '캣츠 Cats', '오페라의 유령 Phantom of Opera' 등 13개의 뮤지컬을 작곡했습니다. 3번의 그래미상, 7번의 토니상, 아카데미상, 골든글러브상 등 수많은 상을 수상하고, 1992년 영국 기사 작위를 받았습니다. 로이드 웨버는 절충주의자로서 클래식을 포함하여 전 세계 음악을 적절히 절충하고 융합하는 데 특별한 능력을 가졌습니다.

뮤지컬 '에비타'는 흙 수저로 태어나 아르헨티나의 29대 대통령 후안 페론의 영부인이 된 에비타로 불리는 에바 페론의 일생을 다룬 뮤지컬입니다. 그녀는 한 농장주의 혼외자로서 버림받아 가난과 차별 속에서 어린 시절을 보냈습니다. 15살에 부에노스아이레스로 나와 연예계에 진출하여 모델, 연극과 영화 배우를 거쳐 인기 성우가 되어 20대 초에 방송국을 가질 정도로 인기와 부를 얻었습니다. 1944년 발생한 산후안 대지진 피해 돕기 모금행사에서 당시 노동부장관이던 24살 연상의 후안 페론을 만나 이듬해 결혼하고 대통령 선거에서 열렬한 유세로 대통령 당선에 크게 기여했습니다. 그녀는 노동자와 서민을 위한 혁신적인 복지정책을 세우고 여성 참정권을 도입하는 등 여성 운동에 앞장서 아르헨티나의 성녀로 존경을 받았습니다. 1950년 대통령 재선을 앞두고 자궁암 말기의 진단을 받았으나 이를 숨기고 페론을 도와 재선에 성공시키고 1년 뒤 33살로 생을 마쳤습니다. 장례에는 7백만 명이 모여 그녀의 죽음을 애도했습니다. 뮤지컬 '에비타'는 노래로만 진행되는 썽쓰루 Sung-Through 뮤지컬인데 주제곡 '아르헨티나여 날 위해 울지 마오 Don't Cry for Me, Argentina'는 에비타가 건강 때문에 은퇴하면서 부른 자신의 일생에 대한 자전적인 노래입니다.

정승 집 개가 죽으면 문상객이 줄을 잇고 정승이 죽으면 집 앞이 썰렁하다고 했습니다. 죽어도 슬퍼하거나 기뻐할 사람이 없도록 원한도 여한도 없는 삶을 사십시오.

Andrew Lloyd-Webber, Musical 'Evita', 'Don't Cry for Me, Argentina'
https://youtu.be/sxR-1mZem8Q

3월 23일 봄맞이

## 이은상 시, 홍난파 곡, '봄처녀'

**봄이 어디까지 왔을까요?**

입춘이 한 달 넘게 지났고 우수에 경칩도 지나고 기상학적인 봄의 시작을 뜻하는 춘분도 지났으니 이제 누가 뭐라 해도 봄입니다. 그렇다고 나 봄은 아닙니다. 춘래 불래춘 봄이 왔으나 아직 봄이 아닌 곳이 많습니다. 볕이 드는 앞마당은 봄이어도 뒤뜰이나 그늘진 응달은 아직 쌀쌀한 겨울일 수 있습니다. 햇빛 잘 드는 아파트 로얄층은 봄이어도 달동네 지하방은 아직도 추운 겨울일 수 있습니다. 머리는 봄이지만 가슴은 아직도 꽁꽁 언 겨울일 수 있습니다. 봄 햇살이 세상 곳곳을 비추고 봄 기운이 온 몸 깊숙이 스며들어야 비로소 완전한 봄일 텐데 귀하의 봄은 어디까지 왔습니까!

우리나라 가곡에 봄노래가 많은데 그중에 '봄처녀'가 있습니다. '봄처녀'는 이은상 시에 홍난파가 곡을 붙인 것으로 1932년 작곡된 것으로 추정되고 있습니다. 홍난파는 1898년 4월 10일 경기도 화성에서 태어났습니다. 바이올리니스트 겸 작곡가였는데 43세로 사망하기 직전 4년간 친일 행적으로 친일 음악가라는 씻을 수 없는 오점을 남겼습니다. 그는 '봉선화', '금강에 살어리랏다', '봄처녀', '성불사의 밤', '옛 동산에 올라'와 같은 애창 가곡과 '달마중', '낮에 나온 반달', '퐁당퐁당', '고향의 봄'과 같은 정다운 동요를 많이 작곡했습니다. '봄처녀'는 봄을 처녀로 의인화한 것인데 나비의 한 종류인 봄처녀 나비를 뜻한다는 주장도 있습니다.

시조 시인 이은상은 1903년 10월 22일 마산에서 태어나 1923년 연희전문학교 문과에 입학하였고 일본 유학 후 돌아와 이화여자전문학교 교수와 세종대왕 기념사업회 이사를 역임했습니다. 1920년대 시조 부흥운동에 참여하고 시조의 현대화에 앞장섰습니다. 수많은 시조를 발표하였는데 '봄처녀', '고향생각', '가고파', '성불사의 밤' 등은 가곡으로 작곡되어 우리 국민의 애창 가곡이 되었습니다.

봄이 처녀로 걸어오든, 나비로 날아오든 봄은 오고 있습니다. 봄이 오는 속도는 봄꽃 개화의 북상 속도를 통해 구할 수 있습니다. 북상 속도가 하루에 30 km이니 시간당 1.25 km입니다. 이는 젊은 처녀라기보다 어린 소녀의 걸음마 속도입니다. 이처럼 봄이 더디 오는 것은 모두의 손을 잡아주고 누구든 안아주며 오기 때문입니다. 꽃신 신고 아장아장 오시는 봄 소녀를 마음 속 깊이 맞이하여 따뜻한 봄이 되십시오.

이은상 시, 홍난파 곡, '봄처녀'
https://youtu.be/FL4bVTI_HAI

3월 24일 모방

## 모차르트, 피아노 협주곡 24번

**모방과 창조는 어떻게 다를까요?**

모차르트의 작품 626곡 중에서 걸작들은 대부분 오스트리아 빈에서 살았던 마지막 10년에 작곡되었습니다. 빈으로 이주하기 전 고향인 잘츠부르크 시절에는 아버지와 그의 고용주인 잘츠부르크 영주 콜로레도 대주교와 갈등이 많았습니다. 그래서 1781년 25살 때 8년 동안 지켜온 궁정 음악가라는 꽃길을 버리고 빈으로 이주하여 무계약 전업 음악가의 가시밭길을 선택했습니다. 궁정이나 귀족의 후원이 없이는 경제적인 자립이 어려운 당시에 무계약 프리랜서 음악가가 된다는 것은 무모한 도전이었습니다. 하숙집 셋째 딸 콘스탄체와 결혼도 하여 가장으로서 생계를 책임져야 하는 절박한 상황이었지만 모차르트는 신혼의 달콤함과 프리랜서 음악가로서 자유로움으로 인해 그의 천재성과 창작열을 최고로 발휘하여 수많은 걸작을 작곡했습니다.

모차르트는 피아니스트로서도 당대 최고여서 피아노 협주곡을 많이 작곡했습니다. 총 27곡 중 걸작인 20, 21, 23, 24번을 포함하여 17곡을 빈 시절에 작곡했습니다. 이 중 최고 걸작인 24번은 1786년 3월 24일 완성했습니다. 이는 목관악기를 모두 편성하여 모차르트 피아노 협주곡 가운데 가장 규모가 크고 청중이나 의뢰자의 흥미보다 음악적인 완결을 위해 작곡함으로써 피아노 협주곡의 위상을 새로 정립하여 가장 협주곡적인 작품으로 평가되고 있습니다. 이로써 모차르트는 가볍고 깊이가 없다는 편견을 깨트리고 진지하고 심오한 음악성도 가지고 있음을 확실히 보여주었습니다.

베토벤은 1787년 17살 때 우상인 모차르트의 개인 지도를 받기 위해 독일 본에서 빈으로 갔습니다. 모차르트가 집으로 찾아온 14살 적은 베토벤에게 "뭔가를 연주해 봐라"고 하자 베토벤은 모차르트의 피아노 협주곡 24번 피아노 독주 부분을 연주했습니다. 베토벤은 이처럼 모차르트 피아노 협주곡 24번을 좋아했었고 13년 뒤 1800년 모차르트와 같은 다단조로 피아노 협주곡 3번을 작곡하기까지 했습니다. 베토벤의 피아노 협주곡 3번은 모차르트로부터 깊은 영감을 받아 작곡한 것이지만 하이든이나 모차르트적인 색깔은 없고 그만의 색깔로 개성을 드러내 이들 거장들과 다른 베토벤만의 독창적인 음악의 시작을 알리는 기념비적인 작품이 되었습니다.

개성이 없는 모방은 표절이 되고 개성이 있는 모방은 창조가 되니 개성을 살리세요.

Wolfgang Amadeus Mozart, Piano Concerto No. 24
https://youtu.be/POWVTXuB68I

3월 25일 대타

## 푸치니, 오페라 '라 보엠'에서 '그대의 찬 손'

### 대타로 불려간 적이 있으시나요?

지휘자 아르투로 토스카니니 Arturo Toscanini는 1867년 3월 25일 이탈리아 파르마에서 양복 재단사의 아들로 태어났습니다. 9살에 파르마 왕립음악원에서 첼로와 작곡을 공부하고 오페라 관현악단의 첼리스트가 되었습니다. 19살에 브라질 리우데자네이루에서 가진 오페라 아이다의 순회공연 중 지휘자가 갑자기 사임하여 대타로 지휘를 한 것이 계기가 되어 전문 지휘자가 되었습니다. 30세에 세계 최고 오페라 극장인 밀라노 라 스칼라의 음악감독이 되었고 악보에 충실한 리듬, 끊김 없는 선율, 치밀한 합주와 박력 있고 열정적인 지휘로 인기가 많았습니다. 1896년 2월 1일 자코모 푸치니 Giacomo Puccini의 오페라 '라 보엠 La Bohème'을 초연하고 50년 후인 1946년에 다시 지휘한 기록을 세웠습니다. '라 보엠'에서 유명한 아리아 '그대의 찬 손 Che Gelida Manina'은 1막에서 시인 로돌포가 캄캄한 다락방에서 미미의 잃어버린 방 열쇠를 찾다가 미미의 손이 스치자 손이 차다며 미미의 손을 잡고 자신을 소개하고 사랑을 고백하는 노래입니다.

음악은 연주를 위해 작곡되고 큰 연주는 지휘자에 의해 이루어집니다. 그런데 지휘자가 원래 따로 있었던 것은 아닙니다. 대개는 작곡가가 직접 지휘를 했고 종이 막대나 지팡이로 소리를 내어 지휘를 했습니다. 하지만 이는 음악에 소음을 더하는 것이고 연주자에게 전달하는 데에도 한계가 있어서 손이나 지휘봉으로 하는 시각적인 지휘로 바뀌었습니다. 지휘에 지휘봉을 최초로 사용한 음악가가 멘델스존과 베버입니다. 산업혁명 후 중산층 부르주아지의 급속한 증가로 음악 소비자가 확대되어 대형 공연장이 생기고 악단도 커졌습니다. 이에 따라 12가지 이상이나 되는 악기와 개성이 다른 연주자의 특성을 파악하여 이들을 조화시키고 일치시킬 전문 지휘자가 필요하게 되었던 것입니다. 이로써 19세기 후반 최초로 한스 폰 뷜로 Hans von Bülow라는 전문 지휘자가 등장했습니다. 음악사에서 지휘 분야는 늦게 생겼으나 아르투로 토스카니니, 빌헬름 푸르트벵글러 Wilhelm Furtwangler, 브루노 발터 Bruno Walter 등의 거장들에 의해서 자리를 잡아 관현악단의 제왕이 되었습니다.

뜻밖의 대타가 적시 안타가 되어 인생 역전의 기회로 이어질 때가 많습니다. 어쩔 수 없이 하는 대타여도 기꺼이 최선을 다하여 인정받고 발전하는 계기로 만드세요.

Giacomo Puccini, Opera 'La Bohème', 'Che Gelida Manina'
https://youtu.be/--L3uqoQUV4

3월 26일 교육

## 시벨리우스, 바이올린 협주곡

**자녀 교육에서 아버지와 어머니 중 누구의 역할이 더 클까요?**

어머니의 역할이 단연 커서 자녀 교육의 성공담도 위대한 어머니의 이야기가 대부분입니다. 첼리스트 정명화, 바이올리니스트 정경화, 피아니스트 겸 지휘자 정명훈 등 3명의 음악가를 포함한 칠남매를 세계적인 음악가와 의사, 교수, 사업가로 키운 이원숙 여사의 자녀 교육도 많은 사람들에게 큰 감동과 교훈을 주었습니다. “실수를 해도 나무라지 않고, 하고 싶어 하는 일은 전폭 지원하고, 하기 싫어하는 것은 과감히 포기하는” 통 큰 교육으로 아이들을 키운 경험을 토대로 2005년 ‘통 큰 부모가 아이를 크게 키운다’라는 책을 냈습니다. 그는 가난한 살림에도 아이들의 정서 발달을 위해 음악을 가르치고 소질과 재능을 발굴하여 맞춤 교육을 했습니다. 무엇이 되게 하기 위해서라기보다는 자신의 일 자체로 행복할 수 있도록 진로를 선택하게 했습니다.

바이올리니스트 정경화는 이원숙 여사의 4남 3녀 중 4째로 1948년 3월 26일 서울에서 태어났습니다. 두 살 때 뛰어난 절대 음감에 노래를 잘해서 3살에 나간 어린이 노래자랑에서 우승했습니다. 4살에 시작한 피아노에는 별로 흥미가 없어 포기하고 6살에 선물 받은 바이올린은 무척 좋아해 계속했는데 노래를 좋아했던 그에게 바이올린 소리가 사람 목소리와 비슷했기 때문이었다고 합니다. 9살에 멘델스존의 바이올린 협주곡을 서울시향과 협연할 정도로 성장했습니다. 13살에 줄리아드 음악원에 장학생으로 입학하여 명조련사인 이반 갤러미언의 지도를 받았습니다. 1967년 19살로 미국의 권위 있는 레벤트리트 콩쿠르에서 핀커스 주커만과 공동 우승했습니다. 1970년 이작 펄만 대신 서게 된 런던심포니와 차이콥스키 바이올린 협주곡의 협연이 대성공을 거두고 BBC 라디오가 차이콥스키와 시벨리우스 바이올린 협주곡으로 구성된 그의 1970년 데뷔 앨범을 최고의 음반으로 추천하여 세계적인 명성을 얻었고 뛰어난 기교와 정열적인 연주로 ‘현의 마녀’와 ‘무대 위의 사자’라는 별명을 얻었습니다.

인공지능 시대에 맞는 통 큰 교육은 공감력과 창의성을 기르는 교육일 것입니다. 자녀를 큰 사람으로 키우시려면 다양한 독서, 놀이, 예능 활동을 통해 감성과 공감력을 기르고 하나의 정해진 답만 찾는 획일적이고 기계적인 문제 풀이 훈련 대신 튀는 상상력으로 자신만의 독창적인 해법을 찾는 연습을 많이 하게 하십시오.

Jean Sibelius, Violin Concerto (Kyung Wha Chung with London Symphony)
https://youtu.be/56vWmZ1Z6GM

3월 27일 생일축가

## 패티 힐 작사, 밀드레드 힐 작곡, '생일 축하합니다'

### 혹시 오늘 태어나셨습니까?

오늘 태어나신 분이 우리나라만 해도 10만 명 이상이고 전 세계적으로는 2천만 명이 넘을 것으로 추정됩니다. 오늘의 생일을 진심으로 축하합니다. 오늘이 생일인 역사적인 인물을 'OnThisDay 닷컴'에서 검색해보니 251명이나 됩니다. 이들 가운데 우리에게 친숙한 인물은 프랑스 작곡가 벵상 당디 Vicent D'Indy (1851년), X-선을 발견한 독일 물리학자 빌헬름 뢴트겐 Wilhelm Rőntgen (1845년) 러시아 첼리스트 겸 지휘자 므스티스라프 로스트로포비치 Mstislav Rostropovich (1927년)와 미국 유명 가수 사라 본 Sarah Vaughan (1924), 머라이어 캐리 Mariah Carey (1970) 등입니다.

우리나라에서는 생일 아침에 생일 떡에 미역국을 먹는 게 전통이었는데 생일 케익에 나이 숫자만큼 촛불을 켜고 생일 축가를 부르는 서구식으로 어느새 바뀌었습니다. 생일 축가도 우리나라 노래가 있으나 미국 노래 'Happy Birthday Day To You'를 주로 부릅니다. 이 노래의 원래 이름은 'Good Morning To All'인데 1868년 3월 27일 태어난 미국 켄터키주 루이빌 시범 유치원 원장 패티 힐 Patty Hill과 밀드레드 힐 Mildred Hill 자매에 의해 1893년 등교하는 유치원생들을 환영하는 노래로 만들어졌습니다. 이 노래가 언제부터인가 'Happy Birthday To You'로 바뀌어 전 세계로 퍼져 20세기 최대 히트곡이 되었고 이 덕에 이들 자매는 1996년 작곡가 명예의 전당에 올랐습니다. 하지만 저작권이 워너 뮤직에 이관되어 있었기 때문에 이 노래를 사용할 때는 저작권료를 내야 했습니다. 다행히 2015년 9월 미국 법원이 이 노래가 유명해진 것은 가사 때문인데 작사자가 불분명하기 때문에 저작권을 인정할 수 없다고 판결하여 지금은 무료로 무제한 사용이 가능합니다.

생일은 누구에게나 일 년에 한 번 주어지는 날이지만 생일에 대한 느낌은 나이가 들면서 달라집니다. 어려서는 생일이 일 년 중 가장 기쁜 날로 기다려지나 중년이 되면 한 일도 없이 또 한 해를 보냈다는 생각에 부끄럽기도 하여 부담이 되고 노년에는 인생의 종말이 턱 앞에 다가오는 느낌 때문에 우울해지기까지 합니다. 하지만 오늘은 생일 축가를 만든 패티 힐의 생일이고 저작권도 풀렸으니 생일 축하 노래를 마음껏 부르며 오늘 다시 태어난 것처럼 행복에 잠겨 보십시오.

Patty Hill/Mildred Hill, 'Happy Birthday To You'
https://youtu.be/BmA0bbZSDN4

3월 28일 내 방

## 박인환 시, 김기웅 곡, '목마와 숙녀'

### 나만의 방이 있으신가요?

박인환이 1955년 발표한 시 '목마와 숙녀'는 1941년 3월 28일 화요일 영국 남동부 동서섹스주 East Sussex 로드멜 Rodmell의 우즈강 River Ouse 서안에 있는 몽크스 하우스 Monk's House에서 코트 주머니에 돌을 가득 넣고 강 속으로 걸어 들어가 59세로 생을 마감한 영국의 여류 작가 버지니아 울프 Virginia Woolf의 비극적인 삶을 통해 인생의 허무와 체념적 수용을 노래합니다. 버지니아 울프는 1882년 1월 25일 영국 런던에서 태어나 작가인 아버지 덕분에 어려서부터 많은 책을 읽었습니다. 13살에 어머니를 잃고 15살에 어머니를 대신해준 의붓 언니가 죽자 신경 발작을 일으켰고 22살에 아버지마저 사망하자 자살을 시도했습니다. 서른 살에 정치학자이자 작가인 레너드 울프 Leonard Woolf와 결혼하면서 자신을 위해 모든 것을 포기한 남편 레너드의 희생적인 뒷바라지로 글쓰기에 전념할 수 있었습니다.

버지니아 울프는 의식의 흐름 기법을 통해 인간 심리의 깊은 내면을 표현하였고 1925년 발표한 '댈러웨이 부인 Mrs. Dalloway'으로 유명해졌습니다. 1929년 발표한 수필집 '자기만의 방 A Room of One's Own'과 1938년 발표한 소설 '3기니 Three Guineas'는 여성 페미니즘 문학의 고전이 되었습니다. '자기만의 방'에서 여성이 전문직업인이 될 수 없는 여성차별적인 현실을 비판하면서 여성에게도 어떤 간섭도 받지 않는 나만의 공간이 주어져야 한다고 주장했습니다. 울프는 결혼할 때 남편에게 남성성의 2대 상징인 섹스와 직장을 포기할 것을 요구하였고 이를 수용한 레너드는 이를 30년이 넘게 지켰습니다. 버지니아 울프는 페미니즘 문학 활동과 더불어 여성 주도의 무색 sexless 부부로서도 페미니스트의 선구자가 되었습니다.

박인환의 시 '목마와 숙녀'는 작곡가 김기웅에 의해 낭송 곡으로 작곡되어 1974년 가수 박인희에 의해 발표되었습니다. 작곡가 김기웅은 경희대 권투 특기생이었는데 국가대표 선발에서 탈락되자 친구의 권유로 음악가로 전향하여 권투선수 출신 작곡가로 유명합니다. 대표곡으로 '비둘기 집', '봄이 오는 길', '저 꽃 속에 찬란한 빛이' 등이 있고 KBS 악단장도 역임했는데 2013년 77세로 담도암으로 별세했습니다.

나만의 독수공방을 만들어 혼자 맘껏 놀고 상상하고 만드는 자유를 누리십시오.

박인환 시, 김기웅 곡, '목마와 숙녀'
https://youtu.be/uLlg5_7hbxs

3월 29일 침략

## 브리튼, '진혼 교향곡'

**우리나라는 얼마나 많은 침략을 받았을까요?**

국지적인 공격이나 침략을 포함하면 900회가 넘고 국가 차원의 전쟁을 한 경우도 90회 정도라고 합니다. 한 나라의 역사는 그가 치른 전쟁의 수에 비례하는데 우리나라는 평화 우호국임에도 지정학적으로 대륙의 강대국 중국과 해양의 호전국 일본 사이에 위치해서 전쟁을 피할 수 없었습니다.

서구 제국의 침략에 대응하는 대동아 공영권이라는 미명 아래 동남아시아에서 세력 팽창에 혈안이 되어 있던 일본이 1940년 2월 11일 일본 건국 2,600주년 기념식에 쓸 축하곡을 영국의 벤저민 브리튼 Edward Benjamin Britten에게 의뢰했습니다. 벤저민 브리튼은 1913년생으로 헨리 퍼셀 Henry Purcell (1659년생), 에드워드 엘가 Edward Elgar (1857년생), 본 윌리암스 Vaughan Williams (1872년생)에 이어 20세기 영국을 대표하는 작곡가였습니다. 당시 미국에 2년간 여행 중이던 26세 청년 브리튼은 일본 건국 축하곡으로 3악장짜리 관현악곡을 완성했는데 그게 '진혼 교향곡 Sinfonia da Requiem'이었습니다.

브리튼이 일본 건국 기념 축하곡을 진혼곡으로 작곡한 것은 당시 독일이 영국에게 선전포고를 하여 2차 세계대전이 시작된 상태이고 일본도 중국 본토를 침공한 상태여서 평화주의자로서 침략 야욕에 불타 전쟁을 일삼고 있는 일본을 깨우치려는 뜻이 있었던 것으로 생각됩니다. 그래서 1악장 '눈물의 날'에 참혹한 전쟁의 비극적인 풍경을 담고, 2악장 '진노의 날'에 죽은 자의 분노에 찬 죽음의 춤을 담고, 3악장 '영원한 안식'에 죽은 영혼의 영원한 안식을 위한 기원을 담았습니다. 그러나 일본은 이 곡이 어둡고 제목과 내용이 기독교적이어서 신으로 받들고 있는 일왕을 모욕한 것이라고 용납할 수 없다며 접수를 거부했습니다. 그래서 초연은 일본이 아닌 뉴욕에서 1941년 3월 29일 거행되었습니다. 이후 일본은 제2차 세계대전으로 뛰어들었고 결국 패망하였습니다. 역사의 교훈에도 불구하고 일본은 아직도 사무라이의 호전 디엔에이 DNA로 침략 야욕을 키워가며 주변 나라를 불안하게 하고 있습니다.

1881년 월남 이상재 선생이 일본 심장부 도쿄에서 "칼로 흥한 자는 칼로 망한다"라고 경고한 후 패망했던 일본처럼 누구든 총칼로 망하지 않으려면 평화를 구하십시오.

Benjamin Britten, 'Sinfonia da Requiem'
https://youtu.be/IZAgYQSTTJA

3월 30일 거래

## 스메타나, 오페라 '팔려간 신부'에서 서곡

**역사상 최대의 부동산 거래를 아십니까?**

미국이 러시아로부터 우리나라보다 7배나 큰 알래스카를 산 미국과 러시아의 알래스카 매매입니다. 1867년 3월 30일 러시아의 알렉산드르 2세는 알래스카를 미화 720만 달러(약 2조 원)를 주고 미국에 파는 계약을 체결했습니다. 당시 러시아는 크림전쟁에서 패하여 재정이 매우 어려웠고 알래스카에 인접한 캐나다의 모국인 영국이 막강한 해군력으로 공격하면 그냥 뺏길 수도 있다는 우려 때문에 얼어붙어 쓸모없는 땅이라는 생각에 팔아서 돈이라도 좀 챙길 목적으로 알래스카를 팔았던 것입니다. 당시 러시아는 아주 훌륭한 거래를 했다고 담당 주미 공사를 포상까지 했으나 매우 근시안적인 생각이었습니다. 30년이 지난 후 알래스카에서 금광이 발견되고 이어서 대형 유전이 발견되어 미국을 세계 3대 석유 산유국으로 만들어 주었습니다. 동토의 황무지 알래스카가 금과 석유가 나는 금싸라기 땅이 되어 그렇지 않아도 부자 나라 미국을 더욱 부자가 되게 해주었습니다.

러시아가 알래스카를 팔기 1년 전인 1866년 체코에서는 신부를 팔아먹는 일이 있었습니다. 베드르지흐 스메타나 Bedrich Smetana의 대표적인 오페라 '팔려간 신부 Bartered Bride'에서 일어난 일입니다. 계모로부터 쫓겨나 머슴살이를 하고 있던 시골 청년 예닉이 그와 결혼을 약속한 동네 처녀 예비신부 마르젠카를 300길덴을 받고 중매쟁이에게 팔아 넘긴 것입니다. 신부를 팔았다는 비난을 받았으나 신랑 선택권은 마르젠카에게 준다는 영리한 계약 조건을 달아 팔았던 신부가 결국 자신과 결혼하게 했습니다. 체코 민속음악의 선율과 춤을 사용하여 만든 매우 재미있고 활력이 넘치는 모차르트풍의 희가극입니다. 스메타나는 체코를 지배하고 있던 오스트리아의 학정을 피해 스웨덴에 피신해 있다가 1859년 오스트리아가 이태리와 전쟁에서 패하여 탄압이 완화되고 프라하에 임시 극장이 건립된다는 소식을 듣고 1861년 귀국했습니다. 귀국 후 체코 민족예술 부흥운동의 일환으로 4개의 오페라를 작곡했는데 '팔려간 신부'는 2번째 곡이며 1866년 5월 30일 프라하 임시 극장에서 초연했습니다. 체코 오페라의 전형을 제시한 스메타나의 오페라 중 가장 뛰어난 작품으로 알려져 있습니다.

돈으로 뭐든지 살 수 있다지만 사랑은 돈으로도 권력으로도 살 수 없습니다. 사랑을 얻으려면 사랑하십시오.

Bedrich Smetana, Opera 'Bartered Bride', 'Overture'
https://youtu.be/QLUm_yvnyo4

3월 31일 제2의 탄생

## 하이든, 오라토리오 '천지창조'에서 '아담과 이브의 이중창'

### 두 번 태어난 사람도 있을까요?

오늘은 음악의 아버지 요한 제바스티안 바흐 Johann Sebastian Bach와 교향곡의 아버지 프란츠 요제프 하이든 Franz Joseph Haydn이 태어난 '음악가의 날'입니다. 바흐는 1685년 독일 아이제나흐에서 태어났고, 하이든은 거의 반세기 뒤인 1732년 오스트리아 로라우에서 태어났습니다. 그런데 바흐는 생일이 율리우스역 (구식 O.S.) 생일 (3월 21일)과 그레고리역 (신식 N.S.) 생일 (3월 31일)로 두 개입니다. 율리우스역은 4년에 1일을 더하는 윤년제 때문에 128년마다 1일이 늘어나게 됩니다. 이를 보완하고자 1582년 교황 그레고리 13세가 400년마다 윤년 3번을 빼는 그레고리역을 만들고 325년에서 1582년까지 1257년 동안에 누적된 오차 10일을 더했습니다. 가톨릭 국가는 대부분 그레고리역을 바로 채택했으나 독일은 1700년, 영국은 1752년, 러시아는 1918년에 채택하여 나라마다 달랐습니다. 따라서 바흐는 태어날 때 사용한 구식 율리우스역 생일과 나중에 바뀐 신식 그레고리역 생일로 두 개가 된 것입니다.

하이든은 그레고리역이 채택된 후에 태어나서 생일 논란이 없습니다. 16살까지 소년 합창단에서 활동하였고 29살에서 58살까지 30년간 헝가리 귀족 에스테르하지 후작 전속 관현악단의 악장으로 일했습니다. 후작이 사망하자 악장직을 사임하고 1791년 59세로 산업혁명으로 급부상한 영국을 방문하여 웨스트민스터 성당에서 열린 헨델 추모음악제에서 '메시아 Messiah'를 듣고 크게 감동을 받아 성경 창세기와 영국 시인 밀턴의 서사시 '실낙원 Paradise Lost'에 기초하여 오라토리오 '천지창조 The Creation'를 구상하고 1795년 귀국하여 착수 3년 만에 완성했습니다. 3부 34곡으로 구성되어 있는데 1부와 2부는 창세기에 기초하여 세 천사장 가브리엘 (소프라노), 우리엘 (테너), 라파엘 (베이스)과 합창단이 천지창조 6일의 과정을 노래하고 제3부는 '실낙원'에 기초하여 천사장 우리엘 (테너), 아담 (베이스), 이브 (소프라노)가 창조된 낙원의 아름다움과 행복한 생활을 노래합니다. 제13번 곡 '하늘은 주의 영광을 드러내고'와 제30번 곡 '아담과 이브의 중창'이 특히 유명합니다.

루소는 인간의 탄생은 신체적인 것과 정신적인 것이 있다고 했습니다. 몸은 다시 태어날 수 없지만 정신적으로는 얼마든 가능하니 늘 다시 태어나 새사람이 되십시오.

Franz Joseph Haydn, Oratorio 'The Creation', 'Adam and Eve Duet'
https://youtu.be/6zclkTIfrkQ

4월 1일 농담

## 하이든, 현악사중주 30번 '농담'

**내년부터 4월 1일이 새해 첫날이 된다는 것을 아시나요?**

농담입니다. 웃음이 사라지고 있는 세상에 오늘이 만우절이어서 웃자고 한 농담입니다. 만우절의 기원에 대한 설 가운데 가장 그럴듯한 것이 1582년 프랑스가 달력을 율리우스역에서 그레고리역으로 바꾸면서 생겼다는 것입니다. 율리우스역에서 새해 첫날이 April 1st이었던 것이 그레고리역으로 바뀌면서 January 1st가 새해 첫날이 되었습니다. 그러나 이 사실을 알지 못했거나 적응하지 못한 사람들이 April 1st를 새해 첫날로 생각하고 축하하여 이들을 "4월 바보들 April fools"이라고 놀리며 어리석어서 쉽게 잡힌 물고기라는 뜻으로 "4월 물고기 Poisson d'Avril (April fish)"라는 의미로 이들의 등에 종이 물고기를 붙였다고 합니다. 이렇게 하여 4월 1일이 거짓말로 놀려먹어도 되는 날 만우절 April fools day이 되었다는 것입니다. 그러나 지금은 사회가 삭막하고 각박해져서 한가한 농담이나 우스개 장난하다가는 곤경에 처하게 됩니다. 특히 이성간에 신체나 외모에 관한 농담이나 신체를 접촉하는 장난은 절대로 하면 안 됩니다. 따라서 일 년에 한 번 할 수 있었던 농담이나 말장난도 지금은 할 수 없고 해서도 안 되는 세상이 되어 만우절이 거의 소멸되고 있습니다.

프란츠 요제프 하이든은 25세인 1757년부터 현악사중주에 주목하고 현악사중주가 고전주의 음악의 형식미를 표현하기에 가장 좋다고 생각하여 68개나 작곡했습니다. 특히 1781년 러시아의 대공 파벨 페트로비치에게 헌정하여 '러시아 사중주 Russian Quartets'라고 하는 현악사중주 6곡을 작곡하면서 2악장에 점잖고 진지한 미뉴에트 minuet를 넣는 관례를 깨고 경쾌하고 해학적인 스케르초 scherzo를 넣어 하이든 자신만의 독특한 형식을 확립하고 현악사중주의 고전적인 모델을 제시했습니다. 이로써 하이든은 교향곡의 아버지이자 현악사중주의 아버지가 되었습니다. '러시아 사중주' 가운데 유명한 2번 '농담 The Joke'은 하이든의 낙천적이고 풍부한 유머 감각이 잘 녹아 있습니다. '농담'이라는 부제가 붙은 것은 4악장 마지막에 엉터리 박수를 유도해 청중을 웃기기 위해 연주를 끝낸듯하다가 다시 시작하는 것을 반복하기 때문입니다.

기품 있는 농담은 웃음과 친밀감을 주지만 저속한 성적인 농담은 짜증과 혐오감을 주니 만우절이든 아니든 가려서 하시고 자신이 없으면 아예 입도 뻥끗하지 마십시오.

Franz Joseph Haydn, String Quartet No. 30 'Joke'
https://youtu.be/jweLoMVMdf8

4월 2일 싸가지

## 베토벤, 교향곡 1번

**싸가지가 없다고 하면 욕일까요?**

욕으로 알고 있는 싸가지는 강아지, 송아지와 같이 '싹 + 아지'에서 유래한 싹의 애칭인데 낌새나 희망을 뜻하고 싹수의 강원도와 전라도 사투리입니다. 싹수는 식물의 '싹이 난 수'의 준말로 사람이나 어떤 일이 잘될 것 같은 낌새나 조짐을 뜻합니다. 따라서 싸가지가 없다고 하면 희망이 없다는 저주의 말이므로 심한 욕이 됩니다. 누구에게도 싸가지가 없다거나 싹수가 노랗다는 말은 하면 안 되는데 특히 어린아이들에게는 절대로 해서는 안 됩니다. 아이들은 크면서 열 번도 더 변하기 때문입니다.

루트비히 판 베토벤은 교향곡을 9개는 완성하고 1개는 미완성으로 남겼습니다. 그의 첫 번째 교향곡 1번은 1799년 완성하고 1800년 4월 2일 초연했습니다. 교향곡 1번을 작곡한 나이가 29살로 좀 늦었으나 그래도 싸가지가 있었습니다. 대성의 조짐이 보였던 것입니다. 1789년 시작된 프랑스 대혁명으로 프랑스의 계몽주의 철학과 독일의 질풍노도와 같은 문화예술 운동이 절정에 이른 시대적 배경도 있었으나 혁명가적인 기질을 타고난 베토벤이 음악에서 보여줄 혁신의 방향을 미리 선보여 주었기 때문입니다. 대표적인 혁신은 1악장을 긴장감 있게 딸림 7화음으로 시작하고, 3악장을 전통 미뉴에트가 아니라 그만의 스케르초로 바꾸고, 4악장을 1악장의 선두 동기를 다시 반복하는 것으로 시작하여 1악장부터 4악장까지를 내부 순환 고리로 연결한 것 등입니다. 당대의 거장 하이든과 모차르트의 기법을 차용하면서도 맹목추종하지 않고 대담하게 새로운 실험을 감행하여 그만의 것으로 재창조했던 것입니다. 이러한 실험정신으로 교향곡 1번에서 새로운 탐색을 한 다음 3번부터는 그의 개성을 확실히 드러내 보여주었고 이후 걸작들을 연달아 내놓았습니다.

아리스토텔레스는 "시작을 잘하면 반은 끝난 셈이다 Well begun is half done"라고 말했습니다. 여기에서 "시작이 반이다"라는 속담이 나왔는데 이는 우물쭈물하지 말고 빨리 시작하고 보라는 뜻이 강합니다. 반면에 "시작을 잘하면 반은 끝난 셈"이라는 말은 서두르지 말고 잘 준비해서 시작하라는 뜻이 강합니다. 작고 간단한 일은 일단 빨리 시작하시고, 크고 복잡한 일은 베토벤의 교향곡 1번처럼 좀 늦더라도 준비를 잘해서 천천히 시작하십시오. 그래야 싸가지가 있습니다.

Ludwig van Beethoven, Symphony No. 1
https://youtu.be/A6h4Gi2_LA4

4월 3일 사월

## 박목월 시, 김순애 곡, '사월의 노래'

**일 년 중에서 가장 잔인한 달은 언제일까요?**

사월입니다. 목련도 피고 벚꽃도 만발한 꽃 사월을 왜 잔인하다고 할까요? 노벨상 수상 작가 티에스 엘리엇 T. S. Elliot이 1922년 발표한 장편 시 '황무지 The Waste Land'의 5부 중 1부 '죽은 자의 장례 The Burial of the Dead'에서 "4월은 가장 잔인한 달, 죽은 땅에서 라일락을 키워내고, 추억과 욕망을 섞고 봄비로 잠든 뿌리를 깨우네. 겨울은 오히려 따뜻했네, 망각의 눈이 대지를 덮고 마른 구근이 여린 생명에 젖 먹여 주었네"라고 했기 때문일까요?

엘리엇이 굳이 말하지 않았어도 4월은 잔인한 달입니다. 4월은 떠지지 않는 눈을 비비고 일어나 뻣뻣한 관절과 무력한 근육들을 달래어 뼈 빠지는 일터로 나가야 합니다. 4월은 오 분이라도 더 자려고 기를 쓰고 있는 아이들의 방에 대낮 같은 불을 켜고 이불을 걷어버리는 고약한 아버지 같습니다. 4월은 산 것과 죽은 것들을 구별하고 쓸 것과 몹쓸 것을 가리는 심판자이기도 합니다. 엘리엇은 산업혁명에 이어 놀랄 만큼 발전된 과학 기술이 제1차 세계대전에 이용되어 900만이 죽고 도시와 문화유적이 대량 파괴되는 것을 보고 현대 문명의 잔인무도한 파괴성에 경악하고 이를 신랄하게 지적하고 비판했습니다. 황무지는 모든 생명이 죽어 묻히는 곳입니다. 이 황무지가 황무지인 것은 모든 산 생명이 부활하는 4월에 더욱 명백해집니다. 겨울에는 망각의 눈에 덮여 산 것과 죽은 것을 분간할 수 없습니다. 그러나 4월에는 생명이 있어 살아 꽃피우는 것들과 생명이 없어 죽어 묻히는 것들이 확실히 구별되고 철저히 심판받습니다. 삶과 죽음 사이에 확실한 금이 그어지는 것입니다. 그래서 4월은 잔인합니다.

우리나라 최초 여성 작곡가 김순애님은 1920년 12월 22일 황해도 안악에서 목사의 딸로 태어나 어린 시절에 찬송가를 접하고 선교사로부터 피아노를 배웠습니다. 1937년 이화여전에 피아노 전공으로 입학하여 1939년 작곡과로 전과하고 1941년 졸업했습니다. 1953년 이화여대 음대 교수가 되었고 대표곡으로 박목월 시에 곡을 붙인 '사월의 노래(1953년)'와 김남조 시에 곡을 붙인 '그대 있음에 (1968년)'가 있습니다.

사월의 노래는 생명이 있어 다시 산 자만이 부를 수 있는 노래입니다. 온갖 생명이 부활하는 사월에 예쁘게 핀 목련꽃 그늘에 모여 사월의 노래를 힘차게 불러보십시오.

박목월 시, 김순애 곡, '사월의 노래'
https://youtu.be/9X-vMf6UnNk

4월 4일 평화의 표시

## 레논, '상상해봐'

**인생에서 꼭 피하고 싶은 것은 무엇입니까?**

냉전이든 열전이든 내 안의 전쟁에서부터 세계대전에 이르기까지 전쟁은 가장 고통스럽고 비참합니다. 따라서 가장 피하고 싶은 것이 전쟁입니다. 평화의 표시 ☮는 영국 왕립예술학교 출신 디자이너이자 2차 세계대전에 참전을 거부한 반전평화주의자인 제럴드 홀텀 Gerald Holtom이 1958년 영국 핵무장 해제 운동 British Campaign Nuclear Disarmament을 위해 만든 것입니다. 십자가 표시가 평화에 기여하지 못했을 뿐만 아니라 십자군 전쟁과 연관되어 있어 십자가 ⊕ 대신 고야 Goya의 그림 '5월 3일의 학살'에서처럼 겨누는 총 앞에 양 손을 내려뜨리고 절망하는 인간의 모습을 상상하며 이를 지구를 상징하는 원 안에 넣어 평화의 표시 ☮를 만들었습니다. 더불어 양손을 좌우로 45도 내려뜨린 모습은 국제 수기신호 Semaphore에서 알파벳 N을 뜻하여 Nuclear Disarmament의 첫 번째 머리 글자 N을 상징하고, 한 손은 머리 위로 올리고 다른 손은 발쪽으로 내려뜨린 것은 수기신호에서 D를 뜻하여 Nuclear Disarmament의 두 번째 머리글자 D를 상징하도록 했습니다. 1958년 2월 21일 완성되어 그해 4월 4일 영국 핵무기 연구소가 있는 버크셔 Berkshire의 올더마스턴 Aldermaston에서 시작된 반핵 반전 시위인 올더마스턴 행진 Aldermaston March (83 km)에서 처음으로 대중에 공개되었습니다. 이 반핵운동 디자인은 홀텀이 저작권을 요구하지 않아 1960~70년대 유럽과 미국에서 일어났던 수많은 반핵, 반전, 평화 운동에 사용되면서 자연스럽게 국제적인 평화의 표시와 기호가 되었습니다.

존 레논 John Lennon의 자작곡 '상상해봐 Imagine'는 1971년 발표된 두 번째 솔로 앨범의 대표곡입니다. 천당과 지옥이 없어 오늘에 만족하고, 국가도 종교도 없어 죽고 죽일 필요가 없으며, 소유도 없어 탐할 것 없이 인류애로 함께 나누며 사는 평화로운 세상을 꿈꾸자고 하는 반핵 반전 평화의 상징곡입니다. 20세기에 가장 많이 연주된 100곡 중 하나이며 미국 음반산업협회 선정 역사적으로 의미 있는 365곡 중 30위, 롤링 스톤지 선정 역사상 가장 위대한 노래 500곡 중 3위에 올랐고 그래미상 명예의 전당과 로큰롤 명예의 전당 500곡에 헌액되었습니다.

내 마음과 내 집의 평화는 물론 지구 생명체 모두의 평화를 위해 기도하십시오.

John Lennon, 'Imagine'
https://youtu.be/NLiWFUDJ95I

4월 5일 결혼

## 라벨, '죽은 공주를 위한 파반느'

### 결혼에 사랑 말고 어떤 조건이 필요할까요?

모리스 라벨 Maurice Ravel은 마르가리타 Margarita 공주의 초상화를 보고 '죽은 공주를 위한 파반느 Pavane for a Dead Princess'를 작곡했습니다. 스페인 왕 펠리페 4세의 딸인 마르가리타 테레사는 부모들에 의해 1살 때 외삼촌인 11살 연상인 오스트리아의 왕자 레오폴트 1세와 결혼이 약속되었습니다. 결혼은 공주가 결혼 나이에 이를 때까지 14년을 더 기다려 레오폴트 1세가 신성로마제국의 황제가 된 지도 8년이나 지난 1666년 12월 12일 이루어졌습니다. 펠리페 4세는 예비 사위인 레오폴트 1세가 공주를 직접 보지도 못한 상태에서 마냥 기다리게 할 수 없어 궁정화가 벨라스케스 Velázquez에게 공주의 크는 모습을 초상화로 그리게 하여 빈으로 보냈습니다. 약혼녀를 초상화로만 보고 14년을 기다린 것도 대단한 일이었지만 연애 기간도 없고 큰 나이 차이임에도 둘의 결혼생활은 순탄했습니다. 그런데 마르가리타 공주가 4번째 아이를 낳고 22살의 나이에 죽어서 죽은 공주의 주인공이 되었습니다.

그림을 좋아했던 라벨은 마르가리타 공주의 초상화를 보고 그림 속 어린 공주가 황후가 되었으나 젊은 나이에 죽었다는 슬픈 이야기를 알게 되었습니다. 그래서 마르가리타 공주가 어렸을 때 춤추며 노는 모습을 상상하며 '죽은 공주를 위한 파반느'를 작곡했습니다. 죽은 '왕녀'라는 번역도 있는데 '공주'가 맞습니다. 왕녀는 왕의 모든 딸을 뜻하고 이 중 정실 왕비에서 난 딸은 공주, 후궁에서 난 딸은 옹주라고 하기 때문입니다. 라벨이 24살인 1899년 피아노곡으로 작곡하여 1902년 4월 5일 그의 친구 피아니스트 리카르도 비녜스에 의해 초연되었고 11년 뒤 관현악곡으로 편곡되었습니다. 론도 형식의 매우 아름답고 서정적인 곡입니다.

성공적인 결혼에 어떤 조건이 필요할까요! 사람마다 다른 여러 조건들을 완벽하게 갖춘 사람이 내 짝으로 나타날 가능성은 매우 희박할 뿐만 아니라 그런 조건이 행복한 결혼을 보장하지도 못합니다. 결혼의 성패는 조건이 아니라 태도의 문제이기 때문입니다. 결혼에 성공하기 위해서는 부족하더라도 성격이 맞지 않더라도 인류애적인 보편적인 사랑으로 평생 함께하겠다는 태도를 가지는 것이 중요합니다.

옷이 화려하다고 따뜻한 것은 아니니 결혼도 조건보다는 태도를 보고 하십시오.

Maurice Ravel, 'Pavane for a Dead Princess'
https://youtu.be/2_c8JRCKq1A

4월 6일 봄꽃

## 이기철 시, 김동환 곡, '그리운 마음'

**봄꽃을 보면 그리워지는 사람이 있으시죠?**

이른 봄부터 피었다가 지는 꽃을 보면 저마다 그리운 사람이 생각날 것입니다. 매화는 추운 겨울에 피어서 "매화는 일생 추워도 향기를 팔지 않는다 (매 일생 한 불매 향)"는 신조로 지조를 지킨 선생님을 생각나게 하고 목련은 한량없는 사랑을 베풀어주신 포근한 어머니와 맑고 고운 첫사랑을 생각나게 할 것입니다. 진달래는 수수하나 속 깊은 친구를 생각나게 하고 장미는 뜨겁게 사랑했던 연인을 그립게 할 것입니다. 봄꽃들이 피고 지기를 계속하며 이어달리기를 하고 있는데 단골 일 번 주자는 매화와 산수유입니다. 이들은 이월 말부터 둘이 짝이 되어 피기 시작하여 삼월 중순에 이르러 절정에 이릅니다. 삼월 중하순부터는 목련과 진달래와 벚꽃이 피고 사월 초부터는 복숭아꽃, 살구꽃과 철쭉이 핍니다. 최고의 스타는 늘 마지막에 등장하므로 봄꽃 이어달리기의 마무리는 장미와 모란이 할 것입니다.

꽃이 이렇게 줄지어 피는 것은 세상을 아름답고 향기롭게 할 뿐만이 아니라 풍요롭게 하기 위함입니다. 꽃이 아름다움과 향기로 벌을 모아 수정을 하여 꽃은 열매를 맺고 벌은 꿀을 모읍니다. 이와 같은 꽃과 벌의 협업으로 세상은 아름답고 풍요로워집니다. 영국의 철학자이자 정치가인 프란시스 베이컨 Francis Bacon은 세상에는 "거미형 인간", "개미형 인간", "꿀벌형 인간"이 있다고 했습니다. "거미형 인간"은 여기저기에 그물을 놓아 무차별적으로 포획하고 독식하는 반사회적인 인간으로 있어서는 안 되는 사람입니다. "개미형 인간"은 열심히 일하지만 베풀 줄 모르는 자기중심적 인간으로 있으나 마나 한 사람입니다. "꿀벌형 인간"은 꽃들의 수정을 도와주고 얻은 꿀을 모아 나누어주는 공익적 인간으로 우리 사회에 꼭 필요한 사람입니다. 세상에는 꿀벌형 인간과 함께 꽃처럼 아름답고 향기로운 사람이 많아야 합니다.

작곡가 김동환은 1937년 2월 25일 청주에서 태어나 1960년 연세대학교 음악대학 작곡과를 졸업했습니다. 1972년부터 10년간 계명대 음대 교수로 재직하고, 미국 유학 후 1982년부터 20년간 중앙대 음대 교수로 재직하고 2020년 5월 25일 별세했습니다. 애창가곡으로 시인 이기철의 시에 곡을 붙인 '그리운 마음'이 있습니다.

아름답고 향기로운 꽃과 베풀 줄 아는 꿀벌과 같이 늘 그리운 사람이 되십시오.

이기철 시, 김동환 곡, '그리운 마음'
https://youtu.be/6R1UMJ7etIA

4월 7일 영웅

## 베토벤, 교향곡 3번 '영웅'

### 난세에 영웅이 난다는데 그 영웅은 누구일까요?

루트비히 판 베토벤이 교향곡 3번 '영웅 Eroica'에서부터 본격적으로 자신의 색깔 즉 영웅 본색을 드러내기 시작했습니다. 베토벤은 1804년 교향곡 3번을 완성하고 나폴레옹 보나파르트에게 헌정하려고 했습니다. 이는 베토벤은 나폴레옹보다 1살 적은 동시대인으로서 1789년 프랑스 대혁명이 일어났을 때 20살 나폴레옹이 포병대위로 혁명에 가담한 것을 보고 사상적인 동질감과 함께 호감을 가졌는데 1795년 혁명정부를 전복시킬 정도로 대규모의 왕당파 주도 파리 시위를 나폴레옹이 또다시 깔끔하게 진압하여 혁명을 안정시켜서 프랑스 혁명의 영웅으로 생각했기 때문입니다. 그래서 베토벤은 프랑스 대혁명에 적극 동참한 나폴레옹을 "가난한 사람의 영웅"이라고 극찬하고 교향곡 3번의 표지에 첫 줄은 이태리어로 "Intitolata Bonaparte (Titled Bonaparte)", 둘째 줄은 독일어로 "Geschriben auf Bonaparte (Written for Bonaparte)"라고 썼습니다. 영웅으로 생각했던 나폴레옹이 1799년 11월 9일 쿠데타를 일으켜 제1통령이 되어 전권을 장악하더니 1804년 5월 18일 황제로 즉위하자 크게 실망한 베토벤은 헌정문이 쓰여 진 표지를 찢어 버렸습니다. 그리고 1806년 출판할 때는 이탈리아어로 "Sinfonia Eroica ... composta per festeggiare il sovvenire di un grande Uomo (Heroic Symphony, Composed to celebrate the memory of a great man)"라고 써서 '나폴레옹 보나파르트' 교향곡이 아닌 '영웅' 교향곡이 되었습니다. 베토벤은 나폴레옹의 몰락과 죽음을 예견한 것처럼 2악장을 장송곡 funeral march 같이 작곡하였고 초연은 1804년 4월 7일 빈에서 했습니다.

난세에 영웅이 나온다는 말이 있으나 지금은 한 사람의 능력으로 난세를 해결할 수 있을 만큼 단순한 영웅시대가 아닙니다. 영웅은 또한 나폴레옹처럼 교만과 독선에 빠져 결국 타락하는 경우가 많아 영웅주의의 후유증도 엄청납니다. 하나보다는 둘이 낫고 둘보다는 여럿이 월등하고 여럿보다는 모두가 최고입니다. 따라서 난세에는 신의 한 수를 가진 영웅의 탄생을 기다리기보다는 너와 나 우리 모두가 머리를 맞대고 지혜를 모아 집단지성으로 문제를 해결해야 합니다. 지금은 시공을 초월하여 다중 접속이 가능한 초연결사회이므로 우리가 직접 또는 온라인으로 현실에 참여하여 문제를 제기하고 문제 해결을 위해 깨어 행동함으로써 모두가 영웅이 되는 시대를 만듭시다.

Ludwig van Beethoven, Symphony No. 3 'Eroica'
https://youtu.be/nfQ5n0dAc-8

4월 8일 꽃말

## 장장식 시, 이안삼 곡, '그대가 꽃이라면'

**그대가 꽃이라면 어떤 꽃이 되고 싶으신지요?**

온천지가 꽃입니다. 봄꽃들이 모여 여기저기에서 꽃 잔치를 벌이고 있습니다. 꽃들이 많아지면서 서로 경쟁이라도 하듯 더욱더 화사해지고 있습니다. 꽃들은 색깔도 크기도 다르지만 대부분 단색이고 모양도 복잡하지 않고 단순합니다. 요란하지 않은 순색과 단순한 모양으로 그토록 아름다운 것이 바로 꽃입니다. 또한 꽃은 저마다 내는 향기가 하나이듯 꽃말도 하나입니다. 개나리는 '기대합니다', 모란은 '행복한 결혼을 빌어요', 민들레는 '감사해요', 수선화는 '평안하세요', 물망초는 '잊지 마세요', 빨강 장미는 '당신을 사랑해요', 봉선화는 '그냥 놔두세요', 제라늄은 '당신 덕분에 행복해요', 재스민은 '행운을 빌어요', 철쭉은 '사랑을 기뻐해요', 코스모스는 '순정을 드립니다', 클로버는 '약속할게요'라고 말합니다. 이말 저말 하지 않고 늘 한결같은 모습으로 한 말만 하니 사랑을 받는 것이 바로 꽃입니다. 현대 디자인이나 삶의 경향은 단순하고 소박한 것이 아름답다는 미니멀리즘이 대세입니다. 단순하다는 것은 불필요한 군더더기가 없어 본질에 가깝다는 것입니다. 겉을 치장하여 허세를 부리는 것이 아니라 티 내지 않고 안으로 속살을 키워 충실해지는 것입니다. 그러고 보면 꽃은 미니멀리즘의 원조이자 선구자입니다.

민들레는 아무 곳에서나 잘 자라고 밟아도 죽지 않고 뽑아도 뽑히지 않은 질긴 생명력으로 압제에도 굴하지 않는 민중을 상징하는 민초이자 감사의 마음을 전하고 행복을 빌어주는 꽃입니다. 그런데 토종은 드물고 대부분이 외래종입니다. 외래종 민들레는 일 년 내내 꽃을 피우고 포자 수도 많아 번식을 잘하기 때문에 전 국토를 장악하고 있습니다. 외래종은 모두 노랗고 토종은 하얀 것도 있고 노란 것도 있습니다. 따라서 철도 모르고 여기저기 피어있는 노란 민들레는 거의 다 외래종이고 하얀 민들레는 토종이라고 생각해도 됩니다. 장장식 시, 이안삼 곡 '그대가 꽃이라면'에서는 하얀 민들레를 "하늘에서 내려와 낮은 자리에 피어 별 같은 마음으로 지친 땅에 꿈을 심고 거친 땅에 사랑을 주는 꽃"이라고 노래합니다.

온 천지가 꽃인 지금 사랑과 감사를 전하는 민들레, 아무리 추워도 향기를 팔지 않는 매화, 자신을 사랑하는 법을 알려주는 수선화, 폭죽 같이 희망을 터트리는 산수유, 연대의 화신 벚꽃, 불타는 사랑의 장미 중에서 무슨 꽃이든 꽃이 되어 보십시오.

장장식 시, 이안삼 곡, '그대가 꽃이라면'
https://youtu.be/uPeTM06OReA

4월 9일 만남

## 토스티, '사월'

**옷깃만 스친 만남도 인연일까요?**

세상에 우연한 만남은 없고 옷깃만 스친 만남도 억겁의 인연으로 이루어진 것이라고 합니다. 이탈리아에서 태어나 영국에서 활동한 프란체스코 파올로 토스티 경 Sir Francesco Paolo Tosti이 1846년 4월 9일 이탈리아 오르토나 Ortona에서 태어났습니다. 11살에 나폴리 왕립음악원에 입학하여 바이올린과 작곡을 공부했습니다. 그에게 작곡을 가르치던 사베리오 메르카단테 Saverio Mercadante 교수가 그의 재능에 감탄하여 학생 교사를 제의했습니다. 하지만 토스티는 당시 건강이 안 좋아 요양한다며 고향으로 가버렸습니다. 고향에 가서 건강을 회복하기는 했으나 심한 가난 때문에 생계가 어려웠습니다. 그러던 중에 피아니스트이자 작곡가인 죠반니 스감바티 Giovanni Sgambati를 만나 그의 도움으로 연주할 기회를 얻었습니다. 이 연주회에 나중에 이탈리아 왕 움베르토 1세의 왕비가 된 사보이 공국의 공주 마르게리타가 참석하였는데 토스티는 공주의 눈에 들어 공주의 성악 선생님이 되었습니다.

토스티는 경제적으로 약간의 안정을 찾은 뒤 29살에 영국 런던으로 여행을 갔는데 이 여행 중에 만나 친하게 된 사람들이 영국의 유력자였습니다. 토스티는 이 영국 친구들에 의해 영국 왕실에 소개되어 1880년 34살에 영국 빅토리아 여왕의 음악 선생님이 되었습니다. 1894년부터는 영국 왕립음악원의 성악교수가 되었고 1906년 영국 시민권을 얻고 1908년 그의 친구이기도 한 에드워드 7세 왕으로부터 기사 작위까지 받았습니다. 그는 비인기 분야인 가곡의 작곡가가 되어 가곡 불모지였던 제2의 조국 영국에서 이탈리아 근대 가곡을 일구었습니다. 서민적인 가사에 아름다운 선율이 특징인 그의 가곡의 대표곡으로 '이상 Ideale', '꿈 Sogno', '4월 Aprile', '세레나데', '기도 Preghiera' 등이 있습니다. 토스티는 가곡 '사월'에서 사월은 사랑의 계절 ("È l'April! È la stagion d'amore!")이라고 노래했습니다.

인생은 토스티처럼 씨줄과 날줄의 만남으로 이루어집니다. 우연으로 스치는 만남도 최선을 다하면 인연이 되고 운명이 되어 기적 같은 일이 일어납니다. 인연은 사람과 만남도 있고 시절과 만남도 있습니다. 사랑의 계절 4월을 만났으니 만나는 사람마다 사랑으로 좋은 인연이 되어 친구도 되고 애인도 되십시오.

Francesco Paolo Tosti, 'April'
https://youtu.be/fnppMCM_5Jk

4월 10일 사계

## 차이콥스키, '사계'에서 '4월, 설강화'

### 사계는 몇 개일까요?

사계는 춘하추동으로 네 개지만 작품 수는 네 개가 넘습니다. 비발디의 사계, 하이든의 사계, 차이콥스키의 사계, 글라주노프의 사계, 피아졸라의 사계 등으로 많습니다. 비발디는 바이올린 협주곡, 하이든은 오라토리오, 차이콥스키는 피아노 독주, 글라주노프는 발레, 피아졸라는 탱고로 장르가 다르고 또 곡 이름을 확실히 사계라고 한 것은 비발디의 '사계 Four Seasons'와 피아졸라의 '사계 Four Seasons in Buenos Aires'뿐이고 나머지는 계절 Seasons이라고 한 것을 사계로 번역한 것입니다.

차이콥스키의 '사계 The Seasons'는 봄, 여름, 가을, 겨울의 사계절을 묘사한 음악이 아니고 매달의 감상을 묘사한 작품으로 사계보다는 '일 년 12달'이라고 하는 것이 맞습니다. 이는 니콜라이 베르나드 Nikolay Bernard의 요청에 의해 1875년 10월 25일 차이콥스키가 피아노 협주곡 1번을 초연한 후부터 작곡이 시작되었습니다. 1876년 1월부터 12월까지 매달 한 곡씩 작곡한 피아노 소품으로 상트페테르부르크의 음악 잡지 '누벨리스트'의 부록으로 실었는데 나중에 이들을 모아 'The Seasons'라는 이름을 붙였습니다. 작곡에 인용한 시의 주제나 주요 행사에 근거하여 작품마다 부제가 붙어 있습니다. 1월은 '벽난로 가에서', 2월은 '사육제', 3월은 '종달새 노래', 4월은 '설강화', 5월은 '백야', 6월은 '뱃노래', 7월은 '추수꾼의 노래', 8월은 '추수', 9월은 '사냥', 10월은 '가을의 노래', 11월은 '삼두마차', 12월은 '성탄절'입니다. 이들 가운데 6월, 11월, 12월이 유명합니다.

차이콥스키의 사계 중 사월은 시인 아폴론 마이코프 Apollon Maykov의 시에 영감을 받아 작곡한 것으로 봄의 전령사인 수선화과의 이른 봄꽃인 설강화 snowdrop가 만발한 러시아의 아름다운 자연과 함께 봄에 대한 그리움을 노래합니다. 한평생 깊은 우수와 고독에 잠겨 장중하고 격정적인 곡을 주로 작곡한 차이콥스키였지만 이 3~4분짜리 소품을 작곡할 때만은 가벼운 마음으로 변하는 계절에 따라 일어나는 감흥을 잘 표현하여 그의 깊은 서정성의 일단을 보여주고 있습니다.

사계가 각각 다르듯이 이름이 같다고 다 같지 않습니다. 진짜는 요란하지 않고 유난을 떨지 않으니 큰소리치고 요란을 떠는 짝퉁들에게 속지 마십시오.

Pyotr Ilyich Tchaikovsky, 'The Seasons', 'April, Snowdrop'
https://youtu.be/X2jMQhvZ7vU

4월 11일 방하착

## 비틀즈, '렛잇비'

**비틀즈의 두 거장 레논과 매카트니 중에 누구를 더 좋아하십니까?**

둘은 외모는 물론 성격도 달라서 호불호가 확실히 갈립니다. 존 John Lennon은 여성적인 반면에 폴 Paul McCartney은 남성적이고 존은 내성적이고 개인주의적이고 비관적인 반면에 폴은 외향적이고 대중적이고 낙천적입니다. 하지만 둘은 최고의 단짝 명콤비였습니다. 비틀즈가 발표한 180여 곡의 거의 전부인 90%를 이들이 작사 작곡했습니다. 둘 다 가사를 쓰고 작곡을 할 수 있으나 가사는 존이 더 잘 쓰고 곡은 폴이 더 잘 만들었다고 합니다. 그러나 둘은 비틀즈 결성 때부터 기여도에 상관없이 작사 작곡자를 레논-매카트니로 쓰기로 하여 끝까지 약속을 지켰습니다.

'렛잇비 Let It Be'는 폴 매카트니가 작곡하여 1970년 3월 6일 싱글로 발표한 곡 이름이자 1970년 5월 8일 발매된 그들의 12번째이자 마지막 앨범의 이름입니다. '렛잇비'는 1970년 4월 11일 미국 빌보드 차트에 1위로 올라 연속 2주간 1위를 차지하였고 우리나라 사람이 특히 좋아하는 곡입니다. 가사는 내가 곤경에 처해있을 때, 어둠 속에 헤맬 때, 마음에 상처를 입었을 때, 어둔 밤에 구름이 몰려올 때, 어머니 마리아가 지혜의 말씀으로 '렛잇비하라'고 '두고 봐라'고 하신다는 내용입니다. 이 곡은 비틀즈의 창립과 성장을 주도한 레논과 매카트니의 의견 충돌로 비틀즈의 해체가 임박한 상태에서 매카트니가 14살 때 돌아가신 어머니 매리 Mary가 꿈에 나타나 잘 될 것이니 '두고 봐라 Let It Be'고 한 말을 듣고 작곡했다고 합니다. 가사 중 Mother Mary는 성모 마리아를 뜻하기도 하고 가사에 진인사 대천명의 성경 말씀과 같은 깊은 뜻이 담겨있어 복음성가처럼 들리기도 합니다. 비틀즈가 밴드의 존속을 위해 실낱같은 희망을 가지고 이 노래를 불렀습니다. 하지만 비틀즈는 한 달 후 해체되고 10년의 역사를 뒤로하고 영원한 전설이 되었습니다. 최고의 짝인 레논-매카트니도 붙잡은 손을 놓고 자기 음악을 위해 각자의 길을 떠났습니다.

잡을 때는 잡아야 하지만 놓을 때는 놓아야 합니다. 붙들고 매달릴 것이 아니라 내려놓고 렛잇비해야 합니다. 기다려야 오고, 놓아야 잡습니다. 버려야 얻고, 비워야 채워지고, 떨어져야 이릅니다. 벼랑에 매달린 것같이 망막할 때는 내 안의 모든 생각과 내 손의 모든 것을 내려놓으십시오. 그래야 방하착, 참 나에 이릅니다.

The Beatles, 'Let It Be'
https://youtu.be/QDYfEBY9NM4

4월 12일 삐짐

## 폰 베버, 오페라 '오베론' 서곡

**잘 삐지십니까?**

잘 삐지신다면 소심하고 예민하며 인정 욕심이 많으신 것입니다. 카를 마리아 폰 베버 Carl Maria von Weber는 독일의 국민 오페라와 독일 낭만주의의 창시자이고 뛰어난 피아니스트이자 지휘자였고 그림도 잘 그려서 그야말로 팔방미인이었습니다. 모차르트보다 30살 어린 이복 사촌 처남으로 모차르트의 신봉자이기도 했습니다. 13살에 오페라를 작곡하였고 33살에 작곡한 피아노곡 '무도회의 권유 Invitation to the Dance (무도회로 초대)', 35살에 완성한 오페라 '마탄 (마법 탄환)의 사수 The Freeshooter (명사수)'로 유명합니다. '마탄의 사수'는 독일 낭만주의 오페라의 효시가 되었고 그를 독일 민족의 영웅으로 만들어 주었습니다.

베버의 마지막 작품인 오페라 '오베론 Oberon'은 영국의 요청으로 40살에 완성한 3막짜리 오페라인데 1826년 4월 12일 런던에서 초연했습니다. 오페라 '오베론'에서 중세 유럽 전설 속 요정나라의 왕 오베론이 왕비인 타이타니아와 다투고 나서 삐졌습니다. 왕 체면에 그냥 화해할 수는 없어 화해 조건으로 온갖 역경에도 사랑을 이루는 그런 모범적인 연인을 보여 달라고 했습니다. 이에 신하 바크가 보르도의 젊은 기사 휴온 Huon 백작을 바그다드의 공주 레치아 Rezia와 꿈속에서 만나게 하여 서로 사랑에 빠지게 했습니다. 휴온 백작이 바다 건너 사랑하는 레치아 공주를 데리러 갔다가 바다를 돌아오는 길에 배가 난파되었습니다. 목숨은 가까스로 건졌으나 튜니스의 태수에게 납치되어 또다시 죽을 고비를 맞았으나 이 또한 잘 극복하고 끝내 사랑을 이루었습니다. 이를 보고 오베론 왕도 왕비와 화해하는 동화적인 내용의 로맨틱 오페라입니다. 오페라 전곡은 잘 연주되지 않으나 서곡은 다양한 색채감과 확실한 메시지를 주는 그의 낭만주의 관현악적 기교가 돋보여 자주 연주됩니다.

검은 머리가 파 뿌리처럼 하얗게 되더라도 좋을 때나 궂을 때나 하늘이 갈라놓을 때까지는 함께 하기로 약속한 이상 싸웠더라도 그날이 가기 전에 맺힌 마음을 푸시고 화해하십시오. 오래 끌면 나도, 상대도, 주변 사람도 힘듭니다. 부부란 어차피 평생을 함께할 사람이니 오베론 왕처럼 괜한 조건 만들어 스스로 얽어매지 마시고 바로 화해하십시오. 먼저 화해의 손을 내민 사람이 바로 난사람이고 큰사람입니다.

Carl Maria von Weber, Opera 'Oberon', Overture
https://youtu.be/LI4slVTrQh8

4월 13일 부활

## 헨델, 오라토리오 '메시아'에서 '주의 영광'

**부활절이 언제인지 아시나요?**

부활절 (영어: Easter, 독어: Ostern, 라틴: Pascha)은 기독교에서 예수님이 돌아가신 다음 3일째 부활하신 것을 기념하는 날입니다. 그런데 부활절은 성탄절과 달리 날짜가 한 날로 고정되어 있지 않고 음력으로 쇠는 설날처럼 매우 유동적입니다. 초기 교회 부활절은 태음태양력인 히브리역을 기준으로 하여 유월절 passover 즉 춘분이 들어있는 니산월(춘분달) 14일이었습니다. 기독교가 유럽으로 전파되어 생긴 서방 교회는 태양력인 율리우스역을 사용하여 동방 교회와 서방 교회의 부활절이 달라져 논란과 대립이 생겼습니다. 이에 로마제국 최초의 기독교도 황제인 콘스탄티누스 Constantinus 대제가 325년 니케아 공의회를 개최하여 부활절과 유월절을 일치시키고 부활절을 춘분 후 첫 보름달 (부활절 보름: Paschal full moon) 다음 일요일로 정했습니다. 이는 태양력과 태음력을 절충한 것으로 빠르면 3월 22일, 늦으면 4월 25일이 됩니다. 부활절이 최대 34일 차이가 나서 설날이 1월 22일에서 2월 21일까지 최대 30일 차이가 나는 것을 능가합니다. 니케아 공의회의 이 같은 결정은 초기 교회의 전통을 버렸다는 비판도 많이 받았으나 기독교가 선교지 문화와 전통을 수용함으로써 유대 민족 종교에서 세계적인 보편 종교가 되는 계기가 되었습니다.

게오르크 프리드리히 헨델의 대표작 오라토리오 '메시아 Messiah'는 1부 예언과 탄생, 2부 죽음과 구원, 3부 부활과 영생으로 구성되어 있습니다. 초연은 영국 더블린에서 1742년 4월 13일 부활절 전 사순절에 했습니다. 초연 이후에는 대림절이나 성탄절에도 연주되었는데 이때는 주로 1부가 연주됩니다. 1부의 '주의 영광 And the Glory of the Lord'과 2부의 '할렐루야 Hallelujah'가 특히 유명합니다.

우리나라는 노동시간이 OECD 국가 중 최상위를 차지하고 수도권의 경우 출퇴근 시간이 2시간도 넘기 때문에 극도의 과로 국가입니다. 육체적인 과로와 조직과 고객한테 강요당하는 감정노동으로 스트레스 호르몬이 급증하여 혈압과 맥박을 올리고 심장과 혈관을 압박하면 뇌졸중, 심근경색, 대동맥 파열로 급사할 수 있습니다. 우리나라에서 과로사가 1년에 알려진 것만 해도 500건이 넘습니다.

현세에는 부활할 수 없으니 과로사하지 않도록 일이 힘들면 멈추고 도움을 청하세요.

Georg Friedrich Handel, Oratorio 'Messiah', 'And the Glory of the Lord'
https://youtu.be/6z_tFJosT3k

4월 14일 꽃길

## 들리브, 오페라 '라크메'에서 '꽃의 이중창'

**꽃길만 걸으라고 하는데 어디로 가시겠습니까?**

지금 우리나라는 전 국토가 꽃으로 덮여 어디를 가도 꽃길이고 어디를 봐도 꽃동네 꽃동산입니다. 예전에는 매화 하면 광양, 산수유 하면 구례, 벚꽃 하면 진해, 진달래 하면 영취산, 철쭉 하면 일림산으로 등식화되어 있었는데 지금은 아닙니다. 꽃동네 아닌 마을이 없고 꽃동산 아닌 산이 없습니다. 특히 벚꽃 길은 전국 어디에나 있어 굳이 먼 진해나 혼잡한 은중로 등의 명소를 찾아갈 필요가 없게 되었습니다. 이는 도로가 보행자 중심에서 차량 중심이 되면서 가로수도 보도에 그늘을 제공하고 공해 정화 능력이 뛰어난 플라타너스나 은행나무에서 벚나무, 이팝나무, 배롱나무, 무궁화와 같은 볼거리 위주의 꽃나무로 바뀌었는데 벚나무가 특히 많이 심어졌기 때문입니다.

산림청 발표 2015년 기준 우리나라 가로수 중 벚나무가 21.6%로 가장 많고, 이어서 은행나무 14.8%, 이팝나무 6.5%, 무궁화 5.3% 순이었습니다. 새로 심는 가로수로서는 벚나무가 30%가 넘어 단연 1등이고 그다음은 이팝나무, 단풍나무, 배롱나무, 느티나무, 은행나무 순입니다. 이로써 우리나라 도로는 급속하게 벚꽃 길로 변하고 벚나무가 국민 나무가 되고 있습니다. 이는 벚꽃이 사실상 일본 국화여서 한 맺힌 민족감정 때문에 기피를 해왔으나 꽃은 꽃으로 보면 된다는 생각과 화려한 꽃길로 관광객을 유치하려는 지자체들의 장사 속셈으로 경쟁하듯 벚꽃 길을 만들고 있기 때문입니다. 은근과 끈기의 우리나라 국민은 원래 쉽게 피고 지는 벚꽃보다는 매화, 진달래, 복숭아꽃, 살구꽃을 더 좋아했습니다. 그래서 이원수 시인이 15살에 지은 동시에 홍난파가 곡을 붙인 동요 '고향의 봄'도 우리들의 고향을 복숭아꽃, 살구꽃, 진달래꽃의 꽃동네로 묘사하고 있습니다.

작곡가 레오 들리브 Clément Philibert Léo Delibes는 1836년 2월 21일 프랑스에서 태어났습니다. 대표작으로 발레곡 '코페리아 Coppélia (1870)'와 오페라 '라크메 Lakmé (1883)'가 있습니다. 오페라 '라크메'는 영국의 인도 식민지 시대에 영국 군인 제랄드와 인도 힌두교 신부의 딸 라크메의 민족간 증오를 뛰어넘는 숭고한 사랑 이야기로 1883년 4월 14일 파리에서 초연되었는데 '꽃의 이중창 Flower Duet'으로 유명합니다.

홀로 핀 꽃은 사람을 바꾸지만 무리지어 피는 꽃은 세상을 바꿉니다. 우리도 더불어 피어 꽃길이 되고 꽃동네가 되어 아름다운 세상을 만듭시다.

Léo Delibes, Opera 'Lakmé'. 'Flower Duet'
https://youtu.be/C1ZL5AxmK_A

4월 15일 제자

## 바흐, '마태 수난곡'에서 '주여, 저를 불쌍히 여기소서'

### 가장 훌륭한 제자는 누구일까요?

제자도 다 같지 않고 특별한 제자가 따로 있습니다. 예수의 12제자 가운데 수제자는 시몬 베드로 Simon Peter였습니다. 그 수제자도 스승인 예수를 결정적인 순간에 3번이나 모른다고 부인했습니다. 기독교에서는 예수 고난주간의 마지막 금요일을 성 금요일이라고 하여 예수가 십자가에 처형된 것을 추념하기 위해 '수난곡 Passion'을 연주합니다. 수난곡은 오라토리오와 같은 형식이나 내용이 예수의 수난을 다룬다는 점에서 다르고 근거한 복음서에 따라 마태, 마가, 루가, 요한 수난곡이라고 부릅니다.

요한 제바스티안 바흐는 1723년 라이프치히 성 도마교회 음악 감독에 임명된 다음 1725년 수난곡을 의뢰받아 1729년 '마태수난곡 Matthew Passion'을 완성하고 당시 성 금요일인 4월 15일 초연했습니다. 총 68개 곡인데 합창으로 시작하여 합창으로 끝납니다. 1부는 마태복음 26장 1절에서 56절까지 최후의 만찬, 유다의 배신과 예수의 체포, 2부는 마태복음 26장 57절에서 27장 끝까지 예수의 재판, 십자가 처형과 매장으로 구성되어 있습니다. 바흐의 깊은 신앙심과 절정에 이른 음악성으로 탄생한 최고의 걸작으로 평가되고 있으며 독일의 혁명가 칼 리프크네히트는 "이보다 더 달콤하고 부드럽고 감동적인 음악은 없다"라고 했습니다.

바흐의 마태 수난곡은 1729년 초연하고 세 차례 더 연주된 다음 100년 동안이나 사장되어 있었습니다. 작곡가 젤터 Zelter가 악보를 가지고 있었는데 연주가 어렵다고 묵혀두고 있었던 것입니다. 젤터의 제자였던 멘델스존이 이 악보를 보고 연주할 수 있다고 젤터를 설득하여 1829년 3월 베를린에서 성공적으로 재연하였습니다. 이로써 이 곡의 존재와 진가가 세상에 알려지게 되었고 바흐가 '음악의 아버지'로 추앙받게 되는 계기가 되었습니다. 대표곡인 39번 곡 '주여 나를 불쌍히 여기소서 Erbarme Dich, Mein Gott'는 수제자 베드로가 예수와 함께 있었냐는 시민들의 추궁에 세 번이나 부인하고 난 후 닭 소리에 양심의 가책을 받고 심하게 통곡하는 노래입니다.

레오나르도 다빈치 Leonardo da Vinci는 "스승을 능가하지 못한 제자는 무능한 것이다"라고 했습니다. 참 스승은 제자에게 어깨를 내어주고 넘어가도록 하는 스승이고, 훌륭한 제자는 스승의 말을 듣지 않고 제 갈 길을 가는 배은망덕한 제자입니다.

Johann Sebastian Bach, 'Matthew Passion', 'Erbarme Dich, Mein Gott'
https://youtu.be/BBeXF_lnj_M

4월 16일 강

## 자니 머서 작사, 헨리 맨시니 작곡, '문 리버'

**달에도 강이 있을까요?**

달에는 강이 없습니다. 그러나 Moon River는 실제로 있습니다. 미국 조지아주 사반나 Savannah에 있는데 원래 이름은 사반나강 Savannah river이었습니다. 영화 '티파니에서 아침을 Breakfast at the Tiffany'의 주제가 'Moon River'가 유명해지자 이를 작사한 자니 머서 Johnny Mercer를 기념하기 위해 머서의 고향인 사반나강을 Moon River로 바꾼 것입니다. 'Moon River'의 작곡은 이탈리아계 미국인 작곡가 헨리 맨시니 Henry Mancini가 했습니다. 헨리 맨시니는 같은 이탈리아 출신 2살 차 엔리오 모리코네 Ernio Morricone와 영화음악에서 쌍벽을 이룬 거장이었습니다.

헨리 맨시니는 1924년 4월 16일 오하이오주 클리블랜드 근교 리틀 이태리에서 이탈리아 이민자의 아들로 태어나 피츠버그 인근 철광 마을 알리퀴파 Aliquippa에서 자랐습니다. 철광 노동자인 아버지와 함께 지역 이탈리아 이민자 밴드인 'Sons of Italy'에서 플루트를 불었습니다. 고등학교를 졸업하고 1943년 줄리어드 음악원에 입학했으나 다음 해에 제2차 세계대전 때문에 징집되어 보병부대에서 복무하다가 군악대에서 군 복무를 마쳤습니다. 1946년 글렌밀러 악단에 들어가 피아니스트와 편곡자로 활동했습니다. 1952년 유니버설 영화사에 들어가 6년 동안 100개가 넘는 영화음악을 만들었습니다. 1958년 독립하여 작사가 겸 프로듀서인 Blake Edwards와 짝이 되어 수많은 명곡을 작곡했습니다. 이 중 하나가 'Moon River'입니다. 고향의 강을 추억하며 제목을 Blue River로 하려고 했는데 같은 제목의 노래가 너무 많아 아예 지구가 아닌 달의 강 Moon River로 바꿨습니다. 연인을 따라 강을 건너 사랑을 이루고, 강을 따라 바다 같은 큰 세상에서 꿈을 이루겠노라고 노래합니다. 1961년 아카데미 주제가상, 1962년 그래미 올해의 레코드상을 받았습니다. 그가 1962년 작곡한 영화 하타리의 주제가 '아기 코끼리의 걸음마 Baby Elephant Walk'도 유명합니다.

강은 인류 문명의 발상지이자 생명의 젖줄입니다. 강은 건널 수 없다고 생각하는 사람에게는 나를 가두는 울타리이지만 건너려고 하는 사람에게는 미지의 세계로 떠나는 출항지이고 교류의 장입니다. 달에도 생명의 강이 있기를 바라는 것처럼 우리 마음속에도 사랑과 평화의 강이 마르지 않고 계속 흐르게 합시다.

Johnny Mercer/Henry Mancini. 'Moon River'
https://youtu.be/Q7SI7N22k_A

4월 17일 심장

## 재키 래이, 제임스 라스트, '행복한 마음'

**사랑을 느낄 때 우리 몸 가운데 가장 먼저 반응하는 곳은 어딜까요?**

심장입니다. 그래서 심장은 사랑 방으로 사랑을 받고, 모으고, 키우고, 베푸는 4개의 방이 있습니다. 1970년대 팝 오케스트라의 전성기를 이끌며 클래식의 대중화에도 크게 기여한 악단으로 프랑스에는 폴 모리 악단 Paul Mauriat Orchestra이 있었고 독일에는 제임스 라스트 악단 James Last Orchestra이 있었습니다.

폴 모리는 1925년 3월 4일 프랑스 마르세이유에서 태어나 40살에 폴 모리 악단을 만들었고 제임스 라스트는 1929년 4월 17일 독일 브레멘에서 태어나 35살에 제임스 라스트 악단을 만들었습니다. 제임스 라스트의 본명은 한스 라스트 Hans Last입니다. 10살에 피아노 교습을 받았으나 특출나지 않아 더블베이스로 바꿨습니다. 제2차 세계대전 중 14살에 뷔커부르크 군사 음악학교에 들어가 피아노와 베이스와 튜바를 배웠습니다. 제2차 세계대전이 끝난 후에 한스 군터 악단에 들어갔고 1948년 라스트-벡커 앙상블의 리더가 되었습니다. 1964년 한스 라스트 악단을 만들어 1965년 팝 히트곡을 댄스곡으로 편곡하여 발표한 앨범 '논스톱 댄싱'이 유럽과 미국에서 큰 인기를 얻었습니다. 이에 세계적인 악단이 되고자 악단의 이름을 한스 라스트에서 제임스 라스트로 바꿨습니다.

제임스 라스트 악단은 행복한 음악 Happy Music을 전매특허로 내세우며 아바, 비틀즈 등 팝부터 바흐, 비발디 등 클래식과 영화음악까지 경쾌하고 신나는 음악을 선사해주었습니다. 다소 경박하여 엘리베이터 음악이라는 비판도 있었으나 그의 음반은 1억장 이상 판매되었습니다. '행복한 마음 Happy Heart'는 1970년 재키 래이 Jackie Rae와 제임스 라스트가 작곡하여 앤디 윌리암스 Andy Williams와 페출라 크라크 Petula Clark에 의해 동시에 발표되었습니다. 빌보드 차트에 크라크는 기껏 12위에 올랐으나 윌리암스는 2주 동안 1위를 차지했습니다. 반쪽을 만나 심장이 뛰는 행복감을 노래하고 온 마음 다 바쳐 사랑하겠다고 고백하는 노래입니다.

심장은 태아 나이 6주째부터 뛰기 시작하여 죽음 (뇌사) 이후에도 살아서 장기 이식을 가능하게 해주는 사랑의 장기입니다. 심장은 감정에 민감하게 반응하여 슬플 때는 먹먹해지고 이별을 하면 쓰리지만 기쁠 때는 벅차오르고 사랑을 하면 뜨거워집니다. 심장이 늘 행복하도록 뜨겁게 사랑하고 즐겁게 사세요.

Jackie Rae/James Last, 'Happy Heart'
https://youtu.be/roQzgCxHRF4

4월 18일 가난

## 주페, 오페레타 '시인과 농부'에서 서곡

**이 세상에서 가장 가난한 직업 2가지는 무엇일까요?**

시인 김남주는 1946년 10월 16일 전라남도 해남에서 가난한 농부의 아들로 태어났습니다. 그는 시인이자 박정희와 전두환 독재정권에 대한 반독재 투쟁과 사회혁명 운동을 이끌었던 혁명 전사이었습니다. 김남주는 그의 시 '시인과 농부와'에서

"시인이 되지 않았더라면 틀림없이 나는 농부가 되어 있을 것이다
지금 이 땅에서 자손 대대로 가난한 것은 농부이니까
농부가 되지 않았더라면 틀림없이 나는 시인이 되어 있을 것이다
지금 이 땅에서 역사 이래로 가난한 것은 시인이니까
가난함에서 시인과 농부는 형제이느니
농부이면서 그가 부자라면 농부가 아닐 것이다
그는 아마 거머리일 것이다
농부의 허벅지에 붙어 디룩디룩 살이 찐
가난함에서 시인과 농부는 동지이느니
시인이면서 그가 부자라면 그는 시인이 아닐 것이다
그는 아마 거지발싸개일 것이다
자본가의 접시에 한눈을 파는"이라며
이 세상에서 가장 가난한 사람이 시인과 농부라고 노래했습니다.

프란츠 폰 주페 Franz von Suppe는 1819년 4월 18일 오스트리아의 달마티아에서 태어났습니다. 어렸을 때 플루트와 작곡을 배웠고 16살에 법학을 공부하러 이탈리아 파두아로 갔으나 음악을 계속했고 빈으로 돌아와서 지휘자와 작곡가로 활약하며 오페레타 30개, 희가극 180개, 발레 및 기타 무대 음악을 작곡했습니다. 그의 음악은 이탈리아풍의 간결하고 명랑한 선율과 오스트리아 빈풍의 우아하고 기품 있는 분위기를 잘 조합하여 인기가 많았습니다. 1846년 작 오페레타 '시인과 농부 Poet and Peasant' 서곡과 1866년 작 '경 기병 Light Cavalry' 서곡이 특히 유명합니다.

가난해도 시인은 펜을 탓하지 않고 농부는 밭을 탓하지 않습니다. 시인과 농부는 가난을 위해 가난을 먹고 삽니다. 시인이 되고자 하면 먼저 마음부터 가난해지십시오.

Franz von Suppe, Operetta 'Poet and Peasant', Overture
https://youtu.be/POJY5DlZTaw

4월 19일　혁명

## 글라주노프, 발레 '사계'에서 '봄'

**혁명하기에 좋은 계절은 언제일까요?**

봄입니다. 지금은 봄이 절정입니다. 그래서 산과 들에는 혁명이 일어나고 있습니다. 꽃이 피고 새싹이 나고 새잎이 돋아 산도 들도 연두빛으로 바뀌는 혁명이 일어나고 있습니다. 1960년 4·19 혁명처럼 사월이 혁명 본색을 드러내며 세상을 바꾸고 있습니다. 봄은 예로부터 혁명의 계절이었습니다. 프랑스혁명의 도화선이 된 삼부회의가 열린 1789년 5월 베르사이유 궁전의 봄, 1848년 유럽 국가의 봄 Spring of Nations (유럽 50개 나라 이상으로 퍼져나간 시민혁명), 1917년 3월 러시아 노동자 봉기, 1968년 4월 체코 프라하의 봄, 우리나라의 1894년 3월 동학 농민혁명, 1960년 4·19 혁명, 1980년 5·18 광주민주화운동도 모두 봄에 일어났습니다. 4·19 혁명은 1960년 3월 15일 실시된 정부통령 선거에서 이승만 자유당 정권이 대대적인 불법 선거를 저지르자 이에 대해 전국적으로 일어난 학생과 시민들의 항의 시위로 4월 26일 이승만 대통령이 물러나게 된 우리나라 최초의 민주화운동입니다.

러시아의 알렉산드르 글라주노프 Aleksandr Glazunov는 1865년 8월 10일 러시아 상트페테르부르크에 태어나 13살부터 니콜라이 림스키코르사코프에게 배웠고 16살에 교향곡 1번을 작곡하여 천재성을 보였고 34살에 상트페테르부르크 음악원 교수가 되었습니다. 1905년 노동자들의 평화시위를 무력 진압한 피의 일요일 Bloody Sunday 사건에 대한 항의 시위에 참가한 상트페테르부르크 음악원 학생을 비호했다는 이유로 림스키코르사코프가 해임되자 그도 동반 사직했습니다. 그러나 그해 12월 음악원 원장에 임명되어 자의 반 타의 반으로 20년 넘게 연임하다가 1928년 프랑스로 망명했습니다. 봄에 대한 작품으로 교향시 '봄'과 발레곡 '사계'의 2악장 '봄'이 있습니다.

봄은 무차별적으로 동결 고사시켜 무색무취한 인간으로 획일화시키는 겨울 전체주의에 대항하여 황, 청, 백, 적, 흑의 오방색 혁명의 깃발을 들고 일어납니다. 봄은 체제의 두꺼운 얼음장을 깨고 견고한 유일사상의 각피를 뚫고 겨울 공화국의 선량한 양민이기를 거부하며 혁명의 투사가 되어 자유 세상으로 뛰쳐나옵니다. 우리도 잠자는 혁명의 디엔에이를 깨워 관습과 관행의 타성을 깨부수고 새봄과 같이 세상을 새롭게 바꾸는 일상 혁명의 선봉장이 됩시다.

Aleksandr Glazunov, Ballet 'The Seasons', 'Spring'
https://youtu.be/vX8c5HyDgoQ

4월 20일 창

## 딥 퍼플, '사월'

**모든 것이 다 열리는 사월에 아직도 열지 않은 것이 있습니까?**

사월 April의 어원은 '열다'라는 뜻의 aperire라고 합니다. 사월은 겨우내 닫았던 창을 열고, 봄을 열고, 한 해를 여는 달입니다. 그래서 하늘도 열고 땅도 열고 있습니다. 열린 하늘로는 따뜻한 봄 햇살이 쏟아져 내려오고, 열린 땅으로는 새싹들이 올라오고 겨울잠을 자던 동물들이 기어 나옵니다. 우리도 닫아 놓은 것이 있다면 다 열어야 하겠습니다. 사월도 이제 하순으로 접어들어 10일밖에 남지 않았습니다. 아직도 열지 못한 것이 있다면 다 여시고 아직도 못다 들은 사월의 노래가 있다면 귀를 활짝 다 열고 다 들으십시오.

사월의 노래로 김순애의 '사월의 노래'와 토스티의 '사월'은 이미 소개해 드렸으므로 오늘은 영국 출신 록 밴드 딥 퍼플 Deep Purple의 '사월 April'을 소개합니다. 딥 퍼플은 1968년 결성되어 현재는 10기 단원이 활동 중이며 하드 록의 교과서 또는 선구자로 알려져 있습니다. '사월'은 1969년 6월 발표된 딥 퍼플 원조 단원들의 마지막 앨범 '딥 퍼플 3집 Deep Purple III'에 수록된 것으로 리치 블랙모어 Ritchie Blackmore와 존 로드 Jon Lord에 의해서 작곡되었습니다. 클래식과 록을 섞은 프로그레시브 록으로 3부로 구성되어 있습니다. 1부는 존 로드의 건반으로 시작한 다음 리치 블랙모어의 기타가 합류하여 아름다운 선율과 멋있는 화음을 만들어 내고, 2부는 흥겨운 관현악 연주로 클래식 음악의 분위기를 자아내고, 3부는 드럼이 등장하고 이에 리치 블랙모어의 기타와 리드 보컬 로드 에반스 Rod Evans의 노래가 합쳐져 딥 퍼플 음악의 진수를 보여줍니다. 가사는 티 에스 엘리엇의 시 '황무지 The Waste Land'를 각색한 것으로 "사월은 잔인한 달"이라는 말로 시작합니다. 이 곡은 '하이웨이 스타 Highway Star', '용병 Soldier of Fortune'과 함께 딥 퍼플의 3대 명곡으로 사랑받고 있습니다.

모든 것이 열리는 사월에 열어야 할 것 중 맨 먼저 열어야 할 것은 우리 마음의 창입니다. 아직도 열지 않은 창이 있다면 사월이 다 가기 전에 활짝 다 여십시오. 남쪽 창만이 아니고 동쪽과 서쪽과 북쪽의 창까지 다 여십시오. 사방팔방 열린 창으로 들어오는 봄 햇살로 어둡고 칙칙한 마음 구석에 핀 우울의 곰팡이를 다 제거하시고 상쾌한 봄바람으로 떨어지지 않는 절망과 좌절의 바이러스를 멀리 날려 보내버리십시오.

Ritchie Blackmore/Jon Lord (Deep Purple), 'April'
https://youtu.be/iKOjmTzAFA4

4월 21일 봄나들이

## 베토벤, 바이올린 소나타 5번 '봄'

### 봄나들이 몇 번이나 가셨습니까?

매화꽃 필 때로부터 시작하여 서너 번은 다녀오셨을 것 같습니다. 1970년대까지 초·중·고등학교에서는 4월에는 봄 소풍, 10월에는 가을 소풍을 갔습니다. 딱딱한 교실을 떠나 한두 시간에서 두세 시간을 걸어 지역의 유원지나 명승고적으로 가서 도시락을 먹고 보물찾기도 하고 장기자랑을 하며 어울려 놀았습니다. 동요 '봄나들이'는 윤석중의 동시에 성악가 겸 작곡가인 권태호가 1930년 곡을 붙인 것으로 노란 모자 쓰고 봄 소풍 가는 병아리 같은 어린아이들의 모습을 떠오르게 합니다.

루트비히 판 베토벤은 10개의 바이올린 소나타를 작곡했는데 5번 '봄'과 9번 '크로이처 Kreutzer'가 제일 유명합니다. 5번 '봄'은 1801년 출판되어 그의 후원자인 모리츠 폰 프라이스 백작에게 헌정되었는데 바이올린 소나타로는 처음으로 4악장으로 구성되었습니다. '봄'이라는 부제는 봄과 같이 선율이 부드럽고 경쾌하여 나중에 붙여졌습니다. 1악장 알레그로는 갓 탄생한 풋내기 연인이 봄날 아름다운 꽃길을 걸으며 첫 야외 데이트하는 모습을 연상시켜 줍니다. 봄처녀 바이올린이 먼저 봄 풍경에 대한 소감을 말합니다. 이에 대해 봄 총각 피아노가 맞장구를 치고 우리의 사랑도 이 봄처럼 아름답게 피어나면 좋겠다고 합니다. 이렇게 두 연인의 봄날 꽃길 데이트가 시작되고 바이올린 처녀는 다소곳이 이야기하다가 당돌할 정도로 강한 주장을 하고 때로는 얄궂게 장난을 걸고는 토라지기도 합니다. 이런 봄처녀를 어른스러운 피아노 총각이 넓은 포용심으로 받아주고 맞장구도 쳐주다가 때로는 그건 아니라고 단호하게 지적도 합니다. 하지만 피아노 총각이 바이올린 처녀를 끝내 인내하고 수용하고 지지해 줌으로써 봄처녀와 첫 데이트를 성공적으로 이끕니다. 2악장 아다지오는 걸음을 멈추고 언덕 위에 앉아 쉬면서 함께 한 지난 날들을 이야기하며, 3악장 스케르초는 쫓고 쫓기는 장난을 하며 경쾌하게 걷는 모습을 묘사하고 4악장 론도는 세 개의 주제를 반복하여 연주하면서 젊은 연인들의 봄 길 데이트 풍경을 정리합니다.

지천으로 피어있는 봄꽃들이 손짓발짓하며 부르고 있습니다. 꽃구경만 한다면 먼 나들이가 필요 없겠지만 임도 보고 뽕도 따는 일석이조의 기쁨을 누리시려면 나가 보셔야 합니다. 사랑하는 사람 손을 잡고 봄나들이 한 번 더 다녀오십시오.

Ludwig van Beethoven, Violin Sonata No. 5 'Spring'
https://youtu.be/C35Rjyo4W0o

4월 22일 물

## 라벨, '물의 장난'

**태양계 8개 행성 가운데 지구만의 특별한 점이 무엇일까요?**

지구는 생명체가 있는 유일한 행성인데 이는 물이 있기 때문입니다. 미국 상원의원 게이로드 닐슨 Gaylord Nelson이 하버드대 대학생 데니스 헤이즈 Denis Hayes와 함께 1969년 1월 28일 미국 캘리포니아 산타 바바라에서 일어난 대량 기름 유출 사고를 계기로 지구 환경 파괴의 심각성을 알리고 환경보존을 촉구하기 위해 1970년 4월 22일 '지구의 날' 행사를 열었습니다. 이는 미국 전역에서 2,000만 명의 대학생과 시민이 참가한 대규모 토론회 및 문화행사였는데 환경운동이 본격적으로 시작되는 계기가 되었습니다. 유엔도 1972년 지구 환경보호에 관심을 갖기 시작하여 '하나뿐인 지구'라는 주제로 스웨덴 스톡홀름에서 '유엔 인간환경회의'를 열었고 2009년 유엔 총회에서는 4월 22일 '지구의 날'을 '세계 어머니 지구의 날 International Mother Earth Day'로 지정했습니다.

지구 표면은 70%가 바다로 덮여있고 이 바닷물 (소금물)이 지구 물의 97.5%를 차지합니다. 나머지 2.5%가 담수 (민물)인데 이용 가능한 강과 호수의 물은 0.01%, 지하수는 0.76%에 불과합니다. 이처럼 강과 호수의 물은 인간을 위해 예비된 매우 귀한 특별한 물입니다. 그런데 이 물이 고갈되고 오염되고 있어서 문제입니다. 수돗물은 철저한 상수원 보호와 고도의 정수 기술로 비교적 잘 관리되고 있으나 수원지 주변에서 간혹 일어나는 몰지각한 오폐수 방류와 물의 흐름을 방해하는 댐과 수중보의 설치로 수질이 급격히 나빠지는 곳이 있습니다.

노자는 도덕경에서 상선약수, 최고의 선은 물과 같은 거라고 했습니다. 물은 누구를 만나도 다투지 않고 비켜 가고, 항상 낮은 자리에 위치하고, 더러운 곳도 마다하지 않고 자신은 더러워져도 주변을 깨끗이 하고, 막힌 곳은 뚫고 빽빽한 곳은 부드럽게 하고, 아무리 갈라 쳐도 바로 하나가 되고, 아무리 힘들어도 뒷걸음치지 않습니다. 모리스 라벨은 1901년 피아노 독주곡 '물의 장난 Jeux d'Eau'을 작곡했는데 물이 분수에서 시원하게 뿜어져 나와 경쾌하게 떨어지고 실개천을 굽이쳐 흐르다가 폭포를 만나 격하게 쏟아져 내리는 등 변화무쌍한 물의 장난스러운 흐름을 표현했습니다.

지구를 지구답게 하는 소중한 물을 물 쓰듯 낭비하지 마시고, 물을 닮아 물 흐르듯 물과 같이 순리대로 사십시오.

Maurice Ravel, 'Jeux d'Eau'
https://youtu.be/fyjCvEHOnO4

4월 23일 모닝 키스

## 레온카발로, '아침의 노래'

**아침에 일어나서 맨 먼저 뭘 하시나요?**

모닝 커피 아니면 모닝 키스? 미국 록펠러대학 신경내분비학 연구소 일리야 카랏소레오스 Ilia Karatsoreos 박사는 2010년 우리 몸에서 일어나는 각종 호르몬의 일중변화를 근거로 하루 시간대별로 권장되는 활동을 제시해서 관심을 끌었습니다.

일상 활동과 밀접한 대표적인 호르몬에는 스트레스 및 전투 호르몬인 코티솔과 아드레날린, 행복 호르몬인 세로토닌, 도파민, 엔돌핀, 애정 호르몬인 옥시토신, 수면 호르몬인 멜라토닌이 있습니다. 카랏소레오스 박사는 아침 7~9시는 애정을 표현하고 사랑하기에 가장 좋은 사랑의 시간이라고 했습니다. 남녀 모두 잠에서 깨어나면서 분비되기 시작한 옥시토신이 최고조에 이르는 시간이기 때문입니다. 직장인들에게 이 시간은 출근준비를 해서 출근해야 하는 시간이어서 사랑을 나누는 일은 어려울 수 있습니다. 사랑을 나누는 것은 주말로 미루더라도 사랑의 말이나 키스와 같은 신체 접촉 또는 문자나 전화로 애정을 표현하기에 좋은 시간입니다.

아침 시간은 햇빛과 운동에 의해 분비되는 행복 호르몬인 세로토닌의 농도가 최저로 떨어져서 기분이 가라앉고 괜히 짜증이 나는 시간이기도 합니다. 이때 적극적인 애정 표현으로 옥시토신을 올리면 우울한 기분을 역전시킬 수 있습니다. 새벽 운동도 아침 우울증 예방에 도움이 됩니다. 새벽 운동이 행복 호르몬인 세로토닌과 엔돌핀의 농도를 증가시키기 때문입니다. 모닝 커피도 도파민을 상승시켜 기분을 좋게 할 수 있습니다. 하지만 커피가 세로토닌을 감소시키므로 많이 마시면 효과가 상쇄됩니다. 이어서 오전 9~11시는 창조의 시간, 11~14시는 과제 완수의 시간, 점심 후 14~15시는 잠깐 쉬는 시간, 퇴근 전 15~16시는 협의의 시간, 퇴근 후 18~20시는 자신과 가정사 처리 시간, 취침 전 20~22시는 휴식의 시간이고 이어서 수면 시간입니다.

이탈리아 베리스모 오페라의 작곡가인 루제로 레온카발로 Ruggero Leoncavallo는 1857년 4월 23일 이탈리아 태어났습니다. 대표곡으로 오페라 '팔리아치 Pagliacci (광대)'와 가곡 '마티나타 Mattinana'가 있습니다. '마티나타'는 아침에 태양처럼 떠오르는 사랑의 마음을 연인에게 바치는 사랑의 노래입니다.

아침은 사랑의 시간이니 모닝 커피보다 더 찐한 모닝 키스로 하루를 시작하십시오.

Ruggero Leoncavallo, 'Mattinata'
https://youtu.be/1OcCyMyofpc

4월 24일 성악

# 하이든, 오라토리오 '사계'의 '봄'에서 3부 '기쁨의 노래'

### 같은 듯 다른 오페라, 오라토리오, 칸타타, 무엇이 다를까요?

성악곡의 하나인 오페라 opera, 오라토리오 oratorio, 칸타타 cantata는 발생 시기나 장소가 모두 1600년대 초 이탈리아라는 공통점이 있고 형식도 매우 유사합니다. 차이라면 오페라는 제일 규모가 크고 무대 장치가 있고 극적 상황에 맞는 의상을 입고 연기를 하며, 오라토리오는 무대 장치나 연기는 없고 음악으로만 진행하는데 해설자가 있으며, 칸타타는 제일 규모가 작고 오라토리오와 달리 해설자가 없고 반주도 관현악단이 아닌 피아노나 오르간으로 대체하는 경우가 많은 것입니다. 주제는 모두 종교적인 것보다 세속적인 것이 많으나 실제 연주되는 상황으로 보면 오페라는 세속적인 것이 많고 오라토리오와 칸타타는 종교적인 것이 많습니다.

프란츠 요제프 하이든의 '사계 The Seasons'는 오라토리오입니다. 영국 체류 중이던 1791년 5월 웨스터민스터 사원에서 열린 헨델음악제에서 들은 헨델의 오라토리오 '메시아'에 큰 감명을 받아 1798년 '천지창조 The Creation'를 완성하고 3년 후에 '사계'를 완성하여 1801년 4월 24일 초연했습니다. 이는 영국의 시인 제임스 톰슨의 시 '사계'의 독일어 번역본에 기초하여 작곡한 것입니다. 오라토리오 '천지창조'는 천사의 위치에서 천지를 창조하신 하나님의 위대함을 노래하고 '사계'는 농부의 눈을 통해 인간에게 계절을 주시고 계절마다 베푸시는 하나님의 은혜를 노래합니다.

일 년 사계절은 중위도 지방에서 뚜렷하게 나타납니다. 이는 지구의 자전축이 23.5도 기울어져 있어 지구가 태양을 공전할 때 지구에 내리 쬐는 태양 빛의 입사각이 달라지기 때문에 생깁니다. 적도를 기준으로 위아래 23.5도 사이를 저위도 또는 열대 지역, 30~60도 중위도 지역 또는 온대지역이라고 하는데 사계는 이 온대지역에서 나타납니다. 기후변화로 사계의 분할이 달라지기는 했지만 우리나라는 북위 33~43도에 위치한 전형적인 중위도 국가여서 사계가 뚜렷합니다. 사계가 뚜렷한 것은 사계절에 대한 대비 때문에 어려움과 비용이 많이 들기는 하지만 대단한 축복입니다. 그래서 인류 4대 문명도 다 이 중위도 지역에서 발생했습니다.

인간의 목소리는 세상에서 가장 아름다운 악기라고 합니다. 사계절 가운데 가장 아름다운 봄의 노래를 세상에서 가장 아름다운 악기인 내 목소리로 불러보십시오.

Franz Joseph Haydn, Oratorio 'The Seasons', 'Spring' Part 3 'Song of Joy'
https://youtu.be/BTgOMv30XtQ

4월 25일 불면증

## 푸치니, 오페라 '투란도트'에서 '누구도 잠들지 못 하리'

**요즘 잘 주무십니까?**

봄의 설레임 때문이거나 춘곤증 때문에 피곤해서 잠들기 어려운 때입니다. 자코모 푸치니 Giacomo Puccini의 오페라 '투란도트 Turandot'에서 투란도트는 오뉴월 서릿발같이 원한에 사무친 얼음 공주였습니다. 그는 자신의 미모와 지위에 눈이 멀어 도전하는 뭇 사내들에게 세 가지 수수께끼를 내고 못 맞히면 단칼에 목을 베는 한풀이를 하고 있었습니다. 이에 타타르 왕국의 왕자 칼라프 Calaf가 그를 사모하는 여종 류 Liu를 비롯한 많은 사람의 만류에도 목숨을 건 도전을 합니다. 첫째 번 질문은 꿈 (희망)이라 하여 맞히고, 둘째 질문은 피 (열정)이라고 답하여 맞히고, 셋째 질문은 투란도트라고 하여 다 맞혔습니다. 그러나 공주는 어느 남자와도 결혼할 마음이 없어서 약속과 달리 결혼을 거부합니다. 이에 칼라프는 투란도트에게 다음 날까지 자신의 이름을 알아맞히면 결혼을 포기하고 죽겠노라고 목숨을 건 제안을 합니다. 이에 공주는 칼라프의 이름을 알 만한 사람을 다 수소문한 끝에 여종 류를 잡아와서 이름을 말하라고 고문을 합니다. 그러나 류는 칼라프 왕자를 사랑한 나머지 그를 죽게 할 수 없어 이름을 말하지 않고 자신이 자결합니다. 이에 감동한 투란도트는 사랑에 눈이 떠서 왕자의 이름을 사랑이라고 합니다. 오답이지만 정답이었고 둘은 결혼을 했습니다.

오페라 '투란도트'는 푸치니가 후두암을 진단받은 상태에서 시작하여 마지막 3막을 미완성으로 남기고 1924년 세상을 떠났습니다. 이에 친구인 지휘자 아르투로 토스카니니 Arturo Toscanini가 작곡가 프랑코 알파노 Franco Alfano에게 의뢰하여 완성 시켜 1926년 4월 25일 초연했습니다. '투란도트'는 큰 꿈과 뜨거운 열정과 헌신적인 사랑이 사랑의 삼 요소라는 것을 보여 준 동양적인 판타지 오페라입니다. '공주는 잠 못 이루고'라고 알려진 아리아 'Nessun Dorma'가 특히 유명합니다. 이는 칼라프 왕자가 투란도트 공주에게 내 이름을 맞히면 결혼을 포기하고 목숨을 내놓겠다고 하자 공주가 신하들에게 왕자의 이름을 알기 전에는 '누구도 잠들지 마라 Nessun Dorma'고 하여 공주의 명령을 듣고 칼라프가 부르는 노래입니다.

잠 안 오면 자려고 애쓰거나, 옆에 있는 사람 잠들지 못 하게 건들지 마시고, 그동안 못 푼 문제를 풀거나 미뤄둔 숙제를 하십시오.

Giacomo Puccini, Opera 'Turandot', 'Nessun Dorma'
https://youtu.be/cWc7vYjgnTs

4월 26일 음악의 힘

## 쇼팽, '화려한 대 폴로네즈'

**음악의 힘을 믿으십니까?**

제2차 세계대전 중에 쇼팽을 연주하여 목숨을 건진 피아니스트가 있었습니다. 피아노의 시인 프레데리크 쇼팽은 프랑스인 아버지와 폴란드인 어머니 사이에 폴란드에서 태어났습니다. 20살 때 폴란드를 떠나 프랑스에서 살았는데 조국을 떠났어도 그는 러시아의 강압적인 통치로 어려움에 처한 조국을 생각하며 폴란드 민속 춤곡인 폴로네즈 Polonaise와 마주르카 Mazurka로 피아노곡을 각각 18개와 51개 작곡했습니다. 폴로네즈와 마주르카 모두 3/4박자 춤곡인데 폴로네즈는 귀족 사회에서 유행한 보통 빠르기로 행진하듯 추는 춤으로 웅장하고 기품이 있으며 약박으로 마치는 마무리가 특징입니다. 마주르카는 농민 사회에서 유행한 춤으로 남녀가 어울려서 추는 빠르고 경쾌한 춤으로 둘째와 셋째 박자에 강세가 있는 것이 특징입니다.

쇼팽의 폴로네즈는 피아노 독주곡으로 16개, 피아노와 관현악을 위한 것과 첼로와 피아노를 위한 것이 각각 1개씩 있습니다. 피아노 독주곡으로 '군대 Military'와 '영웅 Heroic'이 유명하고 피아노와 관현악을 위한 '안단테 스피나토와 화려한 대 폴로네즈 Andante Spinato and Grand Polonaise Brillante'가 유명합니다. 이 밖에도 첼로와 피아노를 위한 '서주와 화려한 폴로네즈 Introduction and Polonaise Brillante'가 있습니다. 제2차 세계대전 중 나치의 홀로코스트 Holocaust를 피해 도피하던 유대계 폴란드인 피아니스트 블라디슬로프 스필만 Wladyslaw Szpilman이 독일군 장교에게 발각되었습니다. 하지만 교사 출신 독일군 장교가 그가 피아니스트인 것을 알고 연주를 부탁했는데 그가 연주한 쇼팽의 발라드 1번에 감동하여 그를 죽음의 수용소로 보내지 않고 살려주었습니다. 이 실화를 바탕으로 2002년 제작된 영화가 '피아니스트 Pianist'입니다. 영화 '피아니스트'의 마지막 장면에 '화려한 대 폴로네즈'가 연주되는데 이는 1835년 4월 26일 파리에서 열린 프랑스 지휘자 아브네크 François Antoine Habeneck의 자선 음악회에서 쇼팽의 연주로 초연되었습니다.

박남예는 '하루 10분 음악의 힘'에서 음악 교육은 잠재력 발굴, 감수성과 소통 능력 배양, 자존감과 회복탄력성 유지, 지능과 창의력 계발에 큰 힘이 된다고 했습니다. 음악의 힘은 무궁무진하니 힘이 들거나 힘이 없을 때면 음악에 기대어 보세요.

Frederic Chopin, 'Grand Polonaise Brillante'
https://youtu.be/ThzNmxD8PrI

4월 27일 연탄재

## 베토벤, 바가텔 25번 '엘리제를 위하여'

**그 누구를 위해 한 번이라도 뜨거운 적이 있으셨습니까?**

그런 적이 없었다면 연탄재만도 못하다는 비난을 받을 수 있습니다. 연탄은 무연탄가루에 점토를 섞어 만든 지름 15.8 cm, 높이 15.2 cm의 원통형 땔감인데 가운데 22개 내외의 공기구멍이 있어 구공탄이라고 합니다. 연탄이 처음 개발되었을 때는 완전 연소를 위해 공기구멍을 19개 내었기에 정식 이름은 19 공기구멍 탄이었습니다. 줄이면 19 구멍탄인데 어감이 좋지 않아 첫 자 '십'과 마지막 '구멍'을 빼고 9공탄 (십9 공기 구멍탄)이라고 했습니다. 연탄재는 구공탄이 타고 남은 것으로 형태는 구공탄과 같으나 색깔이 무연탄의 검은색에서 점토의 황갈색으로 바뀌고 무게는 1/3로 감소되어 1.4 kg 정도 됩니다. 대부분 단독 주택에 살았던 1970~80년대까지는 난방과 취사를 위해 구공탄을 사용하여 길가에 내놓은 쓰레기의 절반 이상이 연탄재였습니다.

연탄재는 크기에 비해 가볍고 비스킷처럼 잘 부스러져서 비 온 뒤 질퍽거리는 길 위에 뿌려지기도 하고 겨울에 꽁꽁 언 빙판길에는 염화칼슘이나 모래 대신 뿌려지기도 했으나 화가 난 행인들의 화풀이 대상이 되기도 했습니다. 이에 시인 안도현은 '너에게 묻는다'며 우리에게 물었습니다. "너에게 묻는다, 연탄재 함부로 발로 차지 마라. 너는 누구에게 한 번이라도 뜨거운 사람이었느냐? 반쯤 깨진 연탄 언젠가는 나도 활활 타오르고 싶을 것이다. 나를 끝닿는 데까지 한번 밀어붙여 보고 싶은 것이다 (이하 생략)"라며 한 번도 뜨겁지 못했던 우리를 추궁했습니다.

루트비히 판 베토벤은 참으로 뜨거운 사람이었습니다. 그의 많은 작품은 가슴 속에서 이글거리는 태양과 같은 뜨거움에 이끌려서 작곡되었고 그가 사랑하는 사람들에게 헌정되었습니다. 베토벤의 피아노 소품 바가텔 Bagatelle 25번 '엘리제를 위하여 Für Elise'도 사랑하는 사람을 위해 쓴 곡으로 1810년 4월 27일 완성되었으나 베토벤 사후 40년 동안이나 묻혀있었습니다. 독일의 음악학자 루트비히 놀 Ludwig Nohl이 1867년 악보를 발견하여 세상에 알렸습니다. 하지만 베토벤이 '엘리제를 위하여'라는 아름다운 곡으로 사랑을 고백한 베토벤의 엘리제는 아직도 누군지 모릅니다.

베토벤의 엘리제는 누군지 몰라도 우리들의 엘리제는 여기저기 많이 있습니다. 그 엘리제를 위하여 자신을 하얗게 불태운 연탄재처럼 한 번만이라도 뜨거워지십시오.

Ludwig van Beethoven, Bagatelle No. 25 'For Elise'
https://youtu.be/e4d0LOuP4Uw

4월 28일 종달새

# 하이든, 현악사중주 64번 '종달새'

## 당신은 종달새입니까, 올빼미입니까?

사람을 수면 형태에 따라 나눌 때 일찍 자고 일찍 일어나는 아침형을 종달새형이라고 하고 늦게 자고 늦게 일어나는 서녁형을 올빼미형이라고 하고 중간형 또는 낮형을 벌새형이라고 합니다. 아침형이 10%, 저녁형이 20%로 저녁형이 두 배나 많기 때문에 종달새보다 올빼미일 가능성이 많으나 실제로는 벌새일 가능성이 제일 많습니다. 일반적으로 아이큐와 창의력은 저녁형이 높으나 공부는 아침형이 더 잘합니다. 법조인과 같은 논리적인 사람은 아침형이 많고 예술가와 같은 창조적인 사람은 저녁형이 많습니다. 칸트와 나폴레옹이 대표적인 아침형 인간이고, 모차르트와 다윈이 대표적인 저녁형 인간입니다. 저녁형은 우울증이나 대사질환이 잘생기기 때문에 아침형으로 변경을 고려해야 하나 타고난 경우가 많아 쉽지는 않습니다.

남구만은 조선 효종 때 문과에 급제하여 숙종 때 영의정에까지 올랐습니다. 관직에서 물러나 전원생활을 하며 쓴 시 "동창이 밝았느냐 노고지리 우지진다. 소치는 아이는 아직 아니 일었느냐. 재 너머 사래 긴 밭을 언제 갈려 하는 고"로 유명합니다. 이 시는 1728년 김천택이 엮은 우리나라 최초 시조집 청구영언에 실렸습니다. 이른 봄 농촌 풍경을 사실적으로 묘사하고 부지런히 일할 것을 권합니다. 여기서 노고지리는 종달새인데 아침 일찍부터 일하는 부지런한 사람을 상징합니다. 한편 동창은 숙종 임금, 노고지리는 조정 대신, 소는 백성, 아이는 목민관, 밭은 나라 일을 상징하여 눈치만 보고 일하지 않는 관료를 비판하며 나라의 일을 걱정하는 시라는 해석도 있습니다.

프란츠 요제프 하이든은 현악사중주의 아버지로서 83개로 가장 많은 작품을 남겼습니다. 이들 가운데 유명한 것이 64번 '종달새 The Lark'와 76번 '황제 Emperor'입니다. 작품번호 64번의 5번째 곡인 '종달새'는 1악장 주선율이 종달새가 하늘 높이 날아올라 즐겁게 지저귀는 것 같아서 붙여진 이름입니다. 한편 '황제'는 2악장이 '신이여 황제를 보호하소서'라는 오스트리아 제국 국가의 선율로 사용되어 붙여진 것인데 기독교 찬송가 '시온성과 같은 교회'의 선율로도 사용되고 있습니다.

종달새든 올빼미든 내일을 위해 무엇을 먹을까 무엇을 입을까 걱정하지 않는 새들처럼 휴일에라도 괜한 염려는 땅에 묻고 하늘 높이 신나게 날아 보십시오.

Franz Joseph Haydn, String Quartet No. 64 'The Lark'
https://youtu.be/vNN_Kbuf7_U

4월 29일 사랑의 양

## 라슨, '사랑의 계절'

**하루 중 사랑을 위해 바친 시간이 얼마나 됩니까?**

하루 24시간 중에 몇 시간, 아니면 1,440분 중에 몇 분, 아니면 86,400초 중에 몇 초일까요? 일 년에 사랑한 시간을 재보면 얼마나 되는지 계산해보십시오. 단 하루도 안 될지 모릅니다. 뮤지컬 '렌트 Rent'는 자코모 푸치니의 3대 걸작 오페라 '라 보엠 La Boheme (1896)', '토스카 Tosca (1900)', '나비부인 Madame Butterfly (1904)' 가운데 하나인 '라 보엠을 각색한 것입니다. 19세기 말 프랑스 파리에서 일어난 이야기 '라 보엠'이 1세기가 지난 20세기 말 미국 뉴욕에서 일어난 X세대 젊은 예술가들의 이야기 '렌트'가 된 것입니다. 1993년 3월 뉴욕의 New York Theater Workshop에서 실험적인 초연을 한 후 개정 작업을 거쳐 1996년 1월 26일 공식적으로 개막했는데 작곡가 조나단 라슨 Jonathan Larson이 개막 전날 세상을 떠났습니다. 라슨의 사망에도 불구하고 공연을 강행하였는데 이후 연일 150석 모든 좌석이 매진되는 선풍적인 인기를 얻었습니다. 이에 1996년 4월 29일 뮤지컬의 본고장인 브로드웨이로 진출하여 무대를 Nederlander Theatre로 옮겼습니다. 브로드웨이에서도 2008년 9월 7일까지 무려 12년간 5,123회 공연의 대기록을 세웠습니다.

뮤지컬 '렌트'는 1996년 뮤지컬계 최고 권위의 토니상을 4개 부문에서 수상했습니다. 하지만 작곡가 라슨은 이러한 성공은커녕 개막 공연조차 보지 못하고 36세 젊은 나이에 세상을 떠났습니다. 당시 심한 가슴 통증, 현기증과 호흡곤란이 여러 날 계속되어 병원을 두 곳이나 갔는데 심전도와 가슴 방사선 촬영 등 단순 검사만 하고 이상이 없어 감기라고 치료를 받았는데 대동맥 파열로 급사한 것입니다. 단순 감기가 아니라 마르판 증후군에 의한 대동맥 파열이 진행하고 있었는데 이를 놓친 것입니다. '렌트'에서 유명한 노래 가운데 하나가 '사랑의 계절 Seasons of Love'입니다. 이 노래는 우리의 인생을 해 뜨고 진 시간, 마신 커피의 양, 걸은 걸음 수 등으로 셀 수 있는데 사랑한 시간으로 일 년 525,600분의 가치를 계산해보라고 합니다.

사랑의 계절인 4월도 하루만을 남겨 두고 있습니다. 4월이 가면 올해도 1/3이 가고 2,880시간이 갑니다. 사랑에 바쳤던 시간이 얼마인지 세어 보시고 너무 하찮거든 오는 시간들은 사랑으로 넘치게 가득가득 채우십시오.

Jonathan Larson, 'Seasons of Love'
https://youtu.be/UvyHuse6buY

4월 30일 재즈

## 이프 하버그 작사, 버논 듀크 작곡, '파리의 4월'

### 재즈 좋아하십니까?

유네스코 UNESCO가 재즈를 통해 인류 평화와 화합, 대화와 협력을 도모하자는 뜻으로 2011년 '세계 재즈의 날 International Jazz Day'을 제정했습니다. 제1회 '세계 재즈의 날'을 2012년 4월 30일 유네스코 본부가 있는 파리에서 거행하면서 재즈의 발상지 미국 뉴올리언스 콩고 광장 Congo Square에서 일출 음악회와 뉴욕의 유엔 총회장에서 일몰 음악회를 동시에 열었습니다. 이후 매년 개최지를 바꿔가면서 195개 회원국이 참여하는 재즈 음악회와 세미나, 강의, 거장과 만남, 전시, 춤 공연, 영화 상영, 연극, 퍼포먼스 등 다양한 교육 및 알림 행사를 거행하고 있습니다.

재즈는 1900년대 초 미국 루이지애나주의 카리브해 연안 도시 뉴올리언스 New Orleans에서 아프리카계 미국인의 래그타임 ragtime과 블루스에서 출발하여 프랑스계 음악인들에 의해 주도되었습니다. 뉴올리언스는 영국, 스페인, 프랑스의 지배를 받아 여러 유럽인들과 아프리카에서 온 노예와 이들의 후손 그리고 이들의 혼혈인 크리올 creole이 섞여 있어서 다양한 문화의 융합이 활발하게 일어났습니다. 재즈는 약박에 강세를 두는 당김음 (싱코페이션 syncopation), 반음 낮은 블루 노트, 자유로운 즉흥 연주 등이 특징입니다. 당김음은 센박의 자리에 쉼표를 넣거나 센 박을 약박에 붙이거나 약박을 센박보다 길게 하거나 약박에 강세를 두는 방법으로 만드는데 단순한 리듬을 깨뜨려 생동감과 반전의 묘미를 줍니다. 재즈는 스윙 swing, 비밥 bebap, 쿨재즈 cool jazz, 하드밥 hard bap, 프리재즈 free jazz, 보사노바 bosa nova를 거쳐 퓨전재즈 fusion Jazz로까지 발전하면서 사랑을 받고 있습니다.

프랑스 파리는 위도가 러시아 사할린과 같은 48도여서 서울보다 10도 이상 높아 4월이 되어야 비로소 봄을 느낄 수 있습니다. 1930년대 재즈의 명곡 '파리의 사월 April in Paris'은 밤꽃 핀 나무 아래 테이블에 앉아 피어오르는 파리의 아름다운 봄의 정취를 노래합니다. 러시아 출신 작곡가 버논 듀크 Vernon Duke의 곡에 이프 하버그 Yip Harburg가 가사를 붙인 것으로 1932년 브로드웨이 뮤지컬 'Walk a Little Faster'에서 처음 공개되었고 이후 많은 재즈 음악가들에 의해 연주되었습니다.

째지게 아름다운 사월의 마지막 날을 재즈의 날답게 재즈로 마무하십시오.

Yip Harburg/Vernon Duke, 'April in Paris'
https://youtu.be/3y6pwIPJMS0

5월 1일 오월

## 모차르트, 오페라 '피가로의 결혼', 서곡

**결혼하신다면 몇 월에 하시고 싶습니까?**

오월이라고요! 좋습니다. 이제 오월입니다. 오월은 살을 애일 듯이 차가운 사월의 강을 건넌 사람만이 들어갈 수 있는 봄의 궁전입니다. 오월은 철쭉, 장미, 모란, 작약 등과 같이 보다 화려한 꽃들과 연둣빛 새잎이 어우러져 계절의 여왕이라 일컬어지고 있습니다. 또한 오월은 가정의 달입니다. 오월 5일 어린이날, 8일 어버이날, 11일 입양의 날, 15일 스승의 날, 셋째 월요일 성년의 날, 21일 부부의 날 등 가족 관련 기념일이 많아 가정의 달이라고 합니다. 실제로 새 가정이 생기는 것도 오월이 많습니다. 듀오 웨드의 월별 결혼 건수 조사에 의하면 10월이 13.2%로 1위이고 이어 11월 (12.5%), 5월 (11.7%), 4월 (10%), 12월 (10%) 순이어서 한 해의 전반기에는 5월이 제일 많고 전체적으로는 세 번째로 많습니다. 이는 오래전부터 청춘남녀들이 햇빛이 찬란하고 꽃들이 만발하고 날도 따뜻한 오월에 눈부신 웨딩드레스를 입고 아름다운 오월의 신부가 되고 싶고, 그 오월의 신부와 결혼하고 싶기 때문입니다.

오페라 '피가로의 결혼 Marriage of Figaro'은 보마르셰의 희극 '피가로의 결혼 Le Marriage de Figaro'을 원전으로 하여 이탈리아 출신 천재 극작가 로렌초 다 폰테 Lorenzo Da Ponte가 쓴 대본으로 볼프강 아마데우스 모차르트가 30살인 1786년 작곡한 4막짜리 오페라 부파 (희가극)입니다. 18세기 스페인 안달루시아 지방의 수도 세비야 Seville에서 알마비바 백작의 하인 피가로가 백작 부인의 하녀 수잔나와 결혼하려는데 수잔나에게 흑심을 품은 백작이 초야권을 주장하자 셋이 합세하여 백작을 골탕을 먹이고 사과를 받아내어 당시 귀족 사회의 모순과 위선을 고발하는 풍자와 해학이 넘치는 오페라입니다. 1786년 5월 1일 모차르트가 오스트리아 빈의 부르크극장 Burgtheater에서 초연했습니다. 서곡과 함께 아리아 '이제는 날지 못 하리 Non Piu Andrai', '그대는 아는가, 사랑의 괴로움을 Voi, Che Sapete', 편지 이중창 '저녁 산들바람은 부드럽게 불고 Sull'aria, Che Soave Zeffiretto' 등이 특히 유명합니다. 다 폰테와 첫 협업 작품이고 '돈 조반니 Don Giovanni', '마술피리 Magic Flute'와 함께 모차르트의 3대 오페라입니다.

오월의 신부가 되려고 산천초목이 예쁘게 꽃단장을 하는데 우리도 오월의 신부같이 예뻐집시다.

Wolfgang Amadeus Mozart, Opera 'Marriage of Figaro', Overture
https://youtu.be/YpqPGyedATU

5월 2일 늑대 소년

## 프로코피에프, 음악동화 '피터와 늑대'

### 우리나라 어린이들은 얼마나 행복할까요?

우리나라 초등학생의 행복도는 OECD 국가에서 꼴찌입니다. 일등 좋아하는 우리나라에서 체면이 말이 아닙니다. 이는 2017년 5월 1일 발표된 국제 아동구호기구인 세이브더칠드런 SaveTheChildren과 서울대 사회복지연구소가 독일, 영국, 스페인, 노르웨이, 이스라엘 등 세계 16개국의 만 8세 어린이 1만 7,496명을 대상으로 '초등학교 3학년 아동의 국제 비교 연구'의 결과입니다. 우리나라 초등생의 삶에 대한 만족도는 14위로서 네팔과 에티오피아를 제외하고 가장 낮았습니다.

연세대 사회발전연구소에서 발표한 '2016년 제8차 어린이·청소년 행복 지수 국제 비교 연구'에서도 우리나라 초, 중, 고 학생은 5명 중 1명이 자살 충동을 느끼고 주관적 행복지수도 82점으로 조사 대상 22개 OECD 나라 가운데 가장 낮았습니다. 물질적인 풍요는 평균 이상이지만 행복감은 연속 꼴찌를 면하지 못하고 있습니다. 이는 초등학생이 대학생보다 더 많은 공부를 강요당하는 점수 위주의 무한 경쟁 교육의 결과로 생각됩니다. 요즘 외롭게 혼자 밥 먹고, 술 마시고, 노는 혼밥, 혼술, 혼행이 유행하고 있는데 초등학생 중에도 학원 이동 중에 혼자 밥을 먹는 혼밥족이 늘고 있다고 합니다. 늑대 소년은 외로움 때문에 주목받기 위해 재미로 비행을 저지릅니다. 경쟁 사회에 적응 못 하는 청소년들이 외로운 늑대가 되어 어른들의 상상을 초월하는 사건을 일으키기도 하여 사회적으로 아주 큰 문제가 되고 있습니다.

러시아의 작곡가 세르게이 프로코피에프 Sergei Prokofiev는 어린이의 음악 교육에 관심이 많았습니다. 당시 7살, 11살이었던 아들을 생각하며 어린이들에게 오케스트라 악기를 재미있게 가르쳐주고 싶어서 '피터와 늑대 Peter and the Wolf'를 작곡하여 1936년 5월 2일 초연했습니다. 동물원에서 탈출한 늑대가 약한 동물들을 해치는 것을 피터가 잡아 다시 동물원에 넣는 매우 재미있는 곡인데 피터는 현악기, 새는 플루트, 고양이는 클라리넷, 오리는 오보에, 늑대는 호른이 맡습니다.

어린이들이 탈선하여 비행을 저지르는 외로운 늑대가 되지 않도록 하기 위해서는 아이들에게 경쟁에서 이기는 법보다는 더불어 사는 법을 가르치고 삶의 목표가 성공이 아니라 행복이 되게 하십시오.

Sergei Prokofiev, 'Peter and the Wolf'
https://youtu.be/aqoXUrDWWBQ

5월 3일 과거

## 김소월 시, 김동진 곡, '진달래꽃'

### 지나간 과거가 그립습니까?

사월이 가버린 후 3일째 날입니다. 사월을 잔인하다고도 했었지만 사월이 가고 나니 그립습니다. 붙잡은 손길을 뿌리치고 야속하게 가버린 사월이 그리운 것은 맨 먼저 핀 기품 있는 매화와 뒤이어 떼 지어 핀 화려한 벚꽃에 현혹되어 진달래에게는 눈길 한번 못 주고 보냈기 때문이 아닐까요? 진달래는 철쭉과 비슷해서 혼동하기가 싶습니다. 가장 쉬운 구별법은 잎이 피기 전에 꽃이 피면 진달래, 잎과 함께 꽃이 피면 철쭉이라고 하는 것입니다. 진달래꽃은 먹을 수 있고 철쭉꽃은 먹을 수 없습니다. 이 때문에 진달래는 참꽃이라 하고 철쭉은 개꽃이라고도 합니다. 부녀자들의 외출이 어려웠던 시절에도 진달래가 피면 경치 좋은 산이나 들로 나가 꽃구경도 하고 꽃을 따서 화전을 부쳐 먹고 어울려 놀았습니다. 화전을 부칠 수 있는 꽃은 배꽃, 장미꽃, 국화꽃 등으로 많으나 화전놀이라고 하면 진달래꽃으로 하는 봄꽃놀이를 말합니다.

진달래꽃은 수줍음 많은 청순한 여인을 상징하나 일제강점기에는 나라 잃은 한과 저항 의식을 상징하기도 했습니다. 김소월은 1925년 발표한 그의 시 '진달래꽃'에서 "나 보기가 역겨워 가실 때에는 말없이 고이 보내 드리오리다. 영변에 약산 진달래꽃, 아름 따다 가실 길에 뿌리오리다. 가시는 걸음걸음 놓인 그 꽃을 사뿐히 즈려밟고 가시옵소서. 나 보기가 역겨워 가실 때에는 죽어도 아니 눈물 흘리오리다"라고 진달래꽃을 죽음까지도 초월한 지극히 희생적인 사랑의 상징으로 사용했습니다. 이별의 아픔을 인내할 뿐만 아니라 떠나는 임을 위해 꽃을 뿌려서 복을 빌어 주기까지 하는 우리나라 전통적인 여성의 희생적인 사랑을 노래했습니다. 이와 같은 해석과 다르게 실재하지 않는 이별 상황을 가정하여 어떤 상황도 받아들일 수 있을 만큼 절정에 이른 지고지순한 사랑을 노래하는 것이라는 해석도 있습니다. 즉, 아픈 이별을 체념하는 시가 아니라 뜨거운 사랑을 표현하는 시라는 것입니다.

윌리엄 셰익스피어는 "과거를 자랑하지 말라"고 했습니다. "과거밖에 가진 것이 없다면 당신은 처량해진다"라고 말했습니다. 나 때는 말이야 하면서 자신의 과거를 자랑하거나 자신의 과거 경험으로 남을 판단하거나 강요하지 마십시오. 지난 과거가 아무리 화려했더라도 사랑이 아무리 지극했더라도 지난 일이라면 잊어버리십시오.

김소월 시, 김동진 곡, '진달래꽃'
https://youtu.be/eWdDSpaZmhU

5월 4일 밤

## 브람스, 가곡 '오월의 밤'

**역사가 모의되고 성사되는 시간은 낮일까요, 밤일까요?**

태초에 천지가 창조된 것도 밤이었고 이후 크고 작은 역사도 밤에 이루어졌습니다. 특히 오월의 밤에. 김영랑은 그의 시 '오월'에서 "들 길은 마을에 들자 붉어지고 마을 골목은 들로 내려서자 푸르러졌다. 바람은 넘실 천 이랑 만 이랑, 이랑 이랑 햇빛이 갈라지고 보리도 허리통이 부끄럽게 드러났다. 꾀꼬리는 엽태 혼자 날아 볼 줄 모르나니 암컷이라 쫓길 뿐 수놈이라 쫓을 뿐. 황금빛 난 길이 어지럴 뿐 얇은 단장하고 아양 가득 차 있는 산봉우리야 오늘 밤 너 어디로 가버리련?"하고 오월을 산천초목과 온갖 중생들이 가장 아름답게 치장하고 사랑을 찾고 짝짓기를 하는 시절이라고 했습니다. 사월이 부활의 달이라면 오월은 사랑도 반역도 잉태하는 잉태의 달입니다.

바흐 (1685년생), 베토벤 (1770년생)과 더불어 '3B 음악가'라고 하는 요하네스 브람스 Johannes Brahms는 1833년 5월 7일 독일 함부르크에서 여러 악기에 능한 아버지인 요한 야코프 브람스 Jakob Brahms와 17살 연상인 재봉사 어머니 사이에서 태어났습니다. 어려서 피아노를 잘 치고 10살 무렵에 작곡도 했으나 신동까지는 아니었습니다. 20살까지도 무명이었던 그의 음악 인생에 대전환은 로베르트 슈만 Robert Schumann과 만남에 의해서였습니다. 1853년 봄, 헝가리 출신 바이올리니스트 에두아르트 레메니 Eduard Reményi의 피아노 반주자로 동반 여행 중에 하노버에서 요세프 요아힘 Joseph Joachim을 만났는데 그가 슈만에게 소개장을 써줘서 슈만을 만나게 되었습니다. 슈만이 브람스를 환대하고 그가 발행하는 음악 잡지에 브람스를 이 시대를 이끌 촉망되는 젊은 음악가라고 소개했습니다. 브람스도 로베르트 슈만과 그의 부인 클라라 슈만을 은인이자 스승으로 존경하고 따랐습니다. 슈만이 정신병원에 입원하여 힘들어진 클라라를 극진히 도왔고 슈만이 세상을 떠났을 때 브람스는 24살이고 홀로 된 클라라는 37살이어서 둘이 결혼할 수도 있었으나 평생 독신으로 지내며 플라토닉 사랑을 견지했습니다. 하지만 오월의 밤은 브람스에게도 연정과 역심으로 힘들었을 것입니다. 그의 1866년 작 가곡 '오월의 밤 Mainacht'은 배반할 수 없는 스승 때문에 클라라와 이룰 수 없는 사랑 때문에 아픈 마음을 노래합니다.

장미꽃 향기 밀려오고 찔레꽃 하얗게 핀 오월의 밤, 뒷산에라도 사랑한다고 말하세요.

Johannes Brahms, 'Mainacht'
https://youtu.be/GwFejgUBVEU

5월 5일 어린이날

## 브리튼, '청소년을 위한 관현악 입문'

### 어린이날 선물은 뭐로 정하셨습니까?

우리나라 어린이 운동의 시작은 천도교가 주도했습니다. 천도교는 우리나라 최초 자생 철학 사상이자 사회개혁 운동인 동학을 1905년 3세 교주 손병희가 종교화한 것입니다. 손병희는 동학의 창시자 수운 최제우의 "시천주 (모든 사람 안에 한울님이 있다)" 사상과 2세 교주 해월 최시형의 "사인여천 (모든 사람을 한울님처럼 섬겨라)" 사상을 이어받아 "인내천 (사람이 곧 하늘이다)"을 교리로 채택했습니다. 인내천의 만유 평등 사상에 눈뜬 천도교 청년 교도 김기전, 이정호, 방정환 등이 일제강점기에 암울한 조선의 희망은 어린이뿐이라고 믿고 어린이의 인권 보호와 바른 교육을 위해 1921년 5월 1일 천도교 소년회를 창립했습니다. 1922년 5월 1일 천도교 소년회 창립 1주년 기념일에 "10년 후 조선을 생각하라"며 '어린이의 날'을 만들었습니다.

일본 유학 중인 소파 방정환은 1923년 3월 16일 조국의 소년운동을 돕기 위해 색동회를 결성하여 아동 잡지 '어린이'를 창간하고 4월 17일 천도교 소년회를 주축으로 하여 조선소년운동협회를 만들어 1923년 5월 1일 어린이날 행사를 대대적으로 개최했습니다. 이때 "어린이를 인격적으로 예우하라, 어린이에게 어떤 노동도 금지하라, 어린이에게 배우고 놀 수 있는 시설을 만들어라"는 등 세계 최초 어린이 인권 선언문과 함께 "어린이를 내려다보지 마시고 쳐다봐주시오. 어린이를 늘 가까이하고 자주 이야기해주시오. 어린이에게 높임말을 쓰시고 늘 부드럽게 대해주시오. 어린이를 책망하실 때는 화만 내지 마시고 자세히 타일러 주시오 (일부 발췌)"라는 어른에게 드리는 글을 적은 12만 장의 전단을 서울 시내에 뿌렸습니다. 5월 1일이 노동절과 겹치고 공휴일이 아니어서 1927년부터 5월 첫 일요일로 변경되었는데 1939년 일제에 의해 중단되었다가 광복 후 1946년 부활 되면서 5월 5일로 변경되었습니다.

영국의 벤저민 브리튼 Benjamin Britten은 1945년 '청소년을 위한 관현악 입문 The Young Person's Guide to the Orchestra'을 작곡했습니다. 1부는 헨리 퍼셀 작 '무어인의 복수'에 의한 주제, 2부는 13개의 변주, 3부는 푸가로 되어 있습니다. 다양한 악기의 소리에 집중하고 차이를 알아내는 연습을 하는 데 아주 좋은 곡입니다.

어린이날 선물을 정하지 못했다면 어린이용 클래식 음반이나 악기를 선물해보세요.

Benjamin Britten, 'The Young Person's Guide to the Orchestra'
https://youtu.be/4vbvhU22uAM

5월 6일 밤

## 슈베르트, '밤과 꿈' (기타 이중주)

### 기타를 치시나요?

1970~1980년대에 유행했던 기타 guitar가 예전의 인기를 되찾고 있다고 합니다. 그런데 기타의 종주국은 스페인입니다. 토레스 기타 또는 스패니쉬 Spanish 기타라고 하는 지금과 같은 기타의 표준 형태는 1800년대 후반 기타 제작자 안토니오 토레스 후라도 Antonio de Torres Jurado에 의해서 완성되었는데 그도 스페인 출신입니다. 18세기 말에서 19세기 초 기타의 황금기를 열고 '기타의 베토벤'으로 알려진 페르난도 소르 Fernando Sor (1778~1839)를 비롯하여 디오니시오 아구아도 Dionisio Aguado (1784~1849), 토레스 기타의 연주법을 완성하고 유명한 '알람브라 궁전의 추억 Recuerdos de la Alhambra'을 비롯한 많은 기타 명곡을 작곡하여 '기타의 사라사테'라고 하는 프란시스코 타레가 Francisco Tarrega (1852~1909), 거트 줄 대신 나일론 줄을 사용하기 시작한 현대 기타의 거장 안드레스 세고비아 Andres Segovia (1893-1987), '아랑훼즈 협주곡 Concierto de Aranjuez'과 '어느 귀인을 위한 환상곡 Fantasía para un Gentilhombre' 등으로 유명한 호아킨 로드리고 Joaquin Rodrigo (1901~1999)도 모두 스페인 출신입니다.

기타의 황금기에 기타의 인기가 스페인에서 유럽 전체로 퍼져 오스트리아 빈에까지 이르렀습니다. 베토벤도 당시 기타를 접해보고 "기타는 작은 오케스트라이다"라고 극찬했습니다. 기타는 바이올린이나 플루트같이 선율을 연주하고, 피아노와 같이 화음을 연주하고, 타악기와 같이 리듬을 연주할 수 있어 오케스트라와 같이 모든 음악적 기능을 수행할 수 있습니다. 집도 절도 없이 엄청 가난했던 프란츠 슈베르트 Franz Schubert는 작곡에 필수적인 피아노가 없어 평생 기타 두 대로 650여 곡의 가곡을 작곡하여 가곡의 왕이 되었습니다. 그의 가곡 '밤과 꿈 Nacht und Träume'은 오월의 밤처럼 아름다운 곡인데 1964년 폼포니오 Graciela Pomponio와 자라테 Jorge Martinez Zárate가 기타 이중주로 발표한 후 기타 연주곡으로도 많이 연주됩니다.

밤은 온갖 추함도 눈감아주고 하루를 빈둥빈둥 보낸 사람에게도 똑같이 쉼을 주는 성스럽고 은혜로운 시간이고 별이 빛나지 않아도 꿈을 꿀 수 있어 행복한 시간인데 음악이 있으면 금상첨화입니다. 슈베르트의 '밤과 꿈'을 기타로 들으시며 일장춘몽일지라도 좋은 꿈 많이 꾸십시오.

Franz Schubert, 'Nacht und Träume' (Arranged for Guitar Duo)
https://youtu.be/spNXe8h1n-k

5월 7일 동성애

## 차이콥스키, 피아노 협주곡 1번

**동성애를 어떻게 생각하십니까?**

지금은 이런 질문 자체가 용납되지 않는 사회이지만 아직도 성적 취향에 대해 편견을 가진 사람이 있습니다. 낭만주의 시대 러시아를 대표하는 표트르 일리치 차이콥스키 Pyotr Ilyich Tchaikovsky는 1840년 5월 7일 러시아 봇킨스키에서 광산 감독관의 아들로 태어났습니다. 4살에 피아노를 치기 시작하여 음악적 재능을 보였으나 아버지의 뜻에 따라 상트페테르부르크 법률학교에 입학했으나 합창단에서 음악을 계속했습니다. 1859년 졸업 후 법무성 공무원이 되었으나 공무원 생활에 싫증을 느끼고 새로 설립된 상트페테르부르크 음악원에 입학하여 1865년 1기 졸업생이 되었고 이듬해에 새로 설립된 모스크바 음악원의 초대 교수가 되었습니다.

차이콥스키는 53년의 삶 동안에 많은 걸작으로 러시아를 세계 음악 강국으로 만들고 귀족 작위까지 받았으나 늘 외롭고 우울했습니다. 고독과 우울의 근원에는 8살에 어머니 이상으로 좋아했던 프랑스인 가정교사와 이별하고 14살에는 어머니와 사별하여 이로 인한 이별의 상처가 깔려 있었습니다. 여기에 28살에 그가 유일하게 사랑했다는 첫사랑 벨기에 출신 소프라노 데지레 아르토 Désirée Artôt와 파혼이 더해지고 37살에 그의 모스크바 음악원 제자였던 안토니나 밀류코바 Antonina Miliukova의 집요한 구애에 못 이겨 사랑 없이 결행한 결혼이 6주 만에 파탄 난 것이 더해져서 설상가상으로 외로움과 우울증이 심해졌습니다. 이렇게 가정적으로나 정신적으로 파탄이 난 그에게 1876년 폰 메크 Nadezhda von Meck 부인이 얼굴 없는 후원자로 나타나서 크게 도움을 주었습니다. 13년 동안 월급의 10배나 되는 금액을 매년 지원하고 1,200여 통의 편지로 모성애적인 사랑을 베풀어주었고 1884년 44살에 알렉산더 3세로부터 귀족 작위도 받아 사회적인 지위도 확보했습니다. 그러나 그의 동성애적 성향이 그를 괴롭혔습니다. 당시에는 죄악시했기 때문에 발각되면 도덕적으로 매도당하고 귀족 작위도 박탈당함은 물론 시베리아 유형 감이었기 때문입니다.

동성애는 인구의 3~4% 정도 되는데 이성애, 양성애, 무성애, 범성애 등 다양한 성적 취향의 하나일 뿐입니다. 성 정체성으로 사람을 차별하는 것은 법으로도 금지되어 있으니 동성애는 장려하지도 차별하지도 맙시다.

Pyotr Ilyich Tchaikovsky, Piano Concerto No. 1
https://youtu.be/bRIydLOyp1Y

5월 8일 어버이날

## 양주동 시, 이흥렬 곡, '어머니 마음'

### 부모님 모두 안녕하십니까?

부모님 모두 안녕하시면 이보다 더 큰 축복은 없습니다. 어머니 한 분만 계신다 해도 복 받으신 것입니다. 오늘은 어버이날인데 1956년에 어머니 은혜를 일 년에 단 하루라도 생각하라고 5월 8일을 어머니날로 제정한 것에서 시작되었습니다. 어머니날은 1945년 8·15 해방과 1950년 6·25 전쟁 후 미국과 미제는 뭐든 최고로 여겨지던 상황에서 미국의 어머니날 Mother's Day을 도입한 것으로 생각됩니다. 이 어머니날이 1973년 어버이날로 개정되었습니다. 양성평등 차원이라지만 아버지와 어머니의 역할을 고려한다면 어머니날에 아버지가 끼어든 건 아무래도 염치없는 일입니다.

미국에서 어머니날은 안나 제비스 Anna Jarvis가 미국 남북전쟁 시 남북 양쪽의 부상병을 똑같이 치료하며 평화 운동을 했던 그의 어머니 앤 브리스 제비스의 사망을 계기로 1905년 시작한 어머니날 제정 운동의 결과로 제정되었습니다. 1908년 미국 의회에서 제비스의 청원이 거부되었으나 1910년 웨스트 버지니아주가 처음으로 수용한 후 1914년 윌슨 대통령이 국가 기념일로 승격시켰습니다. 어머니날의 날짜는 나라마다 다른데 5월 2번째 일요일이 가장 많아 미국, 캐나다, 독일, 이태리, 오스트리아, 네덜란드, 호주, 중국, 인도, 일본을 비롯한 세계 85개국이 채택하고 있습니다.

충효는 유교에서 가장 중요시하는 도덕규범입니다. 원래 충은 다른 사람에 대한 태도를 말한 것이고 효는 자기 부모에 대한 태도를 말한 것으로 본질적으로는 같은 것이었습니다. 그래서 충과 효를 한 단어로 붙여 썼는데 충을 군주에 대한 태도로 변질시켜서 무조건적인 복종을 정당화하는 국가 통치술로 이용했습니다. 이에 따라 요즘은 충효에서 충은 떼 내어 버리고 '효'만 강조하고 있습니다. 하지만 이 '효' 사상도 결혼의 포기, 출산의 포기로 폐기될 위기를 맞고 있습니다.

세상에서 가장 위대한 어머니는 내 어머니이고, 세상에서 가장 사랑스러운 어머니는 우리 어머니이고, 세상에서 가장 가슴 아픈 어머니는 늙으신 어머니이고, 세상에서 가장 그리운 어머니는 돌아가신 어머니입니다. 사전에서는 효를 부모를 그저 편안하게 해드리는 것이라고 합니다. 자나 깨나 자식 걱정하시고 모든 것 아낌없이 주신 어머니의 한결같은 사랑을 되새기며 오늘이라도 어머니 말 잘 듣고 편안하게 해드립시다.

양주동 시, 이흥렬 곡, '어머니 마음'
https://youtu.be/ZB0stGe0A4c

5월 9일 선거

## 브루크너, 교향곡 1번

### 선거 때마다 꼬박꼬박 투표하셨나요?

민주주의의 꽃인 선거는 투표에 의해서 피어납니다. 민주주의를 신봉하는 우리 대한국민들은 빠짐없이 투표에 참여해서 민주주의를 꽃피워야 합니다. 2017년 5월 9일은 촛불혁명으로 이루어진 장미 대선 투표 날이었습니다. 장미 대선이란 대통령 선거가 장미가 피는 오월에 실시되었기 때문에 붙여졌습니다. 이전까지는 대통령 선거가 12월 19일에 있어서 빙판 대선이었는데 박근혜 대통령이 2017년 3월 10일 탄핵되어 임기가 중단되면서 장미 대선이 된 것입니다. 대통령 선거일은 법에 대통령 임기 만료일 (5월 9일)로부터 70일 전 이후 첫 번째 수요일로 정해져 있어서 이후 선거는 3월에 해야 하므로 장미 대선은 2017년이 마지막이었습니다. 실제로 2022년 20대 대선은 3월 9일에 시행되었습니다. 선거로 지도자를 선출하는 것은 고대 그리스 아테네에서 집정관을 선출했던 때부터 사용한 아주 오래된 효율적이고 안전한 방법입니다.

안톤 요제프 브루크너 Anton Josef Bruckner는 1824년 9월 4일 오스트리아 린츠 인근 마을에서 태어났습니다. 오르간 연주자이면서 후기 낭만파의 대미를 장식한 작곡가입니다. 교향곡은 총 11개를 작곡했는데 수법이 거의 다 같습니다. 조용하게 시작하여 3개의 주제를 제시하고 수수하게 끝나는 형태인데 연주 시간이 길어 브람스는 "큰 구렁이 같다"는 혹평을 했습니다. 하지만 그는 히틀러에 의해 게르만 민족주의의 우상으로 숭배되고 그의 교향곡은 나치의 선전용으로 이용되었습니다. 여기에는 히틀러가 브루크너와 같은 북부 오스트리아 변방 린츠 인근 지역 출신이었던 것도 작용했습니다. 그의 교향곡 1번은 1868년 5월 9일 초연했습니다. 스스로 '건방진 아가씨 Daskecke Beserl' 같은 곡이라고 했는데 얌전하고 수수한 그의 다른 교향곡들과 달리 당돌하고 뻔뻔하고 격정적으로 튀는 면이 많기 때문입니다.

시인 박노해는 "민주주의는 시끄러운 것, 조용한 나라는 독재의 나라"라고 했습니다. 민주국가는 별거 아닌 사람도 앞에 나와 마음껏 건방을 떨 수 있는 나라입니다. 민주시민이란 민주주의의 건방도 시끄러움도 잘 인내하고 투표로써 침묵하는 다수의 힘을 보여주는 사람입니다. 장미 대선이든 소나기 총선이든 눈꽃 보선이든 행동하는 민주 시민으로 투표에 꼭 참여하여 정치인들이 국민을 무서워하게 합시다.

Anton Josef Bruckner, Symphony No. 1
https://youtu.be/O8UpiWmlMTs

5월 10일 영랑

## 김용호 시, 김진균 곡, '또 한 송이 나의 모란'

**모란이 피면 제일 먼저 생각나는 사람이 있으시지요?**

모든 것이 얼어붙은 긴 겨울과 찬란한 슬픔의 봄을 기다려 모란이 피었습니다. 모란은 신라 신평왕 때 중국에서 들어왔다고 합니다. 모란은 한자로 목단이라고 쓰고 목단 또는 모란으로 읽습니다. 모란과 작약은 같은 작약속 식물로서 꽃 모양도 비슷하여 목작약이라고도 합니다. 하지만 모란은 근본이 나무 (목본)로 작약보다 좀 더 크고 작약은 근본이 풀 (초본)인 다년생 화초입니다. 모란꽃은 꽃 중의 꽃, 꽃의 제왕 (화왕)으로 불리고 복스러운 미인이나 부귀와 공명을 상징합니다. 그래서 신부의 예복과 선비의 책거리 그림에 그려지고 병풍이나 도자기 그림에도 빠지지 않습니다. 뿌리껍질은 소염과 진통 효과가 있어 한약재로도 사용합니다. 화투에서 모란꽃은 6월의 그림으로 나오지만 실제로는 5월에 피고 일주일 정도 갑니다. "앉으면 모란, 서면 작약"이라는 속담이 있는데 이는 앉으나 서나 예쁜 미인이라는 뜻입니다.

모란이 피면 제일 먼저 생각나는 사람은 강진 출신 영랑 김윤식 시인입니다. 시 '모란이 피기까지는'은 1934년 '문학'지에 발표하고 1935년 발행된 '영랑시집'에 수록된 그의 대표작이고 국민 애송시입니다. 일제 강점기에 창씨개명과 신사참배를 거부하고 1919년 3·1독립운동에 참가한 항일 독립투사 영랑이 조국 광복의 민족적 소망이 모란처럼 잠시 피었다가 져버려서 절망의 시간이 되었을지라도 또다시 "모란이 피기까지는 나는 아직 기다리고 있을 테요 찬란한 슬픔의 봄을"이라며 조국 광복을 기다리겠다고 다짐합니다. 강진읍에는 영랑 생가와 세계 모란 공원이 있습니다. 모란을 소재로 한 가곡 '또 한 송이 나의 모란'은 김용호 시에 조두남 곡과 김진균 곡으로 두 가지가 있습니다. 조두남 곡은 가락이 고전적인데 가사가 "모란꽃 피는 유월이 오면"으로 되어 있고 김진균 곡은 가락이 좀 더 현대적인데 가사가 "모란꽃 피는 오월이 오면"으로 되어 있습니다. 모란꽃이 피는 시기로 보면 김진균 곡의 가사가 맞습니다. 가락이 고전적이든 현대적이든 이들은 다 같이 아름다운 사랑의 추억을 노래합니다.

우리나라가 모란꽃처럼 세계에서 가장 아름답고 자유로운 나라가 되도록 죽었던 것들이 되살아나고, 얼어붙었던 것들이 녹고, 막혔던 것들이 뚫리고, 묶였던 것들이 풀리도록 독립투사 영랑의 마음으로 함께 노력합시다.

김용호 시, 김진균 곡, '또 한 송이 나의 모란'
https://youtu.be/ovbCDcauKb0

5월 11일 왼손잡이

## 라벨, '왼손을 위한 피아노 협주곡'

**오른손잡이신가요, 왼손잡이신가요?**

왼손잡이는 인구의 10% 정도입니다. 왼손잡이를 영어로는 사우스포 southpaw라고 부르기도 합니다. 이는 남쪽 손이라는 뜻인데 야구장에 조명 시설이 없던 시절에 관중들이 경기를 잘 볼 수 있도록 홈플레이트 위치를 서쪽에 배치했습니다. 이때 왼손잡이 투수가 마운드에서 공을 던지면 왼손이 남쪽으로 나오기 때문에 사우스포라고 했던 것입니다. 피아노는 양손으로 치기 때문에 오른손잡이든 왼손잡이든 상관이 없는데 현악기일 때는 줄의 순서를 바꿔야 합니다. 그런데 왼손만을 위한 특이한 피아노 협주곡이 있습니다. 대부분 오스트리아의 왼손 피아니스트 파울 비트겐슈타인 Paul Wittgenstein의 요청에 의해 작곡된 것들입니다. 이들 중 모리스 라벨의 '왼손을 위한 피아노 협주곡'이 가장 유명합니다. 이외에도 에리히 볼프강 코른골트 Erich Wolfgang Korngold의 '왼손을 위한 피아노 협주곡', 세르게이 보르트키에비치 Sergei Bortkiewicz의 '왼손을 위한 피아노 협주곡 2번', 세르게이 프로코피예프 Sergei Prokofiev의 '왼손을 위한 피아노 협주곡 4번' 등이 있습니다.

피아니스트 파울 비트겐슈타인은 1887년 5월 11일 오스트리아 빈에서 오스트리아의 철강 산업을 독점하여 세계 최대 부자의 하나였던 카를 비트겐슈타인의 아들로 태어났습니다. 카를 비트겐슈타인은 요하네스 브람스, 구스타프 말러, 리하르트 슈트라우스 등 많은 당대 유명 음악가들을 집으로 초대하였고 아들 파울은 이들과 함께 연주를 하기도 했습니다. 파울은 폴란드 출신 거장 테오도르 레셰티츠키에게 피아노를 배웠고 1913년 데뷔했습니다. 하지만 이듬해 제1차 세계대전이 일어나 기병대 소위로 참전하게 되었고 전투 중 부상을 당하여 오른팔을 절단했습니다. 이로 인해 훈장도 받았으나 오스트리아가 프랑스, 영국, 러시아 연합국에 패배하여 러시아의 전쟁포로가 되고 말았습니다. 시베리아 포로수용소에 수용되어있는 동안에도 피아니스트의 꿈을 버리지 않고 왼손만으로 피나는 연습을 하여 역사에 남은 왼손 피아니스트가 되었습니다. 비트겐슈타인은 시련 속에서도 꿈을 꾸고 역경을 통해 꿈을 이룬 것입니다.

비트겐슈타인처럼 오른손이 없는 약점을 교만을 죽이고 겸손을 살리는 약으로 사용하고 왼손잡이 투수처럼 발상을 전환하여 약점이 강점이 되게 하십시오.

Maurice Ravel, 'Piano Concerto for the Left Hand'
https://youtu.be/KJTUUKAdZDU

5월 12일 천생연분

## 마스네, 오페라 '마농'에서 '성 술피스 수도원에서 이중창'

### 첫눈에 반한 사람이 있었습니까?

첫눈에 반한 사람이 있었다면 그 분과 지금도 잘 진행 중이시길 바랍니다. '타이스의 명상곡 Thaïs Meditation'으로 유명한 쥘 마스네 Jules Massenet는 1842년 5월 12일 프랑스 루와르주 시골 마을 몽또에서 태어났습니다. 어려서 어머니로부터 피아노를 배웠고 11살에 파리로 이사하여 파리음악원에 들어갔습니다. 20살에 로마대상을 수상하여 3년간 로마에서 공부했습니다. 36살에 파리음악원 교수가 되어 드뷔시와 같은 음악가들을 배출했습니다. 그의 대표적인 오페라에는 '마농 Manon', '베르테르 Werther', '타이스 Thaïs'가 있습니다. 이 중 42살에 완성한 '마농'은 비제의 '카르멘', 구노의 '파우스트'와 함께 프랑스 3대 오페라가 되었습니다. '마농'은 아베 프레보 Abbé Prévos의 자전적 소설 '기사 데그리외 Des Greiux와 마농 레스코 Lescaut 이야기 (마농 레스코)'를 각색하여 만든 것으로 1884년 1월 19일 초연했습니다.

마농은 아버지에 의해 수녀원 학교로 보내지는데 가는 길에 들른 주막에서 기사 데그리외를 만나 그와 함께 파리로 도망가 동거생활을 합니다. 마농을 좋아하던 돈 많은 귀족 드브레티니 de Brétigny가 마농에게 와서 명품과 보석으로 환심을 사고 데그리외의 아버지가 마농과 결혼을 반대해서 데그리외를 납치해 갈 것이라고 합니다. 이에 마농은 데그리외를 단념하고 드브레티니에게 가서 호화로운 생활을 합니다. 그러다가 첫사랑 데그리외가 성술피스 수도원의 사제가 되었다는 소식을 듣고 그가 자신을 잊은 것에 분노하며 수도원으로 가서 애걸복걸하여 그를 수도원에서 나오게 합니다. 마농과 데그리외가 다시 동거를 하는데 향락과 도박에 빠집니다. 이들의 도박이 판돈을 잃은 일행에 의해 고발되어 구속되었는데 데그리외는 아빠 찬스로 풀려나지만 마농은 미국 루이지애나로 추방이 결정되어 이송 중에 죽습니다. 허영과 향락에 물든 생각 없는 여자와 그 여자에 빠진 정신없는 남자의 파멸적인 사랑 이야기입니다.

한번 반해버리면 눈도 멀고 귀도 멀어 상대의 어떤 허물도 보이지 않고 주변의 어떤 충고도 들리지 않게 됩니다. 첫눈에 반해버렸다면 잠깐 거리두기를 해서 흥분된 마음을 식히고 눈을 씻은 후 두 번 세 번 다시 보십시오. 첫눈에 반한 사람은 천생연분일 수 있지만 인생을 파멸시킬 팜므 파탈이거나 옴므 파탈일 수 있으므로 각오하십시오.

Jules Massenet, Opera 'Manon', 'Duo de Saint-Sulpice'
https://youtu.be/C580aEUH_QE

5월 13일 신바람

## 스콜피언스, '변화의 바람'

**바람 중에 제일 센 바람은 어떤 바람일까요?**

공기는 기압 차에 의해 고기압 쪽에서 저기압 쪽으로 움직이게 되는데 수평적인 움직임을 바람이라고 하고 수직적인 움직임을 기류라고 합니다. 바람을 방향에 따라 우리말로 북풍은 높바람, 남풍은 마파람, 동풍은 샛바람, 서풍은 하늬바람이라고 합니다. 세기에 따라 1등급 실바람, 2등급 남실바람, 3등급 산들바람, 4등급 건들바람, 5등급 흔들바람, 6등급 된바람, 7등급 센바람, 8등급 큰바람, 9등급 큰센바람, 10등급 노대바람, 11등급 왕바람, 12등급 싹쓸바람으로 부릅니다.

반세기 이상 활동 중인 록밴드 중 롤링 스톤즈 (1962년), 핑크 플로이드 (1965년), 딥 퍼플 (1968년), 퀸 (1970년)은 모두 영국 출신이고 스콜피언스 Scorpions만 유일하게 독일 출신입니다. 스콜피언스는 1965년 루돌프 쉥커 Rudolf Schenker에 의해 독일 하노버에서 결성되었는데 1969년 클라우스 마이네 Klaus Meine를 리드 보컬로 영입한 후 세계적인 밴드가 되었습니다. 클라우스 마이네는 163 cm 작은 키에 탈모 때문에 쓰는 베레모가 인상적인데 스콜피언스 노래 대부분의 가사를 썼습니다. 대표곡 '변화의 바람 Wind of Change'은 스콜피언스가 1985년 3월 소련의 서기장으로 선출된 미하일 고르바초프 Mikhail Gorbachev의 개혁개방 정책 (페레스트로이카 Perestroika)이 무르익어가던 1988년 4월 17~26일 상트페테르부르크에서 공연하고 이듬해 1989년 8월 12~13일 모스크바에서 열린 Moskow Music Peace Festival에 참가하면서 소련에서 일어나는 변화의 바람을 체감하고 냉전의 종식을 예감하여 1990년 클라우스 마이네가 작사 작곡한 곡입니다. 노래는 "모스크바강을 따라 고리키 공원으로 내려가며 변화의 바람 소리를 듣네, 팔월 어느 여름 밤 ~"으로 시작합니다. 이 노래는 1989년 11월 9일 베를린 장벽의 붕괴로부터 1990년 10월 3일 독일의 통일과 1991년 12월 26일 소련의 붕괴로 이어지면서 노래의 인기가 급격히 상승했습니다. 이 때문에 미국 CIA와 연관설이 제기되기도 했습니다. 하지만 2020년 5월 13일 클라우스 마이네는 미국 최대 위성 라디오방송 Sirius XM의 미국 음악 역사학자 에디 트렁크 Eddie Trunk와 인터뷰에서 CIA와 연관설을 정식으로 부인했습니다.

변화의 봄바람에 우리도 변화되어 온 세상을 푸르게 할 개혁의 신바람이 됩시다.

Klaus Meine (Scorpions), 'Wind of Change'
https://youtu.be/n4RjJKxsamQ

5월 14일 옷깃

## 샌디 린저, 데니 랜들 작사, 크리스티안 페촐트 작곡, '연인 협주곡'

**사시는 동안 옷깃을 스치고 지나갔던 사람들이 얼마나 될까요?**

옷깃만 스쳐도 소매만 닿아도 몇 겁의 인연이라고 합니다. 겁이란 우주가 생성되었다가 소멸하는 시간으로 무한히 긴 시간인데 힌두교에서는 43억 2천만 년이라고 합니다. 불교 범망경은 옷깃 한번 스치는 것도 500 겁의 인연이라고 했습니다. 옷깃은 윗옷을 앞에서 여밀 수 있도록 목을 돌아 길게 두른 부분입니다. 따라서 옷깃을 스쳤다면 앞가슴 부분이 닿았다는 것입니다. 그냥 어깨를 스치고 지나간 것과는 차원이 달라 500 겁 정도의 인연이 있어야 가능하다는 것입니다. 같은 국민이 되는 것은 1천 겁, 한동네 주민이 되는 것은 5천 겁, 부부는 7천 겁, 부모와 자식은 8천 겁, 형제자매는 9천 겁, 스승과 제자는 1만 겁의 인연으로 맺어진다고 합니다. 이처럼 이 세상에 우연한 만남은 없고 엄청난 인연에 의해서 이루어진 것입니다.

청춘 남녀가 만나 연인이 되고 부부가 되는 것은 전생의 인연만으로는 부족한 것 같습니다. 인연으로 만났을지라도 두 사람의 노력과 주변의 도움이 있어야 연인이 되는 것입니다. 푸른 풀밭과 푸근히 내리는 비와 나무 위에서 지저귀는 새들과 예쁜 꽃과 영롱한 무지개들도 도와주어야 됩니다. '연인 협주곡 A Lover's Concerto'은 1965년 미국의 흑인 3인조 걸그룹 토이즈 The Toys가 처음 불러서 그 해 빌보드차트에서 2위에 오르고 US Cashbox 차트에서 1위를 차지하고, 영국과 캐나다에서도 그에 버금가는 인기를 얻었습니다. 이듬해에 재즈 가수 사라 본 Sarah Vaughan이 불러서 더욱 유명해졌으며 1997년 개봉된 우리나라 영화 '접속'의 엔딩곡으로 삽입되기도 했습니다. 이는 크리스티안 페촐트 Christian Petzold의 '미뉴에트 사장조 Minuet G Major'의 선율에 샌디 린저 Sandy Linzer와 데니 랜들 Denny Randell이 가사를 붙인 것으로 박자가 원곡과 달리 3/4 박자에서 4/4 박자로 바뀌었습니다. 원곡인 '미뉴에트 사장조'의 필사본이 요한 제바스티안 바흐의 2번째 부인 안나 막달레나의 노트에서 처음 발견되어 바흐의 작품이라고 했는데 1979년 바흐보다 8살 많은 독일의 작곡가이자 오르가니스트인 크리스티안 페촐트의 작품으로 밝혀졌습니다.

꽃 피고 새 울며 산들바람 부는 오월은 옷깃을 스친 인연만으로도 연인이 되는 사랑하기에 너무 좋은 날들입니다. 연인 협주곡도 응원하니 지금 작업에 들어가 보세요.

Sandy Linzer, Denny Randell/Christian Petzold, 'A Lover's Concerto'
https://youtu.be/YRCd-wX7skg

5월 15일 스승

## 강소천 시, 권길상 곡, '스승의 은혜'

**꼭 다시 찾아뵙고 싶은 선생님이 몇 분이나 있으신가요?**

제일 기억나는 선생님은 초등학교 담임선생님이고 가장 뵙고 싶은 선생님은 고등학교 선생님이라고 합니다. 초등학교 선생님은 부모님에 버금가는 사랑을 베풀어주셨기에 가장 기억이 나고, 고등학교 선생님은 삶의 태도와 방향을 정하는 데 가장 많은 도움을 주셨기 때문이라고 생각됩니다. 우리나라에서는 1965년부터 스승의 날을 5월 15일로 정하여 기념하고 있습니다. 세계 교사의 날 World Teachers Day이 10월 5일인데 우리나라에서는 우리 민족의 큰 스승이신 세종대왕님의 양력 탄신일이 5월 15일이기 때문에 5월 15일로 정했고 1982년 법정 기념일이 되었습니다.

현대 교육의 아버지로 오늘의 스승이 있게 한 스승은 스위스의 요한 하인리히 페스탈로치 Johann Heinrich Pestalozzi (1746~1827)입니다. 그는 어린이는 어리고 부족한 인간이 아닌 개성을 가진 독립된 인격체로 존중해야 한다는 당시로서는 매우 획기적인 주장을 했습니다. 더불어 교육의 목적은 3H (head 머리, heart 가슴, hand 손)로 상징되는 지, 덕, 체의 조화로운 계발이라고 했습니다. 이를 위해 사물 놀이 수업 object lesson을 통해 만지고 그리면서 형태를 익히고, 더하고 빼고 나누면서 수를 배우고, 이름을 말하게 하여 말을 배우게 하는 소위 수, 형, 어 (수 number, 형 form, 어 language) 교육을 제창하고 이를 실현하기 위해 1805년 이페르텐 교육원 Yverdon Institute을 세웠습니다. 페스탈로치의 교육 이론과 방법을 이어받아 유치원의 창시자인 독일의 프리드리히 프로벨 Friedrich Froebel (1782~1852)과 '꽃으로도 아이를 때리지 마라'는 책을 쓰고 아이들을 국가에 이로운 국민이 되도록 키우지 말고 그들이 스스로 자라도록 도와주어야 한다는 자유 교육을 주장하고 학생의 자유를 보장하고 남녀공학을 처음 시행한 현대 학교 Modern School의 창시자인 스페인의 프란시스코 페레 Francisco Ferrer (1859~1909)가 등장했습니다.

우리나라는 창의성이나 문제 해결 능력을 기르기보다 문제 풀이 훈련을 통해 시험의 달인 만들기에 급급합니다. 획일적인 시험 성적 하나로 줄을 세워 학생의 진로를 결정하는 상황에서는 진심으로 존경하는 스승이 나오기 어렵습니다.

참 스승이 되고자 하면 학생을 끌고 가거나 몰고 가지 말고 밀어주기만 하십시오.

강소천 시, 권길상 곡, '스승의 은혜'
https://youtu.be/uNCZBwu9QRE

5월 16일 멘토

## 드보르작, '슬라브 무곡' 1번

**어려운 일을 당했을 때 상의할 멘토가 있으신가요?**

멘토는 스승, 지도자, 조언자, 상담자 등을 뜻하는데 그리스 신화에 나오는 오디세우스 Odysseus의 친구 멘토르 Mentor에서 유래했습니다. 오디세우스가 트로이 10년 전쟁에 나가면서 그의 어린 아들 텔레마코스를 친구 멘토르에게 맡겼습니다. 멘토르는 오디세우스가 전쟁을 이기고도 10년 동안이나 돌아오지 않아 20년 동안 텔레마코스를 잘 가르치고 지도해 주었습니다. 여기에서 멘토는 깊은 신뢰를 바탕으로 많은 경험과 지혜로 잘 지도해 주고 조언해주는 조언자나 스승을 뜻하는 말이 되었습니다.

체코에서 스메타나의 계보를 이은 작곡가 안토닌 드보르작 Antonin Dvorak은 착실한 대기만성형 천재였습니다. 그는 나이 서른이 되어서야 비로소 유명해졌습니다. 그러나 그는 그것으로 만족하지 않고 세계적인 작곡가가 될 꿈을 꾸었습니다. 그래서 31살인 1873년 교향곡 1번으로 독일 음악 공모전에 응모했는데 낙방했습니다. 하지만 이에 굴하지 않고 다음 해에 오스트리아 공모전에 또 응모했습니다. 여기서 입상을 하고 심사위원이던 브람스의 눈에 들었습니다. 이후 브람스는 드보르작의 멘토가 되어 평생 지도와 후원을 아끼지 않았습니다. 브람스의 추천으로 드보르작은 악보 출판업자 지므로크 Simrock를 만나 1878년 '슬라브 무곡 Slavonic Dances' 1집을 출판할 수 있었습니다. 이 악보집은 크게 호평을 받아 아주 많이 팔렸으며 국제적인 명성을 얻는 계기가 되었습니다. 브람스 자신도 1869년 '헝가리 무곡' 1집을 출판하여 큰 인기를 얻은 경험이 있어 드보르작에게 권한 것인데 역시 대 성공을 거둔 것입니다. 드보르작의 '슬라브 무곡'은 1879년 5월 16일 초연되었습니다. '슬라브 무곡'은 1집 (46번)과 2집 (72번)으로 구성되어 있고 각각에 8곡씩 수록되어 있습니다. 1집의 1번 (Op 46-1)은 다장조 3/4박자 프레스토로서 제1집 가운데 가장 격렬하고 정열적인 곡으로 체코 보헤미아 지방의 춤 프리안트 Furiant를 소재로 작곡한 것입니다.

어려서는 좋은 스승을 만나야 하고 성인이 되어서는 훌륭한 멘토를 만나야 한다고 합니다. 내가 다닌 학교와 내가 속한 사회에서 좋은 스승과 훌륭한 멘토를 만났다면 대단한 행운이니 절대 놓치지 마십시오. 없으시다면 지금은 언택트 시대이니 책이나 유튜브와 같은 가상공간에서도 좋은 스승과 훌륭한 멘토를 찾아보십시오.

Antonin Dvorak, 'Slavonic Dances' No. 1
https://youtu.be/WIywT8fKVZA

5월 17일 삐딱이

## 사티, '짐노페디' 1번

**크게 반항해보신 적이 있으십니까?**

어느 시대 어느 분야에서나 시대의 흐름을 거스르는 시대의 이단자, 문제아, 반항아가 있었습니다. 낭만주의와 인상주의가 판치던 19세기 말 프랑스 파리에서 음악의 사조와 전통을 따르지 않고 제멋대로 살았던 에릭 사티 Éric Alfred Leslie Satie가 바로 그런 사람이었습니다. 에릭 사티는 1866년 5월 17일 프랑스 옹프뢰르에서 태어났습니다. 13살에 파리음악원에 입학했으나 적응을 못 해 자퇴하고 20살에 군에 입대한 후 질병으로 조기 전역했습니다. 예술가의 거리인 파리 몽마르트르에서 떠돌이 생활을 하다가 22살에 예술인들의 집합소인 카바레 '검은 고양이'에서 피아니스트로 생계를 이어가며 낭만주의 시인 파트리스 콩떼미뉘 Patris Contamine와 작곡가 클로드 드뷔시 Claude Debussy를 비롯한 예술가들과 친해졌습니다. 이때 그의 대표곡인 '짐노페디 Gymnopedies'와 '그노센느 Gnossienne'를 작곡했습니다.

에릭 사티의 음악은 반낭만주의, 반인상주의, 반바그너주의로 과장이나 치장 없이 단순하고 단조로우나 평온하고 신비로운 선율로 감상이 아니라 명상에 빠지게 합니다. '그노센느'에서처럼 그는 악보에서 음자리표와 마디 줄을 없애거나, '벡사시옹 Les Vexations'에서처럼 한 장짜리 악보를 840번 반복하라고 해서 총 13시간 40분 동안 연주하게도 했습니다. 또한 '지긋지긋한 왈츠', '관료적인 소나티네'와 같은 익살스러운 제목과 '치통을 앓은 꾀꼬리처럼'과 같은 기상천외한 지시어들을 사용하는 등 끊임없는 파격으로 수많은 음악적 실험을 하여 미니멀리즘, 다다이즘과 신고전주의를 넘나들며 현대 전위 음악의 선구자가 되었습니다. 그의 대표작인 '짐노페디'는 벌거벗고 운동하는 아이들이라는 뜻이나 사티가 본인을 가식 없이 맨몸으로 음악을 하는 초짜라는 의미로 짐노페디스트로 소개한 후 이 곡을 발표한 것으로 보아 불필요한 치장이나 과장이 없는 쌩얼같이 순수한 음악을 뜻하는 것으로 생각됩니다. 짧은 3개의 피아노 독주곡으로 구성되어 있는데 1번 곡은 느리고 비통하게, 2번 곡은 느리고 슬프게, 3번 곡은 느리고 장중하게 입니다. 모두 느리고 단순해서 편안하다 졸립다는 반응이 많다고 합니다. 그래서 1번은 모 침대 광고의 배경 음악으로 사용되기도 했습니다.

관습과 전통을 거부하는 창조적인 삐딱이들도 미래의 주역이 되도록 응원해주십시오.

Éric Alfred Leslie Satie, 'Gymnopédie' No. 1
https://youtu.be/TL0xzp4zzBE

## 5월 18일 오월 광주
# 베토벤, '에그몬트 서곡'

### 오월 광주를 기억하시나요?

오늘은 5·18 광주민주화운동 기념일입니다. 18년간 군부독재를 이어가던 박정희 대통령이 1979년 10월 26일 안가에서 연회 중에 심복인 김재규 중앙정보부장의 총격으로 사망했습니다. 이로써 독재가 종식되고 문민정부의 탄생을 기대했으나 보안사령관 전두환이 그해 12월 12일 쿠데타로 군부를 장악하고 실권을 잡았습니다. 이에 신군부에 의한 군부독재의 연장을 반대하는 민주화 투쟁이 전국에서 일어났습니다. 위기를 느낀 전두환 일당은 1980년 5월 17일 24시에 계엄령을 전국으로 확대하고 시위 및 모든 정치활동을 금지했습니다. 이에 반발하여 본과 4학년이던 저를 포함해서 광주 지역 대학생들이 신군부 퇴진과 계엄령 철폐를 외치며 금남로 등에서 시위를 했는데 '화려한 휴가'라는 이름의 작전명으로 공수부대를 투입하여 곤봉으로 머리를 때리고 대검으로 찌르는 등의 만행을 저질러 이에 분개한 광주시민이 가세하자 무차별 사격을 가해 시민이 무장까지 하게 되었습니다. 이후 총기를 반납하고 평화적인 해결을 위한 많은 중재 노력에도 불구하고 신군부가 무력으로 강제 진압하여 6·25 전쟁이후 가장 많은 시민이 희생되었습니다.

베토벤의 11개 서곡 중 가장 유명한 '에그몬트 서곡 Overture to Egmont'은 스페인의 탄압에 맞서 죽음으로 저항한 네덜란드의 실존 민족 영웅 에그몬트 백작을 기리는 괴테의 연극 '에그몬트'의 공연용 음악으로 1810년 5월 완성되었습니다. 스페인이 당시 속국이던 네덜란드를 무력으로 제압하기 위해 알바 공작과 함께 군대를 보냈습니다. 이에 네덜란드의 지도자들은 대부분 피신했으나 에그몬트 백작은 피신하지 않고 대화로 해결하려고 했습니다. 평화로운 해결 노력에도 그는 체포되고 사형 선고를 받았습니다. 이에 에그몬트의 애인 클레르헨 Klärchen이 청년 지도자들에게 도움을 구했는데 무산되자 자결하고 에그몬트가 사형되기 전날 그에게 현몽하여 당신의 죽음으로 자유가 올 것이라고 그의 죽음을 축복하고 위로하여 에그몬트가 영광스럽게 죽음을 맞이하게 합니다. '에그몬트 서곡'은 죽음에 대한 극한 공포와 사랑에 힘입어 불타는 용기로 끝까지 맞서 싸우는 영웅의 장렬한 모습을 그렸습니다.

에그몬트 백작처럼 1980년 5·18 광주민중항쟁에서 희생된 오월 민주 투사들이 대한민국의 민주주의를 수호하고 발전시켜 준 사실을 잊지 말고 기억해주십시오.

Ludwig van Beethoven, 'Overture to Egmont'
https://youtu.be/ChcrZX2rZ1M

5월 19일 걸작

## 생상스, 교향곡 3번 '오르간', 2악장 2부 피날레

**프랑스를 대표하는 교향곡이 뭘까요?**

프랑스의 베토벤이라는 별명을 가지고 있는 카미유 생상스 Camille Saint-Saëns는 1835년 10월 9일 프랑스 파리에서 태어났습니다. 공무원이었던 그의 아버지는 생상스가 태어난 지 3달 만에 죽었습니다. 생상스는 절대 음감을 가졌고 모차르트에 버금가는 음악 신동이었습니다. 2살 때 피아노를 치기 시작하였으며 만 4살도 못 되어 작곡도 했습니다. 13살에 파리음악원에 최연소로 입학하여 오르간에서 1등을 하고 18살에 교향곡 1번을 작곡했습니다. 22살에 프랑스 오르가니스트로서 최고 명예직인 마들렌 대사원의 오르가니스트가 되었습니다. 36살에 다른 유럽 국가에 비하여 뒤처진 프랑스 음악을 발전시키기 위해 국민음악협회를 설립했습니다. 대표곡으로 '동물의 사육제', '서주와 론도 카프리치오소', 바이올린 협주곡 제3번, 오페라 '삼손과 데릴라', 교향곡 3번 '오르간' 등이 있습니다.

카미유 생상스의 교향곡 3번 '오르간'은 영국의 Royal Philharmonic Society의 의뢰로 작곡되었습니다. 그의 음악 인생 40년 동안 닦은 모든 기량과 당대 최고의 피아니스트와 오르가니스트로서 재능을 총동원하여 이전에 시도된 적이 없는 악기 편성으로 피아노와 오르간을 참여시켰습니다. 51세에 완성하고 자신의 직접 지휘로 1886년 5월 19일 런던에서 초연하였는데 프랑스의 대표 교향곡이 되었습니다. 오르간은 1792년 베토벤의 데뷔와 함께 피아노가 악기의 제왕으로 등극하기 전까지 신의 소리를 대신하는 악기로서 '악기의 제왕'이었습니다. 생상스가 교향곡 3번에 악기의 신구 제왕인 피아노와 오르간을 참여시킨 것은 피아노와 오르간의 거장으로서 이들 악기에 대한 애정 때문이기도 하지만 베토벤의 9번 '합창' 교향곡에서 인간의 목소리가 사용된 것처럼 신의 소리를 대신하는 오르간을 사용하여 비슷한 효과를 내려고 했던 것으로 생각되고 있습니다. 외형적으로는 2악장이나 각 악장이 2부로 나뉘어 있어 4악장 구조이며 한 주제를 변형시켜 가면서 계속 반복합니다. 2악장 2부 피날레 (4악장) 마에스토소 Maestoso는 관악기와 현악기와 타악기의 지지 속에 오르간이 음관을 모두 열어 폭발하듯 포효하여 극적인 화려함과 웅장함으로 대미를 장식합니다.

상식을 깨는 파격과 창조적인 모방으로 일도 인생도 최고 걸작이 되게 하십시오.

Camille Saint-Saëns, Symphony No. 3 'Organ', 4th Mov. (Finale)
https://youtu.be/eW-7S9fjyfU

5월 20일 리더십

## 베토벤, 피아노 협주곡 5번 '황제'

### 어떤 리더가 되고 싶으십니까?

리더에는 권위적인 autocratic 리더, 민주적인 democratic 리더, 변혁적인 transformational 리더, 방임형 free-rein 리더, 섬김형 servant 리더가 있습니다. 권위적인 리더는 절대 권력을 가진 왕이나 황제처럼 명령과 지시에 무조건 따르도록 하여 일방적이고 수직적인 독재자형 리더입니다. 민주적인 리더는 구성원 모두의 자발적인 참여와 토론을 유도하여 민주적으로 의사를 결정하는 리더이며, 변혁적인 리더는 미래 비전을 제시하고 창의적인 생각을 하도록 영감을 주어 구성원의 의식을 변혁하여 열정적으로 도전하고 성취하게 하는 리더입니다. 방임형 리더는 모든 결정을 구성원에게 완전 위임하고 관망하며, 섬김형 리더는 구성원을 지시와 통제의 대상이 아니라 존중과 섬김의 대상으로 여겨 겸손한 자세로 구성원의 애로사항을 경청하여 해결하며 조직의 보호자이자 도우미로서 구성원의 성장과 발전을 위해 헌신하는 리더입니다.

베토벤의 마지막 피아노 협주곡 5번은 '황제 Emperor'라는 부제에 걸맞게 음악성과 인기 면에서 황제 급입니다. 이는 1809년 4월 18일 프랑스 황제 나폴레옹이 오스트리아 제국을 침공하여 5월 13일 수도 빈을 함락시켜 오스트리아 프란츠 황제와 귀족들이 빈을 버리고 도나우 강 건너로 피난을 가고 베토벤도 옆집에 포탄이 떨어져 동생 집 지하실로 피신할 정도로 극도로 절박하고 혼란한 상황에서 작곡되었습니다. 하지만 베토벤은 전혀 위축되지 않고 나폴레옹에 맞서 싸우듯 매우 당당하고 활력이 넘치며 (1, 3악장) 꿈꾸듯 평화롭고 기도하듯 애절하게 (2악장) 곡을 썼습니다. 또한 피아노 독주부 (카덴차 cadenza)를 관현악의 서주 다음에 배치하는 전통 협주곡 형식을 깨고 첫머리에 배치하였고 피아노의 반주 역할만을 주로 담당했던 관현악을 피아노와 대등하게 대화하고 어울리도록 작곡했습니다. 오스트리아는 결국 그 해 10월 14일 나폴레옹에게 항복했으나 나폴레옹은 그의 몰락을 바라고 믿었던 베토벤의 소원대로 15년 뒤인 1814년 오스트리아를 포함한 대프랑스 연합국에 항복하고 엘바섬으로 유배를 당했습니다.

나폴레옹은 나를 따르라는 제왕적인 리더의 상징입니다. 지금은 다양한 의견의 조율과 자발적인 참여가 중요한 세상이므로 섬김의 리더십으로 최고의 리더가 되십시오.

Ludwig Van Beethoven, Piano Concerto No. 5 'Emperor'
https://youtu.be/qP9gE8Enxfo

5월 21일 부부

## 파헬벨, 캐논 라장조

**하나 (1) 더하기 (+) 하나 (1)는 얼마입니까?**

하나입니다. 산수로는 둘이지만 사랑 공식으로는 하나입니다. 그래서 21일인 오늘은 대한민국 부부의 날입니다. 가정의달인 5월에 '둘 (2)이 하나 (1)가 된다'는 의미로 21일을 부부의날로 정한 것입니다. 이는 권재도 목사가 주도하여 부부의 이혼에 의한 가정의 해체를 막아야 고령화, 청소년 문제 등을 해결할 수 있다는 취지에서 2003년 국회 청원을 거쳐 2007년부터 대통령령으로 지정된 법정 기념일입니다.

서로 사랑하고 좋아해서 천년만년 검은 머리 파뿌리 되도록 함께 살자고 약속해놓고 이혼하는 부부가 1/3이나 되어 우리나라는 OECD 국가에서 3위를 차지하고 있습니다. 이혼 사유 1, 2, 3위는 20~30대에서는 성격 차이 (40%대), 경제적인 문제, 불륜의 순서였고, 40~50대에서는 불륜 (40%대), 경제적인 문제, 성격 차이 순서였습니다. 성격 차이가 가장 많은 것은 경제적인 문제도 성격 차이라고 했을 수 있어서 조금 과장되었을 수는 있습니다. 서로 다른 집에서 자라 성격은 물론 가치관이나 생활 습관이 다를 수밖에 없는데 사소한 것조차 다름을 인정하지 못하고 서로 자신에게 맞추라고 하면 문제가 생깁니다. 따라서 원만한 부부생활의 왕도는 화이부동의 자세로 서로 다름을 인정하고 사소한 것에 목숨 걸고 사생결단하듯 다투지 않는 것입니다.

요한 파헬벨 Johann Pachelbel은 바로크 시대 독일을 대표하는 오르간 연주자이자 작곡가였습니다. 그는 요한 제바스티안 바흐의 큰형인 요한 크리스토프 바흐의 음악 선생님이었는데 크리스토프 바흐가 결혼하자 축하곡으로 돌림노래 형식의 '세 대의 바이올린과 통주저음을 위한 캐논 Canon과 지그 Gigue'를 작곡해 주었습니다. 이 중 캐논 부분을 '파헬벨 캐논 Pachelbel's Canon in D'이라고 하는데 결혼식에서 신부 입장 시 바그너의 결혼행진곡 다음으로 많이 연주됩니다.

이혼 사유에 경제적인 문제도 있는데 가장 훌륭한 부부 재테크는 부부 금슬에 투자하여 백년해로하는 것입니다. 부부 사이에 금이 가면 복구 및 유지 비용이 많이 들고 부부 사이가 깨지면 재산도 쪼개지기 때문입니다. 백년해로의 열쇠는 서로 다름을 인정하고 둘이 하나가 되려고 하기보다 따로 따로에 익숙해지는 것입니다. 삼강오륜의 부부유별처럼 부부 사이에도 서로 침범해서는 안 되는 성역이 있음을 존중하십시오.

Johann Pachelbel, Canon in D Major
https://youtu.be/Ptk_1Dc2iPY

5월 22일 맛보기

## 바그너, 오페라 '탄호이저'에서 서곡

**경제적인 파산과 사형 선고까지 받은 파란만장한 삶을 살았던 작곡가는 누굴까요?**

리하르트 바그너 Richard Wagner는 1813년 5월 22일 독일 라이프치히에서 태어났습니다. 아버지는 경찰 공무원이었는데 바그너가 생후 여섯 달일 때 세상을 떠났습니다. 9살부터 피아노를 배웠으나 원래 꿈은 극작가가 되는 거였습니다. 연극에 쓰기 위해 음악에 관심을 가졌다가 아예 전공을 음악으로 바꾸고 1831년 18살로 라이프치히 대학에 입학했습니다. 1832년 첫 교향곡인 '교향곡 다장조'를, 1833년에는 처음으로 완성된 오페라 '요정'을 작곡했습니다. 그러나 그가 오페라 작곡가로서 유럽에서 유명하게 된 것은 1845년 32살에 완성한 오페라 '탄호이저 Tannhäuser' 때문입니다. '탄호이저'는 사회 인습에 저항하다가 불행해진 자신을 투영하여 만든 작품으로 정숙한 여인 엘리자베트 Elisabeths와 관능적인 여인 베누스 Venus를 등장시켜 정신적인 사랑과 육체적인 사랑을 그리며 육체적인 사랑을 죄악시하는 당시 종교적인 관습을 비판하고 구원은 여성의 희생적인 사랑에서 온다는 것을 보여주었습니다.

오페라 '탄호이저'를 통해 그는 이탈리아 오페라와 다른 그만의 형식과 그가 다룰 주제들을 명확히 보여주었습니다. 이탈리아 오페라가 주인공의 독창 위주로 독립적인 아리아가 순서대로 나열되는 것과 달리 바그너는 주인공뿐만 아니라 뚜렷한 개성을 가진 여러 인물을 등장시켜 이들의 노래를 무한선율 기법으로 끊임없이 유기적으로 연결시켰습니다. 주제는 통속적인 사랑 이야기보다는 인간의 존재나 구원과 같은 근원적이고 철학적인 것이었습니다. 바그너는 게르만 우월주의자이자 반유대주의자여서 히틀러에게는 우상이었고 히틀러는 바그너 음악을 통치에 이용했습니다. 특히 유대인을 가스실에서 학살할 때 탄호이저 3막에 나오는 '순례자의 합창 Pilgrim's Chorus'을 사용했고 나치 군대의 행진에는 '니벨룽겐의 반지 Ring of the Nibelungen'에 나오는 '발퀴레의 기행 Ride of the Valkyries'을 사용했습니다.

바그너의 음악은 길고 복잡하며 주제가 무거워 난해하다고 알려져 있습니다. 그래서 바그너 음악에 입문하기 전에 그의 전주곡이나 서곡을 먼저 들어 보라고 합니다. 이 중 첫 번째 추천곡이 바그너의 관현악곡 중에서 가장 유명한 '탄호이저 서곡'입니다. 하나를 보면 열을 알 수 있으니 탄호이저 서곡으로 바그너 음악을 맛보아 보십시오.

Richard Wagner, Opera 'Tannhäuser', Overture
https://youtu.be/XdqRLSWXDIM

5월 23일 운명

## 베토벤, 교향곡 5번 '운명'

### 운명을 사랑하십니까?

운명은 베토벤의 교향곡 5번 다단조의 또 다른 이름입니다. 운명이라는 별칭이 붙은 것은 베토벤이 제자 안톤 쉰들러 Anton Schindler에게 '미미미도~'로 시작하는 1악장의 동기 motif를 "운명은 이처럼 우리의 문을 두드린다"라고 말했던 것에서 유래했다고 합니다. 그런데 베토벤의 수제자 카를 체르니 Carl Czerny는 운명의 동기 악상이 노랑 촉새의 지저귀는 소리에서 따온 것이라고 하여 쉰들러의 말이 꾸민 것일 수도 있습니다. 아무튼 '운명 교향곡 Fate Symphony'이라는 별칭은 말 만들기 좋아하는 일본과 따라 하기 좋아하는 우리나라에서 주로 쓰는 말입니다. 서구에서는 주로 C단조 교향곡이라고 하거나 5번의 5를 뜻하는 로마자 V가 승리 Victory의 첫 자이기도 하고 4악장이 승리의 찬가로 끝나기 때문에 '승리 교향곡'이라고 합니다.

교향곡 '운명'은 베토벤이 실연과 청력 상실로 자살을 결심했을 정도로 혹독한 시련 가운데 4년여에 걸쳐 완성하고 1808년 12월 22일 빈에서 초연하였습니다. 1악장 알레그로 콘 브리오, 2악장 안단테 콘모토, 3악장 알레그로, 4악장 알레그로-프레스토로 구성되어 있는데 각각 '투쟁', '희망', '열정', '승리'를 노래하는데 3, 4악장은 쉬지 않고 이어집니다. '운명 교향곡'은 가혹한 운명과 싸워 이긴 대표적인 음악가 베토벤을 상징하고 고전음악 전체를 대표하는 명곡이 되었습니다.

노무현 대통령은 2009년 5월 23일 새벽에 먼 길을 떠나기 위해 집을 나서며 한 장의 종이에 "너무 슬퍼하지 마라. 미안해하지 마라. 누구도 원망하지 마라. 운명이다."라는 말을 포함하여 14줄의 유서 글을 남겼습니다. 이 중에서 "운명이다"라는 말이 가장 충격적이었습니다. 그의 앞을 가로막은 바위산과 같은 운명을 마주하고 그는 한 몸 비굴하게 살기보다는 민주 세력의 명예와 존립을 위해 희생하라는 운명을 숙명으로 받아들였습니다. 유서 속 "운명이다"는 서거 다음 해에 나온 작가 유시민이 대신 쓴 그의 자서전의 제목이 되었습니다. '운명'이 움직일 수 있는 '운'자와 절대 따라야 하는 '명'자의 조합이듯 운명에는 부동의 절대적인 것과 유동적인 것이 있습니다.

절대적인 운명은 친구처럼 사랑하고 (Amor Fati) 유동적인 운명은 베토벤과 같이 불굴의 투지와 전화위복의 노력으로 바꾸십시오 (Mutare Fati).

Ludwig van Beethoven, Symphony No. 5 'Fate'
https://youtu.be/jv2WJMVPQi8

5월 24일 노벨상

## 밥 딜런, '소낙비'

**음악가로서 노벨상을 받은 사람이 있었을까요?**

이전에는 물론 없었고 이후에도 없을 일이 있었습니다. 2016년 음악가로서 처음으로 자작가수 밥 딜런 Bob Dylan이 노벨 평화상이 더 맞다는 논란이 있었으나 노벨 문학상을 받았습니다. 밥 딜런은 1941년 5월 24일 미국 미네소타주 덜루스의 유대인 집안에서 태어났습니다. 어렸을 때 유대인이라고 왕따를 당해서 주로 혼자 피아노와 기타를 치며 지냈고 당시 반항아의 상징인 배우 제임스 딘을 좋아했습니다. 1959년 미네소타 대학에 입학하여 문학을 전공했으나 1년도 못 되어 자퇴하고 거리의 가수가 되었습니다. 이때 본명인 로버트 앨런 짐머만 Robert Allen Zimmerman을 밥 딜런이라는 예명으로 바꿨습니다. 사상적으로는 반전반핵 평화주의자, 음악적으로는 포크, 블루스, 로큰롤 자작 가수, 상징주의 시인이자 화가였습니다.

밥 딜런은 1999년 타임지 선정 20세기 가장 영향력 있는 인물 100인에 선정되었고 2000년 폴라음악상 Polar Music Prize을 수상했습니다. 폴라음악상은 스웨덴 왕립음악원에서 주관하며 노벨상과 같이 스웨덴의 스톡홀름 콘서트홀에서 스웨덴 국왕이 직접 시상하여 음악계의 노벨상으로 불립니다. 2008년 퓰리처상을 수상하고 2016년 10월 13일 노벨 문학상 수상자로 선정되었으나 수락 의사를 표명하지 않고 있다가 2017년 4월 1일에야 사적인 수상식을 통해 수상했습니다. 그의 대표곡 가운데 '바람에 날려 Blown in the Wind'는 우리나라에서도 번안곡으로 많이 불리어졌습니다. 또 다른 인기곡 'A Hard Rain's a-Gonna Fall'은 이연실에 의해 '소낙비'로 번안되어 불리어졌습니다. 이 곡은 질문과 대답 형식의 스코틀랜드 민요 'Lord Randall'에서 착안하여 밥 딜런이 1962년 작곡한 노래입니다. 소낙비 hard rain는 핵미사일을 의미한다는 주장도 있으나 그는 변화의 조짐을 상징한다고 했습니다.

봄 가뭄도 여름 가뭄 못지않게 문제가 됩니다. 농경지에도 서민을 위한 정부 정책에도 단비가 시원하게 내렸으면 좋겠습니다. 봄 가뭄도 해갈하고 미세먼지로 더러운 공기와 오염된 땅을 깨끗하게 씻을 수 있게 단비가 소낙비로 아주 시원하게 내렸으면 좋겠습니다. 그래서 다음에는 때때로 단비를 내려주시는 하늘님에게 노벨 평화상이든 물리화학상이든 생리의학상이든 드리도록 합시다.

Bob Dylan, 'A Hard Rain's a-Gonna Fall'
https://youtu.be/941PHEJHCwU

5월 25일 아리랑

## 최성환, '아리랑 환상곡'

### 아리랑 고개 넘어 보셨어요?

우리나라 국가무형문화재 제129호이며 2012년 유네스코 인류무형문화유산에 등재된 민요 '아리랑'에 "아리랑 아리랑 아라리요 아리랑 고개를 넘어 간다"라고 아리랑 고개가 나옵니다. 아리랑 고개는 특정 고개가 아니고 아리랑이 넘는 고개로서 개인이나 나라가 겪은 큰 고비나 시련을 뜻하는데 아리랑 고개가 정식 도로 이름인 곳이 있습니다. 서울시 성북구 돈암동에서 정릉으로 가는 고갯길로 4차선 도로인데 1926년 10월 1일 개봉된 우리나라 최초 무성 영화이자 불멸의 명작 영화 '아리랑'의 마지막 장면이 이 고개에서 촬영되었기 때문에 아리랑 고개로 일컬어지게 되었다고 합니다.

영화 '아리랑'은 일제 강점기에 우리 민족의 항일민족정신을 그린 작품으로 항일운동가이자 영화인인 나운규가 각본을 쓰고 감독과 주연을 맡은 그의 대표작입니다. 서울에서 대학을 다니다가 3·1운동에 참가하고 이때 받은 고문으로 미쳐버린 주인공 영진이가 고향에 내려와 지내는데 그의 여동생을 겁탈하려는 일본 경찰의 앞잡이인 기호를 낫으로 살해합니다. 영진이가 왜경에 붙잡혀 고갯길로 끌려가는 마지막 장면에 나운규가 가사를 쓰고 변사 김영환이 왈츠풍의 곡을 붙인 주제가 '아리랑'이 흘러나와 관객들을 울렸습니다. 영화 '아리랑'의 주제가 '아리랑'은 '신민요 아리랑', '유행가 아리랑', '신아리랑' 등으로 불리다가 1949년 성경린과 장사훈의 민요 모음집 '조선의 민요' 경기도 편에 '본조 아리랑'으로 소개된 후 '본조 아리랑'이 되었습니다. 영화 '아리랑'의 인기는 민요 '아리랑'의 본격적인 유행에도 큰 영향을 미쳤습니다.

아리랑은 3대 아리랑인 정선아리랑, 진도아리랑, 밀양아리랑을 비롯하며 60여 종 3,600여 곡이나 되는데 지금도 새로운 곡들이 계속 만들어지고 있습니다. '아리랑 환상곡 Arirang Fantasy'은 북한의 공훈예술가 최성환이 1976년 작곡한 곡으로 우리 민족의 슬픈 수난의 역사와 희망찬 미래를 노래합니다. 2008년 로린 마젤 Lorin Maazel이 이끈 뉴욕 필하모닉 오케스트라가 동평양대극장에서 연주하여 세계에 널리 알려졌고 이후 세계 100개 이상의 관현악단이 연주했습니다.

세상에 넘지 못할 고개가 없으니 내 안의 크고 작은 고개도 우리 민족의 한 맺힌 분단의 아리랑 고개도 잘 넘어 남북이 하나가 되는 세상이 곧 오게 합시다.

최성환, 'Arirang Fantasy'
https://youtu.be/oD6inlRkAhE

5월 26일 사과

## 엘튼 존, '미안해라는 말이 가장 어려워'

### 사과 잘하십니까?

그러시다면 귀하는 좋은 사람입니다. 오늘은 호주 Australia가 정한 '국가 사죄의 날 National Sorry Day'입니다. 호주가 문명화라는 이름으로 원주민 자녀들을 강제 이주시켜 집단시설에 수용시키고 가했던 갖은 차별과 학대에 대해 사죄한 날로 1978년부터 시작되었습니다. 하지만 호주 정부의 공식적인 사죄는 2007년 케빈 러드 Kevin Michael Rudd의 노동당 정부 집권과 함께 이루어졌습니다.

국가든, 기업이든, 단체든, 개인이든 용서를 구하기 위해 사죄하는 것이 쉽지 않습니다. 진정성 없고 때늦은 사죄는 문제를 더 악화시켜 용서받기가 더 어려워지기도 합니다. 불쾌한 감정 때문에 분쟁이나 소송으로 발전하는 경우가 많은데 감정은 원만한 해결을 어렵게 합니다. 의료분쟁도 승소율이 20%도 안 되지만 소송이 많은 것은 사과의 말 한마디로 끝날 일을 사과하지 않아 감정싸움으로 격화되어 법적 소송으로 이어지는 경우가 많기 때문입니다. 불필요한 소송으로 인한 사회적 비용을 줄이기 위해 1986년 미국 매사추세츠주에서 처음으로 '사과법 Apology Law'을 제정하였고 이후 32개 주에서 채택했습니다. 이는 의료 사고나 분쟁 시 의료진이 위로, 공감, 유감을 표하며 사과를 하여도 이를 재판에서 과실책임을 인정했다는 자백 증거로 쓰지 않는다는 것으로 무의미한 소송이 아닌 대화를 통한 원만한 합의를 권장하는 것입니다.

사과의 기술에 대한 여러 책과 글에 기초하여 사과를 다음 5단계로 정리했습니다.

- 1단계 : "미안합니다, 죄송합니다, 사과드립니다"는 말로 단서나 조건 없이 말한다.
- 2단계 : "무엇 무엇을 어떻게 잘못했습니다"라고 구체적으로 말한다.
- 3단계 : 원상 복구와 피해 보상책을 제시한다. 이는 금전적인 것과 정신적인 것을 포함하여 상상 이상의 수준이 되어야 합니다.
- 4단계 : 재발 방지를 약속한다. 문제의 원인에 따른 구체적인 예방책을 제시합니다.
- 5단계 : "용서해주십시오"라고 용서를 구한다. 용서를 구하는 것이 사죄하는 이유이고 목적이니 최선을 다해 용서를 받는 것이 좋습니다.

잘잘못은 나중에 따지고 최대한 빨리 사과하십시오. 일본식 입술 사죄는 2차 가해가 되어 분노를 유발할 뿐이니 입술이 아닌 가슴으로 사과하십시오.

Elton John, 'Sorry Seems to be the Hardest Word'
https://youtu.be/yYTOhFpiBDI

5월 27일 망각

## 소강석 시, 임긍수 곡, '물망초'

**세상에서 가장 무서운 것이 무엇일까요?**

1960년대 초등학교 교과서에 어린아이들이 세상에서 제일 무서운 것은 "호랑이다", "귀신이다"라고 논쟁을 하고 있을 때 지나가는 할아버지가 "세상에서 제일 무서운 것은 망각이다"라고 한 내용이 실려 있었습니다. 프랑스 시인이자 비평가인 기욤 아폴리네르 Guillaume Apollinaíre는 피카소와 한 살 차이 절친이자 입체파의 열렬한 지지자였는데 입체파 운동에 참여한 프랑스 여류 화가 마리 로랑생 Marie Laurencin과 소문난 연인이었습니다. 열정적이었지만 지지부진한 그들의 사랑이 로랑생의 결혼으로 1914년 5년 만에 끝이 나고 아폴리네르는 "미라보 다리 아래 세느강이 흐르고 우리들의 사랑도 흘러간다. 그러나 괴로움 뒤에 오는 기쁨을 나는 또한 기억하고 있나니"로 시작하는 시 '미라보 다리 Le Pont Mirabeau'를 썼고 이후 미라보 다리는 세계적인 연인의 다리가 되었습니다. 반면 로랑생은 '진정제 La Calmant'라는 시로 "괴로움보다 더한 것은 슬픔, 슬픔보다 더한 것은 불행, 불행보다 더한 것은 고통, 고통보다 더한 것은 버림받음, 버림받음보다 더한 것은 홀로됨, 홀로됨보다 더한 것은 유배, (중간 생략) 죽음보다 더한 것은 잊혀짐"이라고 잊혀질 것을 두려워했습니다.

1980년 5월 18일 광주민주화운동은 시민군이 광주광역시 일대를 장악하여 22일부터 26일까지 5일간 대동 세상을 이루었으나 5월 27일 0시를 기해 시작된 무력 진압 작전으로 윤상원 열사를 비롯한 수많은 꽃다운 젊은 청춘들이 죽임을 당했습니다. 당시 전남도청 항쟁본부에서 결사 항전에 함께 하겠다던 어린 고등학생들을 "너희들은 살아남아 역사의 증인이 되라"며 집으로 돌려보냈습니다. 열사들은 죽는 것보다 잊혀지는 것이 더 슬픈 일이고 더 무서운 일이라는 것을 알았던 것입니다.

물망초 vergiss-mein-nicht (forget-me-not)는 독일이 원산지인 작은 초록별처럼 예쁜 하늘색 꽃입니다. 애인과 함께 도나우 강가를 걷던 기사 루돌프가 강 가운데 피어있는 예쁜 꽃을 보고 이를 꺾어 애인에게 주려고 헤엄쳐 건너오다가 힘에 겨워 죽게 되자 꽃을 던져주며 나를 잊지 말라고 했다고 하여 물망초가 되었다고 합니다.

5·18 광주민주항쟁을 무력 진압하고 역사에서 지워버리려고 했던 1980년 오늘, 광주민주화운동을 일 년에 단 하루만이라도 물망초처럼 잊지 말고 기억해주십시오.

소강석 시, 임긍수 곡, '물망초'
https://youtu.be/joy1MzNqb-g

5월 28일 시절

## 피트 시거, '턴 턴 턴'

### 지금은 어떤 때입니까?

모든 것에는 다 때가 있습니다. 성경 전도서 (3장)도 "하늘 아래 모든 일에는 때가 있습니다. 태어날 때가 있고 죽을 때가 있으며, 심을 때가 있고 거둘 때가 있습니다. 허물 때가 있고 세울 때가 있습니다. 울 때가 있고 웃을 때가 있으며, 통곡할 때가 있고 즐거워할 때가 있습니다. 침묵할 때가 있고 말할 때가 있습니다. 사랑할 때가 있고 미워할 때가 있으며, 싸울 때가 있고 화해할 때가 있습니다 (일부 생략)"라고 합니다. 미국 모던 포크를 부활시킨 선구자이고 시민운동가인 피트 시거 Pete Seeger는 성경의 이 내용을 가사로 하여 모든 것은 돌고 돈다는 노래 'Turn, Turn, Turn'을 만들어 1962년 발표했는데 1965년 미국 포크락 밴드 '버즈 The Byrds'가 다시 불러 빌보드 Hot 100 차트 1위에 올랐습니다.

피트 시거는 1919년 5월 3일 뉴욕 맨해튼에서 작곡가이자 음악학자인 아버지와 바이올리니스트인 어머니 사이에 태어나 어려서 부모로부터 음악을 배웠고 하버드대학에 입학했으나 학점 부족으로 장학금이 끊어지자 1938년 자퇴하고 음악에 전념했습니다. 1940년 우디 거스리 Woody Guthrie를 만나 만든 그룹 '알마냑 싱어즈 Almanac Singers'를 통해 본격적인 자작가수의 활동을 시작했습니다. 1948년 그룹 '위버스 The Weavers'로 옮겨서 활동하다가 1950년대 초반 솔로로 전향하여 다수의 히트곡을 냈는데 1960년대부터는 반전 평화 인권 운동을 이끌었습니다. 노동운동이나 인권운동 시위의 단골 노래인 'We Shall (또는 Will) Overcome'은 원래 흑인 노예들의 노동가요였는데 1947년 피트 시거가 처음 듣고 가다듬어 다음 해 음악 잡지에 소개하고 자주 불러서 유행시켰습니다. 많은 세계 민요를 수집하여 개작하기도 했는데 1957년 우리나라 '아리랑'을 불러 아리랑을 미국과 유럽에 알렸습니다. 베트남 전쟁 이후 일어난 반전 운동 시위에서 즐겨 부른 'Where Have All the Flowers Gone?'도 코사크 민요 'Koloda-Duda'의 가사에 아일랜드 벌목공의 노동요 선율을 차용하여 만든 곡입니다. 90살이 넘어서도 환경운동을 하였으며 94살까지 장수했습니다.

지구가 초속 30 km로 도는데 오차는 1년에 단 25.9초입니다. 그러니 봄이 너무 빨리 간다거나 나의 때가 너무 늦는다고 하지 마십시오. 기다리면 때는 정확히 오니까요.

Pete Seeger, 'Turn, Turn, Turn'
https://youtu.be/snZKnES4ng4

5월 29일 사즉생

## 스트라빈스키, 발레 '봄의 제전'

### 죽지 않고 사는 것을 보셨습니까?

죽지 않고 영생하는 것은 세상에 없습니다. 살아 있는 모든 것은 죽었다가 다시 산 것들입니다. 계절도 가야 다시 오는 것인데 봄이 가고 없으니 봄 생각이 납니다. 가버린 봄 생각 좀 한다고 청승맞다고 탓할 사람은 없을 것입니다. 인지상정이기 때문입니다. 지나간 봄을 통해 부활의 영광은 밀알의 소리 없는 죽음과 타오르는 촛불의 영웅적인 희생으로부터 온다는 것을 알 수 있었습니다. 한 알의 밀알이 죽기를 거부하면 밀알 한 알일 뿐이지만 죽어서 싹을 틔우고 썩어서 싹을 키워 많은 열매를 맺는다는 말씀을 새삼 확인해 주었습니다.

이고르 스트라빈스키 Igor Stravinsky는 1882년 6월 17일 러시아 상트페테르부르크에서 성악가 부모로부터 태어났습니다. 어려서부터 음악적 재능이 뛰어났으나 부모의 권유로 상트페테르부르크 대학에서 법학을 전공했습니다. 하지만 친구의 아버지이기도 했던 림스키-코르사코프에게 지도를 받으며 작곡가의 꿈을 키웠습니다. 고대로부터 다산과 풍요, 속죄와 용서를 빌기 위한 제사에는 제물이 바쳐졌고 인신을 공양하는 경우도 있었습니다. 스트라빈스키의 발레 '봄의 제전 Rite of Spring'은 고대 러시아에서 태양신 이아리로 Yarilo에게 바칠 제물로 처녀를 선발하여 춤을 추게 한 후 제단에 바칠 때까지 의식을 그린 것으로 그의 최고 걸작 중 하나입니다. 1913년 5월 29일 파리 샹젤리제 극장에서 초연했는데 초연 당시 음악의 전통과 관행을 파괴한 전위적이고 도발적인 음악과 춤으로 엄청난 비난과 야유를 받았습니다. 그러나 '봄의 제전'은 선율과 화성이 주가 되던 음악의 전통을 깨고 리듬을 주역으로 세워 음악의 혁명을 일으켰다는 평가를 받고 있습니다. 이로써 탄생한 전위적이고 현대적인 음악은 리듬이 주였던 원시 음악에 더 가까워져서 원시 음악을 부활시킨 것이었습니다. 예측 가능한 반복을 배제한 극한의 리듬과 기존 화성 체계를 완전히 무시한 기계 소음 같은 불협화음을 채용한 그의 작곡 기법은 이후 쇼스타코비치, 바르톡 등 20세기 많은 위대한 작곡가들에게 영향을 주어 현대음악의 고전이 되었습니다.

사즉생이라는 말처럼 죽어야 할 때 기꺼이 죽는 것이 사는 길입니다. 나를 내세우기보다 나 (자아)를 죽이는 것이 바로 내가 사는 길이니 죽기를 두려워하지 마십시오.

Igor Stravinsky, Ballet 'Rite of Spring (Le Sacre du Printemps)'
https://youtu.be/5UJOaGIhG7A

5월 30일 여름나기

## 비발디, 바이올린 협주곡 '사계'에서 '여름'

### 여름을 많이 기다리셨나요?

여름을 많이 기다리셨다면 베짱이족일 가능성이 많습니다. 여름은 절기로는 입하에서 입추까지이고, 달력으로는 6월에서 8월까지이며, 천문학적으로는 하지에서 추분까지입니다. 기후 상황을 고려한 기상학적인 정의로는 하루 평균 기온이 20도 이상 9일 연속될 때를 여름으로 정의하기 때문에 아직 5월이지만 이미 여름이 시작된 것입니다. 여름은 해가 떠 있는 시간이 14시간 넘게 길고 햇빛의 평균 입사각이 76.5도로 겨울의 29.5도에 비해 2.5배나 커서 햇빛의 강도가 세고 비도 자주 오기 때문에 산천초목의 성장과 성숙에는 최고의 기간입니다. 인간에게도 여름은 더위 때문에 힘들기는 하지만 산과 들과 강과 바다로 바캉스를 갈 수 있어 아주 매력적인 계절입니다. 특히 놀기 좋아하는 베짱이들에게 여름은 최고의 계절입니다.

이솝 우화 '개미와 베짱이 The Ant and the Grasshopper'는 햇볕이 뜨거운 여름철에 시원한 나무 그늘에서 한가롭게 노래만 부르고 놀았던 베짱이와 땀 흘리며 열심히 일한 개미가 겨울을 맞는 이야기입니다. 개미들은 여름에 일한 덕분에 식량 걱정 없이 따뜻한 집에서 잘 지내지만, 여름 내내 노래하고 놀기만 했던 베짱이는 추위와 굶주림에 죽을 지경에 이르렀습니다. 이에 개미에게 도움을 청했으나 거절당하고 조롱만 받습니다. 이 우화는 뿌린 대로 거둔다는 인과응보와 미리 준비해야 화를 면할 수 있다는 유비무환을 가르치는 예화로 자주 이용됩니다. 하지만 이 우화는 각자의 소질이나 적성에 맞게 최선을 다하면 누구나 다 행복해야 할 권리가 있는 현대 복지국가적인 관점에서 보면 비판을 받을 부분이 있습니다. 그래서 개미가 베짱이를 초대하여 하우스 콘서트를 열고 노래를 부르게 하여 대가로 겨울을 나게 해주었다거나, 문전박대당한 베짱이가 가요제에 나가 유명 가수가 되어 개미를 일에서 해방시켜 주었다거나, 개미가 과로로 겨울을 나지 못하고 죽었다는 등의 개정판이 나오기도 했습니다.

기후 변화로 요즘 여름은 여름답지 않아 개미처럼 일하는 것도 베짱이처럼 노래하는 것도 쉽지 않습니다. 올여름은 간간이 시원한 바람도 불고 소나기도 내려 폭염과 열대야가 없는 비발디의 '여름'답기를 바라고 개미족도 일만 하지 말고 가끔 쉬면서 베짱이족과 함께 노래하고 차도 마시며 즐겁게 보내십시오.

Antonio Vivaldi, Violin Concerto 'The Four Seasons', 'Spring'
https://youtu.be/g65oWFMSoK0

5월 31일 뒷모습

## 하이든, 교향곡 45번 '고별'

**오월의 마지막 뒷모습을 보셨습니까?**

봄이 얼마 전 여름을 위해 방을 비우더니 오늘은 오월이 방을 빼고 떠난다고 합니다. "정들자 이별이다"라는 말은 있지만 정들 새도 없었는데 이별이라니 말도 안 됩니다. 이별의 아쉬움은 떠나는 사람보다 보내는 사람이 더 큰 법입니다. 떠나는 이는 앞에 펼쳐지는 새로운 환경에 아쉬운 생각이 들 겨를이 없지만 보내는 이는 떠나는 이의 뒷모습을 지켜봐야 해서 아쉬움이 증폭되기 때문입니다. 더구나 너무나 아름답고 따뜻한 계절의 여왕님과 이별이기에 아쉽기 그지없습니다.

프란츠 요제프 하이든 Franz Joseph Haydn은 교향곡을 107곡이나 작곡하여 교향곡의 아버지로 불립니다. 그의 교향곡 중에는 익살과 재치가 넘치는 것들이 많은데 45번 '고별', 94번 '놀람', 100번 '군대', 101번 '시계', 103번 '큰북', 104번 '런던' 등이 대표적입니다. 이 중 45번 '고별'은 4악장 후반부에 연주자들이 한두 명씩 일어나 무대를 떠나가기 때문에 붙여졌습니다. 제일 먼저 제2 오보에와 제1 호른이 나가고, 이어서 콘트라베이스가 나갑니다. 마지막 코다 10소절에서는 첼로가 나가고, 8소절 뒤에 제2 바이올린이 나가고, 그다음에는 비올라가 나가고, 마지막 14소절은 두 대의 제1 바이올린만이 외롭게 남아 연주를 하며 끝을 맺습니다.

하이든이 교향곡 '고별'을 작곡한 곳은 헝가리 귀족 출신으로 오스트리아 육군 원수가 된 니콜라우스 에스테르하지 Nicolaus Esterhazy 후작이 1766년 빈에서 60 km 정도 떨어진 아이젠슈타트 Eisenstadt라는 시골 마을에 프랑스 베르사유 Versailles 궁전을 모방하여 만든 에스테르하지 궁전입니다. 이곳 관현악단 단장인 하이든은 연주회가 길어지면 가족과 떨어져 지내는 단원들이 오랫동안 가족을 보지 못해 불만이 커졌습니다. 이에 하이든은 1772년 가족을 만나러 휴가를 가고 싶어 하는 단원들의 마음을 고별 교향곡으로 재치 있게 묘사했습니다. 에스테르하지 후작이 이를 눈치 채고 단원들에게 휴가를 주었고 단원들은 아버지와 같이 자신들의 마음을 헤아려서 배려해준 하이든을 "Papa Haydn 아빠 하이든"이라고 불렀습니다.

진정 아름다운 사람은 뒷모습도 아름다운 사람이고 진정 훌륭한 리더는 하이든처럼 구성원의 작은 목소리도 경청하고 직접 나서서 해결해주는 아버지 같은 사람입니다.

Franz Joseph Haydn, Symphony No 45 'Farewell'
https://youtu.be/OpD9ofCm6Ak

6월 1일 유월

# 모차르트, 교향곡 40번

## 유월의 별명을 아십니까?

유월은 결혼의 달이라고도 합니다. 유월의 June은 로마 신화에서 최고의 여신 유노 Juno에서 기원했습니다. 유노는 그리스 신화의 헤라 Hera에 해당하고 남편은 그리스 신화의 제우스 Zeus에 해당하는 주피터 Jupiter입니다. 유노는 결혼과 출산의 수호신이어서 서양에서는 유노의 이름 딴 유월을 결혼의 달로 여겨 왔습니다. 그러나 요즘 유월은 지구의 온난화로 벌써 폭염 주의보가 내려질 정도로 덥기에 한 해의 전반기 결혼을 마감하는 달이라고 수정해야 할 것입니다. 따라서 둘 사이의 뜨거운 관계가 어느 정도 확인되었다면 결혼의 달 유월을 넘기지 마십시오. 여름이 되고 가을이 오면 뜨거웠던 열정도 식어버릴지 모릅니다. 그런데 요즘 젊은이들은 연인 관계가 충분히 뜨거워지고 무르익었음에도 한국 축구의 고질병처럼 문전에서 우물쭈물 허둥대다가 결혼의 문으로 골인하지 못하는 경우가 많습니다. 결혼 문전에서 허둥대는 사이 주택, 육아, 교육 문제들이 벌떼처럼 달려들어 골인을 방해하기 때문입니다.

모차르트는 32살인 1788년 6월 그의 최후 3대 교향곡 (39, 40, 41번)의 작곡에 착수했습니다. 당시 모차르트는 돈이 없어 친구나 지인들에게 돈을 빌려 쓰기도 하고 집도 빈의 변두리로 옮길 정도로 매우 어렵고 힘든 시기였는데 교향곡 3개를 2달 만에 완성했습니다. 교향곡 40번 사단조는 1788년 7월 25일 완성했는데 모차르트 교향곡 가운데 인기가 가장 많은 곡입니다. 단조에다 반음계를 두루 사용하여 애수와 비극미가 가득한데 1악장은 제일 주제 선율 "한숨의 동기"로 유명합니다. 이는 40번보다 15년 빠른 1773년 작곡한 교향곡 25번과 함께 단 2개의 단조 교향곡인데 25번 역시 사단조였기에 25번과 구별하기 위해 '큰 사단조 교향곡'이라고 부릅니다. 25번 1악장은 모차르트의 천재적인 음악성을 시기한 이탈리아 출신 빈 궁정악장인 안토니오 살리에리 Antonio Salieri가 모차르트를 독살했다는 내용의 1984년 개봉 영화 '아마데우스 Amadeus'의 도입부에 사용되어 더욱 유명해졌습니다.

걸작과 명곡이 제작 기간에 비례하지 않듯이 성공적인 결혼도 연애 기간에 비례하지 않습니다. 모차르트가 최후 3대 교향곡을 2달 만에 잘 마무리해서 완성했듯이 여러분의 연애도 유월을 유월 passover하지 말고 잘 마무리하십시오.

Wolfgang Amadeus Mozart, Symphony No. 40
https://youtu.be/jzUJWDU_1Rg

6월 2일　인사

## 엘가, '사랑의 인사'

**사랑하는 사람과 어떻게 인사를 나누십니까?**

안녕, 잘 잤어, 좋은 아침, 굿모닝, 고마워, 밥 먹었어, 별일 없어, 괜찮아 등 사랑이라는 직접적인 말은 없어도 다 사랑하는 마음에서 우러나온 사랑의 말이고 사랑의 인사입니다. '사랑의 인사 Salut d'Amour'로 유명한 에드워드 엘가 Edward Elgar는 1857년 6월 2일 영국 로우워 브로드히스 Lower Broadheath에서 태어났습니다. 엘가는 헨리 퍼셀 이후 200여 년 동안 고전음악의 불모지가 된 영국의 고전음악을 부흥시켰습니다. 악기점을 운영하는 피아노 조율사이자 아마추어 음악가인 아버지로부터 음악의 기본을 배우고 피아노와 바이올린 등 여러 악기도 익히고 음악 서적을 통해 음악을 독학했습니다. 20~30대까지 지역 악단에서 연주와 지휘, 편곡과 작곡을 하며 지냈습니다. 그는 정규 음악학교 출신이 아니고 소상인의 아들이며 영국에서 소수인 로마 가톨릭교도여서 음악적으로나 사회 계급적으로도 완전한 비주류 아웃사이더였습니다. 그의 성격 또한 내성적이고 소심하여 평범하게 시골 음악가의 삶을 이어가고 있었습니다. 그런 엘가의 평범한 인생은 한 여인으로 인해 완전히 바뀌었습니다.

엘가의 나이 29살 때 영국 귀족으로 장군의 딸인 캐롤라인 앨리스 로버츠 Caroline Alice Roberts가 엘가에게 피아노를 배우기 위해 찾아왔습니다. 시집과 수필집을 냈을 정도로 문학에도 조예가 깊은 그녀는 8세 연하남 엘가에게 신분의 격차에도 불구하고 사랑에 빠졌습니다. 평범한 시골 음악가였지만 엘가에게 숨겨진 천재성을 알아보고 그를 돕고 보호하여 크게 키우고 싶은 마음이 생긴 것입니다. 상속을 포기해야 할 정도로 극렬한 집안의 반대에도 3년의 연애 끝에 1889년 5월 8일 결혼했습니다. 엘가의 인기곡 '사랑의 인사'는 엘가가 1888년 앨리스와 약혼을 하고 그녀로부터 받은 시 '새벽 바람 Wind at Dawn'에 대한 답례로 그녀에게 헌정한 곡입니다. 결혼식에서 식전부터 양가 어머니의 점촉까지 순서에 자주 연주되는 아름답고 감미로운 곡인데 원래 바이올린과 피아노곡으로 작곡되었습니다. 헌정문에 "캐리스에게 To Carice"라고 썼는데 이는 캐롤라인 앨리스 Caroline Alice를 줄인 것으로 2년 후인 1890년에 낳은 그의 외동딸의 이름이 되었습니다.

사랑한다고 친하다고 무례히 행하면 안 되니 더 정중히 더 사랑스럽게 인사하십시오.

Sir Edward Elgar, 'Salut d'Amour'
https://youtu.be/Yq65KWzvF3E

6월 3일 결혼행진곡

## 멘델스존, '한여름 밤의 꿈'에서 '결혼행진곡'

### 결혼식 때 들은 결혼행진곡을 기억하십니까?

결혼의 달이니 결혼행진곡을 많이 들으시겠습니다. 결혼식에는 보통 2개의 결혼행진곡이 연주됩니다. 신부 입장 때는 바그너의 오페라 '로엔그린 Lohengrin'에 삽입된 '혼례의 합창 Bridal Chorus'가 연주되고, 신랑 신부 행진 때는 멘델스존의 극음악 '한여름 밤의 꿈 A Midsummer Night's Dream'의 4막과 5막 사이 간주곡인 '결혼행진곡 Wedding March'이 주로 연주됩니다.

멘델스존은 셰익스피어의 5막 희극 '한여름 밤의 꿈'의 부수 음악으로 17살인 1826년 서곡을 작곡하고 17년이 지난 1843년 프로이센의 빌헬름 4세의 탄생을 축하하기 위해 셰익스피어의 '한여름 밤의 꿈'이 공연되는 것에 맞춰서 12곡을 작곡했는데 9번째 곡이 결혼행진곡입니다. '한여름 밤의 꿈'은 헤르미아가 드미트리어스와 결혼하라는 아버지의 명을 거부하고 자신이 좋아하는 라이샌더와 함께 요정의 숲으로 달아나고, 헤르미아를 좋아하여 그녀를 찾으러 드미트리어스가 숲으로 들어가고, 드미트리어스를 좋아하여 그를 쫓아 헬레나가 또 숲으로 들어가서 2명의 남자와 2명의 여자가 숲에서 각자의 짝을 찾아 헤맵니다. 네 명 중에 헬레나만 사랑해주는 사람이 없었습니다. 이를 안타깝게 여긴 요정의 나라 오베론 왕이 요정을 통해 첫눈에 반하게 하는 풀꽃 즙을 드미트리어스의 눈에 발라 헬레나를 사랑하게 만듭니다. 그 결과 물고 물리는 사각관계가 해결되어 헤르미아와 헬레나가 각각 그들이 좋아하는 라이샌더와 드미트리어스와 결혼하게 됩니다. 결혼행진곡은 이 두 쌍의 결혼식에서 연주됩니다.

멘델스존의 결혼행진곡은 1847년 6월 2일 영국 티버튼의 성 피터 교회에서 열린 도로시 커루 Dorothy Carew와 탐 다니엘 Tom Daniel의 결혼식에서 처음 연주되었고 1858년 영국 빅토리아 여왕의 공주와 프러시아 빌헬름왕의 왕자 결혼식에서 다시 연주되면서 결혼식 음악으로 유명해졌습니다. 신혼부부에게 아낌없는 축하와 함께 어떤 어려움이 있어도 세상 끝 날까지 잘 살라는 힘찬 격려의 박수처럼 트럼펫의 팡파레로 시작하는 매우 밝고 힘찬 곡입니다.

결혼생활이 힘들 때는 죽음이 갈라놓을 때까지 부부로 살아갈 것을 맹세하고 결혼행진곡에 맞춰 첫발을 내딛던 때를 생각하며 힘을 내세요.

Felix Mendelssohn, 'A Midsummer Night's Dream', 'Wedding March'
https://youtu.be/z85QVFf3-2M

6월 4일 장미축제

## 토마스 무어 작시, 아일랜드 민요, '한 떨기 장미꽃'

### 장미축제에 가보셨나요?

유월의 탄생화는 장미이고 유월은 장미의 계절입니다. 그런데 지구 온난화로 장미가 오월 초부터 개화하여 중순이면 절정에 이릅니다. 따라서 우리나라 장미축제도 대부분 오월에 열립니다. 따라서 장미축제에 가보지 않으셨다면 빨리 가십시오. 좀 더 지나면 예쁘게 활짝 피어있는 장미보다 지고 시들어 가는 처량한 장미만 보게 됩니다. 장미는 3천만 년 전에 출현하였는데 약용이나 향료용이 아닌 관상용으로 재배된 것은 3천여 년 전부터라고 합니다.

장미는 아름답고 향기도 좋아 서양에서는 꽃들의 여왕으로 불리고 있습니다. 중세에는 장미가 기독교를 상징하고 특별히 백장미는 성모 마리아를 상징했습니다. 연인에게 사랑을 고백할 때나 결혼식 신부의 화관을 만들 때도 장미를 사용했습니다. 이처럼 장미는 사랑의 상징이고 최상의 축복을 의미합니다. 영국의 두 왕조인 랭커스터 왕조와 요크 왕조는 각각 붉은 장미와 흰 장미를 상징 문장으로 삼았습니다. 두 왕조가 왕위 계승권을 놓고 17년간 전쟁을 벌였는데 두 왕조 모두 문장이 장미여서 장미전쟁이라고 불렀습니다. 장미전쟁 후 탄생한 튜더 왕조는 문장을 붉은색과 흰색이 섞인 튜더 장미 Tudor rose로 삼아 지금까지 이어지고 있습니다. 장미는 1986년 레이건 대통령에 의해 미국의 국화가 되었습니다.

토마스 무어경 Sir Thomas Moore의 시에 아일랜드 민요 선율을 붙인 '한 떨기 장미꽃'은 여름에 홀로 핀 장미 (Rosa 'Old Blush')를 보고 먼저 간 친구를 추억하는 노래입니다. 원래 이름은 '여름날의 마지막 장미 The Last Rose of Summer'입니다. 이는 '유토피아 Utopia'의 저자인 아일랜드의 낭만파 시인 토마스 무어경이 1805년 작 같은 이름의 시에 오르가니스트 겸 작곡가인 에드워드 번팅 Edward Bunting이 아일랜드 민요 'The Young Man' Dream'의 가락을 붙여서 1813년 발표한 '무어의 아일랜드 선율 Moore's Irish Melodies'에 수록한 노래입니다. 존 앤드류 스티븐슨경 Sir John Andrew Stevenson이 피아노 반주를 작곡하여 유명해졌고 유럽 전역에 퍼져서 이를 주제로 베토벤은 플루트와 피아노를 위한 변주곡을 작곡하였고 멘델스존은 피아노를 위한 환상곡을 작곡했습니다.

예쁠수록 더 뾰족한 가시, 가까이할수록 더 깊은 상처를 준다는 것을 각오하세요.

Thomas Moore/Edward Bunting (Irish Melody), 'The Last Rose of Summer'
https://youtu.be/-Pznujlzyls

6월 5일 고독 사회

## 케니 지, '귀가'

**외로우신가요?**

그러시다면 정상입니다. 현시대 사람으로서 안 외롭다고 하면 뭔가 더 이상한 것입니다. 징호승 시인은 그의 시 '수선화에게'에서 "울지 마라 외로우니까 사람이다. 살아간다는 것은 외로움을 견디는 일이다. 공연히 오지 않는 전화를 기다리지 마라 (이하 줄임)"고 했습니다. 우리나라도 고독 사회로 접어들었습니다. 혼자 살면서 혼자 밥 먹고 술 마시고 여행하는 사람이 많아졌습니다. 외로움에 익숙해져야 외로움을 이길 수 있다고 합니다. 그러나 노인의 경우는 다릅니다. 젊은 청춘의 외로움은 나이 든 노인의 것과 질도 양도 전혀 다릅니다. 외로움을 달래기 위해서는 반려동물을 기르거나 악기를 배우는 것이 좋습니다. 우리나라에서 가장 인기 있는 반려 악기 중 상위 5개는 건반 keyboard, 색소폰 saxophone, 기타, 바이올린, 하모니카 순서입니다.

색소폰은 벨기에 출신 악기 제작가인 아돌프 삭스 Adolph Sax가 현악기의 부드러운 선율과 목관악기의 다양한 음색과 금관악기의 풍부한 성량을 겸비한 악기를 개발하고자 많은 연구와 실험 끝에 1842년 완성한 것입니다. 악기 이름은 그의 성을 따서 색소폰이라고 하였고 1846년 프랑스 특허를 획득했습니다. 몸통은 황동이지만 나무 떨림판 (리드)으로 소리를 내기 때문에 목관악기로 분류됩니다. 음역에 따라 10가지 종류가 있는데 이중 소프라노 색소폰은 다른 파트와 달리 관이 클라리넷처럼 직관으로 되어 있고 소리도 맑고 경쾌합니다. 과거에 색소폰은 특유의 관능적인 음색과 색스폰이라는 성을 연상시키는 잘못된 이름 때문에 저속한 악기로 오해를 받아 인기가 별로였습니다. 하지만 지금은 5대 반려 악기에 들 정도로 인기가 많은데 연주가 어려워서 배우기 시작한 후 1달에 1/3, 1년에 2/3, 3년에는 90%가 포기한다고 합니다.

소프라노 색소폰 연주자인 케니 지 Kenny G (Kenneth Gorelick)는 1956년 6월 5일 시애틀에서 태어났습니다. 10살부터 색소폰을 불었고 고등학생 때부터 밴드 활동을 했는데 공부도 잘해서 워싱턴대학 회계학과를 우등으로 졸업했습니다. 대표곡으로 '귀가 Going Home'가 있고 'Forever in Love'로 1994년 그래미상을 받았습니다.

고독 사회에서 돌아갈 집이 있고 집에 기다리는 사람이 있다는 것은 큰 축복입니다. 하지만 누군가 곁에 있어도 외로우시다면 반려 악기로 색소폰에 도전해보십시오.

Kenny G, 'Going Home'
https://youtu.be/HhKQccJRamU

6월 6일 현충일

## 한명희 시, 장일남 곡, '비목'

**오늘 국기를 다셨습니까?**

국기를 다는 우리나라 국경일은 삼일절, 제헌절, 광복절, 개천절, 한글날 등 5개입니다. 이 가운데 제헌절은 공휴일이 아닙니다. 현충일은 국경일이 아니고 기념일이지만 공휴일이고 국기를 달아야 합니다. 현충일은 우리나라를 지키기 위해 목숨을 바친 순국선열과 전몰장병을 추모하기 위해 1956년 처음 지정되었습니다. 6월 6일을 현충일로 정한 것은 6월이 역사상 가장 많은 사상자가 발생한 6·25 한국전쟁이 일어난 달이고 6일은 망종으로 고려 현종 때부터 전사한 군인들의 제사를 지낸 풍습이 있었기 때문입니다. 현충일은 경축일이 아니고 애도의 날이어서 조기를 달아야 합니다.

가곡 '비목'은 한명희 시에 장일남이 곡을 붙인 국민 애창 가곡으로 고등학교 음악 교과서에도 실렸습니다. 6·25 전쟁 때 전사한 무명용사의 희생을 추모하며 격전지였던 깊은 계곡의 풍경과 전사한 친구에 대한 애절한 그리움을 노래합니다. 작사자 한명희 선생은 6·25 전쟁의 포연이 남아 있던 1964년 서울대 음대 국악과를 졸업하고 ROTC 2기로 임관하여 비무장지대 백암산 (1,719 m)에서 2년간 소위로 복무했습니다. 군 복무 중에 잡초가 무성한 강원도 화천의 백암산 기슭에서 나무 십자가 비목과 녹슨 철모가 놓여있는 6·25 전쟁 때 전사한 무명용사의 돌무덤을 많이 보았습니다. 이 돌무덤의 주인공은 자신과 같은 꿈 많은 젊은 청년이었을 것이라는 생각에 이 풍경이 가슴에 깊이 새겨졌습니다. 제대 후 동양방송국 음악부 PD로 근무할 때 작곡가 장일남으로부터 신작 가곡을 위한 가사를 의뢰받고 군 복무 시절 백암산 계곡에서 봤던 이름 모른 돌무덤들을 생각하며 1967년 가곡 '비목'의 노랫말을 지었습니다.

가곡 '비목'의 현장에 1986년 전두환 정권이 시국 안정과 국면 전환을 위해 북한의 금강산댐을 이용한 수공 위협을 과장하여 국민 성금을 모아 1987년 2월 평화의 댐을 착공했습니다. 2005년 완공된 평화의 댐은 우리나라에서 제일 높고 세 번째로 크지만 항시 비어있는 텅 빈 댐입니다. 1995년 사상 최대의 불신과 낭비의 상징인 평화의 댐 지역에 가곡 비목의 탄생과 무명용사의 넋을 기리는 비목공원이 세워졌습니다.

비목의 돌무덤 위에 세워진 평화의 댐이 거짓으로 속이 텅 빈 댐이 아니라 온 국민의 평화에 대한 열망이 전 세계로 넘쳐흐르는 진정한 평화의 댐이 되도록 합시다.

한명희 시, 장일남 곡, '비목'
https://youtu.be/wE4wpdOSIgk

6월 7일 실종

## 조니 클레그, '아심보낭가 (만델라)'

**귀하의 주변에 갑자기 사라진 사람은 없습니까?**

세계 최대 금광이 있는 남아프리카 공화국 South Africa에는 아프리카계가 80%, 백인이 20% 정도 살고 있습니다. 남아공의 핵심 원주민은 전 인구 가운데 23%로 가장 많은 줄루족 Zulu입니다. 줄루족은 19세기 초에 세워진 줄루 제국이 남아프리카 지역에 정착하려는 영국군과 1879년 6달 동안 싸우며 저항하여 용맹하고 호전적인 부족으로 유명합니다. 줄루족 다음 부족은 코사 Xhosa족인데 남아공 백인 정권의 인종차별정책 apartheid에 저항하다 27년간이나 감옥에서 준 실종상태로 있다가 대통령이 된 넬슨 만델라 Nelson Mandela의 부족입니다.

조니 클레그 Johnny Clegg는 영국 출생 남아프리카 대중 음악가로 '백인 줄루 White Zulu'라고 불리고 있습니다. 그는 1953년 6월 7일 영국에서 태어나 6살에 어머니를 따라 남아프리카로 이주했습니다. 청소년기에 켈틱 Celtic 음악에 관심이 생겼고 줄루 음악 길거리 공연과 댄스 경연대회에도 참가했습니다. 15살에 통행금지 시간에 타 인종끼리 만남을 금지하는 법을 어겼다고 첫 번째 구금을 당했습니다. 17살에 흑백 혼합밴드인 '줄루카 Zuluka'를 결성하고 1979년 '세계인 Universal Men'이라는 앨범을 발표했습니다. 그는 정부의 인종차별정책을 어기고 단원을 흑백으로 세 명씩 구성하고 가사에 정치적인 주장을 담아서 공개 활동을 금지 당했습니다. 그래서 언더그라운드로 대학, 교회, 호스텔이나 개인 집에서 연주를 해야 했습니다. 그의 음악은 줄루 전통음악에 켈틱과 록을 혼합한 것으로 가사도 줄루어와 영어를 번갈아 썼습니다. 줄루카 밴드의 인종 통합주의와 정치적인 주장 때문에 클레그와 단원들은 여러 차례 구금되고 공연이 저지당했습니다. 그러나 유럽, 캐나다, 미국에서 연주 여행이 뜨거운 호응을 얻어 국제적으로 유명해졌습니다. 1986년 다인종 밴드 '사부카 Savuka'를 결성했습니다. 1987년 당시 27년간 투옥 중인 넬슨 만델라의 석방을 요구하고 인종차별정책에 항의하다 사라진 영웅들을 사모하는 노래 "우리는 그를 보지 못 했네 (만델라)"라는 뜻을 가진 '아심보낭가 Asimbonanga (Mandela)'를 발표했습니다.

오랫동안 보지 못해 마음에서까지 사라진 옛 친구와 동지들을 챙겨보십시오. 사라진 그분에게 오늘 문자로라도 안녕하신지 안부를 물어보십시오.

Johnny Clegg (Savuka), 'Asimbonanga (Mandela)'
https://youtu.be/BGS7SpI7obY

6월 8일 용기

## 슈만, 피아노 협주곡 가단조

**용기 있게 도전하여 스승님의 딸을 얻은 음악가는 누구일까요?**

용기 있는 자가 미인을 얻고 도전하는 자가 미래를 얻는다는 말이 있습니다. 이를 증명한 음악가가 로베르트 슈만 Robert Schumann입니다. 슈만은 1810년 6월 8일 독일 작센 Sachsen주 츠비카우에서 태어났습니다. 7살에 피아노를 배웠고 얼마 되지 않아 작곡도 하였으나 어머니의 뜻에 따라 법학을 공부했습니다. 그러나 20살에 라이프치히에서 이름난 피아노 선생인 프리드리히 비크 Friedrich Wieck의 집에 입주하여 피아노를 배웠습니다. 그때 비크 선생에게는 이미 피아노 연주회를 열 정도로 신동에 가까운 11살짜리 예쁜 딸 클라라 Clara가 있었습니다. 슈만은 1834년 비크 선생의 제자와 결혼 직전까지 갔으나 클라라를 잊을 수 없어 결혼을 포기하고 클라라가 성인이 되기를 기다렸습니다. 하지만 비크 선생은 슈만에게 딸과 사귀지 말라고 했습니다. 비크 선생의 엄명에도 불구하고 둘은 계속 만났고 결혼을 허락해달라고 했습니다. 클라라가 18살로 어려서 부모의 승낙이 필요했기 때문입니다. 비크 선생이 결혼을 허락해주지 않자 슈만은 법정 소송을 제기하여 3년 만에 승소하고 1840년 30세의 슈만은 21세의 미모와 재기가 넘치는 클라라와 결혼에 성공했습니다. 고전음악 역사에서 스승과 소송까지 해서 결혼한 것은 전무후무한 일입니다.

클라라와 결혼으로 고무된 슈만은 결혼 후 일 년 동안에 가곡과 피아노곡을 130여 곡이나 작곡했습니다. 클라라는 슈만의 평생 연인이자 창작의 원천이었고, 결혼 16년 동안에 8명의 아이를 낳고 기른 현모양처이자 틈틈이 연주회를 열어 생활비 대부분을 스스로 마련한 워킹 맘 working mom이자 가장이었고, 당대 최고 여류 피아니스트였습니다. 슈만이 조울증으로 라인강에 투신하여 구조된 후 2년간 투병할 때는 헌신적으로 간호하였고 37살 젊은 나이로 사별한 후에는 브람스의 끈질긴 구애와 호의에도 수절하면서 슈만을 연주하며 영적인 부부로 40년을 더 살아 76세로 삶을 마친 열녀였습니다. 클라라와 로베르트는 결혼 기간에 공동일기를 써서 사랑과 작품에 대한 영감을 공유하고 조언을 주고받은 것으로도 유명합니다. 피아노 협주곡은 1845년 완성한 가단조가 유일한데 클라라의 피아노로 초연했습니다.

사랑을 위해 스승의 엄명도 거역한 슈만처럼 때론 미움 받을 용기를 가지십시오.

Robert Schumann, Piano Concerto A minor
https://youtu.be/3jbHbDena_U

6월 9일 조율

## 알비노니, 오보에 협주곡 2번

### 관현악단이 조율할 때 기준이 되는 악기는 무엇일까요?

비발디와 같은 후기 바로크 시대 음악가인 토마소 알비노니 Tomaso Albinoni는 비발디보다 7년 빠른 1671년 6월 8일 이탈리아 베네치아에서 부잣집 아들로 태어났습니다. 어려서는 바이올린과 성악을 공부했는데 나중에 작곡가가 되었습니다. 일반 음악가와 달리 그는 집이 부유해서 직업형 음악가가 아닌 딜레탕트 dilettante라고 부르는 취미형 음악가였는데 1708년 37살에 아버지가 세상을 뜬 다음에 본격적으로 전문직 작곡가로 활동했습니다. 80세까지 장수하면서 오페라 81곡, 소나타 99곡, 협주곡 59곡, 칸타타 40여 곡, 교향곡 9곡 등을 작곡했으나 당시 출판되지 않은 것도 많고 출판된 것도 이차대전 때 많이 소실되었습니다. 그는 이탈리아 작곡가로서는 처음으로 오보에 oboe를 협주곡의 독주 악기로 사용했습니다. 오보에 작품으로 오보에를 위한 협주곡 4개, 두 대의 오보에를 위한 협주곡 4곡 등 16개가 있습니다. 그의 오보에 협주곡 2번은 그가 절정기인 1722년 51세에 작곡한 곡으로 3악장으로 구성되어 있는데 세상에서 가장 감미롭고 아름다운 오보에 곡으로 알려져 있습니다.

오보에는 바순처럼 더블 리드 double reed를 이용해 소리를 내는 목관악기입니다. 1770년 이전에는 오보에를 프랑스어로 높은 haut 음이 나는 나무 bois 피리라는 뜻으로 오브와 hautbois라고 불렀는데 이후에 오보에가 되었습니다. 오보에 소리는 맑고 투명하며 깊이가 있고 다른 악기와 잘 어울려 목관악기 중 제일 먼저 관현악단에 포함되어 관악기 중에서 맨 앞 중앙에 위치하여 관악기의 왕으로 대접받고 있습니다. 오보에 소리는 다른 악기에 비해 음이 일정하고 멀리 가므로 관현악단이 음을 맞출 때 오보에 A (라) 음에 맞춰 조율 tunning을 합니다. A음도 주파수에 따라 느낌이 다르므로 공연장 분위기를 고조시키기 위하여 1939년 런던회의에서 기존의 국제 기준이었던 435 Hz (international pitch)를 440 Hz (concert pitch)로 높였습니다. 근래에는 440 Hz도 쳐진 느낌이 든다고 하여 442～446 Hz까지 높이기도 합니다.

오보에가 관악기의 왕이 된 것은 높은 음 때문이 아니라 깊이 있고 잘 어울리기 때문이었습니다. 아무리 소리가 크고 고와도 어울리지 못하는 소리는 소음일 뿐입니다. 크고 강하지 않아도 깊은 울림을 주는 말로 두루두루 어울리는 멋진 하루가 되십시오.

Tomaso Albinoni, Oboe Concerto No. 2
https://youtu.be/LjgndGuy77o

6월 10일　내로남불

## 바그너, 오페라 '트리스탄과 이졸데'에서 '사랑의 죽음'

### 사랑이 어떻게 로맨스도 되고 불륜도 될까요?

내로남불이라는 말처럼 같은 사랑도 내가 하는 것은 로맨스이고 남이 하는 것은 불륜이 됩니다. 사랑은 판단 기준이 관점에 따라 천차만별로 다르고 개인의 내적 감정의 변덕 때문에 늘 모순되고 주변의 시선이나 윤리 도덕과 충돌 때문에 늘 고통스럽습니다. 자유연애 대장으로 유명한 바그너는 1848년 실패한 드레스덴 혁명에 가담한 죄로 체포영장이 발부되자 절친인 리스트의 도움으로 1849년 5월 23일 혈혈단신 스위스로 피신했습니다. 스위스 취리히에서 오토 베젠동크 Otto Wesendonck의 도움을 많이 받았는데 배은망덕하게도 베젠동크의 부인 마틸데 Mathilde와 금지된 사랑에 빠졌습니다. 이에 사랑하는 남녀가 모두 죽어 비극적인 연애 이야기로 유럽에서 가장 유명한 켈트족의 전설 트리스탄 Tristan과 이졸데 Isolde의 사랑 이야기에 자신의 심경을 섞어 음악극 Music Drama (오페라) '트리스탄과 이졸데'의 작곡에 착수했습니다.

바그너가 '트리스탄과 이졸데'의 대본을 1857년 9월 완성하고 1막을 작곡하는 도중에 그와 마틸데의 내로남불이 그의 부인 민나 Minna에게 발각되어 바그너는 이탈리아 베네치아로 도망쳤습니다. 그래서 2막은 베네치아에서 완성하고, 3막은 1859년 8월 스위스 루체른에서 완성했습니다. 초연은 6년이나 지난 1865년 6월 10일 뮌헨 국립극장에서 그의 제자이자 최초의 전문 지휘자인 한스 폰 뷜로우 Hans von Bülow의 지휘로 이루어졌습니다. 한스는 자신의 아내 코지마 Cosima가 바그너와 사랑에 빠져 2달 전에 딸까지 낳은 것을 알았음에도 지휘를 맡아 주었습니다. 코지마는 1868년 한스와 이혼하고 1858년 민나와 이혼한 바그너와 1870년 결혼했습니다. 그런데 코지마는 프란츠 리스트와 마리 다구 백작 부인 사이에 난 혼외녀이었고 바그너보다 24살이나 어렸습니다. 결과적으로 바그너는 제자의 부인을 취하여 친구의 사위가 된 것입니다. 이처럼 바그너는 금지된 사랑을 밥 먹듯 한 바람둥이였습니다.

'트리스탄과 이졸데'는 여러 면에서 서양음악의 새로운 이정표가 되었는데 서곡과 트리스탄의 죽음 앞에 절규하는 이졸데의 마지막 아리아 '사랑의 죽음 Liebestod'이 유명합니다. '사랑의 죽음'은 리스트가 편곡한 피아노곡으로도 많이 연주됩니다.

완벽한 삶도 없고 완전한 사랑도 없으니 우리 서로 내로남불하지 맙시다.

Richard Wagner, Opera 'Tristan and Isolde', 'Liebestod'
https://youtu.be/WGsTJd5NBjw

6월 11일 물놀이

## 차이콥스키, '사계'에서 '6월, 뱃노래'

### 물놀이 좋아하십니까?

어린아이나 어른이나 물놀이를 좋아하지 않는 사람은 물에 빠져 죽을 뻔했던 트라우마가 있는 사람 외에는 없을 것입니다. 이는 물놀이가 시원하고 재미있기도 하지만 모든 생명이 바닷물 속에서 기원했고 사람이 태아 때 어머니 자궁 안 양수라는 물속에서 자랐기 때문이라고 생각됩니다. 유월 중순이라 아직 본격적인 여름이 시작된 것은 아니지만 낮 기온이 30도를 오르내려 한여름을 방불케 합니다. 여름철 무더위를 피하는 최고의 피서는 물놀이입니다. 원래 우리나라 강은 맑고 금모래에 반짝이는 조약돌로 물놀이 천국이었는데 댐으로 막혀 강변이 없어지고 수질도 나빠져서 물놀이를 할 수 있는 곳은 거의 없습니다. 따라서 물놀이는 물놀이 시설이나 해수욕장을 이용해야만 합니다. 2020년 시작된 코로나 팬데믹으로 거리두기가 일상화되면서 해수욕장이나 물놀이 시설을 이용할 수 없게 되었을 때는 개인 풀이 딸린 펜션이나 호텔을 찾는 사람이 많았고 아파트 발코니나 주택 정원에 간이 수영장을 설치하는 경우가 많아졌습니다. 이 모두 물놀이가 여름철 피서에 최고라는 것을 입증하는 것들입니다.

물놀이는 물속에서 헤엄치며 노는 것도 있지만 물 위에서 오리 배, 수상 스키, 바나나 보트, 요트, 유람선 등을 타는 것도 있습니다. 바카롤 Barcarolle은 이탈리아 베네치아 운하를 이동하는 4~6인승 곤돌라 사공의 뱃노래에서 유래했습니다. 바카롤의 Barca는 보트라는 뜻이고 사공이 노로 물을 치는 동작에 맞춘 6/8박자 보통 빠르기 노래입니다. 대표적인 바카롤이 '산타 루치아 Santa Lucia'입니다. 바카롤은 오펜바흐의 '호프만의 이야기 Les Contes d'Hoffmann'에서 뱃노래 'Belle Nuit, O Nuit d'Amour'와 같이 오페라에서도 흔히 사용됩니다. 18세기에는 한때 기악곡 형식으로도 유행했는데 대표적으로 멘델스존의 '무언 가곡 Songs without Words'에 3개의 'Venetian Gondola Song', 쇼팽의 피아노 독주곡 '바카롤', 차이콥스키의 '사계'에서 '6월'이 있습니다. 차이콥스키 '사계' 중 '6월'은 알렉세이 프레시케이코프의 시에서 영감을 받아 작곡한 것으로 여름날 저녁의 한가로운 뱃놀이 풍경을 노래합니다.

물놀이나 뱃놀이는 주말이나 휴가 때 가기로 하고 주중에는 해 저문 저녁 시간을 정하여 음악을 들으며 동네 한 바퀴 도는 밤마실로 피서도 하고 건강도 챙기십시오.

Pyotr Ilyich Tchaikovsky, 'The Seasons', 'June, Barcarolle'
https://youtu.be/KMb_TPrqMZI

6월 12일 검증

## 석호 시, 조두남 곡, '뱃노래'

**인사 검증을 받아 보셨나요?**

우리나라 국회에 고위 공직에 지명된 사람이 업무 능력과 자질을 적절히 갖추었는지를 검증하는 인사청문제도가 있습니다. 국무총리, 대법원장, 헌법재판소장, 감사원장, 대법관, 헌법재판소 재판관 일부, 중앙 선거관리위원회 위원 일부는 동의가 필수이고 장관, 국정원장, 검찰총장, 경찰청장 등은 필수는 아닙니다. 역대로 국회의 인사청문회는 대통령이 지명한 고위 공직자를 어떻게 하든 낙마시키는 것을 목적으로 능력이나 자질보다는 도덕성이나 사상 검증에 더 집중하였습니다. 이로써 과거의 치부가 드러나 동네방네 망신만 당하고 자진사퇴 하는 후보자도 적지 않았습니다.

작곡가 조두남은 1912년 10월 9일 평양의 가톨릭 집안에서 태어났습니다. 미국인 신부 조지프 캐논스 Joseph Cannons에게 피아노와 작곡을 배워 11살인 1923년 가곡 '옛이야기'를 작곡했고 17살에 첫 가곡집을 발간했습니다. 평양 숭실학교를 졸업하고 평양의 여러 교회에서 오르간과 피아노를 연주하며 찬송 지도자로 활동하다가 1928년 만주로 가서 1931년 용정에 정착했고 1933년 대표곡 '선구자'를 작곡했습니다. 광복 후 귀국하여 서울로 왔으나 1950년 6·25 한국전쟁이 일어나자 마산으로 피난하여 마산에 정착했습니다. 만주 체류 시 1943년 일본의 괴뢰국인 만주국의 만주 작곡가협회에 가입하고 만주국의 영광을 칭송하며 일본의 징병을 찬양하고 대동아공영권 건설을 지지하는 내용의 노래를 만들어 보급하는 친일 활동을 했습니다. '선구자'도 원래는 친일 시인 윤해영이 쓴 가사로 만든 '용정의 노래'였고 가사에 나오는 선구자는 독립투사가 아니라 만주국 창건에 적극적인 협조자였습니다. 1945년 광복으로 조두남이 귀국하면서 만주국을 찬양한 '용정의 노래'를 '선구자'로 이름을 바꿔 독립군 찬가인 양 둔갑시켜 한때 국민애창가곡이 되었습니다. 하지만 진실이 밝혀져서 불행하게도 조두남은 김동진, 김성태, 안익태, 이흥렬, 현제명, 홍난파 등과 함께 친일 인명사전에 수록되었습니다. 조두남이 1946년 서울에서 작사 작곡한 '뱃노래'는 흥겨운 우리나라 민요 선율에 광복 조국의 부푼 희망을 노래합니다.

한때의 친일 행적으로 인생에 지울 수 없는 오점을 남긴 애석한 친일 음악가들을 생각하고 어떤 경우에도 민족을 배반하는 일이 없도록 늘 깨어 있으십시오.

석호 (조두남의 호) 시, 조두남 곡, '뱃노래'
https://youtu.be/qEAqaaFYq1w

6월 13일 첫발

## 클로드-미셸 쇤베르그, '첫 발자국'

**남북 분단 이후 최초로 북한 땅에 첫발을 내딛은 대통령은 누구일까요?**

우리나라 제15대 김대중 대통령입니다. 김대중 대통령은 남북정상회담을 위해 2000년 6월 13일 평양 순안공항에 내려 북한을 방문한 우리나라 첫 대통령이 되었습니다. 두 번째는 노무현 대통령으로 2007년 10월 2일 남북 군사분계선을 넘어 북한을 방문했습니다. 김대중 대통령의 첫 발자국이 남북화해를 통한 상생공영의 큰 물결로 이어지길 바랐으나 정권이 바뀌고 북미대화의 실패로 원점으로 되돌아가고 말았습니다.

뮤지컬 '레 미제라블 Les Miserable'과 '미스 사이공 Miss Saigon'을 작곡한 클로드-미셸 쇤베르그 Claude-Michel Schönberg는 '캣츠 Cats', '에비타 Evita', '오페라의 유령 Phantom of Opera'을 작곡한 앤드루 로이드 웨버 Andrew Lloyd Webber, '폴리스 Police'와 '웨스트사이드 스토리 Westside Story'를 작곡한 스티븐 손드하임 Stephen Sondheim과 함께 세계 3대 뮤지컬 작곡가입니다. 그는 12음 기법을 창안한 아놀드 쇤베르그의 손자로 잘못 알려지기도 했는데 그의 부모는 유대계 헝가리인으로 1930년대에 프랑스로 이주했고 아버지는 피아노 조율사였습니다.

클로드-미셸 쇤베르그가 30살인 1974년 작곡하고 직접 부른 '첫 발자국 Le Premier Pas'은 전 세계적으로 큰 인기를 얻었고 클로드 키아리 Claude Ciari의 기타 연주로 더욱 유명해졌습니다. 이는 소심한 청년이 짝사랑하던 여자가 자기에게 첫발을 떼고 다가와 주기를 소원하는 노래입니다. 그러나 그렇게 해서는 사랑을 이룰 수 없습니다. 목마른 사람이 먼저 샘을 파야 하듯이 더 먼저 더 뜨겁게 사랑하는 사람이 먼저 고백하고 먼저 다가가서 손을 내밀어야 사랑이 이루어질 수 있습니다. 사랑의 표현도 사랑의 고백도 없이 상대가 자기의 마음을 알아주기를 바라는 것은 고목에서 꽃이 피고 바위에서 샘물이 나길 바라는 것과 같습니다. 시작이 반이라고도 하지만 첫 숟가락에 배부를 수 없고 한 걸음으로 산에 오를 수 없습니다. 첫 발걸음 이후 크고 작은 발걸음들이 계속 이어졌더라면 지금은 통일 마당에 서 있을 것인데 몹시 안타깝습니다.

남북 관계든 남녀 관계든 더 많이 사랑한 쪽이 먼저 다가가야 합니다. 열 번 찍어 넘어가지 않는 나무가 없다고 하니 열 번은 찍으십시오. 자존심 손상에 대한 보상은 사랑을 이루고 난 뒤에 복리 이자도 문제가 아니니 먼저 첫발을 떼고 다가가십시오.

Claude-Michel Schönberg, 'Le Premier Pas'
https://youtu.be/w9ff0ApY590

6월 14일 갈등

## 차이콥스키, 피아노 삼중주 가단조 '위대한 예술가를 추모하며'

**가장 감당하기 어려운 갈등은 어떤 것일까요?**

부모 자식, 부부, 형제자매, 스승과 제자, 절친 등 멀리할 수 없는 사람과 갈등이 가장 감당하기 어려운 갈등입니다. 모스크바 음악원을 설립한 피아니스트이고 작곡가이자 지휘자인 니콜라이 루빈시테인 Nikolai Rubinstein은 1835년 6월 14일 모스크바에서 유대인 부모로부터 태어났습니다. 어려서 어머니로부터 피아노를 배웠고 9살에 형 안톤 Anton 루빈시테인과 함께 독일에서 피아노와 화성학을 공부했습니다. 군대 징집을 피할 목적으로 모스크바 대학 의대에 진학하여 1855년 졸업했으나 의사 대신 음악가가 되었습니다. 니콜라이는 1866년 모스크바 음악원을 설립하고 자신보다 4년 먼저 상트페테르부르크 음악원을 설립한 형 안톤의 제자인 차이콥스키를 자신의 음악원 교수로 초빙했습니다. 이렇게 니콜라이 루빈시테인은 초대 원장, 차이콥스키는 초대 교수가 되었습니다. 하지만 모스크바 음악원은 나중에 차이콥스키 음악원이라는 별칭으로 더 유명해지고 4년마다 차이콥스키 국제 콩쿠르를 열고 있습니다.

니콜라이는 5살 적은 차이콥스키를 친 제자처럼 아끼고 그의 곡을 연주하고 지휘도 해주면서 적극적으로 도와주었습니다. 이에 차이콥스키도 첫 피아노 협주곡을 니콜라이에게 헌정하려고 했습니다. 그러나 니콜라이가 혹평을 하자 분개하여 독일의 지휘자 한스 폰 뷜로에게 헌정했습니다. 이 피아노 협주곡 1번은 뷜로의 지휘로 1875년 10월 25일 미국 보스턴 교향악단과 초연하고 호평을 받았습니다. 이후 니콜라이가 차이콥스키에게 사과하고 화해하여 둘의 관계는 다시 회복되었고 러시아에서 초연은 본인이 직접 지휘해주었습니다. 이에 차이콥스키는 피아노 협주곡 제2번을 니콜라이에게 헌정했습니다. 1881년 3월 23일 니콜라이가 파리에서 결핵으로 사망하자 차이콥스키는 그를 추모하는 추모곡의 작곡에 착수하여 이듬해 1월 피아노 3중주 가단조 '위대한 예술가를 추모하며 In Memory of a Great Artist'를 완성했습니다. 2악장으로 구성되어 있고 위대한 스승을 잃은 슬픔을 현악기들의 애절한 선율과 피아노의 땅을 치고 통곡하는 듯한 울림으로 묘사했는데 차이콥스키의 유일한 피아노 삼중주이고 그의 실내악곡 중에서 최고 명곡으로 꼽히고 있습니다.

갈등을 오해로 증폭시켜 원수가 되지 말고 이해로 풀고 화해하여 친구가 되십시오.

Pyotr Ilyich Tchaikovsky, Piano Trio A Minor 'In Memory of a Great Artist'
https://youtu.be/2GAatbgHKUU

6월 15일 삶의 목표

## 그리그, '페르 귄트 모음곡'에서 '솔베이지 노래'

**삶의 궁극적인 목표는 무엇일까요?**

노벨상 중에서 평화상은 노벨의 유언에 따라 스웨덴이 아닌 노르웨이가 주관하여 노르웨이의 수도 오슬로 국회에서 시상합니다. 알프레드 노벨 Alfred Nobel이 노벨상 유언을 남긴 1895년 당시 노르웨이는 스웨덴과 연합국이었는데 노벨은 스웨덴과 노르웨이 연합국이 계속 유지되기를 원했으며 당시 노르웨이가 국제 분쟁의 조정자 역할을 많이 했기 때문에 노벨상 중 최고인 평화상을 노르웨이에게 맡긴 것입니다. 연어의 나라이기도 한 노르웨이는 '인형의 집'의 작가인 입센, '솔베이지 노래'의 작곡가 그리그, '절규'의 화가 뭉크, 탐험가 아문센으로 유명합니다. 노벨의 뜻과 달리 노르웨이는 1905년 스웨덴에서 독립했는데 1971년 북해 유전의 발견으로 졸지에 세계 4대 석유 수출국이 되었고 개인 국민소득 55,000불로 세계 4위 부자 나라가 되었습니다.

에드바르 그리그 Edvard Grieg는 1843년 6월 15일 노르웨이 베르겐에서 태어났습니다. 어려서 어머니로부터 피아노를 배웠고 15살에 독일로 가서 라이프치히 음악원에서 공부했습니다. 졸업 후 당시 관행인 독일에 남지 않고 귀국하여 노르웨이 민족 음악을 발전시켰습니다. 대표곡으로 '솔베이지 노래 Solveig's Song'가 들어있는 '페르 귄트 모음곡 Peer Gynt Suite'과 '피아노 협주곡 가단조'가 있습니다. '페르 귄트 모음곡'은 노르웨이를 대표하는 세계적인 극작가이자 현대극의 아버지로 불리는 헨리크 입센 Henrik Ibsen의 5막짜리 희곡 '페르 귄트'의 무대 음악으로 작곡한 관현악곡에서 8곡을 골라 4곡씩 2권으로 엮은 것입니다. 첫 곡이 유명한 '아침 기분 Morning Mood'이고 마지막 곡이 '솔베이지 노래'입니다. 노르웨이 시골 청년 페르 귄트가 애인 솔베이지를 버리고 고향을 떠나 일확천금을 노리고 온갖 기행과 비행을 저지르며 세상을 떠돌다가 늙고 병들어서 무일푼으로 돌아왔습니다. 그때까지 페르 귄트를 기다린 솔베이지는 죽어가는 페르 귄트를 품에 안고 '솔베이지 노래'를 부르는데 1절은 페르 귄트가 다시 돌아올 것을 믿고 평생 기다리겠다고 하고, 2절은 죽어 하늘나라에 올라가면 거기서 다시 만나 사랑을 이루자고 합니다. 페르 귄트는 손에 쥔 사랑을 버리고 영웅심과 황금에 눈멀어 허무하게 인생을 마감한 어리석은 인간을 상징합니다.

목표를 이루었든 이루지 못 했든 인생 떠나는 마지막 날에는 웃는 자가 되십시오.

Edvard Grieg, 'Peer Gynt Suite', 'Solveig's Song'
https://youtu.be/P-6BIkAXWeo

6월 16일 러브스토리

## 칼 시그먼, 프란시스 레이, '어디서부터 시작할까요?'

**솔직히 러브스토리, 많이 있으시지요?**

많다면 상처가 많으실 것이고 없다면 미련이 많으실 것입니다. 제일 기억나는 러브스토리는 어디서 어떻게 시작되었습니까? 맞선이나 소개팅으로, 도서관에서, 동아리에서, 여행 중에, 아니면 부모님이 엮어 줘서 등으로 다양할 것입니다. 어떻게 시작되었든지 인연이 되어 사랑이 싹터서 여기까지 오셨거나 인연이 안 되어 헤어졌겠지요. 러브스토리는 주인공과 조연만 다르지 대부분 그렇고 그런 이야기이지만 누구나 귀를 쫑긋 세우는 최고의 흥밋거리입니다. 러브스토리의 고전은 셰익스피어의 '로미오와 줄리엣'입니다. 에릭 시걸 Erich Segal의 'Love Story'는 로미오와 줄리엣의 현대판입니다. 하버드대학생 재벌의 아들 올리버 배럿과 래드클리프대학생 제빵사의 딸 제니퍼 캐빌레리가 집안의 반대에도 불구하고 결혼하여 행복한 나날을 보내는데 제니퍼가 백혈병으로 25살에 죽는 비극적인 사랑 이야기입니다. 뉴욕타임스 41주 연속 베스트셀러에 올랐고 1970년 영화로도 제작되어 크게 인기를 얻었습니다. 영화 '러브스토리'의 주제곡은 프란시스 레이 Francis Lai가 연주곡으로 작곡한 것에 칼 시그먼 Carl Sigman이 '어디서부터 시작할까요 Where Do I Begin?'라는 이름으로 가사를 붙여 1971년 앤디 윌리암스 Andy Williams가 불렀습니다.

에릭 시걸은 1937년 6월 16일 뉴욕 브루클린에서 유대교 랍비의 아들로 태어났습니다. 1958년 하버드대학을 졸업하고 1965년 비교문학으로 박사학위를 받았습니다. 베스트셀러 작가이지만 그리스와 라틴 문학에 대한 논문과 글도 많이 썼고 예일대학 등에서 강의도 했습니다. 'Love Story' 외에도 1958년 자신과 같이 졸업한 하버드대학 졸업 동기 5명의 운명을 다룬 '하버드대학의 천재들 The Class', 하버드의대 입학 동기이자 소꿉친구인 바니와 로라를 통해 의사가 되기까지 어려움과 의사가 된 다음 겪는 윤리적인 문제와 사랑을 다룬 '닥터스 Doctors'가 있습니다.

영화 '러브스토리'에 "사랑은 미안하다고 말하지 않아도 된다는 거야 Love means never having to say you're sorry"라는 유명한 대사가 있습니다. 사랑하는 사이라면 미안하다고 말하지 않아도 이해하고 용납해야 한다는 말로써 맞는 말입니다. 하지만 진정 사랑한다면 미안하다고 사과할 일을 아예 만들지 마십시오.

Carl Sigman/Francis Lai, 'Where Do I Begin?'
https://youtu.be/w6w0cy_1HY4

6월 17일 성모송

## 구노, '아베 마리아'

**아베 마리아 가운데 어떤 곡을 좋아하십니까?**

세계 3대 아베 마리아 Ave Maria는 슈베르트 Schubert의 아베 마리아 (1825년), 구노 Gounod의 아베 마리아 (1859년), 오랫동안 카치니 Caccini의 아베 마리아로 잘못 알았던 러시아 블라디미르 바빌로프 Vladimir Vavilov의 아베 마리아 (1970년)입니다. 취향에 따라 호불호가 있을 것이나 바빌로프의 아베 마리아는 가사가 없고 아베 마리아만 계속 반복하는 일종의 보칼리제 vocalise입니다.

샤를-프랑수아 구노 Charles-François Gounod는 1818년 6월 17일 프랑스 파리에서 피아니스트 어머니와 제도공 아버지 사이에서 태어났으나 5살에 아버지를 잃고 어머니로부터 피아노를 배웠습니다. 1839년 칸타타 '페르디난드 Ferdinand'로 로마대상을 수상하여 이탈리아에서 작곡을 공부했습니다. 1851년 33살에 그의 첫 오페라인 '사포 Sappho'를 완성했습니다. 1859년 그의 대표작인 5막짜리 그랜드 오페라 '파우스트 Faust'를 완성하고 파리의 리리크 극장에서 초연하여 호평을 받았습니다. 구노의 '아베 마리아'는 1859년 바흐의 평균율 클라비어곡집 1집 1번 전주곡 다장조를 반주부로 하고 여기에 선율을 더하고 라틴어 성모송의 가사를 붙여 작곡한 것입니다. '아베 마리아'는 성모 마리아를 성인으로 공경하는 가톨릭교회, 정교회, 성공회 등에서 성모 마리아가 우리를 대신해서 하나님께 기도해주기를 요청하는 노래입니다.

구노는 1843년 파리 외방전교회 소속 신학교 성당의 악장이 되었는데 같은 해 10월 4일 선교사가 되기 위해 외방전교회에 들어온 다블뤼 Daveluy 신부를 만나 동갑내기로 친하게 지냈습니다. 다블뤼 신부는 1845년 10월 12일 조선에 상륙하여 21년 동안 선교 활동을 하다가 병인박해로 1866년 3월 30일 순교했습니다. 구노가 이 소식을 듣고 1869년 다블뤼 주교를 비롯한 조선의 순교자들을 찬양하는 가톨릭 성가 284번 '무궁무진세에'를 작곡했는데 이 성가를 '아베 마리아'로, 순교한 주교를 1839년 기해박해 때 순교한 앵베르 Imbert 주교로 잘못 이야기되기도 합니다.

성모님이나 생모님이나 하나같이 우리들의 안전과 만사형통을 위해 자나 깨나 기도하고 계십니다. 어머니의 기도 없이 절로 된 게 없으니 어머니가 하늘에 계시든 이 땅에 계시든 매일 매일 안녕하신지 문안 인사를 드리십시오.

Johann Sebastian Bach/Charles-François Gounod, 'Ave Maria'
https://youtu.be/tElmCJWI_ak

6월 18일 등산

## 유경환 시, 박판길 곡, '산 노을'

**산을 더 좋아하십니까, 바다를 더 좋아하십니까?**

신록이 무성해지고 폭염이 계속되니 시원한 곳이 그립습니다. 산도 좋고 물도 좋습니다. 어진 사람은 변하지 않는 산을 좋아하고 (인자요산), 지혜로운 사람은 막힘이 없는 물을 좋아한다고 (지자요수) 하는데 우리나라 사람들은 특별히 산을 더 좋아하는 것 같습니다. 주말이나 휴일에는 도시 근교 산은 첨단 고기능 등산복을 곱게 차려입고 때로는 에베레스트나 알프스에 오르는 전문 산악인과 같이 완전무장한 등산객으로 말 그대로 인산인해를 이룹니다.

산에는 왜 갈까요? 갖은 고생을 하는 것은 물론 죽을 위험을 무릅쓰고 산에는 왜 가는 걸까요? 건강을 위해서 가거나 취미로 갈 것인데 물이 있어서일까요, 숲이 있어서일까요, 아니면 높은 봉우리 때문일까요? 에베레스트 정상 첫 도전자인 영국의 조지 허버트 리 맬러리 George Herbert Leigh Mallory는 "왜, 에베레스트에 오르느냐?"는 질문에 "산이 거기 있으니까 Because it's there"라고 하여 등산에서 가장 유명한 말이 되었습니다. 그는 1886년 6월 18일 태어나 대학 때 등산을 시작하여 1911년 25살에 스위스 몽블랑에 올랐습니다. 대학 졸업 후 교사가 되었고 1921년, 1922년, 1924년 등 3번에 걸친 영국의 에베레스트 원정에 참가했습니다. 1924년 6월 8일 사상 최초로 앤드루 어빈과 함께 에베레스트 정상에 도전하였으나 정상 200미터 아래 지점에서 실종되었습니다. 그의 시신은 75년이나 지난 1999년 발견되었습니다.

에베레스트 정상 등정은 맬러리 이후에도 많은 도전이 있었으나 실패하고 1953년 뉴질랜드의 에드먼드 힐러리 Edmund Hillary와 셰르파 텐징 노르가이 Tenzing Norgay에 의해 29년 만에 성공했습니다. 그런데 등정 인증 사진에는 주인공 힐러리는 없고 셰르파만 있습니다. 이는 셰르파가 사진기를 다룰 줄 몰라 힐러리의 사진을 찍어주지 못했기 때문입니다. 셰르파에게 사진기 작동법을 가르쳐 주지 그랬냐는 질문에 그는 에베레스트 정상은 그걸 가르쳐주고 있을 만큼 한가한 곳이 아니라고 했습니다. 에베레스트 정상은 오르기도 힘들지만 잠시 머물기도 쉽지 않은 곳입니다.

등산이나 인생은 오르막도 있고 내리막도 있는데 내리막이 더 위험합니다. 정상에 오르거든 높이에 취해 오래 머무르지 말고 노을이 지기 전에 빨리 내려오십시오.

유경환 시, 박판길 곡, '산 노을'
https://youtu.be/3cAunTQzRdk

6월 19일 노예

## 에드윈 호킨스, '오, 행복한 날'

**아프리카계 미국인들이 가장 행복한 날은 언제일까요?**

미국 텍사스주가 1865년 6월 19일 흑인 노예제도 폐지를 처음 선언한 후 미국 전체로 퍼져 나가 6월 19일 June nineteenth이 노예 해방 일이 되었습니다. June nineteenth를 줄여서 Juneteenth Day 또는 Juneteenth Freedom Day로 부르거나 그냥 Freedom Day, Jubilee Day, Liberation Day, Emancipation Day로 부르기도 하는데 아프리카계 미국인들이 가장 기쁘고 행복한 날입니다.

오늘과 같이 기쁜 날에 너무 잘 어울리는 노래가 있습니다. 'Oh Happy Day'입니다. 이 노래는 요한 프라이링하우젠 Johann A. Freylinghausen이 작곡한 선율에 영국의 필립 도드리지 Philip Doddridge 목사가 가사를 붙여 만든 18세기 중엽의 찬송가에서 유래했습니다. 19세기 중반 에드워드 림볼트 Edward F. Rimbault가 사도행전 22장 16절에 근거하여 후렴구 "Oh Happy Day, Oh Happy Day, When Jesus washed my sins away"를 추가했는데 20세기에 원래 찬송가 가사는 생략되고 림볼트의 후렴구만 남았습니다. 이를 1967년 에드윈 호킨스 Edwin Hawkins가 흑인의 취향에 맞게 경쾌한 리듬으로 편곡하여 1968년 아레사 프랭클린 Aretha Franklin이 부르고 1969년 에드윈 호킨스 싱어스가 불러서 미국 빌보드 차트 4위, 프랑스, 독일, 네덜란드 1위, 영국 2위에 올라 세계적인 인기를 얻었고 1970년 그래미상을 수상했습니다. 이후 'Oh, Happy Day'는 가스펠의 표준이 되었고 1993년 개봉된 뮤지컬 '시스터 액트 Sister Act 2'에 삽입되면서 더욱 유명해졌습니다.

인간의 자유는 미국의 프랭클린 루스벨트 대통령이 1941년 1월 6일 연두교서 연설에서 언론과 의사 표현의 자유, 신앙 종교의 자유, 결핍으로부터 자유, 전쟁 공포로부터 자유 등 4가지로 구체적으로 명시하여 보장받도록 했습니다. 하지만 아직도 무엇인가에 얽매여 노예처럼 사는 사람이 많습니다. 죄나 열등의식, 돈, 명예, 권력, 이념이나 사상만이 아니라 먹을거리나 취미, 일 등에 매여 노예가 된 사람도 많습니다. 아무것에도 얽매이지 않아야 진정한 자유인입니다.

너무너무 기쁜 노예 해방의 날에 우리도 우리를 묶고 있는 모든 것으로부터 자유를 선언하고 바람처럼 사는 자유인이 되어 '오 해피 데이'를 힘차게 불러봅시다.

Edwin Hawkins, 'Oh, Happy Day'
https://youtu.be/olQrCfkvbGw

6월 20일 달인

## 오펜바흐, 오페레타 '지옥의 오르페'에서 서곡

### 달인이나 명인이 되고 싶으십니까?

프랑스 오페레타 Operetta의 창시자이고 '상제리제의 모차르트'로 불렸던 자크 오펜바흐 Jacques Offenbach는 1819년 6월 20일 당시 프러시아 지역인 독일 쾰른에서 성가대 인도자 Cantor이자 음악 교사 아버지로부터 태어났습니다. 원래 이름은 야곱 레비 이베르스트 Jacob Levy Eberst인데 나폴레옹이 유대인들에게 아버지 성을 쓰지 못하게 한 칙령에 따라 자크 오펜바흐로 바꿨습니다. 14살에 프랑스 파리로 이주하여 파리음악원에서 첼로를 전공했는데 작곡 공부도 병행했습니다. 1855년 파리 세계박람회 때 그가 운영하던 상제리제 극장에서 그의 오페레타가 흥행에 성공한 것을 계기로 오페레타 작곡에 전념하여 3년 뒤 그의 대표작 '지옥의 오르페 Orphée aux Enfers (Orpheus in the Underworld)'를 완성했습니다.

오페레타는 17세기 중엽 이탈리아 나폴리를 중심으로 발생한 오페라 부파 Buffa의 일종입니다. 오페라 부파는 희극적이고 풍자적인 요소를 강조한 오페라인데 오페레타는 오페라 부파보다 대사와 춤이 많은 것이 특징입니다. 오페레타가 오페라를 격하시키는 저질 음악이라는 비난에도 불구하고 오펜바흐는 매년 두세 곡씩 작곡하여 61세에 사망하기까지 25년 동안에 무려 60곡이나 작곡했습니다. 이로써 오페레타에 황금기가 왔고 19세기에 영국으로 건너가서 대형 뮤지컬로 재탄생했습니다. 그의 대표작 '지옥의 오르페우스'는 2막짜리 오페레타로 2막 2장에 나오는 캉캉 cancan을 위한 '지옥의 갤럽'은 캉캉 춤을 전 세계에 유행시켰습니다.

캉캉은 1830년 파리에서 일어난 7월 혁명으로 절대 왕정이 물러나고 귀족 체제가 붕괴된 다음에 불었던 자유주의 바람에 서민들 사이에 유행한 2/4박자의 매우 빠르고 경쾌한 춤입니다. 특히 치마를 걷어 올리고 다리를 머리 위로 번쩍 치켜 올려서 의도적으로 속을 보이는 특유의 춤 동작은 매우 도발적이고 외설적이었으나 선풍적인 인기를 얻었고 파리 몽마르트르 언덕에 1889년 개장하여 캉캉 춤을 정기 공연한 빨강 풍차라는 뜻의 물랭루즈 Moulin Rouge는 프렌치 캉캉의 발상지가 되었습니다. 오펜바흐처럼 달인이나 명인이 되려면 주위의 무관심과 비웃음을 무시하고 정말 좋아하고 잘 할 수 있는 분야에 적어도 10년 동안 10,000시간 이상 투자하십시오.

Jacques Offenbach, Operetta 'Orpheus in the Underworld', Overture
https://youtu.be/vEnW5_GTool

6월 21일 마의 벽

## 콘수엘로 벨라스케스, '베사메 무초'

**육상 100미터 달리기에서 마의 10초 벽은 언제 깨졌을까요?**

독일의 아민 하리 Armin Hary가 1960년 6월 21일 벨트클라세 취리히 100 m 달리기에서 100 m를 10초 플랫 flat (10.00초)에 달려 세계 신기록을 세웠습니다. 이 신기록은 한동안 마의 10초벽 10-second barrier이 되어 깨지지 않았는데 1968년 6월 20일 제임스 하인스 James Hines, 로니 레이 스미스 Ronnie Ray Smith, 찰스 그린 Charles Greene에 의해 깨졌습니다. 무려 8년이 걸렸지만 깰 수 없는 벽은 없다는 것을 증명하려는 듯 세 명의 선수에 의해 같은 날 같은 운동장에서 깨졌습니다.

소리는 1초에 340 m, 빛은 30만 km를 갑니다. 사람 눈의 식별 한계는 1/20초로 소리로 환산하면 17 m입니다. 이 거리 안에서는 소리의 지연을 인지할 수 없습니다. 그러나 엄밀하게 말하면 우리가 빛을 통해 보고 소리를 통해 듣는 것은 다 지나간 것들입니다. 문화인류학자 에드워드 홀 Edward T. Hall은 인간 사이의 거리를 4가지로 분류했습니다. 첫째, 공적인 거리 (>3.5 m)로 불시의 공격을 받더라도 피할 수 있는 거리입니다. 둘째, 사회적 거리 (1.2～3.5 m)로 방해받지 않고 함께 일할 수 있는 사무적인 관계의 거리입니다. 셋째, 사적인 거리 (0.45～1.2 m)로 손을 뻗어 닿을 수 있는 거리로서 우연한 신체 접촉은 양해되는 가족이나 친구 사이의 거리입니다. 넷째, 애착의 거리 (<0.45 m)로 숨소리, 체취까지도 느낄 수 있고 손이나 어깨 등 신체의 일부가 닿을 수도 있는 거리입니다. 이 가운데 15 cm 미만을 특별히 껴안고 입 맞추고 도닥거리고 어루만져 줄 수 있는 사랑과 보호의 거리라고 합니다.

키스를 많이 해달라는 뜻의 멕시코 노래 '베사메 무초 Besame Mucho'는 멕시코의 여성 피아니스트 겸 작곡가 콘수엘로 벨라스케스 Consuelo Velázquez가 1940년 16살에 작곡한 것입니다. 키스 경험이 전무한 그녀는 스페인의 작곡가 엔리케 그라나도스 Enrique Granados의 1916년 작 오페라 '고예스카스 Goyescas'의 4번째 아리아 '마하와 나이팅게일의 탄식 Maja and the Nightingale'에서 영감을 받아 작곡했습니다. 한 여성이 임종을 맞은 연인과 마지막 밤을 보내면서 연인을 다시는 볼 수 없다는 애달픈 마음에 작별의 키스나마 많이 해달라고 하는 알고 보면 몹시 슬픈 볼레로풍의 노래입니다.

사랑한다면 벽을 깨고 얼마든지 입 맞출 수 있는 한 뼘 사이로 가까이 다가가십시오.

Consuelo Velázquez, 'Bésame Mucho'
https://youtu.be/eMC6htPu2RE

6월 22일 감자

## 다니엘 로블레스, '콘도르의 비상'

**하지 하면 무슨 생각이 나십니까?**

하지 하면 이제는 정말 덥겠구나 하는 것과 하지 감자 potato가 생각납니다. 감자를 하지 감자라고 하는 것은 가을에 수확하는 고구마 sweet potato도 한때는 감자라고 했기 때문에 이와 구별하기 위해 쓰는 말입니다. 감자나 고구마나 원산지는 모두 남미인데 우리나라에는 고구마가 감자보다 더 먼저 들어왔습니다. 고구마는 1763년 조선 영조 때 통신사 조엄이 일본 대마도에서 들여와 부산에 처음 심었는데 이때 이름을 단맛이 나는 덩이줄기라는 뜻으로 감저라고 했습니다.

감자 (하지 감자)는 당시에 감저라고 불렀던 고구마 도입 후 60여 년 지난 1824년 산삼을 캐러 온 청나라 사람들이 가지고 왔습니다. 당시 고구마가 '감저'라는 이름을 갖고 있었기 때문에 혼란을 피하기 위하여 감자는 북쪽으로 들어왔다는 뜻으로 북 감저라고 하거나 하지 무렵에 캔다고 하여 하지 감저라고 불렀습니다. 대신 고구마는 (남)감저 또는 단 감저라고 불렀는데 혼란을 피할 수 없었습니다. 그래서 감저는 고구마의 일본 대마도 방언 고코이모를 차용하여 고금아로 부르다가 고구마가 되었고 북 감저 또는 하지 감저로 부르던 감자는 자연스럽게 감자가 되었습니다. 감자는 가지과 다년생 식물로 남미 안데스 지역인 페루와 북부 볼리비아가 원산지이고 밀, 쌀, 옥수수와 함께 세계 4대 작물입니다. 1532년 스페인 탐험가 피사로에 의해 유럽으로 건너가 18~19세기 유럽의 식량난 해결에 결정적인 역할을 했습니다.

페루의 민요 'El Condor Pasa'는 잉카 문명의 중심인 페루의 작곡가 다니엘 로블레스 Daniel Robles가 스페인식 오페레타 '콘도르칸키 Condorcanqui'의 주제곡으로 1913년 만든 것입니다. 콘도르칸키는 스페인 폭정에 항거하여 1780년 우리나라 동학운동의 전봉준과 같이 농민봉기를 일으킨 잉카의 영웅 호세 가브리엘 콘도르칸키 Jose Gabriel Condorcanqui를 의미하고 잉카의 상징 독수리 콘도르를 통해 나라 잃은 슬픔과 자유를 향한 염원을 노래합니다. 사이먼과 가펑클이 불러 널리 알려졌는데 '철새는 날아가고'라는 노래 이름은 잘못된 번역입니다.

지구 반대쪽에서 우리에게 감자와 고구마를 보내 준 우리와 거울처럼 쌍둥이 나라인 페루와 잉카의 부흥을 응원합니다.

Daniel Robles, 'El Condor Pasa'
https://youtu.be/8kQZHYbZkLs

6월 23일 애플

## 박학기 작사 작곡, '아름다운 세상'

### 사과를 어떻게 드십니까?

입으로 베어서 드십니까 아니면 칼로 깎아서 드십니까? 요즘은 농약 때문에 입으로 베어서 껍질째 드시는 분은 많지 않을 것입니다. 애플 Apple사의 로고 '한 입 베인 사과 Apple with a bite'는 1976년 로브 자노프 Rob Janoff가 고안한 것입니다. 처음 고안한 로고는 아이작 뉴튼 Isaac Newton이 사과나무 밑에서 생각에 잠겨있는 다소 복잡하고 진부한 것이었습니다. 이에 스티브 잡스가 자노프에게 좀 더 새롭고 현대적인 로고를 주문했습니다. 자노프는 원래 로고에서 사과만 남기고 신의 한 수로 한 입 베인 흠집을 낸 파격을 가했습니다. 베인 흠집이 있는 사과는 아담과 이브가 먹고 지혜의 눈이 밝아진 지혜의 사과를 상징한다거나, 한 입 베인 자국 bite와 발음이 같은 컴퓨터 언어의 최소 단위 byte를 상징한다거나, 독이 든 사과를 베어 먹고 스스로 생을 마감한 컴퓨터의 아버지인 앨런 튜링 Alan Turing을 상징한다는 등 많은 전설 같은 이야기가 생겨 나왔습니다. 그러나 자노프는 사과를 토마토나 체리로 혼동하지 않도록 크기의 척도로써 한 입 베인 흠집을 넣었다고 했습니다.

앨런 튜링은 1912년 6월 23일 영국 런던에서 태어났습니다. 그는 수학의 천재였지만 단순 계산은 자주 틀리고 말도 더듬었다고 합니다. 1931년 케임브리지대학에 입학하여 수학을 전공하고 1936년 미국 프린스턴대학에 가서 1938년 박사학위를 받았습니다. 제2차 세계대전이 일어나자 귀국하여 독일군의 암호 제작기 에니그마 Enigma의 해독 장치를 고안하여 영국이 제2차 세계대전에서 승리하는 데 결정적인 역할을 했습니다. 세계 최초의 컴퓨터로 알려진 미국의 에니악 ENIAC보다 2년이나 빠른 1943년 12월 개발했으나 비밀에 부쳐져서 세상에는 늦게 알려진 컴퓨터 콜로서스 Colossus를 만들었고 1950년 인공지능 AI (Artificial Intelligence)에 대한 개념을 최초로 제시하여 컴퓨터 과학과 인공지능의 아버지가 되었습니다. 그러나 1951년 동성애자임이 발각되어 화학적 거세 판결을 받아 1년간 에스트로겐 주사를 맞았습니다. 1954년 6월 7일 그가 어렸을 때 좋아했다는 동화 '백설 공주와 일곱 난쟁이'에서 주인공 백설 공주처럼 청산가리 독이 든 독사과를 먹고 스스로 생을 마감했습니다.

무지개 빛깔처럼 다양해서 아름다운 세상에서 편견은 파멸의 독이니 경계하십시오.

박학기 작사 작곡, '아름다운 세상'
https://youtu.be/JIFJiEYkn5Q

6월 24일 바람둥이

## 모차르트, 오페라 '돈 조반니'에서 '카타로그 아리아'

### 피카소가 마지막 결혼을 몇 살에 했을까요?

파블로 피카소 Pablo Picasso는 80살에 마지막 결혼을 했고 그때까지 공식적으로 동거한 여자가 7명이나 되었습니다. 피카소는 1881년 10월 25일 스페인 말라가에서 미술 교사의 아들로 태어났습니다. 어려서부터 그림에 천재성을 보였고 9살에 데생이 이미 라파엘로 Raffaello 수준에 이르렀고 16살에 바르셀로나에서 첫 개인전을 열었습니다. 1901년 6월 24일 20살 약관의 나이에 파리에서 전시회를 열고 파리 화단에 등단했습니다. 1904년까지 가난한 예술가들이 모여 살던 몽마르트르 빈민가에 살면서 불우한 사람들을 대상으로 청색 위주의 암울한 그림을 그렸습니다 (청색 시대). 그러다 예쁘고 쾌활한 페르낭드 올리비에와 사랑에 빠져서 1905~1906년 분홍색 위주로 화사한 그림을 그렸습니다 (장미빛 시대). 장미빛 그림으로 잘 나가는 상황에서 1907년부터 두문불출하며 전통미술에 반하는 혁명적인 그림을 그렸습니다. 그리하여 평면에 입체를 구현한 '아비뇽의 처녀들'로 입체주의 시대를 열었습니다. 피카소는 92세까지 장수하면서 죽기 12시간 전까지 그림을 그려 3만여 점의 그림과 조각을 남겼는데 1951년 6·25 한국전쟁의 비극을 그린 '한국에서 학살'도 있습니다. 한국에서 학살 장면은 1950년 중공군의 개입으로 연합군이 후퇴하기 직전에 황해도 신천군에서 일어난 우익에 의한 양민 학살로 추정되고 있습니다. 신천군민의 1/4에 해당하는 부녀자와 어린이 포함하여 35,000여 명이 학살된 동족상잔의 비극 중 비극이었습니다.

모차르트의 오페라 '돈 조반니 Don Giovanni'에서 돈 조반니는 귀족이라는 지위와 매력적인 외모로 2,065명의 여자를 농락한 스페인 세비야의 바람둥이 돈 후안 Don Juan의 이탈리아식 이름입니다. 가장 모차르트적인 위대한 작품으로 쾌락을 위해 여성을 농락한 남자의 불행한 말로를 보여줍니다. 유명한 '카탈로그 아리아 Madamina, Il Catalogo e Questo'는 돈 조반니의 하인 레포렐로 Leporello가 돈 조반니가 사귀었던 여자가 이탈리아 640명, 독일 231명, 프랑스 100명, 터키 91명, 스페인 1,003명이나 되고 이들이 누구이고 어떤 달콤한 말로 꼬셨는지를 폭로하는 노래입니다.

미모에 재능이 뛰어나고 언변도 좋으면 바람둥이 돈 조반니나 지치지 않는 창작력을 가진 위대한 예술가 파블로 피카소처럼 백년해로는 어려울 수 있음을 명심하십시오.

Wolfgang Amadeus Mozart, Opera 'Don Giovanni', 'The Catalogue Aria'
https://youtu.be/uJjHVTCm4HE

6월 25일 전쟁

## 베토벤, '웰링턴의 승리 (전쟁교향곡)'

### 전쟁에서 승자는 누구일까요?

"아아 잊으랴, 어찌 우리 그날을!" 1950년 6월 25일 일요일 새벽 4시 북한 공산군이 기습적으로 당시 남북 군사분계선이었던 북위 38도선을 11군데에서 동시다발로 뚫고 내려와 동족상잔의 비극적인 6·25 한국전쟁을 일으켰습니다. 산악지대인 동부전선에서는 전진이 빠르지 않았으나 서부 전선은 소련제 탱크를 앞세우고 급속 남하하여 5시간만인 오전 9시 개성 방어선을 돌파하고 동두천과 포천을 접수했습니다. 이튿날 오후에 의정부를 지나고, 셋째 날에는 서울 창동 방어선까지 돌파했습니다. 서울 방어의 최후 보루인 미아리 방어선마저 무너져 넷째 날인 6월 28일 새벽 서울이 함락되고 한 달 만에 낙동강 방어선으로까지 후퇴하여 우리나라가 공산화될 위기에 처했습니다. 이에 미국 주도로 결성된 국제연합 UN군이 9월 15일 인천상륙작전을 감행하여 3달만인 9월 28일 서울을 되찾았습니다. 반격의 여세를 몰아 북진하여 10월 20일 평양에 입성하고 북한 전역의 완전 함락을 눈앞에 두었으나 11월 28일 중공군의 개입으로 1951년 1월 4일 후퇴하게 되었습니다. 2여 년 동안 요충지 확보를 위한 지리한 공방전 끝에 1953년 7월 27일 휴전했는데 70년이 지난 지금까지도 종전에 이르지 못하고 있습니다. 양측에 각각 150여만 명의 사상자가 발생하였고 국가 시설과 문화재가 거의 소실 또는 파괴되었습니다. 이후 시설과 문화재는 많이 복구되었으나 분단의 연속으로 막대한 대결 비용을 치르며 뼈아픈 이산의 아픔을 겪고 있습니다.

베토벤의 관현악곡 '웰링턴의 승리 Wellington's Victory'는 1813년 6월 12일 스페인 비토리아 Vittoria 전투에서 나폴레옹과 싸워 이긴 영국 웰링턴 장군의 승전보를 메트로놈을 개발한 요한 멜첼 Johan Mälzel이 듣고 친하게 지내던 베토벤에게 의뢰하여 작곡되었습니다. 단일 악장으로 되어 있고 규모가 작아 교향곡이라고 할 수는 없지만 '전쟁교향곡 Battle Symphony'으로도 불립니다. 전반부는 소설가 서해성이 "모든 전쟁은 음악 소리를 낸다. 대포는 관악기, 탱크는 타악기, 철조망은 현악기로 운다"라고 말한 것처럼 전쟁터를 묘사하고 후반부는 승리의 기쁨을 노래합니다.

전쟁에는 승자가 없습니다. 승리한 쪽도 패배한 쪽도 모두 다 패자입니다. 전쟁을 막고 싸움을 피해 평화를 이뤄서 진정한 승자의 나라가 됩시다.

Ludwig Van Beethoven, 'Wellington's Victory (Battle Symphony)'
https://youtu.be/samfSDbZnko

6월 26일 월요병

## 모차르트, 교향곡 39번

**아침에 일어나는 데 힘들지 않으셨나요?**

아침 기분은 요일마다 다릅니다. 2011년 영국의 유명 식품회사 마마이트 Marmite가 후원한 조사에 의하면 월요일이 제일 일어나기가 힘들다고 했습니다. 그래서 회사원 절반이 지각하고, 기분이 가라앉아 11시 16분이 지나야 비로소 얼굴에 미소가 되살아나고 일이 손에 잡혀 생산적으로 일하는 시간은 3시간 30분밖에 되지 않는다고 합니다. 자살도 월요일이 주말에 비해 30%나 많고 심장발작도 다른 요일에 비해 20%나 높습니다. 영국의 또 다른 연구에 의하면 월요일에 한숨을 쉬는 시간이 평일 22분에 비해 1.5배인 34분이나 되었습니다. 이것은 주말 후 새로 힘든 한 주가 시작되는 것에 따른 스트레스 때문이며 이를 월요병 Monday Syndrome 또는 월요울증 Monday Blues이라고 합니다. 월요병은 45~54세 중년에서 가장 심합니다. 월요병을 줄이려면 주말에 일요일 늦게까지 너무 많이 놀지 말고, 월요일 아침에는 Hump day 수요일까지만 버티면 눈 깜짝할 사이에 TGIF 금요일을 지나 또다시 주말이 온다는 즐거운 상상을 하며 차나 커피를 곁들여 힘나는 음악을 들으면 좋습니다.

모차르트는 일생 41개의 교향곡을 남겼는데 이 중 마지막 39, 40, 41번을 최후의 3대 교향곡이라고 합니다. 이들 3개의 교향곡이 최소 보름에서 최대 한 달 정도 사이를 두고 (39번: 6월 26일, 40번: 7월 25일, 41번: 8월 10일) 완성되었기 때문입니다. 거의 같은 시기에 작곡되었지만 각자 다른 독특한 특색을 가지고 있어서 모차르트의 팔색조적인 뛰어난 창조성을 보여주었습니다. 39번은 우아하며, 40번은 비장하고, 41번은 찬란합니다. 39번은 1788년 6월 26일 완성되었는데 아버지를 여읜 지 1달밖에 되지 않고 경제적으로도 몹시 궁핍한 상황에 아내까지 병에 걸려 돈을 빌리기 위해 동분서주해야 하는 비참한 상황에서 작곡했습니다. 하지만 39번은 매우 우아하고 경쾌한 곡이어서 죽기 전에 딱 한 번만 운다는 백조의 노래라고도 합니다. 특히 3악장 미뉴에트는 모차르트 미뉴에트 가운데 최고 걸작으로 알려져 있습니다.

월요일을 한 주간에 해야 할 일로 부담을 갖기보다는 친한 동료와 즐거운 만남을 꿈꾸고 모차르트 교향곡 39번과 같이 밝고 경쾌한 나만의 월요 특선 음악을 정하여 월요일이 기다려지는 날이 되게 하고 다시 만나 신나는 날이 되게 하십시오.

Wolfgang Amadeus Mozart, Symphony No. 39
https://youtu.be/fAiF1PNlQ50

6월 27일 잡초

## 이정님 시, 김성희 곡, '내 사랑 망초여'

**잡초는 정말 이름도 없는 잡풀일까요?**

사전적으로 잡초는 농사나 원예에 해로운 식물을 말하는데 저절로 나서 스스로 잘 자라는 여러 종류의 풀들을 일컫는 말입니다. 농사와 전원생활은 잡초와 전쟁이라고 하는데 잡초와 죽기 살기로 싸울 필요까지 있겠습니까! 잡초는 질긴 생명력으로 어느 곳에서나 잘 자라서 땅을 안정시키고 꽃을 피워 세상을 아름답게 하고 죽어서는 거름이 되어 땅을 비옥하게도 합니다. 대표적인 일년생 잡초에는 강아지풀, 환삼덩굴, 바랭이, 쇠비름, 달개비, 명아주, 이년생에는 망초와 개망초, 다년생에는 민들레, 쑥, 질경이 등이 있습니다. 우리가 이름을 몰라 잡초라고 부르지만 이처럼 저마다 다 이름을 가지고 있습니다. 고들빼기, 개똥쑥, 어성초, 인동초, 야관문처럼 잡초였다가 나중에 진가가 밝혀져서 채소가 되고 약초가 된 경우도 많습니다. 따라서 잡초는 미국의 시인 에머슨 Emerson의 말처럼 "가치가 아직 밝혀지지 않는 식물"입니다.

여름 들판에 피는 대표적인 야생화인 개망초는 메마르고 척박한 땅에서도 늘씬한 키에 동전 크기로 하얀 꽃이 피어 잡초의 여왕입니다. 꽃이 데이지처럼 가운데가 노래서 계란꽃이라고도 합니다. 개망초는 망초보다 못하다는 뜻으로 붙여진 이름이나 꽃은 개망초가 더 예쁩니다. 둘 다 원산지가 북미인 귀화식물이고 대표적인 2년생 잡초입니다. 첫해는 제기 모양으로 땅에 납작하게 붙어 있다가 겨울에 잎은 시들고 다음 해에 뿌리에서 잎이 나고 이어서 긴 꽃대가 올라와 여름에 꽃을 피웁니다. 개망초는 꽃대가 곧고 가지가 적으나 망초는 꽃대가 곧지 않고 가지가 많으며 꽃잎이 머금은 듯 고개만 살짝 내민 듯합니다. 망초라는 이름은 우리나라가 일본의 식민지가 된 해에 무성하게 피었기 때문에 "망할 놈의 풀"이라는 뜻으로 붙여졌다고 합니다. 이는 일본이 조선의 수탈과 대륙 진출을 위해 개설한 철도의 침목에 망초 씨가 붙어 들어와서 망할 일본 놈의 기찻길 옆에 특히 많이 피었기 때문입니다. 개망초의 어감이 좋지 않다면 '개' 대신 그 애의 준말인 '걔'로 하여 걔망초라고 불러보십시오.

잡초가 야생화의 또 다른 이름이듯이 세상에 꽃이 아닌 것이 없습니다. 우리도 잡초처럼 특별히 아름답지도 이롭지도 않았어도 망초처럼 척박한 곳에서 잘 살아남았다는 것만으로 사랑받기에 충분합니다. 너도 꽃 나도 꽃, 우리 모두 꽃이 됩시다.

이정님 시, 김성희 곡, '내 사랑 망초여'
https://youtu.be/PlSaPRqf5dM

6월 28일 걷기

## 베토벤, 교향곡 6번 '전원'

**비가 오나 눈이 오나 언제나 할 수 있는 최고의 운동은 무엇일까요?**

기후 변화로 여름인데도 비가 안 와서 강이 마르고 저수지가 바닥을 드러내거나 폭우로 주택이 침수되고 산사태로 사람이 다치는 등 양 극단적인 일이 비일비재합니다. 우리나라는 대개 유월 중순부터 우기에 접어들고 하지 경에 장마가 시작됩니다. 지금은 내리는 비에만 의존해서 농사를 짓는 천수답은 없으나 가끔 내리는 비는 무더위를 식히고 농작물 성장에 도움이 되기에 농민이나 전원 생활자들이 특히 반가워합니다.

베토벤은 청력이 떨어져서 사람들과 대화가 어려워지자 1802년 10월 6일 32살에 청춘의 삶을 포기하고자 유서까지 썼던 빈의 하일리겐슈타트 Heiligenstadt에서 6달을 머무르며 매일 오후에 숲길 (베토벤길 Beethovengang)을 걸었습니다. 그 길을 걸으며 언제나 변함없이 한 자리에서 반갑게 맞아주는 나무와 새, 햇빛과 바람 등과 대화를 나누면서 큰 위로와 격려를 받았습니다. 그래서 그는 "숲속에 있으면 언제나 기쁘고 행복하다"고 했으며 교향곡 2번을 완성했습니다. 하일리겐슈타트를 떠난 다음에도 여세를 몰아 1804년 교향곡 3번 '영웅 Eroica'을 작곡하고 4번에서 6번 '전원 Pastorale'까지 잇달아 작곡했습니다.

베토벤 교향곡 6번 '전원'은 신록이 무르익은 아름답고 평화로운 여름 숲과 비 오기 전후 농촌 풍경을 그립니다. 하일리겐슈타트 베토벤 숲길에서 영감을 받아 37살인 1807년 여름에서 1808년 여름 사이에 작곡되었습니다. 총 5악장으로 구성되어 있으나 3악장에서 5악장은 하나의 악장처럼 쉼 없이 이어지는 것이 또한 특이합니다. 각 악장에 베토벤 자신이 직접 부제를 붙였는데 1악장은 시골에 도착했을 때 상쾌한 기분, 2악장은 시냇가 정경, 3악장은 농부들의 즐거운 모임, 4악장은 천둥과 폭풍우, 5악장은 목동의 노래로 폭풍우가 지난 뒤 감사와 기쁨이라고 했습니다.

베토벤에게 건강과 영감을 준 걷기는 가장 쉽고 안전하여 오래 지속할 수 있는 몸과 마음 건강에 좋은 운동입니다. 1주일에 3번 이상 규칙적으로 30분 이상 하시고, 1주에 한 번에 한다면 2시간 반 이상 하십시오. 너무 덥지 않고 햇볕이 좋은 아침 10시 전후가 좋습니다. 뼈와 뇌를 지켜주는 비타민 D, 마음을 지켜주는 세로토닌, 숙면을 도와주는 멜라토닌이 분비되어 운동 효과가 1석 4조가 되기 때문입니다.

Ludwig Van Beethoven, Symphony No. 6, 'Pastorale'
https://youtu.be/aW-7CqxhnAQ

6월 29일 장미

## 아만다 맥브룸, '장미'

### 사랑이 뭘까요?

1969년 발표한 남국인 작사, 김영광 작곡의 가요 '사랑은 눈물의 씨앗'은 "사랑이 무어냐고 물으신다면 눈물의 씨앗이라고 말하겠어요 (이하 생략)"라고 했습니다. 이별로 끝나지 않는 사랑이 없기에 사랑을 눈물의 씨앗이라고 한 것입니다. 아만다 맥브룸 Amanda McBroom이 작곡하고 1979년 영화 '장미 The Rose'에서 벳 미들러 Bette Midler가 불러 크게 유행한 노래 '장미'는 사랑을 "눈물의 씨앗"이 아니라 혹독한 겨울을 이기고 기어코 또다시 꽃을 피우게 하는 "생명의 씨앗"이라고 했습니다.

앙투안 드 생텍쥐페리 Antoine de Saint-Exupéry는 1900년 6월 29일 프랑스 리옹에서 태어났습니다. 21살에 프랑스 공군 조종사가 되었고 1926년 우편항공사에 입사하여 여러 항로를 개척하였고 1935년 파리-사이공 비행대회에서 비행 도중 사하라 사막에 추락하여 4일간 사경을 헤매다가 기적적으로 구출되었습니다. 제2차 세계대전이 일어나자 프랑스 공군에 자원입대하여 정찰비행단 조종사가 되었는데 1940년 프랑스가 나치독일에 의해 함락되자 뉴욕으로 망명하여 미국 체류 중에 소설 '어린 왕자 Le Petit Prince (The Little Prince)'를 발표했습니다. 생텍쥐페리는 '어린 왕자'에서 장미꽃과 여우 이야기로 사랑과 관계의 본질을 말해 주었습니다. B612 행성에서 살던 어린 왕자는 장미꽃의 무례함에 상처를 받고 행성을 떠나 지구로 왔습니다. 지구에서 오천이 넘는 장미를 보고 행성에 두고 온 장미에 대해서 다시 생각합니다. 그리고 여우의 도움으로 관계와 사랑에 대한 깨달음을 얻습니다. 길들여지는 관계를 통해서 소중한 존재가 되고 책임지는 관계가 된다는 것을. 또 나의 한 송이 꽃이 수많은 다른 꽃보다 더 소중한 것은 내가 그에게 바친 시간 때문인 것을 알게 됩니다. 이후 어린 왕자는 자기의 장미꽃이 있는 행성으로 다시 돌아갑니다.

장미의 계절인 유월이 저물고 있습니다. 장미의 도도한 모습과 가시 돋친 말에 상처받지 마십시오. 그게 장미의 본 모습이니까요. 장미를 진정 사랑한다면 도도함과 가시까지도 사랑하시고 그게 거슬린다면 차라리 국화를 사랑하십시오. 또한 나의 장미가 볼품없다고 불평하지 마십시오. 내가 바친 시간과 정성이 그뿐이었을 테니까요.

나의 꽃이 곱고 상냥하기를 바라신다면 그에게 내가 먼저 그런 꽃이 되십시오.

Amanda McBroom, 'The Rose'
https://youtu.be/I8yCrpFXr5Q

6월 30일 이별

## 쇼팽, '이별'

**이별의 아픔이 없는 사랑이 있을까요?**

영원한 사랑은 있어도 이별이 없는 사랑은 없습니다. 계절도 예외가 아닙니다. 오늘은 유월과 이별하는 유월의 마지막 날입니다. 유월 한 달과 이별만이 아니라 일 년의 절반과도 이별하는 날입니다. 그러니 아쉬움과 섭섭함이 더 합니다. 태어나면서부터 어머니 몸과 이별하는 것으로부터 수없이 많은 이별을 겪어 왔지만 이별은 누구에게나 여전히 서툴고 어렵습니다. "만나면 이별은 정해진 것이다"라는 회자정리와 "우주 만물은 변한다"라는 제행무상이 자연의 이치이고 섭리이지만 나와 관계에서는 늘 예외적인 상황으로만 느껴지고 잘 이해되지 않습니다.

가수 이효리는 그의 2017년 6집 앨범의 '변하지 않는 건'이라는 노래에서 "변하지 않는 방부제 식빵과 늙어도 여전한 가공된 얼굴을 보고 변하지 않는 것은 이상하고 위험하다"라고 하고 "변하지 않는 것을 위해 변해야 한다"라고 했습니다. 따라서 애인의 변심과 이별도 자연스럽게 받아들여야 할 일입니다. 그러나 세상은 그렇지 않아 변심한 상대를 괴롭히고 범죄를 저지르는 소위 이별 범죄가 사회문제가 되고 있습니다. 자기중심적이고 오만에 가깝게 자부심은 높지만 자존감이 낮고 자제력이 약하고 집착이 심한 사람이 데이트 폭력이나 이별 범죄를 일으키기 쉬운 위험인물입니다.

피아노의 시인 쇼팽은 20살인 1830년 폴란드 혁명 발발 1주 전에 아버지의 나라 프랑스로 가기 위해 고국을 떠났습니다. 폴란드 혁명이 러시아의 무력 진압으로 실패하고 러시아의 속국이 되자 그는 고국으로 돌아가지 못했습니다. 조국과 이별로 폴란드에 남겨진 첫사랑 소프라노 콘스탄티아 그라도코프스카 Konstancja Gradkowska를 그리워하며 헤어진 지 2년째인 1832년 그녀를 위해 에튀드 Etude 10의 3번 '이별 Farewell (또는 슬픔 Tristesse)'를 작곡했습니다. 이 곡에 두 개의 부제가 붙은 것은 첫사랑과의 '이별'과 이로 인한 '슬픔'을 그렸기 때문입니다. 애절하면서도 매우 감미로운 곡으로 쇼팽도 자신의 생애에서 가장 아름다운 곡이라고 극찬했습니다.

누구나 겪는 이별을 받아들이지 못하여 자신을 자책하고 자학하거나 상대에게 투사하여 상대를 괴롭혀서는 안 됩니다. 이별을 나를 돌아보고 이기적이고 편협한 사랑에서 이타적이고 원대한 사랑으로 아픈 만큼 성숙해지는 대전환의 계기로 삼으십시오.

Frederic Chopin, Piano Etude No. 10-3, 'Farewell (Tristesse)'
https://youtu.be/8yjnLmv1hHU

7월 1일 청포도

## 조너선 라슨, '사랑의 계절들'

**칠월이 되면 가장 먼저 생각나는 것이 있으시죠?**

중학교 국어책에도 실린 이육사의 시 '청포도'일 것입니다. 시인이자 독립운동가인 이육사의 본명은 이원록입니다. 퇴계 이황 선생의 14대 손으로 1904년 5월 18일 경북 안동에서 6형제 중 둘째로 태어났습니다. 1925년 대구로 이주하여 형, 동생과 함께 3형제가 독립운동 단체인 의혈단에 가입하여 독립운동을 하다가 1927년 조선은행 대구지점 폭파사건에 연루되어 대구형무소에 투옥되었는데 이때 죄수번호가 264번이었습니다. 이 죄수번호를 필명으로 사용하여 처음에는 二六四로 쓰다가 나중에 李陸史로 썼습니다. 무장항일운동에 가담하기 위해 1932년 중국으로 가서 조선군관학교에 입학하여 군사훈련까지 받았습니다. 그러나 1933년 건강이 악화되어 귀국하고 시와 글로 항일운동을 하기로 하고 이육사라는 이름으로 작품을 발표했습니다. 1939년 대표 시 '청포도'를 발표했습니다. 청포도는 풍요롭고 평화로운 해방 조국을 상징하는데 시인은 일제강점기의 암울한 상황에서도 조국의 광복과 번영을 꿈꾸며 이 시를 썼습니다. 1942년 조국 광복을 위해서는 어떠한 희생도 감수하겠다는 의지를 시 '광야'에 드러냈는데 1943년 서울에서 일본경찰에 체포되어 북경으로 압송되었습니다. 북경의 일본대사관 감옥에 투옥되어 1944년 1월 16일 40세로 옥중에서 사망했습니다.

시인의 간절한 소원처럼 우리나라는 나라를 빼앗겨 억압받던 식민지 국가에서 청포도가 전설처럼 주저리주저리 열리는 풍요롭고 평화로운 나라로 비약적으로 발전했습니다. 그 대한민국에 청포도의 계절인 칠월이 시작되었습니다. 올해의 절반이 지났으나 올해의 절반인 183일이 또 남았습니다. 조너선 라슨 Jonathan Larson은 1996년 1월 26일 푸치니의 오페라 '라보엠'을 각색한 뮤지컬 '렌트 Rent'를 브로드웨이에서 초연했습니다. 뉴욕 이스트 빌리지에 사는 가난한 예술가들의 꿈과 희망, 사랑과 우정을 그리면서 당시 금기시되던 동성애, 에이즈, 마약 등을 거침없이 소재로 다뤄서 충격을 주었는데 퓰리처상을 받았습니다. 뮤지컬 '렌트'의 삽입곡 '사랑의 계절 Seasons of Love'은 1년 525,600분을 어떻게 잴거냐고 묻습니다. 먹고 자고, 커피 마시고 멍 때린 시간이 아닌 사랑한 시간으로 삶의 가치를 매겨야 한다고 합니다.

절반이 지났으나 절반이나 남은 올해, 상큼한 청포도의 사랑으로 가득 채우십시오.

Jonathan Larson, 'Seasons of Love'
https://youtu.be/Q4WLWvJpvqU

7월 2일 장마

## 드뷔시, '판화'에서 '빗속 정원'

**장마의 꼬리를 어디서 보신 적이 있으세요?**

장마 양이 살짝 코빼기만 보여 주고 감쪽같이 사라졌는데 언제 다시 꼬리 치고 나타날지 모르겠습니다. 우리나라에서 장마는 대개 6월 하순에서 시작하여 7월 하순까지 한 달 정도 지속됩니다. 장마는 겨울에 하와이 근처에 있던 고온다습한 북태평양 고기압이 여름이 되면서 점차 세력을 넓히며 북상하여 6월 초에 일본 오키나와 근처까지 접근하여 우리나라와 중국, 일본을 덮고 있는 한랭다습한 해양성 오호츠크해 기단과 맞서 동서로 긴 전선을 형성하는 것으로 시작합니다. 장마는 남북에 위치한 두 기단의 힘이 비슷하여 강우 전선 (장마전선)이 남북으로 오르락내리락하면서 긴 기간 동안 비를 내리기 때문에 붙여진 이름입니다. 여름이 무르익어 북반부의 기온이 상승하여 북쪽 한랭기단의 세력이 약해지면 장마전선이 만주 쪽으로 올라가면서 소멸하여 끝납니다.

장마가 끝나면 우리나라는 아열대성 북태평양 고기압의 지배를 받아 폭염과 열대야로 본격적인 더위가 시작됩니다. 하지만 장마 때 내린 비는 우리나라 연간 강수량의 절반이나 되어 물 부족 국가인 우리나라에 식수는 물론 농업용수 확보에 절대적입니다. 우리에게 비는 예나 지금이나 귀한 손님이어서 서양에서처럼 '내린다'라고 하지 않고 '온다'라고 합니다. 중국 송대 문인 홍매는 그의 용재 수필에서 단비 오는 것을 인생 4대 즐거움(첫째 오랜 가뭄 끝에 내리는 단비, 둘째 타향에서 고향 친지의 만남, 셋째 결혼하고 갖는 초야, 넷째 과거급제자 명단에 오름) 가운데 으뜸이라고 했습니다.

19세기 프랑스 음악은 미술과 달리 독일에 크게 뒤처져 있었습니다. 독일은 슈베르트, 슈만, 쇼팽, 브람스에 이어 바그너가 유럽 전역에 열풍을 일으키고 있었으나 프랑스는 마른장마처럼 특출한 음악가가 없었습니다. 이때 인상주의 음악의 창시자이고 근대 음악의 선구자인 클로드 드뷔시 Claude Debussy가 단비처럼 나와서 그나마 프랑스의 체면을 유지할 수 있었습니다. 드뷔시는 특히 물을 좋아하여 바다와 비에 대한 작품이 많습니다. 상투적인 음악의 전개나 전통적인 화성학 규칙을 깨고 사물이나 풍경에 대한 인상이나 느낌을 자유롭고 신비롭게 몽환적으로 묘사했습니다.

시원스럽게 내리는 비가 소월의 말처럼 한 닷새 왔으면 좋겠습니다. 주룩주룩 내리는 비를 맞으며 드뷔시의 '빗속 정원' 길을 걸어 보십시오. 혼자라도 좋습니다.

Claude Debussy, Piano Solo 'Estampes', 3rd Mov. 'Jardin Sous la Pluie'
https://youtu.be/sNHInRrNBCk

7월 3일 휴가

## 장 루 다바디 작사, 미셸 폴나레프 작곡, '사랑의 휴일'

**여름휴가 계획을 세우셨나요?**

휴가는 직장인에게는 당연한 권리이고 보상이지만, 실업자나 취준생에게는 허망한 꿈이고 사치입니다. 미셸 폴나레프 Michel Polnareff는 1960~80년대를 주름잡은 프랑스 가수인데 1944년 7월 3일 작곡가인 러시아계 아버지와 무용수인 프랑스계 어머니 사이에 태어났습니다. 5살에 피아노를 배우고 13살에 작곡을 했습니다. 1966년 22살에 '싫다고만 하는 인형 La Poupee Qui Fait Non'으로 데뷔했습니다. 그의 가장 유명한 대표곡 '사랑의 휴일 Holidays'은 1972년 장 루 다바디 Jean-Loup Dabadie의 가사에 미셸 폴나레프가 곡을 붙인 것으로 남성이지만 여성 같은 미성에 고음을 가진 자신이 불러 인기를 얻었습니다. 데뷔곡인 '싫다고만 하는 인형'과 '누가 할머니를 죽였어요? Qui a Tue Grand Maman?'도 유명한데 특히 'Qui a Tue Grand Maman'은 우리나라에서 "산 자들아, 동지들아, 모여서 함께 나가자. 욕된 역사 투쟁 없이 어떻게 헤쳐 나가랴. 오월 그날이 다시 오면 우리 가슴에 붉은 피 솟네 (이하 생략)"라는 '오월의 노래'로 번안되어 불리어지기도 했습니다.

폴나레프의 '홀리데이즈'는 비지스 Bee Gees가 1967년 발표한 '홀리데이'와 스콜피언스 Scorpions가 1979년 발표한 '홀리데이'와 함께 3대 홀리데이입니다. 원조 격인 비지스의 홀리데이는 1988년 지강헌이 556만 원을 절도한 죄로 징역 7년에 보호감호 10년으로 총 17년을 선고받고 이송 중에 탈주하여 인질극을 벌이다가 자살을 결심하고 죽기 전에 마지막으로 듣고 싶다고 해서 듣게 해주었던 노래입니다. 그는 당시 전두환 대통령의 동생은 76억을 횡령했는데 자기보다 형량이 적은 것은 말도 안 된다고 하며 "돈 없고 권력 없이는 못 사는 게 이 사회다. 돈이 있으면 판검사도 살 수 있다. 유전무죄 무전유죄, 우리 법이 이렇다"라고 절규했습니다. 2020년 법률소비자연맹이 우리나라 대학생과 대학원생 753명을 대상으로 한 조사에서 85.3%가 "유전무죄 무전유죄" 현상에 동의한다고 했습니다. 죄인이었지만 목숨을 버리며 항의했던 사법 비리가 없어지기는커녕 '아는 검사가 있으면 무죄, 없으면 유죄'라는 "유검무죄 무검유죄"의 새로운 형태로 발전되어 참으로 개탄스럽습니다.

누구나 휴일이 있고 휴가를 갈 수 있는 공평하고 공정한 세상을 우리 함께 만듭시다.

Jean-Loup Dabadie/Michel Polnareff, 'Holidays'
https://youtu.be/yB5TDCi_Y6A

7월 4일　바람둥이

## 모차르트, 교향곡 41번 '주피터 (목성)'

**태양계 행성 중에서 가장 이름난 바람둥이를 아시나요?**

태양계의 행성인 수성, 금성, 지구, 화성, 목성, 토성, 천왕성, 해왕성 (수금지화목토천해) 중에 다섯 번째 행성인 목성 Jupiter입니다. 목성은 가장 커서 태양계의 왕자이며 가장 먼저 생성되어 태양계의 생성 비밀을 풀 열쇠가 있을 것으로 생각되고 있습니다. 하지만 지구에서 아주 멀고 두께가 무려 50 km나 되는 거대한 가스 구름으로 둘러싸여 있어 최고의 투시력을 가진 전파망원경으로도 속을 들여다볼 수 없어 가장 신비로운 행성이기도 합니다. 이에 미항공우주국 NASA에서는 목성 탐사선인 주노 Juno를 2011년 8월 5일 발사했습니다. 주노는 2016년 7월 4일 미국독립기념일에 4년 11개월 동안 무려 28억 km를 날아가 목성 궤도에 진입하는 데 성공했습니다.

로마 신화에서 최고의 신인 주피터는 그리스 신화의 제우스 Zeus로서 번개를 관장하며 자신의 애정행각을 구름 베일로 감추면서 이어갑니다. 이에 부인인 최고의 여신 주노 (그리스 신화에서 헤라 Hera)는 질투의 화신이라는 오명을 무릅쓰고서라도 바람둥이 남편 주피터를 감시하느라 잠시도 한눈을 팔지 않습니다. 다행히 주노에게는 베일 구름을 꿰뚫어 볼 수 있는 눈이 있습니다. 그래서 목성 탐사선의 이름도 주노라고 지었습니다. 주피터가 바람을 피운 상대가 몇인지는 확실치 않으나 목성이 애인 위성을 79개나 거느리고 있어서 그 수가 짐작됩니다. 탐사선 주노는 목성을 5,000 km 상공에서 5년간 감시하다가 목성으로 내려가 주피터 품에 안길 것입니다.

모차르트가 1788년 32살에 완성한 모차르트 최후 교향곡인 41번은 부제가 '주피터'입니다. 주피터라는 부제는 모차르트 본인이 아니고 모차르트 사후 28년 바이올리니스트 요한 페터 잘로몬 Johann Pete Salomon이 붙인 것입니다. 이는 교향곡 41번이 규모도 크고 곡이 매우 힘차고 웅장하여 남성적이며 고전주의 교향곡의 완결판이자 최고의 기악곡이었기 때문에 최고의 신의 이름을 붙인 것이라고 생각됩니다.

탐사선 주노의 투시 능력으로 목성의 실체와 우주 탄생의 비밀이 밝혀지고 바람둥이 주피터의 길고 긴 애정행각도 다 드러나 끝이 나고 신화로만 남게 되면 좋겠습니다. 혹시 그대에게 잠시도 쉬지 않고 감시하는 독수리의 눈을 가진 주노가 있다면 이는 그대를 주피터와 같이 최고로 생각하기 때문이니 감시마저 감사하게 받아들이십시오.

Wolfgang Amadeus Mozart, Symphony No. 41, 'Jupiter'
https://youtu.be/C6EOb86YdIs

7월 5일 돌리 양

## 비지스, '강 속의 섬'

### 돌리 양을 아시나요?

돌리 양 Dolly sheep의 본 이름은 복제 양 돌리입니다. 1996년 7월 5일, 인류 역사상 최초로 포유류에서 수정난이 아닌 성숙한 체세포로 복세에 성공하여 선상하게 태어난 암컷 양입니다. 영국 스코틀랜드 에딘버러에 있는 로즐린 Roslin 연구소의 이안 윌머트 Ian Wilmut와 키스 캠벨 Keith Campbell이 성숙한 양의 젖샘 세포에서 핵을 꺼내어 핵이 제거된 다른 양의 난자에 넣어 핵 치환을 한 다음에 전기 충격으로 수정란을 만들고 이를 대리모 자궁에 착상시켜 145일간 키운 뒤 탄생시켰습니다. 이로써 암수 교배에 의하지 않고 암컷의 체세포 하나로 어머니 양과 똑같은 복제 양이 태어난 것입니다. 단번에 된 것이 아니고 같은 방법으로 276번이나 시도를 했으나 착상이 안 되거나 기형 등의 이상으로 실패하다가 277번째 성공한 것입니다. 복제 양 돌리의 성공적인 탄생은 신체 장기의 이상 여부를 6달 동안 확인하여 이듬해 2월 22일 공식 발표하는 신중함을 보였습니다. 하지만 돌리는 노화가 빨리 진행되어 평균 수명 12년의 절반인 6년 6개월 만에 심각한 폐질환 때문에 안락사를 당했고 지금은 박제되어 에딘버러 왕립박물관에 전시되어 있습니다.

복제 양 돌리의 이름은 유명 가수 돌리 파튼 Dolly Parton에서 따왔다고 합니다. 가수 겸 작곡가인 돌리 파튼은 1946년생으로 키는 152 cm로 작지만 뛰어난 가창력에 깜찍하고 발랄해서 인기가 많았는데 복제 양 돌리가 양의 젖샘 세포에 의해서 탄생했다는 점을 강조하기 위해 가슴이 유난히 큰 돌리 파튼의 이름을 딴 것이라고 합니다. 돌리 파튼은 1983년 케니 로저스 Kenny Rogers와 듀엣으로 Bee Gees가 만든 '강 속의 섬 Islands in the Stream'을 불러 빌보드 차트에서 무려 24주간 1위를 차지했습니다. 이는 사랑을 처음 시작한 연인들의 노래로 결혼식 축가로도 많이 불려집니다. 사랑은 맹목적이고 헌신을 요구하며 대화조차 필요치 않은 것이고 강 속의 섬처럼 둘 사이에 아무도 없으니 하나가 되어 영원한 사랑을 향해 노 저어 가자고 합니다. 돌리 파튼과 케니 로저스는 이 노래를 계기로 1983년부터 2017년 10월 25일 케니 로저스의 내슈빌 마지막 무대까지 30년 넘게 단짝으로 우정을 이어갔습니다.

이안 윌머트와 키스 캠벨, 돌리 파튼과 케니 로저스처럼 좋은 짝을 많이 만드십시오.

Bee Gees, 'Islands in the Stream'
https://youtu.be/K2RBS_U0GoQ

7월 6일 쎄시봉

## 앙드레 오르네즈 작사, 제리 시렌 개사, 앙리 베티 작곡, '쎄시봉'

**쎄시봉에 가보신 적이 있으십니까?**

집에 오디오 시설을 갖추는 것은 꿈조차 꿀 수 없을 만큼 극도로 가난했던 최빈국 시절에 음악 감상은 음악감상실이나 음악다방을 이용하는 수밖에 없었습니다. 우리나라 음악감상실의 원조는 1953년 서울 무교동에 문을 연 쎄시봉입니다. 프랑스어인 쎄시봉 C'est si bon은 영어로 It's so good을 의미하는데 당시 루이 암스트롱 Louis Armstrong의 최고 히트곡이었습니다.

재즈 트럼펫 연주자이자 독특한 발성의 베이스 가수였던 루이 암스트롱은 1900년 8월 4일 뉴올리언스 New Orleans 빈민가에서 일용노동자의 아들로 태어나 1971년 7월 6일 급성 심근경색으로 세상을 떠났습니다. 13살에 의붓아버지의 권총을 가지고 놀다 총을 공중에 발사한 죄로 18개월을 소년원에서 보냈는데 소년원 브라스밴드 단장에게 음악을 배우고 가난에서 벗어나고자 코넷 연주자를 꿈꾸었습니다. 소년원에서 출소하자 재즈의 거장이자 코넷 연주자인 킹 올리버 King Oliver에게 음악을 배웠습니다. 18세에 결혼하고 뉴올리언스 거리와 살롱에서 연주를 시작하여 재즈의 탄생과 발전의 주역이 되었고 추앙받는 '재즈의 성자'가 되었습니다. 대표곡으로 '참 좋은 세상 What a Wonderful World'과 '쎄시봉 C'est Si Bon'이 있습니다.

루이 암스트롱의 '쎄시봉'은 1947년 프랑스의 앙드레 오르네즈 André Hornez가 작사하고 Henry Betti가 작곡한 샹송 chanson이었습니다. 루이 암스트롱이 1948년 2월 25일 프랑스 니스의 재즈 축제에 참석하여 이 노래를 접하고 마음에 들어 제리 시렌 Jerry Seelen을 통해 가사를 영어로 바꾸어 1950년 6월 26일 뉴욕에서 발표했습니다. '쎄시봉'은 세계적으로 큰 인기를 얻었고 이후 여러 가수들에 의해 개작되었고 영화나 티비 광고에도 많이 삽입되었습니다. 이런 인기에 힘입어 우리나라에서는 최초 음악감상실의 이름이 되었고 이곳에서 송창식, 윤형주, 김세환, 조영남, 이장희, 이상벽, 이백천 등 우리나라 포크송 1세대 가수가 탄생했습니다. 이들 중 특히 함께 활동을 많이 한 송창식, 윤형주, 김세환, 조영남을 '쎄시봉 친구들'이라고 불렀습니다.

쎄시봉에 가본 적이 없고 쎄시봉 친구들의 친구도 아닐지라도 여러분의 인생은 늘 그렇게 쎄시봉이기를 기원합니다.

André Hornez, Jerry Seelen/Henry Betti, 'C'est Si Bon'
https://youtu.be/OFCS7kZwxug

7월 7일 워라밸

## 말러, 교향곡 5번, 4악장 '아다지에토'

**일과 가정 중에서 하나를 선택해야 한다면 어디를 선택하시겠습니까?**

구스타프 말러 Gustav Mahler는 1860년 7월 7일 오스트리아제국 보헤미아 지방 (현재 체코) 칼리슈트에서 유대인 부모로부터 태어났습니다. 6살에 피아노를 배웠고 15살에 빈으로 와서 3년간 빈 음악원을 다니고 이어서 빈 대학에서 역사와 철학도 공부했습니다. 20살에 칸타타 '탄식의 노래'를 작곡했으나 콩쿠르에서 떨어지고 관심도 못 받아 지휘자로 전향했습니다. 지휘자로 거의 매년 이곳저곳을 옮겨 다니다가 31살에 함부르크 오페라와 처음으로 장기 계약을 맺고 1897년까지 6년간 일했습니다. 함부르크에서 안정을 찾아 작곡에도 매진하여 교향곡 1번에서 3번을 작곡했습니다. 이후 오스트리아 최고인 빈 국립 오페라 하우스 음악 감독이 되어 1907년까지 10년 동안 일하며 교향곡 4번에서 8번까지 작곡했습니다.

말러는 42살인 1902년 23살의 알마 쉰들러 Alma Schindler와 결혼했습니다. 알마는 유명 화가 에밀 쉰들러의 딸로 미술과 문학에도 조예가 깊은 미모의 여류 작곡가여서 빈 예술가들 모두의 연모 대상이었습니다. 알마는 아버지의 사망으로 새 아버지가 된 아버지의 제자 카를 몰의 동료 화가인 구스타프 클림트를 좋아하여 17살에 17살 연상의 그와 첫 키스를 나누어 클림트의 그림 '키스'의 여인이 알마로 말해지기도 했습니다. 결혼 후에도 알마는 작곡과 사교로 대외적인 활동이 많았습니다. 이에 말러는 "나에게 필요한 것은 음악계 동료가 아니라 마누라다"고 가정을 지키라고 하여 불화가 생겼습니다. 불화는 1907년 큰딸의 죽음으로 극에 달했고 말러는 심장병이 생겼습니다. 1910년 말러가 교향곡 10번을 구상하기 위해 티롤에 있을 때 토벨바드 온천에서 휴양하고 있던 알마는 4살 연하의 27살 젊은 청년 건축가 발터 그로피우스와 사랑에 빠져 말러는 우울증에 걸렸습니다. 말러는 1911년 2월 뉴욕 필의 지휘자로 초빙되어 미국 순회 연주 중에 심내막염으로 급히 귀국했으나 5월에 51세로 사망했습니다. 말러의 교향곡 5번 4악장 'Adagietto'는 알마와 사랑에 빠졌던 1902년 작곡하여 알마에게 사랑을 고백하며 헌정한 곡으로 두 사람을 결혼에 이르게 한 곡입니다.

일과 가정 중 하나를 선택해야 하는 사회는 후진적인 과로 사회입니다. 지금은 워라밸 Work Life Balance 시대이니 일과 삶의 조화로운 두 바퀴 굴림으로 신나게 사세요.

Gustav Mahler, Symphony No. 5, 4th Mov. 'Adagietto'
https://youtu.be/CFQQsu6VBYA

7월 8일 존엄사

## 슈베르트, 현악사중주 14번 '죽음과 소녀'

**생의 마지막에 귀하는 어떤 죽음을 원하십니까?**

엘리자베스 퀴블러 로스 Elizabeth Kubler-Ross는 1926년 7월 8일 스위스 취리히에서 태어났는데 인간이 죽음에 직면하면 부정, 분노, 타협, 침울, 수용의 5단계를 거친다고 했습니다. 죽음에 대한 선도적인 연구로 '죽음 전문 의사'로 불리는 그는 '근사한 죽음 well dying'을 주장하며 호스피스 운동을 시작하고 제도화했습니다. 국가인권위원회가 2017년 한국성서대에 의뢰하여 노인 1,000명을 대상으로 한 조사에서 83.1%가 존엄사에 찬성하고 무의미한 연명치료는 반대한다고 했습니다. 이처럼 우리나라 국민의 80% 이상이 임종 단계에서 생명을 연장하는 연명치료를 중단하고 인간으로서 품위와 위엄을 지키며 죽고 싶다고 했습니다. 존엄사는 환자의 자기 결정권을 존중하고 인간의 존엄성을 지키기 위한 '근사한 죽음'의 마지막 단계이지만 생명을 유지 또는 회복시키기 위해 시행되는 심폐소생술 CPR과 기계호흡을 비롯한 주요 치료 행위를 중단하여 죽음에 이르게 하는 것입니다. 우리나라에서는 2016년 호스피스 완화의료 및 임종 과정에 있는 환자의 연명의료 결정에 관한 연명의료 결정법이 제정되어 2018년부터 존엄사가 가능해졌습니다. 존엄사는 연명치료 행위를 중단하는 것이기에 소극적인 안락사이고 악용의 소지도 있어 엄격한 적용과 통제가 필요합니다.

프란츠 슈베르트 Franz Schubert는 31년의 짧은 일생을 살았으나 1,000여 곡이나 되는 작품을 남겼습니다. 특히 가곡이 633개나 되어 '가곡의 제왕'으로 불리는데 대표곡으로 '겨울 나그네', '들장미', '마왕', '아름다운 물방앗간 아가씨', '죽음과 소녀' 등이 있습니다. 현악사중주는 15개가 있는데 14번 '죽음과 소녀 Death and the Maiden'가 가장 유명합니다. 슈베르트는 자기 인생이 비극으로 점철되었다는 비관적인 생각에 매일 잘 때마다 다음 날 아침에 깨어나지 않기를 바랄 정도였다고 합니다. 이는 15살에 어머니를 여의고 14남매 중 9명이 죽은 가족의 불행과 관련이 있습니다. 현악사중주 '죽음과 소녀'는 슈베르트가 죽기 2년 전에 죽음을 예견하고 죽음은 안식을 주는 영원한 잠이라는 의미를 담았다고 합니다. 부제 '죽음과 소녀'는 그의 가곡 '죽음과 소녀'의 반주 부분이 2악장에 삽입되었기 때문에 붙여진 것입니다.

살 때는 천사처럼 예쁘게 살다가 죽을 때는 인간답게 근사하게 잘 죽읍시다.

Franz Schubert, String Quartet No. 14 'Death and the Maiden'
https://youtu.be/otdayisyliM

7월 9일 프라하

## 스메타나, 교향시 '나의 조국'에서 2악장 '블타바강'

**체코 프라하의 카를대교에 가보셨는지요?**

프라하는 1346년 7월 11일 신성로마제국 황제 카를 Charles 4세가 즉위하면서 신성로마제국의 수도가 되었습니다. 카를 대제는 프라하를 가로지르는 블타바강 Vltava (독일어로 Moldau)에 큰 홍수에도 견딜 수 있는 돌다리를 놓는 대공사를 착공하면서 1357년 7월 9일 아침 5시 31분에 직접 첫 돌을 놓았습니다. 그는 숫자에 우주의 신비로운 계획이 들어있다고 믿는 수비학 numerology의 신봉자여서 착공 일시를 135797531 (1357년 9일 7월 5시 31분)가 되게 정했습니다. 카를대교는 폭 10 m, 높이 13 m, 길이 621 m인데 사암 벽돌 sand stone block로 45년 만인 1402년 완공되었습니다. 완공된 후 1683~1928년에 양쪽 난간 쪽에 조형 조각탑을 15개씩 세워 유럽에서 가장 아름다운 다리가 되었습니다. 프라하 돌다리 또는 프라하 대교로 불리다가 1870년부터 카를대교 Charles bridge (체코 발음으로 카렐)가 되었습니다.

체코의 민족주의 작곡가인 베드르지흐 스메타나 Bedřich Smetana는 대표곡인 교향시 '나의 조국 Ma Vlast'을 1874년부터 1879년 사이에 작곡했습니다. 당시 오스트리아-헝가리 제국의 압제 하에 있던 조국의 독립을 염원하며 체코의 성 (1악장, 비셰흐라드 Vysehrad)과 도시 (5악장, 타보르 Tabor), 전설적인 인물 (3악장, 샤르카 Sarka), 강 (2악장, 블타바 Vltava)과 산 (6악장, 블라니크 Blanik), 숲과 초원 (4악장, 보헤미아 숲과 초원)을 소재로 작곡한 6개의 교향시를 '나의 조국' 악장들의 하나로 하여 묶은 것입니다. 이들 가운데 2악장 블타바강이 가장 유명합니다.

블타바강은 체코에서 가장 큰 강으로 체코의 남부 슈마바산맥 보헤미아산의 샘에서 발원하여 여러 지류와 합쳐져 블타바강이 되어 고대도시 체스키 크룸로프와 체스케 부데요비체를 거쳐 프라하를 동쪽 상업 지구와 서쪽 프라하성 지구로 나누며 관통하여 북쪽으로 30 km를 올라가 독일의 엘베강과 합류합니다. 교향시 '블타바강'은 블타바강이 두 개의 샘에서 발원하여 큰 강이 되기까지 강 흐름의 변화와 강 주변 마을과 숲의 풍경에 이어 프라하의 발상지 비셰흐라드성의 장엄한 모습을 묘사합니다.

사랑이 흔들리면 연인과 함께 프라하로 가서 연인들의 사랑을 이루어준다는 카를대교에서 사랑을 회복하고 비셰흐라드성에 잠든 스메타나와 드보르작도 만나 보십시오.

Bedřich Smetana, 'Ma Vlast', 2nd Mov. 'Vltava'
https://youtu.be/l6kqu2mk-Kw

7월 10일 이브

## 모차르트, 클라리넷 협주곡

**우리 인류의 최초의 어머니 이브는 어디에 사셨을까요?**

인류는 인종에 상관없이 약 20만 년 전 아프리카에 살았던 한 어머니 아프리카 이브 African Eve의 후손입니다. 1987년 미국 버클리 대학의 생화학자 앨런 윌슨 Allan Wilson 등이 여러 민족의 여성에서 어머니로만 유전되는 미토콘드리아 DNA의 돌연변이를 분석하여 밝혀낸 결과입니다. 이 때문에 '아프리카 이브'는 '미토콘드리아 이브 Mitochondrial Eve'라고도 합니다. 1997년 7월 10일 런던의 과학자들이 네안데르탈인 골격에서 얻은 DNA 분석 소견도 인류가 아프리카 이브로부터 기원했다는 '아웃 오브 아프리카설 (Out of Africa theory)'과 일치한다고 했습니다.

영화 '아웃 오브 아프리카 Out of Africa'는 1985년 개봉된 시드니 폴락 Sydney Pollack 감독의 대표 영화입니다. 이는 노벨상을 간발의 차로 놓쳤다는 덴마크 소설가 카렌 블릭센 Karen Blixen이 1937년 발표한 자전적 소설을 영화화한 것으로 7개의 아카데미상을 비롯하여 28개의 각종 영화상을 받았습니다. 주인공인 카렌이 아프리카 전원생활을 막연히 동경하여 케냐에서 블릭센 남작과 결혼하고 커피농장을 경영하며 행복하게 살고자 합니다. 하지만 밖으로 사냥이나 다니다가 군대에 가버린 남편 때문에 좌절합니다. 그러다가 데니스라는 청년을 만나 사랑에 빠지고 구혼까지 하였으나 자유주의자인 그가 받아주지 않고 애써 일군 커피농장도 화재로 소실되어 아프리카를 떠나기로 마음을 먹습니다. 떠나는 비행장에 배웅 나오기로 한 데니스마저 나타나지 않아 쓸쓸히 아프리카를 떠나는데 데니스가 비행기 사고로 죽었다는 소식을 듣게 됩니다. 남편도 꿈에 그렸던 커피 농장도 연인 데니스도 다 잃었으나 데니스가 남긴 "인간은 이 땅의 주인일 수 없고 단지 스쳐 지나가는 존재일 뿐이다"라는 말의 깊은 뜻을 깨닫고 아프리카의 모든 것을 아름답게 추억하는 영화입니다.

모차르트의 클라리넷 협주곡은 모차르트가 죽기 2달 전에 작곡한 그의 마지막 협주곡이고 단 하나뿐인 클라리넷 협주곡입니다. 총 3악장으로 구성되어 있는데 2악장은 영화 '아웃 오브 아프리카'에서 노을이 물드는 아프리카 대자연의 아름답고 평화로운 풍경에 삽입되어 감미롭고 잔잔한 선율로 가슴 벅찬 감동을 준 명곡입니다.

우리는 피부색이 달라도 아프리카 이브의 후손으로 한 형제자매니 서로 사랑합시다.

Wolfgang Amadeus Mozart, Clarinet Concerto
https://youtu.be/o_gm0NCabPs

7월 11일 패션

## 본 윌리암스, '그린슬리브즈 환상곡'

### 어떤 패션을 좋아하십니까?

세계 패션은 1920년대는 치마 단이 무릎 아래로 살짝 내려오는 샤넬 라인 Chanel line으로 유명한 프랑스의 가브리엘 보뇌르 "코코" 샤넬 Gabrielle Bonheur "Coco" Chanel (코코는 가수 지망생 시절의 예명), 1940년대는 장미꽃 봉오리 선인 코롤라 라인 Corolla line의 뉴룩 New-look을 유행시킨 크리스챤 디올 Christian Dior, 1960년대는 치마 단이 무릎 위로 올라가는 짧은 치마 미니스커트 Mini-skirt를 유행시킨 영국의 메리 퀀트 Mary Quant가 주도했습니다. 그런데 미니스커트의 미니는 작다는 뜻이 아니고 그녀가 좋아하는 차 모델명인 'Mini'의 이름입니다. 1980년대는 이탈리아의 조르지오 아르마니 Giorgio Armani가 주도했습니다.

조르지오 아르마니는 1934년 7월 11일 태어났는데 밀라노대학 의학부를 2년 만에 중퇴하고 1975년 Giorgio Armani사를 창설했습니다. 기존의 재킷에서 과감하게 어깨 뽕을 없애고 베이지그레이라는 그만의 차분한 색상을 사용하여 선풍적인 인기를 얻어 그는 '재킷의 왕'이 되고 조르지오 아르마니는 명품 브랜드가 되었습니다. 남성 재킷에서 어깨 뽕을 없앤 것은 샤넬이 편한 옷으로 여성들을 코르셋에서 해방시킨 것이나 메리 퀀트가 미니스커트를 만든 것에 견줄만한 큰 변혁이었습니다.

영국의 랄프 본 윌리암스 Ralph Vaughan Williams의 대표곡으로 '그린슬리브즈 환상곡 Fantasia on Greensleeves'이 있습니다. 이는 그린슬리브즈를 온 마음과 정성을 다해 사랑한 남성이 그의 사랑을 받아주지 않는 아쉬움을 노래하는 영국의 민요 '그린슬리브즈'를 주제로 만든 관현악곡입니다. 그런데 그린슬리브즈가 누구인지는 확실하지 않습니다, 헨리 8세의 집요한 구애로 왕비의 시녀에서 왕비가 되었으나 1,080일 만에 처형당해 천일의 앤으로도 불리는 앤 볼린 왕비 Anne Boleyn라는 설도 있고 풀밭에서 정사를 나눠 옷에 푸른 풀물이 든 정절하지 못한 여자라는 설도 있습니다. 그린슬리브즈는 여성의 이름일 뿐인데 '푸른 옷소매'로 번역하는 사람도 있습니다. 이는 중국의 철학자 '노자'를 '늙은 사람'이라고 번역하는 것과 같습니다.

외모나 패션에 대한 편견을 가지고 사람을 판단하지 마십시오. 샤넬의 수수한 옷이나 디올의 화사한 옷이나 퀀트의 간편한 옷을 입는 것은 그저 개인 취향일 뿐이니까요.

Ralph Vaughan Williams, 'Fantasia on Greensleeves'
https://youtu.be/Ak85S5KZoKE

7월 12일 변신

## 롤링 스톤즈, '루비 튜스데이'

**짧고 굵게 사는 것과 가늘고 길게 사는 것 가운데 어떤 것을 선택하시겠습니까?**

비틀즈 Beatles와 롤링 스톤즈 Rolling Stones는 1960년대에 결성된 영국의 대표적인 록 밴드입니다. 비틀즈는 1960년 8월 영국에서 5번째로 큰 리버풀 Liverpool에서 결성되어 8월 17일 독일 함부르크에서 연주를 시작했고 롤링 스톤즈는 2년 뒤인 1962년 영국의 수도 런던에서 결성되어 7월 12일 첫 데뷔 무대를 가졌습니다. 비틀즈는 결성된 지 10년 만인 1970년 해체되었지만 롤링 스톤즈는 창립 60주년을 넘어 지금도 최장수 밴드로 활동하고 있습니다.

롤링 스톤즈는 영국 신사와 같은 단정한 모습의 비틀즈와 달리 불량배와 같이 헝클어진 긴 머리에 파격적인 복장을 하고 섹스, 마약, 인종이나 성 차별적인 노래도 있어서 거부감도 많이 있었으나 록 음악 자체가 자유와 저항을 지향하는 것이기에 점차 받아들여졌습니다. 보컬은 약간 쉰듯하고 거친 목소리의 믹 재거경 Sir Mick Jagger, 기타는 믹 재거의 유치원 친구인 키스 리처드 Keith Richards와 로니 우드 Ronnie Wood, 드럼은 찰리 왓츠 Charlie Watts가 80세를 바라보는 지금까지 맡고 있습니다. 데뷔 초기인 1960년대는 흑인 블루스, 1970년대는 디스코, 1980년대는 팝과 전자음악, 1990년대는 모던 록으로 밴드 이름인 '구르는 돌'처럼 변신에 변신을 거듭하면서 록 음악의 초창기부터 지금까지 살아있는 전설이며 역사입니다.

롤링 스톤즈의 곡은 믹 재거와 키스 리처드가 비틀즈의 레논-매카트니 콤비처럼 단짝을 이뤄 만듭니다. 단독 음반 92개와 실황 음반 10개를 발표했고 2008년 빌보드 50주년 기념 역대 인기 그룹으로 비틀즈 다음으로 2위에 올랐습니다. 인기곡으로 Satisfaction (1965), Gimme Shelter (1969), Paint It Black (1966), Sympathy for Devil (1968), As Tears Go By (1965), Ruby Tuesday (1967), Angie (1973) 등으로 많습니다. 이중 'Ruby Tuesday'는 1967년 3월 발표하여 빌보드 차트 1위에 올랐고 다른 가수에 의해서도 많이 개작된 곡입니다. 가사는 곡을 만든 키스 리처드가 그의 곁을 떠난 애인 린다 키스 Linda Keith를 생각하며 쓴 것인데 그녀가 떠난 날이 화요일이어서 그녀를 Ruby Tuesday로 표현했다고 합니다.

롱런하기 위해서는 롤링 스톤즈처럼 정체성을 지키면서도 변화를 적극 수용하십시오.

Rolling Stones, 'Ruby Tuesday'
https://youtu.be/fvp6gseKJS8

7월 13일 이름

## 헨델, 오페라 '줄리어스 시저'에서 '침묵하고 숨겨라'

### 칠월이 왜 July일까요?

줄리어스 시저 Julius Caesar가 태어난 달이기 때문입니다. 대장군이자 정치가이고 문장가였던 줄리어스 시저는 기원전 100년 7월 13일 태어났습니다. 시저는 로마공화정의 집정관으로 속주 갈리아의 지방 장관으로 있으면서 잇단 전쟁에서 승리하여 자신의 군사력을 키우고 있었습니다. 이에 위기감을 느낀 원로원이 시저에게 군대를 해산하고 로마로 돌아오라고 했으나 시저는 이를 거역하고 기원전 49년 1월 군대를 이끌고 로마로 진격했습니다. 이때 루비콘강을 건너며 "주사위는 던져졌다"라는 비장한 결단의 말을 남겼습니다. 로마로 들어와 반대 세력을 평정한 후 최고 실력자인 독재관 Dictator이 되었습니다. 이후 로마 시민의 지지를 얻기 위해 많은 개혁을 단행했는데 이 가운데 하나가 달력 체계의 개편이었습니다. 고대 로마 최초의 달력은 로물루스력 Romulus calendar으로 1년이 10달 304일이었는데 기원전 7세기에 누마 폼필리우스 Numa Pompilius가 12달 355일인 태음력 (누마력)으로 개정했으나 오차가 많아 불편했습니다. 이 누마력을 시저가 기원전 46년 지구 공전 주기 365.25일에 맞게 12달 365일에 윤년을 두는 태양력 (율리우스력)으로 개정했습니다. 그러면서 자신의 생일이 있는 7월을 원래 이름 Quintilis 대신 자신의 이름을 따서 July로 바꾸었습니다.

헨델의 3대 오페라 '리날도 Rinaldo' (1711년), '줄리어스 시저 Julius Caesar' (1724년), '세르세 Serse' (1736년) 가운데 '줄리어스 시저'의 원래 곡 이름은 '이집트에서 줄리오 체사레 Giulio Cesare in Egitto'입니다. 이집트에서 시저와 클레오파트라의 사랑을 그린 3막 오페라 세리아로 인물들을 극적으로 잘 대비시켜 헨델 생전 최고 흥행작이었습니다. 아리아 '침묵하고 숨겨라 Va Tacito e Nascosto'는 1막에서 시저가 이집트 왕 톨로메오 Tolomeo가 자신을 공격하려는 낌새를 알아채고 톨로메오의 궁전을 전격 방문하여 폼페이우스의 죽음에 대해 따지며 은근히 경고하는 노래입니다.

율리우스력에 자신의 이름을 남긴 시저처럼 인간은 누구나 본능적으로 자신의 흔적을 남기고 싶어 합니다. 자식을 낳는 것도 돌에 이름을 새기는 것도 그렇습니다. 그래서 죽은 후에는 묘비에 이름 석 자라도 남기려고 합니다. 이름보다 어떤 사람으로 기억되는지가 더 중요하니 좋은 사람으로 기억될 수 있게 아름답고 향기롭게 마무리하십시오.

Georg Friedrich Händel, Opera 'Julius Caesar', 'Va Tacito e Nascosto'
https://youtu.be/iRe16N_UziY

7월 14일 혁명

## 루제 드 리일, '라 마르세예즈'

**개혁과 혁명 가운데 뭐가 더 어려울까요?**

개혁도 어렵고 혁명도 어려운데 개혁이 더 어렵습니다. 개혁은 설득이 필요하나 혁명은 설득이 필요 없기 때문입니다. 오늘은 프랑스 대혁명 기념일입니다. 프랑스 루이 16세가 개최한 삼부회의에서 귀족과 성직자 대표에게 왕따 당한 평민들이 1789년 7월 14일 무기와 폭약을 얻기 위해 국사범들이 주로 수용된 파리 바스티유 Bastille 감옥을 습격하여 프랑스 혁명이 시작된 날인 것입니다. 이날을 기념하기 위해 상제리제 Champs-Elysees 거리의 군사 행진과 에펠탑의 불꽃놀이가 개최되고 시민들은 프랑스 국가인 '라 마르세예즈 La Marseillaise'를 부르며 축제를 엽니다.

'라 마르세예즈'는 마르세이유 Marseille 사람들이라는 뜻인데 프랑스 혁명 시절 마르세이유 의용군이 파리에 입성하면서 부른 노래입니다. 프랑스 혁명이 성공하자 시민혁명이 전파될 것을 두려워한 절대 왕정국가인 오스트리아가 시민혁명 정부를 전복시키기 위해 프랑스로 쳐들어왔는데 혁명 정부가 불리하다는 전황을 듣고 프랑스 각지에서 의용군이 파리로 모여들었습니다. 여러 지역 의용군 가운데 프랑스 남부 항구도시 마르세이유에서 온 의용군이 프랑스 국경 수비대의 '라인의 군대를 위한 군가'를 부르며 파리로 입성했는데 이를 군가인 줄 모르고 마르세이유 사람들이 부르기에 '라 마르세예즈'라고 했던 것이 노래 이름으로 굳어진 것입니다. 이 군가는 프랑스 알사스 국경 수비대 공병 대위인 클로드 조세프 루제 드 릴 Claude Joseph Rouget de Lisle이 1792년 4월 25일 만들었는데 의대 졸업 후 의용군에 입대한 프랑소와 미뢰르가 마르세이유 의용군들에게 유행시켰습니다. 이 군가는 당시 최정예 오스트리아군과 발미전투에서 프랑스가 승리하는 데도 큰 힘이 되었다고 합니다. 총 7절까지 있고 가사에 "목을 따기 위해"라든가 "적의 피로 고랑을 적시자", "시민들이여, 무기를 들어라"는 등 과격하고 선동적인 내용이 많지만 1795년 프랑스 국가로 제정되어 200년이 훨씬 넘게 불리고 있습니다. 차이콥스키 '1812년 서곡'과 비틀즈의 'All You Need is Love' 등에도 일부 소절이 삽입된 매우 경쾌하고 힘이 나는 노래입니다.

혁명의 시대는 가고 개혁의 시대입니다. 개혁은 대화와 설득, 타협과 관용을 통해 이루어집니다. 가정이나 학교나 정치권에서 싸우지 않고 대화하는 법부터 배웁시다.

Claude Joseph Rouget de Lisle, 'La Marseillaise'
https://youtu.be/T2BhWcSBJtI

7월 15일 알츠하이머

## 래리 와이스, '라인스톤 카우보이'

**백세시대에서 가장 두려운 것은 무엇일까요?**

빈곤과 치매입니다. 치매의 70~80%는 알츠하이머병 Alzheimer disease 때문에 생깁니다. 알츠하이머병은 독일의 정신과 의사 알로이스 알츠하이머 Alois Alzheimer가 1901년 의부증으로 시작하여 급속히 치매로 진행한 50세 여성을 사망할 때까지 5년간 관찰하고 사망 후 뇌 조직 검사에서 특이한 소견을 발견하여 1906년 학계에 보고했습니다. 알츠하이머라는 병명은 그의 상사인 에밀 크레펠린 Emil Kraepelin 교수가 1910년 7월 15일 출판한 자신의 정신의학 책에 처음으로 사용하여 공식 병명이 되었습니다. 2대 원인으로 환자의 절반 정도에서 보이는 유전적인 경향과 65세 이후 5살 증가 때마다 환자 수가 2배씩 증가하여 85세 이상에서는 50%를 넘는 노화가 있습니다. 최신 기억 상실로부터 언어장애, 지남력 상실, 감정 변동, 이상 행동, 완전 기억 상실로 발전하며 진단 후 평균 수명은 3~9년으로 짧습니다.

전설적인 컨트리 가수 글렌 캠벨 Glen Campbell은 1936년 4월 22일 미국 아칸사스주 빌스타운 Billstown에서 태어났습니다. 1958년 데뷔하고 1962년 솔로로 전향하여 활동하다가 1964~1965년 비치보이스의 기타리스트로 활동했습니다. 1967년 'Gentle on My Mind'로 그래미 최우수 남성 컨츄리 가창 상을 받아 단박에 컨츄리 스타가 되었고 그래미 명예의 전당에 3차례나 올랐습니다. 2011년 75살에 알츠하이머로 진단받아 2013년 은퇴하고 치료에 전념했으나 4년 만에 81살로 숨졌습니다. 대표곡으로 'Gentle on My Mind' (1967), 'The Impossible Dream' (1968), 'Time' (1969)과 그의 자전적인 노래 'Rhinestone Cowboy' (1975) 등이 있습니다.

글렌 캠벨의 주치의 메이요 클리닉의 로날드 피터슨 Ronald Petersen 박사는 글렌 캠벨이 노래 가사는 다 잊어버렸어도 손으로 하는 기타 독주는 5분도 가능했다고 했습니다. 이처럼 알츠하이머병은 환자마다 손상을 받은 뇌의 영역과 정도가 달라 기억 능력, 언어 능력, 운동능력 손상 정도가 다릅니다. 음악은 기억과 운동능력을 개선하고 오랜 기억 속의 음악은 안정제와 같은 진정 효과도 있어 치료에 도움이 됩니다.

치매 예방에는 머리로 하는 두뇌 운동, 손과 팔다리 신체 운동, 사교 모임, 균형 잡힌 식사와 성인병 관리가 필수적입니다. 빠를수록 좋으니 지금부터 당장 시작하십시오.

Larry Weiss, 'Rhinestone Cowboy'
https://youtu.be/8kAU3B9Pi_U

7월 16일 돌연사

## 브루크너, 교향곡 7번 '서정적'

### 갑자기 사망하는 돌연사는 왜 일어날까요?

돌연사는 증상 발생 후 1시간 안에 갑자기 사망하는 경우를 말합니다. 대부분 심장의 심실성 빠른 부정맥에 의한 심장마비에 의해 일어나는데 이는 대부분 심근경색의 합병증으로 생깁니다. 따라서 돌연사는 심장동맥이 갑자기 막혀서 생기는 심근경색 때문이라고 생각해도 됩니다. 고전음악의 제왕 헤르베르트 폰 카라얀 Herbert von Karajan이 1989년 7월 16일 81세로 오스트리아 잘츠부르크 축제 Salzburg Festival 준비 중에 돌연사했습니다. 그는 그리스계 아버지와 슬로바키아계 어머니의 둘째 아들로 1908년 4월 5일 잘츠부르크에서 태어났습니다. 피아노 신동이었던 그는 8살부터 18살까지 잘츠부르크 모차르테움 Mozarteum에서 공부한 후 빈 음악원으로 옮겨 피아노와 지휘를 공부하고 1929년 21살에 지휘자로 데뷔했습니다. 1934년 26살에 독일 아헨의 최연소 음악 감독이 되고 1938년 베를린에서 데뷔하여 이름을 날렸으나 나치 입당 전력으로 1945년 종전 후 2년간 음악 활동을 금지 당했습니다. 1954년 베를린 필하모니의 종신 수석지휘자가 되어 1989년까지 35년간 재임했습니다.

카라얀은 1989년 7월 16일 잘츠부르크 축제를 위해 베르디 오페라 '가면무도회'의 예행연습 rehearsal을 마치고 집으로 돌아와 주치의가 권한 심전도 검사를 마다하고 음반사 사장과 환담 중에 몸이 안 좋다며 물 한 잔 마시고 쓰러졌습니다. 축제 10일 전에 급성 심근경색에 의한 심장마비로 사망했습니다. 소프라노 조수미를 100년에 한 번 나올까 말까 하는 신이 내린 천상의 목소리라고 극찬하고 이 연주회에 독창자로 초대하여 전날에 예행연습까지 했었는데 권위와 업적으로 신과 같은 카라얀과 높고 맑은 목소리로 천사 같은 조수미의 협업이 성사되지 못해 영원한 아쉬움으로 남았습니다. 그는 거의 모든 고전음악을 아주 수준 높게 연주하여 1,300종 이상의 녹음과 900종이 넘는 음반을 남겼습니다. 그의 마지막 녹음은 1989년 안톤 브루크너 Anton Bruckner의 교향곡 7번이었습니다. 이는 브루크너의 11개 교향곡 가운데 가장 성공한 작품으로 쉼표로 잠깐 끊기는 브루크너 휴지가 거의 없고 서정적인 곡입니다.

삶이 아무리 화려했어도 카라얀의 최후처럼 마지막은 늘 아쉽고 후회스럽습니다. 가장 아쉽고 후회스러운 돌연사를 피하려면 의사의 충고는 가벼워도 무시하지 마세요.

Anton Josef Bruckner, Symphony No. 7 'Lyric'
https://youtu.be/PvCUHLQx2uM

7월 17일 제헌절

## 스콜피언스, '휴일'

**오늘은 제헌절인데 왜 공휴일이 아닌가요?**

제헌절은 우리나라 제1호 헌법 (제헌 헌법)이 처음으로 제정되어 공포된 것을 기념하는 날입니다. 제헌 헌법이란 제헌 국회가 1948년 7월 17일 처음으로 제성한 헌법으로 1952년 7월 7일 개정하기 전까지 헌법을 말합니다. 제헌절은 1949년 10월 1일 국경일로 지정되었고 공휴일이었는데 주5일제가 시행되면서 휴일이 너무 많다고 해서 2008년부터 공휴일에서 빠졌습니다. 그 결과 국경일 중에 제헌절만 유일하게 공휴일이 아닙니다. 제헌절이 공휴일은 아니지만 자유민주주의 국가로서 대한민국의 근본 뼈대가 되는 헌법을 제정한 매우 중요한 국경일이므로 가벼이 여겨서는 안 됩니다.

우리나라 제헌 헌법의 성안이 실제로 완료된 것은 1948년 7월 12일이었습니다. 성안된 헌법을 그날 바로 공포하지 않고 7월 17일로 미룬 것은 태조 이성계가 왕으로 등극하여 조선을 세운 조선의 건국일이 7월 17일 (1392년)이기 때문이었습니다. 제헌절에 제2의 건국의 뜻을 담고 싶었던 것입니다. 이 때문에 제헌절은 헌법을 제정한 제헌절이 아니라 헌법을 공포한 공포일이라는 말도 있습니다. 헌법은 1987년 10월 29일 9번째 개정되어 10호 헌법이 탄생했습니다. 총 10장 130조로 되어 있는데 1조 1항은 "대한민국은 민주공화국이다" 2항은 "대한민국의 주권은 국민에게 있고, 모든 권력은 국민으로부터 나온다"라고 되어 있습니다. 이처럼 훌륭한 헌법을 가진 우리나라는 헌법적으로도 세계 어느 나라보다 더 훌륭한 자유민주주의 국가입니다.

비지스의 'Holiday' (1967), 미셸 폴나레프의 'Holidays' (1972)에 이어 발표된 스콜피언스의 'Holiday' (1979)는 세계 3대 홀리데이 가운데 지금도 최고의 인기를 누리고 있습니다. 기타리스트 루돌프 쉥커 Rudolf Schenker가 작곡하고 보컬 클라우스 마이네 Klaus Meine가 가사를 써서 1979년 6번째 앨범에 실렸는데 스콜피언스를 세계적인 그룹으로 도약하게 했습니다. 루돌프 쉥커의 어쿠스틱 기타 솔로로 시작하여 클라우스 마이네가 연인에게 당신이 좋아할 먼 섬으로 데리고 가겠다고 노래합니다.

대통령과 정부가 밉다고 조국까지 미워하지 마십시오. 제헌절이 공휴일이 아니라고 국기 다는 것조차 잊지 마시고 잠시 5분의 여유를 내서 스콜피언스가 초대하는 홀리데이 섬으로 가서 휴일보다 더 즐겁고 행복한 시간을 가지십시오.

Klaus Meine/Rudolf Schenker (Scorpions), 'Holiday'
https://youtu.be/R1_lOW8rjE4

7월 18일 아프리카

## 데이비드 페이치 작사, 제프 포카로 작곡, '아프리카'

**아프리카 하면 제일 먼저 생각나는 것이 무엇입니까?**

성자 슈바이처, 만델라 대통령, 이태석 신부, 에티오피아, 케냐, 남아공, 킬리만자로, 세렝게티, 빅토리아 폭포 등으로 많을 것입니다. 넬슨 만델라 Nelson Mandela는 1918년 7월 18일 남아프리카연방 케이프주 음베조 Mvezo에서 태어났습니다. 포트 헤어 Fort Hare 대학을 다니다가 중퇴하고 비트워터스란드 Witwatersrand 대학 법학부를 졸업하고 변호사가 되었습니다. 1943년 대학 재학 중에 아프리카민족회의 African National Congress (ANC)에 가입하고 이듬해 청년동맹을 만들었습니다. 1948년 30살에 남아공의 인종차별 정책인 아파르트헤이트 Apartheid 반대 운동을 시작하고 1952년 ANC 트란스바알 Transvaal 지부의 의장이 되었습니다. 1961년 무장투쟁조직을 만들어 투쟁하였고 이듬해 반역죄로 체포되어 1964년 46살에 종신형을 선고받았습니다. 국제적인 석방 운동에 힘입어 27년만인 1990년 2월 11일 석방되었고 남아공은 이듬해에 인종차별정책을 폐기했습니다. 만델라는 1993년 노벨 평화상을 수상하고 1994년 실시된 흑백 평등선거로 최초의 흑인 대통령이 되었습니다. 대통령이 된 다음에는 '진실과 화해위원회'를 설치하여 인권범죄의 실상을 낱낱이 밝혀냈지만 모두 용서하고 사면하여 평화의 화신이 되고 인류의 위대한 스승이 되었습니다.

록 밴드 토토 Toto는 1977년 결성되었는데 1982년 발표한 '아프리카 Africa'가 1983년 미국 빌보드 차트에서 1위를 차지했습니다. '아프리카'는 밴드 단원 데이비드 페이치 David Paich가 늦은 밤 티비 다큐에서 아프리카 사람들의 비참한 죽음과 고통에 관한 영상을 보고 충격을 받아 자신이 아프리카에 있었다면 어떻게 했을까 하는 생각에서 가사를 쓰고 제프 포카로 Jeff Pocaro가 곡을 만들었습니다. 노래 반주에 콩가 Conga 드럼과 카림바 Kalimba 소리가 더해져 아프리카의 토속적인 분위기를 만들어 내고 아프리카의 한 이방 남성이 자정이 넘어 비행기로 오는 한 여인을 기다리는 장면으로 시작하여 아프리카에 비가 내리기를 축원하며 자신도 아프리카를 위해 뭔가를 하겠다는 다짐으로 끝맺습니다.

현생 인류 호모 사피엔스가 발원하여 우리 어머니의 할머니 이브가 살았던 아프리카가 빈곤과 압제에서 벗어나 인류의 영원한 마음의 고향 에덴이 되기를 소망합니다.

David Paich/Jeff Pocaro (Toto), 'Africa'
https://youtu.be/yjbpwlqp5Qw

7월 19일 비혼

## 아당, 발레 '지젤'

**발레리나하면 생각나는 화가가 있으시죠?**

인상파 화가 에드가 드가 Edgar Degas는 1834년 7월 19일 파리에서 음악애호가인 은행가 아버지와 미국 출생의 혼혈 어머니 사이에서 태어났습니다. 화가가 되고 싶었으나 가업을 잇기 위해 파리대학 법학부에 입학했다가 포기하고 국립 미술학교를 졸업했습니다. 프랑스 인상주의의 창시자이나 본인은 사실주의자로 불리기를 더 좋아했습니다. 어린 시절 어머니와 친삼촌의 불륜에 충격을 받아 83세까지 평생을 독신으로 지내면서 발레리나 ballerina나 경주마의 아름다운 움직임을 그리는 자기만의 예술세계를 구축했습니다. 무용수를 특히 많이 그려서 무희 화가로도 불렸습니다.

발레 ballet는 이탈리아가 본산인데 메디치 Medici가에서 1533년 14살로 프랑스 왕가로 시집가서 앙리 2세의 왕비가 된 카트린 드 메디시스 Catherine de Medicis에 의해 프랑스 왕궁에 소개되어 왕궁과 귀족들의 볼거리 공연이 되었습니다. 1661년 루이 14세가 왕립 발레 아카데미를 설립하여 발레가 왕궁에서 나와 대중화되기 시작했습니다. 이 때문에 발레 용어는 대부분 프랑스어로 되어 있습니다. 발레는 다시 러시아의 표트르 대제에 의해 러시아로 넘어가 본격적인 무대 예술로 발전하였고 상트페테르부르크의 마린스키 극장은 세계 발레의 중심지가 되었습니다.

로맨틱 발레 '지젤 Giselle'은 프랑스의 작곡가 아돌프 샤를 아당 Adolphe Charles Adam의 대표작입니다. 1841년 6월 28일 파리 오페라 극장에서 초연하여 호평을 받았고 이후 로맨틱 발레의 상징이 되었으며 지젤 역은 발레리나라면 꼭 맡아 보고 싶은 역할이 되었습니다. 원제는 '지젤 또는 윌리 Giselle or Wilis'인데 춤추기를 좋아하는 처녀가 죽으면 윌리라는 춤의 유령이 되어 밤마다 무덤에서 나와 젊은이를 유혹하여 죽을 때까지 춤을 추게 한다는 중세 독일의 전설에 영감을 받아 만들어졌습니다. 아당의 '지젤'에서는 라인 강변 마을 처녀 지젤이 귀족 총각 알베르와 이룰 수 없는 사랑으로 절망하다 죽어 유령 윌리가 되지만 죽어서도 생전에 사랑했던 알베르의 목숨을 지켜주어 생사를 뛰어넘는 사랑의 숭고함을 보여줍니다.

부모 때문에 결혼을 기피하는 총각도, 사랑의 상처 때문에 결혼을 안 하는 처녀도 없이 다들 행복한 가정을 이루어 윌리가 없는 세상이 되게 합시다.

Adolphe Charles Adam, Ballet 'Giselle'
https://youtu.be/mCMVYGSC8_4

7월 20일 달님

## 드보르작, 오페라 '루살카'에서 '달님께 바치는 노래'

**달님에게 소원을 빌어 본 적이 있으신가요?**

캄캄한 밤에 별과 함께 빛나는 달은 매일 변하여 신비로운 존재로 여겨져 왔고 달이 차고 기우는 주기가 음력을 만들어 인류의 일상은 물론 문명에 지대한 영향을 주었습니다. 달은 지구를 27.3일 (항성 월, 하루 360° ÷ 27.3일 ≒ 13°/일) 주기로 도는데 지구는 태양을 365.2일 (하루 360° ÷ 365일 ≒ 1°/일) 주기로 돌아 삭망 주기 (삭망 월)는 하루에 12도가 되어 29.5일 (360° ÷ 12°/일)이 음력 1달의 기준이 되었습니다. 달은 지구의 1/4로 작고 태양에 비해 400배 작지만 지구와 거리가 38만 km로 태양보다 400배 가까워 태양과 비슷한 크기로 보입니다. 이렇게 달은 태양과 동등한 존재로 태양은 낮을 지배하는 아버지, 달은 밤을 지배하는 어머니와 같은 존재로 인식되고 고대로부터 음악, 미술, 문학의 중요한 소재가 되었고 인류로 하여금 우주적인 생각을 갖게 하고 우주 탐험의 꿈을 품게 한 존재입니다.

미국이 1961년 인간을 달에 착륙시킨다는 아폴로 Apollo 계획을 발표했는데 8년만인 1969년 7월 20일 오후 4시 17분 40초에 아폴로 11호가 달 착륙에 성공했습니다. 당시 우리나라는 월요일인 그날을 임시공휴일로 정하여 티비 중계방송을 보게 했는데 티비가 있는 집이 거의 없어서 실황 중계를 보러 사람들이 미국문화원으로 몰려가 북새통을 이루었습니다. 달 주변 궤도를 돌고 있는 사령선 콜럼비아호에서 달착륙선 이글호가 떨어져 나와 어렵사리 달에 착륙한 후 닐 암스트롱이 사다리를 타고 내려와 달에 첫발을 내딛은 것은 그날 저녁 10시 56분 15초였습니다. 그는 첫발을 내딛으며 "나 한 사람에게는 작은 발걸음이지만 인류에게는 커다란 도약이다"라고 했습니다.

드보르작의 대표적인 오페라 '루살카 Rusalka'는 인어공주와 같은 물의 요정 루살카가 사냥 나온 왕자에게 반해 사랑을 이루기 위해 말 못 하는 저주를 감수하고 인간이 되지만 왕자로부터 배신을 당합니다. 왕자의 배신으로 죽게 된 그녀는 왕자를 죽이면 마법에서 풀려나 살 수 있는데도 왕자를 죽이지 않고 자신이 죽어 비극적이지만 지고지순한 사랑 이야기입니다. 1막에서 루살카가 달님에게 자신의 사랑을 왕자님께 전해 달라고 기원하는 '달님께 바치는 노래 Song to the Moon'가 특히 유명합니다.

달님께 미움이 있는 곳에 사랑이 싹트고 분쟁이 있는 곳에 평화가 꽃피기를 빌어요.

Antonin Dvorak, Opera 'Rusalka', 'Song to the Moon'
https://youtu.be/WnbhBM6ClvE

7월 21일 비둘기

## 세바스챤 이라디에르, '비둘기'

### 귀하는 비둘기파입니까, 매파입니까?

유해 조류로 전락한 비둘기는 영어로 dove 또는 pigeon, 스페인어로 paloma라고 하는데 귀소 본능이 뛰어나고 시속 100 km로 10시간 이상을 날 수 있어 통신 수단으로 사용되기도 했습니다. 대홍수 때 노아가 방주에서 날려 보낸 비둘기가 올리브 가지를 물고 온 것으로 심판이 끝나고 평화의 세상이 회복되었음을 알았다는 성경 기록으로 비둘기는 평화의 상징이었고 협상에서 온건파를 비둘기파라고 불렀습니다.

어니스트 헤밍웨이 Ernest Hemingway는 1899년 7월 21일, 잡기에 능한 의사 아버지와 노래를 좋아하는 어머니 사이에 둘째로 태어났습니다. 1953년 노벨상 수상작 '노인과 바다 The Old Man and The Sea'는 그가 쿠바의 수도 아바나 Habana (영어로 하바나 Havana)의 별장 핀카 비히아 Finca Vigia에서 집필과 낚시를 즐기면서 들은 이야기를 소설로 옮긴 것입니다. 출어 후 85일 만에 큰 청새치를 어렵게 잡았는데 상어 떼에 다 뜯기고 앙상한 가시만 건져 올린 노인은 다름 아닌 작가 자신이자 선량한 시민이고 상어는 이리 떼와 같은 영악한 인간 또는 착취가 일상인 사회를 말하는데 "인간은 파멸 당할지라도 패배하지 않는다"고 했습니다. 쿠바가 1959년 33살의 젊은 카스트로 Castro에 의해 사회주의 국가가 되고 미국과 국교도 단절되어 헤밍웨이는 1939년부터 21년간이나 살았던 제2의 고향인 아바나를 떠나 미국으로 돌아왔으나 우울증에 걸려 이듬해 62세로 세상을 버렸습니다.

스페인의 작곡가 세바스챤 이라디에르 Sebastian Yradier의 '비둘기 La Paloma'는 "내가 아바나를 떠날 때~"로 시작하는데 한 남성이 헤밍웨이처럼 아바나를 떠나면서 남겨 놓은 여인에게 사랑의 마음을 비둘기를 통해 전하니 내게로 오라고 하는 노래입니다. 이는 세바스챤 이라디에르가 아바나를 여행하면서 쿠바의 경쾌한 2박자 춤인 아바네라 habanera에 매료되어 1860년경 작곡한 것입니다. 탱고의 원조 할머니 격인 아바네라는 쿠바가 스페인의 식민지일 때 아프리카 흑인이 고향 아프리카에서 가져온 음악과 춤을 쿠바의 혼혈 크리올 Creole이 쿠바에 맞게 변형시킨 것인데 스페인으로 건너가서 스페인의 민속 무곡이 되었습니다.

지금은 라 팔로마 시대가 아니고 카톡의 시대이니 사랑의 문자 무제한으로 보내세요.

Sebastian Yradier, 'La Paloma'
https://youtu.be/PIc4gB2RzAc

7월 22일 유전

## 라흐마니노프, '파가니니 주제에 의한 광시곡'

**부모로서 가장 가슴 아픈 병은 어떤 병일까요?**

자신 때문에 자식이 갖게 된 유전병일 것입니다. 현대 유전학의 창시자인 그레고르 멘델 Gregor Mendel 신부는 1822년 7월 22일 오스트리아 제국 지금은 체코인 하인첸도르프에서 소작 농부의 아들로 태어났습니다. 어릴 때부터 부모의 농사와 원예 일을 도우며 자연현상에 관심이 많았습니다. 가난에도 불구하고 공부에 대한 열망이 커서 돈을 들이지 않고 공부하기 위해 1843년 가톨릭 수사가 되었습니다. 1850년 빈 대학 자연과학부 입학시험에 떨어졌으나 수도원장의 추천으로 청강생이 되었습니다. 학업을 마치고 1854년 수도원으로 돌아와 1856년부터 수도원의 5평 텃밭에 완두콩을 225번이나 심고 갈아엎기를 반복하면서 교배 실험을 하고 수학적으로 분석하여 7년 만에 유전 법칙을 발견했습니다. 이는 우성만 살아남고 열성은 도태된다는 다윈의 가설을 뒤집는 것으로 1866년 '식물의 잡종에 관한 실험'이라는 논문으로 발표했으나 당시에는 주목받지 못했습니다. 2년 후 1868년 46살에 수도원장이 되어 연구 활동을 중단하였고 62살로 세상을 떠났습니다. 그의 업적은 멘델의 사후 16년이 지나서야 다른 학자들에 의해 재조명되고 학계에서도 인정을 받았습니다.

니콜로 파가니니와 세르게이 라흐마니노프는 마르판 증후군 Marfan syndrome이라는 같은 유전병을 앓았습니다. 마르판 증후군은 팔다리와 손가락이 유난히 길고 유연하여 피아노나 바이올린 연주에는 도움이 되지만 대동맥 벽이 약해서 대동맥 파열에 의해 급사할 위험이 높습니다. 이 병은 1896년 프랑스 소아과 의사 앙트완 마흐팡 Antoine Marfan이 5살 소녀의 특이한 체형을 보고함으로써 알려졌습니다. 75%가 상염색체 우성으로 유전되어 부모로부터 물려받아 생깁니다. 라흐마니노프는 키가 190 cm, 손이 30 cm나 되는 거미손으로 피아노 건반 13도를 한 번에 누를 수 있었는데 작곡, 피아노 연주, 지휘 등 음악의 모든 분야에서 특출했습니다. 그가 1934년 작곡한 '파가니니 주제에 의한 광시곡 Rhapsody on a Theme of Paganini'은 같은 유전병을 앓았던 파가니니의 '바이올린을 위한 24개 카프리치오' 가운데 마지막 곡의 선율을 주제로 피아노 협주곡 형식으로 24가지로 변주한 것입니다.

유전병이라고 불치병은 아니니 가족 내력으로 의심되면 빨리 진단받고 치료하세요.

Sergei Rachmaninoff, 'Rhapsody on a Theme of Paganini'
https://youtu.be/ppJ5uITLECE

7월 23일 고속도로

## 딥 퍼플, '고속도로의 스타'

**귀하는 지금 어떤 차를 몰고 계십니까?**

카를 프리드리히 벤츠 Carl Friedrich Benz는 1879년 세계 최초로 가솔린 엔진을 개발하고 1883년 카를 벤츠사를 설립하고 1885년 삼륜 자동차이기는 하였으나 세계 최초로 자동차를 만들었습니다. 고틀리프 다임러 Gottlieb Daimler도 1890년 다임러사를 설립하여 사륜 자동차를 만들었습니다. 이로써 자동차 시대가 열렸으나 가격 때문에 일반인이 차를 사는 것은 꿈도 꾸기 어려웠습니다. 이때 자동차의 왕 헨리 포드 Henry Ford가 1899년 미국 디트로이트에 포드 자동차회사를 설립하고 T모델을 개발하여 1908년 7월 22일 기존의 1/3 값에 출시했습니다. 1914년 컨베이어벨트를 이용한 대량 생산 라인을 구축하여 1927년까지 총 1,500만 대를 판매하여 자동차의 대중화를 이끌었습니다. 이에 독일의 벤츠와 다임러는 1926년 합병하여 1928년부터 고성능 메르세데스로 차별화하고 1936년 세계 최초로 디젤 승용차를 만들었습니다.

자동차가 대중화되면서 운송 수단이 철도에서 자동차로 급속하게 바뀌고 자동차 전용 고속도로가 건설되기 시작했습니다. 1911년 세계 최초 자동차 전용 고속도로 Long Island Parkway가 미국 뉴욕주에 건설되었고 1932년 독일의 자동차 전용 고속도로 아우토반 Autobahn의 첫 구간 (Bonn-Cologne)이 완공되었습니다. 우리나라 최초의 경인고속도로가 1968년 개통되었고, 경부고속도로는 1970년 개통되었습니다.

딥 퍼플 Deep Purple은 영국 출신 록밴드로 1968년 결성되어 현재는 10기 단원이 활동하고 있습니다. 대표곡으로 'Highway Star', 'Smoke on the Water', 'Hush', 'Soldier of Fortune' 등이 있습니다. 'Highway Star'는 1971년 포트머스 Portmouth로 가는 순회공연 버스 안에서 기타리스트 리치 블랙모어 Ritchie Blackmore가 곡을 만들고 이안 길런 Ian Gillan이 즉석에서 가사를 붙여 초고속으로 완성한 곡인데 1972년 발표하여 엄청난 호응을 얻었습니다. 최고급 럭셔리 차를 사서 고속도로에 나가 최고 속도로 질주하는 기분을 노래하는데 출발선에서 시동을 걸고 가속 발판을 밟아 회전수를 최고로 올려 출발하는 듯한 기타 전주가 압권입니다.

자동차는 상표가 아니라 탄 사람이 중요하며 운전은 속도보다 방향이 중요하고 안전이 최고입니다. 도로에서 스타는 곡예 운전자가 아니라 양보 운전자인 줄 아시죠?

Deep Purple, 'Highway Star'
https://youtu.be/UAKCR7kQMTQ

7월 24일 북벽

## 리하르트 슈트라우스, '알프스 교향곡'

**알프스의 3대 북벽을 아십니까?**

노스 페이스 The North Face는 1966년 샌프란시스코에서 등산 장비 소매점으로 시작하여 세계적인 아웃도어 용품 회사로 성장했는데 우리나라에는 1997년 들어왔습니다. North Face는 원래 북반구에서 등정하기가 가장 어렵다는 알프스의 3대 북벽으로 스위스에 있는 아이거 Eiger (3,970 m), 스위스와 이탈리아 사이에 있는 마터호른 Matterhorn (4,478 m), 프랑스와 이태리 사이에 있는 그랑 조라스 Grandes Jorasses (4,208 m)의 북쪽면 (북벽)을 의미합니다. 노스 페이스 로고 옆 하프 돔은 샌프란시스코에서 가까운 요세미테 Yosemite 국립공원의 하프 돔 Half Dome을 상징하고 하프 돔을 이루고 있는 세 개의 선은 알프스 3대 북벽을 의미합니다. 아이거는 1858년 8월 11일 가장 쉬운 서부 능선 길로 초등되었고, 마터호른은 1865년 7월 14일 북동 능선 길로 초등되었고, 그랑 조라스는 1865년 6월 24일 북벽으로 초등되었습니다. 노스 페이스는 빙하지대를 지나 화강암 수직 암벽을 올라야 하는 극도의 난이도 때문에 지금도 가장 많은 등반 사고가 일어나고 있으나 산악인들의 멈추지 않고 계속되는 불굴의 도전 정신을 상징하기도 합니다.

리하르트 스트라우스 Richard Strauss는 1864년 6월 11일 독일 뮌헨에서 뮌헨 왕립오페라의 호른 주자인 아버지로부터 태어났습니다. 4살부터 피아노를 배우고 6살부터 작곡을 할 정도로 신동이었고 17살에 교향곡 1번을 초연하여 작곡가로 등단을 했습니다. 뮌헨대학에 들어가 철학을 공부했고 바그너 이후 독일에서 가장 뛰어난 작곡가가 되었습니다. 대표작에 교향곡으로 '알프스 교향곡 Alpensinfonie', '가정 교향곡', 교향시로 '차라투스트라는 이렇게 말했다', '이탈리아에서', '돈키호테', 오페라로 '살로메', '엘렉트라', '장미의 기사' 등이 있습니다. 그는 어려서부터 자연을 좋아하고 등산을 즐겼는데 1915년 완성한 '알프스 교향곡'도 14살 어린 나이에 조난당할 뻔했던 그의 알프스 등산 경험이 바탕이 되었습니다. 단일 악장으로 되어 있고 동트기 전부터 해질 때까지 11시간 등정 과정의 22개 사건을 5부 (1: 서주, 2: 등정, 3: 정상, 4: 하산, 5: 마무리)로 엮은 교향시적인 모음곡입니다.

길은 노스 페이스 외에도 얼마든 있으니 욕심내지 말고 자신에 맞는 길로 오르세요.

Richard Strauss, 'Eine Alpensinfonie'
https://youtu.be/zsTo7QxxgYg

7월 25일 저출산

## 슈만, '어린이 정경'

**우리나라 인구가 2020년부터 감소하기 시작했는데 무엇 때문일까요?**

출산이 사망보다 적은 저출산 때문입니다. 우리나라의 합계 출산율은 1950년대에 6명대였는데, 1984년 2명대로 떨어지고 2000년에 들어서 1명대로 떨어졌다가 2019년 소수점 이하 0명대로 떨어졌습니다. 계속적인 출산율 감소로 2020년에는 출생이 27만 5천여 명, 사망이 30만 7천여 명으로 출생이 사망보다 적은 데드 크로스 dead cross (죽음의 교차)가 일어나 인구가 2만 명 이상 감소했습니다. 이로써 2020년은 우리나라의 인구가 감소한 비극적인 기록을 세운 역사적인 해가 되었습니다.

저출산은 비혼이 늘고 무자녀 부부가 많아졌기 때문입니다. 무자녀 부부 가운데는 맞벌이로 아이를 갖지 않는 딩크족 (DINK: Double Income No Kids)도 있으나 불임 때문인 경우도 많습니다. 불임은 결혼 연령의 증가와 환경 호르몬과 같은 환경적인 요인이 주된 원인으로 생각되고 있습니다. 불임의 원인에 따라 치료가 다르지만 일반적으로 가장 효과적인 치료는 시험관 아기 시술 (IVF: in-vitro fertilization)입니다. 영국의 산부인과 의사 패트릭 스텝토 Patrick Steptoe, 생리학자 로버트 에드워즈 Robert Edwards, 간호사 진 퍼디 Jean Purdy가 1978년 7월 25일 세계 최초로 시험관 아기 Louise Joy Brown를 출산했습니다. 시험관 아기의 부모는 7년의 임신 노력이 실패하자 1977년 11월 10일 시험관 아기 시술을 받아 임신에 성공하고 출산한 것입니다. 이로써 로버트 에드워즈는 2010년 노벨 의학상을 받았는데 동료 산부인과 의사와 간호사는 사망한 뒤라 상을 받지 못했습니다. 시험관 아기라고 부르지만 실제 인공 수정은 시험관이 아닌 실험 접시 Petri dish에서 이루어지기에 시험관 아기라고 부르는 것은 무지한 기자들에 의해 잘못 지어진 이름입니다. 시험관 아기 루이스 조이 브라운은 2004년 결혼하여 2006년과 2013년 아들을 낳았습니다.

로베르트 슈만의 피아노곡 '어린이 정경 Kinderszenen'은 슈만이 28세에 동심으로 돌아가 어린 시절의 생각이나 경험을 13개의 1~3분짜리 소곡으로 엮은 매우 아름답고 서정적인 모음집입니다. 제7곡이 유명한 '꿈 Traumerei'입니다.

집집마다 아기들 울음소리가 그치지 않고 골목과 놀이터가 어린이들로 다시 넘쳐나서 우리나라가 계속 부흥 발전하는 나라가 되기를 기원합니다.

Robert Schuman, 'Kinderszenen'
https://youtu.be/oY2dgJ2SX30

7월 26일 위로

## 비틀즈(폴 메카트니), '헤이 쥬드'

**심히 실망하고 상심했을 때 어떤 노래를 들으십니까?**

비틀즈의 '헤이 쥬드 Hey Jude'는 미국 빌보드 차트 역사에서 최장 9주 연속 1위를 차지한 기록을 세운 노래인데 지금도 인기가 시들지 않는 불후의 명곡입니다. 1960년 비틀즈 결성 후 해체 직전까지도 총각이었던 폴 매카트니 Paul McCartney는 존 레논 John Lennon의 아들 줄리안 Julian을 아들처럼 챙겼습니다. 레논이 1966년 7년 연상의 아방가르드 avant-garde 전위예술가인 오노 요코 Ono Yoko를 만나 외도를 하고 유부남 유부녀였던 둘이 1968년 각각 이혼하고 이듬해 결혼을 했습니다. '헤이 쥬드'는 매카트니가 레논의 이혼으로 어머니와 헤어지게 되는 5살짜리 어린 줄리안을 위해 만들어 1968년 7월 26일 발표했습니다. 노래의 원래 이름은 줄리안의 애칭을 사용하여 Hey Jules이었습니다. 가사는 "쥬드야! 일을 망치지 마, 슬픔을 삼키고 잘되게 해봐, 그녀 (오노)를 받아들여야 한다는 것을 명심해, 두려워하지 말고 세상 짐을 다 지려고 하지 마"라는 등 따뜻한 위로와 충고의 말들로 가득 차 있습니다.

매카트니는 1942년 6월 18일, 레논은 1940년 10월 9일 같은 도시 영국 리버풀에서 태어났습니다. 매카트니는 1956년 14살 때 간호사였던 어머니를 유방암으로 잃었고 레논은 부모의 별거와 이혼으로 5살 때 부모와 생이별을 하고 이모 부부에게 입양되었습니다. 그래도 간혹 만날 수 있었던 어머니 줄리아를 1958년 18살 때 음주 경찰차 사고로 잃어 고아 아닌 고아가 되었습니다. 매카트니는 어머니를 잃은 다음 해인 1957년 7월 6일 레논을 만나 레논이 1년 전에 만든 쿼리맨 Quarrymen 밴드에 합류했습니다. 매카트니가 합류한 다음 해 레논이 교통사고로 어머니를 잃자 동병상련의 정으로 둘은 절친이 되었고 이들의 우정이 바탕이 되어 비틀즈가 탄생했습니다. 매카트니의 특별한 공감력은 레논과 우정을 넘어 레논의 이혼으로 어머니와 생이별한 레논의 아들 줄리안에게까지 이어져 명곡 '헤이 쥬드'를 탄생시켰습니다. '헤이 쥬드'는 영국 축구 클럽 맨체스터 시티가 '헤이 쥬드'가 발표된 1968년 우승한 것을 계기로 맨체스터 시티의 응원가가 되어 지친 선수들을 지금도 계속 응원하고 있습니다.

아프지 않은 사람은 없습니다. 나 또한 아프더라도 아파본 사람만이 가질 수 있는 특별한 공감력으로 아픈 이에게 '헤이 쥬드'와 같이 따뜻한 위로와 격려를 해주십시오.

Paul McCartney (Beatles), 'Hey Jude'
https://youtu.be/A_MjCqQoLLA

7월 27일 자살

## 돈 맥린, '별이 빛나는 밤'

**가장 불행한 천재 화가하면 누가 제일 먼저 떠오릅니까?**

빈센트 반 고흐 Vincent van Gogh는 1853년 3월 30일 네덜란드 쥔더르트에서 가난한 목사의 아들로 태어나 1880년 27살에 늦깎이로 전업 화가가 되었습니다. 화가로서 10년 동안 그림을 한 점밖에 팔지 못할 정도로 심한 냉대와 가난 속에서도 그는 "혁신적인 화가들은 여전히 외롭고 가난하며 미친 사람 취급을 받고 있다. 그러나 더 많이 지치고, 더 많이 아파할수록 더 창의적인 예술가가 될 수 있다"라며 현실과 타협하지 않고 예술혼을 불태웠습니다. 그리고 "나는 내 그림으로 사람들을 위로하고 싶다. 내 그림으로 사람들이 내가 마음이 깊고 따뜻한 사람이라고 느껴주었으면 좋겠다"고 꿈과 위로가 되는 그림을 그렸으나 자신은 위로받지 못하고 1890년 7월 27일 프랑스 오베르 (오베르 쉬르 우아즈 Auvers sur Oise)에서 리볼버 권총으로 자신의 가슴을 쏴서 이틀 후 세상을 떠났습니다. 사후 그는 재평가되어 파블로 피카소, 앤디 워홀과 함께 그림 값이 가장 비싼 3대 화가가 되었습니다.

반 고흐는 화가로서 첫 5년은 고국 네덜란드에서 활동하며 어두운 색으로 주로 비참한 민중의 삶을 그렸습니다. 나머지 5년은 프랑스 (파리 2년, 아를 Arles 16달, 생 레미 Saint Rémy 12달, 오베르 Auvers 3달)에서 활동했는데 인상파와 일본 판화 등의 영향을 받아 화려한 색을 사용하고 무수히 가는 선으로 소용돌이치며 불타는 듯하는 독특한 화법을 개발했습니다. 대표작으로 네덜란드에서 그린 '감자 먹는 사람들' (1885), 프랑스 아를에서 그린 '해바라기' (1888), 생레미에서 그린 '별이 빛나는 밤', '붓꽃' (1889), 오베르에서 그린 '의사 가세 Gachet의 초상', '까마귀 나는 밀밭' (1890) 등이 있고 생전에 유일하게 팔린 그림은 아를의 '붉은 포도밭 (1888)'입니다.

반 고흐와 같은 천재적인 예술가들이 삶을 자살로 끝내는 것이 적지 않습니다. 프랑스의 사회학자 에밀 뒤르켐 Davis Emile Durkheim은 자살을 이기적 자살, 이타적 자살, 아노미적 자살, 숙명적 자살 등 4가지로 나누었는데 모든 자살은 사회적 조건에 의해 발생하고 강제되는 측면이 많아 사회적 타살이라고 주장하였습니다.

천재들도 둔재들도 특이하고 고집스러움 때문에 냉대와 따돌림을 당하지 않고 저마다 타고난 능력을 최대한 발휘하고 모두 다 어울려 살 수 있는 사회가 되면 좋겠습니다.

Don McLean, 'Starry Starry Night' (Loving Vincent OST)
https://youtu.be/ifXkayutL9o

7월 28일 여름

## 거슈윈, 오페라 '포기와 베스'에서 '썸머타임'

**왜, 여름이 썸머일까요?**

후덥지근한 요즘 날씨, 우리나라 여름의 진면목을 보여주고 있습니다. 기온도 높지만 습도까지 높아서 땀을 증발시켜 체온을 낮추기가 어려우니 견딜 수가 없습니다. 이런 날씨를 어떤 사람은 푹푹 찐다고 하고 어떤 사람은 팍팍 삶는다고 합니다. 우리나라 여름이 팍팍 삶기 때문에 '삶어'가 경음화되고 연음되어 쌈머가 되고 이것이 영어의 썸머 summer가 된 것이 아닌가 생각됩니다. 하도 더워서 더위를 먹어서인지 별 엉뚱한 생각이 다 들었으나 이는 영어 단어를 외우는 방법이기도 합니다. 여름은 팍팍 삶으니 쌈머라고 한다는 식으로. 맞습니다! 여름은 팍팍 쌀머야 여름 쌈머입니다.

우리나라에서 여름을 여름 (열음)이라고 한 것은 여름에는 더워서 문을 활짝 다 열어야 하고 산과 들에는 오곡백과가 많이 열리기 때문이라고 합니다. 여름에 열은 문으로는 시원한 바람이 들어오고, 열은 열매들은 뜨거운 태양과 흡족한 수분으로 광합성을 하여 무럭무럭 크고 자라고 익습니다. 이처럼 무더운 여름이 인간에게는 힘들어도 산천초목과 논밭 작물들에게 전성기를 누리는 최고의 계절입니다. 여름의 이글거리는 태양과 팍팍 삶고 푹푹 찌는 날씨는 이들에게는 최고의 선물이고 축복인 것입니다.

조지 거슈윈 George Gershwin은 1898년 9월 26일 뉴욕 브루클린에서 가난한 유대인 이민자의 아들로 태어났습니다. 좀 늦은 12살에 피아노를 배우기 시작했고 15살에 고등학교를 중퇴하고 음악출판사에서 일을 했습니다. 21살에 '스와니강 Swanee'을 작곡했는데 크게 인기를 얻어 대중음악 작곡가가 되었습니다. 1924년 26세에 재즈와 클래식을 접목시킨 '랩소디 인 블루'를 작곡하여 가장 미국적인 음악으로 미국을 대표하는 클래식 작곡가로 부상했습니다. 27살에 피아노 협주곡 바장조, 37살에 3막짜리 재즈 오페라 '포기와 베스 Porgy and Bess'를 작곡했습니다. '포기와 베스'는 배역을 단역 백인 형사 한 명을 제외하고 모두 흑인으로 하여 남녀 치정극 속에 흑인 빈민들이 가혹한 삶을 꿋꿋하게 살아가는 모습을 그렸습니다. 1막 1장에서 어부의 아내 클라라가 아이를 재우면서 부르는 아리아 '썸머타임 Summertime'이 특히 인기가 있습니다. 거슈윈은 아쉽게도 1937년 뇌종양 수술 중에 39살로 사망했습니다.

팍팍 삶아 다 벗고 싶은 여름, 가면을 벗고 참 나를 찾는 귀한 썸머타임이 되세요.

George Gershwin, Opera 'Porgy and Bess', 'Summertime'
https://youtu.be/LkJiiJsZplc

7월 29일 개선문

## 베르디, 오페라 '아이다'에서 '이집트에 영광을, 개선행진곡, 발레'

### 프랑스 파리에 가신다면 제일 먼저 가고 싶은 곳은 어디입니까?

에펠탑, 개선문, 루브르 박물관, 베르사이유 궁전, 세느강, 노틀담 성당, 몽마르트르 언덕, 상제리제 등 갈 곳이 많은데 어디일까요? 파리 개선문의 정식 이름은 '에트왈 광장의 개선문 Arc de Triomphe de l'Etoile'입니다. 개선문이 있는 에트왈 (etoile: 별) 광장은 상제리제를 포함한 파리의 12개 거리가 정확히 30도씩 만나는 중심 광장으로 하늘에서 보면 별처럼 보여서 붙여진 이름입니다. 개선문은 1806년 8월 15일 나폴레옹 황제에 의해 착공되었는데 30년이 다 된 1836년 7월 29일에야 완공되었습니다. 신고전주의 양식으로 아파트 17층과 같은 높이 50 m, 폭 45 m, 두께 22 m로 당대 세계 최고의 크기로 웅장하면서도 우아하게 만들었습니다.

오페라 '아이다 Aida'는 1869년 11월 수에즈 운하의 개통을 축하하기 위해 이집트 국왕의 요청으로 주세페 베르디가 이집트와 에티오피아의 오래된 물 전쟁을 소재로 작곡했습니다. 이집트의 생명줄 나일강은 빅토리아 호수에서 발원하는 백나일 White Nile과 에티오피아에서 발원하는 청나일 Blue Nile로 이뤄지는데 80%가 청나일에서 유입되어 에티오피아가 청나일 물을 이용하려고 하면 수량 감소를 걱정하여 이집트가 결사적으로 개입해서 전쟁이 일어났습니다. 오페라 '아이다'는 이집트 공주 암네리스, 이집트 공주의 시녀가 된 에티오피아의 공주 아이다, 에티오피아와 전쟁 사령관인 이집트 장군 라다메스가 벌이는 삼각관계에서 라다메스가 왕이 될 수 있는 공주와 결혼을 거절하고 아이다의 사랑을 얻기 위해 군사기밀까지 제공하여 이적죄로 죽게 되자 아이다도 따라 죽는 슬픈 사랑의 이야기입니다. 1871년 12월 24일 카이로 Khedivial Opera House에서 초연하여 흥미로운 이야기와 피라미드, 스핑크스 등 거대한 무대장치에 깜짝 발레까지 곁들여 크게 성공했습니다. '개선행진곡 Triumphal March'은 2막 2장에서 라다메스 장군이 개선할 때 나오는 트럼펫 행진곡인데 1분 45초로 짧아 직전의 합창곡 '이집트에 영광을 Gloria all'Egitto'과 직후의 발레곡 'Ballabile'까지 또는 더 길게 합창곡 'Vieni, O Guerriero Vindice'까지 함께 연주되는 경우가 많습니다.

우리의 일상도 크고 작은 전투의 연속입니다. 싸움보다 사과가 더 위대하고 지는 것이 이기는 것인 일상에서 늘 승리하고 귀가하여 현관문이 개선문이 되게 하십시오.

Giuseppe Verdi, Opera 'Aida', 'Gloria to Egypt, Triumphal March, Ballet'
https://youtu.be/ra6yoeaVsbY

7월 30일 브로맨스

## 링컨 콜코드 작사, 아델버트 스프라그 작곡, '우정의 노래'

**평생 함께할 친구가 몇이나 있으십니까?**

오늘은 유엔이 정한 국제 우정의 날 International Friendship Day입니다. 원래는 World Friendship Crusade가 국가, 민족, 종교 간 우정을 통해 세계 평화를 이루자는 뜻으로 1958년 7월 30일 세계 우정의 날 World Friendship Day을 제안했던 것인데 유엔이 2011년에 7월 30일을 국제 우정의 날로 정했습니다.

음악가 중에 하이든과 모차르트는 24살 차이로 아버지와 아들 또는 스승과 제자뻘 되었으나 친구처럼 깊은 우정을 나눈 것으로 유명합니다. 모차르트의 현악사중주 가운데 14～19번을 '하이든 사중주'라고 하는데 이는 모차르트가 3년 동안 심혈을 기울여 작곡한 이들 6곡을 하이든에게 헌정하였기 때문에 붙여진 것입니다. 하이든과 모차르트는 나이 차이를 잊은 '망년지교'의 친구가 되어 서로를 위해 걱정하고 격려하고 귀한 것을 아낌없이 내어주는 특별한 사이였습니다. 친형제와 같이 끈끈한 남자들의 우정을 브라더 brother와 로맨스 romance를 합하여 브로맨스 bromance라고 하는데 모차르트와 하이든의 우정도 브로맨스의 경지였던 것으로 생각됩니다.

'우정의 노래' 또는 '축배의 노래'로 알려진 'Stein Song'은 원래 미국 메인대학 UMaine의 응원가 Maine Stein Song이었습니다. 1902년 링컨 콜코드 Lincoln Colcord가 가사를 쓰고 아델버트 스프라그 Adelbert Sprague가 곡을 썼는데 Stein은 큰 맥주잔을 말합니다. 지금 불리고 있는 노래는 메인대학 학생이던 EA Fenstad가 편곡한 메인대학 아이스하키팀 Maine Black Bears의 응원가인데 1930년 가수 Rudy Vallée에 의해 대중화되었습니다. 우리나라에는 나영수가 '우정의 노래'로 번안하여 알려졌습니다. 작곡가이자 지휘자인 나영수는 서울대학교 성악과를 졸업하고 1973년 국립합창단을 설립하고 다수의 합창곡을 작곡한 우리나라 합창의 대부입니다.

우정의 본보기로 끝까지 믿고 진정으로 위해주는 관중과 포숙의 '관포지교', 어려운 때에도 함께 하는 지초와 난초의 '지란지교', 친구의 잘됨을 자기 일처럼 기뻐하는 소나무와 잣나무의 '송무백열지교'가 있습니다. 아리스토텔레스 Aristotle는 친구에는 이익을 위한 (돈) 친구, 즐거움을 위한 (놀) 친구, 진실한 마음을 나누는 (마음) 친구로 3가지가 있다고 했습니다. 여러분은 여러분의 친구에게 어떤 친구입니까?

Lincoln Colcord/Adelbert Sprague (Arr. EA Fenstad), 'Stein Song'
https://youtu.be/ZpXXylbhwfI

7월 31일 보편 복지

## 차이콥스키, 바이올린 협주곡 라장조

### 보편적 복지 제도에 찬성하십니까?

복지 제도에는 선별적 복지 제도와 보편적 복지 제도가 있는데 찬반 논란이 뜨겁습니다. 보편 복지는 의무교육, 무상급식, 전 국민 재난지원금 등의 형태로 이미 시행되고 있는데 보편 복지의 최종은 한때 뜨겁게 달아올랐던 전 국민 기본소득입니다.

'해리 포터 Harry Potter'는 영국의 소설가 조앤 롤링 Joanne Kathelin Rowling의 판타지 소설인데 주인공 해리 제임스 포터 Harry James Potter의 이름이기도 합니다. '해리 포터'는 1997년 6월 26일 '해리 포터와 마법사의 돌'이라는 이름으로 첫 권이 발행되어 전 세계적으로 선풍적인 인기를 얻어 성경 다음으로 많이 팔렸다고 합니다. 이에 힘입어 1998년 2권, 1999년 3권, 2000년 4권, 2003년 5권, 2005년 6권, 2007년 7권을 연속해서 발표했습니다. 7권 이후 9년만인 2016년 7월 31일 8권 '해리 포터와 저주받은 아이들'이라는 이름의 희극을 동료 작가와 공동으로 완성하여 출판했습니다. 해리 포터의 생일과 8권의 발행일이 모두 7월 31일인 것은 우연이 아니라 조앤 롤링의 생일이 1965년 7월 31일이기 때문이라고 생각됩니다.

'해리 포터'는 조앤 롤링이 1990년 25살 때 4시간 연착된 기차 속에서 해리 포터에 대한 영감이 떠올라 쓰기 시작했습니다. 당시 그녀는 4달 된 딸을 가진 무직 이혼녀로서 월 15만 원의 정부 지원금으로 연명하고 있었습니다. 그래서 글 쓸 곳이 없어 주로 에딘버러의 엘리펀트 하우스 Elephant House라는 카페에서 썼습니다. 1995년 첫 권을 완성하고 출판하려 했으나 12곳에서 연속 퇴짜를 맞아 1997년에야 중소출판사를 통해 간신히 출판하게 되었는데 대박을 친 것입니다. 그녀가 카페에서 해리 포터를 집필할 때 차이콥스키의 '바이올린 협주곡 Violin Concerto in D Major'을 많이 들었다고 합니다. 이는 차이콥스키의 유일한 바이올린 협주곡이고 베토벤, 멘델스존, 브람스의 바이올린 협주곡과 함께 4대 바이올린 협주곡입니다.

예술가들은 문화예술 활동을 경제적 이익보다는 순수하게 예술 자체를 위해서 하는 경우가 많기 때문에 가난한 사람이 많습니다. 가난과 빈곤이 창작의 힘이 되고 소재가 되기도 하지만 정부 지원금 덕에 '해리 포터'를 집필할 수 있었던 조앤 롤링처럼 예술가의 기초 생활을 보장하여 우리나라도 위대한 예술가가 많이 나오게 합시다.

Pyotr Ilyich Tchaikovsky, 'Violin Concerto in D Major'
https://youtu.be/Qf9FKZicwL4

8월 1일 태풍

## 베토벤, 피아노 소나타 17번 '폭풍'

**올해 태풍이 몇 개나 왔었나요?**

태풍은 수온이 높은 적도 부근 웜풀 warm pool이라고 하는 열대 바다에서 발생한 강한 열대성 저기압에 의해 생긴 강력한 폭풍과 폭우 (폭풍우)를 동반하는 열대 폭풍 tropical storm을 말합니다. 이를 태평양 서부 지역에서는 태풍 Typhoon, 인도양이나 남태평양에서는 사이클론 Cyclone, 태평양 중부나 북아메리카 지역에서는 허리케인 Hurricane이라고 합니다. 열대의 뜨거운 바다에서 고온다습한 공기가 상승하며 주변 수증기를 데워서 강력한 상승기류를 만들고 이것이 강한 열대성 저기압과 회오리를 일으켜서 열대 폭풍이 됩니다. 이것이 무역풍을 따라 북서진하면서 해상의 열기와 습기를 공급받아 세력을 키우고 대만이나 남중국해에 이르러서는 편서풍을 타고 포물선을 그리듯 동쪽으로 방향을 틀어 중국, 우리나라, 일본 쪽으로 진행합니다.

태풍은 연중 발생하나 우리나라에는 6월에서 9월 사이에 오는데 우리나라에 가장 큰 피해를 주는 것은 주로 8~9월에 오는 것들입니다. 2000년대 1~5위에 오른 역대급 태풍인 2000년 8월 27일의 프라피룬 (최대 순간 풍속 2위), 2002년 8월 30일의 루사 (재산 피해 1위, 최대 순간 풍속 3위), 2003년 9월 12일의 매미 (재산 피해 2위, 최대 순간 풍속 1위), 2004년 8월 17일의 메기, 2012년 8월 25일의 볼라벤 (재산 피해 4위) 등도 8월에 온 것들입니다. 태풍은 강한 폭풍우로 인명과 재산 피해를 유발하지만 순기능도 있습니다. 정체된 바닷물과 대기를 순환시키고 많은 비로 대지를 식히고 가뭄을 해갈하고 저수지를 채워 생활용수나 농업용수도 부족함이 없게 해줍니다. 그래서 인명 피해를 주지 않고 지나가는 태풍은 순기능이 많기 때문에 효자 태풍이라는 칭찬을 받기도 합니다.

베토벤의 피아노 소나타 17번은 '폭풍 Tempest'라는 부제가 붙어 있는데 베토벤이 우리나라 사람이었다면 태풍이라고 했을 것입니다. 실연과 귓병 악화로 8월 태풍과 같은 인생의 큰 시련을 겪은 베토벤이 1803년 하일리겐슈타트에서 요양하던 중에 작곡했습니다. 1악장은 다가오는 태풍의 변화무쌍함을, 2악장은 태풍의 눈에 있는 듯 태풍 속 평화로움을, 3악장은 거세게 휘몰아치는 비바람을 연상하게 합니다.

인생의 태풍도 여름 태풍처럼 피할 수 없기에 늘 대비하여 내공을 쌓고 근력 (회복탄력성)을 길러 효자 태풍이 되게 하십시오.

Ludwig Van Beethoven, Piano Sonata No. 17 'Tempest'
https://youtu.be/PeHA6cnAoRs

8월 2일 잠

## 클로드 최, '사랑은 꿈만 같은 것'

**잠이 많으십니까?**

그러시다면 젊으신 것입니다. 나이가 들면 잠이 적어질 뿐만 아니라 꿈을 꾸는 렘 REM 수면 자체도 줄어 꿈이 적어집니다. 계절적으로도 여름은 밤이 짧고 열대야 때문에 밤잠을 설치기 일쑤여서 한여름 밤의 꿈은 꿈도 꾸기 어렵습니다. 예로부터 꿈꾸는 이유와 의미를 알기 위해 많은 노력과 연구가 있었습니다. 꿈 연구의 원조인 정신의학자 지그문트 프로이트 Sigmund Freud는 꿈은 충족되지 않은 무의식적인 충동의 표현이라고 했습니다. 그러나 지금은 신경전달물질의 작용일 뿐이라는 견해가 대세입니다. 꿈은 80% 정도가 빠른 안구 운동 rapid eye movement (REM)을 동반하는 렘 수면 중에 꿉니다. 렘 수면은 비렘 수면과 1대 3의 비율로 90분 주기로 하룻밤에 4～6회 일어나는데 20분 정도 지속합니다. 렘 수면은 뇌 기억장치를 청소하고 정리 정돈하는 시기여서 뇌 건강에 필수적입니다.

렘 수면이 일정한 주기로 반복하는 것은 렘 수면을 켜고 끄는 스위치 조직이 있기 때문입니다. 스위치가 켜지면 신경전달물질 가운데 기억의 연상 작용을 활발하게 하는 아세틸콜린이 증가하고 주의 집중력을 증가시키는 노르에피네프린은 감소합니다. 반대로 스위치가 꺼지면 아세틸콜린은 감소하고 노르에피네프린이 증가합니다. 따라서 렘 수면에 들어가면 아세틸콜린의 증가로 연상 작용이 증가하는 반면에 노르에피네프린의 감소로 주의 집중력은 떨어져서 기억 저장소에서 수면으로 떠 오른 시각 정보들이 앞뒤 맥락 없이 연결되어 비약이 많은 역동적인 꿈이 만들어집니다. 이는 조용한 방에 완전히 이완된 상태에서 생각이 상상의 날개를 펴고 자유롭게 흘러가도록 했을 때 펼쳐지는 공상의 세계와 비슷합니다.

클로드 최 Claude Choe는 1960년 부산에서 태어나 캐나다에서 활동하고 있는 재외동포 음악가로서 클래식 기타리스트, 뉴에이지 작곡가, 지휘자로 활동하고 있습니다. 그의 대표곡으로 '사랑은 꿈만 같은 것 Love Is Just a Dream'이 있습니다. 사랑이 꿈만 같은 것은 현실 세계에서는 완전한 사랑이 존재하지 않기 때문입니다.

낮의 일도 밤의 잠도 나의 삶입니다. 낮 시간은 내 맘대로 할 수 없을지라도 밤 시간은 내 시간이니 좋은 생각 많이 하시고 꿈속에서나마 꿈과 같은 사랑 많이 하십시오.

Claude Choe, 'Love Is Just a Dream'
https://youtu.be/1upqXkkmGvQ

8월 3일 잠수

## 하워드 애시먼 작사, 앨런 멘켄 작곡, '저 바다 밑'

**잠수해보신 적이 있으십니까?**

모든 연락을 끊고 잠적하는 잠수가 아니라 실제 물속 깊이 들어가 보신 적이 있으십니까? 늦더위를 늙을 '노'자를 써서 노염이라고 하는데 우리의 여름님은 전혀 어르신 같지 않고 분노에 가득 차 화를 내뿜고 계십니다. 많은 사람들이 노염을 피하려고 시원한 바람을 찾아 높은 산에 오르거나 시원한 물을 찾아 바다로 갑니다. 체온을 떨어뜨리는 데에는 물이 바람보다 더 효과적이어서 너무 더운 요즘에는 잠수하거나 잠수함을 타고 물속 깊이 들어가고 싶은 생각이 간절합니다. 잠수함은 과학소설의 아버지인 프랑스의 쥘 베른 Joule Verne이 1870년 발표한 공상 소설 '해저 2만리'에서 노틸러스 Nautilus라는 이름으로 처음 등장했습니다. 일반 잠수함은 디젤엔진으로 추진력을 얻기에 연료를 태울 때 소모되는 산소를 재충전하기 위해 물 밖으로 부상해야 하니 잠수 시간이 길지 않습니다. 이에 1954년 미국이 세계 최초로 핵 추진 잠수함 노틸러스호를 개발하여 1958년 8월 3일 북극점 잠수 횡단에 성공했습니다.

1836년 발표된 덴마크의 한스 크리스티안 안데르센 Hans Christian Andersen의 동화 '인어공주 The Little Mermaid'는 폭풍으로 난파한 왕자를 구해주면서 왕자와 사랑에 빠져 말을 못 하게 되는 형벌을 감수하고 인간이 되지만 왕자가 생명의 은인인 자신을 알아보지 못해 사랑을 고백조차 못 하고 죽게 되었습니다. 왕자를 죽이면 살 수 있었으나 사랑 때문에 왕자를 죽이지 않고 대신 물속에 몸을 던져 물거품이 되는 슬픈 이야기입니다. 이는 슬라브족의 루살카 전설을 바탕으로 양성애자인 안데르센이 짝사랑한 동성 애인이 다른 사람과 결혼해버려 말 못 할 자신의 처지를 인어공주에 비유하여 쓴 자전적인 슬픈 동화입니다. 월트 디즈니사가 1989년 새드엔딩의 '인어공주'를 인어공주 에리얼과 에릭 왕자가 결혼에 성공하는 해피엔딩으로 각색하여 28번째 만화영화로 개봉했습니다. 엄청난 인기를 얻었고 하워드 애시먼 Howard Ashman이 가사를 쓰고 앨런 멘켄 Alan Menken이 작곡한 20개 삽입곡 가운데 6번째 노래 '저 바다 밑 Under the Sea'으로 아카데미 주제가상과 작곡상을 받았습니다.

인어공주와 같은 새드엔딩의 운명을 해피엔딩의 인생으로 반전시키려면 운명의 바다 속에서 허우적거리지 마시고 바다 밖 현실 세계로 빨리 빠져나와야 합니다.

Howard Ashman/Alan Menken, 'Under the Sea' (Little Mermaid OST)
https://youtu.be/GC_mV1IpjWA

8월 4일　산들바람

## 모차르트, 오페라 '피가로의 결혼'에서 '산들바람의 노래'

### 저녁에 부는 바람의 공기가 달라진 것 같지 않습니까?

폭염과 열대야가 아직도 떼를 쓰고 있지만 이따금 간간이 부는 저녁 바람의 빛깔은 예전과 같지 않습니다. 찜통에서 뿜어져 나오는 증기처럼 칙칙하지 않고 솔밭 사이로 부는 산들바람처럼 맑고 상쾌할 때도 있습니다. 가을이 그의 귀환이 임박했다는 소식을 저녁 바람을 통해 실려 보내고 있는 것입니다. 그도 그럴 것이 이제 입추가 딱 3일 남았습니다. 낮에는 무더위에 힘들어도 저녁에는 서늘한 바람 덕분에 좀 살 것 같고 불가마 감옥에서도 조만간 탈출할 수 있을 것 같은 희망에 힘이 납니다.

1994년 개봉된 영화 '쇼생크 탈출 The Shawshank Redemption'에서 주인공 앤디 듀프레인은 외도를 한 아내와 정부를 죽였다는 살인 누명을 쓰고 19년 동안이나 쇼생크 감옥에 갇혀 있었습니다. 그러나 자유에 대한 희망을 포기하지 않고 작은 망치로 감옥 벽에 탈출로를 뚫어 끝내 탈출에 성공했습니다. 그가 탈출하기 전에 죄수들에게 모차르트의 '산들바람의 노래 Duettino Sull'aria'를 들려주어 동료 죄수들에게 노래로라도 잊어 버린 자유를 맛보게 해주고 그의 가슴 속에서 불고 있는 자유를 향한 바람을 드러냈습니다. 동료 죄수들에게 어디에도 묶이지 않는 바람과 같은 자유를 희망하게 하고 자기 자신을 얽어매고 있는 체념의 사슬을 끊고 절망의 감옥에서 탈출하라고 권유하기 위함이었습니다. '산들바람의 노래'는 '돈 조반니 Don Giovanni', '마술피리 (마적) Magic Flute'와 함께 모차르트의 3대 걸작 오페라인 '피가로의 결혼 The Marriage of Figaro'에서 나오는 산들바람처럼 부드럽고 감미로운 여성 이중창으로 '편지 이중창'이라고도 합니다. 알마비바 Almaviva 백작이 동네방네 바람을 피운 것도 모자라 백작 부인의 하녀이고 자신의 시종 피가로와 결혼 예정인 수잔나에게까지 흑심을 품고 초야권을 주장합니다. 이에 백작 부인과 수잔나가 공모하여 알마비바 백작을 혼내주기 위해 둘이 '산들바람의 노래'를 부르며 백작을 산들바람이 부는 저녁 소나무 숲으로 유인하는 편지를 씁니다. 이 편지를 받고 소나무 숲으로 나온 백작은 부인과 수잔나에게 망신을 당하고 둘은 백작의 갑질에서 벗어납니다.

우리들의 계절에도 가을이 올 거라는 산들바람의 편지가 날아오고 있습니다. 이제 폭염 감옥에서 탈출할 날도 머지않았으니 희망을 가지고 남은 8월을 잘 견디십시오.

Wolfgang Amadeus Mozart, Opera 'The Marriage of Figaro', 'Duettino Sull'aria'
https://youtu.be/CQ8ZHilxdm8

8월 5일 소백산맥

## 이원규 시, 안치환 곡, '행여 지리산에 오시려거든'

### 소백산맥을 아시나요?

소백산맥은 태백산맥의 어머니 산인 태백산 (1,567 m)에서 서쪽으로 뻗어 나오면서 강원도와 경상도를 나누고 소백산 (1,440 m)에 이르러 방향을 남서쪽으로 틀고 속리산 (1,058 m)에서 다시 남쪽으로 틀어 덕유산 (1,614 m), 지리산 (1,915 m), 백운산 (1,218 m)으로 이어지면서 경상도의 서쪽 경계를 이루며 경상도와 충청과 호남을 나눕니다. 반면에 태백산맥은 함경남도 황룡산 (1,268 m)에서 금강산 (1,636 m), 향로봉 (1,296 m), 설악산 (1,708 m), 오대산 (1,563 m), 태백산 (1,567 m), 보현산 (1,124 m), 팔공산 (1,192 m)으로 이어지는 우리나라 중추 산맥입니다. 백두대간은 백두산에서 남쪽으로 뻗은 산줄기가 태백산맥을 거쳐 소백산맥의 지리산에까지 이어진 것을 말하고 길이가 1,400 km나 되는 한반도에서 가장 크고 긴 산줄기입니다.

우리나라 한류의 하나인 폭탄주에도 소백산맥이 있었습니다. 소주, 백세주, 산사춘, 맥주를 섞은 것으로 첫 자를 따서 만든 것인데 소주와 맥주를 섞은 소맥의 변형입니다. 폭탄주 소백산맥에 들어가는 산사춘은 빨간 산사 열매로 담근 술입니다. 산사나무는 영어로 Mayflower인데 봄에는 배꽃 같은 하얀 꽃이 피고 가을에 약이나 술의 재료가 되는 큰 구슬 같은 빨간 산사 열매가 열립니다. 산사나무는 가지에 긴 가시가 있는데 예수님의 가시면류관을 이 가시 달린 가지로 만들어 산사나무 메이플라워는 재앙이나 벼락을 막아주는 신령한 나무로 사원이나 성당에 많이 심었습니다.

영국 청교도와 신대륙 개척자 102명이 종교적인 자유와 식민지 건설을 위해 길이 27.5 미터의 작은 범선을 타고 1620년 8월 5일 영국 사우스 햄튼을 떠났습니다. 이 범선의 이름도 신령한 힘으로 재앙을 막아준다는 메이플라워였는데 배가 항로를 이탈하여 66일이라는 고난의 긴 항해 끝에 겨울이 시작되는 11월 21일 원래 목적지 뉴욕보다 훨씬 북쪽인 매사추세츠주 플리머스에 도착했습니다. 하지만 겨울이라 상륙하지 못하고 배에서 월동하면서 추위와 굶주림으로 절반이 넘게 죽었습니다. 하지만 "필그림 파더스 Pilgrim Fathers"로 불리는 이 선조 순례자의 청교도 정신과 이들이 만든 정착지 자치 규정인 메이플라워 서약은 미합중국 건설에 기초가 되었습니다.

순례의 길을 걷고 싶다면 언제든지 반겨주는 백두대간 소백산맥 지리산으로 오세요.

이원규 시, 안치환 곡, '행여 지리산에 오시려거든'
https://youtu.be/AblMU4DHEyl

8월 6일 평화

## 베른트 마이눙거 작사, 랄프 시겔 작곡, '작은 평화'

### 우리에게 평화는 언제나 올까요?

제2차 세계대전 중에 미국이 맨하탄 계획으로 개발한 원자폭탄 Little Boy가 1945년 8월 6일 8시 15분 산업 및 군사 시설이 많은 일본 히로시마에 투하되었습니다. 바람의 영향으로 표적인 아이오이 다리에서 240 m 벗어나 히로시마 외과병원에 떨어져 4달 동안 16만 명이 사망했습니다. 3일 후 나가사키에도 원자폭탄 Fat Man이 투하되어 일본은 8월 15일 항복하고 우리나라도 광복을 찾았습니다. 하지만 우리나라는 분단되어 1950년 6·25 전쟁 이후 휴전 상태로 남북이 아직도 대치하고 있습니다.

남북 평화 공존의 노력으로 김대중 대통령과 김정일 국방위원장 사이 남북정상회담이 2000년 6월 13~15일 평양에서 개최되어 민족의 단합과 공조를 합의하고 이산가족상봉, 금강산관광, 개성공단 사업을 통해 평화 공존의 시대를 열었습니다. 이로써 2002년부터 비무장지대를 뚫고 금강산 육로 관광이 시작되었고 2003년에는 북한군 2개 사단과 1개 포병여단이 배치된 군사지역을 해체하고 개성공단 조성 사업이 시작되었습니다. 하지만 2008년 7월 이명박 대통령 시절 금강산 관광객 피격 사건으로 금강산 관광이 중단되고 2016년 2월 박근혜 대통령 시절 북한의 핵실험과 장거리 미사일 발사로 개성공단이 폐쇄되었습니다. 2017년 5월 10일 집권한 문재인 대통령은 남북 평화 공존과 공동 번영을 위해 김정은 국방위원장과 3차례 정상회담을 가졌습니다. 1차는 2018년 4월 27일 판문점 우리 측 평화의 집에서, 2차는 5월 26일 판문점 북한 측 통일각에서, 3차는 9월 18일에서 20일까지 평양에서 가졌습니다. 미국과 북한 사이에도 2018년 6월 12일 제1차 북미정상회담이 싱가포르에서, 2019년 2월 27일에서 28일까지 제2차 북미정상회담이 베트남 하노이에서 열려 남북 평화가 이루어지는 듯했으나 최종 회담 결렬로 원점으로 되돌아가고 말았습니다.

평화가 이렇게 어려운데 1982년 유러비전 Eurovision 가요제에서 17살 독일 소녀 니콜 프리그 Nicole Flieg가 '작은 평화 A Little Peace'로 대상을 받았습니다. 평화를 간구하는 Bernd Meinunger의 가사에 Ralph Siegel이 곡을 붙였습니다.

말 폭탄이나 분노의 지뢰밭을 걱정하지 않아도 되는 일상의 작은 평화로부터 언제 무슨 폭탄이 떨어질까 걱정하지 않아도 되는 세계 평화까지 참 평화를 간구합니다.

Bernd Meinunger/Ralph Siegel, 'A Little Peace'
https://youtu.be/zg8qpy8viHk

8월 7일 기형아

## 쇼팽, 즉흥환상곡

### 네 손가락 피아니스트를 아시나요?

피아니스트 이희아는 1985년 7월 9일 태어났는데 한 손에 손가락이 2개 밖에 없어 네 손가락 피아니스트입니다. 그는 7살부터 피아노를 배워 1992년 전국 학생 음악연주 평가대회에서 유치부 최우수상을 받았고 '신이 준 손가락', '103센티미터 희아의 기적' 등의 책도 썼습니다. 이희아와 같은 선천적인 기형을 가진 유명인으로 팔다리가 없는 1959년생 독일의 바리톤 토마스 크바스토프 Thomas Quasthoff, 팔이 없고 다리가 기형인 살아있는 비너스라는 1965년생 영국의 구족화가 앨리슨 래퍼 Alison Lapper, 호주의 희망 전도사 1982년생 닉 부이치치 Nick Vujicic 등이 있습니다. 이들은 모두 팔다리가 없거나 흔적만 있는 해표지증 phocomelia을 가졌습니다. 해표지증은 단지증으로 바다표범 (해표)처럼 팔다리가 없거나 작기 때문에 붙여진 병명입니다. 이는 1957년 독일에서 임신 초기 입덧 약으로 개발되어 널리 판매되었던 진토 진정제 탈리도마이드 thalidomide의 부작용에 의해서 주로 생겼습니다.

탈리도마이드는 독일 그뤼넨탈 Grunenthal사가 1953년 개발하여 1957년 10월 1일 임신부에게 안전한 입덧 치료제로 판매가 허가되었습니다. 1956년 12월 25일 이미 탈리도마이드에 의해 귀 형성 이상이 생긴 기형아가 태어났으나 학회지에 보고된 것은 4년도 지난 1961년 6월이었습니다. 사용이 금지된 것은 5달이나 지난 후였고 이는 이미 세계 46개 나라에서 기형아가 1만 명 이상 태어난 후였습니다. 그런데 미국에서는 탈리도마이드가 시판되지 않았는데 태아 안전성에 대한 근거가 없다는 이유로 미국식품의약국 FDA 담당자 프랜시스 켈시 Frances Oldham Kelsey가 허가 신청을 6번이나 거부하며 끝내 허가하지 않았기 때문입니다. 이로써 켈시는 탈리도마이드 약물 부작용으로부터 미국을 보호한 공로로 1962년 8월 7일 케네디 대통령의 표창을 받았고 FDA에서 무려 90살까지 종신 근무의 영광을 누렸습니다. 탈리도마이드가 기형아를 일으키는 것은 혈관 생성억제 작용 때문인데 이것이 한센병의 피부질환과 다발성 골수종의 치료에 효과가 있어 각각 1998년과 2006년 사용이 허가되었습니다. 이처럼 약은 어떤 사람에게는 득이 되어도 어떤 사람에게는 독이 되는 것입니다.

약은 양날을 가진 칼로서 이로운 치료 효과와 해로운 부작용도 있음을 명심하십시오.

Frederic Chopin, Fantasie Impromptu (4-Finger Pianist Hee Ah Lee)
https://youtu.be/7PiKvIJIXyg

8월 8일 냉장고

## 무소르그스키, 교향시 '민둥산에서 하룻밤'

### 양심 냉장고를 아시나요?

1996년 MBC 피디 김영희와 개그맨 이경규가 '일요일 일요일 밤에'라는 프로그램에 '양심 냉장고'라는 코너를 만들어 교통법규를 양심적으로 잘 지키는 운전자에게 '양심 냉장고'를 선물하여 인기를 끌었습니다. 양심 conscience이란 선악을 분별하여 선은 행하고 악은 피하도록 명령하는 내면의 소리 또는 품성입니다. 그런데 양심을 집 냉장고에 놔두고 다니면 써야 할 때 제대로 쓰지 못하여 문제이고 또 냉장고여도 양심은 워낙 변질되고 부패하기 쉬운 거여서 오래 두면 썩는 것이 문제입니다. 가정용 냉장고의 제작은 미국의 발명가 앨버트 마샬 Albert Marshal이 1899년 8월 8일 특허를 획득함으로써 시작되었습니다. 냉장고의 출시로 주방 혁명이 일어났고 농수산물의 생산 가공 판매에도 획기적인 변화가 생겼습니다. 가정에 일반 냉장고와 김치 냉장고는 기본이 된 지 오래되었고 와인 냉장고에서 화장품 냉장고까지 나왔습니다.

맹자는 양심을 민둥산 (우산)의 나무처럼 다루지 말라고 했습니다. 중국 산동성에 있는 우산은 원래 나무가 무성한 산이었는데 사람들이 도끼로 찍어가고 그루터기에서 나는 싹도 소와 양을 풀어놓아 다 뜯어 먹게 해서 민둥산이 된 것이라고 했습니다. 또한 양심 없는 사람도 원래 양심이 없는 것이 아니고 양심 나무의 가지를 찍어내고 싹을 꺾어서 그렇게 된 것이라고 했습니다. 길러서 자라지 않는 것이 없고 기르지 않으면 고사하지 않은 것이 없는데 양심도 바로 그런 것입니다.

모데스트 무소르그스키 Modest Mussorgsky는 1839년 3월 21일 러시아 지주의 아들로 태어나 음악에 재능이 많았으나 육군사관학교에 들어갔습니다. 졸업 후 장교로 3년 복무한 다음 음악에 전념하고자 제대했으나 가세가 기울어 우정국 공무원이 되었습니다. 일과 음악을 겸하면서 러시아 5인조의 일원으로 러시아 국민음악 운동에 참여했습니다. 교향시 '민둥산에서 하룻밤 A Night on a Bald Mountain'은 1867년 완성했으나 사장되어 있었는데 림스키-코사코프의 편곡으로 빛을 보게 되었습니다. 민둥산의 밤에 어둠의 요정들과 밤의 귀신들이 벌이는 광란의 축제를 묘사합니다.

양심이 없는 세상은 민둥산의 밤처럼 온갖 잡귀들이 나와 부도덕과 몰염치의 난장판이 될 것이니 양심을 차가운 집 냉장고가 아니라 따뜻한 가슴에 품고 다니십시오.

Modest Mussorgsky, Symphonic Poem 'A Night on a Bald Mountain'
https://youtu.be/SLCuL-K39eQ

8월 9일 무소유

## 바흐, 무반주 첼로 모음곡, 1번 사장조

**무소유 하면 생각나는 분이 있습니까?**

법정 스님은 1932년 음력 10월 8일 전남 해남에서 태어나 목포 상고를 졸업하고 전남대학교 상과대학 3학년인 1954년 효봉 스님을 만나 22살의 나이에 출가했습니다. 미국의 초월주의 철학자이자 작가인 헨리 데이비드 소로우 Henry David Thoreau와 같은 무소유의 삶을 설파하며 1976년 4월 수필집 '무소유'를 출판했습니다. 그의 대표적인 수필집 '무소유'는 청빈한 삶의 소소한 즐거움을 소개하는데 사후에 자신의 어떤 책도 출판하지 말라는 유언에 따라 출판사들이 절판을 선언하자 '무소유'의 소유 열풍이 불어 3판 86쇄의 대기록을 세우고 10만 원의 고가에 팔리기도 했습니다.

법정 스님은 스스로 소로우의 추종자라고 하였고 월든 Walden에도 두 차례 다녀왔습니다. 소로우는 1817년 7월 12일 미국 매사추세츠주 콩코드에서 태어나 하버드대학을 졸업했습니다. 졸업 후 이런저런 일을 하다 1845년 28살에 깨어있는 삶을 위해 귀촌하여 월든 호수 가에 손수 5평짜리 오두막을 짓고 2년 2개월 2일 동안 '미니멀 라이프'로 자연파괴를 최소화하는 생태주의적인 삶을 살며 이를 기록하여 1854년 8월 9일 수필집 '월든'을 펴냈습니다. 이후 인두세와 노예제도 폐지를 위한 시민운동을 하면서 '시민 불복종'이라는 책을 써서 간디의 독립운동, 마틴 루터 킹의 시민운동에 영향을 주었습니다. 법정 스님 역시 함석헌, 장준하 등과 민주수호 국민협의회를 결성하여 우리나라 민주화운동에 적극적으로 참여하였고 고전음악에도 조예가 깊었는데 바흐의 '무반주 첼로 모음곡 Unaccompanied Cello Suites'을 특히 좋아했다고 합니다.

요한 제바스티안 바흐의 '무반주 첼로 모음곡'은 6곡으로 구성되어 있는데 첼로를 독주 악기의 반열에 올려놓은 가장 위대한 첼로 곡으로 첼로의 구약성서로 불리고 있습니다. 원본 악보는 없고 필사본만 남아 있었는데 170여 년이 지난 1889년 스페인 바르셀로나 헌책방에서 그뤼츠마허 본이 현대 첼로의 아버지가 된 13살짜리 파블로 카잘스 Pablo Casals에 의해 발견되었습니다. 어떤 지시나 도움말이 없는 연습용 악보 같아 보였으나 카잘스가 12년 동안이나 연구하고 연습하여 25살에 초연하여 이 곡의 진가를 세상에 알렸습니다. 6곡 모두 전주와 5개의 춤곡으로 구성되어 있습니다.

무소유로 버리고 비워진 하루를 음악으로 채워 텅 빈 충만의 기쁨을 맛보십시오.

Johann Sebastian Bach, Unaccompanied Cello Suites, No. 1 in G Major
https://youtu.be/mGQLXRTI3Z0

8월 10일 시간

# 하이든, 교향곡 101번 '시계'

## 시간은 어디에서 와서 어디로 갈까요?

볼 수 없었던 시간을 볼 수 있게 된 것은 시계 때문입니다. 시간의 흐름과 양을 측정하는 시계에는 해시계, 물시계, 모래시계와 같이 자연을 이용하는 원시적인 것으로부터 추니 태엽이나 스프링을 이용한 기계식 시계, 전기 모터를 이용한 전기 시계, 수정 quartz 결정의 진동을 이용한 전자 시계, 원자의 진동을 이용한 원자 시계 등이 있습니다. 지금 많이 사용하고 있는 디지털 시계는 수정 전자시계인데 표시를 숫자로 하는 것이고 시계 바늘로 표시하면 아나로그 시계가 됩니다. 이처럼 다양한 시계의 발명으로 시간이 가는 것을 볼 수 있고 양을 측정할 수 있게 되었는데 시간은 시계 초침으로 와서 시침으로 빠져나가는 것처럼 보이기도 합니다.

국가 사이에 교류가 많아지면서 국제적으로 통용할 수 있는 표준시의 제정이 필요하게 되었습니다. 1851년 영국 그리니치 천문대 Greenwich Observatory의 경도가 본초 자오선 (자정과 정오의 기준선)의 기준인 경도 0도가 되었고 1884년 워싱턴 DC에서 열린 국제회의에서 그리니치 천문대의 평균 태양시 Greenwich mean time (GMT)를 세계 표준시로 정했습니다. 그리니치 천문대는 칼레 해전에서 스페인에 승리한 후 해상 패권을 쥔 잉글랜드 왕 찰스 2세가 선박 항해를 돕기 위해 런던 남동쪽 그리니치에 세운 천문대로서 1675년 8월 10일 착공하여 1676년 6월 22일 완공되었습니다. 하지만 태양시는 지구의 자전 속도가 빨랐다 느렸다 하므로 1초의 길이가 길어지고 짧아지는 문제가 생겨서 세계 표준시를 태양시를 기준으로 하는 GMT가 아니라 지구 자전 속도와 무관한 세슘원자의 진동을 기준으로 하는 원자시로 바뀠습니다. 태양시와 원자시의 차이는 1초의 윤초를 더하거나 빼서 보정하는데 이를 협정 세계시 UTC (coordinated universal time)라고 합니다. 이에 따라 1972년 1월 1일부터 세계시의 표시가 GMT에서 UTC로 바뀌었습니다.

프란츠 요제프 하이든 Franz Joseph Haydn의 교향곡 101번은 하이든이 2번째 영국 연주 여행 중 런던에서 완성하여 1794년 3월 3일 초연했습니다. 2악장의 박자가 시계추의 움직임처럼 규칙적이기 때문에 '시계 The Clock'라는 부제가 붙었습니다.

내게 주어진 시간은 모두 내 것이니 시간의 노예가 되지 말고 주인으로 사십시오.

Franz Joseph Haydn, Symphony No. 101 'The Clock'
https://youtu.be/sm4eBMgtdT0

8월 11일 보사노바

## 카를로스 조빙, '이파네마에서 온 소녀'

**여름철 최고의 과일은 무엇일까요?**

수박은 생각만 해도 시원하고 먹으면 더욱 시원하며 흘린 땀과 부족한 전해질을 보충해 줘서 여름나기에 최고 과일입니다. 수박은 둥그렇고 세로줄 무늬가 있어서 수풀 우거진 지구를 생각나게 합니다. 지구 전체가 수풀에 덮여있지는 않으나 지구의 허파라고 하는 아마존 열대 우림은 연중 푸른 숲으로 우거져 있으니 이런 상상이 가능합니다. 남반구에 있는 브라질은 우리와 반대로 1월이 가장 더운 여름이고 7월이 가장 추운 겨울입니다. 겨울이라 해도 평균 최저 기온이 13도, 최고 기온이 25도여서 우리나라 5월 날씨 정도 되니 얼마나 좋겠습니까! 하지만 브라질 여행의 성수기는 12월부터 시작되는 여름입니다. 여름의 나라이니 더워도 여름에 여행객이 많다는 것이 이해되지만 리우데자네이루 Rio de Janeiro에서 열리는 세계 3대 축제인 리우 카니발이 여름 축제여서 여름철 관광의 인기에 한 몫을 합니다. 리우데자네이루는 1502년 1월 1일 포르투갈 탐험대가 처음 발견했는데 구아나바라 Guanabara만이 좁고 길어서 강이라고 생각하고 이름을 1월에 발견한 강이라는 뜻의 포르투갈 말인 Rio de Janeiro (River of January)로 지었던 것입니다. 나폴리, 시드니와 함께 세계 3대 미항이며 흔히 리우 Rio로 줄여 부릅니다. 거대 예수상으로 유명한 코르코바두산 Corcovado이 있고 코파카바나 Copacabana와 이파네마 Ipanema 해변이 있습니다.

리우 카니발은 여름철 마무리 행사로 매년 1~2월 사순절 전 화요일에서 토요일까지 5일간 진행되는데 뭐니 뭐니 해도 최고는 삼바 퍼레이드 Samba Parade입니다. 삼바는 브라질의 2/4박자 춤인데 일반적인 삼바로 삼바 카리오카, 축제용으로 격렬한 삼바 디 모로, 소박하고 율동적인 삼바 바투카다 등이 있습니다. 1950년대 말 삼바에 쿨재즈가 가미되어 차분하면서도 감미로운 새로운 경향이란 뜻의 보사노바 Bossa Nova가 생겼습니다. '이파네마에서 온 소녀 The Girl from Ipanema'는 1962년 보사노바의 창시자인 안토니우 카를로스 조빙 Antonio Carlos Jobim이 작곡하고 비니시우스 데 모라에스 Vinicius de Moraes가 작사한 노래로 1965년 그래미 올해의 레코드상을 받고 보사노바를 세계적으로 크게 유행시킨 보사노바의 대표곡입니다.

지금 한겨울인 리우 이파네마 해변의 시원한 풍경을 그리며 잠시 더위를 잊으십시오.

Vinicius de Moraes/Antonio Carlos Jobim, 'The Girl from Ipanema'
https://youtu.be/ITsKmGfiStY

8월 12일 루체른

## 말러, 교향곡 9번

**스위스에 유명한 게 뭐가 있을까요?**

스위스에는 융프라우 산, 에델바이스 꽃, 산악 열차, 스위스 시계, 스위스 치즈, 스위스 칼, 요들 송 등 유명한 것이 많습니다. 스위스는 또 호수가 7,000여 개나 되고 도시나 마을 대부분이 호수를 끼고 있어 바다가 없는 내륙국의 아쉬움을 달래줍니다. 제일 큰 호수는 프랑스 국경에 있는 초생달 모양의 레만호 Lake Leman인데 호수의 남쪽 끝에 제네바가 있어 제네바 호수로 더 많이 알려져 있습니다. 두 번째로 큰 호수는 콘스탄스호 Lake Constance인데 독일과 오스트리아 국경에 있습니다. 세 번째는 스위스 내부에 있는 호수로는 제일 큰 뇌샤텔호 Lake Neuchâtel이고 네 번째는 이탈리아 국경에 있는 마조레호 Lake Maggiore입니다. 다섯 번째 루체른호 Lake Lucerne는 스위스 중앙에 있는데 4개 주에 둘러싸여 원래는 4개 주 호수라는 뜻으로 피어발트슈테터호 Vierwaldstättersee로 불렀으나 루체른이 알프스산맥을 넘는 교통 요충지이고 유명한 역사 및 관광 도시여서 루체른호로 부르게 되었습니다.

루체른에서는 매년 8월 중순에 루체른 여름 음악 축제 Lucerne Festival가 열리는데 이는 1938년 8월 25일 아르투로 토스카니니 Arturo Toscanini가 루체른 근교에 있는 바그너 별장에서 가졌던 연주회로부터 시작되었습니다. 별장에서 첫날의 성공적인 연주에 고무되어 이튿날 루체른 쿤스트 하우스 Kunst House로 옮겼는데 큰 호응으로 10회나 하게 되면서 국제 음악 축제로 발전했습니다. 2003년 클라우디오 아바도 Claudio Abbado가 음악 감독을 맡으면서 임시악단인 루체른 페스티발 오케스트라 LFO에 세계적으로 유명한 오케스트라의 수석급 연주자와 유명 솔리스트들을 초대하여 다국적 드림팀을 만들어 루체른 음악 축제를 세계 최고의 여름 음악 축제로 만들었습니다. 아바도가 1997년 만든 말러 체임버 오케스트라가 LFO의 한 축을 맡았고 LFO 재임 10년 동안 구스타프 말러 Gustav Mahler 교향곡 8번을 제외한 전곡을 연주한 기록을 세웠습니다. 말러의 교향곡 9개 가운데 순수 기악곡으로는 1, 5, 6, 7, 9번이고 나머지 2, 3, 4, 8번은 합창이 곁들여 있습니다. 9번은 말러가 1909년 여름, 건강이 좋지 않은 상태에서 이별을 주제로 작곡한 그의 생애 마지막 교향곡입니다.

귀하의 버킷 리스트에 아직 빈칸이 있다면 루체른 페스티벌을 꼭 넣어 가보십시오.

Gustav Mahler, Symphony No. 9
https://youtu.be/udhHFt--10Q

8월 13일 스테인리스

## 존 바에즈 작사 작곡, '다이아몬드와 녹'

**쇠가 어떻게 녹슬지 않을 수 있을까요?**

녹 rust이 슬지 않는 쇠를 말 그대로 스테인리스 스틸 stainless steel이라고 하는데 1912년 8월 13일 해리 브리얼리 Harry Brearley에 의해 영국 셰필드의 브라운 퍼스 Brown Firth 연구소에서 만들어졌습니다. 그는 정규교육을 받지 않고 아버지 사업장에서 철물 생산 노동자로 일하면서 독학을 하며 연구 개발에 몰두하여 야금 전문가가 되어 이 기적의 합금인 스테인리스 스틸을 발명했습니다.

녹은 철 Fe이 산소와 결합하여 만들어지는데 크롬 Chrome을 11% 이상 첨가하면 철보다 크롬이 먼저 산소와 결합하여 산화크롬의 피막을 형성하여 철과 산소가 접촉하는 것을 막아 붉은 녹이 슬지 않게 합니다. 스테인리스 스틸에는 크롬이 18% 이상 함유된 페라이트계, 크롬이 13% 정도로 적고 열처리로 강도를 높인 마르텐사이트계, 크롬에 니켈을 추가하여 강도는 낮으나 내식성과 가공성이 좋고 자성이 없는 오스테나이트계가 있습니다. 식기, 싱크, 보관 용기 등은 오스테나이트계이며, 칼, 가위 같은 절단 공구는 마르텐사이트계, 기계류나 자동차 외장재는 페라이트계입니다.

크롬은 원자 번호 24번 크로뮴 Chromium의 독일식 표기입니다. 원소로 말할 때는 크로뮴으로 금속으로 말할 때는 크롬이라고 하는데 크롬은 구글이 개발한 웹브라우저의 이름이기도 합니다. 크로뮴은 은색 광택이 나고 단단하고 녹는점이 높고 변색 되지 않으며 실온에서는 자성이 없습니다. 철에 첨가하여 스테인리스 스틸을 만들기도 하고 금속이나 플라스틱 표면에 전기로 도금을 하여 부식과 마모를 방지하고 강도를 높이는 데 사용되고 크롬 옐로, 크롬 그린, 크롬 레드 등 염료로도 사용됩니다.

미국의 전설적인 포크 가수이자 반전 평화 인권운동가인 존 바에즈 Joan Baez의 대표곡인 '다이아몬드와 녹 Diamond and Rust'는 그가 작사 작곡하여 1975년 발표한 곡입니다. 이는 존 바에즈가 1941년생으로 그와 동갑이고 한때 연인이었던 밥 딜런 Bob Dylan과 헤어진 뒤 10년이 지난 어느 날 밤중에 걸려온 밥 딜런의 전화를 받고 지난날 그와의 추억을 회상하며 쓴 곡입니다. 다이아몬드 보석처럼 빛나는 아름다운 사랑의 추억과 녹슨 쇠처럼 퇴색된 사랑의 덧없음을 노래합니다.

혼자서는 세상에 녹슬지 않기 어려우니 스테인리스처럼 좋은 짝을 찾아 함께 하세요.

Joan Baez, 'Diamonds and Rust'
https://youtu.be/1ST9TZBb9v8

8월 14일 광복

## 박영만 작사, 한형석 작곡, '압록강 행진곡'

### 독립과 광복, 무엇이 맞나요?

광복이란 빼앗긴 주권을 되찾는 것을 뜻하고 독립이란 나라나 단체가 없었던 자주권을 가지는 것을 말합니다. 우리나라는 없었던 나라를 세운 것이 아니고 강탈당한 주권을 되찾은 것이므로 광복이라고 하는 것이 더 맞으나 독립과 광복을 많이 혼용하고 있습니다. 또한 해방은 주어지는 것이기에 우리가 주체가 아니라 객체가 되는 것이므로 맞지 않습니다. 1945년 8월 15일 광복은 제2차 세계대전에서 미국이 주축인 연합국의 승리에 힘입은 바가 크지만 광복의 마지막 순간까지 일제와 맞서 싸운 선조들의 독립운동과 독립군의 무장투쟁이 바탕이 되었습니다. 무장투쟁은 1905년 을사늑약 이후 전국 각지에서 일어난 의병과 열사로부터 시작하여 독립군의 조직적인 무장 독립투쟁으로 이어졌습니다. 일련의 과정에서 1909년 10월 26일 중국 하얼빈에서 안중근 의사가 이토 히로부미를 사살했습니다. 그는 일본의 근대화를 이끈 핵심 인물로 메이지 헌법의 초안을 만들고 초대 내각 총리가 되었는데 을사늑약 후 조선의 초대 통감이 되어 우리나라 강제 병탄을 주도한 원흉이었습니다.

1910년 한일합병 이후에 많은 국내 독립운동가들이 근거지를 만주로 옮겨 항일투쟁을 계속하였고 1919년 3·1운동 후 신흥무관학교를 설립하여 2,000여 명의 독립군을 양성하여 무장투쟁을 이어갔습니다. 무장투쟁은 1920년 홍범도 장군의 봉오동 전투, 김좌진 장군의 청산리대첩 등으로 절정에 이르렀는데 일본의 반격 또한 강해져서 근거지를 러시아 연해주로 옮겼습니다. 1921년 독립군 내 파벌 다툼이 러시아 볼셰비키 혁명의 소용돌이에 맞물려 독립군 내 사할린 의용대가 러시아 볼셰비키 정부의 붉은 군대 (적군)에게 공격을 받아 980명이 사망 또는 포로가 되는 참변이 일어나고 1931년 일본이 만주에 괴뢰국을 세워 독립운동이 크게 위축되었습니다. 1932년 1월 8일 이봉창 의사가 도쿄에서 일왕 히로히토에게 폭탄을 투척하고, 4월 29일 윤봉길 의사가 상하이 훙커우공원에서 일왕 생일 및 일본군 상해사변 전승 기념행사장에 수통 폭탄을 던져 대장 시라카와 일행을 제거하고 중상을 입혔습니다. 1940년 9월 17일 대한민국 임시정부가 광복군을 창설하여 독립전쟁을 계속 이어갔고 결국 광복을 쟁취했습니다.

선조의 수많은 희생을 통해 쟁취한 주권을 다시 빼앗기지 않도록 늘 깨어 싸웁시다.

박영만 작사, 한형석 (중국 이름, 한유한) 작곡, '압록강 행진곡'
https://youtu.be/syQL04qBjcw

8월 15일 빛

## 김민기 작사, 송창식 작곡, '내 나라 내 겨레'

**누가 우리나라를 '동방의 빛' 이라고 했을까요?**

인도의 시성이자 1913년 동양인 최초로 노벨 문학상을 수상한 라빈드라나트 타고르 Rabindranath Tagore입니다. 타고르는 우리나라가 일본의 식민지로 있던 1929년 3월 28일 동아일보 신문에 기고한 '동방의 등불'이라는 시에서 우리나라를 "일찍이 아시아의 황금기에 빛나던 등불의 하나였던 코리아, 그 등불 다시 켜지는 날 너는 동방의 밝은 빛이 되리라"고 찬사와 격려를 보내며 우리나라가 동방의 빛이 될 거라고 예언하였습니다. 당시 우리나라는 1919년 전국적인 대규모 3·1독립운동에도 불구하고 10년이 지나도록 암울한 식민지 상태에 있었으나 타고르는 우리나라의 희망적인 미래를 내다보고 빛을 되찾아 동방의 빛으로 다시 일어설 것이라고 했습니다. 피나는 투쟁으로 1945년 8월 15일 주권을 되찾았으나 분단되고 일제의 수탈로 인한 극심한 빈곤에서 헤어나기도 전에 6·25 한국전쟁으로 또다시 국토가 폐허가 되었습니다. 폐허 속에서도 불굴의 의지와 할 수 있다는 자신감으로 나라를 일으켜 현대사에서 전무후무한 기록을 세우며 선진국이 되고 널리 이롭게 하라는 홍익 이념의 빛의 나라가 되었습니다. 국제법적인 광복은 1945년 이루었지만 진정한 광복은 경제적으로나 문화적으로나 민족적으로 어느 나라에도 종속되지 않고 홀로 설 수 있을 때입니다.

광복절이나 삼일절에 애국가 다음으로 자주 부르는 국민 애창곡 '내 나라 내 겨레'는 김민기가 쓴 시에 송창식이 곡을 붙여 1971년 발표되었습니다. 김민기는 "보라 동해에 떠오르는 태양 누구의 머리 위에 이글거리나? 피어린 항쟁의 세월 속에 고귀한 순결함을 얻은 우리 위에. 보라 동해에 떠오르는 태양 누구의 앞길에서 환히 비춰나? 눈부신 선조의 얼 속에 고요히 기다려온 우리 민족 앞에. 숨소리 점점 커져 맥박이 힘차게 뛴다. 이 땅에 순결하게 얽힌 겨레여 보라 동해에 떠오르는 태양 우리가 간직함이 옳지 않겠나"라며 당시 가난하고 군사독재로 암울했던 시절이었지만 우리는 모두 애국심에 불타는 이글거리는 태양이 되고 우리나라는 남북이 함께 찬란한 문화로 동방의 밝은 빛이 되어야 한다고 힘차게 외쳤습니다.

우리나라의 진정한 독립은 미, 중, 일, 러 사이에서도 온전히 홀로 설 수 있을 때이고 진정한 광복은 우리나라가 동방을 넘어 전 세계에 문화로 큰 빛이 될 때입니다.

김민기 작사, 송창식 작곡 (백현주 편곡), '내 나라 내 겨레'
https://youtu.be/fvtg3R2f14c

8월 16일 혼돈

## 하이든, 오라토리오 '천지창조'

**광복 직후 우리나라는 어떠한 상황이었을까요?**

천지창조 직전처럼 극심한 혼돈상태였습니다. 제2차 세계대전의 전승국인 미국과 소련이 우리를 무시하고 1945년 8월 25일 북위 38°선의 남과 북을 분할 점령하기로 결정했습니다. 소련군은 일본군을 무장 해제한다는 명목으로 8월 11일 북한에 들어와 있었고 미군은 제24군단이 9월 8일 인천에 상륙하여 남한에서 군정을 시작했습니다. 남한의 정치세력은 송진우와 김성수의 한국 민주당, 이승만의 독립촉성 중앙협의회, 김구의 상해 임시정부를 주축으로 한 한국 독립당, 여운형의 국내에서 조선건국준비위원회를 주축으로 한 조선 인민당, 안재홍의 국민당, 박헌영의 남조선 노동당으로 사분오열되어 심하게 대립했습니다. 미국이 계획한 신탁통치 문제로 우리나라 국민과 정치권은 찬반으로 나뉘어 대립하면서 극심한 혼돈상태에 빠졌고 신탁통치를 찬성한 좌익과 반대한 우익으로 나뉘어 이념 대립이 격화되었습니다. 독립지사 송진우가 1945년 12월, 여운형이 1947년 7월 암살까지 당해 혼란이 극에 달했습니다.

미국은 결국 신탁통치안을 철회하고 유엔을 통한 한국 정부수립으로 전환했습니다. 1947년 유엔에서 제안한 한반도 총선거가 북한에 의해 거부되어 1948년 2월 6일 선거가 가능한 남한만의 총선거로 결정되었습니다. 이에 5월 10일 제헌 국회의원 선거가 시행되었고 7월 20일 제헌 국회에서 이승만을 초대 대통령으로 선출하여 1948년 8월 15일 초대 정부가 수립되었는데 북한도 9월 9일 조선민주주의 인민공화국을 수립했습니다. 1948년 12월 유엔으로부터 대한민국이 한반도에서 유일한 합법 정부로 인정받았으나 통일 국가 건설과 친일 청산에는 실패했습니다. 친일파와 결탁하여 대통령이 된 이승만이 친일 청산을 위한 반민족행위특별조사위원회 (반민특위)의 활동을 방해하다가 반민특위 폐기법안으로 1949년 8월 22일 해체해버렸기 때문입니다.

오라토리오 oratorio '천지창조 The Creation'는 하이든이 노익장을 발휘하며 3년간 혼신의 힘을 다하여 66세에 완성한 걸작입니다. 1부는 천지창조 전 암흑과 혼돈상태에서 빛이 생기고 땅과 바다, 산과 강, 풀과 나무, 별 등이 만들어지는 과정을, 2부는 지상의 생명과 인간의 창조, 3부는 창조주에 대한 찬미로 구성되어 있습니다.

지역 차별과 이념 갈등을 청산하고 남북 평화를 이루어 대한민국을 새로 창조합시다.

Franz Joseph Haydn, Oratorio 'The Creation'
https://youtu.be/xIpSNMQZH9M

8월 17일 복날

## 쇼팽, '강아지 왈츠'

**복날에 누가 제일 힘들까요?**

복날에 제일 힘든 것은 사람이 아니라 견공입니다. 사람은 더우면 옷도 벗을 수 있지만 개는 벗을 옷도 없고 피부에 땀샘도 없어 체온 조절이 매우 힘듭니다. 땀샘은 작은 땀샘인 에크린샘 eccrine gland과 큰 땀샘인 아포크린샘 apocrine gland이 있는데 일반적으로 땀은 작은 땀샘에서 체온 조절을 위해 분비되는 맑은 땀을 말합니다. 이 작은 땀샘은 영장류에만 있는데 털구멍 (모공)이 아닌 별도의 땀구멍으로 땀을 배출하고 99%가 수분입니다. 반면에 큰 땀샘에서 분비되는 땀은 털구멍을 통해 분비되며 주로 겨드랑이, 유두, 눈꺼풀, 항문 주위에 있습니다. 큰 땀샘의 땀은 수분이 적고 지방과 단백질이 많은 기름땀인데 소, 말, 낙타 등 발굽 동물에서는 체온을 조절하는 기능이 있으나 사람에서는 체온 조절 기능은 거의 없고 피부 세균에 의해 땀 속 지방이나 단백질이 분해되어 특유의 냄새를 내기도 합니다. 피부에는 털구멍을 통해 피지를 분비하는 피지샘이 있는데 전신에 분포하나 머리, 얼굴, 목, 가슴에 특히 많습니다. 피막으로 피부를 덮어 습기와 윤기를 유지하고 세균 감염을 막아줍니다.

개나 고양이에서는 작은 땀샘이 발바닥과 주둥이에만 있어 체온 조절 효과가 크지 않아 체온 조절은 주로 혀를 내밀고 헐떡거려서 공기로 혀를 식혀서 합니다. 이처럼 사람은 온몸에서 열을 땀으로 식히는 수냉식인 반면에 개는 혀를 공기로 식히는 공랭식이기 때문에 더위에는 개가 더 힘듭니다. 복날에 견공이 힘든 이유는 또 있습니다. 복달임으로 개고기 먹는 보신족의 눈을 피해 다녀야 하기 때문입니다. 개고기 먹는 풍습은 한 나라의 오래된 음식문화이니 비판할 것이 아니라고도 하지만 먹을 것이 천지에 넘쳐나고 개를 주로 반려동물로 키우는 요즘 세상에 영양학적으로도 특별한 게 없는 개고기를 굳이 먹어야 할 이유가 있을까요!

피아노의 시인 쇼팽이 그의 연인 조르주 상드 George Sand의 강아지가 자기 꼬리를 물려고 빙빙 도는 모습이 인상적이어서 1847년 상드를 위해 '강아지 왈츠 Valse du Petit Chien'를 작곡했습니다. 곡이 숨넘어갈 듯 빠르게 진행되다가 갑자기 끝나버리는데 '짧은 왈츠 Minute Waltz'라고 부르기도 합니다.

삼복더위 복달임에는 보신탕 한 사발이 아니라 이열치열 땀 빼는 운동이 최고입니다.

Frederic Chopin, 'Valse du Petit Chien'
https://youtu.be/hKILwVH_MdM

8월 18일 숲

## 김동환 시, 임원식 곡, '아무도 모르라고'

**트러플이라는 송로버섯을 아십니까?**

땅속 다이아몬드라는 송로버섯을 언제인가 청와대 초청 점심 식사에 나왔다는 보도를 통해 일반인도 알게 되었습니다. 당시 청와대 점심 식단은 송로버섯과 바다 가재, 훈제 연어, 캐비아 caviar (철갑상어 알) 샐러드, 샥스핀 shark's fin 찜, 한우 갈비, 능성어 요리로 구성되었다고 합니다. 이름조차 생소한 송로버섯은 푸아그라 foie gras (거위 간 요리), 캐비아와 함께 세계 3대 진미의 하나인데 이들 중에서도 최고라고 합니다. 프랑스에서는 트뤼프 truffe, 이태리에서는 타르투피 tartufi, 영국에서는 트러플 truffle이라고 부릅니다. 송로버섯은 떡갈나무 숲 땅속에서 자라 소나무 (송)와도 관계가 없고 이슬 (로)과도 무관하며 송이버섯과도 전혀 관계가 없습니다. 소량으로도 향이 좋고 최음 효과도 있어 로마시대로부터 궁중 요리나 최고급 요리에 사용되었습니다. 송로버섯은 프랑스 페리고르 지역의 검은 송로와 이태리 피에몬테 지역의 하얀 송로가 최고라고 합니다. 크기는 호두알에서 사과 정도까지 다양하며 땅속에 있고 돌멩이나 흙덩이처럼 생겨서 찾기가 매우 어렵습니다. 따라서 후각이 좋은 개나 돼지를 수년간 훈련시켜서 찾는 데 이용합니다. 이들이 송로버섯을 찾으면 향에 취해 흥분하게 되는데 이때 좋아하는 간식을 주어 관심을 돌리게 하여 채취합니다.

떡갈나무는 상수리나무, 신갈나무, 굴참나무, 갈참나무, 졸참나무와 함께 참나무 속 6형제의 하나입니다. 이들 중에서 떡갈나무의 잎이 제일 크고 두껍고 털이 많아 떡이 잘 붙지 않아서 떡을 찔 때 붙지 않게 넣거나 떡을 쌀 때 써서 떡갈나무라고 했다고 합니다. 가곡 '아무도 모르라고'는 떡갈나무 숲속에서 우연히 발견한 옹달샘을 물 한 모금 떠 마시고는 아무도 모르라고 다시 덮어 자연 상태로 두고 내려오는 기쁨을 노래합니다. 시인 김동환의 시에 작곡가 임원식이 곡을 붙여 1942년 만든 곡입니다. 사막이 아름다운 것은 사막이 어딘가에 우물을 감추고 있기 때문이라는 어린 왕자의 말처럼 숲이 아름다운 것은 나무뿐만 아니라 숲속 어딘가에 샘이 있기 때문입니다. 인공의 약수터가 아니라 숲속 식구들만 아는 그런 자연의 옹달샘 말입니다. 그래서 시인은 샘을 다시 덮어 비밀의 샘으로 자연으로 돌려보내고 흐뭇해한 것입니다.

숲이 아름답기를 바란다면 떡갈나무 숲 송로버섯도 옹달샘도 자연 그대로 두십시오.

김동환 시, 임원식 곡, '아무도 모르라고'
https://youtu.be/0fpM1buaeMA

8월 19일 홍일점

## 김민부 시, 장일남 곡, '석류'

### 지금 세상은 무슨 색깔일까요?

흑백청홍의 세상일까요, 일곱 빛깔 무지개 세상일까요? 지금은 이념으로 좌우를 나누고 대결하는 흑백의 세상도, 남녀를 구별하고 차별하는 청홍의 세상도 아닌 남녀노소 좌우가 더불어 사는 무지개 세상입니다. 아직은 청록이 지배하는 여름이지만 복숭아, 사과, 석류나무에는 적, 황, 홍색 빛깔의 열매가 탐스럽게 익어가고 있습니다. 석류나무는 유실수로는 물론 정원수로도 많이 심는데 이란이 원산지이고 우리나라에는 고려시대에 중국을 통해 들어왔습니다. 5~6월에 주황색 꽃이 피고, 7~8월에 홍황색 열매가 열리고, 9~10월에 익습니다. 초록의 잎사귀 속에서 유난히 돋보이는 주홍의 석류꽃을 당송 8대가의 하나인 송나라의 왕안석이 '만 가지 초록 잎 속에 한 점 붉은 꽃'이라는 뜻으로 "만록총중 홍일점"이라고 표현했습니다. 여기에서 많은 남자들 사이에 돋보이는 여자를 뜻하는 홍일점이라는 말이 나왔습니다. 하지만 지금은 육해공 3군 사관학교까지 여성에게 개방될 정도로 성차별이 없어졌고 어떤 분야이든 여성이 많이 진출해있어 홍일점이라는 말은 옛말이 되었습니다. 오히려 특정 전문직에는 여성이 대부분이고 남성이 극소수여서 청일점이라는 말이 생길 정도입니다.

석류꽃은 암수가 따로 피는데 수컷은 꽃 통이 빈약하고 곧 시들어 동백꽃처럼 통째로 떨어집니다. 암컷은 꽃받침이 발달하여 꽃 통이 긴 작은 종 모양이고 꽃이 지면 꽃받침이 육각별처럼 벌어지고 꽃 통은 점점 커져서 복주머니 같은 석류 열매가 됩니다. 고려시대부터 복주머니 모양의 석류를 본떠서 도자기를 만들고 귀부인의 향낭을 만들어 차고 다녔습니다. 석류가 완전히 익으면 저절로 벌어져 루비같이 반짝이는 씨알을 드러냅니다. 씨알의 수는 일 년의 날 수인 365개에 버금가게 많아 다산과 풍요를 상징하고 여성 호르몬 에스트로겐 비슷한 식물성 에스트로겐 pytoestrogen이 많아 대표적인 여성 과일입니다. 파이토 에스트로겐 외에도 폴리페놀, 플라보노이드, 비타민 E와 같은 항산화물질이 풍부하여 여성의 젊음과 아름다움을 유지하는 데 좋아 클레오파트라와 양귀비가 즐겨 먹었다고 하는데 남성에게도 좋습니다.

지금은 흑백의 시대나 청홍의 시대가 아니고 무지개 세상이니 남자든 여자든 타고난 빨, 주, 노, 초, 파, 남, 보 자신만의 색깔로 멋과 끼를 마음껏 부리며 사십시오.

김민부 시, 장일남 곡, '석류'
https://youtu.be/JGYxWbsEc3I

## 8월 20일 우상
# 김민기 작사 작곡, '봉우리'

**우리나라 민주화 투쟁의 7080 시대에 아이돌은 누구였을까요?**

김민기입니다. 1970~80년대 젊은이들의 최대 관심사는 조국의 민주화였습니다. 대학생의 대부분은 민주화 투쟁을 위해 교실이 아니라 시위 현장에 있었는데 김민기는 노래로 항상 시위 현장에 있었습니다. 그는 아이돌 idol (우상)이 되려고 하지 않았으나 우상이었고 선봉에 서지 않았지만 선봉장이었습니다. 억압받는 국민과 가난한 노동자의 편에서 자유와 평등을 갈구하는 노래와 철저한 실천적 삶으로 우상이 되었습니다.

김민기는 1951년 3월 31일 전북 익산에서 의사 아버지와 조산원 어머니의 6남 4녀 중 막내로 태어났습니다. 아버지가 6·25전쟁 때 북한군에 의해 피살되어 홀어머니 밑에서 자랐습니다. 서울 재동초등학교와 경기중고등학교를 나와 1969년 서울대 미대에 입학하여 동기생 김영세와 함께 포크 듀오 '도비두'를 결성하여 음악 활동을 시작했습니다. 1970년 불후의 명곡 '아침이슬'을 만들어 재동초등학교 1년 후배인 양희은에게 줘서 그 해 8월 28일 발표했는데 큰 인기를 얻었습니다. 가사가 당시 암울한 군부독재 시대 상황을 암시하며 나라 현실을 자각하여 투쟁에 나서겠다는 결의를 다지는 듯해서 의도하지 않았는데 반정부 민주화 시위의 단골 노래가 되어 1975년 금지곡이 되었습니다. 김민기는 1974년 카투사로 입대했으나 그의 노래가 유신반대 시위에서 불리었다는 이유로 영창에 가고 전방부대로 전출되었습니다. 1977년 제대 후에도 음악 활동을 금지당해 생계를 위해 막노동, 농사 (전북 김제, 경기도 전곡), 광부 (보령 탄광) 일을 하였고 1987년 6월 항쟁 후 8월 18일에야 해금되었습니다.

김민기는 '아침이슬', '친구', '가을 편지', '내 나라 내 겨레', '아름다운 사람', '새벽길', '철망 앞에서', '상록수', '늙은 군인의 노래', '봉우리' 등 많은 명곡을 작곡했습니다. '봉우리'는 1984년 로스엔젤레스 LA 올림픽에서 메달을 못 따서 바로 귀국해야 하는 우리나라 선수를 위로하기 위해 만든 곡입니다. 사람들은 가장 높은 봉우리만 쳐다보고 오르려고 하는데 올라 보면 그저 고갯마루일 뿐이고 진짜 봉우리는 높은 데 있지 않고 지금 우리가 서 있는 이곳이라고 합니다.

사람들이 우러러보는 높은 봉우리에 오르진 못했더라도 여기까지 온 자신에게 잘했다고 칭찬해주십시오. 지금 서 있는 이곳이 우리에게 가장 힘든 봉우리이기 때문입니다.

김민기 작사 작곡, '봉우리'
https://youtu.be/WJmmkTCqp1g

8월 21일 골프

## 카잘스, '새의 노래'

**골프 좋아하십니까?**

우리나라 여성 골프가 세계를 주름잡고 있습니다. 이는 박세리가 1998년 미국여자프로골프협회 LPGA 대회에 처음 참가하여 맥도날드 LPGA와 US 여자 오픈에서 우승하고 신인상을 받은 것으로부터 시작되었습니다. 박세리는 2001년 영국 브리티시 여자 오픈과 2002년 LPGA 챔피언십에서도 우승하여 최연소 메이저 4승으로 2007년 LPGA 명예의 전당에 올랐습니다. 박세리를 보고 골프를 시작한 우리나라 '세리 키즈 Seri Kids'가 미국 LPGA를 석권하고 있습니다. 골프는 얼마나 적게 치느냐를 따지는 경기로 매 홀의 규정 타수보다 1타 적으면 버디 birdie, 2타 적으면 이글 eagle, 3타 적으면 알바트로스 albatross라고 합니다. 버디라는 말은 1903년 미국 뉴저지 애틀랜틱시티 컨트리클럽에서 에이비 스미스가 동생, 동생의 친구와 함께 경기를 할 때 2번 홀 (파 4)에서 2번째 샷이 새처럼 날아가 홀 컵에 붙자 "bird of shot"이라고 했는데 1언더 파로 마무리하여 이를 버디라고 한 것에서 유래했습니다. 이를 기념하고자 애틀랜틱시티 컨트리클럽에는 '최초 버디 홀 First Birdie Hole'이라는 표지석이 있습니다. 1언더 파가 버디로 되면서 나머지 점수도 새의 이름으로 지어졌습니다.

파블로 카잘스 Pablo Casals (카탈루냐어로 Pau Casals)는 현대 첼로 주법을 완성하여 현대 첼로의 아버지 또는 첼로의 성자로 불립니다. 그는 철저한 공화주의자이자 카탈루냐 민족주의자로서 스페인 내란으로 1936년 프랑코의 공산주의 정권이 들어서자 1939년 카탈루냐의 피레네산맥 내 프랑스령 시골 마을 프라데 Prades로 망명하고 프랑코 정권을 지지하는 나라에서는 연주회를 갖지 않았습니다. 카잘스는 구순에도 연습을 했는데 연습을 하면 실력이 늘기 때문이라고 했습니다. 그는 모든 연주회를 새와 같이 자유와 평화를 염원하며 고향 카탈루냐의 전통 민요이자 크리스마스 캐롤인 '새의 노래 Song of the Birds'를 첼로로 연주하며 시작했습니다. 민요 '새의 노래'는 독수리 이글로 시작해서 참새, 방울새, 개똥지빠귀, 나이팅게일, 딱새, 굴뚝새, 카나리아, 딱따구리 등을 거쳐 올빼미까지 무려 32가지 새가 등장하여 예수의 탄생과 날이 밝아 하루가 찾아오고 또 밤이 되는 평화로운 일상의 경이로움을 찬미합니다.

골치 아픈 골프는 아니더라도 평생 할 수 있는 운동 하나는 정해서 꾸준히 하십시오.

Pablo Casals, 'Song of the Birds'
https://youtu.be/1pzCjEZx59k

8월 22일 섬

## 드뷔시, '기쁨의 섬'

### 꼭 가보고 싶은 섬이 있으시나요?

산토리니, 마요르카, 모리셔스, 피지, 몰디브, 발리, 푸켓, 세부, 팔라완, 마우이 등 유명 외국 섬도 가보고 싶겠지만 우리나라 섬 중에는 어느 섬에 가고 싶습니까? 우리나라는 삼면이 바다이고 총 3,348개의 섬이 있습니다. 섬의 수로는 인도네시아, 필리핀, 일본 다음으로 4위인데 섬나라가 아닌 대륙 국가로서는 1등입니다. 무인도가 대부분이고 유인도는 472개 (14%)입니다. 특히 서남해안에 많은데 전남 신안군은 무인도 931개를 포함하여 1004개의 섬이 있어 '천사섬 신안'이라고 자랑하고 있습니다. 2019년 4월 4일 신안군의 압해도와 암태도를 연결하는 10 km가 넘는 긴 다리가 개통되었는데 천사섬 신안을 강조하기 위해 천사대교라고 했습니다. 천사대교는 압해도를 통해 다이아몬드제도를 이루는 9개의 섬 (비금, 도초, 하의, 신의, 장산, 안좌, 팔금, 암태, 자은)을 바로 연결하여 이 섬들은 새롭게 떠오르는 관광지가 되었습니다.

인상주의 작곡가 클로드 드뷔시 Claude Debussy는 1862년 8월 22일 프랑스 생제르맹앙레에서 태어났습니다. 드뷔시는 자유연예가이자 바람둥이여서 주변의 여자는 거의 모두 연애의 대상으로 삼았고 연애나 결혼 중에도 외도를 하여 1892∼1897년에 동거한 가브리엘 듀퐁과 1899∼1905년에 첫 정식 부인이었던 로잘리 텍시어 (릴리)가 드뷔시의 외도 때문에 권총 자살을 감행할 정도였습니다. 새로운 사랑에 대한 드뷔시의 끊임없는 도착적인 모색은 많은 문제를 일으키고 친구들을 잃기도 했지만 음악적으로는 전통을 파괴하는 새로운 탐구를 통해 인상주의라는 새로운 사조를 일으키고 많은 작품을 창작하는 동기와 동력이 되었습니다. 도덕적으로는 흠이 많았지만 그는 프랑스를 대표하는 음악가가 되었고 그의 대표작 '달빛 Clair de Lune'은 2015년 미국 네티즌에 의해 세상에서 가장 아름다운 음악 100곡 중에서 1위에 뽑혔습니다.

드뷔시의 '기쁨의 섬 L'isle Joyeuse'은 1904년 둘째이자 마지막 부인이며 제자 라울의 어머니인 엠마 바르닥과 연애 시절에 장 앙트완 와또 Jean Antoine Watteau의 그림 '시테르섬의 순례'에서 영감을 받아 작곡한 곡입니다. 사랑에 취한 기분을 드뷔시의 뛰어난 상상력과 인상주의 화가 같은 섬세한 표현력으로 묘사했습니다.

섬이 되려거든 무인도가 아니라 누구든 가고 싶고 쉬고 싶은 기쁨의 섬이 되십시오.

Claude Debussy, 'L'isle Joyeuse'
https://youtu.be/9xNfmsN_8hQ

8월 23일 변태

## 번스타인, 뮤지컬 '웨스트사이드 스토리'에서 '교향적 무곡'

**동물 가운데 가장 위험한 변태 동물은 무엇일까요?**

변태 동물에는 개구리와 같은 양서류, 게나 가재와 같은 갑각류, 달팽이와 조개와 같은 연체동물도 있지만 가장 많고 변태를 잘하는 동물이 곤충입니다. 곤충은 지구 전체 동물 중 80%를 차지하는데 전 세계에 100여만 종이 있고 우리나라에도 18,000여 종이 있습니다. 곤충이 이렇게 많은 것은 환경 변화에 잘 적응하고 변태 과정을 통해 생활사를 달리하여 종끼리 생존경쟁을 피하기 때문입니다. 곤충이 탈바꿈 과정에서 번데기를 거쳐 전혀 다른 모습의 성충이 되면 완전 변태라고 하고 번데기를 거치지 않고 애벌레의 모습이 어느 정도 남아 있으면 불완전 변태라고 합니다. 불완전 변태의 대표적인 곤충은 매미, 메뚜기, 잠자리, 사마귀, 흰개미, 하루살이 등이고 완전 변태의 대표적인 곤충은 파리, 모기, 벌, 나비, 개미, 딱정벌레 등입니다.

변태 곤충 가운데 가장 많은 것이 개미이고 가장 위험한 것이 모기입니다. 완전 변태의 모기는 말라리아, 뎅기열, 황열, 지카열 등을 전염시킵니다. 특히 말라리아는 지금도 매년 2억 명이 넘게 걸리고 100만 명 정도가 사망하는 인류 공적 1호이며 지구 온난화로 더욱 증가할 것으로 예상되고 있습니다. 말라리아는 암컷 학질모기가 사람의 피를 빨면서 침 속에 들어있는 말라리아 원충이 피 속으로 들어가서 생기는데 이 학질모기는 주로 밤에 뭅니다. 전 세계 인구의 절반이 말라리아에 걸릴 위험에 처해있고 우리나라에서는 휴전선 인근 지역이 위험 지역입니다.

지휘자 레너드 번스타인 Leonard Bernstein, 테레사 수녀, 콜럼버스, 링컨, 케네디, 헤밍웨이 등이 말라리아로 고생했고, 바이런, 크롬웰 장군, 알렉산더 대왕, 단테, 이집트 왕 투탕카멘 등은 말라리아로 죽었습니다. 번스타인은 1918년 8월 25일 태어나 미국을 대표하는 지휘자이자 작곡가인데 말라리아에 걸려 6달 동안 지휘를 못 하기도 했습니다. 대표작인 '웨스트사이드 스토리 Westside Story'는 셰익스피어의 '로미오와 줄리엣'을 미국 뉴욕 서부 이민자 지역의 파벌 다툼과 젊은이들의 사랑으로 각색한 뮤지컬로 1957년 초연되었습니다. 1961년 '웨스트사이드 스토리'를 연주용으로 만든 것이 '교향적 무곡 Symphonic Dances from West Side Story'입니다.

처서지만 비뚤어진 입으로 어디든 뽀뽀하러 달려드는 완전 변태 모기를 조심하세요.

Leonard Bernstein, 'Symphonic Dances from West Side Story'
https://youtu.be/J_NelA3ZW4g

8월 24일 폼페이

## 주세페 투르고 작사, 루이지 덴차 작곡, '푸니쿨리 푸니쿨라'

**세계에서 가장 위험한 화산은 어디일까요?**

서기 79년 8월 24일 대폭발로 이탈리아 남부 최고 휴양 도시 폼페이 Pompeii와 인근 3개 도시를 불과 18시간 만에 5∼7 m 두께로 덮어버렸던 베수비오 Vesuvio 화산입니다. 베수비오 화산은 낙타 등처럼 2개의 봉우리로 되어 있는데 큰 봉우리 그란 코노 Gran Cono의 높이는 1281 m로 우리나라 무등산 (1,187 m) 정도이며 정상 분화구에는 칼데라가 있습니다. 17,000여 년 전부터 분출을 시작하여 1944년 마지막 폭발까지 79회나 폭발했습니다. 지금도 간혹 증기를 내뿜는 활화산으로 나폴리를 비롯하여 인근에 300여만 명이 살고 있어 세계에서 가장 위험한 화산입니다.

최고의 고대 도시 폼페이는 1,500여 년 동안이나 인류 역사에서 사라졌다가 1594년 수로 공사를 하다가 우연히 발견되어 존재가 세상에 드러났습니다. 하지만 체계적이고 과학적인 발굴이 시작된 것은 발굴책임자로 고고학자 주세페 피오렐리 Giuseppe Fiorelli가 임명된 1860년이었습니다. 나폴리대학 교수인 그는 유적은 그대로 남아있는데 사람의 흔적이 전혀 없는 것에 의문을 가지고 군데군데 비어있는 공간에 석고를 부어 넣었더니 그 빈 공간이 바로 사람이나 동물이 있었던 공간이라는 것을 알게 되었습니다. 이로써 폼페이 최후의 순간에 폼페이 사람들의 다양한 마지막 모습을 화석처럼 생생하게 복원하게 되었고 폼페이는 1997년 유네스코 세계유산이 되었습니다.

폼페이 유적의 발굴로 베수비오 화산에 관심이 높아지자 영국의 관광사업가 토머스 쿡 Thomas Cook이 1880년 관광용 지상 케이블카 Funicular를 설치했습니다. 그러나 화산 폭발에 대한 불안감 때문에 인기가 없었습니다. 이에 토머스 쿡이 케이블카를 홍보하는 광고 노래로 '푸니쿨리 푸니쿨라 Funiculi Funicula'를 만들었습니다. 주세페 투르고 Giuseppe Turgo가 가사를 쓰고 루이지 덴짜 Luigi Denza가 곡을 붙였는데 경쾌한 리듬에 '케이블카가 사랑의 아픔을 잊게 해주고 멀리 프랑스, 프로이센 (독일), 스페인도 볼 수 있고 폭발을 해도 도망가면 따라오지 못하니 바라만 보지 말고 케이블카를 타고 올라가 보자'는 내용입니다. 노래가 인기가 많아 덕분에 케이블카의 인기도 좋아졌지만 1944년 화산이 또 폭발하자 안전 문제로 철거되었습니다.

폼페이 사람처럼 언제 최후를 맞을지 모르니 지금이 마지막인 것처럼 예쁘게 사세요.

Giuseppe Turgo/Luigi Denza, 'Funiculi Funicula'
https://youtu.be/VnAdbp8peTg

8월 25일 망원경

## 줄리 골드, '멀리서 보면'

**한없이 멀리 볼 수 있는 망원경이 있다면 무엇을 보고 싶으십니까?**

망원경은 멀리 있는 물체를 가까이 보는 것처럼 보기 위해 만들어졌습니다. 여러 종류가 있으나 렌즈를 이용한 굴절 망원경에는 볼록 렌즈와 오목 렌즈를 사용하는 갈릴레오식과 볼록 렌즈만 사용하는 케플러식이 있습니다. 갈릴레오식 망원경은 1608년 네덜란드의 한스 리퍼세이 Hans Lippershey가 처음 만들었습니다. 이를 갈릴레오 갈릴레이 Galileo Galilei가 개량하여 1609년 8월 25일 이탈리아 베네치아 의회에서 소개했습니다. 배율을 20배 정도로 개선시켜 천체 관측에 이용하였고 목성의 위성, 달의 반점, 태양의 흑점 등을 관찰했습니다. 이를 근거로 그는 코페르니쿠스가 주장한 지동설이 옳다는 확신을 얻었습니다. 1616년 교황청으로부터 지동설을 지지하지 말라는 경고를 받았는데도 1632년 지동설을 지지하는 '두 개의 우주체계에 관한 대화'라는 책을 발간하여 1633년 69살에 종교 재판을 받고 가택연금 형을 받았습니다.

갈릴레오 갈릴레이는 1564년 2월 15일 이태리 피사에서 태어나 아버지의 권유로 피사대학에서 의학을 공부하다가 수학에 더 흥미가 있어 의학을 그만두고 수학과 물리학을 공부했습니다. 피사대학에 이어 파도바대학의 수학 교수가 되었고 운동법칙을 발견하고 천문학을 발전시켜 존경받는 근대 과학의 아버지, 관측천문학의 아버지가 되었습니다. 또한 아이작 뉴턴 Isaac Newton이 자신이 좀 더 멀리 볼 수 있었던 것은 거인 어깨 위에서 봤기 때문이라고 했던 그 거인이 바로 갈릴레오였습니다.

'멀리서 보면 From a Distance'는 미국의 자작가수 줄리 골드 Julie Gold가 1985년 작곡했습니다. 1987년 낸시 그리피스 Nanci Griffith가 처음 불렀는데 "멀리서 보면 세상은 파랗게 푸르고 눈 덮인 산은 하얗네. 멀리서 보면 총도 폭탄도 질병도 굶주림도 없고 전쟁 중인 사람도 친구로 보이네. 하나님이 멀리서 우리를 지켜보시네"라고 보이는 것과 실제의 다름과 신의 가호를 노래합니다. 1990년 베트 미들러 Bette Midler가 불러 크게 히트했습니다. 1991년 미국과 이라크의 걸프전쟁이 일어나 미군 병사들이 이라크에 파병되었는데 하나님이 지켜보신다는 후렴구가 병사들과 미국 국민에게 큰 힘이 되어 인기가 많았고 1991년 그래미 "올해의 노래"상을 받았습니다.

별이 아름다운 것은 멀리 있기 때문이니 우리도 가끔 별처럼 멀리 떨어져 봅시다.

Julie Gold, 'From a Distance' (Sung by Bette Midler)
https://youtu.be/lN4AcFzxtdE

8월 26일 서명

## 스트라델라, '주여, 자비를 베푸소서'

**다빈치, 미켈란젤로, 라파엘로 가운데 나머지 둘과 다른 한 명은 누구일까요?**

르네상스 시대 이탈리아 미술의 3대 거장 레오나르도 다빈치 Leonardo da Vinci (1452～1519년), 미켈란젤로 부오나로티 Michelangelo Buonarroti (1475～1564년), 라파엘로 산치오 Raffaello Sanzio (1483～1520년) 중 다빈치만 성으로 불리고 나머지는 이름으로 불리고 있는 것이 다릅니다. 서양에서는 처음에는 성으로 부르다가 친해지면 이름으로 부르기에 미켈란젤로와 라파엘로는 친근해서 이름으로 불리고 다빈치는 덜 친근해서 성으로 불렸다는 설이 있습니다. 당시 대중에게 그림으로 제일은 라파엘로, 조각으로 제일은 미켈란젤로였고 교황의 후원까지 받았는데 다빈치는 명화 '모나리자'마저도 팔지 못했을 정도로 대중적 인기가 별로였기 때문에 그럴듯합니다.

미켈란젤로는 작품에 서명을 안 하는 것으로 유명한데 유일하게 바티칸 시국 성베드로 대성당 '피에타 Pieta' 상에만 서명이 있습니다. 피에타는 십자가에서 죽은 아들 예수를 어머니 마리아가 끌어안고 슬퍼하는 모습의 그림이나 조각을 말합니다. 미켈란젤로의 대표작 '피에타' 상은 23살인 1498년 8월 26일 로마 교황청 주재 프랑스 대사 장 드 빌레르 추기경과 제작 계약을 맺고 이듬해 대리석 한 덩어리에 2미터가 다 되는 크기로 완성하여 피에타로 이탈리아 최초이자 최고의 걸작이 되었습니다. 처음에는 서명을 하지 않았는데 스스로 작품에 만족하여 나중에 피렌체의 미켈란젤로 부오나로티가 만들었다고 마리아의 가슴 띠에 "MICHAEL.ANGELVS. BONAROTVS. FLORENT. FACIEBAT"라는 서명을 새겼으나 이후 작품에는 서명하지 않았습니다.

알레산드로 스트라델라 Alessandro Stradella는 1639년 4월 3일 이탈리아 비테르보에서 태어나 1667년 로마로 가서 스웨덴 크리스티나 여왕의 전속 작곡가로 활동했으나 많은 여성과 무모한 애정 행각에다 로마 대성당의 돈을 훔친 것이 드러나 1677년 베네치아로 피신했습니다. 베네치아에서 그리마니 가문의 딸과 염문으로 자객의 칼에 찔렸으나 가까스로 살아나 제노바로 갔는데 거기에서도 롬멜리니 가문의 약혼한 딸을 취하여 1682년 반치 광장에서 괴한의 칼에 찔려 죽었습니다. 당시 최고의 칸타타 작곡가였던 그의 대표곡에 가곡 '주여, 자비를 베푸소서 Pieta, Signore'가 있습니다.

이름을 말하지 않아도 서명이 없어도 삶 자체로 알 수 있는 나만의 삶을 사십시오.

Alessandro Stradella, 'Pieta, Signore'
https://youtu.be/IPCct1MXGSs

8월 27일　해바라기

## 해바라기, '그대 내게 행복을 주는 사람'

**여름을 마무리하느라 애쓰는 8월에게 어떤 꽃으로 고마움을 표시하겠습니까?**

농촌진흥청과 농림축산식품부에서는 8월의 상징화로 수국을 추천했습니다. 그런데 8월에 광복절이 있으니 무궁화로 하자거나 8월의 뜨거운 태양을 상징하는 해바라기로 하자는 주장도 있습니다. 다들 일리가 있기에 10일씩 나누어 초순은 수국, 중순은 무궁화, 하순은 해바라기로 하면 좋겠다는 생각이 듭니다. 지금은 하순이니 8월에 바치는 감사의 꽃다발은 언제나 밝게 웃는 해바라기가 최고이겠습니다. 해바라기는 아메리카 대륙이 원산지이고 원래는 식용으로 재배되었는데 아메리카 대륙의 발견과 함께 유럽에 전해지면서 관상용으로도 길러졌고 많은 그림이나 문학 작품의 소재가 되었습니다. 특히 고흐는 해바라기를 좋아하여 해바라기 그림을 12점이나 그려서 해바라기는 고흐의 꽃으로 불리고 고흐는 해바라기의 화가로 불리기도 합니다.

해바라기가 해를 바라보며 동에서 서로 움직이는 '해 바라기 현상 heliotropism' 때문에 지어진 이름인데 이에 대한 의문이 2016년 미국 캘리포니아 데이비스대학 UC Davis 스테이시 하머 Stacey Harmer 교수팀에 의해 풀렸습니다. 해바라기 줄기의 동쪽 부분과 서쪽 부분의 성장이 낮과 밤을 주기로 다르기 때문이라고 했습니다. 온도에 따라 굽어지고 펴지는 바이메탈처럼 줄기의 동쪽 부분은 낮에 길어지고 서쪽 부분은 저녁에 길어져서 낮이 되면 동쪽 부분이 길어지면서 머리가 서쪽으로 돌아가고 저녁이 되면 줄기의 서쪽 부분이 길어져서 머리가 다시 동쪽으로 되돌아가는 것입니다. 해 바라기 현상은 해바라기가 다 자란 후에는 없어지는데 이는 줄기의 성장이 끝나서 동쪽 부분이든 서쪽 부분이든 길어나지 않기 때문입니다.

해바라기는 상사 또는 보스의 지시대로 움직이는 영혼 없는 정치인을 비하하는 데 쓰이기도 합니다. 우리나라 포크 듀오 '해바라기'는 1977년 이주호, 이정선, 한영애, 김영미의 4인조 혼성 그룹으로 결성되었습니다. 1982년 이주호와 유익종의 듀오로 개편된 이후에는 자작가수 이주호가 짝을 바꿔가면서 지금까지 활동하고 있는 장수 음악 그룹입니다. 대표곡으로 '그대 내게 행복을 주는 사람 (1983년)', '사랑으로 (1989년)', '모두가 사랑이예요 (1989년)' 등이 있습니다.

이주호의 해바라기나 해바라기 꽃은 좋아해도 줏대 없는 해바라기는 되지 마십시오.

이주호 작사 작곡 (해바라기), '그대 내게 행복을 주는 사람'
https://youtu.be/ecHQDTMVB_0

8월 28일 꿈

## 아바, '나에게 꿈이 있어'

**꿈은 이루어진다는 말을 믿으십니까?**

'꿈은 이루어진다'는 말은 2002년 월드컵에서 우리나라가 4강에 진출하여 독일과 4강전이 열린 서울 상암동 월드컵경기장에서 대한민국 응원단이 카드섹션으로 펼쳐 보여줘서 대한민국 국민의 가슴속에 깊게 각인되었습니다. 월드컵 축구 4강 신화를 통해 꿈은 이루어진다는 것을 확인한 우리 국민은 더욱더 큰 꿈을 꾸었습니다. 그 결과 우리나라는 2016년 국제통화기금 IMF에 의해 선진국에 포함되기 시작하여 2021년 유엔무역개발회의 UNCTAD에 의해서도 선진국으로 공인받기에 이르렀습니다.

흑인 인권운동가 마틴 루터 킹 목사 Martin Luther King는 1963년 8월 28일 워싱턴 DC에서 20여만 명이 모인 흑인 군중을 향해 "나에게는 꿈이 있다 I have a dream"는 연설을 했습니다. 이 연설은 링컨 대통령이 게티스버그에서 한 "국민의, 국민에 의한, 국민을 위한 정부"라는 연설, 케네디 대통령이 서베를린에서 한 "나는 베를린 시민입니다"라는 연설과 함께 3대 명연설로 꼽히고 있습니다. 미국 흑인 노예제도는 1619년 8월 버지니아주 제임스타운에 아프리카인 20명이 실려 온 것으로 시작되었습니다. 이후 흑인 노예가 급속히 늘어나 1860년 미국 대통령 선거에서 노예제도가 쟁점이 되었습니다. 노예제도를 반대한 링컨이 대통령으로 당선되고 남북전쟁에서도 승리하여 1865년 노예제도를 폐지했습니다. 하지만 심한 흑백차별에 투표권도 없어서 흑인 인권 운동이 일어나기 시작했습니다. 이에 1957년 마틴 루터 킹 목사가 여러 운동 조직들을 모아 평화적으로 흑인 인권 운동을 이끌었습니다. 1963년 8월 워싱턴 DC에서 흑인 인권 보장을 요구하는 20여만 명의 '워싱턴 행진'을 이끌고 1965년 3월 앨라배마주 셀마 Selma에서 '셀마 몽고메리 행진'을 단행했습니다. 이로써 1965년 흑인 차별을 금지하고 투표권을 보장하는 연방 헌법이 통과되었습니다. 노예제도가 폐지된 지 100년 만에 아프리카계 미국인들의 꿈이 이루어진 것입니다.

스웨덴 혼성 4인조 그룹 아바 ABBA는 1972년 결성되어 10년 만에 해체된 후 2021년 재결합했습니다. 대표곡 '나에게 꿈이 있어 I Have a Dream'는 베니 안데르손 Benny Andersson과 비요른 울바에우스 Bjőrn Ulvaeus가 1979년 만든 노래입니다.

경제적으로 선진국의 꿈을 이루었으니 인권과 자유에서도 선진국을 꿈꾸어 봅시다.

Benny Andersson/Bjőrn Ulvaeus (ABBA), 'I Have a Dream'
https://youtu.be/LxBbX9IdA2Y

8월 29일 경술국치

## 양인자 시, 김희갑 곡, 뮤지컬 ‘명성황후’에서 ‘백성이여 일어나라’

**경술국치를 기억하십니까?**

“과거를 모르는 국가는 미래가 없다”라는 말이 있습니다. 영국의 수상 윈스턴 처칠 Winston Churchill이 한 말인데 자랑스러운 역사는 물론 수치스런 과거까지 기억해야 한다는 뜻입니다. 경술국치는 1910년 경술년 8월 29일 대한제국이 멸망하여 한반도가 일본에 병합되어 일본의 식민지가 된 국가적인 큰 수치를 말하는 것입니다. 조약에는 순종 황제의 옥새만 찍혀있고 국새도 찍히지 않고 서명도 없어 원천 무효라는 주장도 있으나 1945년 8월 14일에 이르기까지 35년에 이르는 일제 강점기의 공식적인 시작점이 되었습니다. 조약은 1910년 8월 22일 대한제국 순종 황제가 대한제국의 모든 통치 권한을 일본에게 완전히 그리고 영원히 넘겨주고 황제 자신과 후손 및 황족에게 적당한 존칭, 위신과 명예를 받게 해주고 이를 유지하도록 연금을 준다는 등의 내용으로 양국 황제의 전권을 위임받은 이완용 총리와 데라우치 마사타케 통감이 조인하여 끝났던 것인데 공표를 일주일 미뤄서 8월 29일 했습니다.

뮤지컬 ‘명성황후’는 이문열의 소설 ‘여우 사냥’을 원작으로 하여 양인자, 김희갑 부부가 가사를 쓰고 곡을 붙인 것으로 1995년 12월 30일 초연하여 크게 성공하고 미국 브로드웨이와 영국 웨스트엔드에까지 진출했습니다. 조선의 26대 왕이자 대한제국의 초대 황제인 고종과 왕비 민자영 (민비)의 결혼에서부터 암살될 때까지 주요 사건을 다루고 있습니다. 대표곡으로 ‘나 가거든’과 마지막 곡인 ‘백성이여 일어나라’가 있습니다. 민비는 재정을 고갈시켜 조선의 멸망에 기여했다는 비판도 있지만 열강의 각축 속에서 굳게 닫았던 문호를 개방하고 일본의 강탈을 막기 위해 러시아, 프랑스, 독일을 끌어들여 이이제이 전략으로 일본의 기득권을 박탈하려는 삼국간섭 전략을 성사시켜서 나름 나라를 구하기 위해 노력했습니다. 이에 일본은 조선 강탈에 방해가 되는 민비를 제거하기로 하고 1895년 10월 8일 여우 사냥이라는 작전명으로 궁중에 난입했습니다. 궁중수비대와 상궁들의 목숨을 건 저항에도 불구하고 옥호루에서 한 나라의 왕비인 민비를 무자비하게 살해하고 시신을 태우기까지 했습니다. 민비는 1897년 조선이 국호를 대한제국으로 바꿈에 따라 명성황후에 책봉되었습니다.

국모가 살해되고 나라까지 빼앗긴 치욕의 역사가 반복되지 않도록 늘 깨어 있읍시다.

양인자/김희갑, 뮤지컬 ‘명성황후’에서 ‘백성이여 일어나라’
https://youtu.be/AbrN6yCDDxc

8월 30일 뮤지컬

## 박용구 시, 최창권 곡, 뮤지컬 '살짜기 옵서예'에서 '살짜기 옵서예'

### 뮤지컬을 좋아하시나요?

뮤지컬은 뮤지컬 코미디 musical comedy 또는 뮤지컬 연극 musical play의 줄임 말입니다. 뮤지컬은 노래가 중심이고 춤과 연기가 가미된 종합 공연예술입니다. 뮤지컬은 19세기 말 유럽의 대중 연극, 상류층이 좋아한 오페라, 일반 대중이 좋아한 오페레타에 기반하여 영국에서 탄생했습니다. 영국에는 오페라나 오페레타를 작곡하는 작곡가가 없어 이탈리아, 독일, 프랑스 등 유럽 대륙 국가에서 수입할 수밖에 없었는데 대안으로 뮤지컬이 등장한 것입니다. 19세기에 5대양 6대주 모두에 식민지를 확보하여 해가 지지 않는 나라로 세계 최강이 된 영국은 문화적으로 즐길거리에 대한 욕구가 치솟아 노래를 가미한 익살스런 짧은 연극인 뮤지컬 화스 musical farce가 탄생했고 이것이 뮤지컬 코미디 즉 뮤지컬로 발전했습니다. 첫 뮤지컬은 1892년 초연된 조지 에드워즈 George Edwardes가 제작한 '거리에서 In Town'입니다.

뮤지컬의 역사는 크게 4개 시기로 나누어집니다. 1기 뮤지컬 개화기는 1930년대 전후를 말하고 대표작으로 '쇼보트 Show Boat' (1927년), '오클라호마 Oklahoma' (1943년)가 있습니다. 2기는 뮤지컬 발전기로 제2차 세계대전 후 1950～60년대를 말하고 대표작으로 '아가씨와 건달들 Guys and Dolls' (1950년), '사운드 오브 뮤직 Sound of Music' (1965년), 3기는 뮤지컬 전환기로 1960～70년대를 말하고 대표작으로 '지붕 위의 바이올린 Fiddler on the Roof' (1964년), '코러스 라인 Chorus Line' (1975년), 4기는 1980년대 이후 현대를 말하는데 대표작으로 영국 웨스트엔드 뮤지컬 제작자인 카메론 매킨토시 Cameron Mackintosh의 4대작인 '레미제라블 Les Misérables' (1980년), '캣츠 Cats' (1981년), '오페라 유령 Phantom of Opera' (1986년), '미스 사이공 Miss Saigon' (1989년)이 있습니다.

우리나라 최초 뮤지컬은 1944년 서향석 극본, 설의식 작사, 안기영 작곡의 '견우직녀'라는 주장도 있으나 예그린악단이 1966년 10월 26일 초연한 '살짜기 옵서예'가 최초로 인정되고 있습니다. 이는 고전소설 '배비장전'을 각색하여 김영수가 극본을 쓰고 최창권이 곡을 썼습니다. 대표곡으로 주제가인 '살짜기 옵서예'가 있습니다.

가을님이여, 몰래몰래 살짜기 오실 필요가 없으니 발걸음도 당당하게 혼저 옵서예.

**박용구/최창권, 뮤지컬 '살짜기 옵서예'에서 '살짜기 옵서예'**
**https://youtu.be/2POiBUWuTMs**

8월 31일 호르몬

## 마티니, '사랑의 기쁨'

**사랑의 감정은 어떻게 생길까요?**

세상에 영원한 것은 없으니 사랑에도 유효기간이 있을 것 같습니다. 그런데 사랑의 유효기간이 반평생도 아니고 평균 2년, 길어야 4~5년이랍니다. 그러니 사랑이 식었다고 사람이 변했다고 슬퍼할 것도 아웅다웅할 일도 아닙니다. 사랑은 갈망에서 끌림을 거쳐 애착의 단계로 진행합니다. 사랑의 단계마다 감정이 다른데 이는 분비되는 뇌신경 호르몬이 다르기 때문입니다. 어떤 사람에게 끌리면 소위 필 feel을 받으면 아드레날린이 분비되어 가슴이 쿵쾅거리면서 몸이 달아오르고 손발에서 땀이 나게 됩니다. 소위 심쿵이라고 하는데 불과 1분 30초에서 4분 정도밖에 걸리지 않아 한눈에 반했다는 말이 딱 맞습니다. 이어서 도파민 (쾌감 호르몬)이 분비되어 쾌감을 느끼고, 세로토닌 (행복 호르몬)에 의해 행복감에 빠지게 됩니다. 이로써 이성이 마비되고 극한 열정과 행복감에 취해 눈에도 콩깍지가 끼게 됩니다. 이어 애착의 단계로 들어가면 신체적으로 더욱 밀착하고 싶어지고 신체를 접촉하면 옥시토신 (포옹 호르몬)과 바소프레신 (정조 호르몬)이 분비되어 유대감과 애착심이 더욱 강해져 선을 넘게도 됩니다. 이처럼 사랑의 감정은 마약과도 같은 뇌신경 호르몬에 의해 일어납니다.

마약에 내성이 생기듯이 사랑에도 내성이 생겨 2년 후에는 사랑에 대한 호르몬의 분비 반응이 급격히 떨어지고 4~5년의 유효기간이 지나면 효과가 미미해져서 어떤 사랑의 묘약도 듣지 않는 때가 오게 됩니다. 따라서 사랑하는 사람과 관계를 계속 유지하려면 사랑의 유효기간 안에 어린아이가 엄마 젖을 떼듯이 사랑 호르몬에 대한 의존에서 벗어나야 합니다. 사랑의 감정 호르몬에 의존하는 이성간 연애 관계에서 우정이나 인정에 기초한 이성적인 동지 관계로 발전해야 합니다. 그래야 사랑의 기쁨이 사라지고 사랑의 고뇌와 허무함이 몰려와도 관계를 유지할 수 있게 됩니다.

프랑스 작곡가 장 폴 마르티니 Jean Paul Martini는 1741년 8월 31일 독일 바바리아주에서 태어났습니다. 대표곡 '사랑의 기쁨 Plasir d'Amour'은 사랑의 기쁨은 잠깐이고 사랑의 변덕으로 슬픔만 영원하다고 제목과 달리 사랑의 슬픔을 노래합니다.

사랑의 감정은 호르몬 효과여서 식기 마련입니다. 불타는 열정의 여름이 가고 쓸쓸한 바람이 부는 사랑의 가을이 오고 또 겨울이 와도 쌓은 정으로 잘 참고 이겨내십시오.

Jean Paul Edige Martini, 'Plasir d'Amour'
https://youtu.be/Nslq_62JfHw

9월 1일 캐논

## 조지 윈스턴, 캐논 변주곡

**바로크 음악 중에서 비발디 사계만큼 많이 듣게 되는 곡이 무엇일까요?**

파헬벨 캐논 Pachelbel Canon일 것입니다. 독일의 작곡가 요한 파헬벨 Johann Pachelbel은 1653년 9월 1일 독일 바이에른주 뉘른베르크 Nürnberg에서 태어났습니다. 요한 제바스티안 바흐의 아버지와 친구였고 뛰어난 오르간 연주자여서 요한 제바스티안 바흐의 큰 형 요한 크리스토프 바흐의 오르간과 음악 선생님이었습니다. 파헬벨은 요한 제바스티안 바흐보다 32년 먼저 세속음악과 종교 음악을 망라하여 많은 작품을 작곡하고 코랄 프렐류드 Chorale Prelude와 푸가 Fugue의 발전에 크게 기여하고 음악의 아버지인 바흐의 아버지와 친구이니 '음악의 할아버지'라 해도 무방하겠습니다. 캐논 또는 카논은 규칙이나 법칙을 뜻하는데 음악적으로는 정해진 규칙에 따라 한 주제를 다른 성부가 모방하며 쫓아가는 돌림노래를 말합니다. 푸가도 캐논처럼 모방하며 전개하는데 캐논처럼 모든 선율을 모방하지 않고 주제만 모방합니다.

'파헬벨 캐논'은 요한 파헬벨의 '바이올린 3대와 통주저음을 위한 캐논과 지그 라장조 Canon and Gigue for 3 Violins and Basso Continuo'의 전반부 캐논 부분을 말합니다. 바이올린 3대가 3개의 성부로 나뉘어 같은 주제를 변주해가면서 시간 차를 두고 진입하여 앞서가고 모방하며 뒤따라가는 캐논을 이루고 4번째 통주저음 성부는 3개의 캐논 성부와 독립적으로 동일한 2마디를 28회 반복합니다. 저음 성부에서는 일정한 음형을 끊임없이 반복시키고 고음 성부에서는 다양한 변주를 이어가는 음악 기법을 바소 오스티나토 Basso Ostinato라고 하는데 단순함 속에 화성과 선율이 아름다운 바로크 음악의 특징 가운데 하나입니다. '파헬벨 캐논'은 오랫동안 잊혀 있다가 1919년 음악학자 구스타프 베크만 Gustav Beckmann이 악보를 출판하여 세상에 알려졌습니다. 이는 대중음악에도 많이 차용되었는데 그리스의 밴드 Aphrodite's Child가 1968년 발표한 'Rain and Tears'가 대표적입니다. 피아노, 첼로, 플루트 곡으로도 많이 편곡되었는데 조지 윈스턴 George Winston이 1982년 피아노곡으로 편곡해서 발표한 '캐논 변주곡 Variations on the Kanon by Johann Pachelbel'은 2001년 개봉된 우리나라 영화 '엽기적인 그녀'에 삽입되어 더욱 유명해졌습니다.

가을바람이 여름 저기압을 밀어내고 이끌고 갈 신나는 가을의 변주를 기대하세요.

George Winston, 'Variations on the Kanon by Johann Pachelbel'
https://youtu.be/1wAGacczNho

9월 2일　작은 거인

## 페트루치아니, '9월 2일'

**현대 음악계의 작은 거인을 아십니까?**

'90센티의 작은 거인'이라 불리는 프랑스의 천재 재즈 피아니스트 미셸 페트루치아니 Michel Petrucciani는 기타리스트 이탈리아인 아버지와 프랑스인 어머니 사이에서 1962년 12월 28일 프랑스 남부 오헝쥬 Orange에서 태어났습니다. 그는 유전적인 골형성부전증 osteogenesis imperfecta을 앓아 뼈들이 자라지 않고 잘 부스러져서 사춘기까지 100번이 넘게 골절을 입었고 키도 3살 아이들 정도인 91 cm밖에 크지 않았습니다. 골형성부전증은 인구 15,000명당 1명의 빈도로 발병하는 희귀병인데 우리 몸의 골격에서 콘크리트 속 철근과 같은 역할을 하는 콜라젠의 합성을 지령하는 유전자의 이상으로 콜라겐 합성이 잘 안 되어 뼈가 부실해지고 잘 안 만들어지는 것입니다. 네 가지 유형 가운데 I, II, IV형은 우성으로 유전되고 II형이 제일 심합니다.

페트루치아니는 4살에 피아노를 치기 시작하여 9살에 작곡을 했으며 10살에 미국 재즈 피아니스트 빌 에반스 Bill Evans의 연주를 듣고 그를 우상으로 삼아 재즈 피아니스트가 되고자 했습니다. 13살에 데뷔하고 19살인 1981년 미국 캘리포니아 빅서 Big Sur에 살면서 색소포니스트 챨스 로이드 Charles Lloyd를 만나 미국 서부 해안 도시 순회 연주회를 열어 큰 호응을 받았고 몽뜨뢰 Montreux 재즈 페스티벌에서 우수상을 받았습니다. 1983년 LA 타임스가 주는 올해의 재즈맨상, 이탈리아 문화성이 주는 유럽 최고 재즈 음악인상을 받았습니다. 1984년 재즈의 성지인 뉴욕으로 이주해 앨범 '100 Hearts'를 발표하여 프랑스판 그래미상을 받아 세계적인 재즈 피아니스트가 되었습니다. 1994년 프랑스 레지옹 도뇌르 훈장을 받았고 이후 1년에 200회 이상 연주를 하면서 몸을 혹사하여 1999년 1월 6일 37살에 폐렴으로 세상을 떠나 비제, 쇼팽, 에디트 피아프 등이 잠들어 있는 파리 뻬흐 라쉐스 Père Lachaise 묘지의 쇼팽 옆에 묻혔습니다. 그는 신체장애에도 불구하고 유머와 농담을 좋아하며 장애 때문에 피아노에 더 집중할 수 있었다며 두세 배 더 긍정적이고 낙천적으로 살았습니다. 1991년 발표한 '9월 2일 September Second'은 푸른 가을 하늘 아래 산들바람 부는 들판을 걷는 듯 신나는 곡인데 제목을 왜 9월 2일로 했는지는 아무도 모릅니다.

질병이나 신체 조건이 바꿀 수 없는 거라면 페트루치아니처럼 생각을 바꾸십시오.

Michel Petrucciani, 'September Second'
https://youtu.be/aVmRCD5FFMw

9월 3일 가을

## 비발디, 바이올린 협주곡 '사계'에서 '가을'

**이제 확실히 가을이라는 생각이 드십니까?**

네, 절기상으로도 그렇지만 피부에 와 닿는 공기의 느낌도 확실히 달라져서 가을이라는 생각이 듭니다. 낮 기온은 30도를 넘나들어도 세습기로 습기를 쫙 뺀 것처럼 습도가 60% 이하로 떨어지니 여름과는 전혀 다른 세상을 절감하고 있습니다. 물러가 준 여름과 돌아와 준 가을에 무한한 감사를 드리고 이제 확실히 가을이 되었으니 가을 노래 하나 들어도 좋겠습니다. 비발디의 '사계'에서 '가을', 하이든의 '사계'에서 '가을', 글라주노프의 '사계'에서 '가을', 본 윌리암스의 '사계의 민요 Folk songs of the Four Seasons'에서 '가을', 조지 윈스턴의 '가을', 피아졸라의 '부에노스아이레스의 사계 The Four Seasons of Buenos Aires'에서 '가을' 등 많지만 작곡가의 연배로 보나 음악으로 보나 비발디의 '사계'에서 '가을'을 듣는 게 순서일 것 같습니다.

사계절 가운데 가을만 특이하게 영어 이름이 autumn과 fall로 두 개입니다. 예전부터 여름과 겨울의 이름은 있었는데 봄과 가을은 여름과 겨울의 일부로 생각되어 별도의 이름이 없었습니다. 14세기 말이 되어서 봄은 첫 번째 계절이라는 뜻의 프랑스어 primetemps을 차용해서 쓰고 가을은 수확 철이라는 뜻으로 주로 harvest라고 했는데 해가 바뀌는 계절이라는 뜻으로 라틴어 autumnus에서 유래한 autumn이라고도 했습니다. 16세기에 들어와 농촌에서 일하는 사람보다 도시에 사는 사람이 많아지자 가을을 뜻하던 harvest는 수확한다는 뜻으로만 사용하게 되었습니다. 봄은 프랑스어 primetemps 대신 잎이 돋는 때라는 의미로 'spring of the leaf'라고 하고 이와 대조적으로 가을은 잎이 지는 때라는 의미로 'fall of the leaf'라고 하기 시작했습니다. 17세기가 되면서 'of the leaf'를 생략하여 봄은 spring, 가을은 fall이 되었습니다. 이렇게 봄은 프랑스어 표현을 버리고 spring으로 굳었는데 가을은 새로 쓰기 시작한 fall과 함께 autumn을 그대로 사용하여 두 개가 공존하게 되었습니다. 이는 17세기에 북미대륙으로 이주한 영국인들이 spring과 짝이 맞고 짧은 fall을 주로 사용한 반면에 본토 영국인들은 fall 대신 autumn을 고수했기 때문입니다.

가을이 수확하는 harvest이든, 철이 바뀌는 autumn이든, 낙엽이 지는 fall이든 가을은 뭐든 다 좋습니다. 비발디의 가을로 뭐든 좋은 가을 기분을 맘껏 즐겨보십시오.

Antonio Lucio Vivaldi, Violin Concerto 'The Four Seasons', 'Autumn'
https://youtu.be/UIdwCrfDNjU

9월 4일 로망

## 브루크너, 교향곡 4번 '낭만적'

**낭만을 좋아하십니까?**

낭만은 프랑스어 로망 roman을 일본에서 비슷한 발음의 한자인 물결 '랑'에 흩어질 '만'으로 차음하여 표기한 것을 우리나라식 한자 발음으로 읽은 것입니다. 한자 뜻으로 본다면 '물결치듯 제멋대로'라는 의미지만 뜻이 아니라 소리를 옮긴 것이므로 한자 뜻에 연연할 필요가 없습니다. Roman은 중세 유럽의 공용어인 라틴어가 아닌 로만어로 쓰인 이야기를 뜻하는 로망스 romance에서 기원했습니다. 이 로망스가 프랑스에서 로망 roman이 되었는데 주로 중세 기사들의 무용담이나 연애담이었습니다. 그래서 내용이 영웅적으로 미화되거나 과장되어 현실성이 없는 경우가 많았습니다. 이 로망스가 시나 소설의 한 분야로서 로망, 선율을 중시한 서정적이고 감미로운 짧은 성악곡이나 독주 기악곡 또는 사랑의 노래로서 로망스, 연애 사건 또는 연애 감정으로 로맨스로 발전했습니다. 우리나라에서는 낭만은 현실성이 없는 감상적이고 낙천적인 상태를 말하고 로망은 강력하게 바라는 선망의 대상을 뜻하는 말로까지 확대해서 사용하고 있습니다. 그래서 시나 소설의 로망이 자유분방의 낭만이 되고 선망의 로망이 되는 비약과 도치의 극치를 보여주고 있습니다.

프랑스 혁명 이후 18세기 말에서 19세기 초 유럽에 자유사상이 불같이 번져나가 이성과 형식을 중시하며 질서와 조화를 지향하는 고전주의에 대항하여 인간 개인의 감정과 개성을 중시하는 낭만주의 romanticism라는 새로운 사조가 생겨났습니다. 이 낭만주의가 19세기 사조를 지배하였는데 낭만주의 음악은 작가의 주관적인 생각과 감정을 형식에 구애받지 않고 자유롭게 표현하여 표제음악이 유행하고 교향시와 가곡 등이 생겨났습니다. 전기 낭만주의는 베버, 슈베르트, 멘델스존, 슈만, 쇼팽 등이 주도하였고, 후기 낭만주의는 베르디, 푸치니, 비제, 바그너, 말러, 브루크너 등이 주도하였습니다. 안톤 요제프 브루크너 Anton Josef Bruckner는 1824년 9월 4일 오스트리아에서 태어나 낭만주의의 대미를 장식한 음악가입니다. 마지막 악장이 미완성인 9번을 포함한 11개의 교향곡을 남겼습니다. 대표곡으로 1874년 작곡한 '4번 낭만적 Romantic'과 1883년 작곡한 '7번 서정적 Lyric'이 있습니다.

가을은 누구라도 낭만주의자가 되기 좋은 계절이니 가을의 낭만에 푹 빠져보십시오.

Anton Josef Bruckner, Symphony No. 4 'Romantic'
https://youtu.be/gcBg-tXn0fs

9월 5일 대중 가곡

## 최숙영 시, 이안삼 곡, '가을 들녘에 서서'

**시원했다가 다시 또 더운데 여름으로 되돌아간 걸까요?**

세월을 이기는 것은 없습니다. 아무리 더워도 한번 가을이 된 이상 다시 여름으로 되돌아갈 수는 없습니다. 여름이 아무리 떼를 쓰고 발버둥을 쳐도 세월의 도도한 물결을 막을 수 없고 거스를 수는 더더욱 불가합니다. 가을 언덕을 단숨에 넘자니 숨차서 잠시 쉬는 것입니다. 세월은 가을 편이니 가을이 더디다고 너무 재촉하지 마십시오.

우리나라를 대표하는 작곡가 이안삼은 우리나라 가곡을 부흥시킨 대 작곡가입니다. 1943년 일본 나고야에서 태어나 6살에 아버지를 따라 경북 김천으로 와서 초중고를 나오고 1961년 중앙대 예술대학의 전신인 서라벌 예대 기악과에 트럼펫 전공으로 입학했습니다. 1학년 말에 작곡가 김동진 교수의 권유로 작곡과로 전과하고 김동진 교수가 경희대로 옮겨가자 경희대로 전학하여 김동진 교수의 지도를 계속 받았습니다. 1967년 모교인 김천 중고등학교 음악 교사로 부임하여 김천시립합창단 상임 지휘자로 활동했습니다. 1980~1982년 뉴욕 브루클린 음대 작곡과를 수료하고 줄리아드 음악원에서 지휘를 공부하고 모교로 돌아와 봉직하다가 2006년 정년하고 서울로 올라와 광화문에 작곡 사무실을 개설했습니다.

이안삼은 침체해있던 우리나라 가곡에 희망이 있다고 믿고 우리나라 가곡의 부흥을 위해 2003년 작곡가 최영섭, 이수인, 임긍수와 함께 '4인 작곡가회'를 결성하였습니다. 열정적인 작곡 활동을 통해 2007년부터 매년 가곡 발표회를 열고 인터넷에 '이안삼 카페'를 개설하여 가곡 동호인을 모으고 이들의 음악 활동을 도와 저변을 확대하고 시인과 작곡가의 만남을 주선하여 많은 시를 가곡으로 탄생시켰습니다. 그는 우리나라 가곡이 장중하고 암울한 면이 많으며 애창용보다는 감상용이 많아서 성악가가 아니라도 즐겨 부를 수 있는 클래팝 (clapop: 대중 가곡)이라는 새로운 영역을 개척했습니다. 우리나라 가곡의 부흥을 이끌며 250여 곡을 작곡하였습니다. 대표곡으로 '내 마음 그 깊은 곳에', '금빛 날개', '사랑이여 어디든 가서' 등이 있습니다. 무리한 활동으로 지병인 폐기종이 악화되어 2020년 8월 18일 77세로 세상을 떠났습니다.

가을은 몸소 본을 보여주는 참 스승이자 큰 어른입니다. 가을 들녘에 나가 가을이 어떻게 비우고 털어내며 사랑하는지를 가을에 물드는 나무들에게 배우십시오.

최숙영/이안삼, '가을 들녘에 서서'
https://youtu.be/Lkg1nGAXDq0

9월 6일 예술 가곡

## 이병기 시, 이수인 곡, '별'

### 가곡을 좋아하십니까?

가곡은 순수 가곡 또는 고전 가곡을 의미하며 독일의 kunstlied (art song 예술 가곡) 또는 lied (가곡)에서 따온 말입니다. 가곡의 원조는 6~7세기에 예배용으로 만들어진 그레고리오 성가입니다. 12~13세기에 음유시인이 등장하면서 성가가 아닌 세속적인 노래가 나왔는데 이것이 독일 리트 lied, 이태리 칸초네 canzone, 프랑스 샹송 chanson으로 발전했습니다. 16세기 이탈리아에서 서정시에 곡을 붙여 예술 가곡의 효시라고 할 수 있는 마드리갈 madrigal이 나오고 모든 음역을 자연스럽게 부를 수 있는 벨칸토 창법 Bel canto이 창안되었으나 17세기에 가곡은 오페라의 대유행으로 쇠퇴했습니다. 프랑스에서도 가곡은 오페라와 발레에 밀려 쇠퇴했습니다.

독일 가곡은 이탈리아나 프랑스와 달리 모차르트, 베토벤 등 대 작곡가들에 의해서 전승되어 19세기 낭만주의 시대에 크게 발전했습니다. 괴테, 하이네, 뮐러와 같은 시인들에 의해 자연과 인간, 삶과 죽음, 사랑과 구원 등에 대한 개인적인 감정과 정서를 표현한 시가 많이 발표되고 가곡의 왕 슈베르트가 차원 높은 예술 가곡을 600여 곡이나 작곡했습니다. 슈베르트에 이어 슈만, 말러, 볼프 등이 독일 예술 가곡의 전통을 중단 없이 이어 주었습니다. 독일 가곡의 부흥에 힘입어 이탈리아에서는 로망스 romance라는 이름으로 프랑스에서는 멜로디 melodie라는 이름으로 가곡이 많이 작곡되었습니다. 가곡은 독일 가곡과 이태리 가곡이 두 주류를 이루고 있는데 독일 가곡은 이지적이고 이태리 가곡은 정열적이며 프랑스 가곡은 서정적입니다.

우리나라 가곡은 1922년 이은상 시 박태준 곡의 '동무 생각'이 최초로 발표되었고 이어서 1923년 현제명의 '고향 생각', 1925년 김형준 시 홍난파 곡의 '봉선화'가 발표되었습니다. 최초 가곡이라고도 하는 '봉선화'는 1920년 기악곡으로 선율이 작곡되었고 1925년 가사가 붙여져서 가곡이 된 것입니다. 우리나라 가곡은 1920년대 개화기, 1930년대 서정 가곡기, 1940년대 예술 가곡기, 1950년대 침체기, 1960년대 안정기를 거쳐 1970년대에 크게 부흥했으나 1990년대 이후 유행가에 눌려 주춤했다가 이수인, 이안삼, 임긍수 등에 의해 한국 가곡 100주년을 계기로 부흥하고 있습니다.

가곡의 계절인 가을은 별 보기도 좋은 계절입니다. 가을 내내 별 볼 일 많길 바랍니다.

이병기/이수인, '별'
https://youtu.be/ECdfuFW2kEM

9월 7일 승리

## 차이콥스키, '1812년 서곡'

**세계적으로 가장 유명한 지고도 이긴 전쟁을 아십니까?**

1812년 6월 24일 서유럽을 석권한 나폴레옹이 여세를 몰아 45만 대군을 이끌고 러시아를 정복하기 위해 네만 Neman강을 건너 당시 러시아령인 폴란드를 통해 침공했습니다. 나폴레옹은 주특기인 속전속결로 전투를 끝내고 항복을 받으려는 속셈으로 3주분 보급품만 지급했습니다. 그러나 러시아는 나폴레옹과 전면전을 피하고 지연전을 펼치며 서서히 후퇴했습니다. 사소한 전투만을 치렀을 뿐인데도 악천후와 불량한 위생 상황으로 침공 7주 만에 나폴레옹군은 13만여 명이나 잃고 말도 2만여 마리가 죽었습니다. 러시아도 더 이상 후퇴할 수 없어 1812년 9월 7일 보로디노에서 전면전을 벌였는데 나폴레옹군이 승리하여 7일 만에 모스크바를 점령하였습니다. 하지만 3만 5천여 명의 사상자가 발생하였고 러시아군도 1/3이 죽거나 부상을 당했습니다. 승리한 나폴레옹군이 모스크바를 한 달 이상 점령하고 있었으나 러시아의 알렉산드르 1세는 항복하지 않고 버텼습니다. 러시아군이 후퇴하면서 들판의 곡식과 도시를 철저히 파괴하고 불살라서 나폴레옹군이 보급품을 현지 조달하는 것을 차단하여 겨울을 맞은 나폴레옹은 식량난과 추위 때문에 10월 24일 퇴각을 결정했습니다. 하지만 병사는 6만여 명으로 줄었고 퇴각하면서 또 많은 병사가 굶주림과 추위로 죽었고 얼마 남지 않은 병사마저 11월 28일 베레지나 Berezina강을 건너는 도중에 러시아군의 습격을 받아 완전히 궤멸되었습니다. 나폴레옹군이 이기고도 진 전쟁이었습니다. 러시아의 지연 전술에 추위라는 복병을 만나 거의 자멸한 것입니다.

차이콥스키의 '1812년 서곡'은 러시아 정교회의 대성당 준공식에 나폴레옹 전쟁 승전기념행사를 함께하려는 알렉산드르 2세의 의뢰로 1880년 작곡되었습니다. 하지만 1881년으로 예정됐던 성당의 준공이 지연되고 알렉산드르 2세도 암살을 당해 초연을 1882년 모스크바 박람회에서 가졌으나 반응이 별로였습니다. 그러나 1891년 차이콥스키가 뉴욕 카네기홀 개장 기념식에 초청받아 자신의 지휘로 연주했는데 큰 호응을 얻었습니다. 미국에서 큰 호응은 미국도 1812년 영국과 전쟁 (War of 1812)을 했기에 자신들의 승전 축하곡인 것처럼 더 크게 공감했기 때문이라고 생각됩니다.

전쟁은 싸우지 않고 이기는 것이 최고이고, 인생은 져주고 이기는 것이 최고입니다.

Pyotr Illyich Tchaikovsky, '1812 Overture'
https://youtu.be/1KzF1KgaREo

9월 8일 유머

## 드보르작, '유머레스크', 7번

### 유머가 많으십니까?

유머 humor는 웃게 만드는 백 마디 정도의 짧은 이야기를 뜻하고 조크 joke라고도 합니다. 위트 wit (재치)는 기발한 표현으로 웃게 하고 분위기를 반전시키는 것입니다. 개그 gag는 웃기는 이야기에 동작을 가미하여 웃지 않을 수 없게 하는 것입니다. 로드 마틴 Rod A. Martin은 1999년 국제 유머 연구 잡지에 성인은 하루에 기껏해야 17번 웃는다고 했습니다. 웃음은 주로 다른 사람과 함께 있을 때 나왔고 나이가 들면서 여자에서 횟수가 줄었습니다. 우리나라 모 대기업 20~50세 사원을 대상으로 한 조사에서는 하루 평균 10번 웃고 한번 웃는 시간은 8.6초였습니다. 이렇게 살면 100세를 살아도 웃는 시간은 고작 한 달 남짓입니다. 웃으면 엔돌핀이 분비되고 이로 인해 우울감과 불안감이 해소되고 면역력이 향상되고 심폐기능이 좋아집니다. 자주 웃기 위해서는 유머가 많은 사람과 대화, 코미디 쇼 시청, 웃는 연습, 반려동물 기르기 등이 추천됩니다. TheTopTens에서 유머 감각이 좋은 나라의 순서를 매겼는데 1위 영국, 2위 미국, 3위 호주, 9위 이탈리아, 13위 캐나다. 15위 스페인, 16위 프랑스, 17위 한국, 19위 터키, 20위 노르웨이, 27위 중국, 33위 체코, 34위 독일이었습니다.

체코의 민족주의 음악가 안토닌 드보르작 Antonin Dvorak은 1841년 9월 8일 프라하에서 태어났습니다. 스메타나가 단장이었던 체코 국민극장 전속 관현악단에서 비올리스트로 활동하면서 작곡을 했습니다. 당시 낭만주의 사조에 따라 전통 형식이 많이 파괴되었으나 그는 순수 음악을 고수했습니다. 이는 브람스의 신고전주의 사상과 일치하여 브람스의 총애를 받았고 오스트리아, 독일로 진출하는 데에도 브람스의 도움을 받았습니다. 51세에 미국 국립음악원 원장에 초빙되어 미국에 체류하면서 교향곡 9번 '신세계에서'와 현악 4중주 '아메리카'를 작곡했습니다. 1894년 여름휴가 때 체코에 일시 귀국하여 '유머레스크 Humoresque'를 작곡했습니다. 유머레스크는 선율이 유머러스하고 변화가 많은 기악곡인데 19세기 낭만주의 음악의 한 장르로 나타났습니다. 유머레스크 중에는 유머가 없기로 쌍벽을 이루는 체코와 독일의 드보르작과 슈만의 작품이 유명한데 드보르작의 유머레스크 9개 중에서는 7번이 제일 유명합니다.

웃으면 복이 온다니 웃어서 복을 받고 웃겨서 복을 주는 웃음의 전도사가 되세요.

Antonin Dvorak, 'Humoresque', No. 7
https://youtu.be/2B9kZ2jguwk

9월 9일 서약

## 피에트로 메타스타지오 작사, 조아키노 롯시니 작곡, 가곡 '약속'

### 장기기증 서약하셨나요?

매년 9월 9일은 장기기증의 날입니다. 사랑의 장기기증 운동본부가 1997년부터 9월 둘째 주를 장기기증 주간으로 정했었는데 2008년부터 9월 9일을 장기기증의 날로 정했습니다. 장기기증의 날을 9월 9일로 정한 것은 한 사람의 장기기증으로 9명 (심장 1, 폐 2, 간 1, 콩팥 2, 췌장 1, 각막 2)의 생명을 구(9)할 수 있다는 뜻에서였습니다. 장기이식술의 핵심은 미세혈관봉합술인데 1910년 미국의 알렉시스 캐럴 Alexis Carrel이 삼각봉합법을 고안하여 해결했습니다. 이 공로로 그는 1912년 노벨 생리의학상을 받았습니다. 이식 후 면역 거부 반응도 우수한 면역억제제의 개발로 해결되면서 장기이식이 활발해지고 성공률도 높아졌습니다. 우리나라 최초 장기이식은 신장이식으로 1969년 명동 성모병원의 이용각 교수에 의해 이루어졌습니다. 장기이식의 꽃인 심장이식은 1992년 서울 아산병원 송명근 교수가 국내 최초로 성공했습니다.

장기이식은 공여자가 있어야 가능하기에 심장과 같이 하나뿐인 장기는 뇌사자의 장기기증에 의존할 수밖에 없어 뇌사의 인정이 필수적인 선결 조건입니다. 인간의 사망은 전통적으로 심장사로 판정을 했기에 뇌사를 인정해야 심장을 비롯하여 살아 있는 다른 장기들의 이식이 가능하기 때문입니다. 대한 의사협회는 뇌사자 장기이식이 가능하도록 국제적인 추세에 맞추어 1993년 3월 4일 장기기증과 연명치료 중단의 경우에 국한하여 뇌사를 인정하기로 했습니다. 하지만 법제화는 무려 7년이나 지난 2000년이었습니다. 이로써 뇌사자 장기이식이 가능해졌으나 우리나라 뇌사자 장기기증은 연간 500여 건으로 인구 100만 명당 9명 정도이고 가장 높은 스페인의 1/4, 미국의 1/3에 불과하여 국민의 적극적인 동참이 요구되는 실정입니다.

조아키노 롯시니 Gioacchino Rossini의 가곡 '약속 La Promessa'은 캄바야의 공주 에미라 Emira가 페르시아 왕으로부터 암살당한 아버지의 원수를 갚으려고 페르시아 왕궁에 잠입하여 남장을 하고 살고 있다가 페르시아의 버림받은 왕자 시로에 Siroe와 감옥에서 만나 사랑에 빠져 그의 두 눈에 죽도록 사랑하겠다고 맹세하는 노래입니다.

죽어서도 9명의 생명 속에 다시 사는 가장 아름답고 위대한 사랑의 기적을 이루는 사랑의 장기기증 운동에 동참하시기로 오늘 바로 약속해주시면 감사하겠습니다.

Pietro Metastasio/Gioacchino Rossini, 'La Promessa'
https://youtu.be/4xEtkzrbBII

9월 10일 쉼표

## 퍼셀, '트럼펫을 울려라'

### 쉼표도 음악일까요?

네, 쉼표도 음악의 아주 중요한 부분입니다. 영국을 대표하는 바로크 음악가인 헨리 퍼셀 Henry Purcell은 1659년 9월 10일 런던에서 작곡가인 아버지와 성악가인 어머니로부터 태어났습니다. 8살에 작곡을 할 정도로 신동이었습니다. 10살에 영국 왕실교회 소년성가대에서 변성기가 온 14살까지 활동하면서 음악 공부를 하였고 18살인 1677년 궁정상임 작곡가 겸 지휘자가 되었습니다. 20살인 1679년 웨스트민스터 성당 및 왕실교회의 오르가니스트가 되었습니다. 이로써 찰스 2세, 제임스 2세, 윌리엄 3세, 메리 2세 여왕 등 4명의 국왕 밑에서 궁정 악기의 관리, 영국 교회의 종교의식과 국가행사, 왕실 기념일이나 축일 등 거의 모든 행사에서 연주할 음악을 작곡했습니다. 짧은 생애 동안 400여 곡의 교회음악과 기악곡, 4개의 오페라를 작곡하여 '영국의 모차르트'로 일컬어지고 있는데 과중한 업무로 건강이 나빠져서 공교롭게도 모차르트와 같은 나이인 36세로 세상을 떠났습니다.

퍼셀의 작품 중에는 성악곡이 많은데 당시 영국에 카운터테너의 전통이 유지되고 있었기 때문에 카운터테너 countertenor를 위한 곡이 많습니다. 카운터테너는 남성이 훈련을 통해 변성기를 거친 후에도 가성 falsetto (팔세토)으로 소프라노나 알토의 높은 여성음역을 노래하는 것을 말하고 팔세티스트 falsettist, 남자 소프라노 또는 남자 알토라고도 합니다. 퍼셀의 작품 중에 메리 여왕 생일 송가 Ode for Queen Mary's Birthday에서 '트럼펫을 울려라 Sound the Trumpet'도 카운터테너 듀엣곡입니다. 이는 1694년 4월 30일 개최된 메리 2세 여왕의 생일 축하연을 위한 송가 'Come Ye Sons of Art' 9곡 중 3번째 곡으로 선율이 아름답고 화음이 화사합니다. 메리 2세 여왕은 180 cm 장신으로 건장하여 누구보다도 장수할 것으로 생각되었으나 천연두에 걸려 12월 28일 32세 젊은 나이에 세상을 떠났습니다.

쉼표가 음악의 일부이듯이 휴식도 삶의 일부입니다. 예술도 길고 인생도 길고 긴 세상이니 인생의 여러 순간마다 쉼표를 많이 넣고 비바체가 아니라 안단테로 사십시오. 쉼없이 일과 싸우다가 건강을 챙기지 못해서 퍼셀이나 모차르트처럼 인생을 요절내지 마시고 헨델이나 하이든처럼 천수를 누리면서 더 많이 기여하십시오.

Henry Purcell, 'Sound the Trumpet'
https://youtu.be/tQxTkTw4cCY

9월 10일 커피

## 바흐, '커피 칸타타'

**아라비카와 로부스타 가운데 어느 것을 더 좋아하세요?**

아라비카 Arabica는 고산지에서 자라고 재배도 까다롭지만 로부스타 Robusta는 어느 곳에서나 잘 자라고 재배하기가 쉽습니다. 아라비카 원두는 길쭉하고 가운데 고랑이 휘어져 있고 로부스타는 둥글둥글하고 고랑이 곧습니다. 아라비카는 부드럽고 향이 좋으나 로부스타는 카페인 함량이 2배나 많아 맛이 강하고 씁니다. 커피는 원두는 물론 재배지에 따라 맛과 향이 달라서 대개 두세 종류의 원두를 섞어서 씁니다. 유명 원두에는 에티오피아 하라 Harrar와 예가체프 Yirgacheffe, 컬럼비아 마일드 Milds, 케냐 Kenya AA, 탄자니아 피베리 Peaberry, 예멘 모카 Mocha, 하와이언 코나 Kona, 자메이카 블루마운틴 Blue mountain, 자바 Java 등이 있습니다.

에티오피아는 적도에 고원지대가 많아 아프리카 커피의 최대 생산국이고 아라비카 커피 (예가체프, 하라, 리무, 베베카, 시다모, 짐마, 올레가, 김비)의 본산입니다. 에티오피아 원두는 특유의 향과 와인같이 부드러운 풍미로 세계 최고입니다. 에티오피아는 북아프리카를 제외한 아프리카 국가에서 유일하게 독자 문자를 가진 나라이며 1950년 우리나라 6·25 전쟁 때 아프리카에서는 유일하게 우리나라에 전투병을 파견하여 123명이나 전사한 잊을 수 없이 고마운 나라입니다. 또한 에티오피아는 '맨발의 마라톤 영웅 아베베'의 나라입니다. 아베베 비킬라 Abebe Bikila는 1960년 9월 10일 로마 올림픽에서 운동화를 신지 않고 맨발로 달려서 마의 2시간 20분 벽을 깨며 우승하여 아프리카 최초로 올림픽 금메달을 따서 에티오피아의 영웅이 되었습니다.

요한 제바스티안 바흐는 라이프치히 짐머만 커피하우스 Café Zimmermann에서 대학생들이 주축인 실내악 모임 꼴레지움 뮤지쿰 Collegium Musicum을 지도했는데 여기에서 연주할 세속적인 칸타타로 '커피 칸타타 Coffee Cantata'를 작곡했습니다. 아리아 4개, 레치타티보 5개, 합창 1곡 등 총 10곡으로 구성되어 있는데 아버지가 커피에 중독된 딸에게 커피를 끊지 않으면 결혼도 못 하게 한다고 합니다. 딸은 기지를 발휘하여 커피를 끊을 테니 결혼시켜달라고 하고 '커피는 자유'라는 조건의 남자를 구해 결혼하는 매우 재미있고 해학이 넘치는 곡입니다.

할 자유도 자유고 안 할 자유도 자유이니 하든지 안 하든지 강요하지 마세요.

Johann Sebastian Bach, 'Coffee Cantata'
https://youtu.be/B6Loyexw3uk

9월 11일 테러

## 스티브 라이히, 'WTC 9/11'

### 21세기 최악의 테러를 기억하십니까?

2001년 9월 11일 화요일, 사우디아라비아 출신 오사마 빈 라덴 Osama bin Laden이 만든 테러단체 알카에다 Al-Qaeda가 여객기 4대를 동시에 납치하여 뉴욕의 세계무역센터 WTC 110층짜리 쌍둥이 빌딩과 워싱턴의 미 국방성 펜타곤 Pentagon에 자살 테러를 감행하였습니다. 이로써 뉴욕 소방관 343명, 항공기 승객 256명, 뉴욕 경찰관 84명을 포함하여 2,996명이 사망하고 6,261명이 부상하여 9·11테러는 21세기 최악의 참사가 되었습니다. 이후 빈 라덴은 아프가니스탄 등지에 숨어 지냈으나 10년째인 2011년 5월 1일 파키스탄 아보타바드의 은신처에서 제거되었습니다.

미니멀리즘 minimalism 음악의 선구자 스티브 라이히 Steve Reich는 1936년 10월 3일 뉴욕에서 태어나 코넬대학과 줄리아드를 졸업했습니다. 1960년대 중후반에 라 몽테 영 La Monte Young, 테리 릴리 Terry Riley, 필립 그라스 Philip Grass 등과 함께 미니멀리즘의 탄생에 기여했고 대표작으로 'Four Organs' (1970년), 'Music for 18 Musicians' (1974년) 등이 있습니다. 1990년 그래미상, 2007년 폴라상, 2009년 퓰리처상, 2014년 베니스 비엔날레 황금사자상을 받았습니다. 2010년 Kronos Quartet의 제안으로 9/11 테러를 주제로 현악사중주 'WTC 9/11'을 작곡했습니다.

현악사중주 'WTC 9/11'은 3개의 악장으로 구성되어 있는데 모든 악장이 쉼 없이 계속 이어집니다. 1악장 '9/11/01'은 제1 바이올린이 날카로운 경고음을 울리는 것으로 시작하며 곧이어 최초 공격에 사용된 American Airline Flight 11이 항로를 벗어났다고 경고하는 미항공우주방위사령부 NORAD의 당시 음성 녹음이 나오고 뒤따라 지상에서 일어나는 상황을 들려주는 뉴욕소방서의 현장 음성 녹음이 나옵니다. 2악장 '2010'은 9년이 지난 2010년 이웃 주민, 소방관, 최초로 출동한 구급차 운전자로부터 당시 사건을 회고하는 음성 녹음이 나옵니다. 3악장 'WTC'는 교대로 시신을 지키는 자원봉사자와 예배 인도자 cantor가 시편과 모세 오경 tora을 읽고 노래하며 영혼을 달래는 음성 녹음이 흘러나와 당시의 긴박하고 처참한 상황을 알려줍니다.

미국이 무너진 WTC 빌딩 옆에 'One World Trade Center'를 새로 세웠는데 테러의 공포와 전쟁의 위험이 사라지도록 세계가 '원 월드'로 하나가 되길 간절히 바랍니다.

Steve Reich, String Quartet 'WTC 9/11'
https://youtu.be/e49h2zUKEts

9월 12일 향수

## 정지용 시, 김희갑 곡, '향수'

**고향 하면 제일 먼저 뭐가 생각나십니까?**

어머니와 어려서 같이 놀던 동무들일 것 같습니다. 어린 시절에 대한 향수 때문에 고향에 갔는데도 고향이 너무 변하여 고향이 고향 같지 않은 분도 많을 것입니다. 구불구불 긴 골목에 다닥다닥 붙은 쪽방 촌이 하늘을 찌르는 고층 아파트 숲이 된 것은 물론 다목적 댐 건설로 뽕나무밭이 푸른 바다가 된다는 '상전벽해'가 눈앞에 펼쳐지고 대규모 간척 사업으로 "바다가 육지라면"이 노랫말이 아니라 실제 내 고향에서 일어난 경우도 많기 때문입니다. 변했어도 고향은 고향이며 고향에 대한 향수는 세월이 갈수록 더 간절해집니다. 그런데 요즘 아이들은 대부분 그렇고 그런 아파트에서 살고 동네 아이들끼리 놀이가 거의 없어져서 고향에 대한 향수가 거의 없을 것 같습니다.

정지용은 1902년 6월 20일 충남 옥천에서 태어나 옥천보통학교를 나와 서울 휘문고를 통해 일본 교토의 도시샤대 영문과를 나왔습니다. 도시샤대학은 일본인 최초의 미국 학사 출신 목사가 기독교 사상에 기반하여 양심적이고 능력 있는 국제적인 인재를 양성할 목적으로 1875년 설립한 명문 사립학교였습니다. 시인 윤동주도 도쿄에서 릿쿄대학을 다니다가 전학을 갔던 대학으로 도시샤대 교정에는 윤동주와 정지용의 시비가 있습니다. 정지용은 1929년 귀국하여 모교인 휘문고에서 영어 교사를 하다가 해방 후 이화여대 교수가 되었습니다. 1950년 6·25 한국전쟁 때 서울에서 북한 정치보위부에 체포되어 서대문형무소에 수감된 다음 평양 감옥으로 이관 중 또는 이관 후에 사망한 것으로 추정되고 있습니다. 그는 한때 월북 시인으로 분류되었다가 1988년 복권되었습니다. 대표작 '향수'는 1923년 22살로 일본 유학을 떠나기 직전에 쓴 시인데 1988년 가수 이동원이 신촌의 "오늘의 책"이란 책방에서 정지용 시집을 읽다가 아름다운 시어에 매료되어 노래로 만들어 부르고 싶어 작곡가 김희갑에게 찾아가 작곡을 부탁했습니다. 김희갑이 작곡이 어렵다고 했으나 물러서지 않고 계속 간청하여 이듬해 완성되었고 서울대 성악과 교수 테너 박인수가 대중 가수와 협업한다는 비난에도 불구하고 이동원과 함께 불러 아름다운 화음으로 큰 인기를 얻었습니다.

정지용의 시 '향수'는 이동원에 의해 이동원과 박인수의 '향수'가 되고 마침내 우리 모두의 '향수'가 되었습니다. '향수'를 들으며 고향에 대한 향수에 젖어 보세요.

정지용/김희갑, '향수'
https://youtu.be/0WljZ5Jc1q4

9월 13일 징크스

## 아르놀트 쇤베르크, '달에 홀린 광대'

**머피의 법칙을 믿으십니까?**

머피의 법칙 Murphy's Law은 우산을 들고 나가면 비가 안 온다든지 베토벤 이후 교향곡은 9번 이상 쓰지 못한다는 교향곡 9번의 저주와 같은 징크스 jinx의 일종으로 1949년 미국 에드워드 공군기지에서 근무하던 에드워드 머피 대위가 주장했습니다.

아르놀트 쇤베르크 Arnold Schoenberg는 1874년 9월 13일 오스트리아 빈에서 헝가리 출신 유대인 구두공의 아들로 태어났습니다. 8살에 바이올린을 배웠으나 정규 음악 교육은 받지 않았습니다. 16살부터 아마추어 실내악단에서 활동하며 알렉산더 폰 쳄린스키 Alexander von Zemlinsky에게 음악을 배웠습니다. 구스타프 말러와 리하르트 슈트라우스의 영향을 받아 후기 낭만주의 작품으로 현악 6중주 '정화된 밤'과 교향시 '펠레아스와 메리장드'를 썼습니다. 1913년 대작 '구레의 노래'를 작곡하고 현악사중주와 교향곡도 작곡했는데 이들 작품에서부터 조성을 허물기 시작했습니다. 1914년 조성을 완전히 무시한 무 조성 음악으로 '관현악을 이용한 5개 소품'과 연가곡 '달에 홀린 광대 Pierrot Lunaire'를 작곡했습니다. 이는 20세기 최고 걸작으로 평가되고 있는데 3부 21곡으로 구성된 무조 음악으로 낭송식 창법의 성악가 1명, 지휘자 1명과 5개의 악기 연주자가 연주합니다. 이로 인하여 고전음악의 흐름이 낭만주의에서 표현주의로 바뀌었고 이로써 그는 '현대음악의 아버지'가 되었습니다.

표현주의는 인상주의에 대항하는 사조로 눈에 보이는 대로가 아니라 마음에서 느끼는 대로 표현하자는 주의입니다. 그는 한 옥타브의 12개 반음을 중복 없이 사용하여 작곡하는 12음 기법 twelve-tone technique을 개발했습니다. 1925년 베를린 예술대 교수가 되었으나 히틀러가 집권하자 유대인이라는 이유로 해임되었고 1936년 미국으로 건너가서 UCLA 교수가 되었습니다. 서양에서 불길한 숫자로 알려진 13일에 태어난 그는 어려서 13일에 태어났다고 받은 놀림 때문에 숫자 13을 극도로 싫어했습니다. 그는 76살의 7과 6을 더하면 13이 된다고 두려워했던 76살의 7월 13일 그것도 금요일이 다 가기 13분 전인 밤 11시 47분에 세상을 떠났습니다. 숫자 13의 저주가 아니라 자신이 만든 13 징크스 때문에 그렇게 된 것입니다.

우연한 사례로 필연의 법칙으로 만들어 스스로를 얽어매어 쫄보가 되지 마십시오.

Arnold Schoenberg, 'Pierrot Lunaire'
https://youtu.be/bd2cBUJmDr8

9월 14일 귀향

## 윌리엄 암즈 피셔 작사, 안토닌 드보르작 곡, '꿈속의 고향'

**고향에 다녀오셨습니까?**

2020년 전 세계로 전파된 COVID-19 팬데믹으로 인해 BC (기원전)와 AD (기원후)로 나뉘었던 인류 역사가 COVID-19 전인 BC (Before COVID-19, 코전)와 후인 AC (After COVID-19, 코후)로 나뉘었다고 합니다. 접촉과 대면의 시대에서 비접촉과 비대면의 시대로 바뀐다는 것입니다. 전염 위험 때문에 가족끼리도 거리두기를 해야 하고 재택 근무, 비대면 교육, 화상 회의, 온라인 장보기 등이 대세가 되고 명절 때 고향 방문과 성묘도 랜선 LAN line으로 하는 세상이 되었습니다. 코로나 백신 접종으로 군집면역이 형성된다고 해도 오래 가지 않고 다양한 변종 바이러스의 출현으로 코로나의 완전 퇴치는 불가능하고 사회도 비대면 활동에 익숙해져서 비대면 언택트 untact 시대로 가는 흐름은 돌이킬 수 없다고 합니다. 따라서 이제 추석이나 설 명절이 되어도 비대면 문화에 익숙해져서 국가 방역 지침이 아니라도 고향에 가지 않게 되어 고향은 더욱더 머나먼 고향, 꿈속의 고향이 되겠습니다.

안토닌 드보르작의 '교향곡 9번 신세계에서', '현악사중주 아메리카', '첼로협주곡 나단조'는 드보르작이 미국 뉴욕 국립음악원 National Conservatory의 2대 원장으로 초빙을 받아 1892년 9월 27일부터 2년 반 동안 미국에 머무르는 동안에 작곡한 그의 대표곡입니다. 1891년 프라하 음악원 교수가 된 드보르작이 1년 만에 꿈의 교수직을 버리고 미국으로 간 것은 고전음악의 불모지인 미국에 고전음악의 기초를 다지고 제자를 길러 미국 고전음악의 시조가 되어 달라는 간청과 함께 프라하 음악원 교수 연봉의 25배를 제공하는 파격적인 예우 때문이었습니다. 미국 체류 첫 1년에 완성한 '교향곡 9번 신세계에서'는 눈부시게 발전하고 있는 미국에서 받은 신세계와 같은 새로운 문명의 활력과 함께 이방인으로 배척되고 억압받은 흑인과 인디언들에 대한 깊은 연민을 담아 작곡한 곡입니다. 특히 2악장 라르고는 미국 민요와 흑인 영가에서 영감을 받아 고향에 대한 절절한 그리움을 표현했습니다. 2악장에서 잉글리시 혼이 연주하는 주선율은 드보르작의 미국 국립음악원 제자인 윌리암 암즈 피셔 William Arms Fisher에 의해 '꿈속의 고향 Going Home'이라는 노래가 되었습니다.

코후 세상이나 향수병 예방을 위해서라도 꿈속이 아닌 생시에 고향 한번 다녀오세요.

William Arms Fisher/Antonin Dvorak, 'Going Home'
https://youtu.be/TvThHk-wMRk

9월 15일 라면

## 세자르 프랑크, '생명의 양식'

**라면, 좋아하십니까?**

삼양식품이 1963년 9월 15일 우리나라에서 처음으로 라면을 생산했습니다. 삼양식품에 뒤이어 2년 뒤인 1965년 9월 농심의 전신인 롯데공업사가 롯데라면을 출시했습니다. 하지만 초창기에 라면의 인기는 별로였으나 대대적으로 맛보기 시식회를 열어 라면을 적극 홍보하고 쌀 부족이 심했던 당시 정부의 혼분식 장려 운동에 힘입어 인기가 급상승했습니다. 그 결과 라면을 처음 생산하기 시작한 뒤 5년이 지난 1969년에는 500만 봉지나 팔렸습니다. 롯데공업사는 1975년 농심라면을 출시하여 크게 인기를 얻자 1978년 회사 이름 자체를 농심으로 바꾸고 라면 사업에 본격 진출하여 원조 삼양라면과 경쟁하며 우리나라 라면의 역사를 이끌었습니다.

세자르 프랑크 César Franck는 1822년 12월 10일 벨기에에서 태어났고 어려서부터 피아노를 아주 잘 쳤습니다. 15세에 파리음악원에 입학하여 피아노와 작곡을 공부하였습니다. 1844년 프랑스 국적을 취득하여 성 클로틸드 교회의 합창장 겸 오르간 주자로 활동하면서 작곡도 하였습니다. 바흐처럼 영성과 인품이 뛰어나고 오르간 연주도 잘해서 제2의 바흐로 일컬어졌습니다. 1872년 작곡한 'Panis Angelicus'는 직역하면 천사의 빵 bread of angel인데 기독교 성찬식 때 신도들이 나누어 먹는 예수님의 몸을 상징하는 생명의 떡이나 우리나라에서는 '생명의 양식'으로 번역되었습니다.

우리가 먹은 음식은 우리 몸의 피와 살이 되어 생명을 유지하는 생명의 양식이 되기도 하지만 몸과 영혼을 파괴하는 독이 되기도 합니다. 호기심에서 한 번 먹었던 것이 두 번 세 번으로 이어져 습관이 되면 생활습관병이라고 하는 성인병에 걸리거나 중독에 빠지게 됩니다. 라면도 간식으로 가끔 먹으면 문제가 없으나 자주 먹으면 문제가 생길 수 있습니다. 특히 요즘에는 맛 경쟁이 심해서 보다 더 맵고 짠 자극적인 라면이 많기 때문에 고혈압, 고지혈증, 심장병, 위염, 식도염이 있는 사람은 맵고 짜고 기름기가 많은 라면은 가능하면 피하고 굳이 먹는다면 수프를 절반만 넣고 맵고 짠 국물은 먹지 않는 것이 좋습니다.

한 끼 밥을 먹거나 한 잔의 차나 커피를 마실 때도 내 몸과 영혼의 건강은 내가 먹은 것으로 결정된다는 것을 명심하시고 가려서 드십시오. 가끔 먹는 라면까지도!

César Franck, 'Panis Angelicus'
https://youtu.be/cVYnN6vWOWs

9월 16일 달맞이

## 김태오 시, 나운영 곡, '달밤'

### 한가위 보름달을 볼 수 있을까요?

한가위 추석은 한 해 동안 받은 은혜를 천지 신령과 조상님께 감사하고 이웃과 고마운 정을 나누는 감사와 나눔의 대 명절입니다. 음력 8월 보름 한가위 추석은 양력으로 9월이나 10월에 오기에 낮에는 덥더라도 밤에는 서늘하여 달 맞고 별 보기에 최고입니다. 한가위 보름달은 어떤 소원이든 다 들어준다고 하여 한가위에는 모두 저마다의 큰 소원을 가지고 달님을 기다리게 됩니다. 보름달 중에도 특별히 크고 밝은 것을 수퍼문 super moon이라고 하는데 이는 달이 지구와 가까운 궤도에 있을 때 보통 보름달보다 10% 더 크고, 30% 정도 더 밝게 보이기 때문에 붙여졌습니다. 수퍼문은 주기가 19년이나 되어서 평생 4~5번밖에 볼 수 없습니다. 같은 달에 보름달이 두 번 뜨는 경우도 있는데 이때 둘째여서 서러운 두 번째 보름달을 블루문 blue moon이라고 합니다. 블루문의 주기는 2.7년으로 짧아 비교적 자주 볼 수 있습니다.

가곡 '달밤'의 작곡가 나운영은 1922년 3월 1일 서울에서 태어났습니다. 초등학교 때부터 음악에 재능을 보여 중앙중학교 3학년 때 가곡 '아, 가을인가'를 작곡할 정도였습니다. 1940년부터 3년간 일본에서 음악을 공부했습니다. 1945년 9월 중앙대학교의 전신인 중앙여자대학의 교수로 임용되었습니다. 가곡 '달밤'은 당시 중앙여자대학의 부학장인 김태오 시인으로부터 선물 받은 1939년 발표 시집 '초원' 중에서 읽은 '달밤'에 매료되어 작곡한 것으로 1946년 8월 16일 완성했습니다. 당시 결혼 2년 차였던 나운영의 애틋한 신혼 감정이 많이 실렸다고 합니다. 시인 김태오는 1903년 7월 16일 광주광역시에서 태어났는데 광주 최초의 현대 시인이자 아동문학가입니다. 일제 강점기에 일제의 압제로부터 벗어나기 위해서는 소년들이 일어나야 한다고 뜻있는 소년들을 모아 광주에서 우리나라 최초로 소년운동을 시작하였고 광주기독교청년회를 창립하였으며 신간회 광주지회의 창립에 관여하고 간부로서 광주학생독립운동도 적극적으로 지원한 민족 운동가이자 중앙대학교 부총장을 역임한 민족 심리학자입니다.

달님은 태초로부터 지금까지 한 번도 인간을 외면하거나 배반하지 않으셨습니다. 언제나 밝고 환한 모습으로 나타나서 세상의 어둠을 밝히시고 우리의 소원을 다 들어주셨습니다. 올해 또 새로운 고민과 소원을 말씀드리더라도 다 들어주시기 바랍니다.

김태오 작사, 나운영 작곡, '달밤'
https://youtu.be/H1-qGF1wXRs

9월 17일 잔반

## 트레버 넌 작사, 앤드류 로이드 베버 작곡, '추억'

**음식을 자주 남기십니까?**

음식을 남기면 대부분 쓰레기가 되어 버려집니다. 음식을 남겨 버리는 것은 그 자체로 낭비일 뿐 아니라 음식물 쓰레기로 인한 환경오염과 막대한 처리 비용을 유발합니다. 음식물 쓰레기는 우리나라 생활 쓰레기의 30% 정도를 차치하고 처리 비용이 연간 20조 원에 이른다고 합니다. 따라서 음식을 남기지 않도록 사전에 부족한 듯 만들고 먹을 만큼만 덜어 와야 합니다. 불가피하게 음식이 남아 버릴 때는 분리배출을 해야 합니다. 분리 배출한 음식물 쓰레기는 가축의 사료로 재활용되기 때문에 내가 먹을 수 있는 것만 음식물 쓰레기로 분리 배출해야 합니다. 상한 음식, 먹을 수 없는 과일 씨나 껍질, 견과류 껍데기, 고기 뼈나 생선 가시 등은 음식물 쓰레기가 될 수 없으므로 수분을 최대한 제거하고 일반 쓰레기로 버려야 합니다. 남은 고기나 생선은 개와 고양이가 좋아하니 이들에게 주는 것도 좋은 방법입니다.

뮤지컬 '캣츠 Cats'는 '오페라 유령', '레미제라블', '미스 사이공'과 함께 세계 4대 뮤지컬의 하나입니다. 스물두 마리나 되는 다양한 부류의 고양이가 모여 축제를 열고 노래와 춤으로 천국으로 올라가 새 삶을 살게 할 젤리클 Jellicle 고양이를 뽑습니다. 노쇠한 고양이 그리자벨라는 축제에 끼지도 못하고 멀리서 축제를 지켜보며 자신의 화려한 과거를 회상하며 '추억 Memory'이라는 노래를 부르는데 이로써 젤리클 고양이에 선정됩니다. '캣츠'는 티에스 엘리엇 TS Elliot의 "지혜로운 고양이가 되기 위한 지침서"라는 우화시를 원작으로 레미제라블의 작사가 트레버 넌 Sir Trever Nunn이 가사를 쓰고 앤드류 로이드 베버 Andrew Lloyd Webber가 작곡을 맡아 만들었습니다. 'Memory'는 엘리엇의 다른 시 '바람 부는 밤의 광시곡 Rhapsody on a Windy Night'을 가사로 하여 만든 것인데 '캣츠'의 대표곡이 되었습니다. 초연은 1981년 런던 웨스트엔드에서 하였고 사라 브라이트만 Sarah Brightman이 막내 고양이 제미마 역을 맡아 'Memory'를 불렀습니다. 앤드류 로이드 베버는 12살 연하 사라 브라이트만에 반해서 조강지처를 버리고 1984년 결혼하고 1986년 '오페라 유령'을 만들어 그녀에게 주역을 맡겨서 세계적인 스타가 되게 하였으나 6년 만에 헤어졌습니다.

배고픈 시절과 굶는 사람을 생각하고 환경을 위해서 먹을 만큼만 남김없이 드십시오.

Trever Nunn/Andrew Lloyd Webber, Musical 'Cats', 'Memory'
https://youtu.be/4v-cJX17xy4

9월 18일 유치원

## 모차르트, '반짝반짝 작은 별 12 변주곡'

### 어느 유치원 나오셨습니까?

로버트 풀검 Robert Fulghum이 1988년 출판한 책 "내가 정말 알아야 할 모든 것은 유치원에서 배웠다"는 뉴욕타임스에서 34주간 베스트셀러 1위를 차지했습니다. 풀검은 '유치원에서 사용한 물건 제자리에 갖다 놓고, 어지른 것 치우는 것만 제대로 배워도 세상이 이처럼 난장판이 되지 않고, 남의 것 빼앗지 않고 잘못했으면 사과해야 한다는 것만 배워도 개인이나 나라 사이에 싸움이나 전쟁은 없을 것'이라고 했습니다. 우리나라 최초 초등학교인 교동 초등학교는 1894년 9월 18일 서울에 세워졌고 최초 유치원인 나남유치원은 1909년 함경북도 청진에 세워졌습니다. 유아 교육에 국가가 개입하여 흥미 중심, 경험 중심, 생활 중심의 유치원 교과과정을 제정한 것은 1969년이었으나 공립 유치원 설립은 1976년부터 시작되었습니다. 1970~80년대까지는 중상류층 자녀나 유치원 교육이 가능하여 유아 교육은 주로 가정에 맡겨졌습니다. 따라서 아이들의 행실이 바르지 못하면 가정교육을 담당한 부모가 대신 욕을 먹었습니다.

유치원은 유아 교육의 아버지로 불리는 독일의 프뢰벨 Friedrich Wilhelm August Fröbel이 1840년 처음 세웠습니다. 그는 어린이는 하나님과 같은 신성을 가진 존재로 부지런한 창조자인 하나님과 같은 창조 활동을 북돋워 주어야 한다고 주장하고 이를 위해 '놀이와 작업' 중심의 유아 교육을 강조했습니다. 아이들 교육은 정원의 꽃과 나무와 같이 저마다의 특성에 맞게 물과 거름을 주고 가지치기를 하여 본성이 최대로 꽃피게 해야 한다는 뜻을 담아 유아 교육기관을 어린이를 뜻하는 kinder와 정원을 뜻하는 garten을 합하여 Kindergarten이라고 했습니다. 우리나라 유치원의 '유치'는 어리다는 뜻의 kinder에서, '원'은 정원이라는 뜻의 garten에서 따온 것입니다.

모차르트가 1778년 프랑스 여행 중에 프랑스 가곡 '아, 어머니께 말씀 드릴게요 Ah vous dirai-je, Maman'의 주제에 의한 12개 변주곡을 만들었는데 이 선율에 영국의 시인 제인 테일러 Jane Taylor가 1806년 쓴 동시 '별 The Star'이 가사로 붙여져 1838년 '반짝반짝 작은 별 Twinkle, Twinkle, Little Star'이라는 동요가 생겼습니다. 이 동요로 인해 모차르트의 변주곡의 이름도 '작은 별 변주곡'이 되었습니다.

유치원 시절은 공부가 아니라 놀이로 지식이 아니라 감성을 기르는 것이 최고입니다.

Wolfgang Amadeus Mozart, 'Twinkle Twinkle Little Star 12 Variations'
https://youtu.be/Ezvj-De6bxY

9월 19일 생체리듬

## 베토벤, 피아노 소나타 23번 '열정'

**연휴나 휴가 다음에는 생체리듬이 깨져서 힘든 적이 있으시지요?**

생체리듬 circadian rhythm은 생체 활동의 주기적인 변동으로 체온, 맥박, 혈압, 혈당으로부터 수면, 각성, 배변, 감정 등에서 관찰됩니다. 생체리듬을 조절하는 생체 시계는 중추성과 말초성이 있는데 중추성 생체 시계는 뇌 시상하부의 시신경이 교차하는 시신경교차상핵에 있으며 시신경을 통해 전달되는 태양 빛이나 환경 빛에 의해서 조절되며 24시간 주기로 반복됩니다. 말초성 생체 시계는 간, 췌장, 위장관 등 소화기관, 부신과 근육 등에 있으며 중추성 생체 시계와 동기화되어 동시적으로 작동합니다. 2017년 제프리 홀 Jeffrey Hall, 마이클 로스배시 Michael Rosbash, 마이클 영 Michael Young 교수가 초파리에서 생체 시계에 의해 생체리듬이 조절되는 분자적인 기전을 밝혀내 노벨 생리의학상을 수상했습니다. 바이오리듬 biorhythm은 1984년 박은주의 책 '바이오리듬'으로 한때 유행했었는데 생체리듬과 전혀 다른 것입니다. 이는 독일의 이비인후과 의사 빌헬름 플리스 Wilhelm Fliess의 신체 능력과 감정에 대한 23일, 28일 주기설과 인스부르크대 교수 알프레드 텔쩌 Alfred Telscher의 지적 능력에 대한 33일 주기설을 혼합한 것으로 근거가 없는 사이비 유사 과학입니다.

중추 생체 시계가 태양 빛의 차단이나 환경 빛의 과다 노출로 교란되거나 말초 생체 시계가 식사, 직업이나 사회 활동, 수면 시간 등에 의해 교란되어 중추 시계와 말초 시계의 동시성이 깨지면 생체리듬이 깨지게 됩니다. 이로 인해 수면 장애가 생겨 불면, 졸음, 피로, 집중력 저하, 두통 등이 생기고 대사질환, 심혈관질환과 암의 발생도 증가합니다. 생체리듬을 잘 유지하기 위해서는 매일 아침 같은 시간에 일어나고 일어난 후에는 햇볕을 쬐고 낮잠을 잘 때는 3시 이전에 30분 이내로 자는 것이 좋습니다.

베토벤의 피아노 소나타 23번 '열정 Appassionata'은 '비창', '월광'과 함께 3대 피아노 소나타입니다. 베토벤이 청력 상실에 따른 우울증을 극복하고 불타오르는 창작열과 그를 물심양면으로 후원해준 프란츠 폰 브룬시비크 백작의 두 여동생 (요제피네, 테레제)과 사랑에 빠져 끓어오르는 열정을 담아 1806년 36살에 완성했습니다.

가을은 일이나 연애나 취미 활동에 너무 열정적으로 몰입하다가 생체리듬을 깨기 쉽습니다. 생체리듬을 교란하는 방콕이나 밤샘, 청색광 과다 노출이나 야식은 피하세요.

Ludwig van Beethoven, Piano Sonata No. 23 'Appassionata'
https://youtu.be/E5JObP74jcw

9월 20일 베트남

## 클로드-미셸 쇤베르그, '미스 사이공'에서 '널 위해 내 생명 바치리'

### 우리나라와 사돈 나라로 첫 번째는 어디일까요?

우리나라 결혼 이주민의 국적은 중국, 베트남, 일본, 필리핀의 순서이나 중국인 중에는 조선족이 많기 때문에 진정한 외국인 신부로서는 베트남이 세일 많습니다. 따라서 베트남은 우리의 사돈 나라로 첫 번째입니다. 베트남은 불교를 기반으로 한 유교 국가이고 프랑스의 식민 통치를 받았고 해방 후에는 남북으로 분단되고 동족 간 전쟁을 치렀던 점에서 우리나라와 같습니다. 역사와 문화적 배경이 비슷한 베트남 여성들은 외모까지 비슷하고 뿌리 깊은 충효 사상으로 시부모를 공경하고 강한 모성애로 자녀들을 헌신적으로 잘 키우기 때문에 일등 신부감으로 선호되고 있는 것입니다.

베트남 전쟁은 공산 진영의 북베트남과 민주 진영의 남베트남 사이에 1955년 시작되어 20년간 이어졌습니다. 1975년 4월 30일 남베트남이 항복함으로써 전쟁은 끝났으나 베트남은 공산화되고 미군도 철수하고 남베트남의 부유층, 반공주의자, 미국 협력자들은 탄압과 보복을 피하려고 베트남을 탈출했습니다. 육로로 탈출한 랜드 피플과 바다로 탈출한 보트 피플이 200여만 명에 이르고 작은 무동력 보트를 타고 무작정 탈출하여 표류하다가 목숨을 잃은 경우도 50여만 명이나 되었습니다.

세계 4대 뮤지컬의 하나인 '미스 사이공 Miss Saigon'은 베트남 전쟁에 참전한 미군 병사와 베트남 전쟁 고아 소녀의 슬픈 사랑과 자식을 위해 목숨을 버린 베트남 여인의 모성애를 그립니다. 이는 푸치니의 오페라 '나비부인 Madam Butterfly'을 클로드-미셸 쇤베르그 Claude-Michel Schönberg와 알랭 부블리유 Alain Bublil가 무대를 일본 나가사키에서 베트남 사이공으로, 미 해군 중위와 일본 게이샤의 사랑을 미군 병사와 베트남 바걸의 사랑으로 각색한 것입니다. 1989년 9월 20일 런던 웨스트엔드에서 초연하여 2001년 1월 28일 4,097회 공연으로 막을 내렸습니다. 대표곡으로 '해와 달 Sun and Moon', '세상 마지막 밤 The Last Night of the World'과 공산당원이 된 옛 약혼자가 나타나 예전 사랑으로 돌아 갈 것을 요구하며 아들을 해치려고 하자 그를 죽이고 태국으로 탈출하기 전에 아들을 위해서는 목숨까지 바치겠다고 노래하는 '널 위해 내 생명 바치리 I'd Give My Life for You'가 있습니다.

다문화 자녀들의 성공 없이 우리나라의 미래도 없으니 이들의 성공을 응원합시다.

Alain Bublil/Claude-Michel Schönberg, 'I'd Give My Life for You'
https://youtu.be/cwB3Zxh2gSE

9월 21일 종말

## 홀스트, 관현악 모음곡 '행성'에서 2악장 '금성'

### 지구 종말이 얼마나 남았을까요?

프랑스 의사이자 천문학자이고 예언가인 미셸 드 노스트라담 (속칭 노스트라다무스) Michel de Nostradam이 1555년 출판한 그의 예언서에서 1999년 7월 24일 지구가 멸망한다고 하여 큰 소동이 일어난 적이 있었습니다. 루게릭으로 2018년 타계한 영국의 천재 이론물리학자 스티븐 호킹 Stephen Hawking은 지구가 200년 내에 소행성 충돌, 기후변화, 핵전쟁 등으로 기온이 섭씨 460도까지 상승하여 고온에 황산비가 내리는 금성과 같아지므로 멸망을 피하려면 다른 행성으로 이주해야 한다고 했습니다.

미국핵과학자협회는 제2차 세계대전 후 핵전쟁으로 인한 지구 종말 위험을 경고하기 위해 1947년 지구종말시계 Doomsday Clock를 만들고 시계를 7분 전으로 맞추었습니다. 1953년 미국과 소련의 수소폭탄 실험으로 2분 전으로 당겨졌으나, 1972년 미국과 소련의 전략무기제한 조약과 탄도미사일 조약의 서명으로 12분 전으로, 1991년 미국과 러시아의 전략무기감축 협정 체결로 17분 전으로 늦춰졌습니다. 지구 환경오염에 의한 생태계 파괴와 기후변화에 의한 기후 재앙이 심각해지면서 2007년 지구종말시계 조정에 기후변화가 추가되었고 북한의 핵실험과 기후변화로 인해 종말 시계가 5분 전으로 다시 당겨지고 2018년 북한 핵위협 증가로 2분 전이 되었습니다. 2020년 핵군축협정의 중단, 기후변화 대처 미흡에 코로나 팬데믹까지 추가되어 100초 전이 되어 지구 종말이 초읽기 단계에 들어갔습니다.

영국의 작곡가 거스테이브 홀스트 Gustav Holst는 1874년 9월 21일 잉글랜드 첼트넘에서 태어났습니다. 점성술과 그리스 신화를 바탕으로 1916년 7개 행성에 대한 관현악 모음곡 Orchestral Suite '행성 The Planets'을 완성했습니다. 두 번째 곡 '금성 Venus'은 태양계의 두 번째 행성으로 별 중에서 가장 밝아 샛별로도 불립니다. 크기와 화학 성분이 지구와 비슷해 지구와 자매별인데 대기 중 고농도의 이산화탄소 때문에 극심한 온실효과로 기온이 400도가 넘고 많은 화산에서 분출되는 이산화황에 의해 황산비가 내리고 증발된 금속의 알갱이가 눈처럼 (금속 눈) 내려 금성은 지구에서 보이는 것과는 달리 유황불이 타고 있는 지옥과 같은 곳입니다.

우주 어디에도 이주할 곳이 없으니 지구가 금성처럼 되지 않도록 지구를 보호합시다.

Gustav Holst, Orchestral Suite 'The Planets', 2nd Mov. 'Venus'
https://youtu.be/PyBkzZoMYN4

9월 22일 백일

## 하이든, 교향곡 100번 '군대'

**올해가 얼마나 남은 줄 아십니까?**

오늘로 올해가 100일 남게 되었습니다. 요즘은 연인들도 100일을 기념하고 축하합니다. 조바조바하녀 하루에 하루를 너하여 완벽함을 뜻하는 100일이 되었기에 축하할 만합니다. 아마도 이는 출생 후 백일을 기념하는 것에서 유래한 것이라고 생각됩니다. 출생 후 백일을 기념하는 것은 영아 사망의 최고 위험시기를 무사히 넘겨 건강한 아이로 성장할 가능성이 확실해졌기 때문입니다. 그래서 흰밥, 미역국, 백설기, 수수경단, 송편, 인절미 등으로 백일 상을 차리고 이웃에게도 돌립니다. 백일을 축하하는 또 다른 의미는 수정으로부터 365일 만 1년이 되었기 때문입니다. 출산 예정일은 마지막 월경일 (last menstrual period: LMP)에 40주인 280일을 더한 날인데 여기에 100일을 더하면 380일입니다. 배란일은 LMP 후 14일이므로 배란 다음 날 수정이 되었다고 하면 380일에서 15일을 빼면 365일이 됩니다. 따라서 올해 1월 1일에 수정된 아기라면 (LMP: 작년 12월 16일) 오늘 태어나고 12월 31일이 백일이 됩니다.

하이든의 106개 교향곡 가운데 93번에서 104번까지 12곡은 독일 출신 바이올리니스트이자 작곡가이고 지휘자인 요한 페터 잘로몬 Johann Peter Salomon의 초청으로 1790년 12월에서 1792년 6월까지와 1794년 1월에서 1795년 8월까지 두 차례 런던에 머무르는 동안에 작곡되어 런던 교향곡 또는 잘로몬 교향곡이라고 부르기도 합니다. 이중 1794년 완성된 100번 '군대'는 2악장과 4악장에 트럼펫과 큰 북, 심벌즈, 트라이앵글이 참여하여 군대 행진곡과 같은 느낌이 납니다. 오스만 Osman 또는 오토만 Ottoman 터키 제국은 1289년 세계 최초로 메흐테르 Mehter 군악대를 운용하였습니다. 이 행진곡 풍의 터키 군악대 음악이 17세기 유럽에 전파되어 '터키 (행진곡) 풍으로'를 뜻하는 Alla Turca 악장이 생겼습니다. 대표적으로 모차르트의 '터키 행진곡'이 있는데 이는 1783년 완성된 피아노 소나타 11번의 3악장 Rondo Alla Turca를 말합니다. 베토벤도 1809년 완성한 연극 부수 음악 '아테네의 폐허'에서 4번 곡을 Marcia Alla Turca로 작곡하여 유행에 동참했습니다.

유행 따라 생각 없이 사는 것도 유행을 떠나 제멋대로 사는 것도 문제입니다. 가끔은 유행 따라 백일이든 천일이든 기념일도 가지고 머리나 옷도 유행 따라 해보세요.

Franz Joseph Haydn, Symphony No. 100 'Military'
https://youtu.be/3pPDFAoj_Tw

9월 23일 소울

## 돈 깁슨, '너의 사랑 멈출 수 없어'

### 소울, 좋아하십니까?

소울 soul은 일차로 영혼을 뜻하지만 아프리카계 미국 흑인을 뜻하는 말로 많이 사용됩니다. 그래서 소울 메이트 soul mate는 영혼을 나눈 것처럼 깊은 이해와 유대감을 갖는 애인, 친구, 동료를 뜻하지만 소울 시스터나 소울 브라더는 흑인 자매나 형제를 뜻하는 말이고 소울 푸드는 검보 gumbo (수프), 잠발라야 jambalaya (볶음밥), 허시파피 hushpuppy (튀김), 치틀린즈 chitterlings (곱창)와 같은 미국 남부 흑인의 전통음식을 말합니다. 소울 뮤직 역시 영혼의 음악이 아니고 혼신을 다해 절규하고 호소하며 몸부림 치듯 격정적인 율동이 특징인 아프리카계 미국 흑인 음악을 말합니다. 이처럼 소울이 아프리카계 미국인을 뜻하는 말로 쓰이기 시작한 것은 흑인 인권 운동이 불같이 일어난 1960년대였습니다. 1865년 노예 신분에서 해방된 미국 흑인이 100년이 되도록 여전한 멸시와 차별에 분노하고 저항하기 시작했습니다. 1955년 로자 파커스로 시작된 몽고메리 행진, 1965년 로스엔젤레스 흑인 폭동과 1967년 디트로이트 흑인 폭동 등을 일으키면서 흑인들이 자긍심을 회복하고 서로를 형제자매로 인식하면서 소울 시스터와 소울 브라더로 부르고 그들의 정서와 문화에 대해서도 소울이라는 말을 붙여 음악은 소울이 되고 음식은 소울 푸드가 되었습니다.

소울 음악의 창시자 레이 찰스 Ray Charles는 1930년 9월 23일 미국 조지아주 알바니에서 태어났습니다. 7살에 시력을 잃어 장애인 특수학교에서 점자와 음악을 공부했습니다. 흑인 인권 운동이 격화되는 상황에서 흑인의 힘든 삶과 사랑을 노래하고 현실에 대한 분노와 변화에 대한 갈망을 표출하기 위해 가스펠에 블루스를 덧입혀 노래하기 시작한 것이 소울로 발전했습니다. 이리하여 소울이 비틀즈 주도의 록 rock과 밥 딜런 주도의 포크 folk와 함께 3두마차로 1960년대 대중음악을 이끌었습니다. 대표곡으로 1960년 'Georgia on My Mind', 1961년 'Hit the Road, Jack', 1962년 'I Can't Stop Loving You'가 있습니다. 1961년 제3회 그래미상을 받았고, 1986년 로큰롤 명예의 전당에 오르고, 1998년 폴라상을 받았습니다. 2008년 미국 음악잡지 롤링스톤 선정 역사상 위대한 음악가 100인 중 2위에 올라 소울의 전설이 되었습니다.

사랑할 수밖에 없는 이 가을에 아낌없는 사랑으로 모두의 소울 메이트가 되십시오.

Don Gibson, 'I Can't Stop Loving You' (Sung by Ray Charles)
https://youtu.be/6ZKHW74lCpo

9월 24일 한양도성

## 이영훈 작사 작곡, '광화문 연가'

**서울 한양도성 길을 걸어 보셨습니까?**

서울 한양도성은 조선 태조 이성계가 조선을 세우고 수도를 한양으로 옮긴 뒤에 한양을 방어하기 위해 태조 5년 1396년 9월 24일 완성한 도성입니다. 전국에서 장정 197,400명을 모아 97개 구간으로 나누어 1월 9일에서 2월 28일까지 49일, 8월 6일에서 9월 24일까지 49일, 총 98일 동안에 5~8 m 높이로 총 길이 18.6 km의 성을 쌓았습니다. 원래 평지는 흙으로 산지는 돌로 쌓았는데, 1422년 세종 4년에 전부를 석성으로 고쳤습니다. 동서남북 방향에 4개의 대문 (동-흥인지문, 서-돈의문, 남-숭례문, 북-숙정문)과 대문 사이에 4개의 소문 (혜화문, 광희문, 소의문, 창의문)을 두었습니다. 한양도성은 1396년부터 1910년까지 현존하는 전 세계 도성 가운데 가장 오랜 기간인 514년 동안 도성의 기능을 수행했습니다. 그러나 1907년 고종 44년 일본 왕세자의 방문을 앞두고 길을 넓히기 위해 일본의 앞잡이 이완용의 주장으로 성벽을 철거하기로 하여 숭례문 옆 성곽부터 헐기 시작하여 이듬해까지 평지에 있는 성곽 거의 모두를 제거했습니다. 1968년 1월 21일 북한 무장공비의 청와대 습격사건을 계기로 청와대 방어 차원에서 북쪽 숙정문 주변부터 복원하기 시작하여 1974년 전 구간으로 확장하여 2020년까지 전체의 70% (13.7 km)를 복원했습니다.

한양도성은 하루에 다 돌 수 있으나 북쪽 백악구간 (창의문에서 혜화문), 동쪽 낙산구간 (혜화문에서 광희문), 남쪽 남산구간 (광희문에서 돈의문 터), 서쪽 인왕산구간 (돈의문 터에서 창의문)의 4개 구간으로 나누어 돌 수도 있습니다. 남산구간 가운데 소의문에서 돈의문 터에 이르는 정동구간은 한양도성 가운데 가장 훼손이 심하나 창덕여중, 이화여고와 밀집 주거지역에 속해 있어 복원은 못 하고 보행로만 설치하여 주말에만 개방하고 있습니다. 정동구간은 작곡가 이영훈의 수많은 명곡 가운데 하나인 '광화문 연가'의 무대가 되는 정동 길로 이어집니다. 정동 길은 덕수궁 대한문에서 신문로에 이르는 덕수궁 돌담길과 은행나무 가로수 길로 우리나라 최초 감리교회인 정동교회, 정동극장, 옛 러시아대사관, 우리나라 최초 여성 교육기관인 이화여고 등이 있습니다. 정동 길은 1999년 서울에서 가장 걷고 싶은 길 1호에 선정되었습니다.

한양도성 길 가운데 정동길이나마 걸으며 무엇이 역사로 남는지 생각해보십시오.

이영훈 작사 작곡, '광화문 연가'
https://youtu.be/mezYFe9DLRk

## 쇼스타코비치, 대규모 관현악을 위한 모음곡, 7악장 '왈츠 2번'

### 형식과 내용 가운데 뭐가 더 중요할까요?

드미트리 쇼스타코비치 Dmitri Shostakovich는 1906년 9월 25일 러시아 상트페테르부르크에서 태어났습니다. 1919년 13살에 상트페테르부르크 음악원에 들어가 피아노와 작곡을 공부했습니다. 19살에 졸업 작품으로 교향곡 1번을 작곡하여 10대에 교향곡 작곡가가 된 기록을 세우고 러시아 음악의 기대주가 되었습니다. 1927년 교향곡 2번, 1929년 교향곡 3번을 작곡했습니다. 1928년에는 오페라로 영역을 넓혀 오페라 '코'를 작곡하고 1930년에는 발레모음곡 '황금시대'를 작곡했습니다.

1932년 오페라 '므첸스크의 맥베스 부인'을 완성하며 승승장구하던 그에게 뜻밖의 시련이 왔습니다. 소련의 초대 지도자 레닌이 1924년 죽자 등장한 스탈린 정권이 쇼스타코비치를 형식주의자 Formalist라며 비판하고 탄압한 것입니다. 형식주의란 예술이 일상의 행위나 활동이 반복되면서 습관화되고 자동화되어 기억하지 못하고 느끼지 못하는 것을 낯설게 하는 것은 내용 못지않게 예술을 예술답게 하는 '형식'이 중요하다고 하는 주의 주장입니다. 1936년 오페라 '므첸스크의 맥베스 부인'을 관람한 스탈린이 "이는 음악이 아니라 소음"이라고 하고 소련 공산당 기관지 프라우다를 통해 그가 형식주의에 빠져 있다고 공개 비판하고 공연을 금지하기까지 했습니다. 그러나 심기일전하여 1937년 완성한 교향곡 5번 '혁명'으로 명예를 회복하고 상트페테르부르크 음악원 교수가 되었습니다. 1941년 히틀러의 러시아 침공에도 상트페테르부르크를 떠나지 않고 교향곡 7번 '레닌그라드'를 썼습니다. 1945년 제2차 세계대전 종전 후 교향곡 9번을 작곡했으나 스탈린의 심복 안드레이 주다노프로부터 또다시 비판을 받고 1948년 상트페테르부르크 음악원 교수를 사임하고 숙청을 피하려고 스탈린 선전 영화음악을 만들며 지내다가 1953년 스탈린 사망 후 교향곡을 15번까지 작곡했습니다.

쇼스타코비치의 3대 작품은 교향곡 5번 '혁명', 바이올린 협주곡 1번, 왈츠 2번 Waltz No. 2입니다. 왈츠 2번은 그가 작곡한 여러 영화음악에서 발췌한 '대규모 오케스트라를 위한 모음곡' 8악장 중 7악장으로 중후하고 아름다운 선율에 깊은 우수가 서린 곡입니다. 여러 영화에도 삽입된 아주 인기가 많은 곡입니다.

예술이든 삶이든 내용이 형식보다 중요하지만 형식도 버금가니 무시하지 마세요.

Dmitri Shostakovich, Suite for Variety Orchestra, 7th Mov. 'Waltz No. 2'
https://youtu.be/IOK8Jb76ibc

9월 26일 미인박명

## 거슈윈, 심포닉 재즈 '랩소디 인 블루'

**미인은 정말 수명이 짧을까요?**

미인박명은 중국 송나라의 시인 소식 동파가 아름다운 여승을 보고 지은 시 '박명가인'에서 예로부터 아름다운 사람은 오래 못 산 경우가 많다며 "가인박명"이라고 한 것에서 유래했다고 합니다. 미인이 수명이 짧거나 운명이 기구하다고 한 것은 미모에 상관없이 일어날 수 있는 사례들에서 미모가 뛰어난 극히 드문 특별한 사례들을 모두 모아서 일반화한 것일 뿐입니다. 대표적인 미인박명의 예로 언급되는 것이 클레오파트라 (39세, 자살), 양귀비 (38세, 자살), 영국 왕세자빈 다이애나 (36세, 교통사고), 미국 배우 마릴린 먼로 (36세, 약물중독), 우리나라 최초 소프라노 가수 윤심덕 (29세, 자살) 등입니다. 동서고금을 따져 요절한 천재 음악가를 포함하여 박명미인이 열 손가락으로 셀 수 있을 만큼 그렇게 많지 않음에도 미인박명이라는 말이 회자되는 것은 만인의 주목을 받은 미인의 애석한 젊은 죽음이 기억에서 지워지지 않아 자주 일어나는 것처럼 느꼈기 때문일 수도 있고 대부분의 죽음이 자살과 같이 사회나 주변으로부터 강요된 것이 많아 미의 위험성을 경고하려고 한 말일 수도 있습니다.

미국의 단명 천재 음악가 조지 거슈윈 George Gershwin은 미국 뉴욕 브루클린에서 1898년 9월 26일 태어났습니다. 정규 음악 교육은 받지 않았으나 1919년 21살에 뮤지컬 코미디 '라 라 루실 La La Lucille'과 노래 '스와니 Swanee'를 작곡하여 이름을 알렸습니다. 1924년 재즈의 왕 폴 화이트먼 Paul Whiteman의 권유로 고전음악에 재즈를 접목한 심포닉 재즈 '랩소디 인 블루 Rhapsody in Blue'를 발표했습니다. 이는 보스턴으로 가는 기차 속에서 기차 바퀴가 선로에 부딪치면서 나는 소음에서 영감을 얻어 작곡한 피아노 협주곡 형식에 재즈를 접목한 실험적인 음악이었으나 클래식과 재즈가 절묘하게 어우러진 색다른 느낌의 현대음악으로 호평을 받았습니다. 1925년 파리 여행 중에 영감을 얻어 '파리의 미국인'을 작곡하였고 1935년 유명한 오페라 '포기와 베스'를 작곡했습니다. 1937년 38세에 뇌종양을 발견하고 수술을 받던 중에 사망하여 슈베르트 (31세), 모차르트 (35세), 비제 (37세), 멘델스존 (38세), 쇼팽 (39세)과 함께 단명한 천재 음악가가 되었습니다.

아름답다고 아름다움이 박명의 원인이 될 수 없으니 늘 멋있고 아름다우십시오.

George Gershwin, Symphonic Jazz 'Rhapsody in Blue'
https://youtu.be/sEakwOd2n-Q

9월 27일 빛

## 모차르트, 바이올린 협주곡 1번

**세상에서 가장 빠른 것은 무엇일까요?**

잘 아시다시피 빛입니다. 진공상태에서 빛은 1초에 30만 km를 가서 지구를 7바퀴 반을 돌 수 있습니다. 알버트 아인슈타인 Albert Einstein이 1905년 9월 27일 질량과 에너지는 엠씨스퀘어 ($E = mc^2$)라는 관계를 가진다고 특수 상대성 이론의 하나를 독일의 물리학 학술지 'Annalen der Physik'에 제출했습니다. 이 질량 에너지 등가식에서 c는 변하지 않는 상수로 진공 상태에서 빛의 속도를 말합니다.

애초에 빛은 그냥 존재하는 것으로 생각되었습니다. 일부 학자들만이 빛이 움직이나 그 속도는 무한하다고 생각했습니다. 그런데 1021년 아랍의 과학자 이븐 알하이삼 Ibn al-Haytham이 '광학의 서'에서 빛은 물체로부터 눈으로 들어오며 빛의 속도는 유한하다고 했습니다. 하지만 빛의 속도를 측정하려는 시도는 1638년 갈릴레오 갈릴레이 Galileo Galilei에 의해 처음으로 시작되었습니다. 제자와 함께 캄캄한 밤에 1마일 떨어진 산봉우리에 올라 불빛 신호를 보내어 이를 보는 시간 차로 빛의 속도를 측정하려고 했습니다. 결국 실패했는데 당시 기술로는 0.011초라는 미세한 시간 차를 측정할 수 없었기 때문입니다. 1676년 덴마크의 천문학자 올레 뢰머 Ole Roemer가 목성의 위성 이오 Io가 목성의 그림자 속으로 들어갔다 나오는 것이 지구의 공전에 의해 지구가 목성에 근접했을 때와 멀리 떨어져 있을 때 22분 차이가 나는 것으로 빛의 속도를 212,000 km/s로 추산했습니다. 1849년 프랑스의 이폴리트 피조 Hippolyte Fizeau가 톱니바퀴를 이용한 측정 장치를 개발하여 광속이 315,000 km/s라고 했는데 1975년 확정된 표준 광속 299,792,458 m/s에 아주 근사한 값이었습니다.

아인슈타인은 어머니로부터 바이올린을 배웠고 바이올린 연주를 즐겨서 물리학자가 안 되었으면 바이올리니스트가 되었을 거라고 했습니다. 모차르트 음악을 특히 좋아하여 "죽음이란 모차르트 음악을 못 듣게 되는 것"이라고 할 정도였습니다. 모차르트의 바이올린 협주곡 1~5번은 모차르트가 1775년 오스트리아 잘츠부르크에 있을 때 작곡했기 때문에 잘츠부르크 협주곡이라고도 합니다. 9개월이라는 짧은 기간에 빛의 속도에 버금가는 빠르기로 5개의 명곡을 작곡하여 그의 천재성을 보여주었습니다.

세월은 빛과 같이 빨라 뒤쫓기 어려우니 지나가는 길목에 미리 가서 맞이하십시오.

Wolfgang Amadeus Mozart, Violin Concerto No. 1
https://youtu.be/ftfiFU_rDo4

9월 28일 하늘

## 윤동주 시, 정진채 곡, '서시'

### 하늘은 왜 파랄까요?

하늘이 파란 이유는 태양 빛이 지구 대기에 의해 산란되기 때문입니다. 태양 빛이 지구 대기권을 통과하여 지구로 들어오면서 질소 (78.0%), 산소 (20.9%), 아르곤 (0.93%), 이산화탄소 (0.036%) 등 공기 분자에 부딪쳐서 산란됩니다. 산란은 파장이 짧은 보라색, 남색, 파란색 등 푸른색 계열에서 잘 일어나는데 파장이 가장 짧은 보라색은 대부분 대기권 밖으로 반사될 뿐 아니라 망막의 시각세포가 보라색에는 덜 예민하기 때문에 파랗게 보입니다. 아침 해 뜰 때나 저녁 해 질 때는 하늘이 붉게 보이는데 이는 태양의 고도가 낮아 빛이 수평선이나 지평선 근처를 통과하는데 이곳은 대기 밀도가 높아 파장이 짧은 푸른색 계열 대부분 반사되고 붉은 색 계열만 산란되어 보이기 때문입니다. 가을에는 대기 중에 수증기와 먼지가 적어 파란색이 더욱 선명해져서 우리나라의 상징이자 자랑인 사파이어처럼 맑고 푸른 가을하늘이 됩니다.

사파이어는 다이아몬드, 루비, 에메랄드와 함께 세계 4대 보석인데 맑고 푸른 가을하늘을 닮아 가을의 보석이며 9월의 탄생석입니다. 사파이어는 루비와 계열은 같고 색깔만 달라 남매 사이입니다. 사파이어는 다이아몬드 다음으로 강하고 순결한 마음과 충직한 헌신을 상징하여 중세로부터 가톨릭 성직자의 반지나 목걸이로 사용되었고 연인들의 약혼반지로도 많이 사용되었습니다. 시인 윤동주는 '서시'에서 "죽는 날까지 하늘을 우러러 한 점 부끄럼이 없기를 잎 새에 이는 바람에도 나는 괴로워했다"고 했습니다. 여기서 하늘은 절대자 또는 절대적인 윤리 기준을 상징하는데 윤동주가 우러러본 하늘은 사파이어처럼 맑고 푸른 가을하늘이었을 것입니다. 우리는 도덕성보다는 경제가 중요하다고 윤리가 밥 먹여주지 않는다며 윤리나 도덕성은 무시하고 능력만으로 공직자를 기용한 적이 많습니다. 하지만 지속 가능하기 위해서는 개인은 물론 기업도 국가도 윤리적으로 경영해야 합니다. 그래서 직무의 대가성을 따지지 않고 공직자의 금품수수를 금지하는 청탁금지법인 '김영란법'이 2015년 3월 27일 제정 공포되어 2016년 9월 28일 시행되었으나 벌써 유명무실 사문화되고 있어 안타깝습니다.

윗물 아랫물 따지지 않고 나부터 먼저 하늘을 우러러 한 점 부끄럼 없는 청렴결백한 삶으로 본을 보여 사파이어처럼 맑고 푸른 청렴한 세상을 만들어 봅시다.

윤동주 시, 정진채 곡, '서시'
https://youtu.be/dXyDvS1ZYfs

9월 29일 음악 치료

## 베토벤, 교향곡 9번 '합창', 3악장

**음악이 심장병 예방이나 치료에도 효과가 있을까요?**

음악이 심장병 예방과 치료에 도움이 된다는 것이 여러 연구를 통해 확인되었습니다. 2008년 미국심장학회 ACC에서 음악이 동맥경화와 심장병 치료제인 스타틴이나 ACE억제제와 같이 심장 관상동맥을 26% 정도 확장시킨다고 했고, 2013년 유럽심장학회 ESC에서는 좋아하는 음악을 매일 30분 이상 3주간 들으면 운동 능력이 19%나 향상된다고 했으며, 2015년 영국심장학회에서는 특정 음악을 반복해서 들으면 혈압과 심박수를 의미 있게 낮출 수 있다고 했습니다. 대표적인 음악으로 베르디의 오페라 '나부코 Nabucco'에서 히브리 노예들의 합창 '날아라, 마음아 Va, Pensiero', 푸치니의 오페라 '투란도트 Turandot'에서 '누구도 잠들지 못하리 Nessun Dorma', 베토벤의 교향곡 9번 '합창'에서 3악장 Adagio Molto e Cantabile 등이 있습니다. 안정된 심장 박동수와 같이 분당 60~70회 빠르기를 가진 아다지오는 심신 안정과 집중력 향상에 효과가 있어 학습이나 치유음악의 중요한 특징 가운데 하나입니다.

세계심장연맹 World Heart Federation은 2000년에 매년 9월 29일을 '세계 심장의 날 World Heart Day'로 정하여 심장병의 위험성을 전 세계에 알리고 심장병을 적극적으로 예방하기 위해 매년 주제를 정하여 심장병 홍보 및 예방 활동을 하고 있습니다. 우리 몸 어느 기관도 중하지 않는 것이 없지만 심장은 일상의 활력과 생명 유지에 즉각적인 영향을 주기 때문에 특히 중요합니다. 자동차 엔진의 배터리나 연료 공급의 사소한 문제로 엔진이 움직이지 않아 자동차 전체의 기능이 무력화되듯이 심장동맥의 갑작스런 폐쇄나 전기적인 난조로 심장 기능이 마비되어 사람이 갑자기 죽을 수 있기 때문입니다. 질병에 의한 사망의 절반 정도가 심장병에 의해서 일어나고 이 중 절반이 갑작스런 돌연사로 나타나기 때문에 심장병은 예방이 특히 중요한 질환입니다. 세계심장연맹은 2025년까지 심장병 사망을 25% 줄이는 25x25 계획을 진행하고 있습니다. 심장병과 돌연 심장사를 예방하기 위해서는 고혈압, 고지혈증, 당뇨병 등 기저 질환의 적극적인 치료, 채소와 생선을 위주로 하는 건강한 식사, 규칙적인 운동, 절대 금연, 스트레스 관리, 심장 증상 발작 시 즉각적인 진료가 요구됩니다.

건강백세의 복병인 심장병, 좋은 생활 습관과 좋은 음악으로 예방하고 치료하십시오.

Ludwig van Beethoven, Symphony No. 9 'Choral', 3rd Mov.
https://youtu.be/ecDhLebBBhc

9월 30일 파파게노 효과

## 모차르트, 오페라 '마술피리'에서 '파파게노 파파게나'

**파파게노 효과에 대해서 들어 보셨습니까?**

파파게노는 모차르트의 마지막 오페라 '마술피리 Magic Flute'를 흥미진진하게 이끌어가는 익살스러운 새잡이꾼입니다. '마술피리'는 모차르트가 후원자였던 신성로마제국의 황제 요제프 2세의 사망으로 후원이 끊기면서 빚에 쪼들리는 심한 가난 속에서도 인도주의적인 박애 사상으로 세계시민주의를 추구하는 엘리트 비밀결사조직인 프리메이슨 단원으로 활동하던 중에 완성했습니다. 현자 자라스트로와 이에 대항하는 밤의 여왕 사이 선악 싸움에다 길 잃은 왕자 타미노와 밤의 여왕의 딸 파미나, 새잡이 파파게노와 애인 파파게나의 사랑이야기를 가미하여 프리메이슨 정신이 결국 승리한다는 교훈에 흥미를 더한 오페라입니다. 모차르트가 죽기 두 달 전인 1791년 9월 30일 초연되었고 크게 호응을 얻어 100회가 넘게 공연이 이어졌습니다. '마술피리'에서 유명한 노래 가운데 하나가 '파파게노 파파게나 Papageno Papagena'입니다.

'파파게노 파파게나'는 파파게노가 사랑하는 파파게나와 헤어지게 된 것을 비관하여 자살하려는데 세 명의 요정이 나타나 희망을 주는 노래로 자살을 만류하면서 마법을 부려 파파게나를 보여주자 파파게노와 파파게나가 반가움에 어쩔 줄 몰라 말을 더듬거리면서 서로의 이름을 부르며 아들 딸 많이 낳아 행복하게 살자고 하는 노래입니다. 유명인의 자살로 모방 자살이 확산되는 현상을 '베르테르 효과 Werther Effect'라고 하는데 언론이 자살 사건의 보도를 자제하여 모방 자살을 줄이는 것을 '파파게노 효과 Papageno Effect'라고 합니다. 이는 파파게노의 자살이 요정들의 기지로 저지된 것처럼 언론이 보도를 자제하면 모방 자살을 막을 수 있다는 것입니다.

가을이 무르익어가면서 날씨도 쌀쌀해지고 낙엽도 하나 둘 떨어지기 시작했습니다. 바야흐로 누구든지 외롭다고 느끼며 삶의 의미를 되새겨보는 고독과 사색의 계절이 되었습니다. 가을에 유난히 감상적인, 가을을 타는 사람이 있기는 하지만 고독감과 우울감이 심하거나 지속되면 계절성 우울증일 가능성이 많습니다. 일조량이 감소하여 행복 호르몬인 세로토닌과 숙면 호르몬인 멜라토닌의 감소가 주된 원인이나 사랑하는 사람과 이별 또는 취업이나 사업의 실패로 촉발될 때도 많습니다.

가을은 나뭇잎만 하나 떨어져도 슬픈 계절이오니 가을에는 떠나지 마십시오.

Wolfgang Amadeus Mozart, Opera 'Magic Flute', 'Papageno Papagena'
https://youtu.be/87UE2GC5db0

10월 1일 시월

## 뢀프 뤠브랜드 작사 작곡, 한혜경 개사, '시월의 어느 멋진 날에'

### 10월이 되면 꼭 듣고 싶은 노래가 있으셨지요?

10월이니까 '10월의 어느 멋진 날에'를 10월 언젠가는 꼭 들어야 하는데 기다릴 게 뭐가 있겠습니까! 이 멋진 노래를 듣고 싶어 무려 9달을 기다렸는데요. '10월의 어느 멋진 날에'는 결혼식 축가로도 많이 부르기에 노래 가사에 맞춰 일부러 결혼 날을 10월로 정하기도 한다고 들었습니다. 이 노래는 노르웨이 뉴에이지 그룹 시크릿가든 Secret Garden의 단원인 뢀프 뤠브랜드 Rolf Løvland가 1995년 작사 작곡한 노래 'Danse mot Vår (Dance to Spring)'를 '봄의 세레나데 Serenade to Spring'라는 연주곡으로 편곡한 것에 작사가 한혜경이 가사를 붙여 만든 번안곡입니다.

한혜경은 김종서의 '아름다운 구속' 등 많은 인기 가요의 가사를 쓴 전문 작사가입니다. 원제의 계절은 봄인데 가을인 10월로 바뀐 것은 2001년 음반기획사의 요청으로 한혜경이 가사를 쓸 때 남반구인 호주에 있었기 때문입니다. 이 곡의 녹음이 10월로 예정되어 있었는데 10월이 호주에서는 원제와 같은 봄이기 때문에 그냥 10월로 했다고 합니다. 2001년 10월 발표된 바리톤 김동규의 앨범에 삽입되어 감미로운 선율과 함께 "눈을 뜨기 힘든 가을보다 높은 저 하늘이 기분 좋아. 휴일 아침이면 나를 깨운 전화 오늘은 어디서 무엇 할까? 창밖에 앉은 바람 한 점에도 사랑은 가득한 걸, 널 만난 세상 더는 소원 없어 바램은 죄가 될 테니까"로 시작하는 심금을 울리는 아름다운 가사 때문에 인기가 급상승한 이후 10월의 필수 애청곡이 되었습니다.

우리나라 대표적인 성악가 바리톤 김동규는 작곡가 아버지와 성악가 어머니 사이에 1965년 11월 14일 서울에서 태어나 연세대 성악과를 졸업하고 1989년 이태리 베르디 국립음악원에 수석 입학했습니다. 유학 2년만인 1991년 베르디 국제성악콩쿠르에서 1위를 하고 푸치니의 오페라 '토스카 Tosca'로 데뷔했습니다. 한국인 최초 이태리 라 스칼라 극장 주역 가수가 되어 활발하게 활동하던 중 1999년 이혼하고 홀로 귀국했습니다. '10월의 어느 멋진 날에'는 이혼 후 실의에 빠져있던 그를 다시 일으켜 세워 준 기적과 같은 그의 대표곡입니다. 10월은 노래 '10월의 어느 멋진 날에'가 있어 사랑을 시작하기도 좋고 사랑의 결실을 맺기도 딱 좋은 달입니다.

사랑만 있으면 언제나 멋진 날이니 사랑으로 하루하루가 멋진 시월이 되십시오.

Rolf Løvland/한혜경 번안, '10월의 어느 멋진 날에'
https://youtu.be/CcrE2YS91Ug

10월 2일 모차르트 효과

## 모차르트, 2대의 피아노를 위한 소나타 라장조

### 모차르트 효과는 언제까지 유효할까요?

10월은 노인의 달이고 10월 2일은 '노인의 날'입니다. 우리나라가 노인에 대한 사회적 관심과 경로 의식을 높이기 위해서 1997년 10월 2일을 법정 기념일로 지정했습니다. 2020년 우리나라 인구통계에 의하면 65세 이상 고령인구 비율이 15.7%이었는데 2025년에는 20.3%에 이르러 초고령 사회에 진입하고 2030년에는 25%에 이를 것이라고 했습니다. 2020년 100세를 맞으신 어르신은 1,700여 명이고 100세 이상 어르신 수는 총 21,400여 명인데 여성이 16,200여 명, 남성이 5,200여 명으로 여성이 남성보다 3배나 많습니다. 정부에서는 매년 노인의 날에 새로 100세가 되신 어르신에게 명아주 goosefoot로 만든 지팡이 청려장을 증정하여 백수를 축하합니다.

캘리포니아대학 고든 쇼 Gordon Shaw와 위스콘신대학 프랜시스 라우셔 Frances Rauscher 교수 등이 대학생 36명에게 모차르트의 '두 대의 피아노를 위한 소나타 라장조'를 들려주었더니 IQ 검사 중 공간추리력 분야가 향상되는 것을 관찰하고 이를 1993년 과학학술지 '네이처 Nature'에 발표했습니다. 모차르트 음악이 특정 뇌 신경세포 연결망을 늘려서 수학이나 과학에 필수적인 시공간 추론이나 형태 비교 능력을 향상시키는 것이라고 합니다. 그러나 이 효과는 15분 이상 지속하지 않고 IQ 전체를 향상시키는 것도 아니었으나 일부 선정적인 언론이 이를 심하게 과장하여 모차르트 음악이 지능을 향상시키는 '모차르트 효과'가 있다고 썼습니다. 음악이 지능을 향상시키지는 못 하더라도 스트레스를 완화시키고 긍정적인 생각을 갖게 하며 수면에 도움이 되는 것만은 확실합니다. 또한 혈압과 맥박을 안정시켜 심혈관질환의 예방과 치료에 도움이 되고 치매 환자의 기억력 회복에도 효과가 있습니다. 이러한 음악 효과는 노인에서도 비슷하여 연령에 따른 차이가 거의 없다고 합니다.

모차르트 효과가 인정되는 대표적인 모차르트 음악에는 '두 대의 피아노를 위한 소나타 라장조'와 '피아노 협주곡 21번 2악장', '23번 1악장', '교향곡 40번 1악장', '바이올린 소나타 K378', '호른 협주곡 3번 2악장', '클라리넷 협주곡 2악장', '소야곡 2악장', '오페라 피가로의 결혼 서곡', '오페라 마술피리 서곡' 등으로 많습니다.

젊든 늙든 모차르트 효과가 있으니 음악을 즐겨 들으시고 연주회도 자주 가십시오.

Wolfgang Amadeus Mozart, Sonata for Two Pianos in D major
https://youtu.be/P6PHjy4or28

10월 3일 개천절

## 채정은 작사, 한태수 작곡, '아름다운 나라'

**일 년 중 국경일과 정부 기념일이 제일 많은 달은 언제일까요?**

시월입니다. 시월은 2개의 국경일 (개천절, 한글날)에 국군의날을 포함한 11개의 정부 기념일이 있습니다. 10월 3일 개천절은 단군을 교조로 숭배하는 대종교의 경전 '삼일신고'에 근거하여 배달민족의 시조 단군왕검이 고조선을 세운 것을 기념하는 날입니다. 단군왕검이 기원전 2,333년 나라를 열고 세운 날이니 개국절 또는 건국절이라고 해야 할 것인데 개천절이라고 한 것은 단군왕검의 아버지 환웅이 하늘을 열고 백두산 신단수 아래로 내려와 홍익인간과 이화세계의 대업을 시작한 날이기 때문입니다. 개천절은 원래 단군을 숭배하는 대종교에서 1909년 제정한 자체적인 경축일이었는데 1919년 상해임시정부에서 단군이 한민족의 시조이고 고조선은 한민족 최초의 국가라는 인식에서 국경일로 제정했습니다. 개천절 노래 또한 정인보 작사 김성태 작곡의 대종교 기념 축가를 그대로 채택한 것입니다.

국경일 경축 행사에는 애국가와 함께 해당 국경일의 노래를 부릅니다. 애국가와 국경일의 노래와 더불어 많이 부르는 노래가 또 있는데 한태수 작곡 채정은 작사의 '아름다운 나라'입니다. 이는 2007년 작곡가 한태수가 퓨전 국악관현악단 '놀이터'의 2집 앨범에 'Fly To The Sky'라는 이름의 연주곡으로 발표한 것을 2008년 채정은이 가사를 붙여 소프라노 신문희의 앨범 'MOONY'에 발표한 것입니다. 지금은 애국가 다음으로 많이 부르고 중고등학교 음악 교과서에도 수록되어 있습니다. 흥겨운 12/8박자 굿거리 국악 장단에 "큰 바다 있고 푸른 하늘 가진 이 땅 위에 사는 나는 행복한 사람 아니냐! 강 물빛 소리, 산 낙엽 소리, 천지 사방이 고우니 즐겁지 않은가! 바람 꽃 소리, 들풀 젖는 소리, 아픈 청춘도 고우니 맘 즐겁지 않은가! 참 아름다운 많은 꿈이 있는 이 땅에 태어나서 행복한 내가 아니냐? 큰 추위로 견뎌낸 나무의 뿌리가 봄 그리운 맘으로 푸르다 푸르게 더 푸르게 수만 잎을 피워내 한 줄기로 하늘까지 뻗어라"는 아름다운 나라 금수강산에 사는 대한국민을 위로하고 격려하는 가사로 범국민적인 공감을 얻어 제2의 애국가로까지 사랑을 받고 있습니다.

우리는 단군의 건국이념처럼 사람과 자연을 두루 이롭게 하는 홍익인간이 되고 우리나라는 이치에 맞게 순리대로 돌아가는 이화세계의 아름다운 나라가 되도록 합시다.

채정은 작사, 한태수 작곡, '아름다운 나라'
https://youtu.be/kIYqcvQ7HFw

10월 4일 기도

## 김현승 시, 안정준 곡, '가을의 기도'

**들판에 곡식이 익어 고개를 숙이고 있는 것을 보면 무슨 생각이 나십니까?**

장-프랑수와 밀레 Jean-François Millet의 '만종'에서처럼 기도하는 모습이 아닐까요. 프랑스 자연주의 화가로 고흐가 닮고 싶었던 선망의 롤 모델이었던 밀레는 1814년 10월 4일 노르망디에서 중농의 8남매 중 장남으로 태어났습니다. 미술에 재능을 발견한 아버지의 배려로 19살에 미술 공부를 시작했습니다. 아버지가 세상을 떠나 2년 만에 미술 공부를 중단하고 집으로 돌아왔으나 할머니의 도움으로 이듬해 파리의 에콜 데 보자르 École des Beaux-Arts에 들어가서 그림 공부를 다시 시작했습니다. 1839년 25살에 로마 대상에 응모했으나 낙방하고 생계를 위해 초상화나 풍속화 등을 그렸으나 끼니를 잇지 못할 정도로 극도로 가난했습니다. 가난 속에서 결혼했으나 3년 만에 아내를 폐병으로 잃었습니다. 31살에 카페 종업원과 재혼했으나 신분이 낮다며 집안의 반대가 심해 정식 결혼은 못 하고 살다가 61살로 타계하기 2주 전에 결혼식을 올렸습니다. 그래도 사실혼 관계를 유지하며 9명의 자녀를 낳았습니다.

밀레는 파리의 궁핍한 도시 생활에 지쳐 1849년 35살에 근교 바르비종 Barbizon으로 이주했습니다. 농사를 지으면서 본격적으로 농촌 풍경과 가난한 농부의 삶을 그렸고 이듬해에 '씨 뿌리는 사람'으로 살롱전에 입선했습니다. '씨 뿌리는 사람'은 밀레가 이념과 무관하게 농부의 가장 기본적인 씨 뿌리는 행위를 통해 평범한 노동의 숭고함과 순환하는 자연의 힘, 도시를 떠난 자연에서 소박한 삶을 그린 것이었습니다. 하지만 그때까지 화폭의 전면에 등장한 적이 없었던 노동자와 농민이 등장하여 보수주의자는 노동자 혁명을 암시하는 거라며 불온시했고 사회주의자들은 뜨거운 찬사와 격려를 보내는 논란이 일었습니다. 1857년 '이삭 줍는 여인들 The Gleaners', 1859년 그의 대표작 '만종 The Angelus'을 완성했습니다. '만종'이라고 번역된 Angelus는 삼종기도로서 천주교에서 아침 6시, 정오, 저녁 6시로 하루에 세 번 드리는 기도인데 세 번 종을 쳐서 기도 시간을 알려주기 때문에 삼종기도라고 합니다. 밀레의 그림 '삼종기도'가 '만종'으로 번역된 것은 그림 속 기도가 저물 때 드리는 삼종기도여서 한자 저물 '만'에 삼종기도의 '종'을 붙여 '만종'이라고 한 것이나 좀 어색한 번역입니다.

많든 적든 추수할 것이 있다는 것은 감사한 일이니 늘 감사하며 거두십시오.

김현승 시, 안정준 곡, '가을의 기도'
https://youtu.be/fCdh5O5K24E

10월 5일 동포

## 차이콥스키, 교향곡 6번 '비창'

**지구촌 어디를 가나 우리나라 사람을 만나게 되는데 재외동포는 얼마나 될까요?**

재외동포는 2019년 외교부 통계에 의하면 750여만 명이나 됩니다. 노르웨이, 핀란드, 덴마크 등 유럽의 강소국의 인구보다 많고 스위스에 근접하는 동포가 지구촌 170여 나라에 퍼져있는 것입니다. 미국 255만 (34.0%), 중국 조선족 포함 246만 (32.9%), 일본 82만 (11.0%), 캐나다 24만 (3.2%), 우즈벡 고려인 포함 18만 (2.4%), 베트남 17만 (2.3%), 러시아 고려인 포함 17만 (2.3%), 호주 17만 (2.2%), 카자흐 11만 (1.5%), 필리핀 8.5만, 브라질 5.1만, 독일 4.4만, 프랑스 4.0만, 영국 4.0만 등입니다. 중국, 소련, 일본에 거주하는 동포들은 각각 조선족, 고려인, 조선인으로 불리는데 일제강점기에 자진 또는 강제 이주한 분들이며 북미 유럽 남미 아시아 지역 동포는 대부분 1960년대부터 시작된 해외 이민자와 그의 후손들입니다.

2007년 참여정부는 재외동포의 권익 신장과 역량 강화, 한민족의 정체성과 자긍심 고취, 동포 간 화합 및 모국과 동포 사회의 상생 발전을 위해 10월 5일을 '세계 한인의 날'로 정했습니다. 재외국민은 한국인으로 외국의 영주권을 취득한 자 또는 여러 목적으로 외국에 거주하고 있는 자를 말하고 해당 국가의 시민권을 획득한 자는 외국 국적 동포라고 하며 이들 모두를 다 합하여 재외동포 또는 교포라고 합니다. 따라서 재외동포는 가장 포괄적인 말로 한국 국적의 보유 여부와 상관없이 국외에 거주하고 있는 한국인을 말합니다.

재외동포로서 세계적인 첼리스트 장한나 Han-Na Chang와 바이올리니스트 장영주 Sarah Chang는 모두 부모가 음악가이고 성도 같고 나이도 비슷합니다. 장영주는 1980년 12월 10일 미국 필라델피아 출생으로 미국 시민권자여서 외국 국적 동포이고 장한나는 1982년 12월 23일 경기도 수원 출생으로 미국 영주권자여서 재외국민인데 둘 다 뉴욕에 거주하는 재외동포입니다. 장한나는 "첼로는 연주할 수 있는 곡이 한정적이어서 더 많은 음악을 보다 더 많은 사람들과 함께하고 싶다"며 지휘자 로린 마젤 Lorin Maazel에게 지휘를 공부를 하여 2007년 지휘자로 등단했습니다. 2017년부터 노르웨이 트론헤임 Trondheim 교향악단 수석지휘자 겸 음악 감독으로 활약하고 있습니다.

재외동포님은 우리나라 해외 영토 개척자이자 홍보 대사이니 사랑과 존경을 드립시다.

Pyotr Ilyich Tchaikovsky, Symphony No. 6 'Pathétique' (Hanna Chang 지휘)
https://youtu.be/Wndp6taP95o

10월 6일 백신

## 모차르트, 신포니아 콘체르탄테 내림 마장조

**2020년 코로나 팬데믹에서 인류를 구해준 것은 무엇이었을까요?**

화이자, 모더나, 아스트라 제네카 등 다국적 제약사가 선도해서 개발한 코로나 백신이었습니다. 그래미상을 15분야에서 수상한 대기록을 가진 바이올리니스트 이츠하크 펄만 Itzhak Perlman은 1945년 8월 31일 이스라엘에서 이발사의 아들로 태어나 4살에 소아마비에 걸렸습니다. 그는 소아마비 후유증으로 정상 보행이 어려워 목발을 짚고 이동을 하고 바이올린이지만 연주를 항상 앉아서 합니다. 소아마비는 폴리오바이러스 Poliovirus가 입을 통해 우리 몸으로 들어와 목이나 위장관 점막 세포에 있는 수용체를 통해 세포 안으로 들어가서 증식한 후 혈액으로 들어가 뇌나 척수의 운동신경을 파괴하여 신체마비와 변형을 일으키는 병입니다. 하지만 소아마비는 소아마비 백신에 의해 소멸 직전에 처해있습니다. 소아마비 백신은 조나스 소크 Jonas Edward Salk가 1952년 3월 26일 개발했는데 그는 백신에 대해 특허를 주장하는 것은 태양에 대해 특허를 주장하는 것과 같다며 당시 70억 달러로 추산되는 특허를 포기했습니다.

소크 박사의 특허 포기로 소아마비 백신을 값싸게 널리 보급할 수 있게 되어 그는 당시 미국 대통령 아이젠하워로부터 '인류의 은인'이라는 칭송을 받았고 존경받은 의학자로 기억되고 있습니다. 이는 2020년 코로나 백신 개발로 수십조에 이르는 천문학적인 돈을 번 영국과 미국 제약사들의 경우와 달랐습니다. 어떤 과학자나 회사가 신약이나 새 백신의 개발에 성공했더라도 성공의 모든 공이 그에게만 있다고 할 수 없습니다. 협주곡의 성공적인 연주가 독주 연주자와 관현악단의 협업에 달려있듯이 백신 개발도 국가의 지원과 실패를 거듭한 많은 과학자들의 선행 연구에 힘입은 것이기 때문입니다. 1956년 10월 6일 앨버트 사빈 Albert Bruce Sabin 박사가 소아마비 백신을 주사가 아닌 먹는 약으로 개발하여 소아마비의 퇴치를 앞당겨주었습니다.

모차르트의 바이올린, 비올라, 관현악단을 위한 합주협주곡 내림 마장조 Sinfonia Concertante in E flat Major for Violin, Viola and Orchestra는 독주 바이올린과 비올라의 합주에 관현악단의 협주로 이뤄지는 합주협주곡입니다. 백신이나 신약 개발도 합주협주곡처럼 개인 연구자들의 협업과 정부와 기관의 협조에 의해 이뤄집니다.

손 씻기, 기침 예절, 백신 접종의 합주 협주로 코로나와 여타 감염병을 퇴치합시다.

Wolfgang Amadeus Mozart, Sinfonia Concertante in E flat Major
https://youtu.be/m7zBm_Tnf9M

10월 7일 이면

## 드뷔시, '달빛'

**앞뒤가 똑같은 사람이 얼마나 있을까요?**

동전처럼 앞뒤가 다르고 수박처럼 겉과 속이 다른 표리부동한 사람이 많아 앞모습이나 겉모습만 보고 판단했다가 나중에 실망하거나 낭패를 당할 때가 있습니다. 그래서 "열 길 물 속은 알아도 한 길 사람 속은 알 수 없다"라는 속담이 있습니다. 지금은 강물도 오염되어 한 길 물 속이나 한 길 사람 속이나 다 알 수 없다고 고쳐야겠습니다. 달은 공교롭게도 자전 주기와 공전 주기가 29.5일로 같아서 언제나 한결같이 앞면만 보여줍니다. 그래서 볼 수 없는 달의 이면은 늘 신비의 대상이었고 외계인이 살고 있다는 등 갖은 주장과 상상이 있었습니다. 달의 이면은 1959년 10월 7일 소련의 무인 달 탐사선 루나 3호가 찍은 사진으로 낮고 평탄한 앞면에 비해 높고 험한 것으로 드러났고 초원이 있다거나 외계인이 산다는 것은 허무맹랑한 거짓으로 밝혀졌습니다. 달의 앞면과 뒷면이 판이하게 다른 것은 45억여 년 전 태양계가 생성될 때 화성 크기의 행성 테이아 Theia가 지구와 같은 궤도를 돌다가 지구와 충돌하여 지구와 테이아의 지각 일부가 떨어져 나가 두 개의 달이 만들어졌다가 이들이 융합하여 하나의 달이 되었다는 '지구 행성 거대충돌 Big Splash설'을 뒷받침해주었습니다.

루나 3호를 통해 달의 이면을 관찰한 지 10년 후인 1969년 인간이 달에 착륙함으로써 달에 대한 의문이 많이 풀렸으나 달은 여전히 신비로운 존재로 고전음악을 비롯한 많은 예술 창작의 소재가 되었습니다. 달을 소재로 한 대표적인 고전음악에는 베토벤의 피아노 소나타 '월광 Moonlight', 드뷔시의 '달빛 Clair de Lune', 드보르작의 '달님에게 Song to the Moon', 벨리니의 '방랑하는 은빛 달이여 Vaga Luna, Che Inargenti', 차이콥스키 백조의 호수에서 '정경 (달빛 호수 Lake in the Moonlight)', 쇤베르크 '달에 홀린 광대 Pierrot Lunaire' 등이 있습니다. 드뷔시의 '달빛 Clair de Lune'은 1890년 작곡된 피아노를 위한 '베르가무스크 모음곡 Suite Bergamusque' 중 3번째 곡입니다. 조용히 떠오른 은은한 달빛이 간간이 일렁이는 잔물결 위에 반짝이는 듯한 느낌으로 낭만주의적인 서정성과 인상주의적인 색채감이 돋보입니다.

30억 년 만에 보게 된 달의 뒷모습처럼 인간의 이면도 그렇게 다를 수 있으니 인간의 볼썽사나운 이면을 애써 보려 하지 마시고 그저 보이는 대로만 보십시오.

Claude Debussy, Suite Bergamusque No. 3 'Clair de Lune (Moonlight)'
https://youtu.be/BubaEmJg4so

10월 8일 심박동기

## 캔디 드루지, 귄터 멘데, 제니퍼 러쉬, 매리 수잔, '사랑의 힘'

### 사랑의 무게는 얼마나 될까요?

사랑을 하면 가슴이 두근두근하니 4근이라는 우스갯소리가 있습니다. 한 근은 고기로는 600그램, 채소와 곡물은 400그램이므로 사랑의 무게는 2,400그램입니다. 이처럼 사랑은 몸이 2.4 kg씩이나 축나는 힘든 작업이고 심장이 잘 뛰어줘야 가능한 일입니다. 아케 세닝 Åke Senning은 1915년 9월 14일 스웨덴 라트비크에서 태어나 웁살라대학 의대를 나와 심장외과 전문의가 되었습니다. 1956년 카롤린스카 Karolinska 병원 실험외과 조교수가 되어 1957년 심방 교환 세닝 수술법을 개발하고 1958년 10월 8일 세계 최초로 완전 삽입형 인공 심박동기 cardiac pacemaker를 이식했습니다. 1961년 스위스 츄리히대학병원 심장외과 과장에 초빙되어 1969년 스위스 최초로 심장이식 수술을 시행하였고 1977년 안드레아스 그루엔치히 Andreas Gruentzig의 세계 최초 관상동맥 풍선확장술의 성공을 뒷받침해주었습니다. 세닝이 처음으로 인공 심박동기를 이식해 준 환자 아르네 라르손 Arne Larsson은 자신과 동갑으로 43세인 1958년 첫 번째 인공 심박동기를 이식받고 이후 86살까지 43년을 더 사는 동안 총 26개의 심박동기를 시술받으며 세닝 자신보다 1년 더 오래 살았습니다.

세닝이 인류 최초 삽입형 인공 심박동기를 시술하게 된 이면에는 환자 부인의 위대한 사랑이 있었습니다. 남편이 완전 방실전도차단이라는 서맥성 부정맥 때문에 하루에도 20번까지 의식을 잃고 경련을 하는 것을 보고 세닝에게 인공 심박동기를 만들어 심장을 뛰게 해달라고 매일 졸랐던 것입니다. 이에 세닝이 의사에서 의료기 발명가로 전향한 루네 엘름크비스트 Rune Elmqvist에게 완전 삽입형 인공 심박동기를 개발하도록 한 것입니다. 사람 몸에 기계장치를 장착하여 생명을 유지하는 것이 윤리적인 논란거리가 되었던 당시에 현명한 아내의 '사랑의 힘'으로 남편이 생명을 얻고 인공 심박동기에 의한 부정맥 치료의 새 시대를 열었습니다. 이처럼 사랑은 사람을 움직이게 하고 심장을 다시 뛰게 하는 강력한 힘이 있습니다. 1984년 발표된 제니퍼 러시 Jennifer Rush의 '사랑의 힘 The Power of Love'은 1985년 영국 차트 1위를 차지했는데 1994년 셀린 디온이 다시 불러 미국과 캐나다에서 1위를 한 명곡입니다.

사랑이 시들었거나 사랑이 아플 때 약은 사랑밖에 없으니 사랑을 아낌없이 드리세요.

Candy DeRouge/Gunter Mende/Jennifer Rush/Mary Susan, 'Power of Love'
https://youtu.be/Y8HOfcYWZoo

10월 9일 한글

## 방탄소년단, '더 이상 꿈은 없어'

### 대한민국 공용어를 아십니까?

당연히 한글입니다. 그런데 일상에서 쓰는 말이나 티비 방송이나 신문을 보면 한글이 국어가 맞는지 의심스러울 때가 많습니다. 세계화라는 이름으로 국내에서 개최하는 학술 행사도 공식 언어를 영어로 하는 경우가 많아 모국에서 모국어인 한글을 쓸 수 없기도 합니다. 하지만 한글의 국제적인 위상은 한류 붐을 타고 급속히 높아져서 '국제 언어'로 자리를 잡아가고 있습니다. 한글을 외국어로 채택한 나라가 2018년 28개국에서 2019년 30개국, 2020년 39개국으로 늘어 2020년 기준으로 전 세계 1,669개 초중고교에 한국어반이 개설돼 15만 9,864명이 수업을 듣고 있고 대학에 한국어학 또는 한국학 전공 강좌도 107개 나라 1,395개 대학에 개설되어 있습니다. 한글을 사용하는 인구도 7,700만여 명이나 되어 프랑스어보다 1단계 높은 14위에 올랐습니다.

한글 창제 전에 우리나라는 고유 글자가 없어 중국에서 도입한 한자와 신라 때 설총이 만든 이두 문자를 사용했는데 한자는 우리말과 맞지 않을 뿐만 아니라 글자가 많고 쓰기도 어려워 일반 백성은 사용할 수 없었습니다. 이에 세종대왕이 한자가 있으니 새로운 문자를 만들 필요가 없다는 최만리를 비롯한 많은 유학자들의 극렬한 반대에도 "나라말이 중국과 달라 서로 맞지 아니하여 배우지 못한 백성이 이르고자 할 것이 있어도 뜻을 펴지 못하는 사람이 많다"고 1443년 훈민정음을 창제하여 1446년 반포했습니다. 한문을 고수하는 사대부 지식층의 저항으로 전파에 어려움이 많았으나 왕실과 일부 양반, 여성과 서민을 중심으로 전해져서 창제된 지 무려 450여 년이 지난 1894년 갑오개혁 때에야 "모든 공문은 한글로 본을 삼을 것"이라고 칙령에 명시함으로써 공식 나라 글이 되었습니다. 하지만 아직도 습관적으로 한자나 영어를 끼워 넣는 일부 영혼 없는 언론과 지식인들에 의해 한글은 업신여김을 당하고 있습니다.

7인조 남성노래패 방탄소년단 BTS은 2013년 '더이상 꿈은 없어 No More Dream'를 표제곡으로 한 음반 "2 COOL 4 SKOOL"로 등단하여 전 세계에 케이팝 열풍을 일으키고 빌보드 역사상 처음으로 노랫말이 한글인 노래 (다이나마이트)로 핫 100에서 1위를 차지하는 등 많은 기록을 세웠는데 2022년 활동을 잠정 중단했습니다.

우리 모두 한글의 수호천사가 되어 한글과 한류가 세계로 계속 퍼져나가게 합시다.

BTS, 'No More Dream'
https://youtu.be/InWCufh-vq0

10월 10일 경청

## 베르디, 오페라 '나부코'에서 '날아라, 마음아'

**입으로 먹는 것이 몸이 된다면 마음과 생각은 무엇이 만들까요?**

귀로 듣는 말과 눈으로 보는 글입니다. 오페라의 왕, 주세페 베르디 Giuseppe Verdi는 1813년 10월 10일 북이탈리아 론콜레에서 행상들을 상대하는 식료품점 겸 여인숙집의 장남으로 태어났습니다. 음악적 천재성은 뚜렷하지 않았으나 떠돌이 악사의 권유로 8살에 오르간을 시작하여 10살에 작은 교회의 오르가니스트가 되었습니다. 18살에 밀라노 음악원에 지원하였으나 나이가 많다는 이유로 거절당하여 밀라노에서 3년간 빈센초 라비냐 Vincenzo Lavigna 선생에게 작곡을 공부했습니다. 21살에 고향 인근 부세토로 돌아와 1836년 23살에 그를 후원해준 아버지 친구의 딸 마르게리타와 결혼했습니다. 그해 딸을 낳고 16개월 뒤에 아들을 낳았는데 아들을 낳은 지 1달 만에 딸을 잃었습니다. 이에 1839년 2월 고향을 떠나 밀라노로 갔는데 그해 10월 아들을 또 잃었습니다. 그래도 신작 오페라 '오베르토 Oberto'가 성공하여 슬픔에서 벗어난 듯했으나 이듬해에 부인을 또 수막염으로 잃었습니다. 밀라노에 온 지 1년 4개월 만에 아들과 부인마저 잃어 결혼 4년 만에 처자식을 다 잃고 홀아비가 되었습니다.

베르디는 홀로 고향 부세토로 돌아와 칩거하며 오페라 '왕궁에서 하루'를 완성했으나 1840년 9월 초연에 실패하여 음악은 물론 삶까지 포기하려고 했습니다. 그러나 라 스칼라 극장 매니저인 메렐리 Merelli의 집요한 설득으로 마음을 잡고 1841년 오페라 '나부코 Nabucco'를 완성하고 1842년 3월 초연에서 크게 성공했습니다. 이로써 베르디는 재기하고 이탈리아 국민 영웅이 되었습니다. '나부코'에서 주인공 나부코 왕은 기원전 597년 예루살렘을 함락시키고 유대의 왕과 지도층을 볼모로 바빌로니아로 강제 이주시킨 바빌로니아 왕 나부코느도졸 (성서의 느부갓네살 Nebuchandnezzar)을 말합니다. 왕실의 권력 암투와 바빌로니아에 끌려간 히브리인의 노예적인 삶을 그렸으나 당시 이탈리아를 지배하고 있던 오스트리아로부터 독립을 염원하는 이탈리아인의 애국심을 일깨웠습니다. 대표곡인 끌려간 히브리 노예들의 합창인 '날아라, 마음아 Va, Pensiero'도 독립된 통일 국가를 바라는 이탈리아인의 열망을 담은 곡입니다.

떠돌이의 말을 듣고 음악가가 되고 선배의 말을 듣고 재기하여 오페라의 왕이 된 베르디처럼 지나가는 사소한 말에도 귀를 기울이는 경청의 달인이 되십시오.

Giuseppe Verdi, Opera 'Nabucco', 'Va, Pensiero'
https://youtu.be/XttF0vg0MGo

10월 11일 천고마비

## 주페, 오페레타 '경 기병'에서 서곡

**왜 가을을 천고마비의 계절이라고 했을까요?**

예전에는 가을이 되면 대중매체에서 천고마비의 계절이 왔다고 떠들어 댔는데 요즘은 조용합니다. 천고마비라는 말은 중국 한시 흉노 편에 있는 "추고새마비" (가을 하늘이 높으니 변방의 말이 살찐다)에서 유래했습니다. "추고새마비"는 원래 가을 하늘이 높아지고 말에 살이 오르면 흉노족이 약탈 활동을 시작하므로 대비해야 한다는 뜻으로 사용했습니다. 중국의 북방 유목민인 흉노족은 주나라, 진나라, 한나라로 이어지는 3왕조와 6조 (수, 당, 송, 원, 명, 청)에 이르는 2,000여 년 동안 중국 북쪽 변방의 농경지대를 끊임없이 침입하여 약탈을 일삼았기에 큰 골칫거리였습니다. 진시황이 완성한 만리장성도 바로 이 흉노족 때문에 쌓은 것입니다. 농토가 없는 흉노족은 긴 겨울을 나기 위해 추수의 계절인 가을에 말을 살찌워서 말을 타고 와서 곡식을 약탈해 갔습니다. 따라서 가을 하늘이 높아지면 흉노족이 살이 오른 말을 타고 약탈하러 올 것이니 경계해야 했습니다. 이 "추고새마비"가 당나라 때에 "추고마비"로 줄어 가을을 뜻하는 말이 되었는데 우리나라에서는 "천고마비"로 바뀌었습니다.

극도로 가난했던 1960~70년대에는 살찐 것이 부러워 "천고마비"가 가을 날씨의 청명함과 만물의 풍성함을 상징하는 말로 자주 사용되었습니다. 우리나라 1인당 국민소득 100불 돌파가 1963년, 1,000불 돌파가 1977년, 2,000불 돌파가 1985년이었습니다. 한강의 기적이라고 하는 눈부신 경제 발전에 힘입어 1986년 아시안게임과 1988년 올림픽을 개최했습니다. 1995년 1만 불을 돌파하고 2006년 2만 불, 2018년 3만 불을 돌파하여 살찌는 것이 두려운 선진 부자 나라가 되었습니다. 그래서 지금은 가을이 되어도 비만에 대한 거부감 때문에 "천고마비"라는 말을 사용하지 않습니다.

프란츠 폰 주페 Franz von Suppe는 1846년 오페레타 '시인과 농부 Poet and Peasant'에 이어 1866년 오페레타 '경 기병 Light Cavalry'을 작곡했습니다. 당시 호평을 받았으나 지금은 주로 서곡만 연주되고 있습니다. 서곡은 오페레타의 주선율 5개를 이용하여 1부는 트럼펫 팡파르로 시작하는 경쾌한 행진곡이고, 2부는 죽은 병사를 추모하는 단조의 장엄하고 애절한 곡이고, 3부는 1부와 같은 행진곡입니다.

비만의 계절이니 지방과 탄수화물은 줄이고 운동으로 허벅지만 살찌게 하십시오.

Franz von Suppe, Operetta 'Light Cavalry' Overture
https://m.youtube.com/watch?v=MhWRmtsPCdM#

10월 12일 공감

## 도니제티, 오페라 '사랑의 묘약'에서 '남몰래 흘리는 눈물'

### 공감과 동정은 어떻게 다를까요?

공감 empathy은 비를 맞고 있는 사람을 보고 그에게로 가서 비를 같이 맞아주는 것이고 동정 sympathy은 비 맞고 있는 사람에게 우산을 씌워주는 것입니다. 공감은 상대의 입장으로 들어가는 것이고, 동정은 상대를 내 마음으로 들어오게 하는 것입니다. 다시 말해 공감은 상대의 처지로 들어가 상대의 감정 (정서적 공감)과 상황을 이해하여 (인지적 공감) 적절히 반응하는 것입니다. '3대 테너 Three Tenors'는 이탈리아의 루치아노 파바로티 Luciano Pavarotti, 스페인의 플라시도 도밍고 Placido Domingo와 호세 카레라스 Jose Carreras를 말합니다. 이들은 최대 11살 차이가 나지만 절정기를 경쟁하듯 같이 보냈습니다. 그러다 카레라스가 1987년 7월 15일 급성 임파성 백혈병에 걸려 활동을 중단했습니다. 1년 만에 기적적으로 회복하고 이를 기념하고 백혈병 환자를 돕기 위해 1988년 7월 14일 호세 카레라스 백혈병 재단 Jose Carreras Leukemia Foundation을 설립하고 첫 음악회를 열었습니다. 이 음악회에 카레라스의 뜻에 공감한 파바로티와 도밍고가 함께 함으로써 3대 테너 콘서트가 성사되었습니다. 이것을 계기로 1990년 7월 7일 로마 월드컵 결승전 전야제에 'Three Tenors in Concert'라는 이름으로 첫 공연을 했고 2005년까지 이어갔습니다.

루치아노 파바로티 Luciano Pavarotti는 '3대 테너'의 맏형인데 1935년 10월 12일 이태리 모데나에서 빵집 아들로 태어났습니다. 가난했지만 아마추어 테너로 노래를 잘했던 아버지를 닮아 노래를 잘했습니다. 대학은 아버지의 뜻대로 교육학을 선택했으나 졸업 후 성악가가 되었습니다. 1961년 자코모 푸치니 Giacomo Puccini의 오페라 '라 보엠 La Bohème'에서 로돌포 역으로 데뷔했습니다. 큰 성량, 고운 음색, 빼어난 고음, 육중한 풍채로 "하이 C의 제왕", "천상의 목소리"라는 별명과 함께 전 세계인의 열광적인 인기를 얻었습니다. 1988년 독일 도이치오퍼에서 도니제티 Gaetano Donizetti의 오페라 '사랑의 묘약 L'Elisir d'Amore'에서 '남몰래 흘리는 눈물 Una Furtiva Lagrima'을 불렀을 때 1시간 7분 동안 박수가 계속되어 165번이나 무대 인사를 해야 했던 것으로 기네스북에 올랐는데 2007년 췌장암으로 별세했습니다.

측은지심의 정서적 공감력과 역지사지의 인지적 공감력으로 공감의 고수가 되세요.

Gaetano Donizetti, Opera 'L'Elisir d'Amore', 'Una Furtiva Lagrima'
https://youtu.be/abFvqievYXo

10월 13일 낙엽

## 쟈끄 프레베르 작사, 조셉 꼬스마 작곡, '고엽'

**프랑스 샹송 중에서 이 가을에 듣고 싶은 노래가 있으신가요?**

프랑스 5대 샹송 '고엽 Les Feuilles Mortes (1945)', '장밋빛 인생 La Vie En Rose (1947)' '사랑의 찬가 Hymne Á L'Amour (1948)', '파리의 하늘 밑 Sous Le Ciel De Paris (1951)', '오 상제리제 Aux Champs Élysées (1969)' 중 단풍이 드는 지금에 가장 잘 어울리는 노래는 '고엽 Les Feuilles Mortes'이겠습니다. 특히 오늘은 고엽의 가수 이브 몽땅 Yves Montand이 1921년 이탈리아에서 태어난 날이기도 합니다. 그는 무솔리니 파시스트 정권을 싫어하는 부모를 따라 프랑스 마르세이유로 이주했으나 가난하여 교육도 못 받고 돈벌이를 위해 항구에서 막노동을 하며 음악홀에서 노래를 불렀습니다. 1944년 파리의 무도장인 물랭 루즈 Moulin Rouge에서 에디트 피아프 Edith Piaf를 만나 연인 사이가 되어 데뷔하는 데 많은 도움을 받았습니다.

1945년 영화배우로 데뷔하였고 1946년 영화 '밤의 문 Les Portes De La Nuit'에 출연하여 불멸의 명곡 '고엽'을 불렀습니다. '고엽'은 자끄 프레베르 Jacques Prévert의 시에 조셉 코스마 Joseph Kosma가 곡을 붙인 것으로 가을에 시든 낙엽을 통해 사랑과 이별과 인생을 노래하는 20세기 최고 샹송이 되었습니다. '고엽'은 1950년 미국에서 'Autumn Leaves'라는 노래로 빙 크로스비가 불러 큰 인기를 얻었으며 나중에 영화까지 만들어졌습니다. 'Feuilles Mortes'은 프랑스어로 죽은 나뭇잎이라는 뜻인데 마른 잎이라는 뜻의 '고엽'보다는 '낙엽'이라고 번역하는 것이 더 좋을 것 같습니다.

노래 '고엽'에 딱 어울리는 시로 레미 드 구르몽 Remy de Gourmont의 '낙엽 La Feuille'이 있습니다. 시 '낙엽'은 "시몬, 나뭇잎 져버린 숲으로 가자. 낙엽은 이끼와 돌과 오솔길을 덮고 있다. 시몬 Simone, 너는 좋으냐? 낙엽 밟는 소리가. (중간 생략) 낙엽은 밟으면 영혼처럼 운다. 낙엽은 날개 소리와 여인의 옷자락 소리를 낸다. 시몬, 너는 좋으냐? 낙엽 밟는 소리가. 가까이 오라 우리도 언젠가는 낙엽이리니. 밤이 오고 바람이 분다. 시몬, 너는 좋으냐? 낙엽 밟은 소리가"라고 한때는 청춘이었던 나뭇잎이 낙엽이 되어 우는데 너는 그 낙엽을 밟는 소리가 좋으냐고 묻습니다.

경쟁에서 고사당하여 바닥에 떨어진 낙엽과 같은 존재들이 국가와 사회 발전의 밑거름이 되어 성장 발전해 온 것이니 낙엽을 밟을 때마다 그들의 희생을 생각해주세요.

Jacques Prévert/Joseph Kosma, 'Les Feuilles Mortes'
https://youtu.be/4qrnzX5GcN8

10월 14일 포도주

## 하이든, 현악사중주 76-2번 '5도'

**포도주를 좋아하십니까?**

오늘은 포도주의 날입니다. 고전음악은 좋아하게 되는 데 시간이 오래 걸리기 때문에 와인에 비유되기도 합니다. 그런데 고전 음악가나 고전음악 애호가 중에는 와인을 좋아하는 사람이 많습니다. 우리나라는 1인당 술 소비량으로 세계 1위인데 순한 술을 선호하는 음주 문화의 변화로 2007년 포도주가 위스키를 추월했습니다. 알코올 도수가 막걸리와 맥주 5~7도, 포도주와 정종 10~20도, 소주 15~30도, 위스키 40~50도로 포도주가 순하기 때문입니다. 포도주는 색깔에 따라 레드 red 와인, 화이트 white 와인과 연한 적색의 로제 rose 와인으로 나눕니다. 발효 시 검붉은 포도 껍질이 들어가면 레드 와인이 되고 들어가지 않으면 화이트 와인이 됩니다. 레드 와인처럼 포도 껍질을 넣고 발효하다가 적절한 시점에 제거하면 연한 적색의 로제 와인이 됩니다. 탄산 함유에 따라 발포 포도주 sparkling wine와 일반 포도주 still wine로 나누고, 주정을 첨가하여 알코올 도수를 올린 것을 강화 포도주 fortified wine라고 합니다. 맛은 당도 (dry/sweet), 타닌 (hard, firm, soft), 산도 (tart, fresh, flabby), 도수 (powerful, rich, light), 향 (deep, complex, neutral) 등에 의해 결정됩니다.

식전 아페리티프 aperitif 와인은 달지 않고 신맛이 나고 도수가 낮은 백포도주나 탄산이 든 발포 와인을 주로 쓰고, 식사 중에 마시는 테이블 와인은 요리에 따라 생선 요리에는 화이트 와인을 쓰고 그밖에는 레드 와인을 주로 씁니다. 식후 디저트 와인으로는 당도가 높은 스위트 와인이나 도수가 높은 강화 와인을 씁니다. 고전 음악가 중 대표적인 와인 애호가로는 바흐, 하이든, 모차르트, 베토벤, 슈베르트, 브람스가 있습니다. 하이든은 급료를 와인으로 주라고 할 정도로 와인 애호가였는데 적당한 음주로 77세까지 천수를 누렸으나 베토벤은 과음으로 알코올성 간경화, 만성 췌장염과 납 중독으로 하이든보다 20살이나 더 빨리 세상을 떠나야 했습니다. 하이든은 유머가 많고 인품이 훌륭하여 같이 식사하고 싶은 음악가로 1위입니다. 하이든이 1797년 완성한 현악사중주 마지막 작품집 76번 '에르되디 Erdödy'의 2번째 곡은 1악장의 주선율이 5도씩 오르내리기 때문에 '5도 Quinten'라는 부제가 붙었습니다.

음주는 하이든처럼 막걸리든 포도주든 5도에서 5도씩만 오르내리며 적절히 하십시오.

Franz Joseph Haydn, String Quartet No. 76-2 'Quinten (Fifths)'
https://youtu.be/PWLrHydXav0

10월 15일 초인

## 리하르트 슈트라우스, 교향시 '차라투스트라는 이렇게 말했다'

**초인이란 어떤 사람일까요?**

초인 superman은 초능력자를 의미하여 프리드리히 니체 Friedrich Nietzsche가 말한 자신이 자기 삶의 주인으로 살아가는 '위버멘쉬 Übermensch'를 초인이라 한 것은 잘못된 번역입니다. 현대철학의 선구자 가운데 하나이며 서구 사상의 오랜 전통을 깨서 '망치를 든 철학자'라는 별명을 가진 니체는 1844년 10월 15일 독일 뢰켄에서 목사의 아들로 태어났습니다. 독일 본 대학에서 철학과 신학을 공부하고 라이프치히대학에서 철학 박사 학위를 받고 24살에 스위스 바젤대학교 고전문헌학 교수가 되었습니다. 바젤대학교 교수로 10년간 봉직하다가 건강 때문에 사직하고 이후 10년은 연구와 집필에 전념하였고 나머지 마지막 10년은 정신병 때문에 투병하며 보냈습니다.

니체의 대표 저서 '차라투스트라는 이렇게 말했다 Also Sprach Zarathustra'는 패러디로 가득한 철학 소설로 39살에 1부를 출간하고 이후 3부를 추가하였는데 각 부는 20여 개의 독립된 이야기로 구성되어 있습니다. 주인공 '차라투스트라'는 조로아스터교의 창시자인 자라투스트라에서 빌려온 이름이며 예수를 패러디한 것으로 니체의 분신입니다. 인간에게 맹신과 맹종을 강요하는 모든 종교의 신, 이원론적인 철학 사상이나 이념, 윤리 도덕 모두를 통칭하는 우상으로서 "신은 죽었다"라고 했습니다. 따라서 인간은 자신의 허상인 그림자의 노예로 살아가는 노예적인 삶에서 벗어나 자신이 자신의 삶과 세상의 주인이 되는 주체적이고 창조적인 '위버멘쉬'로 살아야 한다고 했습니다. 이 '위버멘쉬'가 되는 것은 대지의 뜻이고 이는 누구에게나 주체적인 삶을 살도록 충동하는 '힘에 의지 the will to power'가 있기에 가능하다고 했습니다. 니체는 자기를 극복하고 주변과 상생 상승 win-win하게 하는 '힘에 의지'로 "이 세상에는 아무것도 버릴 것이 없으며 없어도 되는 존재는 없다"라는 긍정적인 생각과 매 순간을 그냥 지나가는 것이 아니라 "영원회귀"한다는 생각으로 운명까지도 사랑하며 Amor Fati 날로 새롭게 창조적인 삶을 살라고 했습니다. 리하르트 스트라우스 Richard Strauss는 1896년 니체의 책 '차라투스트라는 이렇게 말했다'의 내용을 바탕으로 서주와 8개의 표제를 가진 악장으로 구성된 같은 이름의 교향시를 작곡했습니다.

내가 내 삶의 주인인 '위버멘쉬'로서 주체적이고 창조적인 삶을 사십시오.

Richard Strauss, Symphonic Poem 'Also Sprach Zarathustra'
https://youtu.be/6RdZ7rO_cr0

10월 16일　편지

## 김현성 작사 작곡, '가을 우체국 앞에서'

**누구에게라도 편지를 써서 보내고 싶지 않으신가요?**

요즘은 카톡이나 인터넷 메일로 쉽게 문자를 보낼 수 있어서 손 편지를 쓸 일이 거의 없습니다만 은행잎이 노랗게 물들고 있어 문득 손 편지를 쓰고도 싶어지실 것입니다. 기네스북에 오르진 않았지만 한 사람에게 가장 많은 편지를 보낸 사람은 청마 유치환일 것입니다. 청마가 통영여중 교사 시절 동료 교사 이영도를 짝사랑하여 1947년부터 1967년까지 20년 동안 6·25 전쟁 때 불탄 것을 빼고도 5,000통이 넘는 편지를 썼습니다. 그의 시 '행복'에서도 그가 거의 매일 편지를 썼던 것이 여실히 드러납니다.

**행복 〈유치환〉**

"사랑하는 것은 사랑을 받느니보다 행복하나니라.
오늘도 나는 에메랄드빛 하늘이 훤히 내다뵈는
우체국 창문 앞에 와서 너에게 편지를 쓴다.
(중간 생략)
사랑하는 것은 사랑을 받느니보다 행복하나니라.
오늘도 나는 너에게 편지를 쓰나니
그리운 이여, 그러면 안녕!
설령 이것이 이 세상 마지막 인사가 될지라도
사랑하였으므로 나는 진정 행복하였네라."

청마는 집에 부인이 있었기에 이영도 선생에게 보내는 편지는 주로 우체국에 나와 부인 몰래 썼던 것 같습니다. 시 속의 하늘이 에메랄드빛으로 푸르고 벅찬 행복감에 젖어 있는 시인의 마음 상태로 보아 때는 은행잎이 노랗게 물드는 가을 이맘때로 생각됩니다. 그래서 청마의 시 '행복'은 "가을 우체국 앞에서 사랑하는 사람을 기다리다 노란 은행잎이 바람에 날려 가는 것을 보고 세상에 아름다운 것들이 얼마나 오래 남을 수 있을까"를 생각했다는 윤도현의 '가을 우체국 앞에서'를 생각나게 합니다.

노란 은행잎이 다 지기 전에 사랑하는 그 님에게 사랑을 담아 문자라도 보내세요.

김현성 작사 작곡, '가을 우체국 앞에서'
https://youtu.be/bTij0v4_1kM

10월 17일 대장암

## 오경윤 작사, 변혁 작곡, '사랑해'

**대장암 검진 받으셨습니까?**

대장암에 걸린 유명인으로 작곡가 클로드 드뷔시, 영화배우 오드리 햅번, 미국 대통령 로널드 레이건, 록밴드 비지스의 로빈 깁, 작곡가 이영훈, 수단의 슈바이처 이태석 신부가 있습니다. 이태석 신부는 1962년 10월 17일 부산에서 태어나 1987년 인제의대를 졸업했습니다. 군의관 복무 중에 가톨릭 사제가 되기로 결심하고 광주가톨릭대학에 들어가 2001년 6월 24일 사제 서품을 받고 12월 7일 아프리카 남수단 톤즈에 의료선교사로 부임했습니다. 병원을 짓고 진료소를 만들어 질병 치료는 물론 학교를 지어 교육하고 청소년들의 꿈을 키워주었습니다. 2008년 11월 휴가차 귀국하여 받은 건강검진에서 말기 대장암이 발견되었습니다. 많은 기도와 치료 노력에도 회복하지 못하고 2010년 1월 14일 48세로 선종하여 담양 가톨릭묘원에 안장되었습니다.

이태석 신부는 음악에도 조예가 있어서 수단 아이들에게 직접 음악을 가르치고 브라스밴드를 만들어 지휘도 했습니다. 이태석 신부가 아이들에게 한글로 가르쳐 준 노래 중에는 1971년 발표된 '라나 에 로스포 Lana et Rospo'의 대표곡 '사랑해'가 있습니다. 이탈리아어로 개구리와 두꺼비라는 뜻의 '라나 에 로스포'는 리더 한민이 은희 (본명: 김은희)를 영입하여 1971년 만든 혼성 듀엣입니다. 이는 1970년 결성된 우리나라 원조 혼성 듀엣인 박인희와 이필원의 '뚜아 에 모아 Toi et Moi' (프랑스어로 너와 나)의 성공에 힘입어 결성된 것으로 이름도 비슷한 형식으로 지었습니다. 너 Toi (은희)는 이탈리아어로 개구리 Lana로 바꾸고 나 Moi (한민 자신)는 이탈리아어로 두꺼비 Rospo로 바꾸었는데 접속사를 이태리어 'e'로 하지 않고 프랑스어 'et'로 한 것이 그렇습니다. 그런데 이탈리아어로 개구리는 Rana인데 Lana로 잘못 썼습니다. "사랑해 당신을 정말로 사랑해 당신이 내 곁을 떠나간 뒤에 얼마나 눈물을 흘렸는지 모른다오"라는 가사 말은 이태석 신부가 톤즈로 다시 돌아가지 못하고 48세 젊은 나이에 먼 길을 떠나서 그를 사랑하고 따르던 많은 사람들의 마음을 울렸습니다.

암은 누구든 예외가 없습니다. 생활에서 암적인 요소를 제거하고 정기 검진으로 빨리 발견하여 제거하는 것만이 최고입니다. 이것이 사랑하는 이태석 신부님이 먼저 떠나시면서 우리에게 주고 간 교훈입니다. 사랑한다면 암 검진 지금 받으십시오.

오경윤 작사, 변혁 작곡, '사랑해'
https://youtu.be/gVkm9jBz3Cw

10월 18일　금강산

## 한상억 시, 최영섭 곡, '그리운 금강산'

**금강산에 가보셨습니까?**

우리나라 단풍은 9월 하순에 금강산과 설악산에서 시작하여 10월 중순에 지리산과 한라산에 이르러 우리나라 한반도 전체가 삼천리 금수강산이 됩니다. 지구는 육지 면적의 20%가 산이지만 우리나라는 국토의 63%가 산이어서 산의 나라입니다. 국토 면적 대비 산림 비율로 우리나라는 경제협력개발기구 OECD 국가 중 핀란드 73.1%, 일본 68.5%, 스웨덴 68.4%에 이어 세계 4위를 차지하고 있습니다.

산은 강의 발원지로 식수와 농업용수는 물론 수력 발전으로 에너지를 제공하고 동식물의 서식지로 생물 종의 다양성과 먹이사슬을 유지하여 인간에게 필요한 유무형의 자원을 제공하며 운동과 휴양의 공간을 제공합니다. 2018년 기준 우리나라 산의 공익적 가치는 온실가스 흡수 및 저장 75.6조, 산림 경관 제공 28.4조, 토사 유출 방지 23.5조, 산림 휴양 18.4조, 수원 함양 18.3조, 산림 정수 13.6조, 산소 생산 13.1, 생물 다양성 보전 10.2조 등으로 총 221조로 추산되었습니다. 이처럼 무한한 가치를 지닌 산이 무분별한 개발로 훼손되고 환경오염과 기후변화로 숲이 점점 없어지고 있습니다. 이에 유엔은 산의 가치와 중요성을 널리 알리고 산을 보호하기 위해 2002년을 산의 해로 정하고 매년 12월 11일을 '세계 산의 날'로 정했습니다. 이에 발맞추어 우리나라도 매년 10월 18일을 '산의 날'로 제정했습니다. '산의 날'을 10월 18일로 정한 것은 우리나라 풍속에 산이 단풍으로 물들어 가장 아름다운 10월에 높은 곳에 올라 풍류를 즐기던 '등고'가 음력으로 9월 9일이어서 이를 더하면 18이 되고 산과 숲을 상징하는 나무의 한자 나무 '목 木'이 열 '십 十'과 여덟 '팔 八'자가 합쳐진 형태여서 18일로 정했다고 합니다.

우리나라에 많은 산이 있지만 가고 싶어도 갈 수 없어 언제나 그리운 산이 있습니다. 백두산과 금강산입니다. 백두산은 중국 쪽으로나마 갈 수 있으나 금강산은 휴전선 너머 지척에 있음에도 갈 수 없어 그야말로 너무너무 그리운 금강산입니다. 가곡 '그리운 금강산'은 1962년 초연된 한상억 시, 최영섭 작곡의 칸타타 '아름다운 내 강산'에서 11곡 중 하나인데 포기할 수 없는 통일을 염원하는 우리나라 국민 가곡입니다.

남북통일은 아니라도 금강산이든 백두산이든 언제든지 갈 수 있는 평화의 시대가 어서 오기를 기원합니다.

한상억 시, 최영섭 곡, '그리운 금강산'
https://youtu.be/cnO_3L6Hzhc

10월 19일 소음

## 사이먼 앤 가펑클, '침묵의 소리'

**층간 소음으로 고통스럽지 않으십니까?**

윗집 아이들이 쿵쿵쿵 뛰고 다니면 어떻게 하십니까? 제 환자 중에는 부정맥 때문에 가슴이 뛴다고 오신 분들이 많습니다. 단순 조기박동 때문인 경우가 대부분입니다. 그럴 때는 환자분들께 가슴이 쿵쿵 뛰는 것을 윗집 아이들이 뛰는 것쯤으로 생각하라고 합니다. 윗집 아이들이 뛴다고 천장이 무너지는 것도 아니고 하루 내내 뛰지도 않을 것이며 그 꼬마 녀석들이 내려와 목숨을 해치는 일은 절대 없으니 신경 쓰지 말고 그냥 무시하라고 합니다. 신경을 쓰면 쓸수록 더 짜증이 나고 또 더 예민해지니 음악을 듣거나 운동을 하거나 아니면 집 청소라도 해서 관심을 다른 곳으로 돌리라고 합니다. 아무리 놀기 좋아하는 아이들이라도 잘 때가 되면 자는 것처럼 조기박동에 의한 가슴 두근거림도 어느 사이에 사라질 것이기 때문입니다.

사이먼 앤 가펑클 Simon & Garfunkel은 20세기 최고의 포크 듀오입니다. 폴 사이먼 Paul Simon과 아트 가펑클 Art Garfunkel은 1941년생 동갑내기로 뉴욕 퀸즈의 포레스트 힐에 살면서 1953년부터 초중고를 같이 다닌 죽마고우였습니다. 초등학교 때 이상한 나라의 앨리스에서 둘이 흰 토끼와 고양이 역을 맡으면서 친해졌고 같은 중학교에 진학하여 14살인 1955년부터 듀엣으로 노래를 부르기 시작했습니다. 이것이 계기가 되어 포레스트힐 고등학교에 같이 다니면서 1957년 '톰 앤 제리'라는 이름으로 음반도 냈습니다. 대학에 진학하면서 잠시 노래를 그만 두었다가 22살인 1963년 '사이먼 앤 가펑클'이라는 이름으로 다시 결합하여 1964년 10월 19일 'Wednesday Morning, 3 AM'이라는 음반을 발표했습니다. 이 음반에 '침묵의 소리 The Sound of Silence'가 들어 있었는데 호응을 얻지 못해서 해산했습니다. 1965년 9월 원곡에 전기 기타와 드럼을 추가하여 리믹스 remix 판을 냈는데 엄청난 인기를 얻어 빌보드차트 1위에 올라 세계적인 스타로 급부상했습니다. 이후 연이어 '스카보로 장터 Scarborough Fair' (1966), 'Mrs. Robinson' (1968), 'The Boxer' (1969), 'Bridge over Troubled Water' (1970) 등을 발표하여 전 세계 음악 차트를 평정했습니다.

층간 소음에 신경 쓰지 마십시오. 요란하고 시끄러운 소리는 대단한 것이 없습니다. 위대한 소리는 소리가 없으니 요란한 소리보다 침묵의 소리에 귀를 기울이십시오.

Paul Simon, 'Sound of Silence'
https://youtu.be/NAEppFUWLfc

10월 20일 용서

## 브루흐, '콜 니드라이'

**용서는 얼마나 해야 할까요?**

야구에서 타자가 스트라이크 3개를 그냥 보내거나 헛치게 되면 아웃되는 것을 '삼진아웃'이라고 하는데 같은 죄나 실수를 2번까지는 봐줄 수 있어도 3번 연속은 용서가 안 된다는 것을 뜻합니다. 예수는 제자 베드로가 "형제가 죄를 지었을 때 용서를 몇 번이나 할까요. 일곱 번까지 할까요?"라고 물었을 때 "일곱 번은 물론 일흔 번씩 일곱 번까지라도 하라"고 했습니다. 일흔 번씩 일곱 번이란 말은 490번이 아니라 용서가 될 때까지 용서하라는 뜻입니다. 계속 잘못하더라고 끝까지 용서하고 용서가 안 되어도 끝없이 용서하라는 말입니다. 그래서 기독교는 사랑과 용서의 종교라고 합니다.

독일의 작곡가 막스 브루흐 Max Bruch는 1880년 영국 리버풀 필하모니의 지휘자로 초빙을 받아 영국에 머물면서 2개의 히브리 선율을 이용하여 첼로협주곡 형식의 '콜 니드라이 Kol Nidrei'를 완성했습니다. 브루흐는 바흐처럼 독실한 개신교 신자였으나 그의 어린 시절 음악 선생님인 페르디난트 힐러 Ferdinand Hiller의 소개로 알고 지낸 유대교의 수석 찬양 인도자 cantor 아브라함 리히텐슈타인 Abraham Lichtenstein으로부터 들은 '콜 니드레 Kol Nidre' 선율에 매료되었습니다. '콜 니드레'는 모든 맹세 all vows라는 뜻이며 유대교에서 가장 성스러운 날인 속죄일 Yom Kippur (Day of Atonement, 히브리력 7월 10일)의 저녁 예배 시작 전에 거짓 맹세한 모든 죄를 참회하면서 용서를 구하는 그레고리안 성가와 유사한 낭송 형식의 기도송이나 저녁 예배 자체를 의미합니다.

브루흐의 '콜 니드라이'는 유대교의 '콜 니드레'를 제1 선율로 쓰고 제2 선율은 바이런의 시집 히브리 선율 Hebrew Melodie에서 '바빌론 강가에서 우는 사람들을 위해서 울라 O Weep for Those that Wept on Babel's Stream'라는 시에 아이작 나단 Isaac Nathan이 곡을 붙인 노래의 중간 부분을 차용했습니다. 브루흐의 독실한 신앙심을 바탕으로 만든 깊은 참회와 속죄의 음악으로 그의 바이올린 협주곡 1번 다음으로 인기가 많습니다. 하지만 그는 삽입된 유대교 기도송 선율 때문에 나치로부터 유대인으로 의심받아 10여 년이나 공식적인 연주를 금지당하는 고초를 겪었습니다.

미움과 화를 담고 있으면 내가 화를 입기에 용서는 첫째가 나를 위해서 하는 것입니다. 나에게 잘못한 남도, 나에게 잘못하는 나도 용서될 때까지 용서하십시오.

Max Bruch, 'Kol Nidrei for Cello and Orchestra'
https://youtu.be/4dNXNbPbCdc

10월 21일 노벨상

## 아바, '맘마 미아'

**노벨 예술상은 왜 없을까요?**

노벨상은 1833년 10월 21일 스웨덴 스톡홀름에서 발명가의 아들로 태어난 알프레드 노벨 Alfred Nobel의 유언에 따라 1901년부터 매년 물리, 화학, 생리의학, 문학, 평화 등 5개 분야에서 가장 위대한 업적을 남긴 개인이나 단체에 수여하고 있습니다. 수상 분야에 1969년 스웨덴 국립은행이 제정한 경제학상이 추가되었으나 예술상은 아직 없습니다. 2016년 순수 문학가가 아닌 자작가수 밥 딜런에게 문학상이 수여되면서 수상 분야에 대한 논란이 있었습니다. 문학이 예술의 근간을 이루는 핵심 분야이고 연극, 영화, 음악의 기초가 되기는 하지만 예술 전체는 아니기에 예술 분야를 신설하거나 문학상을 예술상으로 변경하는 것이 맞다는 주장이 있었습니다.

노벨 예술상이나 노벨 음악상은 없으나 노벨 음악상이라고 불리는 상이 있습니다. 폴라 음악상 Polar Music Prize입니다. 노벨상과 같이 스톡홀름 콘서트홀에서 스웨덴 국왕이 직접 시상하여 음악의 노벨상이라고 할 만큼 상징성과 권위가 있습니다. 이는 스웨덴의 전설적인 4인조 혼성 부부 그룹 아바 ABBA의 매니저 겸 작사가인 스티그 안데르손 Stig Anderson이 1989년 만들었습니다. 안데르손이 노벨상 위원회에 노벨 음악상을 제안했는데 거절하자 그의 폴라 레코드사를 매각하여 마련한 4,200만 크로나 (약 70억원)를 스웨덴 왕립 음악원에 기부하여 만들었습니다. 안데르손은 4명의 단원 Agnetha Fältskog, Björn Ulvaeus, Benny Andersson, Anni-Frid Lyngstad의 첫 글자를 따서 그룹 이름을 아바 ABBA로 지었고 데뷔곡 'Ring Ring'을 포함하여 인기곡 대부분의 가사를 썼습니다. 폴라 음악상은 가요와 클래식으로 나눠 매년 시상하고 상금으로 100만 크로나 (약 1억 7천만원)를 수여합니다. 아바는 1972년부터 1982년까지 활동하면서 Waterloo (1973), Mamma Mia (1975), Fernando (1976), Knowing Me Knowing You (1977), Take a Chance on Me (1978), The Winner Takes It All, Super Trouper (1980) 등 수많은 1위 곡을 발표하고 1999년 그들이 발표했던 노래 22곡으로 뮤지컬 '맘마 미아'를 만들어 큰 인기를 얻었습니다.

과학과 음악 분야 세계 최고의 상이 모두 스웨덴에서 제정되었습니다. 우리나라가 노벨상을 타는 것도 좋지만 이런 권위 있는 상을 만들 수 있었으면 더 좋겠습니다.

ABBA, 'Mamma Mia'
https://youtu.be/unfzfe8f9NI

10월 22일 쌍커플

## 리스트, '헝가리 광시곡', 2번

**고전 음악사에서 유명한 쌍 커플을 아십니까?**

프레데리크 쇼팽 Frédéric Chopin과 조르주 상드 George Sand 커플과 프란츠 리스트 Franz Liszt와 마리 다구 Marie d'Agoult 커플입니다. 쇼팽은 1810년 3월 1일 폴란드에서 태어나 21살 때 파리로 이주했고 리스트는 1811년 10월 22일 헝가리에서 태어나 12살 때 파리로 이주했습니다. 한 살 차이 파리 이민자였던 둘은 1833년 만나 친구가 되었습니다. 리스트는 마리 다구 백작 부인이 운영하는 살롱에 다니다가 1835년 마리 다구와 연인이 되었는데 이 살롱에서 만나 친해진 소설가 조르주 상드를 1836년 쇼팽에게 소개하여 이들도 연인이 되어 쌍 커플이 되었습니다. 이에 쇼팽은 그의 '연습곡 Etude' 10번은 리스트에게, 25번은 마리 다구에게 헌정했습니다.

쇼팽과 리스트는 6살 연상의 유부녀 연인을 가진 것까지 똑같은 닮은 꼴 친구로서 파리 사교계를 뒤흔들었고 이들의 우정은 비슷한 나이의 멘델스존 (1809년생)과 슈만 (1810년생)의 부러움을 살 정도였으나 10년도 가지 못했습니다. 쇼팽은 깡마른 체구와 볼품없는 얼굴에 소극적이고 감상적인 성격이나 순정파였던 반면에 리스트는 큰 키에 잘 생기고 활달하고 정열적이나 허세가 많고 바람둥이로 차이가 많았습니다. 가정적이지 못한 리스트와 감정 기복이 심한 마리 다구의 관계가 악화되면서 쇼팽과 리스트의 관계에도 금이 가고 결국 1844년 리스트와 마리 다구가 헤어지고 3년 후에는 쇼팽과 조르주 상드도 헤어져서 이들의 우정도 애정도 모두 다 끝이 났습니다.

리스트는 하이든이 궁정악장으로 일했던 에스테르하지 궁정의 관리인이자 궁정악단 첼리스트인 아버지 아담 리스트로부터 6살에 피아노를 배워 9살에 독주회를 열 정도로 신동이었습니다. 빈으로 가서 베토벤의 애제자인 체르니의 지도를 받았고 12살에 파리로 가서 파리음악원에 입학하려 했으나 외국인이라는 이유로 거절당했습니다. 한때 실의에 빠졌으나 21살에 파가니니의 연주를 보고 마음을 잡아 최고의 피아니스트가 되었습니다. 작곡가로서도 여러 명곡을 남겼습니다. 대표곡으로 '헝가리 광시곡 Hungarian Rhapsody'이 있는데 19개 가운데 2번이 제일 유명합니다.

쇼팽과 리스트 쌍 커플도 넘지 못한 연인 관계 10년의 벽을 돌파하기 위해서는 애정 없이도 지속 가능하도록 인간적인 매력을 키우고 신뢰를 쌓으십시오.

Franz Liszt, 'Hungarian Rhapsody' No. 2
https://youtu.be/6oGEN7oS2z4

10월 23일 비상

## 프랑코 미글리아치 작사, 도메니코 모두뇨 작곡, '볼라레'

### 하늘이 높고 푸르니 날고 싶지 않으신가요?

높고 푸른 하늘을 보면 누구든 날개를 펴고 하늘을 날고 싶을 것입니다. 높이 날고 싶은 것은 새처럼 자유를 마음껏 누리고 싶기 때문입니다. 이탈리아 칸초네 canzone 가운데 1957년 프랑코 미글리아치 Franco Migliacci가 작사하고 자작가수 도메니코 모두뇨 Domenico Modugno가 작곡한 '볼라레 Volare (날아봐)'가 있습니다. 원래 제목은 'Nel Blu Dipinto Di Blu (파란 색칠한 파란 하늘에서)'였습니다. 모두뇨가 이 노래로 1958년 제8회 이태리 산레모 가요제 Sanremo Music Festival에서 최우수상 받고 유러비전 송 콘테스트 Eurovision Song Contest에서는 3위를 했습니다.

미국에서는 'Volare'라는 이름으로 소개되었는데 1958년 미국 빌보드 차트에서 미국 가요 역사상 최초로 외국 곡으로 1위에 올라 5주 연속 1위를 하는 신기록을 세우고 1959년 제1회 그래미상에서 올해의 최우수 노래와 최우수 음반에 선정되었습니다. 가사는 작사가 프랑코 미글리아치가 같이 바닷가로 놀러 가자고 한 모두뇨를 포포로 광장에서 2시간 넘게 기다리다 지쳐 와인을 사서 집에 와 마시고 잠깐 졸다가 깨서 벽에 걸린 마르크 샤갈 Marc Chagall의 그림을 본 순간 가사가 떠올랐다고 합니다. 가사는 "다시는 이런 꿈을 꿀 수 없을 것 같아. 내 손과 얼굴이 파랗게 칠해졌어, 그러다 갑자기 바람을 타고 하늘로 올라 끝없는 하늘을 날기 시작한 거야. 날아봐, 노래해 (의역)"로 시작하는데 애초 제목은 '푸른 꿈 Dream in Blue'이었다고 합니다.

산레모는 알프레드 노벨이 여생을 보내다 생을 마감한 이탈리아 북서부 프랑스 국경 근처에 있는 고대로부터 유명한 지중해 연안 휴양 도시입니다. 산레모 가요제는 제2차 세계대전에서 패전한 후유증으로 침체된 산레모시를 재건하기 위해 1951년 시작되었습니다. 기네스북에 세계에서 가장 오래된 국제 가요제로 올라있는 유러비전 송 콘테스트도 산레모 가요제의 영향을 받아 1956년 시작한 것입니다. 산레모 가요제는 유럽국가 전체의 후원을 받는 유러비전 송 콘테스트에 밀리고는 있으나 이탈리아 칸초네의 전통을 계속 유지 발전시켜 왔고 수많은 유명 가수를 배출했습니다. 안드레아 보첼리 Andrea Bocelli도 1994년 신인상을 받고 세계적인 성악가로 성장했습니다.

잠시 일상의 무거운 짐을 내려놓고 샤갈의 하늘을 나는 연인처럼 훨훨 날아보세요.

Franco Migliacci/Domenico Modugno, 'Volare'
https://youtu.be/d-8BYJtXg7Q

10월 24일 가업

## 슈트라우스 2세, 오페레타 '집시 남작' 서곡

**자신의 직업을 자녀에게 대물림하고 싶으신가요?**

힘들지만 가업을 잇기 위해 귀농이나 귀어를 하고 쉐프나 제빵사가 되는 젊은 청년들의 이야기가 미담으로 소개되기도 합니다. 하지만 부모 입장에서는 어렵고 힘든 일을 자녀가 하려고 할 때 선뜻 동의하기가 어려울 것입니다. 선망하는 직업을 가진 부모는 자신의 직업을 대물림하고 싶겠으나 쉽지 않은 일입니다. 세계 최장 의사 가계인 스페인 발렌시아주 바르시아 가문 Barcia family도 7대에 머물렀고 세계 최고 음악가 가계인 바흐 가문 Bach family도 역시 7대까지였습니다. 3~4대는 이어갈 수 있을지 몰라도 그 이상은 불가능에 가깝다는 것을 역사가 증명하고 있기 때문입니다.

오스트리아의 유명한 음악가 가문의 요한 슈트라우스 2세 Johann Strauss II는 1825년 10월 25일 '왈츠의 아버지'인 요한 슈트라우스 1세의 장남으로 빈에서 태어났습니다. 요한 슈트라우스 2세는 어려서부터 음악을 좋아했으나 아버지 요한 슈트라우스 1세는 큰아들인 그가 음악가가 되는 것을 원치 않았습니다. 그래서 슈트라우스 2세가 몰래 바이올린을 배웠다는 이유로 심하게 때리기까지 했습니다. 슈트라우스 2세는 아버지의 심한 반대에도 굴하지 않고 19살에 자신의 오케스트라를 창단하고 작곡도 하여 명성을 얻기 시작했습니다. 24살에 아버지가 세상을 떠나자 아버지의 관현악단을 인수하여 유명한 지휘자 겸 작곡가가 되었습니다. 37살에는 악단을 동생에게 물려주고 작곡에만 전념하여 자타가 공인하는 '왈츠의 왕'이 되었습니다.

슈트라우스 2세는 '아름답고 푸른 도나우' (1867년), '빈 숲 이야기' (1868년) 등 500곡이 넘는 왈츠와 폴카를 작곡했습니다. 1870년부터 프랑스의 오펜바흐가 석권하고 있던 오페레타 operetta에도 뛰어들어 18곡이나 작곡했습니다. 오페레타는 작은 오페라라는 뜻인데 오페라보다는 짧고 가벼우며 시사 풍자적인 음악극으로 지금으로 말하면 오페라와 뮤지컬의 중간 형태입니다. '인디고와 40명의 도적' (천일야화, 1871년 초연), 빈 최고의 오페레타인 '박쥐' (1874년 초연), '베네치아의 한 밤' (1883년 초연), '집시 남작 Der Zigeuner-baron' 등이 유명합니다. 이들 가운데 '집시 남작'은 그의 60세 회갑을 자축하기 위해 1885년 10월 24일 초연한 곡입니다.

가업도 창업도 다 어렵고 힘든 일이니 모두 다 축하하고 응원해주십시오.

Johann Strauss II, Operetta 'Der Zigeunerbaron' Overture
https://youtu.be/vJj9-91kxS8

10월 25일 독도

## 한돌 작사 작곡, '홀로 아리랑'

**독도는 이름처럼 정말 외로운 섬일까요?**

1900년 고종 37년 10월 25일 대한제국 조정은 칙령 41호를 공포하여 울릉도를 울도로 이름을 바꾸고 강원도 소속 군의 하나인 울릉군으로 승격하고 2 km 떨어진 죽도와 87 km 떨어진 석도를 울릉군에 포함시켰습니다. 죽도와 석도는 크기가 비슷한데 죽도는 원래 대나무가 많아서 대섬으로 불렸고 석도는 돌로 된 섬이어서 돌섬으로 불렸습니다. 대한제국 조정에서 이들을 한자로 옮겨 쓰면서 대섬은 죽도로 하고, 돌섬은 돌 '석', 섬 '도'를 써서 석도라고 했습니다. 한편 돌섬은 해류를 따라 이주한 전라도 남해안 지역 출신 어민들에 의해서 독섬 (독섬으로 발음)으로 불렸는데 이를 한자로 표기하면서 '독'과 발음이 같은 한자로 외로울 '독'으로 써서 '독도'가 되었습니다. 돌섬은 뜻을 살린 한자 이름 '석도'와 소리를 딴 한자 이름 '독도'로 부르다가 결국 독도로 통일되어 외로운 섬이 되어 버렸습니다.

'독도'라는 이름은 1906년 울릉군수 심흥택이 조정에 올린 보고서에 처음으로 등장합니다. 돌섬이라는 원래 뜻을 생각하면 독도보다는 석도가 더 맞지만 독도로 굳어진 지가 오래되었기에 논쟁할 필요는 없습니다. 하지만 독도를 외로운 섬이라고 하는 것은 맞지 않습니다. 독도는 해발 98.6 m의 동도와 해발 168.5 m의 서도는 물론 주변에 흩어져 있는 91개의 작은 섬들을 포함하고 있기에 나홀로 섬도 아니고 온 국민의 사랑을 받고 있기에 외로운 섬도 아닙니다. 독도의 행정구역은 1945년 8월 15일 정부수립과 함께 경상북도 울릉군 남면 도동 1번지로 되었고 현재 도로명 주소는 울릉도 울릉읍 독도안용복길 (서도), 독도이사부길 (동도)로 되어 있습니다.

아리랑은 우리나라를 상징하는 민요입니다. '경기 아리랑', '정선 아리랑', '진도 아리랑', '밀양 아리랑'과 같이 우리나라 각 지역 특유의 아리랑이 50여 종류나 있습니다. 독도를 노래하는 '홀로 아리랑'은 독도 아리랑으로 자작가수 한돌님이 1989년 만든 곡으로 가장 늦게 탄생한 늦둥이 막내 아리랑입니다. 독도를 "저 멀리 동해바다 외로운 섬"이라고 표현하여 좀 아쉬우나 독도 사랑과 민족 통일을 염원합니다.

하나인 것 같은 독도가 하나가 아니듯 우리도 혼자인 것 같지만 친구가 있고 가족이 있어 혼자가 아닙니다. 독도처럼 혼자라는 생각을 떨쳐버리고 늘 행복하십시오.

한돌 작사 작곡, '홀로 (독도) 아리랑'
https://youtu.be/RD7Y3zTII_Q

10월 26일 가을앓이

## 김필연 시, 박경규 곡, '가을앓이'

**요즘 아픈 곳은 없으신지요?**

가을이라고 늘 햇빛 찬란한 날만 있는 것이 아니고 먹구름이 끼고 비가 오는 날도 있을 것입니다. 가을이 일 년 중 최고의 계절이라고 해도 날씨가 심하게 변덕을 부리면 힘듭니다. 일교차가 크고 변덕이 심한 가을날에는 평소 건강한 사람이라도 감기에 걸리기 쉽습니다. 감기는 만병의 근원이며 면역력이 약한 사람에게서는 폐렴으로 진행하여 사망에 이를 수도 있으니 몸이 춥지 않도록 주의해야 합니다. 가을에는 몸 감기뿐만 아니라 가을앓이라는 마음 감기도 걸리기 쉽습니다. 가을앓이는 가을에 특별한 이유 없이 우울해지거나 의기소침해지는 것을 말하는데 가을 정서에 예민한 여성이나 가을을 잘 타는 낭만적인 사람들이 잘 앓습니다. 몸 감기처럼 1주일 정도 앓다가 회복되면 괜찮지만 지속되면 계절 우울증일 가능성이 많아 진료가 필요합니다.

계절 우울증은 일조량이 적은 가을과 겨울철에 행복 호르몬인 세로토닌과 수면과 생체리듬을 조절하는 멜라토닌의 감소가 주된 원인입니다. 가을에 접어들어 기운이 없고 기분이 가라앉아 우울하고, 일에 흥미도 없고 집중도 안 되고, 입맛이 없거나 폭식을 하고, 잠을 잘못 자거나 계속 잠만 자고, 쓸모없는 존재라는 생각에 죽는 것이 낫겠다는 생각이 2주 이상 지속되면 우울증으로 진행한 것이니 정신건강의학 전문의 진료를 받아야 합니다. 위의 증상이 간혹 잠깐 스쳐 지나가는 정도라면 초기이니 매일 30분 이상 햇볕을 쬐고, 마음 편한 친구나 가족과 대화를 나누고, 운동 (걷기, 달리기, 등산 등)을 하고, 수면을 포함한 규칙적인 생활로 빨리 벗어나야 합니다.

가곡 '가을앓이'는 김필연의 시에 작곡가 박경규가 곡을 붙인 것입니다. 시인 김필연은 1955년 부산에서 태어나 영국 뉴캐슬대학에서 디자인을 전공한 산업 및 시각 디자이너로 필디자인 연구소의 대표이자 사진작가이며 시인입니다. 작곡가 박경규는 1955년 경북 성주에서 태어나 중앙대학교 작곡과를 졸업한 작곡가이자 제주대학교에서 의공학 박사학위를 받은 생체환경음향 전문가입니다. 대표작으로 '가을앓이', '모란여정', '나의 백두산아', '대관령', '별', '동강은 흐르는데', 작곡집으로 환경음악 '안개꽃', '동강은 흐르는데', 이해인 수녀 연가곡집 '편지' 등이 있습니다.

가을 날씨의 변덕과 떠난 사람의 변심에 몸도 마음도 상하지 않도록 잘 챙기십시오.

김필연 시, 박경규 곡, '가을앓이'
https://youtu.be/eNu0cjlaH1E

10월 27일 붉은 악마

# 파가니니, 바이올린 협주곡 1번

**붉은 악마를 기억하십니까?**

붉은 악마 Red Devil는 1998년 FIFA 월드컵 축구대회를 앞두고 한국 국가 대표 축구팀을 응원하기 위해 만들어진 응원단의 이름으로 1997년 8월 공모를 통해 지어졌습니다. 이들이 2002년 FIFA 한일월드컵 전후로 보여준 전국적인 길거리 응원은 '역동적인 대한민국 Dynamic Korea'의 인상을 전 세계에 깊이 새겨주었습니다. 응원단에 악마라는 이름은 부적절하다는 지적도 많이 있었으나 월드컵 축구의 응원 열기가 식어지면서 이들의 활동도 이름에 대한 논란도 함께 사그라졌습니다.

악마의 바이올리니스트 Devil's Violinist라는 별명을 가진 니콜로 파가니니 Niccolo Paganini는 1782년 10월 27일 이탈리아 제노바에서 태어났습니다. 5살에 아버지로부터 만돌린을 배우다가 7살에 바이올린으로 바꿨습니다. 아버지는 아들의 뛰어난 재능을 알아차리고 여러 선생님의 지도를 받게 하고 매일 10시간씩 연습을 시켜 10대 초반에 기존 바이올린 연주법을 모두 통달했습니다. 17살에 이탈리아 최고의 바이올리니스트가 되어 열광적인 인기를 얻었고 연주회와 바이올린 교습으로 돈도 많이 벌었습니다. 그러나 너무 젊은 나이에 명성과 부를 얻어 향락과 도박에 빠져 재산을 모두 탕진하고 그가 아끼는 바이올린까지 전당 잡히기도 했습니다.

파가니니는 1801년부터 1804년까지 3년 동안 토스카나에 있는 한 성에 칩거하면서 음을 끊어서 연주하는 스타카토 staccato, 손으로 현을 튕겨서 연주하는 피치카토 pizzicato, 현에 손가락을 가볍게 대서 휘파람 소리와 비슷한 소리를 내는 하모닉스 harmonics, 기본음과 2도 높은 꾸밈음 사이를 빠르게 옮겨가며 떨듯이 연주하는 트릴 trill 등 새로운 연주법을 개발하고 1805년 연주 활동을 재개했습니다. 더욱 향상된 그의 신들린 연주를 보고 청중들이 열광하여 집단 히스테리가 일어나 실신하는 일까지 생겼습니다. 그의 신들린 연주는 인간으로서는 도저히 이해되지 않아 악마가 그의 연주를 돕는다는 소문까지 퍼져나갔고 여기에서 '악마의 바이올리니스트'라는 별명이 생겼습니다. 작곡가로서도 그의 초절 연주기법을 표현한 '24개의 무반주 바이올린 카프리스', 바이올린 협주곡 1번과 2번 '라 캄파넬라' 등 명곡을 남겼습니다.

신의 경지에 이르려면 재능만으로는 부족하니 파가니니처럼 피나게 노력하십시오.

Niccolo Paganini, Violin Concerto No. 1
https://youtu.be/fFzla9OYiwk

10월 28일　정조

## 애니타 렌프로 작사, 조아키노 롯시니 작곡, '엄마 잔소리 노래'

**조선시대 왕 가운데 세종대왕 다음으로 위대한 왕은 누구일까요?**

세종대왕보다 수능시험에 더 많이 나온다는 조선의 제22대 정조대왕입니다. 이산 정조는 1752년 10월 28일 사도세자 (장조)와 혜경궁 홍씨의 둘째로 태어났습니다. 첫째가 일찍 죽어 실제적인 장남이 되어 아버지 사도세자가 죽임을 당하여 25살인 1776년 할아버지 영조로부터 왕위를 물려받았습니다. 정조는 11살에 자신의 간청에도 아버지가 할아버지에 의해 죽는 충격적인 사건을 겪었으나 워낙 총명하고 문무는 물론 예술에까지 신하들을 압도하고 탕평책으로 당쟁에 휘둘리지 않고 왕권을 강화하여 정국을 안정시켰습니다. 규장각을 통해 실학자를 등용하고 중국과 서양의 과학기술을 받아들여 조선의 근대화와 문예부흥을 이끌었습니다. 능행으로 백성들의 민원을 듣고 서얼을 타파하고 노예제 폐지를 주장하여 1801년 순조 때 공노비를 해방하게 했습니다. 1800년 여름에 생긴 종기로 인한 패혈증으로 24일 만에 48살로 서거했습니다.

정조의 아버지 사도세자는 영조가 후궁 영빈 이씨에게 42살에 얻은 늦둥이인데다 일찍이 천재성을 보여 영조의 총애를 받았습니다. 하지만 태어나자마자 정비인 정성왕후의 아들로 입적되고 모성애가 필수적인 유아기에 어머니가 미천한 무수리 출신이라고 궁인들에 의해 길러지고 돌이 지나자 세자로 책봉되어 엄한 세자 수업을 받았습니다. 어머니로부터 너무 빠른 분리와 아버지 영조의 아동학대를 능가하는 심한 간섭과 질책 때문에 9살부터 아버지를 두려워하게 되었습니다. 10살에 동갑내기 혜경궁 홍씨와 정략결혼을 하고 15살부터 국정을 보았으나 자신을 둘러싼 당파싸움과 아버지로부터 받은 충격으로 인해 정신병에 걸려 잦은 성폭행과 후궁, 내시, 나인을 가리지 않는 100여 명의 살인으로 28살에 폐위되고 영조에 의해 쌀뒤주에 갇혀 죽었습니다.

자녀 교육만큼 어려운 것이 없습니다. 매로 훈육하던 때도 있었으나 지금은 때릴 수 없는 세상이니 교육하고 훈계하기 위해서 잔소리를 많이 하게 됩니다. 자꾸 반복하고, 업신여겨 무시하고, 근거 없이 의심하고, 위협하여 강요하는 잔소리는 독이 되니 피해야 합니다. 미국 여성 코메디언 애니타 렌프로 Anita Renfroe는 2007년 어머니가 하루 동안에 하는 잔소리를 '윌리엄 텔 서곡'에 맞춰 노래하여 큰 인기를 얻었습니다.

아이 훈육은 한 가지씩만 짧고 엄하게 하고 대가 등을 제시하며 홍정하지 마십시오.

Anita Renfroe/Gioachino Rossini, 'Momisms (The Mom Song)'
https://youtu.be/RxT5NwQUtVM

10월 29일 뇌졸중

## 헨델, 오페라 '세르세'에서 '이런 그늘은 없었네'

**밤이면 제법 쌀쌀하고 일교차도 심한데 감기 말고 또 뭘 조심해야 할까요?**

심근경색증이나 뇌졸중과 같은 심뇌혈관질환입니다. 뇌졸중은 전 인구의 4명 중 1명에서 생길 위험이 있으며 전 세계 사망 원인 가운데 2위를 차지하는 매우 위중한 병입니다. 이에 세계뇌졸중협회 World Stroke Organization는 2006년부터 매년 10월 29일을 세계 뇌졸중의 날 World Stroke Day로 정하여 뇌졸중 교육과 예방 활동을 하고 있습니다. 중풍이라고도 하는 뇌졸중은 (1) 높은 혈압이나 혈관 변성 또는 기형 때문에 동맥이 터져서 생기는 출혈성 뇌졸중 (뇌출혈)과 (2) 동맥경화나 혈전이라고 하는 피떡에 의해 동맥이 막혀서 생기는 허혈성 뇌졸중 (뇌경색)이 있습니다.

기온이 1도 떨어지면 교감신경이 흥분되어 동맥벽의 긴장도가 올라가고 동맥이 좁아져서 수축기 혈압이 1.3 mmHg 정도 오릅니다. 기존에 혈압이 높은 분이나 동맥경화가 진행된 사람에서는 작은 혈압 상승도 문제가 될 수 있습니다. 그래서 뇌졸중이 여름에 비해 가을에는 10% 증가하고 겨울에는 20%나 증가합니다. 높은 혈압에 동맥이 파열되면 뇌출혈이 생기고 동맥벽 안쪽에 있는 죽상종이 파열되면 동맥이 막혀 뇌경색이나 심근경색이 생깁니다. 뇌세포는 한번 죽으면 다시 살아나지 않으므로 발병 후 2시간 이내에 병원에 오고 늦어도 6시간 이내에는 치료를 시작해야 조금이라도 회복이 가능합니다. 반신 마비, 언어 장애, 발음 장애, 중심잡기 곤란 (운동 실조), 시야 또는 시력 이상, 삼킴 곤란, 어지럼증, 극심한 돌발성 두통 등은 뇌졸중을 예고하는 증상이니 바로 119에 연락하여 응급실로 가야 합니다.

게오르크 헨델은 1737년 52살에 오른손이 마비되는 뇌졸중이 생겼고 1743년과 1745년 두 차례 재발하였으나 잘 회복하여 74살까지 장수하며 많은 작품을 남겼습니다. 그의 2대 아리아인 1711년 작 오페라 리날도 Rinaldo의 '울게 하소서 Lascia Ch'io Pianga'와 1738년 작 오페라 '세르세 Xerxes'의 '이런 그늘은 없었네 Ombra Mai Fu' 가운데 '이런 그늘은 없었네'는 페르시아왕 세르세가 플라타너스 나무 그늘에 쉬면서 평안과 휴식을 주는 그늘을 찬미하는 아리아입니다. 오페라 세르세의 개막 노래인데 기악곡으로 연주할 때는 '세르세의 라르고 Largo from Xerxes'라고 합니다.

햇볕 좋은 날은 곱게 물든 단풍나무 아래에서 햇살 샤워하며 심신의 긴장을 푸세요.

Georg Friedrich Händel, Opera 'Xerxes', 'Ombra Mai Fu'
https://youtu.be/MQm2C5UrERg

10월 30일 클럼버스

# 드보르작, 현악사중주 '아메리칸'

## 신대륙이 왜 콜럼버스 대륙이 아니고 아메리카 대륙이 되었을까요?

아메리카 대륙은 1492년 10월 12일 크리스토퍼 콜럼버스 Christopher Columbus에 의해 유럽인에게 처음 발견되었습니다. 콜럼버스는 1451년 10월 30일 이태리 제노아에서 태어났습니다. 14살에 선원이 되어 그리스 동쪽 에게해의 키오스섬으로 향유를 사러 가는 항해에 참여하였습니다. 이어 16살에 플랑드르 Frandre (영어 Flanders, 벨기에 서부와 인근 프랑스와 네덜란드 지역), 17살에 영국, 18살에 포르투갈령 마데이라섬 Madeira으로 가는 항해에 참여하면서 항해술을 익히고 미지의 바다에 대한 꿈을 키웠습니다. 1477년 26살에 포르투갈 리스본으로 이주하고 이듬해에 마데이라섬 개척자의 딸과 결혼하여 포르투갈과 스페인의 상류사회에 진출했습니다.

콜럼버스는 마르코 폴로 Marco Polo가 육로를 통해 중국 원나라에 가서 17년간 살면서 중국 각지를 여행하고 바닷길로 귀국하면서 남중국, 인도, 파키스탄을 보고 느낀 것을 구술하여 1298년 루스티겔로 다 피사가 펴낸 '동방견문록'을 읽고 지구는 둥글다는 확신을 가졌습니다. 그래서 서쪽으로 계속 항해하면 (서회 항해) 값비싼 향신료가 많은 인도에 갈 수 있을 거라 생각하고 탐험 계획을 세웠습니다. 1482년 포르투갈 왕에게 탐험에 대한 지원을 요청했으나 거절당하자 1485년 스페인으로 이주하고 다음 해에 스페인 공동 왕 페르난도 2세와 이사벨 여왕에게 지원을 요청하여 1492년 승낙을 받았습니다. 1492년 8월 3일 항해를 시작하여 10월 12일 바하마제도의 산살바도르섬에 도착했습니다. 이후 세 차례 (1493년, 1498년, 1502년) 더 방문하였으나 후추도 금도 없는 그곳을 죽을 때까지 인도와 중국이라고 주장했습니다.

이탈리아 피렌체 출신 탐험가 아메리고 베스푸치 Amerigo Vespucci도 콜럼버스에 의해 개척된 서회 항로를 통해 1499년과 1501년 신대륙에 갔습니다. 그러면서 그는 1503년 '신세계 Mundus Novus'라는 4쪽짜리 전단지를 통해 그곳은 아시아가 아니라 신대륙이라고 썼습니다. 1507년 독일의 지도제작자인 마틴 발트제뮬러 Martin Waldseemüller가 그의 세계지도에 신대륙을 신대륙이라고 한 아메리고 베스푸치의 이름을 따서 America로 표기함으로써 신대륙의 이름이 아메리카가 되었습니다.

먼저 보는 것보다 잘 보는 것이 중요하니 조금 늦더라도 제대로 보는 연습을 하세요.

Antonin Dvorak, String Quartet 'American'
https://youtu.be/pV-kbAydcwk

10월 31일 할로윈

## 생상스, '죽음의 무도 (해골의 춤)'

**시월의 마지막 날인데 어떻게 보내시겠습니까?**

하루하루가 멋지고 아름답지 않은 날이 없었던 시월, 시원한 바람과 아름다운 풍경은 물론 오곡백과 무르익는 들판으로 우리를 위로하고 채워주었던 시월과 이제 작별해야 하는 시간입니다. 시월을 보내자니 올 한 해가 다 간 것 같아서 가슴이 아픕니다. 어디선가 들려오는 "지금도 기억하고 있어요 시월의 마지막 밤을"으로 시작하는 이용의 '잊혀진 계절'이 우리들의 아쉽고 쓸쓸한 마음을 더욱 아리게 합니다. '잊혀진 계절'은 박건호 작사, 이범희 작곡으로 1982년 발표되었는데 선풍적인 인기로 데뷔 2년차 신인 가수 이용은 단번에 스타가 되었습니다. 작사가 박건호는 1949년 2월 19일 강원도 원주에서 출생하여 1969년 21살에 시인으로 등단하고 부업으로 노랫말 작업을 했습니다. 1972년 박인희의 대표곡 '모닥불'을 시작으로 '끝이 없는 길', '고귀한 선물', '그것은 인생', '아 대한민국', '빙글빙글', '그대는 나의 인생', '토요일은 밤이 좋아'. '우린 너무 쉽게 헤어졌어요', '모나리자', '단발머리' 등 3,000여 곡을 작사하고 가요 톱10에 최다 50번이나 오른 1970~80년대를 대표하는 우리나라 최고의 작사가가 되었습니다. 40대에 뇌졸중이 와서 투병하다가 2007년 59세로 별세했습니다.

영미권에서 시월의 마지막 날은 대표적인 어린이 축제인 할로윈 Halloween입니다. 이는 죽음과 유령을 찬양하며 노는 고대 켈트족의 서우인 Samhain 축제에서 기원했습니다. 가톨릭에서 731년 11월 1일 성인들의 유해를 성 베드로 대성당에 모신 것을 계기로 11월 1일이 축일이 따로 없는 모든 성인들을 기리는 만성절이 되었고 만성절의 전야제가 할로윈이 되었습니다. 할로윈은 기독교가 전파되는 지역에 따라 변형되고 변질되어 우리에게 익숙한 할로윈은 호박으로 만든 유령 모양의 등 Jack O Lantern을 내걸고 어린이들이 다양한 의상으로 유령이나 괴물로 가장하여 이웃집을 방문하여 어른들을 놀리고 사탕을 얻는 (trick or treat) 미국식 할로윈입니다.

흑사병으로 수많은 사람이 죽었던 중세에 묘지에서 춤을 추면 죽은 유령과 만날 수 있다고 하여 죽음의 무도가 중세 말기의 대표적인 문화가 되었습니다. 이를 소재로 카미유 생상스는 1874년 교향시 '죽음의 무도 Danse Macabre'를 작곡했습니다.

시월의 마지막 밤, 마스크로 살짝 가장하고 유령이 아닌 애인이나 친구를 만나세요.

Charles Camille Saint-Saëns, 'Danse Macabre'
https://youtu.be/qNMzBnuBC6Y

11월 1일 채식주의자

## 말러, '꽃의 노래'

### 채식을 좋아하십니까?

채식이 전 세계적으로 급부상하고 있습니다. 세계 비건 협회 The Vegan Society는 1994년에 11월 1일을 '세계 비건의 날'로 정했습니다. 2018년 유럽에서 채식에 관한 트윗이 2천만 건에 이르러 트위터 트렌드 1위에 올랐습니다. 패스트푸드점에서도 채식 식단이 육류를 제쳐 채식 역전 현상이 일어났습니다. 우리나라에서도 채식주의자가 2008년 15만 명에서 2019년 150만 명으로 10년 사이에 10배나 늘었습니다. 유럽채식주의자연맹이 발표한 나라별 채식 인구 비율은 독일이 9%로 제일 높고 다음은 이스라엘 8.5%, 영국 6%, 아일랜드 6%, 네덜란드 4.3%, 미국 3.2% 순이었는데 우리나라는 3%로 독일의 1/3 정도밖에 되지 않습니다.

2020년 인사이트 코리아의 조사에서 우리나라 국민이 채식하는 이유로 첫 번째가 건강 (63.1%)이었으나 생명 윤리 (52.9%)나 지구 환경보호 (36.2%) 등 윤리적인 이유도 많았습니다. 채식주의자 vegetarian는 육류 섭취 범위에 따라 6단계로 나누어집니다. 채식 위주이나 육류도 먹는 단계를 플렉시테리언 flexitarian, 닭고기, 생선, 유제품, 달걀은 먹는 단계를 폴로 pollo, 생선, 유제품, 달걀은 먹는 단계를 페스코 pesco, 유제품과 달걀만 먹는 단계를 락토 오보 laco-ovo, 유제품만 먹는 단계를 락토 lacto, 완전히 식물성 식품만 먹는 단계를 비건 vegan이라고 합니다.

구스타프 말러는 고전 음악가 중에 대표적인 채식주의자입니다. 그는 장 폴 리히터의 소설 '거인 Titan'을 바탕으로 하여 1888년 교향곡 1번 '거인'을 5악장으로 완성하고 1889년 부다페스트에서 초연했는데 비판을 많이 받았습니다. 1893년 함부르크와 1894년 바이마르에서 연주할 때는 모든 악장에 표제를 붙여 놓았다가 1896년 베를린 연주에서는 표제도 빼고 2악장 '꽃의 노래 Blumine'도 뺐습니다. 이 '블루미네' 꽃의 악장은 1884년 6월 카젤 Kassel의 요청으로 작곡한 '타블로 비방 Tableau Vivant'에 사용할 부수음악 7개 중 하나였는데 교향곡 1번에 수정 없이 삽입했습니다. 하지만 연인들이 사랑을 속삭이는 듯 감미롭고 감상적인 세레나데 풍이어서 거인의 속눈썹처럼 어색하다고 하여 결국 삭제되고 지금은 따로 연주되고 있습니다.

더하기보다 빼기가 어려우나 식단도 삶도 빼기를 잘해서 건강과 행복을 더하십시오.

Gustav Mahler, 'Blumine'
https://youtu.be/qTqjKRFkdoc

11월 2일 작별

## 미키스 테오도라키스, '기차는 8시에 떠나네'

**기온이 뚝 떨어져 초겨울 같은데 가을이 떠나는 걸까요?**

11월이면 생각나는 노래 '기차는 8시에 떠나네 To Treno Fevgi Stis Okto'는 그리스 민중가요입니다. 이는 그리스의 대표적인 작곡가이자 반체제운동가 미키스 테오도라키스 Mikis Theodorakis가 1968년 마노스 엘레프데리우 Manos Eleftheriou가 쓴 가사에 그리스 민요 Rebetica 풍의 곡을 붙여 만든 노래입니다. 1941년 나치 독일이 그리스를 점령하자 조국 해방 운동을 위해 레지스탕스가 되어 북부 도시 카테리니로 떠났다가 1944년 10월 독일이 물러가고 11월이 되었어도 돌아오지 않은 연인을 그리워하는 노래입니다. 그러나 이 노래는 테오도라키스가 1967년부터 7년간 이어진 군부독재에 항거하는 반체제 운동을 하다 추방당해 1970년 로마에서 발표하여 사랑도 명예도 버리고 조국을 위해 투쟁하는 민주투사의 노래가 되었습니다.

민주주의, 올림픽, 서양 철학과 문명의 발상지이며 그리스 신화의 나라인 그리스는 우리나라와 같은 반도 국가입니다. 우리나라의 일본과 같은 터키, 중국과 같은 독일과 이탈리아로부터 많은 침략을 받고 제2차 세계대전 후에는 내란을 겪고 군사독재 정권을 거쳐 민주화되는 과정까지 우리와 아주 비슷하며 춤과 노래를 좋아하는 정서도 우리와 비슷합니다. 미키스 테오도라키스는 1925년 7월 29일 그리스 키오스섬에서 태어나 제2차 세계대전 중 나치 강점기인 1943년 아테네 음악원에 입학했으나 그리스 인민해방군의 일원으로 레지스탕스로 활동했습니다. 1946~1949년 그리스 좌우파간 내란 중 우파 정부군에 의해 체포된 후 외딴섬에 유배되어 1950년에야 졸업했습니다. 1954~1959년 파리음악원에서 공부하고 1957년 모스크바 음악제에서 금상을 수상했습니다. 1964년 국회의원이 되었는데 좌파라는 이유로 블랙리스트에 올랐고 1967년 군부독재가 시작되자 반독재 민주투사로 음악과 지하조직을 통해 투쟁하다가 체포되어 투옥되고 그의 노래는 모두 금지되고 1970년 프랑스로 추방되었습니다.

갑자기 기온이 떨어져서 벌써 가을이 떠나는가 싶기도 하지만 나뭇가지에 떨어지지 않은 나뭇잎이 하나라도 남아 있는 한 떠나지 않을 것입니다. 11월 언젠가 가을이 떠나면 세상은 군사독재와 같은 겨울 왕국이 될 것이니 어떠한 눈보라에도 굴하지 않고 아무리 두꺼운 얼음도 녹여 낼 수 있는 뜨거운 사랑으로 무장하십시오.

Manos Eleftheriou/Mikis Theodorakis, 'To Treno Fevgi Stis Okto'
https://youtu.be/yGzBpF5P-tk

11월 3일 학생운동

## 브람스, '대학축전 서곡'

**학창 시절에 특별히 기억나는 축제가 있습니까?**

오늘은 학생독립운동의 날입니다. 일제강점기인 1929년 11월 3일 광주에서 5년제 광주고등보통학교가 주축이 되어 광주농업학교와 광주여자고등보통학교가 함께 하여 항일독립운동을 일으킨 날입니다. 광주학생독립운동은 1929년 10월 30일 전남 나주에서 광주로 통학하던 광주여자고등보통학교 여학생을 일본인 중학생들이 댕기머리를 잡아당기며 희롱하자 이를 본 한국 남학생들이 항의하면서 일어난 일본인 학생 50여 명과 한국인 학생 30여 명의 싸움에서 시작되었습니다. 일본의 강압과 수탈에 끓어오른 반일 감정과 불굴의 항일정신을 바탕으로 나주에서 시작된 이 항일운동은 11월 3일 광주고보, 광주농고, 광주여고보 등 광주 소재 고등학생들의 연합 가두시위와 동맹휴교로 확대되어 전국 350여 개 학교로 확산되고 국내외 독립단체가 동참하여 삼일독립운동 이후 최대의 독립운동이 되었습니다. 1953년 광주학생독립운동을 기념하기 위해 11월 3일을 '학생의 날'로 제정했는데 1973년 박정희 독재정권이 폐지했습니다. 1984년 다시 부활되었고 2006년 '학생독립운동의 날'로 이름이 바뀌었습니다.

광주학생독립운동은 임진왜란 때 호남 선비들이 일으킨 항일 의병 정신의 발로이고 4·19 학생의거, 5·18 광주민주화운동으로 이어졌습니다. 일제강점기 학생운동은 중고등학생이 주축이었지만 해방 이후 학생운동은 대학생이 주축이 되었습니다. 학생들이 주축이 된 반외세, 반독재 저항운동은 우리나라가 외세로부터 독립하고 독재로부터 자유를 쟁취하여 자유대한민국을 만들었습니다. 2016년 가을과 겨울 박근혜 대통령 퇴진을 위한 촛불집회도 국정농단의 주역인 최순실의 실체도 그의 딸 정유라의 불법 입학과 교학 관리 부정에 대한 이화여자대학교 학생들의 집요한 문제 제기와 촛불시위로부터 시작된 것이어서 역사를 바꾸는 대학생들의 힘을 실감하게 했습니다.

요하네스 브람스는 1876년 폴란드의 브레슬라우대학 Breslau이 그에게 명예 철학박사 학위를 수여한 것에 대한 답례로 1880년 '대학축전 서곡 Academic Festival Overture'을 작곡하여 이듬해 브레슬라우대학에서 직접 지휘하여 초연했습니다. '비극적 서곡'과 함께 브람스의 2개밖에 없는 서곡으로 밝고 힘차서 자주 연주됩니다.

대학이 본업에 전념할 수 있는 세상이 되어 시위 대신 축제로 넘치게 합시다.

Johannes Brahms, 'Academic Festival Overture'
https://youtu.be/R5pzr5655yw

11월 4일 꼰대

## 조은아 시, 신상우 곡, '내 아버지'

**꼰대는 누구일까요?**

꼰대는 원래 도시 서민들이 나이 든 사람을 가리키는 말이었습니다. 이를 1960년대 청소년들이 완고한 아버지나 학교 선생님을 가리키는 말로 사용했습니다. 지금은 나이가 적은 사람을 하대 또는 무시하고 자신의 생각을 강요하는 나이 든 사람을 뜻합니다. 꼰대는 번데기의 경상도 사투리인 꼰데기에서 유래했다는 설과 귀족이라는 프랑스어 꽁떼 comte에서 유래했다는 설이 있는데 꼰데기가 더 맞을 것 같습니다. 번데기는 주름이 많아 예로부터 노인의 상징이었고 발음도 매우 유사하며 서민들의 말이었기 때문입니다. 꼰대는 과거 생각에 사로잡혀 변화하지 못하는 고리타분한 사람, 자기 확신에 도취하여 남의 생각을 수용하지 못하는 독선적인 사람, 자기 생각이나 지시에 맹종하도록 강요하는 권위주의적인 사람입니다. 상명하복식 구습에 저항하는 자기주장이 강한 신세대의 등장으로 꼰대라는 말도 유행하여 2019년 9월 23일 꼰대 kkondae가 영국 BBC 방송에 소개되고 위키피디아에도 수록되었습니다.

꼰대들의 상투어는 "나 때 (라때)는 말이야"와 "젊은 애들이 버릇이 없어"라는 말입니다. "나 때는 말이야"는 눈높이를 맞춘 격이 없는 대화나 계급장을 뗀 수평적인 자유 토론이 아니라 연배나 지위로 무조건 제압하려는 태도에서 나오기 쉬운 말입니다. "나 때는 말이야"는 자신의 과거 경험을 소개함으로써 자기주장의 배경을 이해시키려거나 상대가 시행착오를 겪지 않도록 선의로 말하는 경우도 있으나 소개에서 그치지 않고 압박 강요하면 꼰대가 되는 것입니다. "젊은 애가 버릇이 없어"라는 말은 자신의 의견을 받아들이지 않고 이의를 제기하면 대화나 토론의 내용과 상관없는 말투나 태도를 트집 잡아 말문을 막아버리는 말입니다. 이렇게 하면 대화는 끝장나게 됩니다. 버릇이 없다는 말은 예의가 없다는 말인데 동방예의지국인 우리나라에서 예의가 없다는 말은 대화 상대로 인정하지 않겠다는 뜻이기 때문입니다.

예의란 상호 존중하는 마음을 드러내기 위해 취하는 말과 행동과 절차입니다. 예의를 지키는 것에 위아래가 없으나 어른은 젊은 시절을 겪어 봤고 젊은이는 어른이 되어 보지 못했기에 어른이 먼저 젊은이를 이해하고 존중해야 합니다. 나이 들어 주름 많은 번데기는 되어도 꼰대 선생, 라때 교수, 라때 어머니, 꼰대 아버지는 되지 맙시다.

조은아 시, 신상우 곡, '내 아버지'
https://youtu.be/strsBMbmFPk

11월 5일 바둑

## 팀 라이스 작사, 앨런 멩컨 작곡, '완전한 새 세상'

**바둑 둘 줄 아십니까?**

바둑은 4천여 년 전 중국 요나라 때 시작되었다고 합니다. 우리나라는 삼국유사에 백제 개로왕이 바둑을 좋아했다는 기록이 있고 5세기 신라 고분인 황남대총과 천마총에서 바둑돌로 추정되는 자갈돌이 출토되어 삼국시대부터 즐긴 것으로 추정됩니다. 고려시대와 조선시대에도 성행하기는 했지만 장려하지는 않아 일찍이 국가 차원에서 육성한 일본에 뒤지게 되었습니다. 21세기에 한국 바둑이 한·중·일 삼국에서 최고가 된 것은 우리나라 현대 바둑의 시조인 조남철 기사의 공이 절대적입니다. 그는 일제강점기에 일본에서 바둑을 공부하고 광복 후 귀국하여 1945년 서울에 '한성 기원'을 세우고 순장바둑의 오랜 전통을 깨고 국제적인 바둑 규칙을 도입하고 체계적인 승단제도와 전국적인 바둑대회를 개최하면서 현대 바둑의 기틀을 마련했습니다. 이에 정부는 조남철 기사가 '한성 기원'을 세운 11월 5일을 '바둑의 날'로 정했습니다.

바둑은 오락이면서도 우리의 인생과 같이 초반 포석이라는 밑그림을 잘 그려야 하고, 꼼수나 속임수는 안통하고, 큰 것을 얻기 위해서는 작은 것은 포기할 줄 알아야 하고, 잘 나가다가도 경솔한 악수 하나로 한순간에 자멸할 수 있고, 결정적인 순간에 이세돌이 '알파고 AlphaGo'와 4국에서 신의 한 수 (78번째 수)로 승리한 것처럼 창의적인 묘수로 승부수를 던져야 하는 등 삶의 지혜와 교훈을 줍니다. 청소년들에게는 대국에 집중하고 무한대로 많은 (1.4 x $10^{768}$) 가능성을 생각하며 상대방의 수를 읽는 생각의 힘을 키우고 어떤 상황에서도 감정을 통제할 수 있는 강한 정신력 (멘탈)을 길러주어 교육의 도구로 추천되기도 합니다. 요즘 청소년들은 어울려 놀기보다는 혼자 생각 없이 때리고 부수고 쏘고 찌르는 폭력적인 컴퓨터 게임에 빠지기 쉽기에 바둑은 좋은 친구를 사귀고 사고력과 정신력을 기르는 최고의 두뇌 게임인 것입니다.

구글의 딥마인드 DeepMind는 2010년 데미스 하사비스 Demis Hassabis에 의해 설립된 머신러닝 기반 인공지능 AI 프로그램 개발사인데 인공지능 바둑 프로그램인 '알파고'를 개발했습니다. 이 '알파고'가 예상을 깨고 2016년 3월 9~15일 세계바둑대회에서 18번이나 우승한 이세돌을 4대 1로 이겨 인공지능의 실상을 보여주었습니다.

인공지능의 시대는 모든 사람이 사람으로 대접받는 완전한 새 세상이 되길 바랍니다.

Tim Rice/Alan Menken, 'A Whole New World' (Aladdin OST)
https://youtu.be/eitDnP0_83k

## 앙드레 웨이그네인, 색소폰과 관현악을 위한 광시곡

**취미로 어떤 악기를 배우고 싶으십니까?**

색소폰 saxophone은 한때 색스폰이라고 했는데 플루트와 클라리넷 연주가이자 악기 제작자인 아돌프 삭스 Adolphe Sax가 개발하여 그의 성을 따서 이름 지은 금속제 목관악기입니다. 아돌프 삭스는 1814월 11일 6일 벨기에 디낭 Dinant에서 피아노와 관악기를 비롯하여 다양한 악기를 만드는 부모로부터 태어났습니다. 타고난 기술로 15살에 상아로 플루트와 클라리넷을 만들어 브뤼셀 박람회에 출품해 호평을 받았고 브뤼셀 왕립음악원에서 플루트와 클라리넷을 공부했습니다. 24살에 베이스 클라리넷의 디자인을 개량하여 특허를 받았습니다. 색소폰은 목관악기의 부드럽고 다채로운 음색과 야외에서 연주할 정도로 풍부한 금관악기의 성량을 겸비한 획기적인 악기를 만들려는 그의 수많은 노력과 실험의 결과로 1841년 개발되었습니다.

1842년 28살에 파리로 이주하여 악기점을 열고 작곡가들을 초대하여 색소폰을 시연해 보여주었습니다. 엑토르 베를리오즈 Hector Berlioz는 색소폰이 어떤 금관악기와도 비교가 안 되는 완전히 새로운 음색에 음량이 풍부하고 유연하며 떨림이 좋고 강약 조절이 쉽다고 호평하였습니다. 1844년 관현악단에서 시연되었고 1846년 관현악단용과 군악대용으로 프랑스 특허를 받았고 베를리오즈, 비제, 드뷔시, 라벨 등 프랑스 음악가 중심으로 색소폰 곡들이 작곡되었습니다. 색소폰이 독특한 음색 때문에 관현악단에 편성되지는 못했으나 군악대 악기로는 호평을 받았습니다. 색소폰이 시드니 베쳇 Sidney Bechet에 의해 1920년대에 태동하던 재즈에 처음 사용된 후 재즈 음악의 변신을 주도하면서 재즈의 중심 악기이자 상징 악기가 되었습니다. 반면에 삭스는 전통 악기 제조상들의 조직적인 견제와 끊임없는 소송에 20년이나 시달려 3차례나 파산했고 1894년 80세로 빈곤 속에 생을 마쳤으나 벨기에 200프랑 지폐에 색소폰과 함께 그의 초상이 새겨져 있습니다. 앙드레 웨이그네인 André Waignein은 1942년 1월 28일 벨기에 무스크훙 Mouscron에서 태어나 브뤼셀 왕립음악원 교수를 하며 600여 곡을 썼습니다. 대표곡으로 'La Cantate aux Etoiles'과 '알토 색소폰과 관현악을 위한 광시곡 Rhapsody for Alto Saxophone and Orchestra'이 있습니다.

반려 악기를 고르신다면 인생의 희로애락을 가장 잘 표현하는 색소폰을 추천합니다.

André Waignein, Rhapsody for Alto Saxophone and Orchestra
https://youtu.be/IulPIMJ1-6Y

11월 7일 입동

## 비발디, 바이올린 협주곡 '사계'에서 '겨울'

### 겨울이 창문을 두드리는 소리를 들으셨습니까?

오늘은 24절기에서 19번째, 태양의 황경이 225도에 위치하여 겨울이 시작된다는 입동입니다. 가을이 오는가 싶더니 벌써 가고 겨울이 옵니다. 이제 곧 곱게 물든 나뭇잎도 다 떨어지고, 무성했던 풀들도 모두 시들고, 동면하는 동물들은 땅속으로 숨을 것입니다. 24절기는 주나라 때 중국 화북지방의 기후에 기초하여 만들어진 것으로 1291년 고려 때 도입되었습니다. 24절기가 음력과 함께 오래전부터 사용되었기에 음력으로 생각하는 사람이 많은데 태양의 움직임을 근거로 만든 태양력입니다.

24절기는 2월 4~5일 입춘으로부터 시작하여 해가 가장 긴 하지, 가장 짧은 동지, 낮밤이 같은 춘분과 추분을 각 계절의 중앙에 두고 일 년을 4등분하여 사계절을 만들고 이를 다시 6등분하여 각 절기 사이가 보름 (365/24 = 15.2일)이 됩니다. 화북은 황하강(황허)과 중국의 남부를 관통하며 상하이로 흐르는 장강 (창장) 사이에 있는 회하강 (화이허)의 북쪽 화북평원 지대를 말하는데 황하강 유역 황하문명의 발상지입니다. 중국 중원의 기후가 회하강에 의해 남과 북이 완전히 달라서 밭농사 위주의 북쪽을 화북 (허베이), 논농사 위주의 남쪽을 화남 (허난)으로 나누었습니다. 화북지방의 위도는 우리나라 남해안과 비슷한데 24절기는 우리나라 실제 기후보다 최대 한 달 정도 앞섭니다. 따라서 24절기는 우리나라 한 달 후 절기 예보라고 생각하면 됩니다.

겨울의 영어 'winter'는 원시 게르만어 'wentruz'에서 유래했는데 이는 고대 인도유럽어에서 '젖다'라는 뜻의 'wed' 또는 '하얗다'라는 뜻의 'wind'에서 유래한 것으로 추정하고 있습니다. 우리말 '겨울'은 집에 있다는 뜻의 '겻다'의 '겻을'에서 유래했습니다. 따라서 겨울은 세상이 하얗게 눈에 젖으니 집에 겻을 때입니다. 안토니오 비발디의 '사계 Four Seasons'는 매 계절마다 듣지 않고는 지나갈 수 없습니다. 춘하추동이 3악장씩으로 총 12악장이고 한 계절의 연주 시간은 10분 내외입니다, 겨울의 1악장은 눈길을 걸으며 추워서 덜덜 떠는 모습을, 2악장은 때아닌 겨울비가 내리는 바깥 풍경을 보며 화롯가에서 평화롭게 쉬는 모습, 3악장은 얼음 위를 조심조심 걷다가 미끄러져 넘어졌다가 다시 일어나서 서둘러 가는 빙판길 행인의 모습을 그립니다.

겨울 엄동설한에도 비발디의 겨울과 같이 신나는 시간이 되도록 월동준비 잘하세요.

Antonio Vivaldi, Violin Concerto 'Four Seasons', 'Winter'
https://youtu.be/ZPdk5GaIDjo

11월 8일 은행나무

## 존 윌리엄스, 영화 '쥐라기 공원'에서 주제곡

**단풍나무와 함께 가을 단풍의 대표적인 나무는 무엇일까요?**

빨강, 노랑, 주황, 갈색, 초록의 오색 단풍에서 빨강 단풍의 대표는 단풍나무이고 노랑 단풍의 대표는 은행나무입니다. 은행나무는 잎이 소녀의 묶은 머리 같다고 하여 영어로 Maidenhair tree라고 합니다. 은행나무는 고생대 말 페름기에 출현하여 지구 역사상 최고의 멸종인 2억 5,000만 년 전 페름기 대멸종과 6,500만 년 전 백악기 대멸종에도 살아남아 지금까지 2억 7,000여만 년 동안 살아있는 최고의 화석 나무입니다. 영국 큐 Kew 왕립식물원 원장과 예일대 환경대학장을 역임한 세계적인 진화생물학자 피터 크레인 Peter Crane은 2013년 '은행나무: 시간이 망각한 나무 Ginko: Tree That Time Forgot'라는 책을 출판했습니다. 이 책의 상당 부분은 그가 2009년 한국연구재단에 의해 해외 저명 석학으로 초빙되어 2년간 이화여대에 머물 때 썼습니다. 그는 멸종 위기종인 은행나무가 한국에 많고 성균관대학 문묘 앞 은행나무 거목과 지구상 가장 큰 은행나무의 하나인 경기도 양평 용문사 은행나무를 보고 한국인들이 이들 은행나무를 신처럼 받들고 정성껏 돌보는 것에 대해 감탄했다고 합니다.

은행나무는 공룡이 번성하던 중생대 쥐라기와 백악기 때 전성기를 맞아 지구 전체에 분포했는데 백악기 말에 일어난 백악기 대멸종 때부터 쇠퇴하기 시작하여 신생대의 마지막 빙하기에는 중국 두 지역에서만 살아남았습니다. 따라서 인류가 처음 은행나무를 본 것은 5만여 년 전 인류가 중국으로 이동했을 때입니다. 우리나라에는 중국을 다니는 승려나 무역상에 의해 들어온 것으로 생각됩니다. 소행성 충돌, 대규모 화산 폭발, 급격한 기후변화 등에 의한 여러 차례 지구 대멸종에도 살아남은 은행나무가 쇠퇴한 것은 은행의 과육을 먹고 씨를 퍼트려 주던 공룡의 멸종 때문입니다. 은행은 껍질에 있는 빌로볼 Bilobol과 은행산 Ginkoic acid의 구린내 때문에 일반 동물들은 잘 먹지 않습니다. 그럼에도 은행나무가 지금껏 살아남은 것은 건강식품으로 은행알을 먹고 가을이면 샛노란 단풍이 좋아 은행나무를 심고 가꾼 사람들 때문입니다.

스티븐 스필버그 감독의 1993년 영화 '쥐라기 공원 Jurassic Park'은 복제 공룡들의 소동을 그렸는데 영화음악의 거장 존 윌리엄스 John Williams가 음악을 맡았습니다.

노란 은행잎을 볼 때마다 쥐라기 공룡의 멸종과 기후 위기 속 지구를 생각해주세요.

John Williams, Theme from 'Jurassic Park'
https://youtu.be/KltTPCt-QSw

11월 9일 말실수

## 김민기 작사 작곡, '철망 앞에서'

**베를린 장벽이 어떻게 무너졌을까요?**

독일은 제2차 세계대전에서 패배한 후 동서로 나뉘어 1701년 프로이센 왕국 때부터 수도이던 베를린은 공산주의 진영인 동독 땅에 속하게 되었습니다. 이 베를린도 다시 민주 진영의 서베를린과 공산 진영의 동베를린으로 나뉘고 동독이 1961년 8월 13일 동독인들의 탈출을 막기 위해 베를린 장벽을 세웠습니다. 1980년대 동유럽에서 일어난 자유와 개방을 요구하는 시민운동으로 공산주의가 무너지기 시작하면서 베를린 장벽도 1989년 11월 9일 개방되었습니다. 당시 독일에 유학 중이었던 김정운 작가에 의하면 베를린 장벽의 붕괴는 역사상 가장 아름다운 말실수 때문이었다고 합니다.

1989년 동독에서 여행 자유화를 요구하는 시위가 계속되자 이를 무마하기 위해 동독 공산당 대변인 귄터 샤보프스키 Günter Schabowski가 기자회견을 열어 개정된 해외여행 자유화 정책을 발표했습니다. 많은 기자들의 질문에 이어서 이탈리아 기자가 "언제부터 시행되느냐?"고 물었습니다. 그는 문서를 뒤적거리다가 얼떨결에 "바로 sofort, 즉시 unverzuglich"라고 했습니다. 이에 기자들은 동독의 해외여행 자유화로 지금 당장 서독 여행이 가능하다고 보도했습니다. 이에 동독 시민들이 서베를린으로 가는 관문인 '체크 포인트 찰리'로 벌떼처럼 몰려가 뉴스 보도를 언급하며 관문의 개방을 요구했고 이에 당황한 경비병이 문을 열어 주고 많은 사람들이 장벽에 올라 장벽을 부수었습니다. 베를린 장벽의 붕괴는 어차피 일어날 일이었지만 동독 공산당 대변인의 말실수와 서방 언론의 추측 보도로 갑자기 일어났고 이는 일 년 뒤 1990년 10월 3일 독일의 통일과 1991년 12월 26일 소련의 붕괴로 이어졌습니다.

1856년 체코의 유대인 가정에서 태어난 정신분석가 지그문트 프로이트 Sigmund Freud는 실수는 우연한 것이 아니라 억눌린 무의식의 발동이라고 했습니다. 속마음이 무의식중에 튀어나와 좀처럼 하기 어려운 말실수를 한 경우를 '프로이트의 말실수 Freudian Slip (of Tongue)'라고 합니다. 베를린 장벽의 붕괴를 촉발한 동독 공산당 대변인 샤보프스키의 위대한 말실수도 우연한 실수가 아니라 장벽은 즉시 개방되고 해체되어야 한다는 그의 무의식적인 속마음이 튀어나온 것이라고 할 수 있습니다.

베를린 장벽처럼 휴전선 철조망도 걷히도록 잠꼬대라도 크게 해주실 분 어디 없나요?

김민기 작사 작곡, '철망 앞에서'
https://youtu.be/9XTy4dRVHkg

11월 10일 영화음악

## 모리꼬네, 영화 '석양의 무법자' 주제곡

**현대 영화음악 역사에서 영원한 맞수로 쌍벽을 이룬 두 거장이 누굴까요?**

영화음악의 아버지로 불리는 미국의 존 윌리엄스 John Williams와 이탈리아의 엔니오 모리꼬네 Ennio Morricone입니다. 이름은 몰라도 이들의 음악은 많이 들으셨을 것입니다. 모리꼬네는 1928년 11월 10일 이탈리아 로마에서 트럼펫 연주자의 아들로 태어났습니다. 12살에 산타 체칠리아 국립음악원에 입학하여 트럼펫과 작곡을 공부했고 28살에 마리아 트라비아와 결혼하고 1961년 33살 때부터 초등학교 반 친구인 세르지오 레오네 Sergio Leone 감독의 영화 제작에 합류하여 본격적으로 영화음악을 시작하였습니다. 대표작으로 '황야의 무법자 A Fistful of Dollars (1964)', '석양의 무법자 The Good, The Bad, and The Ugly (1966년)', '미션 Mission (1986년)', '시네마 천국 Nuovo Cinema Paradiso (1988년)' 등이 있습니다. 특히 '미션'의 주제곡인 '가브리엘의 오보에 Gabriel's Oboe'는 '넬라 판타지아 Nella Fantasia'라는 노래로 세계적인 인기를 얻었습니다. 그는 100여 편의 고전음악과 400여 편의 영화 및 드라마 음악을 작곡하여 그래미상 3번, 골든 글로브 3번과 함께 2010년 폴라 음악상, 2016년 아카데미 음악상을 받았습니다.

모리꼬네가 크게 유명해진 것은 레오네 감독의 1964년 작 이탈리아 서부극 '황야의 무법자'의 주제곡 '방랑의 휘파람' 때문이었습니다. 1930년대부터 인기가 많았던 미국 정통 서부영화가 미국인의 개척정신과 우월주의를 내세우며 악당을 물리치는 영웅을 그리는 비슷비슷한 설정으로 인기가 시들어졌을 때 레오네식 이탈리아제 서부영화가 모리꼬네의 색다른 배경 음악으로 재미와 격을 달리하여 스파게티 웨스턴 Spaghetti Western의 새 시대를 연 것입니다. 모리꼬네는 전통 악기 외에도 휘파람 소리, 물소리, 종소리, 물레방아의 삐걱 소리, 코요테 울음, 파리 소리, 기차 소리 등을 도입하여 전통 음악의 상식을 깨고 신선미를 더했습니다. 모리꼬네의 음악은 선율이 더없이 아름답고 서정적이어서 그는 선율의 마법사, 20세기 바흐, 영화음악의 모차르트 등으로 일컬어졌습니다. 이탈리아에 코로나가 극성을 피우던 2020년 7월 6일 92살 고령으로 넘어져 엉덩이뼈가 부러져서 치료 중에 세상을 떠났습니다.

세상에 혼자서 할 수 있는 일은 잠자는 것밖에는 없습니다. 거장은 넘사벽의 영원한 맞수와 든든한 협업자로 인해 탄생하니 짝을 찾아 함께하십시오.

Ennio Morricone, Theme from 'The Good, The Bad, and The Ugly'
https://youtu.be/enuOArEfqGo

11월 11일 젓가락

## 조정관 시, 국현 곡, '젓가락 타령'

**일 년 가운데 기념일이 가장 많은 날은 언제일까요?**

11월 11일입니다. 1996년 부산의 여중생들이 막대 과자 빼빼로처럼 날씬해지기를 원한다며 빼빼로를 선물한 것이 전국적으로 퍼져 빼빼로 데이가 생겼습니다. 2006년 정부는 11이 한자로 열十 하나 一인데 이를 붙이면 흙 토 土가 되기 때문에 11월 11일을 농업인의 날로 정하고 쌀 소비를 촉진하기 위해 빼빼로 대신 가래떡 데이를 만들었습니다. 또한 11이 걸어 다니는 사람의 다리 모양 (11 11)을 닮았다고 보행자의 날, 웃는 눈의 모습 (= =)을 닮았다고 눈의 날, 높이 솟은 건물 (1111)을 닮았다고 부동산산업의 날, 기차 레일 (====)을 닮았다고 레일 데이로 정하였고, 지체장애인단체에서는 곧게 서는 희망을 담아 지체장애인의 날로 정했습니다. 해군은 1945년 11월 11일 창단된 것을 기념하여 해군창립기념일 겸 해군의 날로 정했고, 부산시는 6·25 유엔군 참전용사 국제추모의 날로 정하여 공식적인 기념일이 10개나 됩니다.

11월 11일은 젓가락 두 짝 같아서 윤석중의 동요 '똑 같아요'와 영국의 작곡가 유페미아 앨런 Euphemia Allen의 1877년 작 '젓가락 행진곡 Celebrated Chop Waltz'이 생각나게도 합니다. 젓가락은 삼국시대부터 사용했다고 하는데 서민들까지 두루두루 사용하게 된 것은 18세기 영조 정조 시대였다고 합니다. 젓가락은 만들기는 쉬워도 사용하기가 쉽지 않았고 농사일 등으로 바쁜 서민은 한가하게 젓가락질하고 앉아 있을 여유도 없었기에 귀족층에서부터 사용했던 것입니다. 이어령 전 문화부장관은 우리나라의 젓가락 문화는 짝의 문화를 상징하며 이것이 한·중·일 삼국 가운데 우리나라가 유일하게 숟가락과 젓가락을 균형 있게 사용하는 수저 (숟가락 + 젓가락) 문화로 발전했다고 했습니다. 전남의대 교수이자 작곡가인 국현이 젓가락처럼 특별하지 않아도 짝을 이루어 일식삼찬에 자족하며 사는 보통 사람들의 소소하지만 꿋꿋한 삶을 노래한 동료 교수 조정관의 시에 자진모리 장단의 곡을 붙여 2017년 '젓가락 타령'을 발표했습니다. 국현 교수는 어려서 피아노를 잘 쳐서 한때 피아니스트가 꿈이었으나 의대에 진학하여 의대 교수가 되었는데 2005년부터 자작곡을 발표하여 300여 곡에 달하는 독창, 합창, 피아노 연주곡을 작곡한 중견 작곡가가 되었습니다.

젓가락질할 때 우리의 위대한 짝의 문화를 생각하고 젓가락처럼 좋은 짝이 되십시오.

조정관 시, 국현 곡, '젓가락 타령'
https://youtu.be/2NhA_-Tlaks

11월 12일 노블레스 오블리주

## 아론 코플랜드, '보통 사람을 위한 팡파르'

**사회지도층의 도덕적 책무를 프랑스어로 뭐라 하는지 아시지요?**

프랑스어 노블레스 오블리주 Noblesse Oblige (Nobility obligates)는 귀족은 의무가 있다는 뜻입니다. 이 말은 프랑스의 소설가 오노레 드 발자크 Honoré de Balzac가 1835년 그의 소설에서 처음 사용했다고 하지만 로마시대로부터 귀한 집 사람은 고상하게 행동해야 하는 것이 불문율로 전해져 내려왔습니다. 그래서 전쟁이 일어나면 귀족들은 자발적으로 전쟁터에 나갔고 구제를 위해 재산을 크게 기부했습니다. 우리나라 선비의 의병 활동이나 부자의 구제도 노블레스 오블리주의 예입니다.

근대 조각의 시조인 오귀스트 로뎅 Auguste Rodin은 1840년 11월 12일 태어났습니다. 대표작으로 '생각하는 사람 Penseur' 외에 '칼레의 시민 Burghers of Calais', '지옥의 문 Gates of Hell', '입맞춤 Baiser' 등이 있습니다. 이 중 '칼레의 시민'은 영국과 프랑스의 백년전쟁 때 프랑스 칼레의 지도층 인사들이 보여 준 희생적인 활동을 기리기 위해 칼레 시의 의뢰로 1889년 제작된 것입니다. 1346년 영국군이 도버해협을 건너 프랑스 칼레에 상륙하여 내륙으로 진격하려는데 저항이 심해 칼레를 항복시키기까지 11개월이 걸렸습니다. 이에 분개한 영국 왕 에드워드 3세는 칼레 시민을 몰살시키고 싶었으나 대표로 6명만 죽이겠으니 뽑아오라고 했습니다. 그러자 칼레의 제일 부자, 시장, 변호사, 귀족들이 영국 왕의 요구대로 자루 옷을 입고 목에 밧줄을 매고 자진해서 나왔습니다. 하지만 당시 임신 중이던 왕비가 태어날 왕자의 장래를 위해 살생하지 말고 선을 베풀라며 이들의 처형을 극구 만류하여 이들도 살고 칼레 시민도 살았으며 이들의 모범적인 행동은 노블레스 오블리주의 표상이 되었습니다.

미국의 작곡가 애런 코플랜드 Aaron Copland의 '보통 사람을 위한 팡파르 Fanfare For The Common Man'는 제2차 세계대전에 미국이 참전한 것에 고무되어 미국 부통령 헨리 월리스 Henry Wallace가 "보통 사람을 위한 세기가 동텄다"라고 한 말에 영감을 받아 1942년 작곡한 것입니다. 우리나라 권력자나 재력가들은 온갖 꼼수로 국민의 기본 의무인 국방의 의무를 회피하고 갖은 이득을 취하는 일이 많습니다. 노블레스 오블리주 사회적 책임감이라고는 티끌만큼도 없는 이런 철면피들을 따르지 말고 국민의 의무를 묵묵히 수행하는 우리 보통 사람들이 나라를 이끄는 주인이 됩시다.

Aaron Copland (Emerson, Lake & Palmer), 'Fanfare for the Common Man'
https://youtu.be/c2zurZig4L8

11월 13일 골든타임

## 폰키엘리, '시간의 춤'

**골든타임을 잘 알고 계시지요?**

골든타임 Golden Time의 본래 의미는 티비나 라디오 방송에서 시청률이 가장 높아 광고비가 가장 비싼 황금시간대를 말합니다. 지금은 의미가 변질되어 응급상황에서 생명을 구하고 상황을 수습할 수 있는 몹시 제한된 시간을 뜻하는 말로 사용되고 있는데 중증외상 1시간, 심근경색 2시간, 뇌졸중 3시간이고 심장마비는 10분입니다. 골든타임의 본래 의미가 이처럼 변질된 것은 2012년 MBC에서 방영된 의학 드라마 '골든타임'의 영향 때문입니다. 2011년 아프리카 아덴만에서 소말리아 해적에게 납치된 삼호 주얼리호 구출 작전에서 복부 총상을 입은 석해균 선장을 후송해 목숨을 구한 아주대 이국종 교수에 의해 외상외과에 대한 관심이 높았던 시기에 드라마 '골든타임'이 응급실에서 시간을 다투며 외상 환자를 치료하는 모습을 실감나게 보여주어 전국 평균 시청률 최고 15.5%, 수도권 최고 18.6%에 달하는 인기를 얻었습니다. 이로써 골든타임이 국민들에게 각인되었고 지금은 의학 분야만 아니라 사회 전반에서 신속한 결정과 집행이 필요한 시급한 문제에까지 확장해서 사용되고 있습니다.

골든타임의 본뜻에 맞는 말은 골든아워 Golden Hour입니다. 이는 외상을 입었을 때 생명을 구할 가능성이 높은 1시간을 뜻하는데 제1차 세계대전 중 영국군으로부터 나온 개념입니다. 이에 근거하여 애덤스 코울리 R Adams Cowley 박사가 "삶과 죽음 사이에는 골든아워가 있다. 심한 외상을 입었을 때 살기 위해 주어진 시간은 60분도 안 된다"고 적절한 응급 치료의 속도를 강조했습니다. 그는 외상 환자의 신속한 전문 치료를 위해 1960년 세계 최초 외상센터 Maryland Shock Trauma Center를 세우고 1968년 군용 헬기를 이용한 환자 후송을 시작하였으며 1973년 응급의학과를 창설하고 응급환자이송체계 EMS를 확립하여 응급의학의 아버지가 되었습니다.

아밀카레 폰키엘리 Amilcare Ponchielli는 1834년 8월 31일 이탈리아 크레모나에서 태어나 1854년 밀라노 음악원을 졸업하고 1883년 밀라노 음악원 교수가 되었습니다. 작품 가운데 오페라 '라 조콘다 La Gioconda'에서 '시간의 춤 Dance of Hours'이 유명하며 새벽부터 낮을 지나 저녁과 밤을 묘사합니다.

우리 인생의 골든타임은 바로 지금이니 황금보다 귀한 지금을 허투루 보내지 마세요.

Amilcare Ponchielli, 'Dance of Hours'
https://youtu.be/vla1Pp1IB7E

11월 14일 자식 농사

## 레오폴트 모차르트, '장난감 교향곡'

**콩 심으면 콩이 나고 팥 심으면 팥이 날까요?**

씨앗이 부실하거나 밭이 좋지 않으면 콩도 팥도 나지 않고 잡초만 날 수 있습니다. 콩이나 팥이 났다고 해도 일찍 시들어 죽거나 수확이 없을 수도 있습니다. 따라서 튼실한 씨앗을 잘 준비하고 씨 뿌리기 전 밭을 잘 고르고 밑거름도 충분히 하고 수시로 풀도 뽑고 벌레도 잡아 주고 웃거름도 해주어야 합니다. 그런데 이렇게 키웠어도 큰비로 물에 잠기거나 수확 철 태풍에 쓰러지면 만사 허사가 됩니다. 이처럼 농사는 기술과 노력에 운도 따라야 해서 어렵습니다. 그런데 자식 농사는 더 어렵습니다. 갈아엎을 수도 없고 십수 년 최선을 다해도 본전도 못 할 때가 많기 때문입니다.

고전음악 역사에서 자식 농사를 가장 잘 지은 사람은 1719년 11월 14일 독일 아우크스부르크 Augsburg에서 제본공의 아들로 태어난 레오폴트 모차르트 Johann Georg Leopold Mozart입니다. 부모의 뜻에 따라 사제가 되기 위해 1736년 예수회 교단의 대학에 입학했는데 자신은 사제의 뜻이 없어 학교 공부 대신 주로 노래하고 바이올린을 연주했습니다. 그러다 아버지가 사망하자 사제 예비 학교를 그만두고 이듬해에 잘츠부르크 대학에 들어가 철학과 법학을 공부했습니다. 졸업 후 잘츠부르크의 명문 백작 집의 시종으로 취직하여 음악가의 길로 들어섰습니다. 1743년 24살에 궁정악단 제4 바이올리니스트가 되었고 잘츠부르크 성당 소년 합창단원들에게 바이올린과 피아노를 가르쳤습니다. 1747년 28살에 결혼하고 칠 남매를 낳았으나 1751년생 딸 난넬 Nannerl 모차르트와 1756년생 아들 볼프강 아마데우스 Wolfgang Amadeus 모차르트만 살아남았습니다. 1758년 궁정악단 제2 바이올리니스트가 되었고, 1763년 44살에 궁정악단의 부악장이 되었습니다.

레오폴트는 난넬과 볼프강의 천재성을 일찍 발견하고 자신의 성공을 포기하면서 두 신동 남매의 음악 교육에 극성스럽게 헌신했습니다. 1762년 6살 아들과 11살 딸을 데리고 시작한 유럽 연주 여행을 3차례나 하면서 자녀들의 견문을 넓혀주고 대가들의 지도를 받게 하여 남매를 훌륭한 음악가로 성장시켰습니다. '장난감 교향곡 Toy Symphony'은 하이든의 작품으로 알려졌는데 레오폴트의 것으로 추정되고 있습니다.

자식 농사가 성공했다면 재능과 노력에 운7기3이었으니 자랑하지 말고 감사하세요.

Leopold Mozart, 'Toy Symphony'
https://youtu.be/A3BPROHYQIk

11월 15일 국적

## 엘가, 첼로협주곡

**가장 많은 국적을 가진 음악가는 누구일까요?**

피아니스트 겸 지휘자인 다니엘 바렌보임 Daniel Barenboim입니다. 그는 1942년 11월 15일 아르헨티나 부에노스아이레스에서 러시아계 유대인 피아니스트 부모로부터 태어났습니다. 피아노 신동으로 부모로부터 피아노를 배워 8살에 데뷔했습니다. 이스라엘이 멸망 후 2011년 만인 1948년 재건되자 10살 때인 1952년 이스라엘로 이주했습니다. 12살에 잘츠부르크 이고르 마르케비치 Igor Markevitch의 지휘 교실에 참가하여 지휘를 배웠고 1966년 24살에 런던에서 지휘자로 데뷔했습니다.

바렌보임은 1966년 런던의 한 크리스마스이브 파티에서 영국의 첼로 신동 재클린 뒤프레 Jacquelline du Pré를 만났습니다. 뒤프레는 에드워드 엘가 Edward Elgar가 1919년 부인의 죽음을 예감하고 작곡한 첼로협주곡의 진가를 되살린 명연주로 촉망받고 있었습니다. 둘은 첫눈에 반해 이듬해 25살과 22살의 젊은 나이에 결혼했습니다. 두 음악 신동, 키 작은 (168 cm) 바렌보임과 키 큰 (175 cm) 뒤프레의 결혼은 빨간 영국 장미와 이스라엘 선인장의 결혼으로 비유되고 많은 기대를 받았습니다. 하지만 뒤프레가 다발성 경화증에 걸려 결혼 6년 만인 1973년 28살로 은퇴하고 투병에 들어가자 바렌보임이 차갑게 변했습니다. 급기야는 피아니스트 엘레나 바쉬키로바 Elena Bashkirova와 동거에 들어가 아들을 둘이나 낳았습니다. 1987년 뒤프레가 사망하자 기다렸다는 듯이 이듬해에 결혼하여 투병 중인 아내를 돌보기는커녕 외도를 하고 버렸다는 거센 비난을 받았고 그의 삶에 주홍글씨가 되었습니다.

바렌보임은 2009년 출판한 그의 책 “Everything is Connected: Power of Music”에서 모든 것은 연결되어 있는데 분리되고 분열된 것을 다시 연결하고 치유하는 힘이 음악에 있다고 했습니다. 스피노자주의자로서 분쟁 중인 이스라엘과 팔레스타인의 평화 공존을 주장하고 음악을 통해 분쟁 해결에 앞장섰습니다. 이런 인류애적인 활동으로 모국에서는 배반자 소리를 들으나 세계평화주의자로 인정받고 최초로 이스라엘과 팔레스타인 국적을 동시에 갖고 아르헨티나와 스페인 국적도 있어 명예로운 4중 국적자입니다. 중동 평화에 기여한 공로로 2021년 만해평화대상도 받았습니다.

사람은 열 번 된다니 젊은 한때 실수로 낙인찍지 말고 개과천선할 기회를 주십시오.

Edward Elgar, Cello Concerto (Jacquelline du Pré & Daniel Barenboim)
https://youtu.be/OPhkZW_jwc0

11월 16일 블루스

## 로이 호킨스, 릭 다넬, '흥분은 가시고'

### 블루스의 아버지를 아십니까?

블루스 Blues의 아버지 윌리엄 크리스토퍼 핸디 William Christopher Handy는 1873년 11월 16일 미국 앨라배마주 프로렌스에서 목사의 아들로 태어나 음악에 관심이 많았으나 정식 음악 교육은 받지 못했고 취미로 코넷을 불었습니다. 1892년 앨라배마주 버밍햄의 농업기계학교 교사 시험에 합격했으나 포기하고 Lauzetta Quartet을 결성하여 음악 활동을 시작했습니다. 1903년 미시시피 델타 Mississippi Delta의 중심지 클락스데일로 가서 흑인 밴드의 단장이 되었습니다. 1909년 테네시주 멤피스로 옮겨 시장 후보 에드워드 크럼프의 선거 캠페인 송 'Mr. Crump'를 만들었는데 선거 후에 '멤피스 블루스 Memphis Blues'로 이름을 바꿔 1912년 출판했습니다. 이를 계기로 블루스라는 이름의 곡들이 계속 발표되어 대중음악의 한 형식이 되었습니다. 블루스는 뉴올리언스에서 발생한 재즈와 함께 미국 음악의 어머니와 아버지가 되었고 이들로부터 태어난 다양한 미국 대중음악이 세계를 주도하게 되었습니다.

블루스의 발상지 미시시피 델타는 미시시피강과 야주강 Yazoo 사이에 고구마처럼 생긴 길이 320 km, 최대 폭 140 km의 비옥한 삼각주 지역으로 흑인 노예로 운영되는 미국 최대 면화 농장이 있었습니다. 이 때문에 흑인 인구가 백인보다 2배나 많아 흑인 문화가 발달했습니다. 1920~30년대 미시시피 델타에서 시작된 델타 블루스가 인근 남부 지역에 전파되어 컨트리 블루스가 되었습니다. 1940~50년대 산업화로 남부 흑인 40여만 명이 일자리를 찾아 미국의 북동부, 중서부와 서부 산업 도시로 이주할 때 블루스도 따라가 시카고 블루스, 디트로이트 블루스, 서해안 블루스가 되었고 스윙 재즈의 영향으로 강한 비트가 가미된 리듬앤블루스 R&B가 탄생했습니다. R&B는 1950년대 남부 백인 노동자의 컨트리 음악이 가미되어 로큰롤 Rock 'n' Roll이 되었습니다. 강한 피아노와 화려한 기타 연주가 특징인 서해안 블루스 음악가 로이 호킨스 Roy Hawkins와 릭 다넬 Rick Darnell의 1951년 작 '흥분은 가시고 The Thrills is Gone'는 1969년 B.B. King의 연주로 부활하여 1970년 그래미 남성 최고 R&B 보컬상을 받았고 1998년 그래미 명예의 전당에 올랐습니다.

가을 블루스라는 가을의 고독감과 우울감 치료에 블루스가 좋으니 많이 들으십시오.

Roy Hawkins, Rick Darnell, 'The Thrills is Gone'
https://youtu.be/Nu4tjTyqbho

11월 17일 시험

## 알베니스, '아스투리아스 (전설)'

**시험을 좋아하십니까?**

태어나서 사회인이 될 때까지 수많은 시험을 치르는데 가장 중요한 시험이 매년 11월 3째 주 목요일에 실시되는 수능시험입니다. 수능시험을 잘 봐야 원하는 대학 원하는 학과에 들어가 원하는 일을 할 수 있는 길이 생기기 때문입니다. 수능시험은 대학수학능력시험의 줄임말로 교육부로부터 권한을 위임받은 한국교육과정평가원에서 주관하여 대학에서 공부할 수 있는 능력 정도를 평가하는 시험입니다. 각 대학에서 자체적으로 시행하던 대학입학 시험이 대학입학 예비고사라는 이름으로 국가에서 관리하는 시험으로 바뀐 것은 1969년입니다. 이것이 1981년 학력고사로 바뀌었고 1993년 대학수학능력시험으로 바뀌어 지금까지 시행되고 있습니다. 시험의 이름은 바뀌었지만 기본 인식에는 변함이 없습니다. 전국 수십만 학생을 수능 점수 하나로 1등부터 꼴등까지 줄을 세우고 이 점수에 맞게 학교와 학과를 선택하게 하는 것입니다. 이는 가장 쉽고 논란이 적은 방법일 수는 있으나 최고도 최선도 아닙니다.

고전 음악가를 길러낸 음악전문교육기관 Conservatory으로 최초는 1795년 8월 3일 설립된 프랑스 파리(국립고등)음악원 Conservatiore de Paris입니다. 베를리오즈, 드뷔시, 라벨, 메시앙, 생상스, 구노, 비제, 사라사테, 오펜바흐, 프랑크, 랄로, 마스네 등 수많은 클래식 거장들을 배출하였고 2015년 쇼팽 국제 피아노 콩쿠르에서 우승한 조성진도 파리음악원 출신입니다. 리스트는 헝가리 출신 외국인이라는 이유로, 이사크 알베니스 Isaac Albéniz는 7살로 너무 어리다는 이유로 입학을 거절당했지만 둘 다 위대한 음악가가 되었습니다. 이사크 알베니스의 '아스투리아스 Asturias' (부제: 전설 Leyenda)는 원래 피아노곡 8개로 구성된 스페인 모음곡 중 전주곡인데 프란시스코 타레가 Francisco Tárrega가 기타곡으로 편곡한 것입니다.

우리나라에서 공정과 능력주의라는 허울을 쓴 시험 만능주의와 성적 맹신주의는 사회를 획일화하고 부익부 빈익빈으로 양극화시키고 강자독식의 동물 사회로 만들고 있습니다. 선진국을 좇아가던 때에는 얼마나 빨리 따라가느냐는 속도가 중요했으나 선진국이 된 지금은 속도보다 방향이 더 중요하고 과학기술에 못지않게 문화예술도 중요하니 교육 과정도 시험정책도 완전히 바뀌어야 합니다. 교육개혁, 계속 요구합시다.

Isaac Albéniz, 'Asturias (Leyenda)'
https://youtu.be/inBKFMB-yPg

11월 18일 음악회

## 폰 베버, '춤으로 초대'

### 음악회에 자주 가십니까?

11월은 일 년 중 음악회가 가장 많이 열리는 달입니다. 수십만 원짜리 음악회도 있지만 무료로 초대하는 음악회도 많습니다. '무도회의 권유 The Invitation to Dance'로 유명한 독일의 작곡가이자 지휘자, 피아니스트이자 기타리스트이고 비평가였던 카를 마리아 폰 베버 Carl Maria von Weber는 1786년 11월 18일 독일 오이틴 Eutin에서 바이올리니스트이자 순회 극단 운영자인 프란츠 안톤 Franz Anton 폰 베버 (1734년생)와 그의 2번째 30살 연하 아내 성악가 제노베파 Genovefa 사이에 첫째로 태어났습니다. 큰아버지 (아버지의 이복형)의 셋째 딸이 모차르트의 부인 콘스탄체여서 그와 콘스탄체는 사촌 남매이고 그와 모차르트는 사촌 처남 매부 사이였습니다.

아버지 프란츠는 아들을 조카사위인 모차르트와 같은 신동으로 키우기 위해 독일과 오스트리아의 여러 도시를 오가면서 Johann Peter Heuschkel (1796년 힐트부르크하우젠), 요제프 하이든의 동생 Michael Haydn (1797년, 1801년 잘츠부르크), Johann Evangelist Wallishauser (성악, 1798년 뮌헨), Johann Nepomuk Kalcher (작곡, 1798년 뮌헨), Georg Joseph Vogler (작곡, 1803년 빈) 등으로부터 음악 전반에 대해 폭넓게 공부하게 했습니다. 이러한 아버지의 교육 열정은 맹모삼천지교를 뛰어넘고 모차르트나 베토벤의 아버지에 버금갔습니다. 이에 부응하듯 폰 베버는 독일 낭만주의 음악과 독일 오페라의 창시자가 되었습니다. 대표곡의 하나인 '무도회의 권유'는 33살인 1819년 7월 28일 피아노 독주곡으로 작곡하여 성악가인 부인에게 헌정했습니다. 원래 이름은 '화려한 론도 Rondo Brillante'였는데 1841년 프랑스의 엑토르 베를리오즈가 관현악곡으로 편곡하면서 '춤 (왈츠)으로 초대 Aufforderung zum Tanz (Invitation à la Valse)'로 고쳤습니다. 이것을 일본에서 '舞蹈への 勸誘'로 번역했는데 이를 한글로 옮기면서 舞蹈へ (무도헤)를 무도회로 하여 '무도회의 권유'라고 잘못 번역했습니다. 일본어를 그대로 한글로 옮긴다면 '무도에의 권유'가 되는데 이는 일본식 말투이니 독일 제목에 맞게 '춤 (왈츠)으로 초대'라고 하는 것이 맞습니다. 슈베르트의 가곡 '숭어'를 '송어'로 고쳤듯이 이것도 고치면 좋겠습니다. 잘못을 고치는 데에는 늦은 때라는 것은 없습니다.

초대를 받았더라도 무도회는 가짜이니 가지 마시고 음악회라면 꼭 가보십시오.

Carl Maria von Weber, Opera 'Invitation to the Dance'
https://youtu.be/wLdnmueC0lE

11월 19일 키스

## 모차르트, 교향곡 10번

### 키스의 원칙을 잘 지키시나요?

KISS는 "Keep It Short and Simple" 또는 "Keep It Small and Simple"의 약자로서 쓸데없이 길고 복잡하게 하지 말고 '짧고 간단히' 또는 '작고 단순하게' 하라는 말입니다. 이는 1960년 미국 해군이 정한 디자인 원칙이었는데 디자인에는 물론 발언이나 글쓰기에서도 사용되고 있습니다. 중언부언하며 말이 길어지고 횡설수설하여 설명이 복잡해지면 핵심이 흐려져서 뜻이 잘 전달되지 않고 말에 대한 신뢰도까지 의심받을 수 있습니다. 따라서 말이나 글이 길고 복잡해지지 않도록 사족같이 불필요하고 부차적인 것은 칼 같이 잘라내야 하는데 이 칼을 '오캄의 칼 Ockham's Razor'이라고 합니다. 윌리엄 오캄 William of Ockham은 14세기 영국 프란체스코 수도회의 수사이자 근대 철학의 아버지로 존경받고 있는 논리학자입니다. 설명이나 논증에 많은 가정이나 논리가 필요하다면 잘못일 가능성이 많으므로 "가정을 최대한 적게 하라, 최소한의 논리로 설명하라"고 했습니다. 여기에서 '오캄의 칼'이 유래했습니다.

미국의 제16대 대통령 에이브러햄 링컨 Abraham Lincoln은 1863년 11월 19일 펜실베니아주 게티스버그 Gettysburg 국립묘지에서 미국 남북전쟁 중 게티스버그 전투 중 희생된 7,500여 전몰 군인의 유해를 봉안하는 행사에서 총 266자로 된 2분짜리 짧은 연설을 했습니다, 링컨의 연설 직전에 이 행사를 위해 특별히 초청된 매사추세츠 상하원의원과 주지사, 하버드대학 총장과 국무부장관을 역임한 에드워드 에버레트 Edward Everret가 무려 2시간에 달하는 긴 연설을 했습니다. 내용은 남북이 전쟁 중이지만 미국은 하나로 통일이 되어야 한다는 매우 감동적인 내용의 연설이었습니다. 하지만 지금 이를 기억하는 사람은 없습니다. 반면에 링컨의 "국민의, 국민에 의한, 국민을 위한 정부는 이 땅에서 사라지지 않을 것입니다 (Government of the people, by the people, for the people, shall not perish from the earth)"라는 연설은 민주주의의 핵심을 찌르는 오캄의 칼로 잘 다듬어진 KISS식 명연설로 전 세계인이 지금도 기억하고 있습니다. 교향곡의 연주 시간은 다른 음악에 비해 상대적으로 길지만 모차르트 교향곡 10번은 9분으로 대표적인 KISS식 교향곡입니다.

사랑은 긴말이 필요 없고 진리는 설명이 필요 없으니 kiss도 KISS도 잘하십시오.

Wolfgang Amadeus Mozart, Symphony No. 10
https://youtu.be/8ErQLBBJdqE

11월 20일 윈도우

## 빈첸초 루소, 에두아르도 디 카푸아, '마리아 마리'

### 집에 창이 몇 개나 있으십니까?

프랑스 루이 14세가 거처한 베르사유 궁전에는 2,300개의 방과 2,153개의 창이 있습니다. 집에 창이 많다는 것은 그만큼 큰 집에서 산다는 뜻이고 그만큼 밖과 소통할 면적이 넓고 통로가 많다는 뜻입니다. 세계 최고 소프트웨어 회사인 마이크로소프트사 Microsoft를 창업한 빌 게이츠 Bill Gates는 1955년 10월 28일 미국 워싱턴 주 시애틀에서 태어났습니다. 1973년 하버드대 응용수학과에 입학했으나 이듬해에 컴퓨터 프로그램 개발을 위해 대학을 휴학하고 1975년 20살에 레이크사이드 고등학교 2년 선배인 폴 앨런 Paul Allen과 함께 마이크로소프트사를 설립했습니다. 회사가 잘 안 되면 복학할 생각도 있었으나 돌아갈 일이 없어 중퇴자가 되었고 1981년 26살로 마이크로소프트사 회장이 되었습니다. 앨런은 부회장이 되었으나 1983년 림프종에 걸려 회사를 그만두고 친구로만 남아 있다가 2018년 세상을 떠났습니다.

마이크로소프트가 개인용 컴퓨터 PC 운영체제 Operating System (OS) 및 응용 프로그램 소프트웨어 시장을 석권하게 된 것은 1985년 11월 20일 출시한 '창'이라는 뜻의 '윈도우 Windows' 때문이었습니다. 이는 키보드로 명령어를 처넣어 작업을 지시하는 문자 사용자 인터페이스 character user interface (CUI) 대신 시각 사용자 인터페이스 graphic user interface (GUI) 운영체계로서 화면 차림표 (메뉴판)에 있는 표식 (아이콘)을 마우스로 찍어주면 (클릭) 되는 매우 획기적인 것이었습니다, 이로써 컴퓨터 명령어는 물론 글자마저 모르는 어린아이들까지도 PC를 사용할 수 있게 되었습니다. 마이크로소프트가 시각 사용자 인터페이스 운영체계를 'Windows'라고 한 이유는 컴퓨터 작업을 하는 모니터 화면 자체가 직사각형의 창과 같기 때문이었다고 합니다. 이 'Windows'를 통해 동시에 여러 개의 창을 열고 다중 작업도 가능해져서 PC가 창이 하나인 답답한 단칸방에서 창이 많은 전망 좋은 집으로 변신했습니다.

이탈리아의 에두아르도 디 카푸아 Eduardo di Capua는 '오 솔레 미오 O Sole Mio'의 작곡가로 유명한데 "창문을 열어다오, 내 사랑 마리아!"로 시작하는 '마리아 마리 Maria Mari'를 1889년 작곡하여 나폴리 피에디그로타 음악제에서 우승했습니다.

날씨가 쌀쌀해져서 창을 하나둘 닫기 시작하는데 마음의 창만은 계속 열어 두십시오.

Vincenzo Russo, Eduardo di Capua, 'Maria Mari'
https://youtu.be/7F5tJI6fVok

11월 21일 추억

## 타레가, '알람브라 궁전의 추억'

**클래식 기타의 아버지가 누군지 아시나요?**

낭만주의 시대 스페인의 작곡가 겸 기타 연주가로 근대 클래식 기타 연주법을 완성한 프란시스코 데 아시스 타레가 Francisco de Asis Tárrega입니다. 그는 1852년 11월 21일 스페인 비야레알 Villarreal에서 태어났습니다. 어려서 수로로 떨어지는 사고로 실명할 위기에 처했습니다. 기타 연주를 잘했던 아버지는 실명이 되어도 생업을 계속할 수 있는 것이 음악이라고 생각하고 어린 아들에게 음악을 가르치기 위해 Castelion de la Plana로 이사했습니다. 1862년 유명 기타 연주가 훌리안 아르카스 Julian Arcas가 연주 여행 중에 10살짜리 어린 타레가의 기타 실력을 보고 바르셀로나로 데리고 가서 가르쳤습니다. 1874년 22살에 부유한 상인의 후원으로 마드리드 왕립 음악원에 입학하여 기타와 작곡을 공부했습니다. 바르셀로나에서 활동하며 이사크 알베니스, 엔리크 그라나도스, 파블로 카잘스 등과 친구로 지냈습니다.

타레가의 대표곡 '알람브라 궁전의 추억 Recuerdos de la Alhambra'은 타레가의 후원자이자 연인에 가까운 친구인 콘셉시온 고메즈 드 자코비 Concepción Gómez de Jacoby (애칭 Conchita) 여사에게 1899년 12월 8일 성모 마리아 잉태 축일 선물로 헌정한 곡입니다. 그녀는 타레가의 친구이자 기타리스트인 마누엘 로스코스 Manuel Loscos의 교습생이었는데 1896년 타레가의 발렌시아 연주 여행 때 타레가를 자신의 집으로 초청하여 하우스 콘서트를 열고 이후 타레가의 열렬한 후원자가 되었습니다. 타레가는 1897년부터 2년간이나 그녀의 별장을 사용하였고 같이 여행도 많이 다녔습니다. '알람브라 궁전의 추억'도 그녀와 함께한 스페인 그라나다 지역 여행 중에 알람브라 궁전에서 받은 둘만의 애틋한 감정을 기념하기 위해 쓴 곡으로 가슴을 조여 매는 듯 시종일관 계속되는 트레몰로가 인상적인 매우 애절한 곡입니다. 알람브라 궁전은 알카사바 Alcazaba 성채와 이슬람 무어 양식의 나스르 Nasrid 궁전, 르네상스식 카를로스 Carlos 5세 궁전으로 구성되어 있습니다. 이들 가운데 백미인 나스르 궁전은 스페인을 781년 동안 지배했던 이슬람 나스르족의 무하마드 1세가 붉은 벽돌로 세운 궁전으로 지극히 아름다워 알람브라의 꽃이라고 합니다.

이루어지지 않은 사랑도, 이루어질 수 없는 사랑도 사랑이니 아름답게 간직하세요.

Francisco de Asis Tárrega, 'Recuerdos de la Alhambra'
https://youtu.be/ycYC2pCDkhU

11월 22일 기타

## 로드리고, '아랑후에즈 협주곡'

### 기타의 종주국이 어디일까요?

기타는 8세기에 아랍 출신 이슬람계 무어인들이 이베리아반도를 점령하면서 그들이 가지고 간 퀴타라 quitara에서 기원하여 스페인의 전통 국가 악기가 되었고 스페인은 기타의 나라가 되었습니다. 스페인의 대표적인 고전 기타 음악 작곡가에는 프란시스코 타레가 Francisco Tárrega와 호아킨 로드리고 Joaquin Rodrigo가 있습니다. 이 두 거장의 생일은 공교롭게도 하루 사이입니다. 로드리고는 1901년 11월 22일 스페인 발렌시아 Valencia주 사군토 Sagunto에서 태어났습니다. 만 3세에 당시 유행한 디프테리아로 시력을 거의 잃었습니다. 4살에 시각 장애인 특수교육 시설을 찾아 발렌시아시로 이주했습니다. 8살에 피아노와 바이올린을 배우기 시작하고 16살부터 화성학과 작곡을 공부했습니다. 26살부터 프랑스 파리의 École Normale de Musique에서 5년간 공부하면서 평생 도움을 준 대선배 작곡가 마누엘 데 파야 Manuel de Falla와 평생 헌신적으로 내조한 아내 터키 출신 피아니스트 빅토리아 카미 Victoria Kamhi를 만났습니다. 1933년 32살에 발렌시아에서 결혼하고 이듬해에 대표작의 하나인 '신부의 노래 Cantico de la Esposa'와 발렌시아 예술상을 받게 한 '푸른 백합꽃을 위하여 Per la Flor del Lliri Blau'를 작곡했습니다.

로드리고는 기타 연주가였던 타레가와 달리 피아니스트였음에도 기타의 나라 스페인 음악가답게 1939년 '아랑후에즈 협주곡 Concierto de Aranjuez'을 비롯하여 1954년 '귀인을 위한 환상곡 Fantasia para un Gentlehombre', 1962년 '마드리갈 협주곡 Concierto Madrigal for 2 guitars', 1967년 '안달루즈 협주곡 Concierto Andaluz for 4 guitars and orchestra' 등 많은 기타 음악을 작곡했습니다. 기타 협주곡 '아랑후에즈 협주곡'은 마드리드 남쪽 아랑후에즈 봄의 궁전에서 받은 감흥을 표현한 것인데 기타 연주자 Regino Sainz de la Maza와 Marques de Bolarque와 점심 자리에서 이들의 제안을 받아 작곡한 것입니다. Regino Sainz de la Maza에게 헌정하여 1940년 11월 6일 바르셀로나에서 성공적으로 초연하여 기타 협주곡의 효시가 되었고 기타가 관현악단과 협주 가능한 악기임을 확실히 각인시켜주었습니다.

기타는 선율, 화음, 리듬 모두 연주 가능하고 껴안을 수 있어 반려악기로도 좋습니다.

Joaquin Rodrigo, 'Concierto de Aranjuez'
https://youtu.be/-oxH-7VklBI

11월 23일 방황

## 베를리오즈, 교향곡 '이탈리아에서 헤럴드'

### 흔들리지 않는 꽃을 보신 적이 있으십니까?

시인 도종환은 1994년 작 '흔들리며 피는 꽃'에서 "흔들리지 않고 피는 꽃이 어디 있으랴! 이 세상 그 어떤 아름다운 꽃들도 다 흔들리면서 피었나니 (이하 줄임)"라고 했습니다. 흔들리지 않는 꽃을 보셨다면 시든 꽃이거나 조화일 것입니다. 들꽃만이 아니라 청춘도 흔들리며 피어납니다. 영국 낭만주의를 대표하는 시인 조지 고든 바이런 George Gordon Byron은 짧기는 했어도 인생을 영원한 청춘으로 살았습니다.

바이런은 큰아버지의 남작 작위를 물려받은 귀족 신분에 빼어난 용모와 천재 시인이었습니다. 자유로운 영혼으로 인간을 속박하는 모든 것에 치열하게 저항하고 항거하면서도 여러 나라를 유랑하며 많은 여성을 사귀며 매우 자유분방한 삶을 살았습니다. 1809~1811년 이베리아반도에서 지중해를 거쳐 알바니아와 그리스를 여행하면서 느낀 다양한 감상과 생각을 '귀공자 헤럴드의 순례 Childe Harold's Pilgrimage'라는 이름의 자전적인 서사시 (1편과 2편)로 써서 1812년 출판했습니다. 자신의 분신인 헤럴드를 통해 프랑스 혁명의 실패로 우울하고 좌절에 빠진 당시 사회의 갖가지 모순과 위선을 신랄하게 비판하고 여행하면서 만난 자연과 문명을 수려한 문체로 찬미하고 인물들에 대한 생각을 거침없이 드러냈습니다. 출판 후 그는 하루아침에 유명인사가 되었고 1816년 3편 (벨기에, 독일, 스위스 편), 1818년 4편 (이탈리아 편)을 잇달아 출판했습니다. 1823년 오스만 터키로부터 독립하려는 그리스의 독립전쟁을 돕기 위해 자비로 배를 사서 참전했으나 이듬해 말라리아에 걸려 36살로 사망했습니다.

엑토르 베를리오즈 Hector Berlioz는 바이런의 시 '귀공자 헤럴드의 순례'에 감명을 받아 교향곡 '이탈리아에서 헤럴드 Harold in Italy'를 작곡하고 1834년 11월 23일 초연했습니다. 이는 파가니니가 Stradivarius 명품 비올라 (Paganini-Mendelssohn Viola)를 구입한 후 비올라를 위한 곡을 작곡해달라는 요청을 받고 작곡한 것입니다. 따라서 관현악 연주에 고독한 방랑자 헤럴드를 상징하는 비올라 독주가 함께 하는 것이 독특합니다. 1악장 산 위 헤럴드, 2악장 순례의 행진, 3악장 산 사람의 세레나데, 4악장 건달패의 술판으로 구성되어 있습니다.

흔들림은 독립을 위한 모색이자 자유를 향한 도전입니다. 흔들리되 꺾이지는 마세요.

Hector Berlioz, 'Harold in Italy, Symphony with Viola Obbligato'
https://youtu.be/Q4NC4E5RXik

11월 24일 사과나무

## 생상스, '사이프러스와 월계수'

**내일 지구의 종말이 온다면 무엇을 하시겠습니까?**

합리주의 철학자의 3대 거장 바뤼흐 스피노자 Baruch Spinoza는 사과나무를 심겠다고 했고 스피노자보다 149년 일찍 태어난 종교개혁가 마르틴 루터 Martin Luther도 사과나무를 심겠다고 했습니다. 스피노자는 종교재판과 유대인 탄압을 피해 네덜란드로 이주한 포르투갈계 유대인 부모로부터 1632년 11월 24일 네덜란드 암스테르담에서 태어났습니다. 그는 유대인 공동체인 시나고그 회당에서 유대 철학과 신학을 이어받고 랍비가 될 것으로 촉망받았으나 19살 경부터 유대교 교리와 다른 독자적인 사상을 갖게 되었습니다. 1660년 유대교 비판과 신성 모독으로 파문 선고를 받고 유대교에서 영구 추방되었습니다. 안경알을 깎으며 생계를 유지하는 절대 빈곤과 고독에도 하이델베르크대학 교수직마저 거부하면서 철학적 진리 탐구를 위해 일생을 바쳤습니다. 그는 신은 모든 것에 초월하지 않고 자연 속에 내재해있어 "자연이 곧 신"이라는 범신론을 주장하고 '자연 속 신'의 불완전성 역시 신의 완전성을 보여주는 것이며 행복도 초월적인 신이 아니라 자연의 섭리 (신)를 아는 데서 온다고 했습니다. 이에 그는 "철학자들의 왕", 철학을 신학에서 구출한 "철학의 구세주"로 불리고 있습니다.

루터와 스피노자가 종말에 심을 나무로 사과나무를 선택한 것은 에덴동산 시절 인간에게 지혜를 준다는 선악과를 사과로 생각했기 때문으로 생각됩니다. 하지만 성경에는 선악과가 사과라는 언급은 없고 그냥 과일이라고만 되어 있는데 17세기 화가들이 선악과를 사과로 그리면서 선악과가 사과로 굳어진 것입니다. 카미유 생상스는 1919년 제1차 세계대전에서 희생당한 장병들의 영혼을 위로하고 연합국의 승리를 축하하기 위해 '오르간과 관현악을 위한 사이프러스와 월계수 Cyprès et Lauriers for Organ and Orchestra'를 작곡했습니다. 전반 사이프러스 악장은 흐느끼는 듯한 오르간 독주가 슬픔을 위로하고 후반 월계수 악장은 관현악에 오르간, 금관, 타악기가 합세하여 행진곡풍으로 승리를 축하합니다. 사이프러스는 5천 년까지 사는 장수 나무로 고흐가 즐겨 그렸고 예수의 십자가를 만든 나무여서 슬픔과 애도, 죽음과 부활을 상징하고 월계수는 승리와 영광을 상징하여 각각 두 악장의 이름이 되었습니다.

종말은 아니지만 사과나무든 아니든 나무 한 그루 베란다나 텃밭에서 키워보십시오.

Camille Saint-Saëns, 'Cyprès et Lauriers for Organ and Orchestra'
https://youtu.be/fBgIDxuGOM0

11월 25일 영감

## 슈베르트, 즉흥곡 4번

**천재는 1% 영감과 99% 노력으로 이루어진다는 말을 누가 했을까요?**

역사상 가장 많은 발명을 한 '발명왕' 토마스 에디슨 Thomas Edison은 7살에 초등학교에 입학했는데 주의력결핍 과잉행동장애 ADHD로 추정되는 주의력 산만과 과잉행동으로 문제아가 되어 12주 만에 학교를 그만두고 교사였던 어머니로부터 가내 교육 home schooling을 받았습니다. 12살부터 왕성한 탐구심이 발동하여 책을 통해 다양한 방면에 대해 스스로 공부하고 실험을 좋아해 식사도 거르며 실험에 몰두했습니다. 12살에 걸린 성홍열로 청력을 거의 잃었는데 이는 그를 실험에 더욱 몰두할 수 있게 했습니다. 1876년 29살에 세계 최초 민간 산업기술 연구소인 멘로파크 Menlo Park 연구소를 설립하고 1892년 General Electric (GE)사를 설립했습니다. General Electric의 General은 미국 남북전쟁 때 남군의 동부 사령관이었던 크리스토퍼 장군 General Christopher을 뜻합니다. 에디슨이 크리스토퍼 장군의 도움으로 전구를 개발하면서 진 많은 빚을 청산할 수 있게 되어 회사 이름을 'General Christopher's Electric'으로 지었다가 크리스토퍼를 빼고 'General Electric'으로 한 것입니다.

천재성이나 창조성에 1%인 영감이 더 중요하다는 주장도 있고 99%인 노력이 더 중요하다는 주장도 있으나 퍼센트 숫자만큼 노력이 더 중요하다고 생각합니다. 에디슨이 발명왕이 된 것이나 아르키메데스가 목욕탕에서 넘치는 물로 부력의 원리를 알게 된 것이나 뉴턴이 떨어지는 사과에서 만유인력의 법칙에 대한 영감을 얻은 것은 이들이 문제 해결을 위해 자나깨나 생각하고 끊임없이 노력했기 때문입니다. 앙리 마티스 Henry Matisse의 "영감을 기다리지 마라, 영감은 노력 중에 찾아온다"라는 말처럼 창조적인 영감이나 기발한 생각은 일에 몰입하여 열중하고 있을 때 불쑥 찾아옵니다.

음악에서 즉흥곡 Impromptu은 영감처럼 문득 떠오른 감흥이나 악상을 형식에 구애받지 않고 자유스럽게 옮긴 기악곡인데 대개는 독주곡입니다. 낭만주의 시대에 유행한 음악 형식으로 자유 형식이지만 빠르게 도약하는 부분과 느리게 서정적인 부분을 대립적으로 배치합니다. 즉흥곡의 선구자 프란츠 슈베르트는 주옥같은 즉흥곡 8개를 남겼는데 '즉흥곡 4번'을 가장 아꼈다고 합니다.

천재의 영감을 얻으려면 한 우물을 파듯 집중하고 몰입하여 끝까지 노력하십시오.

Franz Schubert, Impromptu No. 4
https://youtu.be/d5JC1Yvx-1M

11월 26일 이상한 나라

## 김태준 시, 김희갑 곡, '아름다운 나라'

### 지구상 가장 이상한 나라는 어디일까요?

2020년 3월 17일 우리나라가 코로나-19의 전국적인 확산으로 위기를 맞았을 때 이에 대처하는 국민들의 모습을 담은 홍보 동영상 'Korea, Wonderland? 한국, 참 이상한 나라'가 유튜브에 올라왔습니다. 우리나라 해외문화홍보원이 올린 것인데 손수 만든 마스크를 기부한 83세 할머니, 방호복 입고 격무에 지친 의료진, 코로나 의료진을 돕기 위해 전국에서 온 의사와 간호사, 도시락을 만들어 제공하는 자원봉사자 등과 1997년 외환위기 때 나라 빚을 갚으라고 전 국민이 돌 반지, 결혼 반지를 가리지 않고 가지고 나와 금 모으기에 동참한 일, 2007년 태안반도가 대형유조선의 기름 유출로 바다와 해안이 온통 시커먼 기름에 뒤덮였을 때 자원봉사자들이 방제포를 들고 기름을 닦은 일들을 소개했습니다. 우리나라는 이렇게 국가적인 위기 때마다 전 국민이 하나가 되어 서로 돕고 배려하여 위기를 극복하는 참으로 이상한 나라라고 했습니다.

동화 '이상한 나라의 앨리스 Alice in the Wonderland'는 찰스 루트위지 도지슨 Charles Lutwidge Dodgson이 루이스 캐럴 Lewis Carrol이라는 필명으로 1865년 11월 26일 출판한 판타지 동화입니다. 도지슨이 영국 옥스포드 크라이스트 처치 대학 수학과의 젊은 교수 시절에 학장인 헨리 리델의 집에서 살 때 리델의 세 딸과 놀면서 해준 이야기를 바탕으로 쓴 동화입니다. 이는 일곱 살 소녀 앨리스가 회중시계를 든 토끼를 뒤쫓아 가다가 토끼 굴에 빠져 땅속 세계에서 자신의 몸이 작아졌다가 커지는 변신을 하며 온갖 동물들 사이에서 겪은 12가지 사건으로 구성되어 있습니다. 반전에 반전을 거듭하는 황당무계한 사건들 속에 회중시계를 든 토끼가 시간에 쫓기는 현대인을 상징하듯 기발한 은유와 상징, 재치 있는 동음이의어 말장난, 통쾌한 풍자와 절묘한 패러디가 연속되는 초현실적인 판타지 동화입니다. 영국이 산업혁명과 식민지 개척으로 전성기를 맞이한 빅토리아 시대에 물질만능주의로 자아 정체성을 잃어가는 개인과 자본주의 사회의 문제들을 지적하고 상류층과 정치가들의 위선을 고발하였습니다. 이로써 '이상한 나라의 앨리스'는 영국 고전 중에 가장 위대하고 영향력 있는 작품으로 사랑받고 있으며 판타지 문학의 원조가 되었습니다.

위기 때만 아니라 평소에도 서로 돕고 배려하여 언제나 아름다운 나라를 만듭시다.

김태준 시, 김희갑 곡, '아름다운 나라' (박인수/이동원 노래)
https://youtu.be/xxQJtnlwhHg

11월 27일 황금 분할

## 바르톡, '이상한 중국 관리' 모음곡

**나누기할 때 어떻게 나누면 가장 아름다울까요?**

가장 아름다운 황금 분할 Golden Section (프랑스어: Section d'Or 섹숑 도르)은 나눈 선의 긴 쪽의 제곱이 짧은 선과 전체를 곱한 것과 같게 나누는 것입니다. 즉, 선 AB를 점 C로 나눌 때 $(AC)^2 = AB \times CB$가 되게 나누는 것인데 이는 곧 선 AC (a)와 CB (b)의 비가 선 AB (a+b)와 AC (a)의 비가 같도록 [(a+b):a = a:b] 나누는 것입니다. 이를 계산하면 황금비율 Golden Ratio가 나오는데 0.61803...입니다. 이 황금비율은 고대 그리스에서 발견되어 가장 아름답고 조화로운 비례로 간주되어 건축이나 미술에 많이 적용되어왔습니다.

헝가리의 가장 위대한 피아니스트 겸 작곡가 벨라 바르톡 Béla Bartók은 음악의 법칙을 자연에서 찾으려고 노력했고 황금비율과 피보나치수열 Pibonacci Series (0, 1, 1, 2, 3, 5, 8, 13 등)을 처음으로 작곡에 도입했습니다. 수평적인 곡 전개에서 전환점이나 절정부를 황금비율을 적용하여 설정하고 황금비율과 피보나치수열을 적용한 특유의 리듬도 만들었습니다. 황금비율을 수직적인 화성 조성에도 적용하여 그만의 독특한 반음계 법으로 색다른 음악을 만들어 20세기 작곡법의 발전에 크게 기여했습니다. 이로써 그는 작곡 지망생들의 연구 대상 1호가 되었습니다. 1919년 작곡한 발레곡 '이상한 중국 관리 The Miraculous Mandarin'는 창녀에 유혹당해 돈을 빼앗기고 결국 살해되는 중국 관리의 충격적인 내용 때문에 초연은 1925년 11월 27일 그것도 헝가리가 아닌 체코 프라하에서 했습니다. 지금은 주로 모음곡으로 연주되고 있는데 바르톡의 작품 중에서 가장 날카롭고 박자도 5박자, 7박자, 5+2박자, 4+5박자가 혼합되어 가장 복잡한 곡입니다.

우리나라에서 권력의 쏠림과 경제의 양극화가 심해지면서 공평과 공정이 화두가 되고 있습니다. 국가 권력은 세 변이 균등한 삼권분립이 가장 안정적인 황금 분할이나 자원의 분배는 다릅니다. 너나없이 똑같이 나누는 산술적인 균등 분할은 공평할 수는 있어도 공정하지 않을 수 있고 공정의 이름으로 시행되는 능력별 차등 분할은 부익부 빈익빈의 불평등 사회를 만들기 때문에 약자를 더 배려하는 황금 분할이 필요합니다.

황금비율로 나보다 약자를 더 배려하는 황금 분할로 우리 모두 함께 행복한 세상을 만들어 봅시다.

Béla Bartók, Ballet 'The Miraculous Mandarin Suite'
https://youtu.be/SCkn0Qjm0Ho

11월 28일　소나무

## 김민기 작사 작곡, '상록수 2020'

**상록수들은 추운 겨울에 어떻게 살아남을까요?**

낙엽수들은 이제 모든 잎을 떨구어 나목이 되었으나 상록수들은 여전히 푸르름을 자랑합니다. 낙엽수는 대부분 활엽수이지만 이깔나무나 메타세콰이어 같은 침엽수도 있고 활엽수 중에도 동백나무, 사철나무, 후박나무, 홍가시나무, 금목서, 은목서 같은 상록수가 있습니다. 상록수의 이파리가 추운 겨울에도 얼어 죽지 않는 것은 날씨가 추워지면서 잎사귀에 자동차의 부동액과 같은 부동 단백질 antifreeze protein (AFP)이 만들어지기 때문입니다. 이 부동 단백질이 세포 안팎의 물을 얼지 않게 하고 얼더라도 세포를 손상시키는 얼음 결정이 생기지 않도록 하여 세포의 동사를 예방합니다. 이 부동 단백질은 나무가 추운 날씨에 노출되었을 때 생성되기 때문에 상록수도 겨울에 따뜻한 곳에 두었다가 밖에 내놓으면 부동 단백질이 없어 동사하게 됩니다.

소나무는 상록수의 상징이며 상록수를 대표하는 나무로서 우리나라 사람이 가장 좋아하는 나무입니다. 2019년 갤럽조사에서 응답자의 51%가 가장 좋아하는 나무로 소나무를 지목했습니다. 2위는 벚나무로 7%, 3위는 느티나무로 5%, 4위는 단풍나무로 4%, 5위는 편백나무로 3%였으며 은행나무는 6위, 대나무는 9위였습니다. 소나무는 사철 푸르러 굳은 절개와 지조를 상징하고 바위 절벽과 같은 척박한 곳에서도 깊이 뿌리를 내리기에 불굴의 투지와 강한 생명력을 상징합니다. 소나무는 예로부터 십장생의 하나로 소중히 여겨왔고 대나무, 매화와 함께 추운 겨울을 이긴 세 친구라는 세한삼우로 산수화의 대표적인 소재이었습니다. 소나무는 국보 180호인 추사 김정희의 세한도에 잣나무와 함께 등장하고 우리나라 애국가 가사 2절에도 나옵니다.

민중가요 '상록수'는 김민기가 1977년 인천의 한 공장 노동자들의 합동결혼식 축하곡으로 만들었는데 1978년 양희은에 의해 '거치른 들판에 푸르른 솔잎처럼'으로 발표되었습니다. 소나무처럼 어떤 역경도 이겨내리라는 굳은 결의를 다지는 노래로 1980년대 민주화 운동의 단골 노래가 되었고 1998년 외환위기, 2020년 코로나 위기 때는 국난 극복의 국민응원가 (상록수 2020)가 되었습니다.

개인이든 국가든 누구에게나 겨울은 옵니다. 어떤 눈보라에도 푸르름을 잃지 않고 어떤 추위에도 얼어 죽지 않는 소나무처럼 어떤 역경이나 위기도 끝내 이기십시오.

김민기 작사 작곡, '상록수 2020' (거치른 들판에 푸르른 솔잎처럼)
https://youtu.be/IYSIPFJzwgE

11월 29일 묘약

## 도니제티, 오페라 '사랑의 묘약'에서 '들으시오, 들으시오'

**세상에 만병통치약이 있을까요?**

사람이든 사회든 병들었을 때 다 낫게 할 수 있는 만병통치약이 있다면 얼마나 좋을까요? 과거에 어르신들을 값싼 선물과 호의로 유인하여 건강식품을 만병통치약으로 속여 파는 떠돌이 가짜 약장수들이 문제가 되었습니다. 이와 같은 떠돌이 약장수는 지금은 거의 없어졌지만 티비나 유튜브에서 명의나 전문가로 행세하며 어떤 식품이나 약 또는 기구의 효과를 침소봉대하여 만병통치약처럼 말하는 사람이 늘고 있습니다.

가에타노 도니제티 Gaetano Donizetti는 1797년 11월 29일 이탈리아 롬바르디아주 베르가모 Bergamo에서 가난한 전당포 관리인의 아들로 태어났습니다. 베르가모의 성당에서 성가대원으로 활동하며 10살에 성가대 단장인 독일 출신 작곡가 시모네 마이르 Simone Mayr가 세운 사설 음악학교에서 18살까지 9년 동안 음악 교육을 받은 다음 볼로냐에 있는 리체오 필라르모니코 음악원에서 작곡을 공부했습니다. 졸업 후 오페라 작곡가가 되려고 했지만 교회 음악을 하기 원하는 아버지의 완강한 반대로 군에 입대했습니다. 군인 신분으로 1818년 발표한 오페라 '보르고냐의 엔리코'가 호평을 받아 오페라 작곡가의 길로 들어섰고 로시니, 벨리니와 함께 19세기 전반 이탈리아 벨칸토 오페라 시대를 대표하는 3대 작곡가가 되었습니다.

도니제티의 오페라 '사랑의 묘약 L'Elisir d'Amore'은 어느 시골 마을에서 청년 네모리노 Nemorino가 짝사랑하는 아디다 Adida의 마음을 얻기 위해 돌팔이 약장수 둘까마라 Dulcamara에게 사랑의 묘약을 사서 마셨는데 단순한 포도주여서 아디다의 마음도 다른 여자들의 관심도 얻지 못했습니다. 그러다 뜻밖의 상속을 받아 벼락부자가 되고 나니 많은 여자들이 구애를 하여 약이 효력을 발휘한다고 생각하였고 결국 아디다의 마음을 얻어 사랑을 이룹니다. 대표곡 '남몰래 흘리는 눈물 Una Furtiva Lagrima'은 네모리노가 많은 여자들의 구애를 받는 것을 보고 그를 놓쳤다고 생각한 아디다가 눈물을 흘리는데 네모리노는 이를 자신을 사랑하여 흘리는 눈물로 생각하고 죽기까지 사랑을 맹세하는 노래입니다. '들으시오, 들으시오, 마을 사람들이여 Udite, Udite, O Rustici'는 둘까마라가 포도주를 만병통치 묘약이라고 선전하는 노래입니다.

인간의 병도 사회의 병도 한 방에 해결하는 묘약은 없으니 그런 말에 속지 마십시오.

Gaetano Donizetti, Opera 'L'Elisir d'Amore', 'Udite, Udite, O Rustici'
https://youtu.be/j9JJ2pbWT4A

11월 30일 전설

## 리스트, '두 개의 전설'

### 가을의 전설을 잘 쓰고 계십니까?

1994년 개봉 영화 '가을의 전설 Legends of the Fall'은 가을이면 생각나는 영화입니다. 러드로우 Ludlow 대령이 미국의 인디언 말살 정책에 불만을 품고 전역하여 미국 몬태나주 산골로 귀촌했습니다. 부인은 시골 생활이 싫다고 떠났지만 대자연 속에서 세 아들과 함께 평화롭게 살고 있는데 도시로 유학 갔던 셋째 새뮤얼이 약혼녀 수잔나를 집에 데리고 오면서 일들이 생깁니다. 제1차 세계대전이 일어나 세 형제가 참전했는데 새뮤얼이 전사하여 홀로 된 수잔나는 둘째 트리스탄에게 사랑을 구했으나 트리스탄은 동생을 지키지 못한 죄책감에 집을 떠나버려 수잔나는 알프레드와 결혼합니다. 트리스탄이 돌아와 인디언 여자와 결혼하고 밀주 사업을 하다 업주 간 싸움에서 아내를 잃습니다. 이에 수잔나는 홀로 된 트리스탄에게 그를 차지하기 위해 새뮤얼도 아내도 없어지기를 원했다는 고백을 하고 죄책감에 자결하나 아버지와 두 형제는 화해합니다. 한 여자를 두고 세 형제가 싸우는 막장 드라마 같은 영화이나 국가와 가족, 사랑과 결혼, 삶과 죽음 등에 대해 깊은 생각을 하게 하는 명화입니다.

문학에는 기록문학과 구비문학이 있는데 전설은 신화와 민담과 함께 구비문학의 하나입니다. 전설은 신화와 달리 인간에 대한 이야기이며 민담과 달리 역사적인 사실로 증거가 남아 있습니다. 하지만 전설은 긴 시간에 거쳐 구전되면서 시간과 공간과 전하는 사람에 의해 조금씩 다르게 각색되고 흥미를 위해 윤색되는 경우가 많습니다. 우리나라 전설의 주인공은 대개 성인이나 위인 또는 씨족의 시조, 효부 열녀, 효자 등인데 신화나 민담과 달리 주인공이 희생되는 경우가 많습니다.

프란츠 리스트는 마리 다구 백작부인과 헤어진 후 13년이나 동거한 비트겐슈타인 공작부인과 결혼이 실패하자 바람둥이 생활을 청산하고 1863년 52살에 이탈리아 몬테카를로에 있는 수도원에 들어가 수행하며 피아노곡 '두 개의 전설 Deux Légendes'을 작곡했습니다. 1번 곡 '새에게 설교하는 아시시의 성 프란체스코'는 새들의 지저귐 사이에 들리는 성자의 말씀을 묘사하고, 2번 곡 '물 위를 걷는 파올라의 성 프란체스코'는 거센 파도 위를 당당히 걸어가는 성자의 모습을 세밀하고 극적으로 묘사합니다.

내 삶이 전설이 되길 원하신다면 자신을 기꺼이 희생하는 남다른 삶을 사십시오.

Franz Liszt, 'Deux Légendes (Two Legends)'
https://youtu.be/NX2XZ34ZelY

12월 1일 에이즈

## 퀸(프레디 머큐리 작사 작곡), '보헤미안 랩소디'

**영국 록밴드 가운데 어떤 밴드를 제일 좋아하십니까?**

영국의 3대 록밴드는 해체된 비틀즈 Beatles (1960～1970)와 활동 중인 핑크 플로이드 Pink Floyd (1964～ )와 퀸 Queen (1970～ )입니다. Queen의 프레디 머큐리 Freddie Mercury는 1946년 9월 5일 영국령 아프리카 잔지바르 Zanzibar 섬 (현재 탄자니아) 주재 영국 총독부 공무원인 인도인 아버지로부터 태어났습니다. 1960년 잔지바르가 독립하고 1964년 혁명이 일어나 가족 모두 영국으로 추방당했습니다. 1969년 런던의 일링 칼리지 그래픽 디자인학과를 졸업하고 이듬해 기타리스트 브라이언 메이 Brian May의 밴드 Smile에 합류하고 이후 밴드 이름을 퀸으로 바꿨습니다.

프레디 머큐리는 4옥타브를 넘나드는 화려하고 강력한 보컬에 짙은 콧수염을 하고 상의를 벗거나 흰색 조끼 러닝만 입고 신들린 듯 열창하는 특유의 퍼포먼스로 인기를 끌었습니다. 작곡 실력도 뛰어나 'Bohemian Rhapsody', 'Killer Queen', 'We Are the Champions', 'Love of My Life', 'Somebody to Love' 등 많은 명곡을 작곡했습니다. '보헤미안 랩소디'는 29살인 1975년 발표한 곡으로 장르가 다른 5부분으로 되어있습니다. 1부 아카펠라는 노래가 사실인지 환상인지 모르지만 한 불쌍한 아이가 운명을 받아들이는 내용이라고 노래를 소개하고, 2부 발라드는 한 소년이 총으로 살인을 한 후 엄마에게 고백하고 죄값을 치르겠다고 하면서도 죽고 싶지 않다고 울부짖고, 3부 오페라는 환상 속에서 죽여라 살려라 하는 상반된 외침 소리를 듣고 혼란에 빠지며, 4부 하드록은 자신을 죽게 놔두는 사람들을 거칠게 비난하며 저주하고, 5부 발라드는 결국 운명을 받아들이겠다고 노래합니다. 여기서 총격 대상이 동성애자인 프레디 자신의 남성성, 가정 폭력의 아버지, 사회적인 편견이나 권력이라는 등으로 논란이 많습니다. 우리나라에서는 이 노래가 1979년 10월 26일 심복한테 총격 살해당한 박정희 대통령 시해 사건을 연상시킨다는 이유로 1989년까지 금지곡이었습니다. 그는 1987년 41살에 에이즈 AIDS 진단을 받았으나 숨기고 있다가 4년만인 1991년 11월 22일 에이즈 감염 사실을 알리고 다음 날 45살의 나이에 세상을 떠났습니다.

오늘은 '세계 에이즈의 날 World AIDS Day'입니다. 에이즈는 성 접촉으로 감염되므로 감염 여부를 모르는 상대와 성 접촉 시는 반드시 콘돔을 사용하도록 하십시오.

Freddie Mercury (Queen), 'Bohemian Rhapsody'
https://youtu.be/fJ9rUzIMcZQ

12월 2일 대관식

## 모차르트, '대관식 미사'

**대관식을 보신 적이 있으십니까?**

대관식은 왕이나 황제가 즉위할 때 최고 성직자가 왕이나 황제에게 왕관을 씌워주어 정식으로 왕위에 올랐음을 공표하는 의식입니다. 프랑스의 황제 나폴레옹 Napoléon Bonaparte은 1804년 12월 2일 거행된 대관식에서 스스로 왕관을 쓴 것으로 유명합니다. 그는 프랑스혁명 후 혁명정부를 전복시키기 위해 왕당파와 합세한 대불동맹국과 3달간의 툴롱 전투를 승리로 이끌어 대위에서 2계급씩 두 번 승진하여 준장이 되고 1793년 24살에 장군이 되었습니다. 1796년 이탈리아 원정에서 또 대승하여 전쟁 영웅이 되었습니다. 1799년 대중적인 인기에 힘입어 이집트 원정 중에 몰래 돌아와 쿠데타를 일으켜 30살에 제1 통령이 되었습니다. 통령이 된 후 강력한 내정 개혁과 유화정책으로 더 큰 인기를 얻어 지지자들로부터 황제가 될 것을 권유받았습니다. 1804년 7월 이를 국민 투표에 붙여 99.9%의 절대적인 지지를 받아 35살에 프랑스 제국의 초대 황제가 되었습니다. 그는 대관식에서 전통을 깨고 왕관을 교황이 아니라 자신이 직접 썼고 장소도 랭스 대성당 대신 노틀담 대성당으로 바꿨습니다.

대관식의 전통은 여자대학의 메이퀸 May Queen 대관식이나 간호대학의 나이팅게일 대관식과 같이 민간에서도 있었습니다. 우리나라에서 메이퀸 대관식은 1908년 이화여대가 처음 시작했습니다. 초창기에는 학교 유공자나 존경받는 교수를 메이퀸으로 뽑았는데 1927년부터 진선미를 갖춘 학생을 투표로 뽑았습니다. 대관도 초창기에는 꽃으로 엮은 화관이었는데 1961년 진주관, 1964년 은관, 1966년 금관으로 바꿨습니다. 이화여대의 메이퀸 행사는 여성의 상품화라는 비판을 받아 1978년 폐지되었습니다. 간호대학의 나이팅게일 대관식 (또는 가관식)도 1991년부터 간호사들이 캡을 쓰지 않으면서 나이팅게일 선서만 하는 것으로 바뀌어 관을 쓰는 대관식은 없어졌습니다.

모차르트의 19개 미사곡 가운데 가장 밝고 화려한 16번째 곡은 황제의 대관식에 사용되어 '대관식 미사 Mass Coronation'라고 합니다. 키리에 Kyrie (기원 송), 글로리아 Gloria (영광 송), 크레도 Credo (사도 송), 상투스 Sanctus (신성 송), 베네딕투스 Benedictus (찬미 송), 아그네스 데이 Agnes Dei (축원 송)로 구성되어 있습니다.

지금은 민중이 무관의 제왕인 민주시대이니 왕관 쓰던 군주시대로 회귀를 막읍시다.

Wolfgang Amadeus Mozart, 'Mass Coronation' K. 317
https://youtu.be/1hv5sJe-Fr0

12월 3일 심장

## 김동명 시, 김동진 곡, '내 마음'

### 마음은 우리 몸 어디에 있을까요?

심장은 가슴 속에 있는데 2/3는 가슴 중심선 왼쪽에, 1/3은 오른쪽에 걸쳐있습니다. 심장은 자기 주먹 정도로 작고 사과 하나 정도인 300그램도 안되지만 1초도 쉬지 않고 하루에 10만 번 정도 펌프질을 하여 6~7천 리터의 피를 7~8만 킬로나 되는 혈관을 통해 우리 몸 구석구석에 공급하여 생명을 유지시켜 줍니다. 심장의 기능이 떨어진 것을 심부전이라고 하는데 이런저런 치료에도 좋아지지 않으면 심장이식을 받아야 합니다. 심장이식은 1967년 12월 3일 남아공 케이프타운의 그루트 슈어 Groote Schuur 병원에서 크리스티안 바너드 Christiaan Barnard에 의해 최초로 시행되었습니다. 미국 스탠포드대학의 노먼 슘웨이 Norman Shumway도 심장이식법을 개발하고 수술 준비를 다 마쳤으나 뇌사를 인정하는 법적인 문제가 해결되지 않아 시행하지 못하고 있었는데 바너드가 선수를 쳐서 1등을 놓치고 이듬해인 1968년 1월 6일 시행하여 성공했습니다. 바너드와 슘웨이 모두 미국 미네소타대학의 월트 릴레헤이 Walt Lillehei 교수의 제자였는데 슘웨이는 심장이식의 기본 기술을 개발하고 사이클로스포린을 도입하여 거부반응을 해결한 공로로 심장이식의 아버지가 되었습니다.

가곡 '내 마음'은 김동명의 시에 작곡가 김동진이 곡을 붙인 것입니다. 한국의 슈베르트라는 별명을 가진 김동진은 1913년 3월 22일 평안남도 안주에서 목사의 아들로 태어나 10살에 바이올린을 시작했습니다. 평양 숭실중학교에 진학하여 바이올린, 피아노, 화성학, 작곡법 등을 배웠고 숭실중학교 5학년 때인 1931년 18살에 김동환의 시로 '봄이 오면'을 작곡했고 숭실전문학교로 진학하여 2학년 때인 1933년 이은상의 시로 '가고파'를 작곡했습니다. 1936년 졸업 후 일본 도쿄 일본고등음악학교에서 바이올린을 전공하고 1939년 일본 괴뢰국인 만주국 신징교향악단에서 제1 바이올린 주자와 작곡자로 활동하며 1940년 '내 마음', 1941년 '수선화' 등을 작곡했습니다. 1945년 광복 후 평양음악대학 교수가 되었으나 1950년 6·25 한국전쟁이 일어나자 월남하여 육군종군작가단원이 되어 많은 군가를 작곡했고 1953년 서라벌예술대학 교수에 이어 1963년 경희대학교 음악대학 학장이 되었습니다.

심장은 살아서 줄 수 없으나 호수 같은 마음은 얼마든 가능하니 많이많이 주십시오.

김동명 시, 김동진 곡, '내 마음'
https://youtu.be/_zDXu2hvVKw

12월 4일 고향

## 김재호 시, 이수인 곡, '고향의 노래'

**고향이 어디십니까?**

공중의 새도 집이 있고 사막의 여우도 굴이 있듯이 누구에게나 태어나고 자란 고향이 있습니다. 하지만 고향을 떠난 출향민도 많고 고향을 잃어 돌아갈 수 없는 실향민도 많습니다. 우리나라에서 실향민은 6·25전쟁으로 인해 1천만 명이나 생겼고 이후에는 전국에 대규모 다목적 댐이 많이 건설되면서 강변 마을들이 수몰되어 또 생겼습니다. 고향을 잃은 것은 아니지만 학업, 직장, 결혼 등의 이유로 고향을 떠나 사는 사람도 많습니다. 고향 하면 제일 먼저 어머니와 어릴 적 친구들이 떠오르고 다음은 아름다운 자연일 것입니다. 고향의 푸근한 추억들은 타향살이의 서러움을 달래주고 언제든지 다시 돌아갈 수 있는 본향이 되어 흔들리는 마음을 잡아 줍니다. 그래서 고향을 소재로 한 노래가 많습니다. 동요에는 '고향' (이원수/정세문), '고향 그리워' (김종환 작사·작곡), '고향 길' (김한용/한세용), '고향 길' (김종두/정문섭), '고향 땅' (윤석중/한용희), '고향의 봄' (이원수/홍난파), '그리운 고향' (추석/김노현) 등이 있고, 가곡에는 '고향 생각' (현제명 작사·작곡), '고향 그리워' (만향/이흥열), '고향' (박상경/신귀복), '고향의 노래' (김재호/이수인), '내 고향' (노천명/나운영), '망향' (박화목/채동선), '가고파' (이은상/김동진), '향수' (정지용/김희갑) 등이 있습니다.

'고향의 노래'의 작곡가 이수인은 1931년 1월 8일 경남 의령에서 태어나 마산에서 중고교를 다니고 서라벌예대 (현, 중앙대학교 예술대학)를 졸업했습니다. 서라벌예대 재학중에 김동진, 이흥렬, 김대현 교수의 지도를 받았고 졸업 후 마산으로 내려가 성지여중, 제일여고에서 음악을 가르치고 마산 KBS 어머니합창단과 어린이합창단 상임 지휘자로 합창 운동을 주도했습니다. 1960년 29살에 첫 번째 가곡인 '별'을 작곡하고 1968년 '고향의 노래'를 작곡했습니다. '고향의 노래'는 그가 KBS 어린이합창단을 맡아 서울에 올라와 고향에 대한 그리움에 사무쳐 있던 중에 고향 친구 시인 김재호가 보낸 편지 엽서를 보고 작곡했다고 합니다. 1968년에서 40년 동안 KBS 어린이합창단을 지휘하면서 '목장의 노래', '둥글게 둥글게', '앞으로 앞으로' 등 동요 500여 곡과 가곡 150여 곡을 작곡했고 2021년 8월 22일 91세에 본향으로 돌아가셨습니다.

고향은 그저 고향이니 서울이든 지방이든 동서든 남북이든 차별하지 마십시오.

김재호 시, 이수인 곡, '고향의 노래'
https://youtu.be/8n9xq2nlSRk

12월 5일 애국가

## 안익태, '한국 환상곡'

### 우리나라 애국가는 누가 만들었을까요?

애국가의 노랫말은 1907년경 만들어졌으나 작사자가 친일파 윤치호라는 설과 애국자 안창호라는 설만 있고 확실치 않습니다. 처음에는 애국가 가락이 따로 없어 스코틀랜드 민요 '올드 랭 사인 Auld Lang Syne'에 맞춰 불렀습니다.

작곡가 안익태는 1906년 12월 5일 평양에서 부유한 여관집 7형제 중 셋째로 태어나 7살에 바이올린을 스스로 익히고 트럼펫도 잘 불어서 평양에서 소문난 음악 신동이었습니다. 1918년 숭실중학교에 입학한 뒤 첼로를 독학했는데 교장 모의리 선교사 Eli M. Mowry가 서울에 있는 캐나다인 선교사 첼리스트 조지 그레그 Gregg에게 지도를 받게 해주었습니다. 1919년 3·1 독립운동 때 숭실학교의 교사와 학생이 대거 수감되자 수감자 구출 운동이 일어났는데 여기에 안익태도 가담하여 무기정학을 당했습니다. 이에 모의리 교장이 일본 유학을 권하여 1920년 일본으로 가서 1921년 도쿄 세이소쿠중학교에 음악 특기생으로 입학하였고 5년 후 도쿄 고등음악학원에 진학했습니다. 1930년 미국으로 가서 신시내티 음악원과 필라델피아 템플대학교 음악대학원에서 첼로와 지휘를 공부했습니다. 템플대학원 재학 중 '애국가'를 남의 나라 민요에 맞춰 부르는 것이 안타까워 1935년 애국가 가락을 작곡하고 1937년 관현악에 애국가 혼성 합창을 더해 '한국 환상곡 Symphonic Fantasy Korea'을 작곡했습니다.

1938년 아일랜드 더블린 방송교향악단 객원지휘자가 되어 유럽으로 건너간 후 헝가리 부다페스트 음악원에 입학하여 작곡을 공부했습니다. 그는 유럽에서 음악가로 성공하고 싶은 욕망에 대한제국의 안익태가 아니라 Ekitai Ahn이라는 일본식 이름으로 독일의 동맹국인 일본의 음악가로 행세하기 시작했습니다. 일본의 괴뢰국인 만주국 10주년 기념 음악회를 위해 '만주국 축전곡 (만주 환상곡)'을 작곡하여 1942년 9월 직접 지휘하기도 했습니다. 제2차 세계대전에서 독일, 일본, 이탈리아 세 추축국의 패전이 예상되자 1944년 4월 당시 유럽에서 독일의 우방국인 스페인으로 도피했습니다. 1946년 스페인 여성 롤리타 탈라베라와 결혼하고 스페인으로 귀화하여 마요르카 교향악단 상임 지휘자로 활동하다가 1965년 59살로 바르셀로나에서 생을 마쳤습니다.

안익태처럼 출세욕에 항일 애국자에서 친일 반역자로 변절하지 않도록 조심하세요.

Eak-tai Ahn, 'Symphonic Fantasy Korea'
https://youtu.be/S8y9SSJ61-Q

12월 6일　산타

## 헤이븐 길레스피 작사, 존 쿠츠 작곡, '산타클로스 마을에 오시네'

**크리스마스 때 선물을 나눠 준다는 산타를 믿으십니까?**

산타는 산타클로스 Santa Claus를 줄인 말인데 가상의 인물이 아니라 실제 인물입니다. 산타클로스는 동로마제국 시대인 270년 3월 15일 터키의 파타라 Patara에서 태어난 니콜라스 Nicholas 주교의 다른 이름입니다. 니콜라스 주교는 부자집 아들로 일찍 부모가 세상을 떠나 막대한 재산을 상속받았는데 전부를 가난한 사람을 돕는 데 사용하고 수도사가 되었고 나중에 뮈라 Myra의 주교가 되었습니다. 주교가 되어 그는 사회적 약자를 돌보는 빈민 사회 선교에 주력하였는데 아무도 모르게 선행을 베풀었습니다. 343년 12월 6일 터키 뮈라에서 선종한 후 어린이와 선원의 수호성인으로 추대되었고 그가 사망한 12월 6일은 성 니콜라스 축일이 되었습니다. 1087년 유해가 터키 뮈라에서 이탈리아 바리 Bari로 옮겨지고 유해를 모신 곳에 성 니콜라스 대성당 Basilica of Saint Nicholas이 세워졌습니다.

성 니콜라스의 선행이 유럽에 전해지면서 그는 중세 유럽에서 가장 사랑받고 칭송받는 성인이 되었습니다. 성 니콜라스가 네덜란드에서는 신터 클라스 Sinter Klaas로 불리어졌는데 17세기 미 신대륙으로 이주한 네덜란드 사람들에 의해 미국에 전해지면서 산타클로스가 되었습니다. 산타클로스의 덥수룩한 흰 턱수염에 빨간 고깔모자와 빨간 외투를 입은 특이한 모습은 미국의 시사만화가 토마스 네스트 Thomas Nast가 1881년 그린 삽화에서 유래한 것이고 산타클로스가 굴뚝을 타고 내려온다는 것은 니콜라스 주교가 가난해서 시집도 못 가는 세 자매를 돕기 위해 금을 벽난로 굴뚝으로 떨어뜨려 주었던 것에서 유래했다고 합니다.

캐롤 '산타클로스가 마을에 오시네 Santa Claus is Coming to Town'는 1934년 미국의 헤이븐 길레스피 Haven Gillespie가 작사하고 존 쿠츠 John Frederick Coots가 작곡한 것으로 크리스마스에 일반인에게는 자선 활동을 하도록 하고 어린이들에게는 선행을 하도록 격려합니다. 경쾌한 리듬과 동심을 자극하는 가사로 인기가 많아 크리스마스가 돌아오면 어김없이 듣게 되는 가장 대중적인 캐럴의 하나로 전 세계 200명이 넘는 유명 가수가 불렀습니다.

캐롤은 몰라도 어린이와 불우한 이웃을 도운 산타클로스의 전통은 우리가 이읍시다.

Haven Gillespie/John Frederick Coots, 'Santa Claus is Coming to Town'
https://youtu.be/bMvFqy9_RUo

12월 7일 용두사미

## 마스카니, '오렌지 꽃 향기는 바람에 날리고'

**용두사미 같은 인생을 산 대표적인 작곡가를 아시나요?**

베리스모 Verismo 오페라의 효시인 '카발레리아 루스티카나 Cavalleria Rusticana (촌뜨기 기사)'의 작곡가 피에트로 마스카니 Pietro Mascagni입니다. 그는 1863년 12월 7일 이탈리아 북부 토스카나주 리보르노 Livorno에서 가난한 제빵사의 아들로 태어났습니다. 아버지는 그가 법률가가 되기를 바랐으나 그의 음악적 재능을 간파하고 후원해 준 큰아버지 덕에 음악을 했습니다. 피렌체의 케루비니 음악학교를 거쳐 밀라노 음악원에 입학해 아밀카레 폰키엘리 Amilcare Ponchielli에게 작곡을 배웠으나 2년 만에 음악원을 그만두고 유랑 오페라단에 들어갔습니다. 1889년 이탈리아 최대 음악출판사 사장인 에도아르도 손초뇨 Edoardo Sonzogno 주최 단막 오페라 현상 공모에 '카발레리아 루스티카나'로 1등상을 받았습니다. 이듬해 열린 초연도 크게 성공하여 마스카니는 27살에 이탈리아 오페라계에 혜성같이 화려하게 데뷔했습니다.

'카발레리아 루스티카나'는 조반니 베르가 Giovanni Verga의 음악극 'Sicilian Melodrama'을 토대로 마스카니가 8일 만에 완성한 베리스모 오페라입니다. 베리스모 오페라는 1875~1895년 사이에 이탈리아에서 일어났던 사실주의 예술 운동의 영향을 받아 낭만주의 오페라로 유럽을 휩쓸던 바그너 열풍에 대한 반발로 나타났는데 마스카니가 선구자였습니다. 베리스모 오페라는 낭만주의와 달리 역사적이거나 신화적인 거창한 주제를 거부하고 신이나 왕 또는 귀족이 아닌 밑바닥 서민들의 애환을 미화하지 않고 사실대로 그려내서 인기가 많았습니다. '카발레리아 루스티카나'는 한 마을에서 두 쌍의 연인 사이에 일어난 비극적인 치정극인데 부활절 교회 종소리와 함께 만물이 생동하는 시골 봄 풍경을 노래하는 도입부 합창 '오렌지 꽃 향기는 바람에 날리고 Gli Aranci Olezzano와 '간주곡 Intermezzo Sinfonico'이 특히 유명합니다.

마스카니는 베리스모 오페라의 선구자이자 샛별이었지만 데뷔작 이후로 별다른 작품을 내놓지 못했고 환갑이 지나서는 파시스트 무솔리니에 적극 동조하는 실수까지 범했습니다. 1945년 4월 무솔리니 정권이 무너지자 마스카니는 전 재산을 몰수당하고 그해 8월 2일 82살로 생을 마감하여 시작은 거창하였으나 마지막은 초라했습니다.

한눈팔지 않고 초지일관 최선을 다하여 용두사미와 같은 인생은 되지 마세요.

Pietro Mascagni, Opera 'Cavalleria Rusticana', 'Gli Aranci Olezzano'
https://youtu.be/G_V2v7RBXxE

12월 8일 핀란드

## 시벨리우스, 교향시 '핀란디아'

### 산타 마을은 순록이 사는 자작나무 숲 어디에 있을까요?

산타 마을 Santa Village은 핀란드 라플란드 Lapland 주 로바니에미 Lovaniemi 인근 나파피이리 Napapiiri에 있습니다. 자작나무 숲과 18만여 개의 맑고 투명한 호수의 나라 핀란드는 1155년부터 600여 년 동안 스웨덴의 지배를 받았고 1809년 스웨덴이 러시아와 전쟁에서 패하자 다시 러시아의 지배를 받은 비운의 나라입니다.

핀란드의 국민 영웅 장 시벨리우스 Jean Sibelius는 1865년 12월 8일 당시 러시아령 핀란드 공국 해멘린나 Hämeenlinna에서 핀란드계 외과 군의관과 스웨덴계 어머니로부터 태어났으나 2년 8개월 만에 아버지를 장티푸스로 잃었습니다. 9살에 이모한테 피아노를 배우고 15살에 군악대장한테 바이올린을 배워 음악가가 되고자 하였으나 어머니의 뜻에 따라 헬싱키대학 법대에 들어갔습니다. 처음에는 법학과 음악 공부를 병행했으나 결국 음악을 하기 위해 법대를 중퇴하고 헬싱키음악원에 입학했습니다. 음악원 시절 교내 현악4중주단에서 바이올리니스트로 활동하며 바이올리니스트가 꿈이었으나 교내 연주회에서 멘델스존의 바이올린 협주곡을 연주하던 중에 너무 긴장하여 실수한 후 무대 공포증이 생겨 작곡가로 전환했습니다. 1889년 24살에 국비 장학생으로 베를린과 빈에서 작곡을 공부했습니다. 1892년 귀국하여 27살에 헬싱키음악원의 교수가 되었고 베토벤의 합창 교향곡처럼 합창과 관현악을 위한 5악장짜리 교향곡 '쿨레르보 Kullervo'를 발표하여 핀란드 고전음악의 기대주가 되었습니다. 1897년부터 핀란드는 그가 작곡에 전념하도록 종신 연금을 주어 지원했습니다.

대표작인 교향시 '핀란디아 Finlandia'는 1899년 러시아 황제 니콜라이 2세가 발표한 핀란드의 자치권을 제한하는 2월 선언에 대한 문화예술인의 항의 행사 곡으로 작곡되었습니다. 초판은 '핀란드여 일어나라 Suomi Herää'라는 이름으로 1899년 11월 발표되었고 이듬해 개정하여 '핀란디아'라는 이름으로 1900년 7월 파리에서 초연했습니다. 1부는 암울한 수난의 역사를, 2부는 독립을 위한 힘찬 투쟁을, 3부는 평화롭고 희망찬 신성불가침의 핀란드를 묘사합니다. 핀란드인의 민족의식과 애국심을 일깨워 1917년 12월 6일 핀란드 독립 선언에까지 큰 힘이 된 핀란드 제2의 국가입니다.

우리 문화예술인들도 민족 정체성을 지키고 자긍심을 높이고 있으니 응원해주세요.

Jean Sibelius, Symphonic Poem 'Finlandia'
https://youtu.be/F5zg_af9b8c

12월 9일 확찐자

## 차이콥스키, 발레 '잠자는 숲 속의 미녀'에서 '왈츠'

**길고 긴 코로나 대유행 기간에 확진자나 확찐자가 되지 않으셨나요?**

코로나 대유행이 길어지면서 확진자도 늘었으나 대외 활동이 줄어 살이 많이 쪄서 확찐 자도 늘었다고 합니다. 대한비만학회가 2021년 4월 29일 코로나 팬데믹 이후 체중이 3 kg 이상 증가한 확찐자가 46%에 이른다고 발표했습니다. 이 때문에 확찐자가 되지 않으려고 집에 운동시설을 갖추고 운동을 하는 홈트족이 늘었다고 합니다.

운동은 크게 유산소 운동, 무산소 운동, 유연성 운동으로 나눕니다. 유산소 운동은 호흡과 심박출량 증가를 통해 산소를 충분히 공급받으면서 탄수화물과 지방을 태워 에너지 (ATP)를 얻는 심폐지구력 운동으로 중저 강도로 오래 지속하는 걷기, 달리기, 줄넘기, 자전거, 수영, 에어로빅 등이 해당합니다. 부산물로 물과 이산화탄소가 생성되고 이는 호흡으로 배출됩니다. 무산소 운동은 급격한 고강도 운동으로 산소가 없어도 에너지원으로 즉각 사용할 수 있는 포도당 glucose에서 에너지를 얻는 운동으로 스쿼트 Squat, 플랭크 Plank, 윗몸일으키기, 팔굽혀펴기, 역기 등 근육 강화 운동입니다. 포도당이 분해되어 ATP 2개를 만들고 피루베이트가 되나 산소가 없어 미토콘드리아의 크렙스회로(TCA 회로)에 들어가지 못하여 추가 에너지는 만들지 못합니다. 부산물로 젖산 lactate이 생성되며 근육과 혈액에 축적되어 피로와 통증을 유발하여 운동을 오래 지속하기 어렵게 됩니다. 유산소 운동도 최대 심박수의 85%를 넘어 호흡하기 어려울 정도로 격해지면 무산소 운동이 되므로 유산소 운동과 무산소 운동은 운동의 종류뿐 아니라 강도, 지속 시간과 운동 능력에 따라 달라집니다.

최근 유행하고 있는 실내 운동인 필라테스 Pilates는 1883년 12월 9일 독일에서 태어난 요제프 필라테스 Joseph Pilates가 개발했습니다. 그는 어려서 잔병치레를 많이 했는데 운동으로 극복하고 허약한 건강은 잘못된 생활 습관, 나쁜 자세와 호흡 때문이라고 생각하고 소도구를 이용한 중심 자세 근육 운동과 흉곽 호흡법을 개발했습니다. 1925년 미국 뉴욕으로 가서 8번가에 체육관을 열었는데 유명한 안무가 조지 발란신 George Balanchine과 무용가 마사 그레이엄 Martha Graham이 열성 팬이 되어 그들의 제자를 보내줘서 발레리나로부터 큰 인기를 얻어 일반인에게까지 퍼졌습니다.

운동도 식사처럼 유연성 운동에 유산소 운동과 무산소 운동을 골고루 섞어 하십시오.

Pyotr Ilyich Tchaikovsky, Ballet 'The Sleeping Beauty', 'Waltz'
https://youtu.be/FBEqq2HO-yI

12월 10일 초콜릿

## 세자르 프랑크, 교향곡 라단조

**베네룩스 삼국 가운데 맥주와 초콜릿으로 유명한 나라는 어딜까요?**

벨기에는 우리나라 남한의 1/3 정도 되는 작은 나라지만 유럽연합 EU, 북대서양 조약기구 NATO, 서유럽 연합 WEU의 본부가 있어 유럽 정치의 중심국입니다. 벨기에는 또한 1822년 12월 10일 벨기에 리에주에서 태어나 프랑스로 귀화한 세자르 프랑크 César Franck의 고국이기도 하고 고급 맥주와 초콜릿의 나라입니다.

2016년 유네스코 인류무형문화유산에 등재된 벨기에 맥주는 가톨릭 트라피스트 Trappist 수도회 수도원에서 수 세기 동안 포도주와 함께 제조하던 트라피스트 에일 Trappist Ale과 수도원 맥주의 제조법이 민간에 넘어가 대중화된 애비 에일 Abbey Ale이 있습니다. 대표적인 상표로 왈롱 지역을 대표하는 스텔라 아르투아 Stella Artois, 플란데런 지역을 대표하는 호가든 Hoegaarden, 남부 레페 수도원에서 제조하는 레페 Leffe, 맛이 좋아 악마의 맥주라고 하는 듀벨 Duvel, 판매 1위로 가장 대중적인 브뤼셀의 주필러 Jupiler, 상표에 오줌을 싸서 나라를 구했다는 오줌싸개 소년을 넣어 인기가 많은 블랑슈 드 브뤼셀 Blanche De Bruxelles 등으로 많습니다.

초콜릿 Chocolate은 멕시코 원주민들이 즐기던 카카오 콩으로 만든 '쓴 물'이라는 뜻의 '쇼콜라틀 Xocolatl'에서 유래했습니다. 아즈텍을 정복한 스페인의 에르난 코르테스 Hernán Cortés가 1520년 카카오 콩을 카를로스 1세에 진상하면서 스페인의 귀족과 부유층에 음료로 처음 소개되었습니다. 1679년 초콜릿 파우더가 만들어지고 1828년 지방 성분만 추출한 카카오 버터가 만들어져서 카카오 매스, 카카오 버터, 우유, 설탕을 적절히 혼합하여 다양한 종류의 초콜릿이 개발되었습니다. 벨기에는 식민지인 콩고의 카카오 농장에서 원주민을 잔인하게 혹사하며 착취한 카카오 콩으로 값싸고 질 좋은 초콜릿을 만들어 초콜릿의 나라가 되었습니다. 대표적으로 1857년 개점하여 1912년 세계 최초로 견과류에 초콜릿을 입힌 프랄린 Praline 초콜릿을 개발한 노이하우스 Neuhaus, 상표에 나신으로 성 밖을 돌아 백성들의 세금을 탕감해주게 한 영국 코벤트리 마을 영주의 부인인 고디바 Godiva의 말 탄 나신을 넣은 고디바, 조개와 해마 모양의 초콜릿으로 유명한 길리안 Guylian 등이 있습니다.

오줌싸개의 맥주, 고디바의 초콜릿, 프랑크의 교향곡을 삼합으로 해서 드셔보세요.

César Franck, Symphony in D major
https://youtu.be/UeLcH2nLshI

12월 11일 환상

## 베를리오즈, '환상 교향곡'

**행복한 결혼생활의 복병은 무엇일까요?**

결혼은 연애의 끝이자 사랑의 무덤인데 결혼이 사랑의 완성이자 만년 행복을 보장하는 보증수표라는 환상입니다. 연애는 물속에 그냥 뛰어드는 일이지만 결혼은 물을 헤쳐나가는 일이고, 연애는 맘에 든 꽃 하나 화병에 꽂아 즐기는 일이지만 결혼은 씨 뿌리고 가꿔서 꽃과 열매를 얻고 그것으로 살아가야 하는 일인데 말입니다.

엑토르 베를리오즈 Hector Berlioz는 1803년 12월 11일 프랑스 남동부 알프스 근처 이세르 Isère주에서 의사인 아버지의 장남으로 태어났습니다. 어려서 음악을 좋아하고 작곡도 했으나 아버지의 뜻에 따라 파리대학교 의과대학에 들어갔습니다. 하지만 그는 의학보다 오페라 음악에 빠졌고 파리음악원 교수로부터 개인 지도를 받았습니다. 1824년 졸업 후 의사를 포기하고 작곡가가 되기 위해 1826년 파리음악원에 입학했습니다. 1827년 영국에서 온 연극단의 햄릿 공연을 보다가 여배우 해리엇 스미슨 Harriet Smithson에 반해 푹 빠졌습니다. 구애 편지를 보내고 1828년 자신의 연주회에 초대도 했으나 해리엇은 만나주지도 않았습니다. 이 짝사랑의 환상과 실연의 아픈 경험을 담아 1830년 그의 출세작이자 표제음악 program music 형식의 첫 교향곡인 '환상 교향곡 Symphonie Fantastique'을 작곡했습니다. 젊은 예술가가 한 여인을 미치게 사랑하게 되었는데 실연을 당하자 그녀를 죽이고 그도 단두대에서 사형을 당해 저승에서 악령들에게 시달림을 당한다는 내용입니다. 1악장 '꿈, 정열', 2악장 '무도회', 3악장 '전원 풍경', 4악장 '단두대로 행진', 5악장 '마녀들 밤 축제의 악몽'이라는 표제가 붙어 있고 그가 새롭게 창안한 방식으로 연인을 상징하는 고정 악상 idée fixe이 모습을 바꾸어 모든 악장에 등장합니다.

베를리오즈는 해리엇에게 6년이나 끈질기게 구애를 하여 1833년 결혼하고 이듬해 아들을 낳았습니다. 하지만 해리엇이 프랑스 말을 못 해 프랑스에 적응하지 못하고 나중에 의부증까지 생겨 결혼 10년 만에 별거하고 1854년 사별했습니다. 베를리오즈의 둘째 부인도 1862년 죽고 외아들마저 죽어 그의 결혼은 환상은커녕 참상이었습니다.

결혼은 꽃나무든 과일나무든 나무 하나를 선택하는 것입니다. 신부 나무 하나에서 세상의 모든 아름다운 꽃이 피고 신랑 나무 하나에서 온갖 과일이 다 열리기를 바라는 것은 환상을 넘어 망상이니 빨리 포기하십시오.

Hector Berlioz, 'Symphonie Fantastique'
https://youtu.be/5HgqPpjIH5c

12월 12일 인생길

## 질 띠보 작사, 자크 루보 작곡, 폴 앵카 개사, '마이 웨이'

**먼 길을 가려면 어떻게 가야 할까요?**

빨리 갈려면 혼자 가고 멀리 갈려면 같이 가야 합니다. 동반자가 친구라면 더 좋고 사랑하는 사람이라면 더더욱 좋을 것입니다. 그런데 혼자 묵묵히 먼 길을 가는 사람이 있습니다. 참 멋있고 위대한 사람입니다. 그런가 하면 주변을 살피며 이웃과 함께 더불어 가는 사람이 있습니다. 참 고맙고 훌륭한 사람입니다.

미국 대중음악 역사에서 가장 위대한 음악가의 하나인 프랭크 시나트라 Frank Sinatra는 1915년 12월 12일 미국 뉴저지주 호보컨 Hoboken에서 이탈리아 이민자 가정에서 태어났습니다. 노래를 잘 불러 고등학교에 들어가서는 교내 합창단원으로 활동하기도 했으나 잦은 문제 행동으로 중퇴했습니다. 당시 국민 가수인 빙 크로즈비 Bing Crosby와 같은 가수가 되고 싶어 뉴욕으로 가서 음악인들의 거리인 52번가 클럽을 드나들며 빌리 홀리데이, 베니 굿맨, 토미 도시 등으로부터 음악을 듣고 배웠습니다. 지방신문사 스포츠 기자 생활을 하던 1935년 20살에 그룹 호보켄 포 Hoboken Four의 전신인 스리 플래쉬즈 Three Flashes에 들어가 활동하면서 가수의 길로 들어섰습니다. 1940년 토미 도시 Tommy Dorsey 밴드에 합류하여 발표한 'I'll Never Smile Again'이 12주간 인기 순위를 석권하여 스타가 되었습니다. 1953년 영화 '지상에서 영원으로'에 출연하여 아카데미 남우조연상까지 받았습니다.

가수와 영화배우로 승승장구하던 그에게 위기가 찾아왔습니다. 1968년 세 번째 부인인 배우 미아 패로우와 결혼 2년 만에 이혼하게 되고 영화 사업에서도 실패한 것입니다. 실의에 빠진 시나트라를 지켜본 가수 폴 앵카 Paul Anka가 1969년 노래 '마이 웨이 My Way'를 만들어 주었습니다. 원곡은 질 띠보 Gilles Thibault 작사, 자크 루보 Jacques Revaux 작곡의 샹송 'Comme d'Habitude'인데 시나트라보다 26살이나 어린 폴 앵카가 가수 생명이 끝날 위기에 처한 시나트라의 입장에서 자신의 삶을 되돌아보며 최선을 다해 묵묵히 나의 길을 걸어 나름 성공한 인생을 살았다고 자부하는 내용으로 가사를 다시 쓴 것입니다. '마이 웨이'를 통해 시나트라는 재기에 성공하여 제2의 전성기를 가졌고 '마이 웨이'는 그의 불후의 명곡이 되었습니다.

인생은 명품이든 짝퉁이든 독주든 협주든 완주만으로도 위대하니 끝까지 완주하세요.

Gilles Thibault/Jacques Revaux/Paul Anka (rewrite), 'My Way'
https://youtu.be/G_SixH-y8wl

12월 13일　허당

## 하인리히 하이네 시, 프리드리히 질허 작곡, '로렐라이 언덕'

### 유럽의 3대 허당 명소를 아십니까?

유럽에서 이름에 비해 볼 게 없어 실망한다는 대표적인 3곳은 덴마크 코펜하겐의 인어공주 동상, 벨기에 브뤼셀의 오줌싸개 동상, 독일 로렐라이 Loreley 언덕이라고 합니다. 로렐라이는 원래 물에 잠긴 바위라는 뜻인데 라인강 Rhine의 처녀 요정을 뜻하기도 합니다. 라인강은 전후 독일의 부흥을 라인강의 기적이라고 부를 만큼 독일을 대표하는 강으로 알프스에서 발원하여 스위스를 거쳐 독일로 들어와 네덜란드를 통해 북해로 들어가는 북반구에서는 보기 드문 북쪽으로 흐르는 강입니다. 로렐라이는 라인강이 가장 좁아지는 장크트 고아르스하우젠 Sankt Goarshausen의 라인강 동편에 120 m 높이로 솟아 있는 바위 절벽인데 동쪽 구릉지에서 보면 작은 언덕입니다.

로렐라이 언덕은 V자 협곡 사이로 라인강이 굽이쳐 흘러가는 멋진 풍경을 한눈에 볼 수 있게도 하지만 특히 유명한 것은 이 바위 언덕에서 금발 머리를 빗으며 노래를 부르는 물의 요정 로렐라이에게 뱃사공들이 한눈을 파는 사이에 배가 뒤집히는 사고를 당한다는 전설과 이에 얽힌 시와 글, 음악과 미술 작품이 많이 발표되었기 때문입니다. 2002년 유네스코 세계문화 유산에 등재되었고 대표적인 것이 독일 민요 '로렐라이 Die Lorelei'입니다. 이는 1824년 하인리히 하이네 Heinrich Heine가 쓴 시에 1837년 프리드리히 질허 Friedrich Silcher가 곡을 붙여 만든 것입니다. 일제강점기 일본 교육의 잔재로 우리나라 중학교 음악 교과서에 실리기도 해서 이를 아는 어르신들이 많고 로렐라이 관광객 중에는 유독 우리나라와 일본 사람이 많다고 합니다.

하인리히 하이네는 독일의 라인강 강변 도시 뒤셀도르프에서 1797년 12월 13일 가난한 유대인 상인의 아들로 태어났습니다. 본 대학에서 법학을 공부하다가 문학으로 전공을 바꾸었습니다. 혁명적 이상주의자였던 그는 독일 사회의 모순을 시와 신문 사설로 신랄하게 풍자하고 비판하여 불온 인물로 찍혀 독일에서 추방되었습니다. 34살에 프랑스로 망명해 파리에서 문학 활동을 계속하다가 58세에 죽어 파리 몽마르뜨르 묘지에 묻혔습니다. 그의 시는 독일 가곡 리트로 작곡된 것이 많으며 '로렐라이 언덕'과 멘델스존이 곡을 붙인 '노래의 날개 위에'가 대표적입니다.

내 이야기가 없으면 허당이 되니 여러분의 삶도 나만의 특별한 이야기로 채우십시오.

Heinrich Heine/Friedrich Silcher, 'Die Lorelei'
https://youtu.be/d8_QotuhPSk

12월 14일 허그

## 그리그, 피아노 협주곡 가단조

**매월 14일은 연인들의 기념일인데 한해 마지막 기념일은 무슨 날일까요?**

1월은 다이어리 데이 (일정 수첩을 선물하는 날), 2월은 발렌타인 데이 (여성이 초콜릿 선물), 3월은 화이트 데이 (남성이 초콜릿 선물), 4월은 블랙 데이 (자장면 먹기), 5월은 로즈 데이 (장미 선물), 6월은 키스 데이 (입맞춤하기), 7월은 실버 데이 (반지 교환), 8월은 그린 데이 (숲속 피서), 9월은 포토 데이 (커플 사진), 10월은 와인 데이 (와인 마시기), 11월은 무비 데이 (영화 보기), 12월 오늘은 그동안 잘 지내왔던 것에 감사하고 위로하며 서로를 꼭 껴안아 주는 허그 데이입니다.

허그 hug는 연인 사이에 사랑을 표현하는 애정의 허그 romantic hug, 친구나 지인 사이에 친밀감을 표현하는 우정의 허그 friendship hug가 있습니다. 우정의 허그는 애정의 허그와 방식이 다르므로 결례하면 안 됩니다. 머리를 옆으로 비키고 상체를 앞으로 구부려 어깨와 쇄골 부분을 맞대고 손으로 어깨를 두르고 등을 가볍게 두드리거나 끌며 인사말을 나누는 것으로 3초 정도로 짧게 하는 것입니다. 유럽과 남미에서는 우정의 허그에 볼키스 Bisou (비쥬)를 하는 것이 관례입니다. 애정의 허그는 서로 마주 보며 골반을 맞대고 허리를 껴안는 허리 허그 waist hug, 왼쪽 가슴을 밀착시켜 서로의 심장 박동을 느끼는 심장 허그 heart to heart hug, 등 뒤에서 상대의 몸을 껴안는 등뒤 허그 back hug, 몸 전체를 깊이 밀착시키는 깊은 허그 deep hug (포옹, embrace) 등이 있는데 추행이 되지 않도록 각자 상황에 맞게 해야 합니다.

허그는 가벼운 피부 접촉에도 반응하는 C-촉각 구심신경 C tactile afferent을 통해 뇌를 자극하여 친밀감을 높이는 사랑 호르몬인 옥시토신, 행복 호르몬인 세로토닌과 도파민을 분비시켜 슬픔, 외로움, 우울, 분노, 좌절감 등 정신적인 고통과 스트레스를 완화시켜 줍니다. 촉각 신경은 등에 유난히 많은데 등은 자기 손이 닿지 않아 타인의 허그나 쓰담을 통해서만 자극이 가능합니다. 에드바르 그리그는 결혼 이듬해인 1868년 25살에 아내와 딸과 함께 여름휴가 중에 낭만주의 3대 걸작 피아노 협주곡을 작곡했습니다. 북유럽 노르딕 풍으로 활력이 넘치면서도 매우 감미롭고 서정적인 곡으로 사랑과 우정으로 허그하듯 우리의 가슴을 꼭 안고 등을 쓰다듬어줍니다.

지금 곁에 허그해 줄 사람이 없다면 콧수염 멋진 그리그의 음악에 푹 안겨보세요.

Edvard Grieg, Piano Concerto in A Minor
https://youtu.be/I1Yoyz6_Los

12월 15일 2540년

## 드보르작, 교향곡 9번 '신세계에서'

### 2540년, 지구에 무슨 일이 일어날까요?

러시아의 예브게니 자먀찐 Evgeni Zamiatin, 영국의 조지 오웰 George Orwell과 함께 3대 디스토피아 Dystopia 소설가인 올더스 헉슬리 Aldous Huxley는 1932년 발표한 그의 소설 '멋진 신세계 Brave New World'에서 2540년 지구에 20억 인구로 조절된 단일 세계정부 "멋진 신세계"가 건설될 것이라고 했습니다. 그는 과학기술 혁명이 시작된 20세기 초에 600년 후에는 인간이 결혼과 출산의 과정 없이 사람 공장에서 5단계로 나누어진 계급에 맞게 인공수정과 유전자 조작을 통해 자동차 부품처럼 맞춤 생산되고 태아기 때부터 정해진 자신의 계급에 만족하도록 불평등도 공정한 것으로 세뇌 교육되어 불평불만의 소지가 원천 제거되고 다양한 방법으로 쾌락이 최대한 보장되어 모두가 행복한 유토피아와 같은 멋진 신세계가 될 것이라고 했습니다. 이 "멋진 신세계"는 헉슬리가 자동차 왕 헨리 포드가 1908년 승용차 모델 T를 개발하고 1913년 컨베이어벨트로 연결된 완전 조립 생산 라인을 구축하여 대량 생산에 성공한 것에 영감을 받아 상상한 세상으로 그래서 연호도 AD 대신 포드 이후 After Ford라는 뜻으로 AF로 썼습니다. 헉슬리가 과학만능의 쾌락 중심 미래 세계를 유토피아와 같은 "멋진 신세계"라고 한 것은 미래가 디스토피아인 "웃긴 신세계"임을 강조하기 위해 사용한 반어법적인 표현이었습니다. 이로써 과학기술의 비윤리성과 비인간성을 강조하여 당시 팽배한 과학기술에 대한 낙관론의 문제점들을 지적했습니다.

안토닌 드보르작의 교향곡 9번 '신세계에서 From the New World'는 드보르작이 1892년 51세로 미국 뉴욕의 국민음악원 원장에 초빙되어 미국에 간 이듬해 봄부터 여름에 완성한 미국 체류 중 첫 작품입니다. 오스트리아제국의 속국이었던 체코의 프라하 변방 시골에서 태어난 드보르작이 산업화로 눈부시게 발전하고 있는 신세계 같은 미국의 심장 뉴욕의 생기 넘치는 활력에 고무되고 광활한 대륙의 장엄하고 목가적인 풍경 속에서 자신과 같이 고향을 떠나 살고 있는 흑인과 인디언의 슬픈 운명에 공감하며 꿈을 품고 신세계로 힘차게 도전하는 모습을 담았습니다. 1893년 12월 15일 뉴욕 카네기홀에서 뉴욕 필하모닉에 의해 초연하여 큰 호응을 얻었습니다.

극한 양극화에 계층 이동이 불가한 그들만의 "멋진 신세계"는 절대 거부합시다.

Antonín Dvořák, Symphony No. 9 'From the New World'
https://youtu.be/jOofzffyDSA

12월 16일 유관순

## 도메니코 푸르노, 에르네스토 데 쿠르티스, '나를 잊지 말아요'

**우리나라 독립운동을 상징하는 대표적인 여성 운동가는 누구일까요?**

유관순 열사입니다. "한국의 잔다르크 Jeanne d'Arc"로 불리는 유관순 열사는 1902년 12월 16일 충청남도 천안시 병천면 용두리에서 아버지 유중권과 어머니 이소제 사이에 3남 1녀의 둘째로 태어났습니다. 병천은 두 냇물이 아우르고 있다고 해서 생긴 이름이며 아우내라고도 합니다. 병천은 서울과 공주를 연결하는 교통 요지로 초기 기독교 선교사들이 집중적으로 선교하던 곳이어서 일찍이 많은 교회가 생겼고 유관순 본인을 물론 할아버지부터 아버지 형제, 어머니, 오빠가 모두 기독교인이었습니다. 아버지는 1911년 사재를 털어 천안에 흥호학원을 설립한 선각자이자 교육자였고 작은아버지는 마을 매봉교회에서 선교사 대신 예배를 이끈 기독교 지도자였습니다.

유관순 열사는 미국 선교사 우리암 Frank EC Williams이 1906년 세운 공주 영명학당에 오빠와 함께 다니다가 미국 선교사 사애리시 Alice H Sharp의 추천으로 1816년 이화학당 보통과 2학년에 편입했습니다. 이화학당 학생 모임 '이문회'에 가입하여 독립 기원 기도회와 시국 토론 강연회에 적극적으로 참여하였고 1919년 3·1 독립만세운동에는 '5인 결사대'를 결성하여 참가했습니다. 3월 10일 전국에 휴교령이 내려지자 13일 고향으로 귀향하여 아버지, 작은아버지, 조인원을 비롯한 마을 유지에게 서울 상황을 전하고 아우내 장날인 4월 1일 장터에서 독립만세운동을 거행하기로 하고 이화학당 선배인 사촌 언니 유예도와 함께 시위용 태극기를 만들었습니다.

1919년 4월 1일 (음력 3월 1일) 만세운동은 오후 1시 조인원의 독립선언서 낭독으로 시작되었는데 3천여 명이 합세하자 인근 헌병주재소 헌병이 발포하여 다수가 사망하고 열사의 아버지는 총검에 찔려 사망했습니다. 이에 열사는 주재소장을 붙잡고 흔들며 항의했습니다. 오후 2시 천안에서 지원 출동한 헌병이 또다시 발포하여 열사의 어머니를 비롯하여 여러 명이 사망하여 열사의 부모님을 포함하여 총 19명이 현장에서 순국했습니다. 열사와 작은아버지는 현장에서, 오빠는 공주에서 체포되어 투옥되었습니다. 열사는 옥중에서도 일제의 고문에 굴하지 않고 조국을 위해 바칠 목숨이 하나밖에 없음을 한탄하며 투쟁하다가 1920년 9월 28일 서대문형무소에서 순국했습니다.

양력 3·1 운동의 독립운동가도 음력 3·1 운동의 유관순 열사와 가족도 잊지 마세요.

Domenico Furnò/Ernesto de Curtis, 'Non Ti Scordar Di Me' (물망초)
https://youtu.be/-jQ7RqYBiYM

12월 17일 애인

## 베토벤, 피아노를 위한 안단테 바장조 '안단테 파보리'

### 죽어도 잊지 못할 불멸의 연인이 몇이나 있으십니까?

루트비히 판 베토벤 Ludwig van Beethoven은 1770년 12월 17일 독일의 본에서 일곱 자녀 중 두 번째로 태어났으나 남동생 둘만 살아남아 삼 형제의 장남이 되었습니다. 22살에 오스트리아 빈으로 이주하여 고전주의와 낭만주의의 전환기에 가장 위대한 "음악의 성인 (악성)"이 되었습니다. 평생 독신이었던 그는 1812년 42살 불혹의 나이에 "불멸의 연인 Immortal Beloved"에게 10쪽이나 되는 연애편지를 썼으나 부치지는 못했습니다. 이 불멸의 연인은 그가 작품을 헌정했던 여인들 중 하나로 추정되고 있을 뿐입니다. 8명의 후보는 (1) 엘레오노레 폰 브로우닝 (19살 때 만남, 피아노와 바이올린 2중주 WoO 40, 피아노 소나타 WoO 51 헌정), (2) 요세피네 폰 브룬스비크 (29살 때 만남, 약혼 후 파혼 당함, 첫 번째로 유력 후보, 피아노곡 '안단테 파보리' 헌정), (3) 줄리에타 귀차르디 (31세 때 만남, 피아노 소나타 '월광' 헌정), (4) 안나 마리 폰 에르되디 (33살 때 만남, 영혼의 고해사제라고 하는 소울 메이트, 피아노 삼중주 op70, 첼로 소나타 op102 헌정), (5) 테레제 폰 브룬스비크 (36살 때 만남, 피아노 소나타 24번 '테레제' 헌정), (6) 베티나 폰 아르님 (39살 때 만남, 친구 같은 연인), (7) 테레제 말파티 (39살 때 만남, 청혼했으나 거절당함, 피아노 소곡 '엘리제를 위하여' 헌정), (8) 안토니 브렌타노 (40살 때 만남, 친구 부인으로 청혼 거절, 두 번째로 유력 후보, 연가곡 '멀리 있는 연인에게'의 주인공으로 추정, '디아벨리 변주곡' 헌정) 등인데 여러분은 누구라고 생각하십니까?

베토벤은 1803~1804년 피아노 독주곡 '안단테 파보리 Andante Favori'를 작곡했습니다. 이는 원래 '발트슈타인 Waldstein 피아노 소나타'의 2악장으로 작곡되었는데 어울리지 않는다는 비판을 듣고 빼서 별도의 독주곡으로 만든 것입니다. 연주 시간이 9분 정도 되는 소품이나 베토벤이 좋아하는 안단테 Favored Andante라는 뜻으로 '안단테 파보리'라고 했습니다. 베토벤이 본 시절 십대에 만났던 첫사랑인 엘레오노레로부터 40살에 만나 청혼한 안토니에 이르기까지 이루어진 사랑은 하나도 없으나 이들과 사랑은 힘든 시절에 그를 지탱시켜 주고 창작의 원동력이 되어 주었습니다.

사랑은 이루어지면 위대하고 이루어지지 않으면 아름다우니 사랑은 무조건 하십시오. 세상에 사랑을 금지하는 법은 어디에도 없습니다.

Ludwig van Beethoven, Andante for Piano in F Major 'Andante Favori'
https://youtu.be/_2fq6iVvXLA

12월 18일 호두

## 차이콥스키, 발레 '호두까기 인형'에서 '눈송이 왈츠'

**견과류 중에 어떤 것을 제일 좋아하십니까?**

견과류는 모두 여러모로 건강에 좋습니다. 견과류는 본래 호두, 밤, 브라질너트, 헤이즐넛, 피칸 등과 같이 씨방의 바깥벽이 목질화되어 열매껍질이 단단한 과실을 말하나 일반적으로는 단단한 열매라는 뜻으로 땅콩, 아몬드, 은행, 잣, 마카다미아, 캐슈넛, 피스타치오, 해바라기씨, 호박씨, 사차인치 등도 포함시킵니다. 견과류는 깨물어 먹는 재미와 포만감을 주어 무료한 시간을 달래주는 심심풀이뿐만 아니라 단백질, 불포화지방, 섬유소가 많아 건강 먹거리로도 좋습니다. 풍부한 불포화지방은 나쁜 콜레스테롤과 중성 지방을 줄여서 동맥경화를 예방하고, 항산화와 항염증 작용을 하는 폴리페놀, 토코페롤, 파이토스테롤 등은 산화와 염증에 의한 세포 손상과 변성을 예방하여 뇌졸중, 치매, 심장병, 암, 우울증 등 만성 노화 또는 퇴행성 질환의 예방과 치료에 도움이 됩니다. 풍부한 섬유소는 대장에서 유익 세균의 증식을 돕고 이들에 의해 생성되는 단쇄 지방산 short chain fatty acid (SCFA)은 장 내피세포의 에너지원이 되어 장 내피세포를 건강하고 활력 있게 하여 면역물질을 잘 만들어 내고 장내 산성도를 유지하여 유해 세균을 억제하고 혈액으로 흡수되어 포만감을 느끼게 하는 호르몬을 분비하여 과식을 막고 지방의 축적을 억제하여 비만을 예방합니다.

호두는 견과류의 황제인데 외피가 가장 단단해 호두까기 Nutcracker가 필요합니다. 호두까기는 주로 병정과 같은 인형의 형태로 만들어져 호두도 까고 장식품으로도 쓰는데 서구에서는 크리스마스 무렵에 선물로 많이 주고받습니다. 차이콥스키는 호프만의 동화 '호두까기 인형과 생쥐 대왕'을 기반으로 발레곡 '호두까기 인형'을 작곡하고 1892년 12월 18일 러시아 마린스키 극장에서 초연했습니다. 눈 내리는 성탄절 이브에 어린 딸 클라라가 크리스마스 선물로 호두까기 인형을 받아 너무 좋아서 안고 잠이 들었습니다. 꿈속에 호두까기 인형이 장난감 병정들과 함께 생쥐들의 습격에 맞서 싸우는데 클라라가 슬리퍼를 던져 생쥐들을 물리칩니다. 이에 호두까기 인형이 왕자가 되어 그녀를 과자 나라로 안내하여 파티를 열어주고 자신은 설탕 요정이 되어 눈송이 왈츠를 추며 즐기다가 잠에서 깨어나 행복하게 성탄절을 맞이하는 내용입니다.

겨울밤 간식이 생각나면 과자 나라 설탕 요정보다 견과류의 황제 호두를 찾으십시오.

Pyotr Ilyich Tchaikovsky, Ballet 'The Nutcracker', 'Waltz of Snowflakes'
https://youtu.be/UYaIQNjAX_8

12월 19일 나의 길

## 조정관 시, 국현 곡, '바람과 구름의 길'

**한 해의 끝자락에 걸어 온 지난 날들을 되돌아보셨습니까?**

한 해의 끝자락에 지난 한 해와 더불어 지난 삶까지 되돌아보는 시간을 많이 가지실 것입니다. 저도 지난 삶 가운데 특히 음악과 관련된 삶을 되돌아보았습니다. 저는 75학번으로 중학교 평균화 직전 학년으로 중학교 입학시험이 있었습니다. 음악이 중학교 입시 과목에 포함되어 있어서 음악은 노래를 배우고 악기를 연주하며 즐기는 그런 예능 과목이 아니고 입학시험에 대비하여 악보를 깡그리 외우는 암기 시간이었습니다. 1968년 당시 초등학교 6학년 음악 교과서 첫 곡이 '대한의 노래'인데 작사자 이은상, 작곡자는 현제명, 조는 바장조, 박자는 4/4박자, 가사는 "백두산 뻗어내려 반도 삼천리 무궁화 이 강산에 역사 반만 년~", 계이름은 "미도솔 도레미도 파미레도 솔~ 라도미 레도시라 도미레도 레~", 음표는 "244 5844 4444 3~ 244 4444 4444 3~" 식으로 외우는 것이었습니다.

음악을 제대로 즐긴 것은 고등학교 때였습니다. 대학입시에는 음악 과목이 없었기 때문에 음악실로 이동하여 국내외 노래도 배우고 악기도 배웠습니다. 음악회에도 종종 갔었는데 음악 선생님이셨던 한만섭 선생님의 작곡 발표회에 가서 테너 엄정행 등 국내 유명 성악가들의 연주를 보았고 1972년 아세아극장에서 김자경 오페라단의 푸치니 오페라 '나비부인 Madame Butterfly'도 봤습니다. 8교시 수업이 끝나고 집에서 공부할 때는 심야 음악방송을 들었습니다. 1975년 대학입학 후 통기타를 배웠고 의예과 동아리에서 음악과 오락을 맡아 거의 모든 행사에서 싱어롱을 이끌었는데 주로 포크와 팝송을 불렀습니다. 본과에 진입해서는 오디오를 장만하여 클래식을 듣기 시작했고 의과대학 합창단과 교회 성가대에서 테너로 활동했습니다. 2013년 '바리톤 정찬경의 성악 아카데미'에 들어가 3년 넘게 발성과 함께 가곡을 배웠습니다.

2017년 의대 동료 교수이자 작곡가인 국현 교수가 저의 시에 곡을 붙여 가곡 몇 편이 출판되었는데 첫 작품이 '바람과 구름의 길'입니다. 회갑을 보내고 지난 인생을 회고하면서 길을 몰라 헤맬 때는 내 뜻보다 바람에 길을 맡기고 막는 산이 험하고 넘을 재가 높아 힘에 겨울 때는 욕심을 버려서 구름처럼 넘을 수 있었음을 노래합니다.

지금 가는 길이 꽃길이 아니어도 음악을 벗 삼아 바람 따라 구름처럼 사십시오.

조정관 시, 국현 곡, '바람과 구름의 길'
https://youtu.be/K6UnRIn82NI

12월 20일 국경

## 에디트 피아프 작사, 마그리트 모노 작곡, '사랑의 찬가'

### 국경이 없는 것에 사랑 말고 또 뭐가 있을까요?

사랑에 국경이 없다는 말은 사랑을 하면 국적, 신분, 종교, 나이 등 어떤 것도 문제가 되지 않는다는 뜻입니다. 국제결혼이 비일비재하고 결혼 이주민과 다문화가족이 많아진 지금 사랑에 국경이 없다는 말은 새삼스러울 것이 하나도 없으나 예전에는 국경을 넘는 사랑은 상상도 하기 어려웠습니다. 에디트 피아프 Edith Piaf가 1950년 발표한 '사랑의 찬가 Hymne à l'Amour'는 그녀를 만나기 위해 대서양을 건너오던 애인이 비행기 추락사고로 세상을 떠나자 억장이 무너지는 슬픔 속에서 쓴 가사에 마그리트 모노 Marguerite Monnot가 곡을 붙인 것입니다. 사랑을 위해서라면 하늘이 무너지고 땅이 꺼져도 상관이 없으며 세상 끝까지라도 따라가고 조국도 버리고 친구도 버릴 수 있다며 애절하게 사랑을 노래합니다.

히포크라테스 선서는 의사는 인종, 종교, 국적, 정당 또는 사회적 지위 등을 초월하여 오직 생명만을 생각하며 환자에 대한 의사의 의무를 지켜야 한다고 선언하고 있습니다. 현재의 히포크라테스 선서는 1948년 제22차 세계의사협회 회의에서 제2차 세계대전 중 나치와 일본군 의사들에 의해 자행된 생체실험과 같은 반인륜 범죄에 대한 반성으로 오래된 히포크라테스 선서에 "이제 의업에 종사할 허락을 받음에 나의 생애를 인류 봉사에 바칠 것을 엄숙히 서약하노라"는 문장을 새로 추가하여 현대화한 '제네바 선언문 Declaration of Geneva'입니다. 히포크라테스 선서는 원래 기원전 5세기 고대 그리스의 여러 학파들 가운데 하나인 히포크라테스 학파가 돈벌이 의료가 성행하던 당시 비윤리적이고 상업적인 의료계를 개혁하고 다른 학파와 차별화하기 위해 만든 고도의 의사 윤리를 요구하는 입회 서약이자 의사 윤리 선언이었습니다. '국경 없는 의사회 Medecins Sans Frontieres (MSF)'는 히포크라테스 선서에 부응하여 국경을 넘어 국제적인 의료 구호 활동을 펼치기 위해 1971년 12월 20일 프랑스 파리에서 결성되었습니다. 우리나라를 포함하여 27개 나라에 지부가 있고 1996년 서울평화상, 1999년 노벨평화상을 받았습니다.

나 중심으로 닫힌 작은 사랑은 경계를 짓지만 남 중심으로 열린 큰 사랑은 경계를 허뭅니다. 국경 없는 의사회처럼 경계를 하나씩 허물어 큰 사랑으로 나아가십시오.

Edith Piaf/Marguerite Monnot, 'Hymne à l'Amour'
https://youtu.be/e7jSd_ym0gY

## 12월 21일 동지

# 슈베르트, 피아노 삼중주 2번 2악장 '안단테 콘 모토'

**오늘은 올빼미족 최고의 날인데 무슨 날일까요?**

오늘은 일 년 중 밤이 제일 긴 동지입니다. 동지는 태양이 남회귀선으로 내려가서 해가 가장 늦게 뜨고 빨리 져서 낮이 가장 짧고 밤이 제일 긴 날입니다. 동지는 해가 가장 짧아 태양의 몰락으로 생각되지만 바로 다음 날부터 길어지기 때문에 태양의 부활을 상징하고 천문학적인 새해의 시작입니다. 이 때문에 동서를 막론하고 동지를 기념해왔으며 우리나라에서도 동지를 작은 설로 여기고 팥죽을 쒀서 나눠 먹습니다.

사람을 밤낮 활동 유형에 따라 저녁형 올빼미족 Night Owl과 아침형 종달새족 Early Bird으로 나눕니다. 창조와 변혁의 시간인 밤을 좋아하는 올빼미족은 우뇌형으로 감정적이고 도전적이며 창의적이고 문제해결 능력이 뛰어나 예술가, 발명가, 사업가가 많습니다. 반면에 낮 시간을 좋아하는 종달새족은 좌뇌형으로 논리적이고 보수적이며 현실적이고 조직관리 능력이 뛰어나 공무원, 법조인, 회계사 등이 많습니다. 올빼미형은 스트레스에 취약하여 우울증이 많고 당뇨가 30%, 비만이 3배, 사망이 10% 증가하여 건강에는 종달새형이 더 좋습니다. 밤낮 활동 유형은 유전적인 요인과 환경적인 요인에 의해 결정되며 절반 이상이 중간형이어서 바꿀 수 있는 경우가 많습니다. 50살 이전에는 아침형과 저녁형이 20% 내외로 비슷하나 이후에는 아침형이 많아지고 (30%), 저녁형은 감소하여 (10%) 나이가 들면 아침형으로 바뀌는 경향이 있습니다.

슈베르트는 그를 좋아하는 친구 및 팬들과 함께 '슈베르티아데 Schubertiade'라는 밤 모임을 즐겨 가졌던 것으로 보아 올빼미족이었습니다. 그의 대표곡 가운데 하나인 '피아노 삼중주 2번'은 그가 세상을 떠난 해인 1828년 3월 그의 처음이자 마지막 자작 연주회의 대표곡이었습니다. 장송행진곡과도 같은 '2악장 Andante Con Moto'가 특히 유명합니다. 이는 그가 찾아가서 뵌 지 1주일 만인 1827년 3월 26일 베토벤이 서거하자 기꺼이 운구까지 하면서 느낀 태양이 떨어진 것 같은 비감을 스웨덴의 민요 '해가 지는 것을 보며 Se Solen Sjunker'에서 영감을 얻어 작곡했습니다. 슈베르트는 이 연주회를 통해 대중적인 명성도 얻고 경제적인 여유도 갖게 되었으나 그해 가을 31살 나이에 그가 흠모하던 베토벤을 죽음까지 따라가서 베토벤 곁에 묻혔습니다.

동지가 몰락이 아닌 부활이듯 바닥으로 추락은 비상할 때이니 이제 날아오르십시오.

Franz Schubert, Piano Trio No. 2, 2nd Mov. 'Andante Con Moto'
https://youtu.be/nioKJNp8ADE

12월 22일 자녀 갈등

## 푸치니, 오페라 '잔니 스키키'에서 '오 사랑하는 나의 아버지'

### 자식을 이긴 부모가 있을까요?

부모와 자식 사이 갈등은 아주 오랜 옛날부터 있었으나 갈수록 더 심각해지고 있습니다. 사소한 의견 차이로 시작된 부모자식간 갈등이 가정 폭력으로까지 이어져 가정이 파괴되는 경우도 늘고 있습니다. 예전에 가정 폭력은 가정에서 해결하도록 국가가 방임했는데 심각한 사회문제가 되어 국가가 적극적으로 개입하기에 이르렀고 국가가 개입하는 가정 폭력의 범주도 아주 넓어졌습니다. 부모자식간 갈등의 주된 원인은 학창 시절에는 공부와 성적, 게임, 이성 교제, 복장과 미용, 진학 등이며 졸업 후에는 취업과 결혼에 관련된 것이 많습니다. 결혼에 관련된 것 가운데 제일 크게 부딪치는 문제가 결혼 승낙을 얻고 경제적인 도움을 받는 것인데 이때 갈등이 시어머니와 며느리의 고부갈등과 장모와 사위의 장서갈등으로 발전하기도 합니다.

자코모 푸치니 Giacomo Puccini는 1858년 12월 22일 이탈리아 루카 Lucca에서 아버지까지 5대에 걸쳐 124년 동안 루카의 성마르티노 성당 음악 감독 Maestro di Cappella을 역임한 음악가 가정에서 태어났으나 6살에 아버지를 여의고 어머니 밑에서 자랐습니다. 열 살 무렵에 성당 합창단에 들어갔고 16살에 오르간 콩쿠르에서 1등을 했습니다. 18살에 피사에서 베르디의 오페라 '아이다'를 보고 오페라 작곡가의 뜻을 품고 1880년 22살에 밀라노 음악원에 들어가 폰키엘리 등에게 배웠습니다. 푸치니는 오페라에 관현악과 연극적인 요소를 가미하고 매우 사실적이고 섬세한 구성으로 사실주의 Verismo 오페라를 만들어 로시니에서 베르디로 이어지는 이태리 오페라의 계보를 이었습니다. 3대 걸작으로 '라 보엠 La Bohème', '토스카 Tosca', '나비 부인 Madama Butterfly'이 있고 3대 유명 아리아로는 '잔니 스키키 Gianni Schicch'의 '오 사랑하는 나의 아버지 O Mio Babbino Caro' '투란도트 Turandot'의 '누구도 잠들지 못하리 Nessun Dorma', '토스카 Tosca'의 '별은 빛나건만 E Lucevan Le Stelle'이 있습니다. '오 사랑하는 나의 아버지'에서 잔니 스키키의 딸 라우레타 Lauretta는 아버지에게 결혼을 허락해주지 않으면 다리에서 뛰어내려 죽어 버리겠다고 협박 겸 애걸을 합니다. 이에 잔니 스키키는 딸을 이길 수 없어 마지못해 결혼을 승낙합니다.

동서고금에 자식을 이긴 부모는 없으니 괜히 싸우지 말고 일찌감치 들어 주십시오.

Giacomo Puccini, Opera 'Gianni Schicch', 'O Mio Babbino Caro'
https://youtu.be/s9PQ7qPkluM

12월 23일 송어

## 슈베르트, 피아노 5중주 '송어' 4악장

**송어 축제에 가보신 적이 있으십니까?**

우리나라 겨울 축제 가운데 하나인 송어 축제 철이 시작되었습니다. 송어 trout는 수온이 평균 7~13도이고 여름에도 20도를 넘지 않는 차고 깨끗한 1급수 물에서만 자라는 대표적인 냉수 어종입니다. 송어는 고기의 속살이 소나무 속과 같이 붉기 때문에 소나무 '송'자를 써서 붙여진 이름입니다. 송어는 단백질 함량이 소고기와 같고 심혈관 건강을 지켜주는 불포화지방이 풍부하고 비타민 A와 D도 많아 곰도 긴 겨울 동면에 들어가기 전에 꼭 먹을 정도로 겨울철 건강에 아주 좋습니다.

송어에는 참 (바다) 송어, 무지개 송어, 홍송어, 산천어 등이 있습니다. 대부분이 민물에서 사는데 우리나라 토종 참 송어는 바다에서 생활하다가 산란기에만 알을 낳기 위해 태어난 강으로 회귀하며 이때 포획됩니다. 무지개 송어는 1965년 미국 캘리포니아에서 수입하여 평창 등의 강이나 저수지에서 양식하는 외래종 양식 송어입니다. 산천어는 송어 가운데 바다에 내려가지 않고 강에서 자란 민물 송어로서 대부분 수컷입니다. 따라서 평창이나 가평에서 열리는 송어 축제나 화천에서 열리는 산천어축제는 이름은 다르지만 모두 다 송어로 하는 송어 축제입니다. 평창과 가평의 송어 축제는 양식 무지개 송어를 사용하고, 화천 산천어 축제는 전국에서 가져온 참 송어를 방류한 것입니다. 송어와 이름이 비슷한 숭어 mullet는 바닷물고기로 전혀 다릅니다.

프란츠 슈베르트는 1817년 시인 크리스티안 슈바르트 Christian Schubart의 시에 곡을 붙여 가곡 '송어 Die Forelle'를 작곡했습니다. 가곡 송어는 한때 숭어로 알려졌으나 잘못 번역한 것이어서 2011년 송어로 고쳐졌습니다. 피아노 오중주 '송어'는 슈베르트가 1819년 여름휴가 중에 만난 오스트리아의 부유한 광산업자이자 아마추어 첼로 연주가인 질베스터 파움가르트너 Silvester Paumgartner가 자신이 좋아하는 가곡 '송어'의 선율을 넣어 자신이 직접 연주에 참여할 수 있는 실내악곡을 만들어달라는 요청에 의해 작곡된 곡입니다. 총 5악장이며 가곡 '송어'의 송어가 뛰어노는 것 같은 경쾌하고 아름다운 선율은 4악장에 담겨 있습니다. 피아노 5중주 '송어'에서는 현을 제2 바이올린 대신 더블 베이스로 편성하여 중후한 멋을 더했습니다.

산천어 축제나 송어 축제에 못 가신다면 슈베르트의 '송어'로 대신해보십시오.

Franz Schubert, Piano Quintet 'Die Forelle (The Trout)', 4th Mov.
https://youtu.be/VKQQH5OchBc

12월 24일 이브

## 요제프 모어 작사, 프란츠 그루버 작곡, '고요한 밤'

**일 년 중 가장 고요하고 평화로운 때는 언제일까요?**

크리스마스 이브입니다. 여기서 이브 eve는 최초의 여성 이브가 아니라 'evening'의 줄임말로 전날 저녁을 의미하나 넓게는 전날을 의미합니다. 일반인에게 크리스마스 이브는 크리스마스 당일보다 더 즐겁게 먹고 마시고 노는 날이지만 기독교인들에게는 가장 고요하고 평화로운 분위기 속에서 아기 예수의 탄생을 기다리는 날입니다.

크리스마스 캐롤 가운데 '고요한 밤 Silent Night'은 1818년 크리스마스 이브에 작곡되고 초연되어 200년이 넘게 가장 오랫동안 가장 많이 애창되는 곡입니다. 이는 오스트리아 잘츠부르크 근처 오베른도르프 Oberndorf의 성 니콜라우스 성당의 오르간이 크리스마스를 앞두고 고장이 나서 크리스마스 축하 미사에 오르간 대신 기타로 반주가 가능한 노래가 필요해 급히 만들어진 것입니다. 성당의 사제인 요제프 모어 Joseph Mohr가 2년 전에 써놓은 시에 교사이자 성당의 오르가니스트인 프란츠 그루버 Franz Gruber가 곡을 붙여 1818년 크리스마스 이브에 완성하고 바로 그날 크리스마스 이브 예배 때 모어가 테너를 맡고 그루버가 베이스를 맡아 불렀습니다. 8분의 6박자 자장가 풍의 노래로 아기 예수가 태어나 평화롭게 잠든 모습을 그렸습니다.

캐롤 '고요한 밤'은 1914년 제1차 세계대전 중 크리스마스 이브에 서부 전선인 프란더스 지역에서 교전 중이던 독일군과 영국군 사이에 총소리마저 잠재우고 양측 병사들이 참호에 총을 놓고 나와 악수하며 성탄절 휴전 Christmas Truce의 기적을 일으킨 캐롤입니다. 이 성탄절 휴전은 독일군 병사가 먼저 참호 속에서 촛불을 켜고 캐롤 '고요한 밤'을 부르자 영국군 병사들도 따라 부름으로써 적개심이 눈 녹듯 녹고 한마음이 되어 다 함께 부르게 된 것이었습니다. 이를 계기로 '고요한 밤'은 전 세계로 퍼졌고 빙 크로스비 Bing Crosby, 머라이어 캐리 Mariah Carey 등도 불러 가장 인기 있는 캐롤이 되었습니다. 또한 성 니콜라우스 성당은 1937년 8월 15일 세계 최초의 캐롤 '고요한 밤'이 탄생한 것을 기념하여 이름을 '고요한 밤 성당'으로 바꾸었고 캐롤 '고요한 밤'은 2011년 유네스코 인류문화유산에 등재되었습니다.

일 년 중 가장 고요하고 평화로워야 할 오늘은 물론 다가오는 모든 날들이 전쟁은 물론 어떤 사건 사고도 없이 고요하고 평화롭기만을 기원합니다.

Joseph Mohr/Franz Gruber, 'Silent Night'
https://youtu.be/5BRVkgaIcaE

12월 25일 크리스마스

## 헨델, 오라토리오 '메시아'에서 '할렐루야'

**크리스마스인 오늘, 어떤 좋은 계획이 있으십니까?**

크리스마스는 미국인 기독교 선교사들에 의해 우리나라에 처음 소개되었습니다. 우리나라에서 크리스마스 트리는 1885년 의료 선교사인 아들 윌리엄과 함께 우리나라에 와서 이화학당을 설립한 메리 스크랜튼 Mary Scranton 선교사가 1886년 12월 24일 이화학당 학생들을 위해 만든 것이 처음이었다고 합니다. 이로부터 10년 뒤인 1896년 12월 24일 '독립신문'에 크리스마스를 소개하는 기사가 처음으로 실렸고 2년 뒤에는 '대한 크리스트인 회보'에 크리스마스가 우리나라의 중요한 축제 날로 정착됐다는 기사가 실렸습니다. 1900년대에 들어서 크리스마스가 일반인들도 즐기는 축제가 되기 시작했고 1920년대부터 상업성을 띠기 시작하여 1936년 '매일신보'에 "기독교인의 손에서 상인의 손으로 넘어간 크리스마스"라는 기사가 실리기도 했습니다. 1945년 광복 후 들어선 미국 군사정권이 크리스마스를 공휴일로 지정했는데 이후 들어선 이승만 정부도 이를 이어받아 지금까지 공휴일로 유지되고 있습니다. 광복 후부터 1982년 1월 5일까지 밤 12시에서 새벽 4시까지 야간통행금지가 있었는데 크리스마스 이브는 면제되어 밤새 통행의 자유를 누릴 수 있어 일 년 중 가장 멋진 축제의 날이었습니다.

게오르크 프리드리히 헨델 Georg Friedrich Handel은 독일에서 태어나 20세에 오페라에 입문하고 오페라의 발상지인 이탈리아에 유학하여 오페라를 본격 공부한 후 27세에 오페라의 불모지인 영국으로 가서 오페라와 오라토리오로 성공했습니다. 그의 최고 걸작 오라토리오 '메시아 Messiah'는 56살인 1741년 9월 14일 완성했습니다. 신들린 것처럼 먹고 자는 것도 잊고 1부 '예언과 탄생'을 6일, 2부 '수난과 속죄'를 9일, 3부 '부활과 영생'을 3일 등 총 24일 만에 완성했습니다. 원래 부활절에 연주했으나 헨델 사후에는 주로 성탄절에 연주했습니다. 성탄절에 연주할 경우에는 통상 1부 '예언과 탄생'에 2부 마지막 곡인 '할렐루야 Hallelujah' 합창을 곁들여서 연주합니다. '할렐루야' 합창 때에는 관례적으로 관중 모두가 기립하는데 이는 1850년 런던 초연 당시 영국 왕 조지 2세가 합창 '할렐루야'에 감동을 받아 자리에서 일어났던 것에서 시작되었다고 하나 확실하지는 않습니다.

예수님 때문에 갖게 된 휴일이니 인류를 구원하는 큰 사랑에 대해서 묵상해보십시오.

Georg Friedrich Handel, Oratorio 'Messiah', 'Hallelujah'
https://youtu.be/1Rf3WK_IJ1g

12월 26일 진정한 사랑

## 벨리니, 오페라 '노르마'에서 '정결한 여신이여'

**진정한 사랑은 현세에서는 이룰 수 없는 건가요?**

죽은 애인을 구하기 위해 저승에까지 찾아갔으나 끝내 사랑을 이루지 못한 그리스 신화의 오르페우스 Orpheus와 에우리디케 Eurydice, 가문에 얽힌 원한 때문에 죽음으로 끝난 셰익스피어의 로미오와 줄리엣, 빈센초 벨리니 Vincenzo Bellini의 오페라 '노르마 Norma'에서 노르마와 폴리오네도 사랑을 현세에서 이루지 못했습니다.

이탈리아 벨칸토 오페라를 대표하는 '노르마'는 1831년 12월 26일 이탈리아 밀라노 라 스칼라 오페라극장에서 초연되었습니다. '노르마'는 기원전 50년경 로마 공화국 말기에 로마의 속지 갈리아의 드루이드교 여사제장인 노르마와 지배국 로마의 장군 폴리오네의 비극적인 사랑 이야기입니다. 노르마가 여사제장으로 순결을 지켜야 하는 계율을 어기고 폴리오네와 사랑에 빠져 두 아들을 낳아서 몰래 키우고 있었는데 폴리오네가 젊은 여사제와 바람을 피웠습니다. 노르마가 복수심에 폴리오네를 죽이려고 했으나 사랑하기에 죽이지 못하고 대신 계율을 어긴 자기의 죄를 고백하고 자진하여 화형을 받아 죽습니다. 이를 보고 폴리오네도 뉘우치고 노르마를 따라 불 속으로 뛰어들어 죽습니다. 오페라 '노르마'는 벨리니가 가장 아끼는 곡이었으나 서정적인 리릭, 화려한 콜로라투라, 강렬한 다이나믹 등 소프라노의 모든 기교가 필요하고 음역도 4명의 소프라노가 불러야 할 정도로 넓어 초연에 실패하고 100년 넘게 사장되었습니다. 이를 마리아 칼라스 Maria Callas가 완벽하게 소화함으로써 부활시켰습니다.

마리아 칼라스는 1941년 그리스 국립 아테네 음악원을 졸업하고 1945년 미국으로 건너간 뒤 1947년 이탈리아 밀라노의 라 스칼라 오페라단에 입단하여 최고의 디바가 되었습니다. 그녀는 '노르마' 89회, '라 트라비아타' 63회, '루치아' 45회, '토스카' 33회 출연하여 전설의 소프라노가 되었으나 사랑에는 실패했습니다. 1974년 10월 방한하여 이화여대에서 공연한 이듬해부터 은둔생활을 하다 1977년 우울증과 수면제 과다복용으로 사망했습니다. 오페라 '노르마'에서 가장 유명한 아리아 'Casta Diva 정결한 여신이여'는 노르마가 폴리오네에게 배신당한 것을 알고 두 민족 간 화해와 평화를 간구하며 폴리오네가 돌아오기를 애원하는 기도를 달님에게 바치는 노래입니다.

진정한 사랑이 비극적이어야 할 이유는 없으니 현세에서도 행복한 사랑을 하십시오.

Vincenzo Bellini, Opera 'Norma', 'Casta Diva'
https://youtu.be/rK6GsRUl4WI

12월 27일 피터팬

## 마이클 잭슨, 라이오넬 리치 작사 작곡 '우리는 한 세계'

### 피터팬 증후군을 아시나요?

피터팬 증후군 Peter Pan syndrome에서 피터팬은 소설 속 가공인물로 스코틀랜드 출신의 소설가이자 극작가인 제임스 매슈 배리 James Matthew Barrie가 만든 캐릭터입니다. 피터팬은 배리가 1902년 출판한 '하얀 작은 새 The Little White Bird'라는 단편 소설집 속 '켄싱턴 공원의 피터팬'이라는 부분에서 성장이 생후 1주에 멈춘 새처럼 날아다니는 영아로 처음 등장했습니다. 단편집의 피터팬 부분을 '피터팬, 자라고 싶지 않은 소년 Peter Pan, or The Boy Who Wouldn't Grow Up'이라는 크리스마스 아동극으로 만들어 1904년 12월 27일 공연했는데 폭발적인 인기를 얻었습니다. 이 연극을 기반으로 하여 1911년 소설 '피터팬과 웬디'를 발표했는데 여기에서는 피터팬이 소년으로 등장합니다.

미국의 임상심리학자 댄 카일리 Dan Kiley는 1983년 성인이 되었으나 정신적으로는 어린아이와 같이 의존적이고 자기중심적인 심리 상태에서 벗어나지 못하여 생각과 행동이 어린아이의 수준으로 퇴행한 경우를 피터팬 증후군이라고 명명했습니다. 이는 성인이 되어서도 "내면 아이 innner child"가 자라지 않아 자라지 않는 철없는 피터팬과 같기 때문입니다. "내면 아이"는 정신분석학자 칼 융 Carl Jung이 말한 "신성한 아이 divine child"에서 유래한 개념으로 약해서 절대적인 보호와 사랑을 받아야 하는 존재인데 사랑받지 못하거나 학대로 상처를 받으면 건강하게 성장하지 못해 커서도 어른아이가 되는 것입니다. 성인이 되어서도 부모의 품을 떠나지 못하는 "캥거루족", 모든 것을 부모에게 의존하는 "마마보이"도 피터팬 증후군의 하나입니다.

팝의 황제 마이클 잭슨 Michael Jackson은 피터팬 증후군의 대표적인 인물인데 피터팬을 동경하고 어린이를 위한 사업이나 구호 활동을 많이 하고 Neverland라는 어린이를 위한 테마파크까지 만들었습니다. 1984년 가뭄으로 에티오피아에 대기근이 일어났을 때 굶주린 아프리카 어린이 돕기 행사 'We Are the World Project'를 주도하였고 1985년 기금 모금을 위해 라이오넬 리치 Lionel Richie와 함께 노래 '우리는 한 세계 We Are the World'를 만들어 슈퍼그룹 'USA for Africa'와 함께 불렀습니다.

어린 시절 사랑이 부족해서 크지 못한 내 속의 내면 아이를 잘 살피고 보살펴서 아프지 않고 건강하게 잘 지내게 하십시오.

Michael Jackson/Lionel Richie, 'We Are the World'
https://youtu.be/p34sK9AYQN4

12월 28일 새해맞이

## 프레드 엡 작사, 존 캔더 작곡, '뉴욕, 뉴욕'

**새해맞이를 외국에서 또 하신다면 어디에서 하고 싶으십니까?**

새해맞이 세계적인 명소인 뉴욕, 런던, 에딘버러, 파리, 베를린, 암스테르담. 비엔나, 시드니, 리오데자네이루 등에서 부동의 1위는 뉴욕입니다. 우리나라와 뉴욕의 시차는 14시간, 뉴욕까지 비행시간은 13시간이므로 우리나라에서 새해맞이를 하고 비행기로 날아가 뉴욕에서 2차 새해맞이가 가능합니다. 뉴욕의 타임스 스퀘어 Times Square 새해맞이 행사는 1904년 뉴욕타임스 신문사가 본사를 타임스 스퀘어로 옮긴 다음 새해를 맞아 불꽃놀이를 했던 것을 1907년부터 이브 볼 Eve Ball (또는 타임 볼 Time Ball) 드롭 Drop 행사로 바꾸어 지금까지 계속하여 세계에서 가장 오래된 새해맞이 행사가 되었습니다. 새해맞이 행사 전야 행사는 12월 31일 오후 6시 대형 크리스털 이브 볼에 불을 켜서 43미터 건물 꼭대기까지 올리는 것으로 시작하여 다양한 공연이 이어지고 자정 2분 전 존 레논의 '이매진 Imagine'으로 끝납니다. 자정 1분 전 60초 카운트 다운과 함께 이브 볼이 지상으로 내려와 자정이 되면 폭죽이 터지고 꽃가루가 뿌려지면서 '올드 랭 사인 Auld Lang Syne'과 뉴욕을 상징하는 노래 '뉴욕 뉴욕 New York, New York'이 울려 퍼집니다. 광장의 모든 사람이 새해 폭죽 소리에 맞춰 "Happy New Year"를 외치고 새해맞이 키스를 하며 흥겹게 춤을 춥니다.

노래 '뉴욕, 뉴욕'은 마틴 스콜세지 Martin Scorsese 감독의 1977년 작 뮤지컬 영화 '뉴욕, 뉴욕'의 주제곡입니다. 영화 '뉴욕, 뉴욕'의 무대는 1945년 8월 15일 우리나라의 첫 광복절날 밤 뉴욕입니다. 제2차 세계대전에서 일본이 미국에게 항복한 것을 축하하는 인파가 광복을 맞은 우리나라처럼 뉴욕에 엄청나게 모였는데 한 클럽에서 색소포니스트 지미와 여성 가수 프랜신이 만나 사랑에 빠지고 아기까지 낳습니다. 하지만 지미는 아빠도 남편도 될 준비가 안 되었다고 프랜신을 떠납니다. 프랜신이 그들이 처음 만났던 클럽에서 뉴욕에서 최고가 되겠다고 다짐하는 내용의 노래 '뉴욕, 뉴욕'을 부르는데 지미가 찾아와 만나자고 하나 프랜신이 거절하여 영화는 새드엔딩으로 끝납니다. 라이자 메넬리가 부른 주제곡은 1980년 프랭크 시나트라에 의해 유명해졌고 이후 뉴욕의 여러 행사와 양키스 홈경기 종료 알림 노래로 연주되고 있습니다.

준비가 되어 있지 않으면 손에 쥔 기회도 놓치게 되니 새해 맞을 준비를 잘하십시오.

Fred Ebb/John Kander, 'Theme from New York, New York'
https://youtu.be/hpiw3cDWmvc

12월 29일 마무리

## 베토벤, 바이올린 소나타 10번

### 시작이 반이라면 마무리는 얼마쯤 될까요?

마무리도 반이라는 사람도 있고 마무리가 더 중요해서 전부라고 하는 사람도 있습니다. 오늘은 야구 경기 연장 12회에서 공 3개로 마무리해야 하는 것과 같은 날입니다. 베토벤의 음악 인생은 전기, 중기, 후기로 나누어지는데 전기는 '고전기'로 1802년까지를 말하고 중기는 '영웅기'로 1812년 (혹자는 1814년)까지 10년을 말합니다. 영웅기는 나폴레옹이 프랑스 대혁명 (1789~1799년)으로 탄생한 프랑스 제1 공화국을 쿠데타로 전복시키고 1802년 제1통령이 된 다음 1804년 프랑스 제1 제국의 황제로 즉위하여 1814년까지 재임한 시기이고 베토벤은 나날이 악화되는 난청 때문에 1802년 하일리겐슈타트에서 유서를 쓸 정도로 고통이 본격적으로 악화되는 시기였습니다.

베토벤은 영웅기에 비극적인 운명을 영웅적으로 극복하고 교향곡으로 3번 '영웅'에서 5번 '운명', 6번 '전원', 7번 '대곡', 8번 '소곡'까지 6개, 피아노 협주곡 4번과 5번 '황제'로 2개, 삼중 협주곡, 바이올린 협주곡 라장조, 현악 사중주로 7번에서 9번까지 3개의 '라주모프스키'와 10번, 11번 등 5개, 피아노 소나타 16번에서 17번 '템페스트', 18번, 21번 '발트슈타인'에서 23번 '열정', 24번, 25번, 26번 '고별'을 거쳐 27번까지 10개, 바이올린 소나타 9번 '크로이처'와 10번, 유일한 오페라 '피델리오' 등 고전음악의 흐름을 바꾼 혁명적인 걸작들을 탄생시켰습니다. 이로써 베토벤은 고전주의에서 낭만주의로 음악의 흐름을 바꾸고 기악의 영역을 확대하고 성악보다 열등하게 여겨졌던 기악의 지위를 최고로 끌어올렸습니다.

베토벤은 영웅기가 끝나는 1812년 교향곡 7번 (4월), 교향곡 8번 (10월), 바이올린 소나타 10번 (11월)을 완성했습니다. 바이올린 소나타 10번은 체코 (당시 보헤미아) 테플리츠에서 제자인 루돌프 대공으로부터 프랑스의 유명한 바이올리니스트인 피에르 로드 Pierre Rode가 방문한다는 소식을 듣고 이들을 위해 작곡한 베토벤의 마지막 바이올린 소나타입니다. 1812년 12월 29일 초연까지 마침으로써 베토벤은 1812년을 성공적으로 잘 마무리했으나 베토벤보다 1살 위로 준동년배인 나폴레옹은 무리하게 러시아 원정에 나섰다가 참패하여 2년 뒤 실각하는 잘못을 범했습니다.

올해를 1812년 나폴레옹처럼 무리하다 참패하지 말고 베토벤처럼 잘 마무리하십시오.

Ludwig van Beethoven, Violin Sonata No. 10
https://youtu.be/hca8kQjB6no

12월 30일 호불호

## 브람스, 교향곡 2번

### 브람스를 좋아하세요?

요하네스 브람스 Johannes Brahms는 모차르트나 베토벤과 같이 누구나 좋아하는 음악가가 아니고 말러나 바그너처럼 호불호가 많이 갈리는 음악가입니다. 따라서 모차르트나 베토벤을 좋아하냐고 물으면 실례가 될 수 있지만 브람스를 좋아하냐고 물으면 실례가 되지 않고 한 사람의 취향을 파악하는 데 도움이 될 수도 있습니다.

프랑스의 여류 작가 프랑수와즈 사강 Fraçoise Sagan이 1959년 24살 때 "브람스를 좋아하세요... Aimez vous Brahms..." 라는 소설을 발표했습니다. 파리에서 39살의 순정파 여성 폴 Paule이 바람기 많은 로제 Roger와 6년이나 연인 관계를 유지하고 있었는데 25살의 젊은 변호사 시몽 Simon이 끼어들었습니다. 폴은 자신을 좋아하는 시몽과 뜨거운 사랑에 빠져 오래되어 익숙한 로제와 젊고 매력적인 시몽 사이에서 방황하게 됩니다. 하지만 그동안 로제에게 바친 노력이 아깝고 젊은 시몽과 사랑을 새로 시작하기에는 늙었다며 로제에게로 돌아가 사랑에 대해 깊이 생각해보게 하는 소설입니다. "브람스를 좋아하세요..."는 시몽이 폴에게 연주회에 같이 가자고 보낸 쪽지 글의 일부입니다. 그런데 "브람스를 좋아하세요"에 물음표 (?)가 아닌 말 줄임표 (...)를 사용하여 생각을 물었다기보다 브람스를 통해 브람스와 같은 처지의 자신을 소개하고 만남을 권유한 것으로 생각됩니다. 사강이 브람스를 등장시킨 것은 브람스가 20살 때 14살 연상의 클라라 슈만을 만나 죽을 때까지 40여 년을 사랑했기 때문이라고 생각됩니다. 따라서 이 소설은 클라라 슈만은 폴, 로베르트 슈만은 로제, 브람스는 청년 변호사 시몽으로 바꾼 클라라 슈만의 소설이라고도 말할 수 있을 것 같습니다.

브람스는 성실하고 배려심 많은 독실한 기독교 신앙인이자 바흐와 베토벤의 고전주의 전통을 고수한 고지식한 음악가였습니다. 교향곡 1번은 22살에 착수하여 21년 만인 1876년 43세에 완성한 것으로 유명합니다. 하지만 교향곡 2번은 1번을 완성한 이듬해 여름 휴양지에서 4달 만에 완성하고 그해 12월 30일 빈에서 초연했습니다. 교향곡 1번은 '베토벤의 교향곡 10번'으로 불릴 정도로 베토벤적인 반면에 2번은 목가풍의 전원 교향곡인데 온화함 저변에 깔린 고독한 분위기가 완전 브람스적입니다.

브람스든 누구든 풀꽃처럼 자세히 보아서 예뻐지고 오래 보아서 사랑하게 되십시오.

Johannes Brahms, Symphony No. 2
https://youtu.be/qbcfuMINRWg

12월 31일 송구영신

## 루치오 콰란토토, 프란체스코 사르토리, '이별을 고할 때'

### 올해의 마지막 날, 어떻게 보내고 싶으십니까?

오늘은 묵은 한 해를 보내고 새해를 새롭게 맞이해야 하는 송구영신의 날입니다. 보내지 않아도 가는 세월, 붙잡고 싶어도 붙잡을 수 없는 세월이기에 잘 보내 주는 것이 최고입니다. 그래도 아쉬워 보내기가 힘드시다면 음악과 함께 보내십시오.

안드레아 보첼리와 사라 브라이트만의 'Time to Say Goodbye 이별을 고할 때'의 원곡은 'Con Te Partiro 그대와 함께 떠나리'입니다. 이 곡은 루치오 콰란토토 Lucio Quarantotto가 작사하고 프란체스코 사르토리 Francesco Sartori가 작곡했는데 1994년 산레모 가요제에서 신인상을 탄 안드레아 보첼리가 이듬해 산레모 가요제에 다시 출전하여 불렀으나 4위에 그쳤습니다. 이런 노래가 'Time to Say Goodbye'로 이름이 바뀌고 유명해진 것은 사라 브라이트만이 그녀의 친구인 서울 올림픽 복싱 금메달리스트이자 국제복싱연맹 라이트헤비급 챔피언인 독일의 스포츠 영웅 헨리 마스케 Henry Maske의 은퇴 경기에 초대받은 것이 계기가 되었습니다. 축하곡도 부탁받은 사라 브라이트만이 안드레아 보첼리에게 보첼리의 시그니처 곡인 'Con Te Partiro'를 은퇴식에 맞게 'Time to Say Goodbye'로 고쳐서 같이 듀엣으로 부르자고 제안하여 성사되었습니다. 마스케의 은퇴 경기는 독일방송의 생중계로 2천여만 명이 시청했는데 마스케는 판정패했지만 'Time to Say Goodbye'는 제목과 가사 한 줄 바꿔 부른 것이었지만 독일에서 14주 동안 1위를 하고 세계적으로도 큰 인기를 얻어 안드레아 보첼리는 데뷔 4년 만에 세계적인 스타가 되었습니다.

안드레아 보첼리는 의사의 낙태 권유에도 출산을 강행한 어머니 덕에 1958년 태어났습니다. 선천성 녹내장에 축구를 하다 눈을 또 다쳐서 12살에 시력을 완전히 잃었습니다. 6살부터 피아노 등 여러 악기를 다루고 노래도 잘했으나 시력을 잃자 법대로 가서 변호사를 하다가 34살에 늦깎이로 데뷔하여 38살에 사라 브라이트만과 부른 'Time to Say Goodbye'로 세계적인 가수가 되고 1998년 셀린 디옹 Céline Dion과 부른 '기도 The Prayer'로 1999년 골든 글로브 "신인가수상"을 받았습니다.

노래 가사 하나 바꾸고 둘이 불러 널리 사랑을 받게 된 'Time to Say Goodbye'처럼 익숙해진 것들에게 이별을 고하고 낯선 눈과 새 마음으로 새해를 맞이하십시오.

Lucio Quarantotto/Francesco Sartori, 'Time to Say Goodbye'
https://youtu.be/4L_yCwFD6Jo

# 음악가별 찾기